HISTORIA UKRAINY

WŁADYSŁAW A. SERCZYK

HISTORIA UKRAINY

WYDANIE DRUGIE
POPRAWIONE I ROZSZERZONE

WROCŁAW · WARSZAWA · KRAKÓW
ZAKŁAD NARODOWY IMIENIA OSSOLIŃSKICH
WYDAWNICTWO
1990

Okładkę, obwolutę i wyklejkę projektował

JACEK SIKORSKI

Redaktor wydawnictwa

ANNA LERGETPORER-JAKIMOW

Redaktor techniczny

RYSZARD ULANECKI

ISBN 83-04-00443-7

Zakład Narodowy im. Ossolińskich — Wydawnictwo. Wrocław 1990.
Objętość: ark. wyd. 31,90; ark. druk. 32,50; ark. A_1-43.
Wrocławska Drukarnia Naukowa. Zam. 29/90.

OD AUTORA

Losy Ukrainy i Ukraińców splotły się z naszymi w stopniu bez porównania większym niż losy jakiegokolwiek terytorium i jakiegokolwiek narodu. Sporo było we wzajemnych kontaktach kart świadczących o sojuszach, przyjaźni czy więcej jeszcze — jedności celów; wiele również takich, które mówiły o bratobójczych walkach, nieufności i wygrywaniu przeciw sobie koniunktur politycznych. Dzisiaj, gdy waśnie i konflikty stały się jedynie cząstką przeszłości, można i trzeba z większym zrozumieniem dla zajmowanych niegdyś postaw, bez zacietrzewienia i bezstronnie pisać o dziejach sąsiadującego z Polakami narodu.

Historia Ukrainy związana była wszakże nie tylko z dziejami naszego kraju, lecz również z dziejami Rosji, z którą złączył ją wspólny początek — Ruś Kijowska. Wspólne wątki znajdziemy i w dziejach Litwy, która krok za krokiem rozszerzała swoje posiadłości na południu, by w pewnym okresie rozciągnąć władzę wielkich książąt litewskich na znaczną część terytoriów ukraińskich. Dlatego też w niniejszej książce Czytelnik znajdzie niekiedy opisy zdarzeń stanowiących cząstkę dziejów Polski, Litwy lub Rosji. Wynika to nie tylko ze słów wypowiedzianych wyżej, lecz — co ważniejsze — jest po prostu odbiciem historycznej rzeczywistości. Autor nie chce opowiadać „własnymi słowami" rzeczy opisanych przez poprzedników, lecz pragnąłby, aby to, co musi czasem powtórzyć za innymi, znalazło swoje uzasadnienie w nowym materiale lub oryginalnym spojrzeniu na całość dziejów Ukrainy. Będzie to z pewnością spojrzenie budzące nie tylko aprobatę, lecz i — niekiedy — sprzeciw Czytelnika.

Dzieje Ukrainy, poczynając od czasów najdawniejszych, zostały doprowadzone aż do współczesności; obejmują więc wszystkie epoki historyczne. Szczególnie wiele miejsca poświęcono momentom wiążącym historię Ukrainy z naszą historią ojczystą oraz Ukrainie Radzieckiej.

Pisownię nazw geograficznych i nazwisk ukraińskich dostosowano do aktualnie obowiązujących zasad, a pisownię imion do panującej w naszym kraju tradycji; datacja — według kalendarza gregoriańskiego (od 1582 r.), w wypadkach uzasadnionych zastosowano datację podwójną, tj. również według kalendarza juliańskiego.

Kraków, w lipcu 1975 r.

PRZEDMOWA
DO DRUGIEGO WYDANIA

Trzynaście lat minęło od dnia, w którym ukończyłem pracę nad *Historią Ukrainy*. Wydana została ona zresztą dopiero w 1979 r.

Książka spotkała się z ogromnym i na ogół przychylnym zainteresowaniem. Pojawiło się też sporo uwag krytycznych, z których prawie wszystkie odnosiły się do trzech ostatnich rozdziałów, traktujących głównie o dziejach Ukrainy radzieckiej. Przyjmowałem je ze zrozumieniem, chociaż braki, jakie wytknięto, nie zawsze powstały z mojej winy. Trudno było jednak wówczas tłumaczyć, że pierwotnie zamierzałem zakończyć wykład na latach 1917—1918, jednak musiałem poddać się woli recenzenta wydawniczego, żądającego kategorycznie rozszerzenia tekstu tak, by traktował on o historii ziem ukraińskich przynajmniej do połowy lat pięćdziesiątych bieżącego stulecia. Nie wszystko można było wówczas napisać, nie wszystko też mogło zostać opublikowane.

Decydując się wszakże na wydanie książki w kształcie, w jakim ujrzała światło dzienne w 1979 r., wziąłem za nią pełną odpowiedzialność i — pragnę to podkreślić — decyzji swojej nie żałuję. *Historia Ukrainy* adresowana głównie do czytelnika polskiego nie tylko przybliżyła mu przeszłość ziem przez wiele lat bezpośrednio związanych z naszym krajem ojczystym, ale również pozwoliła na zrewidowanie wielu obiegowych poglądów, na ogół jednostronnych i krzywdzących sąsiadujący z nami naród.

W obecnej edycji zaszły daleko idące zmiany, wszystkie odnoszące się do rozdziałów końcowych, które w znacznej części zostały napisane na nowo, w poważnym stopniu — uzupełnione, a zawarte w nich oceny — zrewidowane. Stało się to możliwe dzięki istotnemu i rzeczywistemu w ostatnim czasie zmniejszeniu nacisków zewnętrznych na

7

całość procesu edytorskiego. Zwiększony zakres wolności słowa związany z szerszym niż dotychczas dostępem do materiałów archiwalnych daje sposobność do pełniejszego oświetlenia faktów oraz ujawnienia nie znanych do niedawna okoliczności rozgrywających się wydarzeń. W szczególności chodzi tu o skutki stalinizmu objawiające się zarówno w polityce wewnętrznej państwa radzieckiego, jak i w tych przejawach ukraińskiego ruchu narodowego, które znalazły swoje odzwierciedlenie na arenie międzynarodowej

Dodać także należy, że w ciągu minionych lat kilkunastu historiografia, także polska, przyniosła wiele prac po raz pierwszy oświetlających wybrane materie z najnowszych dziejów Ukrainy, wypełniając przynajmniej część z wciąż jeszcze istniejących luk w naszej wiedzy. Informacje o tych publikacjach zawarłem w rozszerzonych *Wskazówkach bibliograficznych* zamieszczonych na końcu niniejszej książki.

Cieszę się bardzo, że Czytelnik może otrzymać do ręki nową, wzbogaconą i doskonalszą edycję *Historii Ukrainy*. Mam nadzieję, że pozwoli ona na lepsze zrozumienie procesów występujących na ziemiach ukraińskich, a także — być może — postaw ukraińskich działaczy społecznych i narodowych. Przyczynić się więc może ta książka do kształtowania tolerancji i szacunku dla przekonań innych. Staje się to coraz ważniejsze i coraz potrzebniejsze we współczesnym nam święcie.

Władysław A. Serczyk

Majówka, w październiku 1988 r.

I. NAZWA I TERYTORIUM

W ZACHOWANYCH zabytkach rękopiśmiennych nazwa „Ukraina" pojawia się po raz pierwszy w opisującym wydarzenia lat 1111—1200 tzw. *Latopisie kijowskim* (kronice), którego najstarszy zachowany egzemplarz pochodzi z XV w. Pod rokiem 1187 kronikarz, mówiąc o śmierci bohatera walk z Połowcami, księcia perejasławskiego Włodzimierza, zanotował: „I płakali po nim wszyscy Perejasławianie ... za nim Ukraina wielce rozpaczała". Ten sam kronikarz, relacjonując wypadki 1189 r., Ukrainą nazwał tereny leżące między Bohem a Dniestrem. Po kilkudziesięciu latach (1213) autor *Latopisu halicko-wołyńskiego* mianem Ukrainy objął nadbużańskie ziemie księstwa halicko-wołyńskiego, późniejsi zaś jeszcze kronikarze — środkowe Naddnieprze.

Na mapach słowo „Ukraina" pojawia się znacznie później. Nie znajdziemy go ani w pochodzącej z ok. 1460 r. mapie kardynała Mikołaja z Kuzy, ani na — o sto lat późniejszej — mapie Wacława Grodeckiego, ani też na wydanej w 1614 r. mapie Gerarda Hessela, ani nawet w atlasie Mercatora z 1630 r. Pojawiło się ono prawdopodobnie po raz pierwszy w 1613 r., na mapie wydanej w Amsterdamie przez Tomasza Makowskiego, gdzie prawy brzeg Dniepru nazwano: „Volynia ulterior que tum Ukraina tum Nis ab aliis vocitatur" („Wołyń Dolny, który nazywają Ukrainą lub Niżem").

W 1648 r. Wilhelm le Vasseur de Beauplan wykona mapę, którą zatytułuje: *Delineatio Generalis Camporum Desertorum vulgo Ukraina...*, traktując więc wymiennie nazwy „Dzikie Pola" i „Ukraina". Po trzech latach, w 1651 r., na kolejnej sporządzonej przez niego mapie Ukraina będzie obejmować tereny między Bohem a Dnieprem. Mniej więcej w tym samym czasie (1639) ukazał się atlas Gdańszczanina Fryderyka Getkanta *Topographia practica*, zawierający m. in. mapę pt. *Tabula geographica Ukrainska*, ukazującą obszary od Dońca do Dniestru, chociaż w szczegółach — tylko od Dniepru do Dniestru.

Samo słowo „Ukraina" oznaczało początkowo w ogóle ziemie kresowe, leżące na terenach przygranicznych. Słowo to jest obecnie jedynie pojęciem geograficznym, w dawnym zaś znaczeniu pozostało tylko w języku rosyjskim jako *okraina*, czyli: kresy, krańce, peryferie...

W drugiej połowie pierwszego tysiąclecia n.e. ziemie dzisiejszej Ukrainy nazywano przeważnie Rusią. Nazwy tej używano również dla oznaczania obecnych terenów białoruskich i rosyjskich. W XIV w. pojawiło się równolegle pojęcie „Mała Ruś" (oraz dla oznaczenia pewnych krain geograficznych, stanowiących cząstkę Ukrainy: Ruś Czerwona, Wołyń, Podole), a po ugodzie perejasławskiej w 1654 r., w wyniku której Ukraina lewobrzeżna (tereny położone na lewym brzegu Dniepru) weszła w skład państwa rosyjskiego, rząd zaczął używać nowej oficjalnej nazwy „Mała Rosja" lub „Małorosja". Stan ten przetrwał aż do 1832 r., kiedy Prawobrzeże nazwano Krajem Południowo-Zachodnim. Gdy w XVIII w. część ziem zachodnioukraińskich znalazła się pod władzą Austrii, przyjęto dla nich nazwy: „Galicja [Wschodnia]" oraz „Ruś Zakarpacka". Wraz z rozwojem świadomości narodowej i poczucia etnicznej łączności Ukraińców termin „Ukraina" zaczął stopniowo oznaczać nie tylko tereny naddnieprzańskie, lecz również inne ziemie, m. in. Zakarpacie i Północną Bukowinę.

Dzisiaj słowo „Ukraina" jest synonimem Ukraińskiej Socjalistycznej Republiki Radzieckiej.

WARUNKI GEOGRAFICZNE

Ukraińska Socjalistyczna Republika Radziecka zajmuje terytorium o powierzchni 603 700 km^2 zamieszkałe przez 47,9 mln ludności (według stanu na 1 I 1971 r.), w tym 75% Ukraińców, 19,4% Rosjan oraz pewną ilość Żydów, Polaków (0,7%, czyli ok. 300 000 osób mieszkających głównie w rejonie Żytomierza, Lwowa, Tarnopola i Chmielnickiego — dawn. Płoskirowa) i innych narodowości. Graniczy z Polską, Czechosłowacją, Węgrami i Rumunią oraz republikami radzieckimi: Mołdawską, Białoruską i Rosyjską.

Ukraina zajmuje znaczną część Równiny Wschodnioeuropejskiej i chociaż, generalnie rzecz biorąc, stanowi teren nizinny, którego średnia wysokość wynosi 175 m n.p.m., przecież pod względem krajobrazowym jest bardzo zróżnicowana. Znajdziemy tu zarówno część gęsto zarośniętego lasami pasma Karpat, pokryte znacznie uboższą roślinnością Góry Krymskie (łącznie tereny górskie zajmują ok. 5% powierzchni Ukrainy), jak i podmokłe tereny północnego Wołynia, Podole z dość licznie przecinającymi je lewobrzeżnymi dopływami Dniestru, Czerkaszczyznę i Bracławszczyznę pełne tajemniczych, głębokich jarów, równinną ziemię połtawską czy wreszcie spalone przez słońce stepy leżące na lewym brzegu Dniepru. Podobnie jest zróżnicowana Ukraina pod względem klimatycznym, rodzajów gleb, szaty roślinnej i świata zwierzęcego.

Trudno się zresztą dziwić. Wszak kraj ten rozciąga się z południa na północ na przestrzeni 900 km, od 44° do 52° szerokości geograficznej północnej, a z zachodu na wschód na przestrzeni 1300 km, od 22° do 40° długości geograficznej wschodniej. Nasuwają się nań masy powietrza znad Płaskowyżu Syberyjskiego, podlega on działaniu umiarkowanego klimatu czarnomorskiego, a także kontynentalnym wpływom zachodnio- i środkowoeuropejskim. Powoduje to, charakterystyczne dla Ukrainy, częste zmiany pogody. Najwyższe przeciętne temperatury lipca wynoszą w zależności od regionu 18°−24°C (maksimum 40°C), najniższe temperatury stycznia: −8°−−3°C (minimum −42°C). Roczna ilość opadów wynosi od 250 mm na stepach południowych aż do 650 mm na Polesiu. Liczba dni z opadami w ciągu roku zmniejsza się z północnego zachodu (180 dni) na południowy wschód Ukrainy (100−120 dni).

Na południu kraju wiosną i latem pojawiają się „suchowieje" — suche i ciepłe wiatry, wiejące czasem z huraganową siłą, przeradzające się w tzw. czarne burze, gdy obłoki pyłu zakrywają tarczę słoneczną. Czasem znaczne obszary poddane ich działaniu pokrywają się 2−3-metrową warstwą naniesionej ziemi, pod której ciężarem zamiera życie roślin. Z drugiej strony suchowieje wywiewają miliony ton warstwy humusowej, obniżając przez to urodzajność gleby.

Główną rzeką Ukrainy jest Dniepr (łączna długość rzeki wynosi 2285 km, z tego w granicach USRR − 1205 km). W jego dorzeczu leży prawie połowa terytorium kraju. Niegdyś w dolnym biegu rzeki znajdowało się dziewięć słynnych *porohów* − kaskad wodnych najeżonych głazami, praktycznie uniemożliwiających żeglugę. Zniknęły one dopiero w latach 1927−1932 po sztucznym spiętrzeniu Dniepru wskutek wybudowania elektrowni wodnej Dnieproges. Inne ważniejsze rzeki Ukrainy to: bystry, z licznymi przełomami Dniestr, często, zwłaszcza na wiosnę, występujący ze swoich brzegów i zalewający pobliskie ziemie Boh oraz największy dopływ Donu − Doniec.

Wśród gleb ukraińskich spotykamy wiele różnego rodzaju czarnoziemów; gleb bielicowych jest znacznie mniej i zajmują one głównie północne rejony kraju; natomiast w bardzo znikomej ilości występują gleby kasztanowe i górskie (w Karpatach i na Krymie).

Pod względem biogeograficznym Ukraina dzieli się na trzy strefy: lasów mieszanych (Polesie ukraińskie), leśno-stepową i stepową. Świat roślinny i zwierzęcy rozwija się w zależności od warunków naturalnych występujących w poszczególnych strefach. W lasach mieszanych przeważa sosna, dąb, grab i olcha. Na Ukrainie występuje również typowa roślinność stepowa, łąkowa i bagienna. Wiele tu różnych rodzajów zwierząt: wilki, rysie, kuny, dziki, zające, sarny, na stepach — chomiki, a w rzekach i jeziorach kilkadziesiąt gatunków ryb, będących niegdyś jednym z głównych składników pożywienia ludności ukraińskiej.

Na terenie USRR znajduje się wiele bogactw naturalnych: węgiel kamienny (w Zagłębiu Donieckim i Lwowsko-Wołyńskim), węgiel brunatny (w Zagłębiu Naddnieprzańskim i w okręgu podkarpackim), ropa naftowa i gaz ziemny (w okręgu karpackim, w Zagłębiu Donieckim oraz na wybrzeżach Morza Czarnego i Azowskiego), rudy żelaza (Zagłębie Krzyworoskie, Kerczeńskie, Krzemieńczuckie i Białozierskie) oraz pewne ilości metali kolorowych.

Nie cofając się aż do epoki lodowcowej można stwierdzić, że w ciągu minionych stuleci krajobraz Ukrainy uległ poważnym przeobrażeniom. Zniknęły nie tylko dnieprowe *porohy*. Skurczyły się obszary pokryte lasami, początkowo wypalanymi na potrzeby uprawy roli, później wycinanymi na opał, budulec, węgiel drzewny i potaż. Poważnie zmniejszyła się również powierzchnia stepu, odgrywającego ważną rolę w dziejach mieszkańców tych ziem. Wysoka trawa z powodzeniem kryła przemykających koczowników, Tatarów grasujących na południowym pograniczu i Kozaków przekradających się na łupieżcze wyprawy. Dzisiaj ogromna większość terenów stepowych została zagospodarowana i zamieniona na pola uprawne. Na Dnieprze powstały wielkie zbiorniki wodne (kijowski, kaniowski lub krzemieńczucki i kachowski), ze względu na swe rozmiary nazywane nawet morzami.

Jedno tylko nie uległo zmianie. Jak niegdyś, Ukraina pozostała krajem malowniczym, fascynującym poetów i malarzy oraz urzekającym zmiennością krajobrazu wszystkich wrażliwych na piękno przyrody.

Pisał przed laty Taras Szewczenko:

Wyrosłem ja na obczyźnie,
W cudzym kraju osiwiałem,
Ale nigdzie jak w ojczyźnie
Stron piękniejszych nie widziałem
Od wód Dniepru, od pól szczodrych
Naszej sławnej Ukrainy...

(*przełożyła Anna Kamieńska*)

II. PRADZIEJE UKRAINY

W EPOCE KAMIENIA,
BRĄZU I ŻELAZA

Najstarsze ślady człowieka na ziemiach ukraińskich pochodzą z ok. 300 000 lat p.n.e. i znalezione zostały w miejscowości Łuka Wróblewiecka nad Dniestrem, koło Kamieńca Podolskiego. Odkryto tutaj prymitywne odłupki i kilka innych narzędzi kamiennych charakterystycznych dla wczesnego paleolitu. Ich twórcy prowadzili koczowniczy tryb życia, żywili się zbieranymi płodami roślinnymi i upolowaną drobną zwierzyną.

Ok. 100 000 lat temu, gdy na północną Europę nasunął się lodowiec, tereny Ukrainy (prócz dolin Dniepru i Donu) pozostały prawdopodobnie poza jego zasięgiem. Mimo to nastąpiło znaczne ochłodzenie klimatu, pojawiła się roślinność charakterystyczna dla regionów polarnych, a także nowe gatunki zwierząt: mamuty, niedźwiedzie jaskiniowe, nosorożce włochate itp. Okres ten trwał mniej więcej 60 000 lat. Zmieniły się także warunki i sposób życia ludzi. Podstawowym pożywieniem stało się mięso zwierząt, na które musiano polować gromadnie. Skóry zdjęte ze zdobyczy służyły za odzież, a pieczary, później — ziemianki, dawały schronienie przed opadami i chłodem. Po raz pierwszy wówczas człowiek skrzesał ogień trąc pracowicie o siebie dwa kawałki drewna i uniezależnił się w ten sposób od jego naturalnych źródeł.

Wykryte ślady pobytu ludzi z tego okresu znajdują się głównie na południu kraju. Najbardziej znane z nich jest stanowisko Kiik-Koba na Krymie w pobliżu Symferopola, gdzie znaleziono kilka warstw narzędzi kamiennych pochodzących sprzed 70—120 000 lat oraz w Starosielu leżącym także na Krymie w pobliżu Bachczysaraju — sprzed 30 000 lat. W Mołodowej nad Dniestrem odkryto resztki najstarszych zachowanych naziemnych budowli mieszkalnych datowanych na 22—23 000 lat p.n.e.

Stopniowe udoskonalanie narzędzi kamiennych, pojawienie się prymitywnych dzid, siekier i noży umożliwiało zdobywanie większych ilości pożywienia, pozwalało na gromadzenie zapasów i zmniejszało ruchliwość ludzi żyjących stadnie. Osiadali oni w dolinach rzek. Miejsce prymitywnych więzów stadnych zajmowały związki rodowe; pojawiły się pierwsze oznaki życia duchowego: totemizm (oddawanie czci przedmiotowi wyobrażającemu wspólnego, mitycznego założyciela rodu), obrzędy magiczne, mające np. przynieść sukcesy na polowaniu, oraz wiara w istnienie duszy u zwierząt, roślin, rzek i przedmiotów martwych (animizm).

Stanowiska ludzkie z okresu późnego paleolitu znaleziono nad Desną, w środkowym biegu Dniestru, na dnieprzańskim Nadporożu, na Wołyniu i wybrzeżach Morza Azowskiego oraz nad Donem i na Połtawszczyźnie.

Środkowa epoka kamienia (mezolit) trwała na Ukrainie od XV do VII tysiąclecia p.n.e. Człowiek mezolityczny posługiwał się już łukiem i strzałami, a rody połączyły się w plemiona.

Młodsza epoka kamienna (neolit) trwała od VII do III tysiąclecia p.n.e. Mieszkańcy terenów ukraińskich używali w tym czasie powszechnie naczyń glinianych; zajmowali się pasterstwem, prymitywną uprawą roli i rybołówstwem. Z tego okresu pochodzą odkryte przez archeologów liczne cmentarzyska i stanowiska kultowe, m. in. tzw. Kamienna Mogiła w pobliżu Melitopola, gdzie znaleziono wyryte w kamieniu, częściowo barwne rysunki, wyobrażające zwierzęta, sceny z polowania, ryby itp. Na cmentarzysku w Mariupolu (dzis. Żdanow) na wybrzeżach azowskich odkryto ok. 120 grobów jamowych zawierających szkielety w postawie wyprostowanej, a liczne ozdoby oraz fragmenty broni znalezione przy nich dowodnie świadczą o rozwiniętej wierze w życie pozagrobowe.

Jeszcze w czasie trwania młodszej epoki kamiennej, w IV tysiącleciu p.n.e. Ukraina wkroczyła w epokę brązu. Spotykamy się wówczas z jedną z najbardziej rozwiniętych kultur rolniczych, tzw. kulturą trypolską (od miejscowości Tripolje na Kijowszczyźnie, gdzie po raz pierwszy znaleziono osiedle tego typu). Obejmowała ona w latach 4000—2000 p.n.e. głównie plemiona zamieszkujące Prawobrzeże Dniepru i Mołdawię. Osiedla tej kultury grupowały przeciętnie po 30—40 dużych glinianych chat usytuowanych koliście i zamieszkane były przez prawie 500 osób. Zdarzały się jednak i większe osady, umocnione rowami i wałami ziemnymi. Rolę uprawiano za pomocą motyk kamiennych, a później prymitywnych radeł drewnianych zaprzężonych w woły. Ze zbóż znano pszenicę, jęczmień i proso. Żęto je drewnianymi sierpami zaopatrzonymi we wkładki krze-

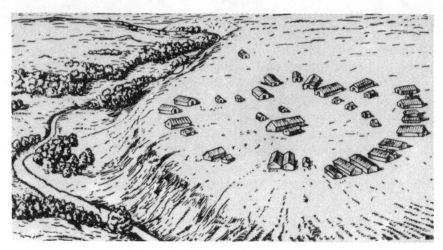

Osiedle kultury trypolskiej — rekonstrukcja

mienne. Hodowano bydło rogate, świnie, owce i kozy. Pojawiły się także pierwsze narzędzia metalowe: szydła, haczyki na ryby, oraz ozdoby wyrabiane z miedzi i brązu, a następnie — z tego samego tworzywa — siekiery i noże. Kultura trypolska charakteryzowała się poza tym obfitością bogato zdobionej ceramiki (ornament spiralny i meandrowaty, później ceramika wielobarwna). Nad Dnieprem występował obrządek ciałopalny, nad Dniestrem zaś — szkieletowy, a zróżnicowanie wyposażenia grobów pozwala na wysnucie przypuszczenia o pojawieniu się różnic w zamożności jednostek i ukształtowaniu się warstwy starszyzny rodowo-plemiennej. Liczne, wykonane z gliny statuetki kobiet świadczą o powszechnym kulcie płodności. Spotyka się także, chociaż znacznie rzadziej, gliniane figurki mężczyzn i zwierząt domowych.

Epoka żelaza zaczęła się na Ukrainie na początku pierwszego tysiąclecia p.n.e. W VII w. p.n.e. na północnych wybrzeżach Morza Czarnego zjawił się lud indoirański — Scytowie, którzy przybyli z Azji Środkowej i założyli państwo, zwane Wielką Scytią, opisane w V w. p.n.e. przez greckiego historyka Herodota. Na południu zajmowali tereny od dolnego biegu Dunaju do Morza Azowskiego i Donu, na północy sięgali do strefy lasów w środkowym biegu Dniepru.

Herodot wyróżniał kilka rodzajów scytyjskich organizacji plemiennych: na Krymie i nad Morzem Azowskim Scytów królewskich, na północ od nich — Scytów koczowników, między środkowym biegiem Dniepru a Dońcem — Scytów rolników i Scytów oraczy na Wołyniu

16

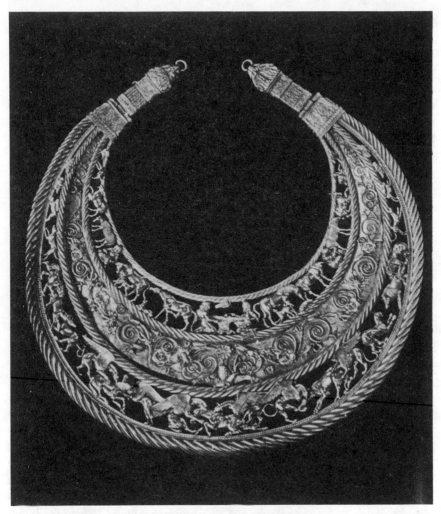

Złoty pektorał z kurhanu Tołstaja Mogiła, IV w. p. n. e.

i Podolu. Były to plemiona wojownicze, równie niebezpieczne w walce konnej, jak i pieszej, często dające się we znaki sąsiadom, zorganizowane na zasadach demokracji wojskowej, odnoszące sukcesy nawet w wojnach (514—513 r. p.n.e.) z królem perskim Dariuszem. Scytowie przechodzili stopniowo na osiadły tryb życia i prowadzili ożywioną wymianę handlową z koloniami greckimi na wybrzeżu czarnomorskim. Obróbka metali stała u nich na wysokim poziomie.

Po Scytach pozostały liczne kurhany — mogiły wodzów plemiennych i królów, rozsiane po stepach ukraińskich, bogato wyposażone w broń, przedmioty użytku codziennego i ozdoby ze złota i srebra. Jednym z największych jest kurhan czortomlicki koło Nikopola nad Dnieprem, w którym pochowano króla wraz z żoną, sześcioma wojownikami i jedenastoma końmi; najsławniejszym zaś — zbadana dopiero w 1971 r. Tołstaja Mogiła w rejonie Czortomlika (obwód dniepropietrowski). Znaleziono w niej liczne złote ozdoby, m. in. wspaniały napierśnik — pektorał z wyrzeźbionymi scenami z życia Scytów i walkami zwierząt.

W III w. p n.e. Scytowie zostali wyparci przez pasterskie plemiona Sarmatów, którzy wtargnęli na stepy znad Wołgi i Donu.

KOLONIE GRECKIE

W VIII – V w. p.n.e. greckie miasta-państwa założyły szereg kolonii handlowych w Azji Mniejszej oraz na północnych wybrzeżach Morza Czarnego. Największą z nich była kolonia Miletu — Olbia, która powstała na prawym brzegu limanu Bohu; prócz tego Chersonez (w pobliżu dzis. Sewastopola), będący początkowo przystanią jońską, a później zasiedlony przez kolonistów z Megary, którzy trafili tu poprzez Herakleję. Milezyjczycy zajęli także Pantikapaion (nad Cieśniną Kerczeńską), a w pobliżu mieszkańcy Teos założyli Fanagorię. U ujścia Donu powstało miasto Tanais.

Przedmiotem wywozu z kolonii do Grecji było zboże, bydło, ryby, drewno i niewolnicy; przywożono zaś wino, oliwę, tkaniny, naczynia ceramiczne i metalowe oraz ozdoby. Każda z kolonii stanowiła odrębną jednostkę państwową opartą na niewolnictwie i rządzącą się własnymi prawami. Wiele z nich nie różniło się zamożnością od metropolii. Olbia, otoczona kamiennym murem obronnym, miała nie tylko murowane świątynie i budynki mieszkalne, lecz również zbiorniki wodne, sieć wodociągową i brukowane ulice. Prócz tradycyjnych rodzajów rzemiosła rozwinęła się w niej uprawa winnej latorośli, wyrób win i rybołówstwo.

W V w. p.n.e. Pantikapaion stał się stolicą Królestwa Bosporańskiego, obejmującego półwyspy Kercz i Tamański oraz północne wybrzeże Morza Czarnego. W 107 r. p.n.e. wybuchło tu powstanie niewolników pod wodzą Scyty Saumakosa, którego nawet obwołano królem. Zostało ono zgniecione przez ekspedycję karną króla pontyjskiego Mitrydatesa Eupatora; klęską zakończyły się również inne ruchy tego typu (np. w Olbii).

Kolonie greckie utraciły swoje znaczenie w pierwszych wiekach naszej ery, albo zniszczone przez najazdy ludów koczowniczych, albo też podbite przez Rzym (po jego podziale weszły w skład państwa bizantyjskiego).

PLEMIONA WSCHODNIOSŁOWIAŃSKIE

W III w. n.e. Sarmatów podporządkowali sobie przybyli z północy Gotowie. Z ludu tego wyodrębnili się Ostrogoci, którzy osiedli na terenach położonych na wschód od Dniestru. Ich król Hermanaryk utworzył w IV w. państwo, wkrótce podbite przez azjatyckich Hunów. Gotów wyparto na zachód, Hunowie zaś, krocząc w ślad za nimi, założyli ośrodek państwowy nad Dunajem. Tereny nadczarnomorskie zostały złupione i splądrowane, a ich rozwój uległ poważnemu zahamowaniu. Przeciągały przez nie później kolejne ludy koczownicze: w VI w. Awarowie, VI–VII w. Bułgarzy, a następnie Pieczyngowie (IX w.).

Na ziemiach ukraińskich Słowianie pojawili się prawdopodobnie 3000 lat temu, przy czym z początkiem naszej ery dokonał się ich podział na Słowian zachodnich i wschodnich. Sądzi się nawet, że opisani przez Herodota Neurowie i jedno z plemion scytyjskich, Scytowie oracze, byli plemionami wschodniosłowiańskimi.

Najdawniejsze wzmianki o Słowianach (nazywano ich wówczas Wenedami) znajdują się w dziełach pisarzy rzymskich: Pliniusza Starszego (23 lub 24–79) i Tacyta (55–120). W VI w. Wenedów ze Słowianami utożsamiał pisarz gocki Jordanes, dzieląc ich na Sklawinów i Antów. Antowie zamieszkiwali według niego tereny między Dniestrem a Dnieprem, a nawet – częściowo – Lewobrzeże Dniepru. Lokalizowali ich tutaj również inni autorzy: pisarz bizantyjski Prokop z Cezarei (V/VI w.) i tzw. Pseudo-Maurycy (VI/VII w.), autor greckiego dzieła *Strategikon*.

Zainteresowanie pisarzy bizantyjskich Antami nie było przypadkowe, właśnie bowiem wtedy ekspansja plemion wschodniosłowiańskich osiągnęła linię dolnego biegu Dunaju. Stąd podejmowano wyprawy grabieżcze na Bizancjum, stwarzając czasem zagrożenie dla stolicy imperium.

Głównym zajęciem plemion wschodniosłowiańskich było rolnictwo i hodowla bydła. Do uprawy roli stosowano drewniane radła z żelaznymi radlicami; pojawiły się również pierwsze pługi bezkoleśne, tzw. płużyce zaopatrzone w żelazny lemiesz i krój. Wśród uprawianych zbóż, prócz kilku gatunków pszenicy, jęczmienia i prosa, znalazła się także hreczka. Hodowano krowy, owce, kozy, świnie i konie. Oswojone psy strzegły domów i służyły do tropienia zwierzyny. Myślistwo, rybołówstwo i zbieractwo spełniały jednak rolę drugorzędną.

Samodzielnymi gałęziami rzemiosła stały się: wydobycie i wytop rudy żelaznej wraz z obróbką metalu, garncarstwo i produkcja ozdób. Rozwinął się handel, a licznie znajdowane na Ukrainie monety rzymskie (ok. 1000 znalezisk, w tym przeszło 150 skarbów) świadczą o stałych kontaktach tych ziem z prowincjami Rzymu, głównie z Dacją.

W swoich wyprawach przeciw Bizancjum Słowianie unikali otwartych bitew; organizowali zasadzki i starali się w walce wykorzystywać sprzyjające warunki terenowe. Uzbrojenie stanowiły żelazne miecze, noże, łuki, siekiery i czekany oraz skórzane tarcze z metalowymi nakładkami. W VII—VIII w. pojawiły się pierwsze kolczugi.

Wczesne kroniki ruskie, a zwłaszcza pochodząca z XII w. *Powieść minionych lat*, wymieniają kilkanaście plemion wschodniosłowiańskich. Wyodrębniły się one prawdopodobnie na przełomie VI i VII w. Tywercy siedzieli między Dniestrem a Prutem; Ulicze lub Uglicze — na prawym brzegu Dniepru aż po *porohy* i w X w. przenieśli się między dolny bieg Dniestru a Boh; Siewierzanie osiedli w dorzeczu Desny, Sejmu i Suły. Naczelnym plemieniem wschodniosłowiańskim byli Polanie rozlokowani wokół grodu kijowskiego; zajmowali oni obszar między Dnieprem a Teterewią, na południu zaś — Stugną. W ich sąsiedztwie (na północy), między Teterewią, Dnieprem, Prypecią a Horyniem, leżały terytoria Drewlan (główny gród — Iskorosteń, dzis. Korosteń w obw. żytomierskim); na zachód od nich, w dorzeczu górnego Bugu i Dniestru, siedzieli Dulebowie, później — prawdopodobnie w XI w. — nazwani Wołynianami (być może plemienia tego dotyczy również nazwa Bużanie). Z innych plemion wschodniosłowiańskich znamy jeszcze: Wiatyczów (w dorzeczu Oki), Radymiczów (w dorzeczu Soży), Dregowiczów (na północ od Prypeci, z głównym grodem Mińskiem), Krywiczów (w dorzeczu górnego biegu Dniepru, Dźwiny i Wołgi, z grodami połockim i smoleńskim) i wreszcie Słowian nadilmeńskich (nad jez. Ilmen i w dorzeczu rzeki Wołchow).

Wiele z nich stanowiło już w tym czasie silne związki plemienne, z jednolitymi książęcymi ośrodkami dyspozycyjnymi i świadomością własnej organizacyjnej odrębności. Ożywione kontakty wzajemne, wspólne pochodzenie oraz pokrewieństwo językowe wpłynęły na ukształtowanie się już wówczas, tzn. w VI—VII w., pierwocin narodowości ruskiej.

Geneza słowa „Ruś" trudna jest do ustalenia. Jest ono bardzo stare i występuje zarówno w toponimice środkowego Naddnieprza (np. rzeka Roś), jak i już w VI w. w nazwach plemion osiadłych na północnych wybrzeżach czarnomorskich (Rosowie, Rosomonowie), ale także dla oznaczenia odłamu skandynawskich Waregów (Rossmenn, Rosskarlar = żeglarze i stąd fińska nazwa Szwedów — Ruotsi). Być może też, że mamy do czynienia z przypadkowym dźwiękowym podobieństwem terminów o różnym pochodzeniu, co sugerował polski historyk Stefan Maria Kuczyński.

Słowianie wschodni to ludy rolnicze, zajmujące się pasterstwem, myślistwem, rybołówstwem i bartnictwem. Rzemiosło rozwijało się tradycyjnie w dużych osiedlach, lecz i w niewielkich osadach wiejskich pojawiali się rzemieślnicy: kowale i garncarze pracujący dla zaspokojenia codziennych potrzeb mieszkańców. Wymiana handlowa była prowadzona na szeroką skalę. Wywożono futra, skóry, miód i wosk, a przywożono tkaniny, wino oraz przedmioty zbytku: kruszce, drogie kamienie i ozdoby. Szczególne znaczenie w rozwoju wymiany odgrywał, zwłaszcza w IX w., naddnieprzański szlak handlowy „od Waregów po Greki". Biegł on od Zatoki Fińskiej, wzdłuż Newy, jez. Ładoga, Wołchowa, jez. Ilmen, Łowaci, a następnie lądem do górnego biegu Dźwiny i dalej Dnieprem do Morza Czarnego i Konstantynopola.

Rozwój handlu, wytworzenie się warstwy ludności zależnej i powstanie starszyzny wojskowo-plemiennej przyczyniły się do ukształtowania licznych ośrodków miejskich, i to zarówno na szlakach handlowych, jak i wokół grodów książęcych. Szczególną rolę odegrały Nowogród i Kijów; ten ostatni założony według legendy przez braci: Kija, Szczeka i Chorywa. Gród kijowski powstał prawdopodobnie w V—VI w., a pierwsze pisane wiadomości o nim pochodzą z VIII w., z kroniki ormiańskiej.

Słowianie wschodni wierzyli w boską moc sił przyrody: wody, ognia, słońca i nieba; oddawali cześć wybranym zwierzętom i drzewom. Głównym bóstwem był Swaróg (Swarożyc) — bóg Słońca, nieba, ognia i patron kowali; jego synem był Dadźbóg lub Chors — także bóg Słońca i ognia. Później bóstwem naczelnym stał się Perun — bóg gromu i burzy.

21

Święta wiązano przede wszystkim ze zmianami obserwowanymi w przyrodzie: *koladę* — z powitaniem zimy, *maslanicę* — z jej pożegnaniem, *kupałę* — z letnim przesileniem słonecznym itd. Powszechna była wiara w życie pozagrobowe, równie powszechny — kult zmarłych przodków.

III. RUŚ KIJOWSKA

POCZĄTKI RUSI KIJOWSKIEJ Pierwsze dokładne wiadomości
o początkach jednolitej organizacji państwowej łączącej większość
plemion wschodniosłowiańskich zostały zawarte w *Powieści minionych
lat* spisanej — według legendy — w XII w. przez mnicha kijowskiego
Nestora (stąd czasem używana nazwa *Kronika Nestora*), opartej na
wcześniejszych dokumentach i kronikach. Wiadomości te stały się
przyczyną trwającej od dawna polemiki między zwolennikami tzw.
teorii normańskiej i „antynormanistami". Do dyskusji, mającej charakter naukowy, niejednokrotnie mieszano sprawy bieżącej polityki,
emocje osobiste, co nie ułatwiało rozstrzygnięcia sporu.

W *Powieści minionych lat* pod rokiem 862 kronikarz zanotował,
że skłócone plemiona wschodniosłowiańskie wezwały dla przywrócenia jedności księcia pochodzenia normańskiego, Warega, wraz z jego
drużyną. „I siadł najstarszy, Ruryk, w Nowogrodzie, a drugi, Sineus,
na Białym Jeziorze, a trzeci, Truwor, w Izborsku [w ziemi pskowskiej — uw. *W.A.S.*]. I od tych Waregów przezwała się ziemia ruska".

Zwolennicy teorii normańskiej uważali, że dopiero Waregowie
założyli organizację państwową na ziemiach ruskich. W ślad za tym
wysuwano nawet tezę, iż Słowianie wschodni nie byli zdolni do
utworzenia własnego państwa. Tymczasem z *Kroniki Nestora* wynika
wniosek niemal diametralnie przeciwstawny, ten sam bowiem kronikarz pod wcześniejszymi datami zanotował istnienie słowiańskich
państw plemiennych. Znalazło to zresztą pełne potwierdzenie zarówno
w wynikach prac wykopaliskowych, jak i przeprowadzonych badaniach
porównawczych oraz efektach analizy innych przekazów wczesno-
średniowiecznych, zwłaszcza pióra pisarzy bizantyjskich, a także
podróżników i kupców arabskich.

Z dotychczasowej literatury przedmiotu wynika, że o ile hi-
storyczność samego Ruryka, w szczególności zaś Sineusa i Truwora,
może podlegać dyskusji, podobnie jak „zaproszenie" Waregów na

ziemie słowiańskie, o tyle nie można kwestionować przypuszczalnego najazdu Normanów na ziemie słowiańskie i obecności wojowników normańskich wśród najbliższego otoczenia pierwszych książąt ruskich. Wskazują na to zwłaszcza ich imiona wymieniane w traktatach zawieranych przez Ruś z Bizancjum oraz inne zapisy *Powieści minionych lat.* Nie ulega także wątpliwości istnienie pierwocin ruskiej organizacji państwowej jeszcze przed przybyciem tutaj Waregów. Nazwy najstarszych miast ruskich oraz zabytki kultury pochodzące z okresu formowania się państwa kijowskiego mają bez wyjątku charakter rodzimy. Prawdopodobnie legenda o przywołaniu Ruryka powstała w celu udokumentowania prawowitości linii dynastycznej rządzącej w Kijowie.

Księstwa nowogrodzkie i kijowskie zostały połączone w 882 r. przez Olega (pochodzącego rzekomo z rodu Ruryka), który początkowo rządził w Nowogrodzie, a następnie zabił panujących w Kijowie Askolda i Dira i opanował miasto.

W tym czasie państwo kijowskie objęło już liczne, znane nam obszary organizacji plemiennych: Słowian ilmeńskich, Krywiczów, Polan, Drewlan, Siewierzan i Radymiczów. W jego granicach znalazły się poważne i rozbudowane ośrodki miejskie: prócz wspomnianych — Kijowa i Nowogrodu — również Czernihów, Perejasław, Połock, Smoleńsk i in., a kronikarz zanotował: „I siadł Oleg, władając w Kijowie, i rzekł Oleg: »To będzie matka grodów ruskich«".

Z podbitych ziem ściągano daninę, tzw. *poludje,* po którą corocznie wyprawiał się sam książę ze swoją drużyną lub upełnomocniony przez niego wielmoża. Tak np. za panowania Olega daninę zbierał książę Igor, rzekomy syn Ruryka, który przybył do Kijowa wraz z Olegiem. Daninę płacono zarówno w pieniądzu i kruszcu, jak i w naturze: futrach, miodzie i wosku. Wprawdzie na Rusi nie występowało niewolnictwo w klasycznej postaci, lecz w sytuacji niewolników znajdowali się częstokroć jeńcy wojenni zdobywani w czasie wypraw. Wielu z nich sprzedawano wraz z innymi towarami w Konstantynopolu, z którym stale utrzymywano kontakty handlowe.

Z cesarstwem bizantyjskim prowadzono także wojny, przy czym stroną zaczepną była zazwyczaj Ruś. Pierwszą z nich zanotowano pod 907 r. Przypuszcza się jednak, że miała ona miejsce dopiero w 911 lub 912 r. Wtedy właśnie Oleg wymusił (w 911 r.) na Bizancjum traktat pokojowy regulujący wszystkie ewentualne sprawy sporne, głównie o charakterze kryminalnym (kary za zabójstwa, kradzieże itp.). Poza tym postanowienia traktatu pozwalały poddanym księcia kijowskiego na pozostawanie w służbie cesarskiej.

Oleg zmarł w 912 r. i władcą kijowskim został Igor. Drewlanie usiłowali wykorzystać śmierć Olega i uniezależnić się od Kijowa, lecz zostali natychmiast przywołani do porządku. Nowy władca kijowski kontynuował politykę rozszerzania granic swoich posiadłości. Odpierał skutecznie ataki Pieczyngów i kilkakrotnie wyprawiał się na Bizancjum osłabione przez ataki Bułgarów i Węgrów. Pierwsze dwie wyprawy (920, 941) nie były udane. Druga z nich zakończyła się nawet zupełną klęską wojsk ruskich, mimo że podeszły one pod sam Konstantynopol. Okrążeni i przerażeni użyciem tzw. ognia greckiego wojownicy powrócili zdziesiątkowani do kraju. W 944 r. Igor ponownie ruszył przeciw imperium, zapewniwszy sobie uprzednio pomoc Pieczyngów i drużyn normańskich. Wyprawa dotarła do linii Dunaju i zawróciła otrzymawszy okup od cesarza. W tymże roku odnowiono bizantyjsko-ruski traktat pokojowy, a wśród sygnujących go posłów i kupców ruskich znaleźli się Normanowie: Szychber Sfandr, Prasten Turdow, Frutan, Fursten, Turbern, Roald i in. Poza artykułami przypominającymi w treści postanowienia traktatu z 911 r. lub będącymi ich powtórzeniem Ruś zobowiązywała się do udzielenia cesarstwu pomocy wojskowej w wypadku wyrażenia przez nie takiego żądania.

Prawdopodobnie w tym czasie Igor podporządkował sobie Ty-werców.

Próba dwukrotnego w ciągu roku ściągnięcia daniny z Drewlan zakończyła się zabiciem Igora. Jego żona Olga (945 — 969), która sprawowała rządy w imieniu małoletniego syna Światosława, w 946 r. zdobyła stolicę Drewlan Iskorosteń i przywróciła zwierzchnictwo Kijowa. W pierwszych dwóch latach panowania księżna objechała posiadłości kijowskie ustanawiając liczne punkty administracyjno--podatkowe, tzw. *pogosty*, do których miano przywozić daninę i następnie stamtąd przesyłać do stolicy państwa. W 955 lub 957 r. Olga przyjęła chrzest w Bizancjum. Obrażona złym przyjęciem, o przysłanie misji zwróciła się jednak do Niemiec. Wyprawa misyjna biskupa Adalberta na Ruś (961 — 962) zakończyła się niepowodzeniem.

Pod koniec życia Olgi Światosław (945 — 972) przedsięwziął kilka samodzielnych wypraw wojennych, podbijając wołżańskich Chazarów i Wiatyczów, pokonując Bułgarów naddunajskich i Pieczyngów. Jego ambicje sięgały jednak znacznie dalej, prawdopodobnie nawet korony cesarskiej. W każdym razie wolał siedzieć w Presławcu nad Dunajem, ważnym bułgarskim ośrodku strategicznym i handlowym, dogodnym punkcie wypadowym do ewentualnego ataku na Bizancjum, niż w Kijowie, gdzie osadził swego syna Jaropełka. W Iskorosteniu znalazł się drugi z synów — Oleg. Sądzić można, że decyzje te były wyrazem nowych tendencji władzy wielkoksiążęcej, a mianowicie traktowania całości terytorium państwa jako własności panującego. W sojuszu z Bułgarami i Węgrami w 971 r. wyruszył Światosław przeciw Bizancjum, lecz wobec wyraźnej liczebnej przewagi przeciwników został zmuszony do paktowania i podpisania traktatu pokojowego. Zginął w następnym roku, powracając z wyprawy, napadnięty przez Pieczyngów przy dnieprzańskich porohach.

W OKRESIE ROZKWITU

Światosław pozostawił trzech synów: Jaropełka w Kijowie, Olega w Iskorosteniu i Włodzimierza (jego matką była nałożnica Światosława, klucznica Małusza) w Nowogrodzie. Po śmierci Olega Włodzimierz (978—1015) starł się z Jaropełkiem, zabił go, zapewniwszy sobie uprzednio pomoc Normanów, Słowian ilmeńskich, Krywiczów i Estów.

Włodzimierz prowadził politykę umacniania władzy centralnej, przeciwstawiając się energicznie tendencjom separatystycznym. W 981 r. w wyprawie na Polskę zajął Grody Czerwieńskie (m. in. Przemyśl i Czerwień), dwukrotnie pokonał Wiatyczów, pobił Jaćwingów, Radymiczów oraz Bułgarów wołżańskich. Sprawy religii były podporządkowane jego polityce państwowej. Po nieudanych próbach zaprowadzenia kultu naczelnego bóstwa — Peruna, w 988 lub 989 r. przyjął z Bizancjum chrześcijaństwo i ożenił się z Anną, siostrą cesarza Bazylego II. Chrzest Włodzimierza odbył się w Chersonezie. Książę przeprowadził przymusową chrystianizację Rusi. Względy polityczne kierowały krokami obydwu stron, Bazyli bowiem dał Włodzimierzowi rękę Anny za pomoc udzieloną w pokonaniu zbuntowanego dowódcy Bardasa Fokasa.

Przyjęcie chrześcijaństwa miało początkowo charakter formalny. Jeszcze przez wiele lat utrzymywały się na Rusi obyczaje i obrządki pogańskie. W 996 r. wybuchły nawet zamieszki w Kijowie, najprawdopodobniej na tle religijnym. Mimo to nowa religia stopniowo umacniała swoją pozycję, sprzyjając centralizacji państwa i spełniając

Cerkiew tzw. Dziesięcinna w Kijowie — rekonstrukcja, lata 989—996

rolę pomostu dla szerszego niż dotychczas przepływu bizantyjskich wpływów kulturalnych na Ruś Kijowską. Przyczyniła się ona również do upowszechnienia pisma — cyrylicy, która całkowicie wyparła uprzednio używaną głagolicę. Umocniły się też polityczne i kulturalne związki z Bułgarami bałkańskimi.

Druga połowa panowania Włodzimierza przyniosła z jednej strony kontynuację prowadzonych ze zmiennym szczęściem walk z Pieczyngami oraz z odradzającymi się tendencjami separatystycznymi, na których czele stał syn księcia kijowskiego Jarosław, osadzony przez niego w Nowogrodzie; z drugiej zaś — pokojowe, a nawet przyjazne kontakty z Polską, Węgrami i Czechami.

Ruś Kijowska przeżywała za rządów Włodzimierza okres rozkwitu i wszechstronnego rozwoju. Kijów otoczono wałami, wzmacniając je dodatkowo murowanymi basztami obronnymi; wybudowano w nim cerkiew pod wezwaniem Świętej Bogarodzicy, zwaną także Dziesięcinną ze względu na daninę wypłacaną na jej rzecz z dziesiątej części dochodów książęcych. Z inicjatywy władcy zbudowano również cerkiew Św. Jerzego w Kijowie oraz Przemienienia Pańskiego w Wasylkowie. Włodzimierz założył poza tym szereg grodów na wschód i południe od Kijowa, na linii Desny, Ostrego, Trubeża, Suły oraz Stugny i osadził w nich zwerbowanych wojowników, by bronili stolicy przed najazdami Pieczyngów. Resztki umocnień zachowały się do dnia dzisiejszego.

Przy księciu funkcjonowała rada, składająca się z wielmożów (*bojarów*), przekształcona z dawnej drużyny. Panujący „naradzał się z nią o urządzeniu kraju, i o wojnach, i o prawach krajowych". Na poszczególnych szczeblach hierarchii feudalnej stali *posadnicy* — namiestnicy książęcy w prowincjach ruskich, m. in. w Nowogrodzie, Iskorosteniu, Turowie nad Prypecią, Połocku, Tmutorakaniu nad Morzem Czarnym itd. *Posadnikami* byli często synowie panującego lub inni członkowie jego rodziny. Wojskiem dowodził sam książę przy pomocy zaufanych wojewodów, setników i dziesiętników. Sytuacja prawna warstw niezamożnych: drobnych wytwórców w miastach i chłopów na wsi, nie jest jeszcze w tym czasie dobrze znana.

Dochody książęce pochodziły z danin ściąganych przez namiestników, łupów wojennych i kar pieniężnych za zabójstwa i kradzieże. Kary te były egzekwowane przez tzw. *biryczów*, którzy jednocześnie strzegli porządku publicznego. Prócz tego władca, jak każdy z feudałów z jego otoczenia, miał własne dobra: miasta i wsie książęce.

Włodzimierz zmarł właśnie w jednej ze swoich wsi podkijowskich — Berestowie. Sytuację wykorzystał syn zmarłego Światopełk turowski, znajdujący się wówczas w Kijowie, i wobec tego, że jeden z braci, cieszący się znaczną popularnością wśród Kijowian, Borys rostowski, kierował wyprawą przeciw Pieczyngom, sam obwołał się następcą po ojcu. Wkrótce zabił trzech swoich braci: Borysa, Gleba muromskiego i Światosława sprawującego rządy nad Drewlanami. Na polu walki pozostało praktycznie dwóch przeciwników: Światopełk i kulawy Jarosław siedzący w Nowogrodzie, niejednokrotnie, jeszcze za życia ojca, zdradzający ambicje do przejęcia przewodnictwa nad Rusią. W 1016 r. doszło pod Lubeczem do rozstrzygającego starcia między pretendentami do tronu. Bitwę wygrał Jarosław (1016/1017, 1018—1054), który wkroczył do Kijowa. Światopełk zbiegł do Polski, do swego teścia Bolesława Chrobrego.

W 1018 r. ruszyła przeciw Rusi polska wyprawa mająca na celu restytuowanie Światopełka na tronie kijowskim. Jej cel został osiągnięty, a Jarosław zmuszony do ucieczki do Nowogrodu. Bolesław Chrobry powrócił wkrótce do kraju, w powrotnej drodze odbierając Grody Czerwieńskie, zagarnięte przed laty przez Włodzimierza, i pozostawiając w miastach ruskich niewielkie załogi polskie. Po wycofaniu się drużyny Bolesława i wymordowaniu jego wojowników sytuacja zmieniła się diametralnie. Światopełk został ponownie wypędzony z Kijowa i szukał z kolei pomocy u Pieczyngów, ale pokonany w kolejnym starciu, zginął w 1019 r. zamordowany prawdopodobnie przez Waregów Jarosława.

Pierwsze lata panowania nowego władcy wypełnione były walkami z kolejnymi konkurentami reprezentującymi separatystyczne interesy dzielnicowe oraz własne ambicje. Do głosu doszli wnuk i syn Włodzimierza: Briaczysław syn Izasława oraz Mścisław tmutorakański. Briaczysław wyruszył z Połocka, podbił Nowogród, lecz pokonany przez Jarosława powrócił do swej dzielnicy. Walka Mścisława z Jarosławem nie przyniosła zdecydowanego zwycięstwa żadnej ze stron, mimo że obydwaj konkurenci już tradycyjnie korzystali z obcej pomocy. W 1026 r. zawarli w Gorodcu koło Kijowa porozumienie, na mocy którego państwo rozdzielono na dwie części: Prawobrzeże Dniepru oraz północna część Rusi przypadła Jarosławowi, Lewobrzeże i tereny południowe—Mścisławowi. Podział ten utrzymał się aż do śmierci Mścisława w 1036 r.

Gdy w Polsce wybuchły zamieszki antyfeudalne (1037—1038), skierowane również przeciw hierarchii kościelnej, Jarosław wykorzystał nadarzającą się okazję i interweniując w interesie Kazimierza Odnowiciela przyłączył Grody Czerwieńskie do państwa kijowskiego. Przypuszcza się również, że Jarosław wyprawił się do Polski wcześniej (1031), by osadzić na jej tronie Bezpryma odsuniętego od władzy przez Mieszka II. Księciu kijowskiemu udało się także rozgromić Pieczyngów, którzy podeszli w 1036 r. aż pod stolicę, i w tym samym roku osadził w więzieniu kolejnego ze swych braci, Sudzisława, podejrzanego o spiskowanie przeciw władcy.

Wyprawy Jarosława powtarzały się niemal corocznie: na Jaćwingów, Litwę, kilkakrotnie na zbuntowanych przeciw Kazimierzowi Odnowicielowi Mazowszan, dowodzonych przez Mojsława, a nawet — po raz ostatni w dziejach Rusi — na Bizancjum (1043). Próba pokonania Bizancjum nie udała się, łodzie bowiem z wojownikami ruskimi zostały na Morzu Czarnym rozpędzone i zatopione w czasie burzy.

Siostra Jarosława Maria-Dobronega była żoną Kazimierza Odnowiciela, który ofiarował za nią księciu kilkuset jeńców wziętych do niewoli jeszcze za panowania Bolesława Chrobrego, w czasie jego wyprawy kijowskiej.

Jarosław zmarł w 1054 r. Potomni nadali mu przydomek Mądry. Był to niewątpliwie jeden z najwybitniejszych władców Rusi. Od początku swego panowania dążył konsekwentnie do podniesienia roli

Kijowa jako centralnego ośrodka dyspozycyjnego, mimo że w razie konieczności szukał sojuszników wśród drużyn normańskich, Słowian ilmeńskich i Estów. Wiązało się to prawdopodobnie z faktem, że Nowogród był pierwszym ośrodkiem, w którym sprawował władzę jako *posadnik* Włodzimierza. Nowogrodzian i sojuszników z północy znał lepiej niż innych i ufał im bardziej. Zresztą Nowogród był wówczas, obok Kijowa, ośrodkiem najbardziej predestynowanym do objęcia przewodnictwa nad Rusią. Jego mieszkańcy od dawna utrzymywali kontakty handlowe i polityczne z sąsiadami i nie w smak im była konkurencja Kijowa. Nie przeszkodziło to jednak Jarosławowi w chwili, gdy wskutek rabunków i gwałtów dokonywanych przez normańskich pomocników Nowogrodzianie wymordowali Waregów, pozabijać sprawców tego czynu, a następnie tych, którzy uszli z życiem, prosić o pomoc w opanowaniu Kijowa.

Kijów otaczał szczególną troską. Początkowo wzniósł w nim tylko drewnianą cerkiew pod wezwaniem Św. Zofii, ale później, po pokonaniu przeciwników jedności państwa i odsunięciu niebezpieczeństwa grożącego z zewnątrz, rozpoczął rozbudowę miasta zakrojoną na szeroką, nie spotykaną dotąd skalę. Kompleks budowli powstałych w Kijowie, poczynając od 1037 r., nazywa się dzisiaj tradycyjnie „Grodem Jarosława". Zbudowano wówczas m. in. murowany sobór Sofijski, bogato zdobiony i wyposażony w cenne dzieła ówczesnych malarzy — *ikonopisców*. Do chwili obecnej zachowała się wspaniała, odrestaurowana w ostatnich latach mozaika w centralnej części soboru oraz freski zajmujące powierzchnię niemal 3000 m². Cerkiew miała pięć naw, a nad nią wyrastało trzynaście pozłacanych kopuł. Na ścianach, prócz tematyki religijnej, znaleźć można było i sceny świeckie, m. in. grupowy portret rodziny Jarosława Mądrego (samego władcy, żony Ireny, córek, które wyszły za mąż za władców Francji, Norwegii i Węgier, oraz jego synów). Na ścianach widniały sceny z polowania, postacie akrobatów, muzykantów, tancerzy, jeźdźców itp. Na bezpośrednie wpływy bizantyjskie wskazywała kompozycja „Hippodrom", przedstawiająca cesarza wraz z zaproszonymi gośćmi przypatrującego się wyścigom zaprzęgów konnych. Liczne były też postacie zwierząt: geparda, lwa, niedźwiedzia, wielbłąda, osła, dzika, zająca, ptaków, oraz fantastycznych stworzeń żyjących tylko w wyobraźni twórcy fresków.

W tym czasie powstały również cerkwie pod wezwaniem Św. Jerzego i Św. Ireny, patronów władcy i jego żony (Jarosławowi przy

Prawda ruska — rękopis z XIII w.

chrzcie nadano imię Jerzy); nowe mury obronne ze słynną Złotą Bramą — głównym wjazdem do miasta.

W Kijowie ustanowiona została metropolia, a pierwszym, mianowanym przez księcia metropolitą był mnich ruski Iłarion (1051). To posunięcie władcy, prawdopodobnie samowolne, nie uzyskało aprobaty patriarchy konstantynopolitańskiego. Jarosław przyczynił się znacznie do rozwoju szkolnictwa cerkiewnego i piśmiennictwa na Rusi. Ściągał mnichów z Bizancjum, nakazując im tłumaczyć księgi kościelne z greckiego na język staro-cerkiewno-słowiański. Przetłumaczono wówczas również bizantyjskie kroniki Georgiosa Hamartolosa i Georgiosa Synkellosa oraz *Topografię chrześcijańską* Kosmasa Indikopleustesa.

Z tego też czasu pochodzi tzw. krótka redakcja *Prawdy ruskiej* (znana także pod nazwami *Najdawniejsza prawda* lub *Prawda Jarosława*), zawierającej 18 artykułów regulujących odpowiedzialność za popełnione przestępstwa. Dopuszczała ona w postaci normy prawnej stary obyczaj zemsty rodowej – karania śmiercią sprawcy zabójstwa przez brata, syna, ojca lub bratanka ofiary. Wykup możliwy był jedynie w wypadku, gdy nie było krewnych, którzy mogliby pomścić zmarłego. Okaleczenie, pobicie człowieka, a nawet tylko wyjęcie miecza z pochwy połączone z groźbą jego użycia karane były grzywną. Z nieco późniejszego okresu pochodzi druga redakcja *Ruskiej prawdy*, zwanej również *Prawdą Jarosławiczów* (synów Jarosława: Izasława, Wsiewołoda i Światosława), zawierającej 23 artykuły o podobnym charakterze. Była ona świadectwem rozwiniętych stosunków feudalnych i różnicowała wysokość kary w zależności od tego, kto został pokrzywdzony. I tak np. za zabicie *bojara*, członka drużyny książęcej należało zapłacić księciu karę w wysokości 80 grzywien, tzn. 4–8 kg srebra, a prócz tego wykupić się rodzinie zabitego; za zabicie niewolnika lub *smerda* jego właściciel otrzymywał zaledwie 5 grzywien, a książę nie dostawał już żadnego dodatkowego odszkodowania.

STOSUNKI SPOŁECZNO-GOSPODARCZE

Bardzo ważne dla zbadania rozwarstwienia społecznego Rusi Kijowskiej w XI w. są zawarte w *Prawdzie ruskiej* wiadomości o różnych kategoriach ludności. Mowa jest w niej o *smerdach, chołopach, czeladzi, riadowiczach, ratajach, tiwunach, ogniszczaninach* i *izgojach*. Musieli oni zapewne występować i wcześniej, zawarte bowiem w kodeksie prawa tylko sankcjonowały i porządkowały już istniejące obyczaje i zasady odpowiedzialności karnej.

Smerdowie byli chłopami płacącymi daninę władcy i mającymi prawo do posiadania majątku, który jednak w razie ich bezpotomnej śmierci (braku syna, córki *smerdów* nie miały prawa do spadku) przechodził na własność panującego. Stanowili więc oni jedną z licznych kategorii ludności zależnej. Później prawdopodobnie przeobrazili się w chłopów poddanych, zobowiązanych do pracy w dziedzicznych majątkach księcia i wielmożów. Położenie *chołopów* nie różniło się wówczas od sytuacji niewolników: mogli być przedmiotem transakcji kupna-sprzedaży, mogli być zastawieni, oddani za długi ich właściciela, a nawet zabici przez swojego pana. W XI w. *czeladzin* stanowił kategorię pośrednią między niewolnikiem a wolnym chłopem. Ta kategoria przypominała niewolnictwo typu patriarchalnego. *Riadowicze*, podobnie jak *zakupowie*, popadali w zależność od feudała na podstawie indywidualnej umowy, czy to odpracowując zaciągnięty dług, czy też rezygnując z wolności osobistej w zamian za ochronę przed napaścią ze strony innych wielmożów. *Rataje* i *tiwunowie* to służba księcia zawiadująca pracami polowymi lub pewnymi gałęziami jego gospodarstwa. *Ogniszczanin* był członkiem tzw. starszej lub bliższej drużyny książęcej i spełniał nie tylko rolę doradcy, ale również administratora dóbr. *Izgoje* to kategoria najtrudniejsza do określenia. Część historyków sądzi, iż pod względem prawnym przypominali oni czeladź, jednak większość uznaje ich za ludzi niegdyś wolnych, którzy przez zrządzenie losu zmuszeni zostali do zmiany dotychczasowego stanu, bądź za *chołopów*, którzy wykupili się z niewoli lub stali się wyzwoleńcami z łaski swojego pana. Według *Prawdy Jarosława* za pozbawienie życia *izgoja* należało zapłacić taką samą sumę, jak za zabicie członka drużyny książęcej, ale nie dozwalano stosowania prawa zemsty rodowej.

Pojawiła się znaczna liczba wielkich majątków ziemskich, opartych na pracy zależnych i półzależnych chłopów, rozwinął się handel i wzrosła rola pieniądza, przyczyniając się do szybkiego rozwoju ośrodków miejskich. W XI w. powstało 60 nowych miast, w XII w. — przeszło 100. Latopisy świadczą m. in. o założeniu w XI w. Staroduba, Łucka, Bełza, Brześcia, Łubniów, Włodzimierza na Wołyniu i Włodzimierza nad Klaźmą, a w XII w. Halicza, Korsunia, Słucka, Wielkich Łuk oraz wielu innych, wśród których znajdzie się i Moskwa. Oczywiście rzadko tylko miasto powstawało w miejscu uprzednio nie zasiedlonym. Zanim książę wybudował zamek, ufundował cerkiew, nadał przywileje czy pozostawił swoją załogę, teren będący przedmiotem takiego zabiegu przeważnie był już zamieszkały, często — jak świadczą wykopaliska archeologiczne — od kilku stuleci. Rolę decydującą w poczynaniach władcy w tej mierze odgrywały względy handlowe lub strategiczne.

Wraz z powstaniem miasta tworzył się rynek lokalny o zasięgu 150—400 km, na którym rzemieślnicy miejscy zbywali swoje wyroby, a okoliczni rolnicy żywność i surowce (skóry, miód, wosk). Wiele z produktów rzemiosła ruskiego, w szczególności wyroby jubilerskie osiągnęły bardzo wysoki poziom artystyczny, znajdując zbyt za granicą: w Polsce, Czechach, Szwecji i państwie bułgarskim.

Ruś Kijowska prowadziła ożywioną wymianę handlową nie tylko z tradycyjnymi partnerami: Bizancjum, Szwecją czy Polską, lecz także z bardziej odległymi krainami: Persją oraz innymi państwami Środkowego Wschodu. Docierały tam towary i kupcy ruscy. Miasta Rusi słynęły ze swej zamożności i pełne były przybyszów zarówno z krajów sąsiednich, jak też z Francji, Niemiec, Włoch lub nawet państwa arabskiego.

Miasta miały w znacznej mierze charakter rolniczy, przeto znaleźć w nich można było wszystkie kategorie ludności tak charakterystyczne dla osad wiejskich. Stale rosnące i pogłębiające się różnice w zamożności i usytuowaniu prawnym mieszkańców państwa kijowskiego powodowały niejednokrotnie ostre konflikty między nimi, przeradzające się nieraz w otwarte powstania ludności zależnej przeciw wyzyskującym ją panom feudalnym. O powstaniach tych usłyszymy jeszcze...

Wzrost znaczenia politycznego i gospodarczego ośrodków pozakijowskich wywoływał coraz silniejsze tendencje odśrodkowe. Polityka wielkich książąt panujących w Kijowie miała dwojaki charakter: z jednej strony traktowali oni całą Ruś jako swoją własność — „ojcowiznę", przekazaną im w spadku, i starali się nie dopuścić do osłabienia więzi spajających ją w jedną całość; wszakże z drugiej — przy identycznym założeniu wyjściowym — w zapisach testamentowych lub decyzjach ustnych podejmowanych za życia dzielili państwo między synów, nawet nie ustalając z góry, jak się wydaje, zasady senioralnej: naczelnego i decydującego stanowiska najstarszego ze swych potomków. Stanowiło to dodatkowy czynnik ułatwiający powstawanie separatyzmu dzielnicowego opartego na wygórowanych ambicjach osobistych równorzędnych sobie książąt. Z tego wynikały nieustające praktycznie walki między braćmi, szukanie przez nich sprzymierzeńców poza krajami słowiańskimi, nawet wśród ludów koczowniczych, tradycyjnych wrogów Rusi Kijowskiej, np. Pieczyngów.

Szczególną rolę w rozwoju i utrwaleniu stosunków feudalnych odegrał Kościół ze swoją ideologią opartą na „naturalnym porządku i hierarchii" rzeczy, szukaniu rekompensaty w życiu pozagrobowym za niepowodzenia doznane w życiu doczesnym i podporządkowaniu interesów świeckich — zbawieniu duszy. Chrystianizacja Rusi oznaczała także pojawienie się nowego elementu feudalnej struktury, a mianowicie własności kościelnej i klasztornej. Chrześcijaństwo w wydaniu bizantyjskim dalekie było od głoszonego oficjalnie programu nieprzywiązywania wagi do dóbr doczesnych. Wspaniałe bazyliki, bogate ikonostasy, obfitość złotego zdobnictwa, przepych strojów i aparatów liturgicznych miały zmuszać wiernych do pokory. Jak zresztą zanotował kronikarz, książę Włodzimierz przyjmując chrześcijaństwo kierował się również tym właśnie względem. Jego wysłannicy, którzy mieli porównać kilka religii i złożyć księciu relację, mówili: „I przyszliśmy do Greków, i wiedli nas, gdzie służą Bogu swojemu, i nie wiedzieliśmy, w niebie li byliśmy, czy na ziemi: nie ma bowiem na ziemi takiego widowiska ni piękna takiego ... i nabożeństwo ich jest najlepsze ze wszystkich krajów".

Pierwsze cerkwie na Rusi nie przypominały bogactwem i wyposażeniem swego bizantyjskiego pierwowzoru. Rychło jednak, dzięki nadaniom pobożnych możnowładców, obrosły w majątki, rozległe posiadłości z licznymi poddanymi i sprzężajem. Charakterystyczne w tej mierze są dzieje słynnego monasteru Pieczerskiego w Kijowie, jeszcze do niedawna miejsca licznych pielgrzymek. Początek dała mu, rzekomo, „pieczarka mała, dwusążniowa", wykopana przez mnicha Iłariona szukającego spokojnego miejsca do modlitwy. Później osiedlił się tu pustelnik Antoni pochodzący z Lubecza, po przyjęciu święceń na górze Athos. Stopniowo gromadzili się przy nim uczniowie, „a gdy rozmnożyło się braci w pieczarze i nie mogli się zmieścić, umyślili postawić zewnątrz pieczary monaster". Powstała więc najpierw „cerkiewka mała", potem monaster, aż wreszcie mnisi wyprosili u Izasława, syna Jarosława Mądrego, całą „górę nad pieczarą". Zbudowano tu „cerkiew wielką" i „cele mnogie", ozdobiono je ikonami oraz ogrodzono ostrokołem. Wprawdzie kronikarz zastrzegał się, że liczne monastery „od cesarzów i bojarów, i od bogactwa powstały", a Ławra Pieczerska „łzami, postem, modlitwą i czuwaniem", przecież przytoczone przez niego fakty wyraźnie świadczyły, iż bez nadania ziemi, a zapewne i finansowej pomocy uzyskanej od panującego, nie byłoby możliwe powstanie klasztoru. Ławra Pieczerska stała się zresztą szybko jednym z najpotężniejszych właścicieli dóbr na terenie ziem ukraińskich. Podobnie było w wypadku innych monasterów i cerkwi prawosławnych na Rusi.

WALKI KSIĄŻĄT

Jarosław zmarł w 1054 r. Był pierwszym z władców ruskich, o którym wiadomo, że rozdzielając dzielnice w państwie między swoich synów ustalił wyraźnie zasadę senioratu i pryncypatu. Kijów przydzielił najstarszemu, Izasławowi, a pozostałym zapowiedział:

35

„Jego słuchajcie, jakoście słuchali mnie, niech on wam będzie zamiast mnie". Pozostałe części Rusi Jarosław rozdzielił w następujący sposób: Światosław otrzymał Czernihów, Wsiewołod — Perejasław, Igor — Włodzimierz na Wołyniu, a Wiaczesław — Smoleńsk.

Początkowo zalecenia Jarosława były ściśle wykonywane nawet wówczas, gdy Światosław musiał przenieść się z Włodzimierza, gdzie poprzednio rządził, do Czernihowa, a najulubieńszy z synów zmarłego księcia Wsiewołod został zobowiązany w testamencie do opuszczenia Kijowa i objęcia dzielnicy perejasławskiej. Wpływ na to miała nie tylko wybitna indywidualność Jarosława, ciążąca na synach także po jego śmierci, lecz i nowe niebezpieczeństwo, jakie zawisło nad Rusią i zmusiło książąt do połączenia swych sił. Już bowiem w 1054 r., jeszcze zapewne przed przybyciem Izasława do Kijowa (w chwili śmierci ojca znajdował się w Turowie lub Nowogrodzie), Wsiewołod odparł Torków, koczowników pochodzenia tureckiego, którzy napadli na południowe kresy Rusi, oraz przez paktowanie odroczył starcie z innym ludem koczowniczym — Połowcami. Połowcy stanowili w tym czasie kilka związków plemiennych. Zajmowali się pasterstwem. Zamieszkiwali ogromne terytorium ciągnące się od zachodnich grzbietów gór Tien-Szan do Dunaju.

W 1060 r. Torkowie zostali rozbici przez połączone siły książąt ruskich, ale już w roku następnym Połowcy ruszyli do ataku i pokonali drużynę Wsiewołoda. Do następnego starcia z nimi doszło po ośmiu latach. Wprawdzie tym razem przeciw napastnikom wystąpiły zjednoczone wojska wszystkich dzielnic, lecz podobnie jak poprzednio doznały one porażki. Izasław uciekł do Kijowa. Ludność miasta zażądała wydania broni, chcąc samodzielnie wypędzić koczowników z ziemi ruskiej. Izasław obawiał się uzbrojenia wzburzonych mieszkańców i odmówił zadośćuczynienia ich żądaniom. Kiedy tłum zagroził jego osobistemu bezpieczeństwu, uciekł z miasta, a następnie z kraju, szukając schronienia i pomocy w Polsce, na dworze swego siostrzeńca Bolesława Śmiałego. Zbuntowani kijowianie rozgrabili tymczasem doszczętnie skarb książęcy, zabierając z niego wszystko złoto, srebro i pieniądze. Skuteczny opór stawił Połowcom dopiero książę Światosław, pokonując ich w bitwie pod Snowskiem (dzis. Sedniew) na ziemi czernihowskiej.

Nie dane było jednak zaznać Rusi dłuższego okresu pokoju, gdyż w 1067 r. Wsiesław, syn Briaczysława, księcia połockiego, prawnuk Włodzimierza, rozpoczął walkę przeciw Jarosławiczom. Z początku uzyskał szereg drobniejszych sukcesów i nawet udało mu się zająć Nowogród, został jednak pobity, schwytany i osadzony wraz z synami w *porubiu* (więzieniu) kijowskim. Wyzwolili go stamtąd dopiero zbuntowani mieszkańcy stolicy ruskiej i okrzyknęli władcą Kijowa.

Po interwencyjnej wyprawie Bolesława Śmiałego na Kijów (1069) Wsiesław uciekł z powrotem do Połocka, następnie do Waregów, a Izasław zajął ponownie tron wielkoksiążęcy. Nie wróciła jednak zgoda. Walka między braćmi, ich synami oraz przedstawicielami bocznych linii Rurykowiczów rozgorzała z nową siłą. W 1072 r. Jarosławicze: Izasław, Światosław i Wsiewołod, zjechali się w Wyszgorodzie koło Kijowa. Prawdopodobnie właśnie tutaj ustanowiono statut znany pod nazwą *Prawdy Jarosławiczów*. Rozjechali się w zgodzie, ale porozumienie nie przetrwało długo, już bowiem w roku następnym doszło do walki między nimi. Jako zwycięzca wyszedł z niej Światosław. Wkrótce zmarł (1077), a jego następcą został Wsiewołod. Zrezygnował z tronu, ustępując miejsca Izasławowi; sam zadowolił się Czernihowem.

Wojna domowa ciągnęła się dalej. Nowymi sojusznikami skłóconych książąt stali się Połowcy, wykorzystywani przez kilka stron biorących udział w walce. W jednym ze starć zginął Izasław i na tronie kijowskim zasiadł ponownie Wsiewołod. Mówiono o nim, że był jednym z najbardziej wykształconych władców Rusi Kijowskiej; podobno władał pięcioma językami. Podejmowane przez niego próby przywrócenia jedności państwa nie przyniosły sukcesu. Zbyt silne były tendencje decentralistyczne i zbyt świeża pamięć o walkach, które mogły przynieść tron niemal każdemu ze ścierających się ze sobą konkurentów.

W miarę jak rozrastała się dynastia, coraz ciaśniej robiło się koło tronu. Z księstwa połockiego, włodzimiersko-wołyńskiego i innych dochodziły wieści o spiskach oraz przygotowywanych wyprawach przeciw władcom aktualnie zasiadającym w Kijowie. Książęta kijowscy starali się z kolei uderzać wcześniej niż ich potencjalni przeciwnicy i zlikwidować wszystkie dążenia do samodzielności. Przez ziemie ruskie niemal bez przerwy przeciągały drużyny wojowników, oblegano i niszczono miasta, plądrowano wsie i palono zasiewy. Na domiar złego Połowcy prawie nie wychodzili z Rusi. Bogaty jeszcze nie tak dawno kraj zaczął w niebezpiecznie szybkim tempie tracić swoje pierwotne znaczenie.

Wsiewołod zmarł w 1093 r. Pod koniec życia, jak świadczy *Powieść minionych lat*: „miał zgryzoty od synowców swoich, gdyż

37

poczęli napierać na niego, chcąc włości ten tej, ów zaś drugiej; on zaś uspokajając ich, rozdawał im włości". Pozostawił po sobie dwóch synów: Włodzimierza i Rościsława, z których starszy Włodzimierz, chcąc uniknąć walk o tron przekazał dzielnicę kijowską Światopełkowi, synowi Izasława, a sam wycofał się do Czernihowa.

Światopełk, ufny we własne siły, rozpoczął wojnę z Połowcami i mimo pomocy udzielonej mu przez Włodzimierza i Rościsława dwukrotnie poniósł klęskę. W jednej z bitw zginął książę Rościsław. Była to nader dotkliwa lekcja, która nie pozostała bez wpływu na najbliższe poczynania władcy kijowskiego. W roku następnym nie tylko zawarł pokój z Połowcami, lecz również ożenił się z córką Tugorkana, księcia połowieckiego. Wkrótce jednak ponownie wznowiono działania wojenne. Toczyły się one ze zmiennym szczęściem. W starciu ze Światopełkiem został nawet zabity jego teść Tugorkan. W odwecie Połowcy podeszli pod sam gród kijowski i spalili monaster Pieczerski. Równolegle przez cały czas trwały walki między książętami, i to zarówno o Kijów, jak i o mniejsze ośrodki. Prócz starej arystokracji pojawiła się obecnie nowa grupa możnowładców, którzy zdobyli pozycję i majątki dzięki opanowaniu urzędów państwowych. „Starzy" i „młodzi", jakby zapatrzeni na konflikty między potomkami legendarnego Ruryka, wszczynali spory między sobą, ścierali się na polach bitewnych i niszczyli kraj równie dokładnie jak Połowcy i książęta.

W 1097 r. do Lubecza nad Dnieprem zjechało się sześciu kniaziów, by uzgodnić zasady podziału państwa na dzielnice i zlikwidować waśnie. W rezultacie, stwierdzając: „niech każdy dzierży ojcowiznę swoją", ustalono, że Światopełk zatrzyma Kijów, Turów i Pińsk oraz tytuł wielkiego księcia; Włodzimierz Wsiewołodowicz — księstwo perejasławskie, ziemię rostowsko-suzdalską i Smoleńsk; Oleg i Dawid, synowie Światosława — Czernihów, Murom i Tmutorakań; Dawid Igorowicz (Igor był jednym z siedmiu synów Jarosława Mądrego) — Włodzimierz Wołyński i Łuck; synowie zaś Rościsława, wnuka Jarosława Mądrego, Wasylko i Wołodar — Przemyśl, Trembowlę i Czerwień. Uznana w Lubeczu zasada dziedziczenia ziemi po ojcu łamała obowiązujący dotychczas seniorat (według niego najstarszy z rodu władał Kijowem) i sankcjonowała panujący już system porządków.

Książęta nie zdążyli się jeszcze rozjechać do swoich dzielnic, gdy waśnie rozpoczęły się na nowo. Światopełk z Dawidem Igorowiczem spowodowali oślepienie Wasylka. Sprężyną spisku był zapewne Dawid, chcący zagarnąć ziemie sąsiadujące z jego dzielnicą. Wołodarowi udało się jednak odeprzeć atak i uwolnić brata. Jedynym rezultatem zjazdu w Lubeczu było uprawomocnienie dalszego podziału Rusi na dzielnice.

Co pewien czas ponawiano zjazdy książąt, w różnym zresztą składzie, w celu zjednoczenia sił przeciw Połowcom. Sojusze były krótkotrwałe i zazwyczaj po jednej wspólnej wyprawie rozpryskiwały się jak bańka mydlana. Wyjątek stanowił sojusz Światopełka z Włodzimierzem, którzy zjechali się w 1103 r. nad Jeziorem Dołobskim w pobliżu Kijowa i uzgodnili wspólną akcję przeciw napastnikom. Odnieśli szereg sukcesów na polu walki, nie zlikwidowali jednak istniejącego zagrożenia. Związek ten przetrwał aż do śmierci Światopełka w 1113 r. Jego następcą został Włodzimierz zwany Monomachem (1113—1125) po matce, córce cesarza bizantyjskiego Konstantego Monomacha.

WŁODZIMIERZ MONOMACH

Włodzimierz przybył do Kijowa na prośbę bojarów i zamożnych mieszczan kijowskich, obawiających się rozruchów plebsu po śmierci Światopełka. Godząc się na spełnienie prośby patrycjatu kijowskiego Włodzimierz postępował wbrew uchwałom zjazdu w Lubeczu. Kijów nie był jego „ojcowizną". Podległa mu dzielnica perejasławska przeszła w ręce jego synów: Światosława, a następnie po jego rychłej śmierci — Jaropełka.

Monomach był jednym z najwybitniejszych władców Rusi Kijowskiej. Sprawował rządy w bardzo trudnym okresie. Wydawało się, że nic już nie powstrzyma postępującego procesu rozdrobnienia i upadku państwa. Najazdy Połowców odpierano z najwyższym trudem. Monomach zaś dokonał rzeczy prawie niemożliwych: zwyciężył koczowników i udało mu się doprowadzić do ponownego zjednoczenia prawie $3/4$ dawnego terytorium ruskiego. Waśnie dynastyczne wybuchały wprawdzie nadal, ale były szybko likwidowane przez osobistą interwencję groźnego i nie przebierającego w środkach władcy. Jego życie stało się przedmiotem legend i hagiograficznych opisów; z nim wiązano dzieje carskich regaliów, które miał rzekomo otrzymać od cesarza bizantyjskiego. Słynna, przechowywana do dnia dzisiejszego w muzeum na Kremlu moskiewskim tzw. czapka Monomacha, którą koronowano wszystkich carów rosyjskich, stała się symbolem samowładztwa w Rosji.

Swoich synów osadził kolejno: Mścisława w Nowogrodzie, Jaropełka — jak wiemy — w Perejasławiu, Wiaczesława w Smoleńsku, Jerzego — w księstwie rostowsko-suzdalskim i Andrzeja — we Włodzimierzu Wołyńskim, po wygnaniu stamtąd przedstawiciela innej linii dynastycznej. Podporządkował sobie również ziemię czernihowską i władców pogranicza polsko-ruskiego (m. in. Grodów Czerwieńskich).

Monomach był też autorem *Pouczenia*, które rzekomo miało stanowić zbiór nauk moralnych dla jego synów, wsparty opowieścią o trudnym i cnotliwym życiu księcia. W rzeczywistości *Pouczenie* powstało nie w ostatnich latach życia Monomacha, lecz w 1100 r. i było adresowane nie do własnych dzieci, ale do feudałów, od których spodziewał się poparcia dla zabiegów o tron wielkoksiążęcy. W *Pouczeniu* Monomach starał się zaprezentować jako mąż sprawiedliwy, naradzający się ze starszyzną przed podjęciem decyzji, strzegący praw, ładu i porządku, doświadczony wojownik, człowiek dobry i dbały o interesy Kościoła.

Za panowania Monomacha została sporządzona trzecia, tzw. obszerna wersja *Prawdy ruskiej*. W jej skład weszło kilka istniejących już dokumentów prawnych odpowiednio przystosowanych do nowej sytuacji. Znaczny nacisk kładła ona na ochronę życia i majątku księcia oraz jego urzędników. W miarę dokładnie formułowała przepisy dotyczące dziedziczenia; wprowadzała kary za ukrywanie zbiegłych chłopów; zapewniała ochronę interesów kupców zagranicznych oraz ograniczała samowolę feudałów wobec poddanych, którzy popadli w zależność osobistą z powodu zaciągniętych długów. Przepisy prawne w poważnej części dotyczyły całej warstwy bojarskiej, a nie — jak poprzednio — głównie samego panującego.

Po śmierci Włodzimierza na tronie kijowskim zasiadł przybyły z Biełgorodu (w pobliżu Kijowa) jego syn Mścisław (1125—1132), do 1117 r. książę nowogrodzki, a później perejasławski. Ściągnął go tutaj ojciec na kilka lat przed swoją śmiercią, najprawdopodobniej po to, by w razie konieczności przejęcia władzy nie uprzedził go ani żaden z braci, ani też tym bardziej nikt z członków rodziny. Zgodnie z planem przewidującego władcy Mścisław objął dzielnicę kijowską bez żadnych przeszkód.

Był nie tylko najstarszym synem Monomacha, lecz i godnym kontynuatorem jego polityki. Miał zresztą spore doświadczenie w tej mierze. Jeszcze w 1097 r. pokonał Olega Światosławowicza i zmusił do wzięcia udziału w zjeździe książąt w Lubeczu. Za życia ojca uczestniczył w dwóch wyprawach przeciw Połowcom. Jako wielki książę kijowski zlikwidował w zarodku rodzący się bunt w Połocku i osadził tam swego syna Izasława, a w latach 1130 i 1131 z powodzeniem atakował Litwinów.

Po śmierci Mścisława w 1132 r. rozpoczął się w dziejach Rusi nowy okres. Upadło znaczenie Kijowa, który po kilku dziesiątkach lat przestał być ośrodkiem władzy wielkoksiążęcej i centralizacyjnych zabiegów panujących w nim władców.

IV. ROZDROBNIENIE DZIELNICOWE

UPADEK ROLI KIJOWA G DY zabrakło silnego władcy na tronie kijowskim i gdy książęta władający poszczególnymi dzielnicami oraz bojarzy umocnili swoją pozycję głównie przez powiększenie własnych, dziedzicznych majątków, tendencje odśrodkowe wybuchnęły z nową siłą. Od Kijowa, który przechodził z rąk do rąk, jak za dotknięciem różdżki czarodziejskiej jedno za drugim odłączały się księstwa, uznające dotychczas zwierzchnictwo ośrodka centralnego. Księstwo perejasławskie zostało zagarnięte przez władcę Suzdala Jerzego Długorękiego (Dołgorukiego); Nowogród uzyskał całkowitą samodzielność, rozwijając się jako swoista „republika" feudalna i utrzymując rozległe kontakty handlowe z miastami portowymi Europy Środkowej i Zachodniej. Syn Monomacha Rościsław doprowadził do uniezależnienia się księstwa smoleńskiego. Podobnie działo się na innych ziemiach ruskich. Tylko sąsiednia ziemia czernihowska utrzymywała ściślejszy związek z Kijowem, chociaż i ona podlegała procesom rozdrobnienia, a jej rozmiary kurczyły się nieustannie.

Na wielkoksiążęcym tronie dochodziło do częstych zmian władców. W ciągu siedmiu lat (1132—1139) panowali kolejno: Jaropełk, Wiaczesław i wreszcie Wsiewołod (1139—1146), syn Olega, księcia czernihowskiego. Jedyną jego umiejętnością, bardzo wówczas — przyznać trzeba — potrzebną, była zdolność do lawirowania między ścierającymi się interesami władców dzielnicowych i sztuka wymykania się zakusom braci czyhających na zajmowane przez niego miejsce. Był powszechnie znienawidzony, i to zarówno przez bojarów, jak i lud. Kijów traktował jak własne dobra: dopuścił do zubożenia jego mieszkańców i rozgrabienia ich majątku przez swoich urzędników. Wiele miejsca w życiu Wsiewołoda zajmowały zabawy, uczty, polowania i kobiety. Chcąc zaspokoić osobiste ambicje swego brata

MORZE
BAŁTYCKIE

ZIEMIA NOWOGRODZKA

NOWOGRÓD

KSIĘSTWO
WŁODZIMIERSKO-
SUZDALSKIE

ROSTÓW

SUZDAL

WŁODZIMIERZ

KSIĘSTWO
SMOLEŃSKIE

POŁOCK

MOSKWA

MUROM

SMOLEŃSK

KSIĘSTWO
POŁOCKIE

RIAZAŃ

KSIĘSTWO
MUROMSKO-
RIAZAŃSKIE

KSIĘSTWO CZERNIHOW
-SKIE

PIŃSK

KSIĘSTWO
WOŁYŃSKIE

TURÓW

KSIĘSTWO
NOWOGRÓD
SIEWIERSKI
NOWOGRODZKO
-SIEWIERSKIE

KSIĘSTWO
KIJOWSKIE

ŁUCK

WŁODZIMIERZ

CZERNIHOW

KSIĘSTWO
PEREJASŁAW
PEREJASŁAWSKIE

KIJÓW

KSIĘSTWO
HALICZ
HALICKIE

MORZE
AZOWSKIE

•— granica
em ruskich
1237 r.

— granice
sięstw ruskich

MORZE
CZARNE

Ziemie ruskie na przełomie XII i XIII w.

Światosława, próbował osadzić go w Nowogrodzie, ale próba nie udała się. Światosław został wygnany przez Nowogrodzian w momencie, gdy usiłował wprowadzić rządy silnej ręki. Drugi z braci, Igor, objął wprawdzie tron kijowski po śmierci Wsiewołoda, lecz musiał przysiąc, że będzie posłuszny woli miejscowych bojarów. Nie zdało mu się to praktycznie na nic, gdyż w parę godzin po złożeniu przysięgi w Kijowie wybuchły zamieszki i plebs ruszył na siedziby wielmożów, grabiąc je i niszcząc. Niepopularny Igor nie dawał gwarancji stłumienia buntu, wobec czego z Perejasławia przywołano Izasława (1146—1154), wnuka Włodzimierza Monomacha, a Igora zmuszono do wstąpienia do klasztoru. Izasław dwukrotnie, wprawdzie na krótko, musiał ustąpić miejsca Jerzemu Długorękiemu, księciu suzdalskiemu, który zresztą zmarł w Kijowie, prawdopodobnie otruty przez bojarów (1157).

W drugiej połowie XII w. przyjął się zwyczaj, że Kijowianie zapraszali do sprawowania rządów dwóch książąt jednocześnie, z reguły przedstawicieli rywalizujących ze sobą linii dynastycznych. Zabezpieczano się w ten sposób przed walkami o tron, wyniszczającymi ludność i rujnującymi majątki bojarów.

Polityka władców Kijowa sprowadzała się w tym czasie do respektowania trzech głównych zasad: sojuszu z księstwem perejasławskim, kontynuowania walk z Połowcami i obrony przed zakusami książąt włodzimiersko-suzdalskich. Samo miasto, mimo utraty dotychczasowego znaczenia politycznego i mimo nękających je skutków wojen dzielnicowych, rozwijało się w miarę normalnie. Powstawały nowe cerkwie, budynki mieszkalne, zwiększała się liczba ludności. Pozostawało ono nadal najważniejszym ośrodkiem kulturalnym całej Rusi. W Ławrze Pieczerskiej i na dworze książęcym kronikarze pracowicie spisywali przebieg wydarzeń, wychwalając tych, którzy im za to płacili lub od których byli po prostu uzależnieni, ganiąc zaś i przedstawiając w czarnych barwach ich przeciwników. Dzięki temu powstawały nie tylko kroniki, lecz i obszerne traktaty publicystyczne, pełne pasji polemicznej, używające materiału historycznego jako argumentu politycznego.

Po nieudanych rządach w Nowogrodzie Światosław, syn Wsiewołoda, doczekał się wreszcie chwili, gdy mógł objąć dzielnicę kijowską. Stało się to dopiero po 34 latach od śmierci ojca. Rządził w Kijowie w latach 1180—1194. Był podobno utalentowanym wojownikiem i zdołał nawet pokonać Połowców. Wspólnie z nim panował Ruryk, syn Rościsława, w prostej linii praprawnuk Monomacha. Po śmierci Światosława zawładnął Kijowem, a jego partnerem w rządach był przez pewien czas książę wołyński Roman. „Starszy" z dwóch książąt zasiadał w Kijowie, drugi zaś rządził tzw. ziemią ruską, tzn. południową częścią dzielnicy kijowskiej. Właśnie o tę część toczyły się walki w ostatnich latach XII w. między Romanem a księciem suzdalskim Wsiewołodem zwanym Wielkie Gniazdo. Zwycięsko wyszedł z nich Roman, zajmując w 1202 r. stolicę księstwa. Ruryk opowiadał się po stronie Wsiewołoda i gdy utracił tron, ruszył na Kijów wraz z posiłkującymi go Połowcami, zdobył miasto, spalił je i rozgrabił, a następnie uciekł do Owrucza. Dosięgła go tam wyprawa odwetowa Romana. Został schwytany i razem z rodziną osadzony w klasztorze. Nie uniknęła tego losu nawet żona Romana, będąca córką Ruryka.

Konsekwencja, z jaką postępował Roman z przeciwnikami jedności państwa kijowskiego, uprawdopodobnia wiadomość zawartą w dziele osiemnastowiecznego historyka rosyjskiego Wasyla Tatiszczewa, poświęconym dziejom Rosji. Cytuje on mianowicie fragment kroniki, która nie zachowała się do naszych czasów, a według której Roman miał oświadczyć: książę kijowski winien „ziemi ruskiej zewsząd bronić oraz dbać o zachowanie dobrego porządku między braćmi, książętami ruskimi, by jeden nie mógł obrażać drugiego, najeżdżać i grabić cudze posiadłości". Zaproponował także, by w razie śmierci księcia kijowskiego jego następcę wybierali władcy ziemi suzdalskiej, czernihowskiej, halickiej, smoleńskiej, połockiej i riazańskiej. Wymienione księstwa nie miały ulegać podziałowi i powinny były w całości przechodzić z ojca na najstarszego syna.

W 1205 r. Roman zginął pod Zawichostem w starciu z Leszkiem Białym i Konradem Mazowieckim, występując po stronie Władysława Laskonogiego. Nie była to zresztą jego pierwsza ingerencja w sprawy polskie. Dziesięć lat wcześniej Roman posiłkował regentów rządzących w Krakowie w imieniu dwunastoletniego wówczas Leszka Białego przeciw Mieszkowi Staremu i odniósł rany w bitwie nad rzeczką Mozgawą. W 1205 r. został pochowany w Sandomierzu, ale później wykupiono jego ciało i złożono we Włodzimierzu Wołyńskim.

Roman, o którym przyjdzie jeszcze wspomnieć jako o księciu halickim, był wybitnym przedstawicielem władców Rusi dzielnicowej. Papież Innocenty III, dążący do rozszerzenia wpływów Rzymu w Europie, proponował mu królewską koronę w zamian za przyjęcie obrządku łacińskiego, ale oferta została odrzucona.

45

W początkowym okresie rozdrobnienia dzielnicowego na Rusi walczyli ze sobą głównie potomkowie Monomacha i rodzina jego kuzyna Olega, będącego podobnie jak Włodzimierz Monomach wnukiem Jarosława Mądrego.

Ziemia czernihowsko-siewierska sięgała dalej na wschód i północ niż dzisiejsza Ukraina; dochodziła prawie do Moskwy. Na południu stykała się ze stepami, na których niepodzielnie panowali Połowcy. Władcy czernihowscy uważali się za równych kijowskim i przybierali nawet tytuł wielkich książąt. Pochodzili z gałęzi wywodzącej się od Olega. Wnukiem Olega był m. in. książę siewierski Igor Światosławicz, bohater eposu *Słowo o pułku Igora* (autentyczność tego dzieła jest przedmiotem sporów trwających po dzień dzisiejszy).

Słowo o pułku Igora traktuje o walce książąt ruskich z Połowcami w 1185 r. Opisuje, jak książę Igor przyłączył się do wyprawy dowodzonej przez swego brata Światosława i Ruryka Rościsławicza. Po zwycięstwie odniesionym nad niewielkim oddziałem połowieckim połączone siły ruskie poniosły straszną klęskę w bitwie z chanem Konczakiem. Zaledwie 15 wojowników wydostało się z okrążenia. Igor znalazł się w niewoli, z której udało mu się uciec w roku następnym. Wyprawa odwetowa nie przyniosła spodziewanych rezultatów wskutek sporów wybuchłych między książętami. Igor zmarł w 1202 r. jako wielki książę czernihowski. Jego synowie próbowali rządzić w Haliczu, ale gdy zaczęli prowadzić politykę antybojarską, wywołali bunt i zostali powieszeni (1208).

ZIEMIA HALICKA I WOŁYŃSKA

Ziemie halicka i wołyńska stały się w XII i XIII w. jedną z najbogatszych i najszybciej rozwijających się części dawnej Rusi Kijowskiej. Wywołane to było szeregiem przyczyn, z których na pierwszym miejscu należy wymienić ich dogodne usytuowanie. Była tu i urodzajna gleba, i łagodny klimat, i leżały one stosunkowo daleko od siedzib plemion koczowniczych, które tak wiele kłopotu sprawiały Kijowowi.

Ziemie te początkowo nie stanowiły zbyt łakomego kąska dla książąt walczących o władzę i przywrócenie jedności Rusi. Leżały jakby na uboczu wielkiej polityki. Rządzili nimi nie liczący się niemal zupełnie w rozgrywkach dynastycznych: siedzący w Trembowli ślepy Wasylko, w Przemyślu — jego brat Wołodar, a na Wołyniu — ich przeciwnik Dawid, syn Igora, wnuk Jarosława Mądrego.

W połowie XII w. na arenie dziejowej pojawiło się księstwo halickie. Pierwszym jego władcą był Włodzimierz (1141—1153), kolejnym — syn Włodzimierza, sławny Jarosław Osmomysł (myślący za ośmiu, 1153—1187).

Pisał o nim autor *Słowa o pułku Igora*:

> Ejże ty, Osmomyśle, halicki Jarosławie,
> Na złotolitym tronie wysoko siedzisz w sławie,
> Żelazem pułków wspierasz węgierskich turni nawał,
> Wrzeciądze Dunajowi, królowi-ś drogę zawarł,
> Przez chmury skały ciskasz, sąd sprawiasz do Dunaju,
> Pioruny gniewu twego od kraju grzmią do kraju,
> Na kijowską stolicę otwierasz sobie wrota,
> Z Halicza aż do morza w sułtany strzały miotasz...

(przełożył Julian Tuwim)

Żoną Jarosława była córka Jerzego Długorękiego Olga, która w 1173 r. uciekła do Polski wraz z synem Włodzimierzem. Pomagali jej w tym miejscowi bojarzy, z niechęcią patrzący na dwór władcy, na którym znaczną rolę odgrywali sojusznicy połowieccy, a miejsce prawowitej żony zajęła książęca nałożnica Nastazja. Po ośmiu miesiącach Olga wróciła do Halicza, zapewniwszy sobie pomoc miejscowego możnowładztwa. Jarosława aresztowano, Nastazję zaś spalono na stosie. Losy się jednak odwróciły. Wkrótce Włodzimierz uciekł na Wołyń, a Jarosław przy pomocy wynajętych oddziałów polskich uderzył na sąsiednie ziemie, zmuszając syna do ugody.

Za panowania Jarosława do księstwa halickiego włączone zostały tereny w dolnym biegu Dunaju. Dobre stosunki z Węgrami utrzymywano dzięki małżeństwu córki książęcej z królem węgierskim Stefanem III.

Po śmierci Osmomysła w Haliczu ponownie doszło do zamieszek, w których główną rolę, jak poprzednio, odegrali możnowładcy występujący przeciw każdemu, kto chciał rządzić samodzielnie, bez ich wsparcia i rady, i — rzecz jasna — dzielenia się z nimi władzą. Główną zaś wadą Włodzimierza Jarosławicza było właśnie to, iż „nie lubi naradzać się z ludźmi swoimi". Sytuację wykorzystał książę wołyński Roman i zajął Halicz na pewien czas, a Włodzimierz bezskutecznie szukał pomocy na Węgrzech. Król Bela III zamknął go w więzieniu i na tronie halickim osadził swego brata Andrzeja, wypędziwszy Romana. Po kilkunastu miesiącach sprawy znowu przy-

Góra Zamkowa z ruinami zamku (XIV–XV w.) w Krzemieńcu

brały inny obrót. Włodzimierzowi udało się zbiec i uzyskać pomoc cesarza Fryderyka Barbarossy. Przy dodatkowym poparciu ze strony polskiej powrócił triumfalnie na tron halicki.

Włodzimierz zmarł w 1199 r., a jego miejsce zajął, od dawna czyhający na stosowną okazję, książę wołyński Roman. Wołyń i Halicz połączyły się pod władzą wspólnego panującego. Gdy jeszcze Roman sięgnął z powodzeniem po tron kijowski, jego państwo stało się jednym z największych w ówczesnej Europie. Księcia nazywano nawet „samowładcą całej Rusi", a schronienia przed krzyżowcami szukał u niego bizantyjski cesarz wygnaniec Aleksy III Angelos.

Syn Romana Daniel miał w chwili śmierci ojca zaledwie cztery lata. Księstwo rozpadło się na części rządzone przez władców nie mających ani sił, ani talentu. Szukali oni zazwyczaj pomocy u sąsiadów, w Polsce i na Węgrzech, które chętnie zagarnęłyby bogatą ziemię halicko-wołyńską pod swoje panowanie, gdyby nie fakt, że musiały konkurować nie tylko ze sobą, lecz również z innymi książętami ruskimi. Daniel zaczął panować we Włodzimierzu w 1221 r., a ziemię halicką przyłączył dopiero w 1234 r. po licznych starciach z miejscowymi bojarami, którzy nawet sami myśleli o zagarnięciu tronu.

Panowanie Daniela (zmarł ok. 1264 r.) umocniło pozycję średnio zamożnej warstwy feudałów wywodzących się z wojowników, „młod-

Zamek w Ostrogu, baszta Okrągła albo Nowa, XVI w.

szych" członków drużyny książęcej, na których oparł się w walce z możnowładztwem. Fortyfikował miasta: Halicz, Włodzimierz, Przemyśl, Łuck i Lwów (nazwany tak od imienia syna — Lwa); budował w nich zamki i otaczał je kamiennymi murami obronnymi. Przez księstwo halickie przechodziły szlaki handlowe do Krakowa, Pragi, Gdańska i Konstantynopola, co przyczyniło się do wzrostu bogactwa tej ziemi.

Daniel zasłynął jako jeden z wybitniejszych dowódców ruskich. Brał udział w bitwie z Tatarami nad Kałką (1223), gdzie został ranny; w 1237 (1238?) r. pokonał Krzyżaków, odbierając im Drohiczyn nad Bugiem; w 1245 r. zwyciężył króla Węgier Belę IV, posiłkowanego przez oddziały polskie i ruskie. W rok później wprawdzie poddał się Tatarom, ale jednocześnie zabiegał o stworzenie koalicji antymongolskiej. W 1253 r. koronował się w Drohiczynie za zgodą papieża, z którym wkrótce zerwał, rozpoczynając samotną walkę przeciw Złotej Ordzie. Po początkowych sukcesach został zmuszony do uznania zwierzchnictwa tatarskiego (po raz wtóry). Nie było ono jednak tutaj nigdy tak odczuwalne, jak w innych księstwach ruskich. Chcąc całkowicie uniezależnić się od bojarów, stolicę księstwa przeniósł z Halicza do Chełmu.

Po śmierci Daniela wszystko powróciło do dawnego stanu. Odżyły waśnie i opozycja bojarska, a księstwo halicko-wołyńskie rozpadło się na dzielnice. Jeszcze jego syn Lew, pan na Lwowie i Przemyślu, a od 1269 r. władca Halicza, Bełza, Chełmu i Drohiczyna próbował kontynuować ojcowskie dzieło, lecz bardziej interesował się walkami o dzielnicę krakowską w Polsce niż przywróceniem jedności ziem ruskich. Po śmierci Bolesława Wstydliwego i wygaśnięciu małopolskiej linii Piastów próbował zdobyć Kraków, lecz został odparty przez Leszka Czarnego. Udało mu się natomiast przyłączyć do księstwa halickiego część Rusi Zakarpackiej i część Lubelszczyzny.

Ziemia halicko-wołyńska podupadła za jego następców, głównie wskutek powtarzających się periodycznie najazdów tatarskich. W tym czasie zresztą rolę ośrodka jednoczącego ziemie ruskie przejęło księstwo włodzimiersko-suzdalskie.

POD PANOWANIEM TATARÓW

W 1206 r. chanem plemion mongolskich koczujących na dalekich stepach azjatyckich został Temudżyn, któremu nadano imię Dżyngis--chana. Wkrótce Mongołowie ruszyli na ludy Syberii, podporządkowując sobie Buriatów, Jakutów, Kirgizów i Ujgurów, a następnie podbili północne Chiny. Z kolei pod ich panowaniem znalazły się państwa środkowoazjatyckie i kraje kaukaskie; zadali również klęskę Połowcom, którzy poprosili o pomoc książąt ruskich. Uczyniono zadość prośbie i trzech Mścisławów, książęta: kijowski, czernihowski i halicki, wraz z reprezentantami innych dzielnic Rusi ruszyło przeciw ordzie. Na końcowym rezultacie ich wyprawy zaważył jednak brak jednolitego dowództwa. W bitwie nad Kałką nie opodal Morza Azowskiego Mongołowie kolejno rozprawili się z poszczególnymi oddziałami, a na koniec zdobyli podstępem obóz księcia kijowskiego. Wziętych do niewoli książąt związano, ułożono na nich deski i bale drewniane, na których urządzono ucztę dla zwycięzców. Jeńcy zginęli w strasznych męczarniach.

Wojska mongolskie ruszyły dalej na zachód, pustosząc południowe ziemie ruskie, a następnie zawróciły nad Wołgę, gdzie doznały niepowodzeń w walkach z osiadłymi tutaj plemionami bułgarskimi. Zarządzono więc odwrót.

Kolejna wyprawa Mongołów na Ruś została zorganizowana w 1236 r. Dowodził nią Batu-chan. W 1237 r. zdobyto Riazań, w 1238 r. — Włodzimierz nad Klaźmą, Rostów, Perejasław, Juriew i Twer. Oddziały, które ruszyły na Nowogród, zawróciły w odległości

Jasyr tatarski — z *Latopisu halicko-wołyńskiego*, XIII w.

stu kilkudziesięciu kilometrów od miasta. Obronił się również Smoleńsk. W następnym roku Batu-chan zdobył m. in. Czernihów i Głuchów, a późną jesienią 1240 r. podszedł pod Kijów. Obroną miasta, po ucieczce księcia Michała, kierował wojewoda Dymitr. Wojownicy i mieszkańcy stolicy wykazali ogromne bohaterstwo, broniąc się mężnie do końca. Po sforsowaniu murów miejskich i wewnętrznych zapór rażono nieprzyjaciela z ostatniego punktu oporu — cerkwi Dziesięcinnej. Wreszcie i ona została zdobyta. Dymitr dostał się do niewoli, lecz podobno za męstwo okazane w walce darowano mu życie.

Kolejnym celem najeźdźców stało się księstwo halicko-wołyńskie. Wprawdzie nie udało się im opanować ufortyfikowanego Kamieńca, ale reszta miast wpadła w ich ręce (m. in. Włodzimierz i Halicz). Miasta zostały splądrowane i spalone, a ludność wymordowana lub uprowadzona. Gdy w 1241 r. ordy mongolskie runęły na Polskę, w bitwie pod Legnicą doznały tak poważnych strat, iż musiały zawrócić i opuścić granice państwa.

Ruś, która na przeszło dwieście lat dostała się pod panowanie Mongołów, przekształciła się ze stojącego na wysokim poziomie kulturalnym i rozwiniętego organizmu państwowego — co prawda na przełomie XII i XIII w. targanego wewnętrznymi sprzecznościami i walkami dzielnicowymi — w peryferie Europy, nie odgrywające żadnej roli w jej dziejach. Rozwój Rusi został zahamowany, a ona sama osłabiona, i to w chwili, gdy zachodni sąsiedzi wychodzili ze stadium rozdrobnienia dzielnicowego, formując silne i scentralizowane państwa.

Mówiono: „tam gdzie przejdzie orda, trawa nie porośnie". Rzeczywiście. Płonęły zabudowania w miastach i wsiach, rozsypywały się niszczone przez najeźdźców budynki kamienne, wiele wspaniałych cerkwi uległo całkowitej dewastacji. Mongołowie grabili majątki, wywozili kosztowności i cenne sprzęty liturgiczne. Broniących się przed przemocą mordowano bez litości, bez względu na to, czy byli to stawiający opór wojownicy, czy starcy, kobiety, a nawet dzieci. Wielu mieszkańców uprowadzono w niewolę. W Kijowie, po najeździe Batu-chana, ocalało zaledwie dwieście domostw. Do Brześcia nad Bugiem nie można było dojechać, gdyż rozkładające się zwłoki wydzielały nieznośny odór.

W połowie XIII w. państwo mongolskie rozpadło się na cztery części (tzw. *ułusy*). Jedną z nich był *ułus* najstarszego syna Dżyngis--chana Dżucziego. Organizm ten przeszedł do historii pod nazwą Złotej Ordy. Obejmował on ogromny obszar: od Irtysza do Dunaju i od Uralu do Kaukazu. Osiadłych tu Mongołów nazwano Tatarami. Początkowo stolicą państwa było miasto Saraj-Batu (koło dzis. Astrachania), później Saraj-Berke (koło dzis. Wołgogradu).

W 1243 r. Batu-chan, udzielając zezwolenia Jarosławowi na używanie tytułu wielkiego księcia i pozwalając na sprawowanie przezeń władzy w księstwie kijowskim i rostowsko-suzdalskim, wprowadził przestrzegany później obyczaj każdorazowego uzyskiwania odpowiedniego przywileju przez władców Rusi, tzw. *jarłyku*.

Tatarzy pozostawili na podbitych ziemiach ruskich stare struktury polityczne i nie tylko wykorzystywali dla umocnienia swego panowania waśnie i konflikty między książętami ruskimi, lecz również sami umiejętnie je podsycali. Ci, którzy chcieli otrzymać *jarłyk*, musieli stanąć przed obliczem chana. Nigdy nie wiedzieli, czy czeka ich wspaniałe przyjęcie, czy poniżająca procedura hołdownicza, czy też ... śmierć. Takie wypadki zdarzały się niejeden raz. W 1245 r. zabito księcia czernihowskiego Michała, w rok później — wielkiego księcia Jarosława, a jego syn Aleksander (zwany Newskim) uniknął śmierci, nie stawiając się na wezwanie tatarskie.

Wkrótce działania chanów przybrały charakter metodyczny. Na Rusi pojawili się poborcy podatkowi i urzędnicy przeprowadzający spis ludności. W miastach osadzono namiestników tatarskich (*baskaków*), którzy mieli czuwać nad przestrzeganiem terminów składania daniny. Spisy mieszkańców ziem ruskich oparte były na systemie dziesiątkowym. Dla ułatwienia rozliczeń podatkowych dziesiątki łączono w setki, te w tysiące, a następnie — dziesiątki tysięcy. Duchowieństwo zwolniono od wszelkich danin i powinności. Dodatkowy ciężar stanowiły periodyczne branki, uprowadzanie ludności i zmuszanie jej do służby wojskowej. Spadały na nią również świadczenia na rzecz tatarskiej służby łączności: dostarczanie podwód, kwater i wyżywienia dla posłańców.

Mnich kijowski Serapion pisał o skutkach najazdu Mongołów: „Krew ojców i braci naszych, jak woda wielka, ziemię napoiła ... liczni bracia i rodziny nasze zaprowadzone zostały do niewoli; wsie nasze zagajnikami porosły ... bogactwa nasze im przypadły; pracę naszą poganin odziedziczył; ziemia nasza znalazła się we władaniu obcoplemieńców".

Upadek Kijowa wyraził się także w przeniesieniu metropolii kościelnej do Włodzimierza nad Klaźmą, a następnie do Moskwy.

W 1254 r. książę halicki Daniel wypędził Tatarów z kilku miast podolskich, ale po pięciu latach został przez nich zmuszony do ucieczki na Węgry. Na żądanie najeźdźców rozebrano mury obronne we Lwowie, w Łucku i Chełmie. Każda, podejmowana w XIII w. próba zrzucenia jarzma mongolskiego kończyła się klęską. Mimo to za następców Daniela: Lwa (1264—1301), Jerzego (1301—1308) oraz ich potomków, nie ustawała walka przeciw Tatarom. Toczyła się ona ze zmiennym szczęściem i doprowadziła wreszcie do usunięcia bezpośredniej zależności; niemniej jednak na całkowitą likwidację zagrożenia przyszło jeszcze czekać pełne cztery stulecia.

WALKI O RUŚ HALICKĄ

Ostatni z potomków Romana, nb. siostrzeńcy Władysława Łokietka, Lew i Andrzej, zostali otruci przez bojarów. Na tron halicki wstąpił z kolei ich siostrzeniec Jerzy--Bolesław (1323—1340), syn księcia mazowieckiego Trojdena. Wywodził się z Piastów i ożenił się z Eufemią, siostrą Aldony, żony Kazimierza Wielkiego. Były one córkami księcia litewskiego Giedymina. W 1338 r. nie mający potomstwa i szukający pomocy przeciw bojarom książę halicki zawarł układ z Kazimierzem Wielkim i uznał go za dziedzica Rusi. W roku następnym, w układzie wyszehradzkim, Polska i Węgry porozumiały się co do przyszłego podziału ziemi halicko-wołyńskiej. W odpowiedzi na poczynania swego władcy bojarzy zastosowali w 1340 r. wypróbowaną metodę działania — otruli Jerzego Trojdenowicza. Po dwóch latach została zamordowana jego żona.

Przypuszcza się, że Kazimierz Wielki spieszył już Trojdenowiczowi z pomocą, zaledwie bowiem w 9 dni od śmierci księcia stanął z wojskiem we Lwowie. Możnowładztwo małopolskie od dłuższego czasu starało się wpłynąć na politykę władców ponownie zjednoczonego państwa polskiego i skierować ją na wschód. Tym razem skutecznie, w majestacie prawa i — wydawało się — bezkrwawo. Wkrótce miało się jednak okazać, że rachuby, przynajmniej na to ostatnie, zawiodły.

Nie tylko Małopolanie patrzyli pożądliwie na ziemie ruskie i nie tylko Węgrzy, którzy zresztą zajęli w tym czasie Ruś Zakarpacką. Nowym konkurentem stało się państwo litewskie, znajdujące się wówczas prawie u szczytu swej potęgi. Giedymin i jego synowie stopniowo, głównie drogą układów, przesuwali granice Litwy na południe i wschód. W 1307 r. w rękach Litwy znalazł się Połock, w 1318 — Witebsk, w 1340 — Pińsk z Turowem. W coraz to nowych księstwach ruskich pojawiali się władcy litewscy. Przechodzili na prawosławie, przystosowywali się do miejscowych praw i obyczajów, a język ruski stawał się nawet językiem litewskich dokumentów urzędowych. Litwa broniła Rusi przed Tatarami, a zachodnie księstwa — przed centralizacyjną polityką Moskwy. Stąd też jej ekspansja nie napotykała poważniejszego przeciwdziałania ze strony miejscowego możnowładztwa. Po śmierci Giedymina część księstw ruskich rządzona była przez jednego z jego synów — Słonima, a Wołyń dostał się w ręce innego — Lubarta.

Właśnie wtedy ruszył do akcji Kazimierz Wielki. Był on wprawdzie szwagrem Giedyminowiczów, ale zdarzało się przecież, że i bliżsi krewni, często bracia, stawali przeciw sobie w walce o zdobycie nowych terytoriów. Nb. Aldona zmarła w 1339 r.

Tak jak to ustalono w Wyszehradzie, z Kazimierzem współdziałali Węgrzy. W pierwszej wyprawie zajął tylko Lwów, z którego wkrótce się wycofał zagarnąwszy spore łupy i wyprowadziwszy zeń część ludności. W kolejnej musiał walczyć nie tylko z bojarami, lecz również z Tatarami wezwanymi przez nich na pomoc. Pokonał ich, jednak zamierzonego celu — przyłączenia ziemi halickiej — nie osiągnął.

Po stronie Kazimierza Wielkiego opowiedział się papież, rezygnując nawet z dwuletniego poboru świętopietrza na cele wojenne króla. W 1344 r. król przyłączył do Polski ziemię sanocką i przemyską, a po dwóch latach w jego tytulaturze pojawił się nowy człon: „pan i dziedzic Rusi". Wyprzedził tym stan faktyczny, gdyż o Ruś musiał jeszcze stoczyć walkę nie tyle z samymi jej mieszkańcami, ile z Litwą. Przywódca bojarów halickich Dymitr Detko uznał postanowienia wyszehradzkie i zwierzchnictwo polsko-węgierskie.

W 1349 r. król osobiście stanął na czele następnej wyprawy. Zajął wówczas Lwów, całą Ruś Halicką, Chełm, Bełz, Biześć i Włodzimierz Wołyński (ten ostatni wyrwał z rąk Lubarta, a z Podola uczynił lenno polskie). W roku następnym Litwini odebrali ziemię wołyńską. W 1351 r. Kazimierz poszedł znów razem z Węgrami przeciw Litwie, lecz nie uzyskał większych zdobyczy terytorialnych. Po czterech latach ponownie zdobył Włodzimierz, ale jego dalsze kroki zostały powstrzymane przez dywersję krzyżacką na Mazowszu. Tymczasem Litwa, przygotowawszy się odpowiednio, uderzyła na Kijów. W 1362 r. Olgierd Giedyminowicz zajął go i przyłączył do swego państwa.

Wyprawy Kazimierza na Ruś, często w sojuszu z Węgrami,

trwały aż do 1366 r., kiedy zawarto pokój z Litwą, zhołdowano ziemię chełmską i bełską, ponownie zajęto Włodzimierz, oddając go w lenno, resztę zaś zachodnich ziem ruskich bezpośrednio włączając do Polski. W 1367 r. uzyskano od księcia łuckiego Lubarta (który w 1366 r. zatrzymał Wołyń z Łuckiem) obietnicę zachowania neutralności nawet w wypadku wojny polsko-litewskiej.

Po śmierci Kazimierza (1370) Litwa natychmiast zagarnęła z powrotem ziemię włodzimierską na Wołyniu. W 1372 r. Ludwik Węgierski powierzył zarząd Rusi Halickiej księciu opolskiemu Władysławowi ze śląskiej linii Piastów, chcąc osłabić zależność tej ziemi od możnowładztwa małopolskiego, a w konsekwencji — od Polski. Na terenie Rusi pojawili się koloniści ze Śląska i Niemiec; utworzono łacińską metropolię w Haliczu (1375), której podporządkowano nowo założone biskupstwa w Przemyślu, Włodzimierzu i Chełmie. W 1376 r. Litwa oderwała od Polski ziemię chełmską i bełską, ale już w roku następnym przywrócono status quo.

Wkrótce król Ludwik przekazał rządy na Rusi starostom węgierskim i praktycznie doprowadził do oderwania jej od Polski.

UNIA W KREWIE

Ludwik Węgierski zmarł w 1382 r. Polska solidarnie wypowiedziała się przeciw dalszej unii personalnej z Węgrami. Wszystkie prowincje były w tej kwestii jednomyślne. Wreszcie, w 1384 r., po przybyciu Jadwigi (córki Ludwika) do Krakowa i koronacji unia została zerwana. Jednym z powodów takiej polityki prowadzonej przez polską szlachtę była chęć odzyskania ziem ruskich. W perspektywie rysowała się możliwość porozumienia z Litwą na drodze związków dynastycznych i zespolenia sił celem przeciwstawienia się rosnącemu niebezpieczeństwu krzyżackiemu. W 1385 r. wielki książę litewski Jagiełło zawarł w Krewie (na Litwie) układ z Polską, na mocy którego w zamian za rękę Jadwigi i tytuł króla polskiego zobowiązywał się do przyjęcia chrztu w obrządku łacińskim oraz połączenia Litwy i ziem ruskich z Polską. W 1387 r. Jadwiga, już jako żona Jagiełły, wyprawiła się na Ruś Halicką, usunęła z niej starostów węgierskich i ponownie podporządkowała ją Polsce.

Tymczasem Litwa utrwalała swoje panowanie na północnych ziemiach ruskich, współdziałając nawet z Tatarami w walce przeciw Moskwie. Dopiero w 1408 r. wielki książę Witold zawarł z nią pokój nad rzeką Ugrą. W bitwie z Zakonem Krzyżackim, stoczonej pod Grunwaldem (1410), po stronie zwycięskich wojsk polsko-litewskich wystąpiły również oddziały ruskie, w tym chorągiew kijowska, brzeska, krzemieniecka, a także trzy pułki smoleńskie.

KSZTAŁTOWANIE SIĘ JĘZYKA I NARODOWOŚCI UKRAIŃSKIEJ

Rozdrobnienie dzielnicowe Rusi Kijowskiej przyspieszyło proces wykształcenia się odrębnych cech lokalnych, zwłaszcza językowych, z dawnej jednolitej społeczności ruskiej. Najszybciej proces ten przebiegał na ziemiach podległych księciu moskiewskiemu ze względu na to, że tam właśnie powstał ośrodek przyszłego państwa scentralizowanego, sprzyjający tego rodzaju tendencjom.

Z kolei włączenie ziem zachodnioruskich do Litwy i Polski przyspieszyło wyodrębnienie się na tych terenach narodowości ukraińskiej i białoruskiej, oddzielonych granicą państwową od Moskwy. Ludność miejscowa nie identyfikowała się ani z Polakami, ani — tym bardziej — z Litwinami; zbyt wielkie różnice językowe, etniczne i obyczajowe dzieliły te grupy (zwłaszcza Litwinów od Ukraińców i Białorusinów) od siebie; ale także w sposób wystarczająco jasny uświadamiano sobie odmienność sytuacji własnej od sytuacji sąsiadów, chociażby losów ziemi kijowskiej i księstwa moskiewskiego.

Ówczesne zabytki piśmiennictwa niewiele mogą pomóc w tej mierze. Piśmiennictwo ziemi halickiej i południowych kresów Wielkiego Księstwa Litewskiego posługiwało się jeszcze wówczas tzw. językiem ruskocerkiewnym, czyli cerkiewnosłowiańskim z przymieszką cech lokalnych. Zabytki wcześniejsze, latopisy a zwłaszcza tzw. *Latopis halicko-wołyński*, obejmujący wydarzenia lat 1201—1292, jedno z głównych źródeł *Historii Polski* Długosza, były w całości napisane w języku cerkiewnosłowiańskim. Dopiero gramoty pochodzące z XIV w. oraz piętnastowieczne: *Ewangeliarz* z Kamionki Strumiłowej, *Apostoł* (*Dzieje Apostolskie*) i *Mineje* (fragmenty *Pisma Świętego* wraz z objaśnieniami, żywotami świętych itp.) zawierają pewne lokalne elementy ruskie, z których można wnioskować o tworzących się odrębnościach żywej mowy ukraińskiej. Między innymi obserwujemy przechodzenie staroruskiego „ě" w ukraińskie „i"; w gramotach zaś w końcówce celownika liczby pojedynczej rzeczowników rodzaju męskiego pojawia się końcówka *-owi*, np. „panowi"; a podobnie w wielu czasownikach występuje w pierwszej osobie liczby mnogiej końcówka *-mo*, np. „priwodimo", „czynimo" itd.

57

W tym też czasie pojęcie „Ukraina" stopniowo zaczęło utrwalać się w świadomości społecznej jako określenie odrębnego terytorium zamieszkałego przez lud różniący się językiem i obyczajami od sąsiadów. Przyczyniło się do tego również ukształtowanie związków o charakterze gospodarczym, łączących ze sobą ziemie Rusi południowej i zachodniej.

Nie dotrwały do naszych czasów w nieskażonej postaci pieśni historyczne i samorodna twórczość ludowa, tak charakterystyczne dla okresu późniejszego, a zwłaszcza Kozaczyzny. Najwcześniejsze pochodzą z XVI w., a wśród nich pieśń o watażce kozackim Bajdzie wziętym do niewoli przez Turków. Sułtan turecki zwracał się według niej do Bajdy, mówiąc:

> Oj, ty, Bajdo, ty sławny,
> Bądź mi rycerzem wiernym,
> Weź u mnie carównę,
> A będziesz panem na całą Ukrainę!

GOSPODARKA I STOSUNKI SPOŁECZNE

Wprawdzie ziemie ukraińskie — w związku z ich zajęciem przez państwo polskie i litewskie — podlegały napadom i wpływom tatarskim w mniejszym stopniu niż inne ziemie ruskie, ale wielkomocarstwowe plany Witolda spowodowały przybliżenie niebezpieczeństwa najazdu Tatarów. Witold zamierzał zagarnąć część terenów należących do Złotej Ordy, ale poniósł klęskę w bitwie nad Worsklą (1399). Później, na krótko, sprzymierzył się z nimi przeciw Moskwie. W 1416 r. jedna z wypraw chana Edygeja dotarła do Kijowa i spaliła miasto. Zagony tatarskie sięgały również na ziemię halicką i Podole. Brano ludność w jasyr, niszczono wsie, palono osiedla i powodowano rozbieganie się mieszkańców po okolicznych lasach. Nb. Witoldowi udało się w pewnej mierze zrealizować swe plany i w latach trzydziestych XV w. dotarł do wybrzeży czarnomorskich.

Polska starała się doprowadzić do pełnej unifikacji ziem koronnych i ruskich. W latach 1425—1434 Jagiełło wprowadził „prawo polskie" na Rusi Halickiej i Podolu. Powstały tam te same urzędy co w Polsce, a szlachta ruska została zrównana z polską i otrzymała identyczne z nią przywileje. Ułatwiło to ekspansję szlachty polskiej na wschód. Jeszcze za panowania Kazimierza Wielkiego w 1349 r. we Lwowie powstała mennica wybijająca srebrne półgrosze ruskie i denarki z miedzi.

Wiele rodów, korzystając z przywilejów królewskich (np. Melsztyńscy, Odrowążowie, Buczaccy), zagarniało coraz więcej ziem ruskich, osadzało wsie, wyzyskując nie tylko miejscową siłę roboczą, ale także przesiedlając chłopów z wsi małopolskich czy Mazowsza. Szlachta halicka nie pozostawała w tyle. Wielkie majątki powstawały w okolicach Sambora i na Podolu. Fala kolonizacyjna przesuwała się stopniowo coraz dalej na wschód.

Po śmierci Witolda (1430) w ręce polskie przeszło Podole z Kamieńcem. Próba zagarnięcia Wołynia zakończyła się fiaskiem. Przeciwko Jagielle wystąpił jego brat, wielki książę litewski Świdrygiełło, oraz *bojarzy* ruscy wspólnie z litewskimi. Sojusz ten nie przetrwał długo i przestał istnieć w chwili, gdy Świdrygiełło zaczął obsadzać szlachtą ruską najbardziej eksponowane stanowiska w państwie. Opozycja wewnętrzna w porozumieniu z Polską dokonała zamachu stanu i osadziła na tronie wielkoksiążęcym Zygmunta Kiejstutowicza, brata Witolda. Nic więc dziwnego, że Rusini poparli Świdrygiełłę. Zostali jednak pokonani, a Zygmunt Kiejstutowicz, podobnie jak uczynił to Jagiełło, zrównał w prawach szlachtę ruską i litewską (1434), nie zezwalając wszakże Rusinom na dostęp do wyższych urzędów państwowych.

Gdy w 1447 r. po śmierci Władysława III na tronie polskim zasiadł Kazimierz Jagiellończyk, doszło do porozumienia między Litwą a Polską, na mocy którego Podole zachodnie z Kamieńcem pozostało w ręku Polski, Wołyń zaś i Bracławszczyzna (tzw. Podole wschodnie) – Litwy. W ten sposób usankcjonowano stan z ostatnich lat panowania Jagiełły.

Największym feudałem na Litwie był wielki książę. Jego majątki leżały również na ziemiach ukraińskich, wspierając się o zamki w Kijowie, Żytomierzu, Łucku, Włodzimierzu, Winnicy, Krzemieńcu i in. Na Wołyniu rozsiadły się wzbogacone rody Ostrogskich, Zasławskich, Sanguszków, Czartoryskich, Zbaraskich i Wiśniowieckich. Pojawiła się nowa jednostka gospodarcza – folwark. Termin ten oznacza dzisiaj nie tylko, jak wówczas, pański dwór i ziemię, na której pracowali poddani początkowo po kilkanaście dni w roku, a później co najmniej jeden – dwa dni w tygodniu, ale cały system feudalnego wyzysku, oparty na pracy chłopów pozbawionych wolności osobistej i prawa własności ziemi, zmuszanych natomiast do świadczenia na rzecz dworu powinności pańszczyźnianej, nie licząc równoległych danin w naturze i pieniądzach.

W folwarkach pojawiły się w tym czasie powszechnie pługi z żelaznymi lemieszami; w gospodarstwach chłopskich podstawowym narzędziem służącym do uprawy roli pozostawała socha. Woły stanowiły główną siłę pociągową; koni używano w tym celu znacznie rzadziej. W dużych majątkach zaczęto stosować nawożenie, lecz urodzajność była w dalszym ciągu bardzo niska i przez wiele lat nie przekraczała przeciętnej 2—3 ziaren, tzn. z wysianych 100 kg zboża zbierano nie więcej niż 200—300 kg.

Najazdy tatarskie powodowały, że tereny Bracławszczyzny i ziemia kijowska nie tylko charakteryzowały się niskim poziomem gospodarki rolnej, ale w okresach wzmożonej aktywności napastników wyludniały się prawie całkowicie.

W zależności od warunków naturalnych i klimatycznych uprawiano na Ukrainie winną latorośl, zajmowano się myślistwem, rybołówstwem oraz hodowlą pszczół zarówno w barciach, jak i w pasiekach.

Młynarstwo (młyny wodne) stanowiło monopol feudałów.

Rozwijało się również rzemiosło. Rzemieślnicy wiejscy, m. in. kowale, bednarze, tkacze, garncarze, nastawieni byli na zaspokajanie potrzeb lokalnych; w miastach rzemieślników było znacznie więcej, reprezentowali większą liczbę specjalności, a ich produkcja trafiała niekiedy i na rynki zagraniczne. Na ziemiach należących do Polski i Litwy rzemieślnicy byli zrzeszeni w cechach. We Lwowie na początku XVI w. występowało aż 28 różnych zrzeszeń cechowych.

Handel był czynnikiem, który wiązał ze sobą podzielone ziemie ukraińskie. Ustanawiano targi i jarmarki, a prawo składu zmuszało obcych kupców do zatrzymywania się w mieście albo przez określoną liczbę dni, albo też aż do chwili wyprzedania wszystkich posiadanych towarów. Praktycznie rzecz biorąc, w każdym z ośrodków miejskich istniał przynajmniej jeden jarmark w ciągu roku (we Lwowie i w Łucku — dwa), czasem trwający przez kilka dni. Ziemie ukraińskie były terenem, przez który przechodziły ważne trakty handlowe łączące państwo moskiewskie, Turcję (po upadku cesarstwa bizantyjskiego) i Mołdawię z Polską oraz innymi krajami Europy Środkowej i Zachodniej. Na miejscowych rynkach pojawiały się rosyjskie futra i płótno, wschodnie tkaniny i broń, europejskie sukna oraz produkty miejscowe, głównie sól, wódka, potaż i smoła, a także wyroby jubilerskie.

W każdym z miast ukraińskich, nawet w największych, spora część ludności zajmowała się rolnictwem. Szlachta nie zaprzestawała prób zmuszenia jej do świadczenia powinności na równi z chłopami folwarcznymi, a przynajmniej do płacenia czynszu.

Część miast, m. in. Kijów, Lwów, Kamieniec, Krzemieniec, Włodzimierz, otrzymała z nadania królów polskich lub wielkich książąt litewskich prawo magdeburskie, dające im samorząd łącznie z prawem sądzenia mieszczan. Miastem rządziła rada na czele z burmistrzem oraz ława — z wójtem. Jedynie sprawy o zabójstwo, podpalenie czy porwanie podlegały jurysdykcji wojewodów lub starostów.

Przytwierdzenie chłopów do ziemi było kolejnym krokiem mającym na celu zabezpieczenie funkcjonowania rozrastających się folwarków. Zwiększała się liczba dni pańszczyzny, a poddani nie mieli żadnej możliwości odwołania się od decyzji swoich panów, zwłaszcza gdy ci uzyskiwali stosowne sankcje w postaci uchwał sejmu lub dekretów panującego. Jedną z najbardziej rozpowszechnionych form protestu chłopskiego było zbiegostwo. Najczęściej mamy do czynienia z ucieczkami indywidualnymi, ale wcale nie były rzadkie wypadki ucieczek całymi rodzinami. Zatrzymanie uciekiniera w drodze nie sprawiało później kłopotów prowadzącemu pościg; jeśli jednak chłop osiedlił się już we wsi innego pana, licząc albo na mniejszy wymiar powinności, albo też na całkowite zwolnienie od nich przez kilka najbliższych lat, jego nowy właściciel bronił swych interesów i nie chciał zgodzić się na wydanie pozyskanego poddanego, który sam przywędrował do jego majątku. Stąd też stosunkowo szybko (1435) wprowadzono na ziemiach ukraińskich znany w Polsce przepis prawny dozwalający chłopu opuszczenie ziemi dotychczasowego pana tylko pod koniec roku, po spłaceniu całego zadłużenia i wywiązaniu się ze wszystkich zobowiązań oraz po złożeniu wykupu w pieniądzach i naturze. W 1447 r. wielki książę litewski przyrzekł, iż nie będzie przyjmował zbiegłych poddanych do swoich dóbr. W 1477 r. postanowiono, że chłop może odejść ze wsi dopiero wówczas, gdy osadzi innego na miejscu, które sam uprzednio zajmował.

W przywileju z 1447 r. Kazimierz Jagiellończyk jako wielki książę litewski wyłączył chłopów spod jurysdykcji książęcej, przekazując ich sądom patrymonialnym; książę mógł od tej chwili wyrokować w sprawach chłopów jedynie, jeśli ich pan zrzekł się swoich praw w tej mierze. Wreszcie z początkiem XVI w. poddanym zabroniono skarżyć się na szlachtę i odwoływać do króla lub wielkiego księcia.

W 1557 r. na Litwie w majątkach Zygmunta Augusta została przeprowadzona tzw. pomiara włóczna. Całość ziem podzielono na włóki (21,3 ha): część z nich przeznaczono na folwarki, część rozdzielono między chłopów. Na obrobienie jednej włóki folwarcznej przeznaczono powinności z siedmiu włók chłopskich. Postanowienie to rozbijało całkowicie przeważającą dotychczas na Litwie wspólnotę

61

chłopską. Poprzednio nie jedno gospodarstwo, ale tzw. dworzyszcza, składające się z kilku lub kilkunastu gospodarstw, stanowiły podstawową jednostkę, z której ściągano daniny, obliczano podatki itd. Teraz, w zasadzie, na jeden dym (jedno gospodarstwo) przypaść miała jedna włóka, którą zgodnie z panującym wówczas systemem uprawy — trójpolówką — dzielono na trzy części (jedna pod oziminę, druga pod zboże jare, trzecia pozostająca ugorem). Chłopi dysponujący sprzężajem byli zobowiązani do odrabiania pańszczyzny w wymiarze dwóch dni na tydzień, a nie mający bydła roboczego — jednego dnia tygodniowo na gruntach folwarcznych. Powinności chłopskie zwiększyły się o przeszło 20% w stosunku do stanu sprzed reformy. Chłop został poza tym ostatecznie przytwierdzony do ziemi. Wprowadzono również we wsiach i miastach samorząd (dla miast, które nie posiadały dotychczas przywilejów wynikających z prawa magdeburskiego).

W latach 1529, 1566 i 1588 weszły w życie kolejno trzy zbiory praw, tzw. *Statuty litewskie* (trzeci nie dotyczył już ziem ukraińskich). Zawarte w nich były normy prawa państwowego, ziemskiego, procesowego, spadkowego i postanowienia dotyczące przestępstw kryminalnych. Wśród źródeł, z których korzystał ustawodawca, znaleźć można zarówno *Prawdę ruską*, jak i prawo rzymskie, niemieckie i polskie, czy wreszcie normy zwyczajowe obowiązujące na terenie Wielkiego Księstwa Litewskiego. *Statut litewski* z 1588 r. służył z kolei jako wzór dla kodyfikacji przeprowadzonej w państwie moskiewskim — *Sobornego ułożenija* z 1649 r.

Utworzono jednolity stan chłopski, równając w prawach wszystkie warstwy ludności zależnej zajmującej się uprawą roli, podobnie wprowadzono równość szlachty wobec prawa, co stanowiło cios wymierzony w dotychczasową pozycję magnatów.

WALKA ANTYFEUDALNA LUDNOŚCI ZALEŻNEJ

Jak już stwierdzono, zbiegostwo było najbardziej rozpowszechnioną formą oporu poddanych przeciw wprowadzaniu nowych i zwiększonych obciążeń. Dlatego też ustawodawstwo feudalne surowo nakazywało zwracanie uciekinierów do miejsc ich poprzedniego zamieszkania, a kary stosowane przez ich właścicieli (chłosta, zamykanie w więzieniu) miały odstraszać ewentualnych naśladowców. Jak wiemy, chłopi w majątkach bojarów ruskich i litewskich czy też szlachty polskiej nie mieli możliwości odwołania się od ich decyzji do sądu książęcego lub królewskiego. Jedynie dla mieszkających w królewszczyznach i dobrach książęcych istniała szansa znalezienia sprawiedliwości w specjalnie ustanowionym sądzie referendarskim (sądy te pojawiły się z końcem XVI w.). Niekiedy udawało się skarżącym na urzędników administracji folwarcznej uzyskać satysfakcję od ich zwierzchnika. Były to jednak wypadki bardzo rzadkie, nie stanowiące naruszenia obowiązujących reguł. W przypływie desperacji chłopi chwytali za spisy, sierpy, noże i siekiery i ruszali przeciw swoim panom.

W 1490 r. na ziemi halickiej pojawiło się kilka tysięcy powstańców prowadzonych przez chłopa Muchę z Bukowiny. Udało się im nawet opanować Halicz, Kołomyję i Śniatyn, ale ponieśli klęskę w bitwie pod Rohatynem w starciu z pospolitym ruszeniem szlacheckim i najemnikami krzyżackimi. W roku następnym do walki ruszył Andrzej Borula (podobno pod jego imieniem występował sam Mucha). W 1492 r. Mucha, który ponownie pojawił się na Pokuciu, został schwytany i przewieziony do Krakowa, gdzie zmarł w więzieniu.

Nie brakowało' również indywidualnych prób rozprawienia się z dającymi się we znaki przedstawicielami administracji dworskiej. Odmawiano wykonywania powinności pańszczyźnianych, napadano na dwory i zabijano oficjalistów. Zjawiska te występowały stosunkowo najczęściej na Wołyniu.

Skąpe wzmianki w źródłach nie zawsze pozwalają na precyzyjne określenie charakteru danego wystąpienia. Czasem możemy mieć do czynienia z napadem o podłożu rabunkowym, kiedy indziej z przejawem walki klasowej. Niemniej jednak nie ulega wątpliwości, że i jedne, i drugie zdarzały się dość często, a sądy nie narzekały na bezczynność.

Do rozruchów dochodziło również w miastach. W 1536 r. mieszczanie czerkascy i kaniowscy wypowiedzieli posłuszeństwo staroście. Doszło do walki, która zakończyła się częściowym sukcesem buntowników, gdyż urząd starościński został przekazany innemu przedstawicielowi władzy. W 1541 r. zamieszki wybuchły w Bracławiu i Winnicy, w 1560 r. — w Łucku.

W 1525 r. król Zygmunt I odrzucił skargę Rusinów, mieszczan lwowskich wyznających prawosławie, na mieszczan obrządku rzymskiego, stwierdzając: „lwowscy mieszczanie obrządku greckiego lub ruskiego winni być zadowoleni z terenów i ulic przeznaczonych dla nich od dawna we Lwowie i nie powinni kupować i posiadać innych kamienic prócz tych, które posiadali i zajmowali albo oni, albo ich przodkowie". Król zabronił przyjmowania ich do cechów, zakazywał zajmowania się sprzedażą wódki, wina i piwa oraz sprzedażą i rozmierzaniem sukna. Dopiero po unii lubelskiej, w 1572 r. Zygmunt August całkowicie zrównał w prawach mieszczan obydwóch narodowości i obrządków tłumacząc, że jeśli zrównano szlachtę w przywilejach, to „podobna równość winna panować wśród ludzi mniejszego i niższego stanu". Spotykana wcześniej dyskryminacja, ze względów wyznaniowych a nie narodowościowych, występowała głównie na tych ziemiach ukraińskich, które znalazły się pod władzą Rzeczypospolitej.

NA DRODZE DO UNII

W XV w. na arenę europejską wkroczyły dwa nowe państwa: moskiewskie i tureckie.

Już w 1380 r. doszło na Kulikowym Polu, u ujścia Niepriadwy do Donu, do bitwy między armiami wielkiego księcia moskiewskiego i włodzimierskiego Dymitra i chana tatarskiego Mamaja, który współdziałał z Jagiełłą. Bitwa zakończyła się klęską Tatarów, a uprzedzony o jej rezultacie Jagiełło zawrócił ze swoimi wojskami, nie przekraczając nawet granicy księstwa riazańskiego. Po prawie stu latach, w 1476 r., wykorzystując osłabienie i rozpad państw mongolskich, wielki książę moskiewski Iwan III przestał płacić daninę Ordzie. W 1480 r. wyruszyła przeciw Moskwie wyprawa odwetowa chana Achmata. Jednocześnie do walki z Moskwą miał stanąć wielki książę litewski Kazimierz, ale walki wewnętrzne i starcia z Tatarami krymskimi nie pozwoliły mu wystąpić wspólnie z Achmatem. Dwie armie: moskiewska i tatarska, stanęły po dwóch stronach Ugry (dopływu Oki) i trwały tam przez kilka tygodni. Gdy nadeszły mrozy, a Achmat nie doczekał się pomocy litewskiej, zawrócił na południe. Państwo moskiewskie na zawsze uwolniło się od panowania tatarskiego i poniżających danin wypłacanych corocznie. Potęga Moskwy rosła nieustannie. Stawała się ona jednym z poważnych konkurentów Polski i Litwy. Czasy Rusi Kijowskiej, gdy wszystkie ziemie ruskie podlegały jednemu panującemu, dawały w ręce książąt i carów moskiewskich, później — rosyjskich, niebagatelny atut historycznego uzasadnienia ich pretensji.

W 1453 r. Turcy Osmańscy zajęli Konstantynopol (tur. Istanbul, Stambuł), kładąc kres egzystencji państwa bizantyjskiego. Dziesięć lat wcześniej ze Złotej Ordy wyodrębnił się chanat krymski, który w 1475 r. musiał uznać zależność od Turków. Stał się on poważnym przeciwnikiem dla wszystkich stron konkurujących ze sobą o panowanie nad Ukrainą.

Tymczasem walka o nią nie ustawała ani na chwilę.

Po śmierci Świdrygiełły księstwo wołyńskie zostało zlikwidowane i przekształcone w prowincję litewską. Bracławszczyznę przyłączono do księstwa kijowskiego, a po zgonie tamtejszego księcia Semena Olelkowicza (prawnuka Olgierda) król Polski i wielki książę litewski Kazimierz mianował Marcina Gasztołda wojewodą kijowskim (1471). Gdy Kijowianie sprzeciwili się nominacji, Gasztołd siłą zajął miasto i stłumił bunt. Bracławszczyznę oddzielono od ziemi kijowskiej i również przekształcono w województwo.

W ten sposób poza ziemią czernihowsko-siewierską, która z początkiem XVI w. stała się częścią państwa moskiewskiego, reszta Ukrainy uległa podziałowi na województwa: wołyńskie (powiaty: łucki, włodzimierski i krzemieniecki), bracławskie (powiaty: bracławski i winnicki) oraz kijowskie (powiaty: kijowski, żytomierski, owrucki). Na ziemi halickiej (1434) powstało województwo ruskie (ziemie: lwowska, przemyska, halicka, sanocka i chełmska oraz województwo podolskie (powiaty: czerwonogrodzki, kamieniecki i latyczowski).

Zbliżenie Litwy i Złotej Ordy, które nastąpiło za panowania Kazimierza Jagiellończyka, wywołało natychmiastową reakcję chanatu krymskiego. W latach 1480—1530 nie było roku, aby kresy ukraińskie nie zaznały niszczących najazdów tatarskich. W 1482 r. chan Mengli Girej opanował Kijów i spalił go doszczętnie. Z Kijowszczyzny i Bracławszczyzny uprowadzano mieszkańców. Niewielkie oddziały polskie i litewskie oraz nie odnawiane, rozsypujące się zameczki kresowe nie dawały dostatecznej ochrony ludności. Ziemie, niegdyś bogate, z licznymi wsiami i osiedlami, zaczęły się wyludniać w bardzo szybkim tempie. Najeźdźców próbowano powstrzymać podarkami i okupem pieniężnym, jednak bezskutecznie. Groziło to upadkiem gospodarczych podstaw potęgi wielkich rodów magnackich, takich jak np. Ostrogscy, którzy posiadali rozległe dobra w województwie wołyńskim, kijowskim i ruskim.

Tymczasem Polska i Wielkie Księstwo Litewskie upodabniały się coraz bardziej do siebie, i to zarówno pod względem stosunków ustrojowych, jak i społecznych. Zaczynające się wojny z Moskwą o Inflanty, ziemie białoruskie, a także niebezpieczeństwo tatarskie zmuszały do skoordynowanego działania przeciw wspólnym przeciwnikom. Walka szlachty polskiej z magnaterią, ruch egzekucyjny na ziemiach polskich i sukcesy odniesione w tych starciach przez średniozamożnych i drobnych posiadaczy wywołały odzew na Litwie, gdzie daleko było do takich rozwiązań, jakie zostały przyjęte w Polsce. Oligarchowie litewscy bronili się przed nimi zwłaszcza od chwili, gdy żądania zrównania całej szlachty w przywilejach, bez względu na zamożność, a wyłącznie ze względu na urodzenie, złączyło się z postulatem zawarcia ścisłej unii między obydwoma państwami. Wśród opozycjonistów czołową rolę odgrywali Radziwiłłowie: marszałek, kanclerz litewski i wojewoda wileński Mikołaj Czarny oraz hetman Mikołaj Rudy.

Wojna o Inflanty przyspieszyła decyzję obydwu stron, zwłaszcza że w II *Statucie litewskim* (1566) określono prerogatywy sejmu litewskiego stosując polskie wzory, a przy wielkim księciu zaczęła działać rada hospodarska (według tytulatury miejscowej wielki książę litewski nosił tytuł *hospodara*) wzorowana na polskim senacie.

Podjęcie decyzji było już sprawą najbliższych miesięcy.

UNIA LUBELSKA

W obradach sejmu polskiego lat 1568—1569 uczestniczyli również posłowie litewscy. Mikołaj Rudy grał na zwłokę i wreszcie po kryjomu wyjechał z Lublina, a w ślad za nim ruszyła reszta Litwinów. Na żądanie sejmu Zygmunt August przyłączył do Polski ziemie, o które trwał spór z Litwą (województwo podlaskie, wołyńskie i bracławskie). Wkrótce potem przyłączono także województwo kijowskie, w wyniku czego wszystkie ziemie ukraińskie należące dotychczas do Litwy znalazły się w granicach Korony.

Przekonawszy się o małej skuteczności swego protestu panowie litewscy powrócili do Lublina. Wznowiono rokowania i 28 VI 1569 r. przyjęto akt unii. Król zatwierdził go 4 lipca.

Odtąd królowie polscy i wielcy książęta litewscy mieli być wybierani na wspólnych elekcjach. Wprowadzono wspólną politykę zagraniczną i zasadę wspólnego prowadzenia wojen przez obydwa państwa. Zachowano natomiast odrębność urzędów centralnych, chociaż na posiedzenia sejmu zjeżdżać się mieli zarówno posłowie polscy, jak i litewscy. W pełnej tytulaturze króla polskiego znalazły się wymieniane kolejno tytuły: wielkiego księcia litewskiego, r u s k i e g o, pruskiego, mazowieckiego, żmudzkiego, k i j o w s k i e g o, w o ł y ń s k i e g o, podlaskiego i inflanckiego.

Polska stanęła oko w oko z rodzącą się potęgą moskiewską, a w granicach Rzeczypospolitej znaleźli się nie tylko Polacy i Litwini, ale także Ukraińcy i Białorusini.

VI. PO UNII LUBELSKIEJ

FOLWARK

U_{NIA} lubelska przyspieszyła na ziemiach ukraińskich proces formowania się wielkich latyfundiów magnackich. Im bardziej na wschód, tym częściej spotykało się posiadłości liczące nawet 50 i więcej wiosek; zmniejszała się natomiast liczba folwarków, a w związku z tym malały również obciążenia pańszczyźniane.

Różne były przyczyny tego zjawiska.

Wynikało ono przede wszystkim ze znacznego popytu na zboże, który występował na rynkach Europy Zachodniej. Szlachta, a zwłaszcza magnaci, bogaciła się w bardzo szybkim tempie, korzystając z występującej na Zachodzie koniunktury. Rozbudowa gospodarki folwarcznej musiała wiązać się zarówno z dostępem do rynku zbytu, jak i z odpowiednią gęstością zaludnienia gwarantującą właściwą uprawę ziemi w folwarkach szlacheckich. Ani jednego, ani drugiego nie było na ziemiach nad- i zadnieprzańskich; warunki te spełniały jedynie Ruś Czerwona, Wołyń i zachodnie Podole. Majątki rozlokowane w pozostałej części Ukrainy mogły przynosić w tym czasie dochód jedynie w wypadku oparcia ich na gospodarce czynszowej. Dopiero w miarę zwiększania się liczby ludności stało się możliwe stopniowe wprowadzanie folwarku i pańszczyzny. Kolonistów miały przyciągać wieloletnie „wolnizny" — okres, w którym przybyli skądinąd chłopi byli zwolnieni od jakichkolwiek powinności. Wiele nowo założonych osad przybierało wskutek tego nazwy Słoboda lub Słobódka, które przetrwały przez stulecia, mimo tego że tymczasem wprowadzono zarówno czynsze, jak i pańszczyznę, istniejące aż do całkowitego zniesienia poddaństwa. Czynsz opłacany w naturze nie był wysoki i miał początkowo raczej charakter symboliczny, zwłaszcza gdy porówna się go z wysokością obciążeń chłopskich na innych ziemiach wchodzących w skład państwa polskiego.

Rzeczpospolita, chcąc jak najszybciej stworzyć z nowo przyłączonych terenów swoisty pas ochronny broniący państwa przed najazdami tatarskimi, niebezpieczeństwem tureckim i oddzielający je od rosnącej w potęgę Moskwy, starała się ze swojej strony zachęcić szlachtę do objęcia majątków na tym terenie. Wprawdzie w okresie koniunktury na płody rolne nie trzeba było stosować intensywnej polityki bodźców, ale nie ulega wątpliwości, że rozdawnictwo ziem ukraińskich szlachcie za zasługi wojenne i poniesione w służbie państwowej sprzyjało szybkiemu wzrostowi gospodarczego znaczenia Ukrainy dla Rzeczypospolitej. Tworzono także majątki królewskie, oddając je pod zarząd i w dzierżawę osobom prywatnym, a w 1590 r., na mocy uchwały sejmowej, monarcha uzyskał prawo rozdawnictwa ziem nie zasiedlonych położonych na wschód od Białej Cerkwi.

Dzięki temu wojsko koronne operujące na kresach państwa uzyskało oparcie w coraz liczniejszych osiedlach, a fortyfikowane miasta dawały możliwość skuteczniejszego niż dotychczas odpierania ataków z zewnątrz. Do powinności świadczonych przez chłopów doszły roboty szarwarkowe przy budowie zamków i traktów komunikacyjnych, a osadzone w twierdzach i forteczkach załogi, składające się zarówno z żołnierzy znajdujących się na żołdzie państwa, jak i z oddziałów prywatnych korzystały ze składanych także na ich utrzymanie danin w naturze.

Chłopstwo, zachęcone przez odpowiednią politykę państwa i właścicieli latyfundiów, szybko jednak przekonywało się o złudności liczenia na poprawę warunków bytowania, zwłaszcza że na kresach było w znacznie większym stopniu niż na terenach położonych w głębi Rzeczypospolitej narażone na zagrażające ze strony Tatarów niebezpieczeństwo utraty życia lub — co najmniej — skromnego zazwyczaj dobytku. Rosnące zbiegostwo spowodowało podjęcie odpowiednich kroków represyjnych. W III *Statucie litewskim* (1588) postanowiono, że chłop, który przemieszkał w danym majątku 10 lat, stawał się poddanym jego właściciela, a okres poszukiwania zbiegów przedłużono z 10 do 20 lat. Rzecz charakterystyczna, że w tym samym mniej więcej czasie w państwie moskiewskim wprowadzono tzw. lata zapowiednie, tzn. wyznaczono okres, w którym chłopom nie wolno było porzucać swoich panów nawet po wypełnieniu wszystkich ciążących na nich powinności. Wprowadzenie formalnych zakazów nie doprowadziło wprawdzie do powstrzymania zbiegostwa, ale je w pewnym stopniu zahamowało i przede wszystkim stworzyło możliwość prowadzenia przez szlachtę długoletnich nawet poszukiwań oraz podstawę prawną do karania uciekinierów i ściągania ich z powrotem do poprzednich miejsc osiedlenia.

POWSTANIE KOZACZYZNY

Stosunkowo słabe zaludnienie terenów wschodnioukraińskich i mniej niż gdzie indziej sprawna administracja państwowa spowodowały rozluźnienie formalnych więzów prawnych, co z jednej strony doprowadzało do powstawania warunków sprzyjających samowoli panów feudalnych, tworzenia rządzących się własnymi prawami państw w państwie, należących do — jak ich nazywano — „królewiąt" kresowych, oraz z drugiej do łatwiejszego unikania rozpowszechnionych w Polsce środków represyjnych stosowanych przeciw poddanym odmawiającym posłuszeństwa.

Uciekali oni za Dniepr, głównie w rejony jego dolnego biegu, gdzie ze względu na bezpośrednie sąsiedztwo tatarskie karząca ręka magnatów i szlachty nie wydawała się już tak groźna i gdzie rzeczywiście wyprawy poszukujące zbiegów, a organizowane przez właścicieli majątków prywatnych, docierały nader rzadko. Tam właśnie zaczęła się tworzyć, najprawdopodobniej w pierwszej połowie XVI w., nowa społeczność, szybko przybierająca trwałe formy organizacyjne, a składająca się zarówno ze zbiegłych chłopów, miejscowej ludności i ludzi, których do dalekiej wędrówki pchnęło zamiłowanie do przygód lub popełnione przez nich przestępstwa kryminalne i obawa przed karą, jak i żołnierzy z prywatnych, „kozackich" milicji magnackich. Pod względem narodowościowym stanowili oni mieszaninę Ukraińców, Polaków, Rosjan, Białorusinów, Wołochów, a nawet Tatarów, z wyraźną jednak przewagą elementu miejscowego.

Nazywano ich Kozakami. Pochodzenie tego określenia do dnia dzisiejszego wywołuje spory historyków. Wprawdzie bowiem nikt już nie wraca do wywodów XVII-wiecznych pisarzy polskich Pawła Piaseckiego i Wespazjana Kochowskiego, wiążących nazwę Kozaków z kozą ze względu na podobną zwinność i zręczność, natomiast na ogół wszyscy przyjmują turko-tatarski rodowód tego terminu, przecież tłumaczenie go jest w dalszym ciągu różne. Czy słowo to oznaczało niegdyś wartownika, konwojenta, rozbójnika czy wreszcie niezależnego i odważnego junaka, nie wiadomo.

Pojawili się oni na terenie tzw. Zaporoża, czyli na ziemiach

69

leżących na południe od *porohów* dnieprzańskich — skalistych progów w nurcie rzeki (w rejonie ujścia Samary do Dniepru), praktycznie uniemożliwiających żeglugę w tym miejscu. Znajdujące się tutaj rozległe stepy współcześni nazywali Dzikimi Polami. Obfita roślinność, wysoka trawa niejednokrotnie ukrywała szukających schronienia, a liczna zwierzyna i rzeki pełne ryb dostarczały pożywienia.

Kozacy nie tylko bronili się przed napaściami ze strony sąsiadów, lecz i sami (nb. znacznie częściej) podejmowali wyprawy wojenne, głównie przeciw Tatarom i Turkom, szukając możliwości łatwego i szybkiego wzbogacenia się, zagarniając konie, broń, pieniądze i odzież. Tym celom podporządkowana była ukształtowana na tym

Sicz Zaporoska — sztych z XVII w.

terenie organizacja typu wojskowego. Ze względu na motywy, którymi kierowali się uciekinierzy na Zaporoże, a zwłaszcza niechęć do jakiejkolwiek władzy, wykształciła się tutaj swoista demokracja wojskowa. Formalnie wszyscy Kozacy byli sobie równi, jedynie na czas wypraw wojennych wybierali spomiędzy siebie atamana. Część z nich powracała na zimę do swych poprzednich miejsc zamieszkania, część zaś (stale rosnąca) pozostawała na Zaporożu, osiedlając się głównie na wyspach dnieprzańskich i tworząc tam ufortyfikowane obozy zwane *siczą*. Początkowo przenoszono je z miejsca na miejsce, później dopiero, w XVII w., ulokowano Sicz Zaporoską u ujścia Czortomliku do Dniepru (znajdowała się tam w latach 1652—1709). Nazwa *sicz* odpowiada w języku polskim słowu „zasieki". Innym terminem, który wszedł wówczas do powszechnego użytku na Ukrainie, był *kosz* — słowo pochodzenia tatarskiego, oznaczające obozowisko, w którym gromadzili się Kozacy przed wyruszeniem na wyprawę i wybierali „atamana koszowego".

Już w pierwszych latach tworzenia się społeczności kozackiej usiłowano wykorzystać doświadczenie wojskowe Kozaków do obrony kresów przed najazdami tatarskimi oraz do służby wywiadowczej. Próbowali tego dokonać urzędnicy królewscy, a wśród nich m. in.: starosta czerkaski Krzysztof Kmitycz, starosta czerkaski Ostafi Daszkowicz, starosta barski Jakub Pretfic, a prócz tego potężny magnat ruski Dymitr Wiśniowiecki, starosta czerkaski i kaniowski. Ten właśnie na czele oddziałów kozackich wyprawiał się niejednokrotnie nie tylko przeciw Tatarom, lecz i Turkom. W latach 1554—1555 wybudował na wyspie dnieprzańskiej Małej Chortycy niewielką forteczkę. Wprawdzie Rzeczpospolita, a także i Litwa, nigdy nie zdecydowały się na udzielenie oficjalnego poparcia Wiśniowieckiemu, nie chciały bowiem naruszać względnie dobrych stosunków z Krymem i Portą, ale prawdopodobnie przymykały oczy na poczynania księcia. Wojownicza natura spowodowała przejście Wiśniowieckiego na stronę moskiewską (1558), zaciągnięcie się pod sztandary Iwana IV Groźnego, a nawet wzięcie przez niego udziału w wyprawie zorganizowanej przez cara przeciw chanatowi. Po kilku latach powrócił jednak na Ukrainę, do Czerkas, a następnie został schwytany przez bojarów mołdawskich, wydany Turkom i stracony przez nich w Konstantynopolu. Przez pewien czas uważano, że występujący w *dumach* (pieśniach) kozackich Kozak Bajda jest identyczny z Wiśniowieckim.

Akcje kozackie podejmowane przeciw Turcji, a zwłaszcza ich wyprawy morskie na szybkich i zwrotnych łodziach — *czajkach*, które docierały nawet do Konstantynopola, przyczyniały wiele kłopotów Rzeczypospolitej. Nieraz poselstwa tureckie przywoziły ze sobą listy sułtańskie ze skargami na Kozaków i grożące zerwaniem dobrych stosunków między obydwoma państwami. Stąd też wiele konstytucji sejmowych wymierzonych było przeciw „kozackiemu swawoleństwu" i próbowało podejmować kroki mające na celu pacyfikację kresów.

Rzeczpospolita jednak nie dostrzegła w porę, że Kozaczyzna bardzo szybko przekształciła się ze zbiorowiska zbiegłych poddanych w stabilny organizm, a żądania kozackie wyszły poza domaga-

71

nie się regularnej wypłaty żołdu za udział w wojnach po stronie Polski. Żądań tych nie sposób było zaspokoić tylko pieniędzmi, pogróżkami czy wyprawami pacyfikacyjnymi, lecz trzeba było się zdecydować na uznanie pretensji do autonomii, nobilitacji lub wreszcie — suwerennej władzy kozackiej na terytorium kilku województw ukraińskich. Praktycznie, Rzeczpospolita nie prowadziła żadnej określonej polityki wobec Kozaczyzny; polityka ta była jedynie funkcją polityki wobec Turcji bądź państwa moskiewskiego. W tej sytuacji musiało dochodzić do coraz poważniejszych konfliktów, coraz ostrzejszych spięć, które przerodziły się w powstania, a następnie w otwartą i trwającą wiele lat wojnę z Polską.

Po raz pierwszy usiłowano wciągnąć Kozaków do służby na rzecz Polski w ostatnich latach panowania Zygmunta Augusta, kiedy to król zwrócił się do nich w uniwersale nawołującym do powrotu do poprzednich miejsc osiedlenia, a następnie, w 1572 r., polecił hetmanowi Mikołajowi Jazłowieckiemu objąć nad nimi władzę zwierzchnią. Jazłowiecki włączył pewną liczbę Kozaków do rejestru, biorąc ich w ten sposób na żołd państwa, udzielając ochrony prawnej, a jednocześnie ustanawiając nad nimi „starszego rejestru", podległego bezpośrednio hetmanowi, szlachcica Jana Badowskiego. Wiadomo, że rejestrem tym objęto zaledwie 300 Kozaków; nie ulega przeto wątpliwości, że większość ich była traktowana przez władze państwowe jak poprzednio, tzn. jako zbiegła ludność chłopska.

W związku z wojną moskiewską w 1578 r. Stefan Batory polecił szlachcicowi Janowi Oryszowskiemu sporządzenie rejestru kozackiego obejmującego już 500 osób na podobnych zasadach jak rejestr Jazłowieckiego. W uznaniu zasług kozackich król nadał im ponadto Trechtymirów (nad Dnieprem), pozwalając wybudować w miasteczku szpital.

W 1590 r., za panowania Zygmunta III, sejm uchwalił konstytucję *Porządek z strony Niżowców i Ukrainy*, stanowiącą wynik licznych i bezskutecznych, jak dotąd, upomnień, by Kozacy nie wyprawiali się samowolnie przeciw posiadłościom sułtańskim. W latach 1583—1589 dochodziło bowiem niejednokrotnie do napaści kozackich na terytorium tureckie, m. in. na Tehinię nad Dniestrem, Oczaków, Akerman i chanat krymski. Ba! Zabito nawet posła królewskiego, który zjawił się na Zaporożu celem przeprowadzenia dochodzenia w tej sprawie. W odwecie za wyprawy kozackie w 1589˙r. Tatarzy dotarli aż do samego Lwowa, niszcząc i paląc wszystkie osiedla napotkane po drodze i zagarniając jasyr. Rejestr kozacki powiększono wprawdzie do 3000 osób, ale jednocześnie postanowiono, że wszystkie stanowiska w wojsku kozackim muszą być obsadzone przez szlachtę, zabroniono przekraczania granic państwowych bez zezwolenia, zobowiązano Kozaków rejestrowych do złożenia przysięgi na wierność królowi i Rzeczypospolitej, zabroniono handlu bronią, a przekraczających postanowienia konstytucji wyłączono spod prawa. Poza tym wyznaczono do pomocy hetmanowi koronnemu dwóch „dozorców" — komisarzy królewskich, którzy mieli pilnować przestrzegania wydanego zarządzenia.

Oprócz tego ten sam sejm upoważnił króla do rozdawnictwa „pustek" ukraińskich, czyli ziem nie zasiedlonych i nie należących do nikogo (rzecz jasna, nie wzięto przy tym pod uwagę interesów tych rodzin chłopskich, które już uprawiały ziemię na terenach objętych postanowieniem sejmu).

Rzeczpospolita zaangażowała się wskutek tego w sprawy ukraińskie mocniej niż kiedykolwiek dotąd. Przez stworzenie sieci majątków (w praktyce — latyfundiów magnackich) i zagospodarowanie kresów chciano z jednej strony doprowadzić do silnego związania ich z resztą państwa polskiego, z drugiej zaś z obrony wschodnich granic Polski uczynić osobistą sprawę szlachty posiadającej tutaj swoje majątki. Plany te zostały po części zrealizowane.

Jak już zauważył jeden z historyków polskich, państwo moskiewskie miało „linię" fortyfikacji broniącą je przed Tatarami; Rzeczpospolita wybrała inne zabezpieczenie swych granic.

POWSTANIA KOZACKIE

Rychło okazało się, że poczynania władz polskich spotkały się ze zbrojnym oporem ludności miejscowej, a zwłaszcza Kozaków, którzy, zahartowani w potyczkach i biegli w rzemiośle wojennym, stawali na czele powszechnego na tych terenach ruchu antyfeudalnego.

Pierwszym przywódcą powstania kozackiego, które wybuchło w 1591 r., był szlachcic Krzysztof Kosiński. Rozpoczęło się ono wprawdzie od jego prywatnego sporu z wojewodą kijowskim, księciem Konstantym Ostrogskim, ale wkrótce przekształciło się w powszechne wystąpienie chłopów i Kozaków przeciw szlachcie polskiej. 2 II 1593 r. Kosiński poniósł klęskę w starciu z pospolitym ruszeniem szlacheckim z województw ukraińskich w bitwie pod Piątkiem na Wołyniu i został zmuszony do zawarcia ugody. Rozejm nie trwał długo, gdyż za kilka miesięcy działania wojenne zostały wznowione, a Kosiński zaczął gorączkowo szukać sojuszników wśród Tatarów, Turków i w państwie moskiewskim. Pertraktacje w tej sprawie przerwała śmierć Kosińskiego w bitwie pod Czerkasami (w maju 1593 r.), zabitego — jak świadczą współcześni — przez sługi starosty czerkaskiego, księcia Aleksandra Wiśniowieckiego.

Pod wpływem wiadomości o powstaniu Kosińskiego sejm uchwalił w 1593 r. konstytucję *O Niżowcach*, w której uznawał Kozaków nie podporządkowujących się prawom Rzeczypospolitej i samowolnie przekraczających granicę państwa za „wrogów ojczyzny i zdrajców", których można było zabijać bezkarnie, bez żadnego postępowania sądowego. Zapowiadano nawet, że w razie potrzeby użyte będą przeciw nim stacjonujące na Ukrainie wojska kwarciane.

Wprawdzie na kilkanaście miesięcy zapanował na kresach względny spokój, przecież nie wypływał on z postanowień sejmowych, ale był raczej wynikiem próby wykorzystania wojska kozackiego przez Habsburgów do walki z Turcją. W 1594 r. na Ukrainie pojawiło się poselstwo wysłane przez cesarza Rudolfa II, a kierowane przez stolnika arcyksięcia Maksymiliana, Eryka Lassotę von Steblau. Lassota pozostawił dokładny *Diariusz* poselstwa na Zaporoże, od połowy XIX w. wydawany kilkakrotnie po niemiecku, polsku, rosyjsku, ukraińsku i hiszpańsku. Jak wynika z *Diariusza*, misja Lassoty nie miała na celu tylko pozyskania sojusznika do wspólnych działań przeciw Porcie, lecz również do poparcia interesów habsburskich na terenie Polski na wypadek przewidywanej abdykacji Zygmunta III. Cesarstwo wcześniej niż Rzeczpospolita uznało w Kozaczyźnie godnego partnera, mogącego pomóc zarówno w wojnie, jak i w działaniach czysto politycznych.

Kozacy otrzymali od Rudolfa II sztandary, trąby i 8000 dukatów, w zamian za co podjęli prawdopodobnie dywersyjne wyprawy na Mołdawię przeciw Turkom w październiku 1594 r. i wczesną wiosną roku następnego. Obydwoma wyprawami dowodził Semen (Seweryn?) Nalewajko, pochodzący z Husiatyna na Podolu, wraz ze swym pomocnikiem, bogatym Kozakiem Hryhorym Łobodą. Warto dodać, że w czasie pobytu na Zaporożu Lassota zetknął się z przebywającym tam wysłannikiem cara rosyjskiego, który bawił z podobną misją. Jak twierdzili sami Kozacy, mogli oni wówczas wystawić łącznie ok. 6000 żołnierzy oprócz „ludu wiejskiego żyjącego w chutorach na granicach".

W 1595 r. na Wołyniu wybuchło nowe powstanie, na którego czele stanął znany nam już Semen Nalewajko. Pierwsze starcia na

Podolu i Wołyniu przyniosły sukcesy powstańcom. Rozdzielili się oni na trzy grupy: pierwszą — wołyńską — dowodził sam Nalewajko, drugą — działającą w Kijowskiem — Hryhory Łoboda, trzecią — na Polesiu i południu Białorusi — Matwiej Sawuła (Szaul?). Powstanie przybrało ogromne rozmiary, co należy zarówno zawdzięczać talentom dowódczym Nalewajki, desperackiej obronie chłopstwa ukraińskiego przed obejmowaniem go powinnościami feudalnymi, jak i chwilowemu brakowi sił Rzeczypospolitej, zaangażowanej w tym czasie w Mołdawii. Sytuacja zaczęła się zmieniać dopiero w chwili, gdy przeciwko powstańcom ruszyły oddziały regularne, dowodzone przez hetmana polnego koronnego Stanisława Żółkiewskiego.

Hetman początkowo próbował skłócić zbuntowanych i nawiązał kontakty z Łobodą, co prawdopodobnie przyczyniło się do unikania przez niego spotkania ze swoimi współtowarzyszami. Nalewajko i Sawuła zostali pobici przez Żółkiewskiego w bitwie na uroczysku Ostry Kamień pod Białą Cerkwią (3 IV 1596 r.). Sawuła został ciężko ranny. Dopiero po tej bitwie doszło do połączenia się sił Nalewajki i Łobody, sam zaś Łoboda został wybrany hetmanem. Dwunastotysięczna armia powstańcza usadowiła się w Perejasławiu, przygotowując się do długotrwałej obrony. Gdy pod obóz podeszły wojska prowadzone przez Żółkiewskiego, zaczęły się kłótnie i spory. Wynik walki był z góry przesądzony na niekorzyść powstańców, stąd też zaczęto zastanawiać się, czy nie szukać pomocy u Tatarów lub cara moskiewskiego. Byli i tacy, którzy radzili zdać się na łaskę Rzeczypospolitej.

Ostatecznie jednak zwyciężył inny punkt widzenia. Postanowiono skierować się na Zaporoże i połączyć ze znajdującymi się tam Kozakami. W ślad za wycofującymi się oddziałami podążył Żółkiewski i dopadł ich na uroczysku Sołonica nad rzeką tej samej nazwy (w pobliżu Łubniów).

Kozacy zdążyli się ufortyfikować. W obozie, za dziewięcioma rzędami wozów, znajdowało się 6000 żołnierzy zdolnych do walki i około 4000 rannych. Wojsko koronne liczyło 5000 ludzi. Zacięta walka trwała przez blisko dwa tygodnie. Szeregi powstańcze dziesiątkowane były przez artylerię oblężniczą Żółkiewskiego, choroby i głód. Wreszcie 7 VI 1596 r. nastrojona ugodowo starszyzna kozacka przyjęła warunki kapitulacji podyktowane przez hetmana koronnego. W ręce polskie oddano kilku przywódców powstania, a wśród nich Nalewajkę i Sawułę; przekazano wszystkie działa i chorągwie ofiarowane przed dwoma laty przez Rudolfa II; Kozacy złożyli broń, ufając hetmańskiemu słowu, że ujdą z życiem. Stało się jednak inaczej. Gdy szlachta ukraińska zaczęła siłą odbierać powstańczy dobytek i szukać swoich poddanych, doszło do zamieszania i złamania warunków kapitulacji. Szlachta wraz z piechotą węgierską dokonała rzezi bezbronnych, z których tylko część zdołała zbiec na Zaporoże. Nalewajko i Sawuła zostali straceni w Warszawie.

UNIA BRZESKA

W tym samym czasie, gdy nad Sołonicą rozstrzygały się losy największego przed Chmielniczczyzną powstania kozackiego, w Brześciu Litewskim (nad Bugiem) zapadały decyzje, które miały w jeszcze większym stopniu wywrzeć swoje piętno na dalszych losach Ukrainy. Tym razem szło wprawdzie o sprawy wiary, ale u ich podłoża stały interesy gospodarcze, społeczne i polityczne państwa polskiego.

Ekspansja szlachty i magnatów na kresy wschodnie stosunkowo szybko stała się przedmiotem zainteresowania kościoła rzymsko-katolickiego, który wówczas znajdował się w ofensywie przeciw prądom reformacyjnym. Na Ukrainie mogło to oznaczać w zasadzie tylko jedno: ograniczanie i eliminowanie wpływów prawosławia. Nie planowane wcześniej i nie synchronizowane z góry sprzęgły się przecież ze sobą interesy Rzymu, Rzeczypospolitej i szlachty. Wprawdzie jeszcze przed unią lubelską, w 1548 r., udało się w Kijowie utworzyć metropolię prawosławną niezależną od Moskwy, a podległą wprost Konstantynopolowi i następnie w latach 1563 i 1568 zrównać szlachtę prawosławną ze szlachtą rzymskokatolicką, jednak nie dopuszczono do senatu ani metropolity kijowskiego, ani też podporządkowanych mu biskupów. Nie zezwalano na budowanie nowych cerkwi oraz odnawianie już istniejących (nb. zakaz ten praktycznie nie był przestrzegany). Mimo to jednak stopniowo coraz więcej ruskich rodzin magnackich przechodziło na katolicyzm, widząc w tym zapewne lepsze możliwości dla własnych karier, uzyskania wysokich urzędów państwowych, godności i majątków. Tak uczynili Chodkiewiczowie, Sapiehowie czy Wiśniowieccy.

W tym właśnie czasie w Rzymie zrodził się pomysł przywrócenia jedności Kościoła i zawarcia unii między prawosławiem a wyznawcami obrządku rzymskokatolickiego. Wobec niedwuznacznie postawionego warunku podporządkowania się zwierzchnictwu papieża nie ulegało wątpliwości, iż zamierzona unia zawiera w sobie żądanie całkowitego zlikwidowania Kościoła greckiego. Czołowym rzecznikiem unii stał się papież Grzegorz XIII. Do życia powołano kolegia w Rzymie i Wilnie, które miały kształcić księży na potrzeby przyszłego kościoła unickiego.

Projekty te znalazły poparcie w Rzeczypospolitej, zabiegającej o pełne zespolenie ziem kresowych z Koroną. Dostrzegano jednocześnie niebezpieczeństwo zagrażające w tej mierze ze strony państwa moskiewskiego. W Moskwie bowiem w 1589 r. utworzony został patriarchat dążący m. in. do podporządkowania sobie hierarchii prawosławnej na ziemiach ukraińskich i białoruskich, a więc mogący osłabić więzy łączące je z Polską. Nic też dziwnego, że Rzeczpospolita poparła akcję papiestwa. Dodatkowym czynnikiem, który sprzyjał tym wysiłkom, była bliska dewocji religijność monarchy — Zygmunta III Wazy.

Wprawdzie w Rzymie przemyśliwano o zawarciu unii z całym Kościołem prawosławnym, jednak piętrzące się przeszkody były tak poważne, iż początkowo (sądzono bowiem, że będzie to pierwszy etap unii) ograniczono się wyłącznie do terenów Rzeczypospolitej. Tutaj unia znalazła gorących zwolenników, chociaż i wśród nich zarysowały się różnice zdań dotyczące sposobu jej przeprowadzenia. Wśród propagatorów unii znaleźli się m. in.: Stanisław Orzechowski, kardynał Hozjusz i znakomity kaznodzieja, jezuita Piotr Skarga. Poczynaniom Kościoła rzymskokatolickiego sprzyjała w tym czasie sytuacja, jaka wytworzyła się na kresach, na tle bowiem poczynań patriarchy konstantynopolitańskiego Jeremiasza, który wyraził zgodę na uniezależnienie się patriarchatu moskiewskiego od Konstantynopola jak i na nadanie kościelnemu bractwu lwowskiemu statusu *stauropigii* (związku z patriarchą niezależnego od miejscowej hierarchii), doszło do różnicy zdań między Konstantynopolem a episkopatem prawosławnym w Polsce.

W 1590 r. władyka łucki Cyryl Terlecki, lwowski Gedeon Bałaban (od 1595 r. zmienił stanowisko i występował stanowczo przeciw unii), a także turowski i piński Pełczyński oraz chełmski Zbirujski zadeklarowali przystąpienie do unii pod warunkiem zachowania dotychczasowej liturgii. Po dwóch latach do akcji włączył się oficjalnie Zygmunt III, obiecując zachować, a nawet rozszerzyć przywileje prawosławia w Rzeczypospolitej.

Od 1594 r. cała sprawa zaczęła się posuwać szybko naprzód. Sprecyzowano warunki, które miały być spełnione przez Rzym i króla, zanim nie zostanie wyrażona ostateczna zgoda hierarchii prawosławnej na unię. Wśród nich znalazły się: zachowanie dotychczasowej liturgii oraz przywilejów, dopuszczenie biskupów obrządku wschodniego do senatu i obrona przed ewentualnymi krokami represyjnymi podjętymi przez patriarchat konstantynopolitański. W roku następnym, na synodach we Lwowie i Brześciu, podjęto uchwałę o przyłączeniu się do Kościoła katolickiego i dokładniej ustalono warunki przystąpienia do unii.

Pewną niespodzianką komplikującą sytuację stała się energiczna kontrakcja wojewody kijowskiego, księcia Konstantego Ostrogskiego. Ten nie tylko odważnie wystąpił przeciw królowi, lecz również podjął próbę porozumienia się z protestantami, którzy w tym czasie odbywali synod w Toruniu. Ba! Nawoływał nawet do wspólnego wystąpienia zbrojnego. Z punktu widzenia interesów Rzeczypospolitej była to jawna zdrada stanu, lecz ani książę, ani też król nie zdecydowali się na sięgnięcie do środków ostatecznych. Poczynania Ostrogskiego spaliły na panewce i jedynie opóźniły finał o kilka miesięcy. W listopadzie 1595 r. w Rzymie zjawili się władyka włodzimierski Hipacy Pociej wraz ze znanym nam już Cyrylem Terleckim. Papież Klemens VIII wyraził zgodę na przedstawione mu dezyderaty i 23 grudnia przyjął przysięgę od obydwu wysłanników. Prócz zachowania liturgii zgodzono się na małżeństwa księży unickich i stosowanie przez unitów starego kalendarza juliańskiego (w świecie katolickim od 1582 r. obowiązywał już kalendarz gregoriański).

Bardzo szybko jednak okazało się, że opozycja przeciw unii znacznie się rozszerzyła, a zwłaszcza iż związanie się części hierarchii prawosławnej z Rzymem wzburzyło wyznawców „błahoczestija" na Ukrainie i Białorusi. Ostrogski nie był osamotniony. Jednolicie wystąpiły niemal wszystkie bractwa kościelne, pojawiły się liczne pisma polemiczne ostro atakujące unię, nastąpiło poważne poruszenie wśród kleru prawosławnego.

W październiku 1596 r. rozpoczął się w Brześciu Litewskim synod, w którym wzięli udział zarówno gorący orędownicy prawosławia, jak i zaprzysiężeni już w Rzymie biskupi, wreszcie też przedstawiciele Kościoła rzymskokatolickiego. Od samego początku obrad zwolennicy i przeciwnicy unii obradowali oddzielnie: w cerkwi Św. Mikołaja — unici, wysocy urzędnicy Rzeczypospolitej (m. in. kanclerz wielki litewski Lew Sapieha i wojewoda trocki Mikołaj Krzysztof Radziwiłł) oraz duchowni rzymskokatoliccy, w domu zaś jakiegoś Rajskiego, który to dom był miejscem postoju Konstantego Ostrogskiego, cała opozycja, a wśród niej: biskup lwowski

Gedeon Bałaban, przemyski — Kopysteński oraz wysłannicy patriarchów konstantynopolitańskiego i aleksandryjskiego. 18 X 1596 r. doszło do ostatecznego rozłamu. W tym dniu bowiem jedni podpisali akt przystąpienia do unii, drudzy zobowiązali się na piśmie do prowadzenia walki o przywrócenie jedności Kościoła prawosławnego. W dniu następnym odbyła się, mimo powstania oficjalnej opozycji, uroczystość „pojednania" prawosławia z Kościołem rzymskokatolickim, celebrowana przez metropolitę kijowskiego Michała Rahozę.

Unia, wbrew zamierzeniom inicjatorów i zwolenników, nie ułatwiła Rzeczypospolitej polityki wobec kresów. Do istniejących już konfliktów i tarć doszły kolejne, wszakże na nowym, religijnym tle. Król zmuszony był nawet patrzeć przez palce na poczynania tych biskupów, niższego duchowieństwa i wiernych, którzy pozostali przy dotychczasowej wierze. Opozycja była zbyt silna, by można było sobie pozwolić na zaprowadzenie unii siłą. Jak słusznie podkreślił w swej książce *Dzikie Pola w ogniu* Zbigniew Wójcik, „po unii brzeskiej mamy do czynienia z jednej strony z hierarchią bez wiernych, z drugiej — z wiernymi bez hierarchii".

Król popierał unitów, prawosławni więc występując przeciw unii niejako automatycznie kwestionowali politykę monarchy. Dotychczas w zasadzie indyferentni religijnie Kozacy teraz w całości opowiedzieli się po stronie prawosławia. Rzeczpospolita znalazła się w sytuacji, której chciała uniknąć, zwolennicy bowiem dawnej wiary zaczęli szukać poparcia dla swych dążeń w państwie moskiewskim.

Już w 1620 r. doszło do, wówczas jeszcze nielegalnego, wskrzeszenia prawosławnej metropolii kijowskiej i całej, podporządkowanej jej hierarchii. Autorem tego dzieła był patriarcha jerozolimski Teofanes, a nowym metropolitą kijowskim został Hiob Borecki, archimandryta monasteru peczerskiego, niegdyś rektor szkoły bractwa lwowskiego. Jak na ironię Teofanes został wysłany w tej misji przez Turków, traktujących całą akcję jako działanie dywersyjne przeciw Rzeczypospolitej. W swej działalności misyjnej Teofanes spotkał się z poparciem Kozaczyzny, zwłaszcza jej ówczesnego hetmana Piotra Konaszewicza Sahajdacznego. Rzeczpospolita nie uznała nowych biskupów i nie pozwoliła na objęcie przez nich stanowisk. W ostrej walce, do jakiej coraz częściej zaczęło na tle religijnym dochodzić na kresach, polała się krew. M. in. zamordowany został witebski arcybiskup unicki Jozafat Kuncewicz. Nuncjusz apostolski de Torres donosił w tym czasie, że trudno jest używać

Herb Wojska Zaporoskiego — z książki K. Sakowicza, *Wiersze*, Kijów 1622

siły przeciw poczynaniom prawosławnych, skoro za nimi stoi 60 000 Kozaków, a cały lud „ruski" nienawidzi „łacinników" do tego stopnia, że kiedy zobaczy księdza, pluje z nienawiścią na ziemię. De Torres dodawał jeszcze, że „schizmatyków trudniej nawracać niż luteran i kalwinów".

Dopiero Władysław IV w 1632 r. uznał hierarchię prawosławną, godząc się w ten sposób na istnienie równolegle dwóch przeciwstawnych i prowadzących ze sobą walkę obrządków. Unici szukali odtąd stałe oparcia w rządzie polskim, prawosławni, a więc m. in. niemal cała ludność ziem ukraińskich łącznie z Kozakami, w Rosji.

BRACTWA

W połowie XVI w. na Ukrainie zaczęły powstawać bractwa — stowarzyszenia religijne grupujące głównie ludność miast, a także pewną liczbę miejscowej szlachty prawosławnej. Największy ich rozwój przypadł na pierwszą połowę XVII w. Działalność bractw rychło wyszła poza wąskie ramy religii. Prowadziły one polemikę z unitami, zakładały szkoły i drukarnie, zabiegały o wznoszenie nowych cerkwi. Najpoważniejszą rolę odegrało bractwo we Lwowie, założone w osiemdziesiątych latach XVI w. W 1586 r. patriarcha antiochijski zatwierdził jego statut i przyznał prawo zwierzchnictwa nad innymi organizacjami tego typu, a następnie uniezależnił od miejscowej hierarchii prawosławnej (podobną decyzję podjął patriarcha konstantynopolitański). Statut bractwa lwowskiego był uznany za wzorzec dla innych. W tym samym czasie założyciele bractwa wykupili warsztat drukarski zastawiony u lichwiarza przez cierpiącego niedostatek Iwana Fiodorowa i założyli własną drukarnię, z której wyszło szereg podręczników, m. in. gramatyka cerkiewnosłowiańska, literatura polemiczna, wiersze itp. W 1586 r. powstała we Lwowie szkoła bracka, w której naukę prowadzono w języku ukraińskim, ucząc łaciny, greki, języka cerkiewnosłowiańskiego, arytmetyki, astronomii, teologii, a nawet muzyki.

W 1615 r. w Kijowie powstało bractwo, którego członkami byli nie tylko zamożni mieszczanie i szlachta, lecz również hetman Sahajdaczny wraz ze starszyzną kozacką. Pierwszym rektorem założonej wkrótce szkoły brackiej został Hiob Borecki, a w 1632 r., po połączeniu jej ze szkołą Ławry

Piotr Mohyła

Pieczerskiej, utworzono (z inicjatywy metropolity kijowskiego Piotra Mohyły) Kolegium Kijowsko-Mohylańskie na prawach szkoły średniej, później — wyższej, potwierdzonych oficjalnie dopiero w 1701 r. przez Piotra I. Starszyzna kozacka znalazła się także wśród członków bractwa łuckiego, założonego w 1617 r. i dysponującego własną szkołą, drukarnią oraz szpitalem.

Fundusze na swoją działalność bractwa zdobywały różnymi sposobami, od dobrowolnych wpłat swoich członków poczynając a na subsydiach rządu rosyjskiego i mołdawskiego skończywszy. Związanie się ich z Kozaczyzną i Moskwą, aktywna walka z unią powodowały, że niejednokrotnie dochodziło do konfliktów między nimi a przedstawicielami władz polskich.

Ze szkół brackich wyszło wielu wybitnych pisarzy i twórców ukraińskich, którzy później często jeszcze uzupełniali swoje wykształcenie w uniwersytetach na Zachodzie.

ŻYCIE KULTURALNE NA UKRAINIE W XV—XVI WIEKU

Ukraina znajdowała się na pograniczu zachodnich wpływów kulturalnych i oddziaływania państwa moskiewskiego, tak że przez dłuższy czas nie wykształcił się na tym terenie żaden oryginalny model twórczości. Jak zresztą wiemy, ukraińska świadomość narodowa zrodziła się również stosunkowo późno.

Pierwszą książkę w języku cerkiewnosłowiańskim wydrukowano w 1491 r. w Krakowie, na Ukrainie zaś dopiero po niemal stu latach, w 1574 r. Był to *Apostoł* (*Dzieje Apostolskie*), wydany przez Iwana Fiodorowa, który po kilkuletniej działalności na Białorusi, dokąd przybył z Moskwy, przeniósł się do Lwowa. W „Posłowiu" dodanym do *Apostoła* Fiodorow zawarł historię swego pobytu w tym mieście. *Apostoł* był wprawdzie niemal dosłownym przedrukiem pierwszego wydania moskiewskiego (1564), jednakże w znacznie bogatszej szacie typograficznej. Następną książką wydaną przez Fiodorowa była *Azbuka* (elementarz), pierwszy drukowany elementarny podręcznik języka cerkiewnosłowiańskiego wraz z podstawami gramatyki.

Później warunki materialne zmusiły Fiodorowa do porzucenia Lwowa i udania się na służbę do księcia Ostrogskiego, gdzie w Ostrogu w latach 1580—1581 wydrukował *Pismo Święte* (po raz pierwszy w języku cerkiewnosłowiańskim). Fiodorow zmarł we Lwowie, do ostatnich chwil życia nękany przez wierzycieli.

Strona z książki I. Fiodorowa *Apostoł*, Lwów 1574

Pod koniec XVI w. na Ukrainie zaczęło się szerzej niż dotychczas rozwijać szkolnictwo wychodzące poza wąskie ramy początkowych szkółek przycerkiewnych, których program był przystosowany
do najbardziej elementarnych potrzeb Kościoła prawosławnego. Szczególne zasługi położyły na tym polu bractwa (por. rozdz. poprzedni).

Karta tytułowa *Biblii*, wyd. I. Fiodorowa, Ostróg 1581

Jeden z najzacieklejszych wrogów unii, książę Ostrogski, założył w Ostrogu szkołę, której jednym z zadań było kształcenie polemistów, mogących przyczynić się do zwalczania propagowanego przez władze obrządku rzymskiego.

Literatura polemiczna pojawiła się wówczas na Ukrainie nader licznie. Jednym z pierwszych traktatów tego rodzaju był *Klucz królestwa niebieskiego* pióra rektora szkoły ostrogskiej Gierasima Smotryckiego, skierowany przeciw kalendarzowi gregoriańskiemu.

Bezpośrednio przeciw unii wymierzona była twórczość Iwana Wiszenskiego, z jedynym utworem opublikowanym za życia autora: *Listem do biskupów, którzy wyrzekli się wiary prawosławnej* (1598). Wiszenski zwracał w nim uwagę, że jedyną przyczyną odstępstwa od dotychczas wyznawanego obrządku była chęć powiększenia posiadanych bogactw, a nie jakiś powód leżący w sferze wiary i jej dogmatów. Przy okazji autor pokazał, bodaj czy nie najjaskrawiej w dawnej literaturze ukraińskiej, ciężką dolę chłopów przeciwstawioną wygodnemu i dostatniemu życiu ich panów, którzy „wysysają z nich krew, siły i pracę". Z innych prac Wiszenskiego warto wymienić: *List do księcia Wasyla* (Konstantego Ostrogskiego), *Poradę, Zaczepkę mądrego łacinnika z głupim Rusinem* oraz *List do bractwa lwowskiego*.

Antychrystem nazwał papieża Stefan Zyzania w książce *Kazanie św. Cyryla, patriarchy jerozolimskiego, o Antychryście i jego przymiotach*, wydanej w Wilnie (1596). Zyzania był przez pewien czas rektorem szkoły brackiej we Lwowie, a następnie przeniósł się do Wilna. Książka ta wywołała polemikę (m. in. Szczęsnego Żebrowskiego: *Plewy Stefanka Zyzaniej heretyka z cerkwie ruskiej wyklętego*, Wilno 1596) w szczególności ze względu na zawarte w niej obszerne cytaty z *Pisma Świętego* i Ojców Kościoła, które wprowadziły spore zamieszanie wśród duchowieństwa skłonnego do przyjęcia unii.

Najpoważniejszym drukiem antyunickim była książka *Apokrisis albo odpowiedź na książki o soborze brzeskim dane rychle przez Krzysztofa Filaleta w imieniu wiernych starożytnej religii greckiej*. W 1597 r. wyszła ona po polsku w Wilnie, po roku zaś po ukraińsku w Ostrogu. Trudno stwierdzić, kto ukrywał się pod pseudonimem Filaleta, chociaż wiele poszlak prowadzi w kierunku zukrainizowanego Polaka Marcina Broniewskiego, protestanta wywodzącego się z najbliższego otoczenia Konstantego Ostrogskiego. *Apokrisis* składała się z czterech części: do pierwszej weszły materiały dokumentujące zdradę interesów prawosławia przez tę część hierarchii, która zgodziła się przyjąć unię; w drugiej zawarto m. in. dowody prawowitości soboru prawosławnego w Brześciu (jak pamiętamy, obradującego równolegle z przedstawicielami obrządku rzymskiego i unitami); trzecią wymierzono przeciw instytucji papieża; w czwartej natomiast pokazano w krzywym zwierciadle metody zaprowadzania unii na kresach Rzeczypospolitej. *Apokrisis* łączyła w sobie umiejętnie walory pisma polemicznego, książki opartej na bogatym i oryginalnie zinterpretowanym materiale historycznym oraz wątków właściwych literaturze pięknej.

Gdy Hipacy Pociej bezskutecznie usiłował nakłonić księcia Ostrogskiego do przyjęcia unii, ten zlecił jednemu ze swoich współpracowników, ukrywającemu się pod pseudonimem Kleryka Ostrogskiego, by odpowiedział metropolicie. Jego *Historia ... synodu florenckiego* (Ostróg 1598) stanowiła odpowiedź na propagowaną przez unitów tezę, iż postanowienia brzeskie były jedynie rezultatem wyegzekwowanych po przeszło 150 latach uchwał soboru florenckiego z lat 1438—1439, przyjętych wówczas przez metropolitę kijowskiego Izydora.

Także najwybitniejszy z obrońców prawosławia, wielokrotnie wspomniany Konstanty Ostrogski, pozostawił po sobie wiele listów otwartych i *Posłań...*, mających charakter polemiczny.

Nie można, rzecz jasna, nie wspomnieć i o drugiej stronie. Wśród ukraińskich zwolenników unii pierwszorzędną rolę odgrywał Hipacy Pociej, wychowanek Akademii Krakowskiej, biskup brzeski i włodzimierski, a następnie metropolita kijowski. Pozostawił po sobie wiele prac, kazań i drukowanych listów polemicznych, nie mówiąc już o jego doskonałych przekładach utworów Piotra Skargi na ukraiński. Wymienić zwłaszcza warto książki: *Unia albo wykład przedniejszych artykułów do zjednoczenia Greków z Kościołem rzymskim...* (Wilno 1595), *Kalendarz rzymski nowy* (1596), *Antyrizis* (dwa wydania, po polsku i po ukraińsku; Wilno 1599, 1600) i *Obrona Świętego Synodu Florenckiego Powszechnego* (Wilno 1603).

Pociej, wprawdzie wyłącznie w celu udowodnienia swoich racji, pokazał przecież prawdziwy obraz przerażająco niskiego poziomu umysłowego duchowieństwa prawosławnego, szerzącego się wśród niego zgorszenia i upadku moralnego, a także całkowitej zależności od szlachty, traktującej go na równi z chłopami i zmuszającej do odrabiania pańszczyzny. W jego (Pocieja) pismach występuje wiele zapożyczeń z potocznego języka ukraińskiego, wtrąconych przysłów ludowych, porównań i zwrotów.

Po stronie prawosławia opowiadał się przez wiele lat Melecjusz Smotrycki, wychowanek uniwersytetów we Wrocławiu, Norymberdze, Lipsku i Wittenberdze, arcybiskup połocki, biskup witebski i mścisławski, urodzony w Smotryczu na Podolu. Najwybitniejszym dziełem Smotryckiego był *Trenos to jest lament jedynej Świętej Powszechnej Apostolskiej Wschodniej Cerkwi z objaśnieniem dogmat wiary* (Wilno 1610), wydany pod pseudonimem Teofila Ortologa. Prawosławie przedstawione zostało pod postacią matki zrozpaczonej z powodu krzywd wyrządzonych jej przez niewdzięczne dzieci, które odwróciły się od niej i oddały w opiekę złej macosze — Kościołowi rzymsko-katolickiemu. *Trenos* był dowodem ogromnej erudycji autora, który nie tylko, jak jego poprzednicy, oparł się na autorach antycznych, Ojcach Kościoła czy *Piśmie Świętym*, ale np. wykorzystał również dzieła Petrarki, Erazma z Rotterdamu, Savonaroli i kartografa Sebastiana Münstera.

W 1617 r. unicki archimandryta wileński Lew Krewza opublikował książkę *Obrona jedności cerkiewnej*, na którą odpowiedział (pochodzący prawdopodobnie z Przemyśla) Zachariusz Kopysteński, archimandryta Ławry Pieczerskiej w Kijowie (od 1624 r.), pracą wydrukowaną dopiero w latach czterdziestych XVII w., zatytułowaną *Palinodia albo Księga obrony Katolickiej Świętej Apostolskiej Wschodniej Cerkwi i Świętych Patriarchów...*

W ostatnich latach polemiki, która zaczęła przycichać w czasie powstania Chmielnickiego, ukazała się interesująca książka Kasjana Sakowicza, rektora szkoły brackiej w Kijowie, wychowanka Akademii Zamojskiej i Krakowskiej, który przeszedł na unię w 1625 r., a katolicyzm przyjął w 1641 r. Książka, o której mowa, nosiła tytuł: *Epanorthosis albo Perspektywa i objaśnienie błędów, herezji i zabobonów w grekoruskiej cerkwi* (Kraków 1642). Była ona o tyle ciekawa, że stanowiła samousprawiedliwienie unity, który przeszedł na katolicyzm. Zawierała więc oskarżenia skierowane zarówno przeciw prawosławiu, jak i Kościołowi unickiemu. Przeciwko Sakowiczowi wystąpili unici, np. Iwan Dubowicz, archimandryta dermański (*Obraz prawosławnej cerkwi wschodniej*; Wilno 1645), i prawosławni, w tym ukrywający się pod pseudonimem Euzebiusza Pimina metropolita kijowski Piotr Mohyła (*Litos albo kamień z procy prawdy Cerkwi Świętej Prawosławnej Ruskiej na skruszenie falecznociemnej perspektywy albo raczej paszkwilu od Kasjana Sakowicza...*, Kijów 1644).

W wystąpieniach tych więcej było scholastycznych rozważań i osobistych wycieczek pod adresem przeciwników niż szerokiej panoramy życia religijnego na kresach. Także pod względem formy utwory późnej literatury polemicznej daleko odbiegały od swoich pierwowzorów.

Warto dodać, że utwory te w większości napisane były po staroukraińsku, czyli — jak wówczas mówiono — po „rusku". W języku tym coraz rzadziej spotkać można było zapożyczenia z cerkiewnosłowiańskiego, natomiast w znacznym stopniu zbliżał się on do mowy potocznej. Już *Statut litewski* z 1566 r. nakazywał, by pisarze ziemscy władali „językiem ruskim" w mowie i piśmie, i wprowadzał go jako urzędowy język dokumentów w granicach Wielkiego Księstwa Litewskiego. Z języka tego wywodził się nie tylko język ukraiński, lecz także białoruski.

W tym też czasie pojawiły się pierwsze rękopiśmienne przekłady ksiąg kościelnych z języka starocerkiewnego na „ruski", a wśród nich tzw. *Ewangeliarz peresopnicki*, powstały w jednym z monasterów wołyńskich w latach 1556—1561 (obecnie przechowywany w Bibliotece AN USRR w Kijowie).

Odrębny rozdział w dziejach kultury ukraińskiej XVI—XVII w. stanowi bujny rozwój twórczości ludowej, w której pojawiają się po raz pierwszy nowe formy: ludowe pieśni — dumy historyczne, traktujące o wyczynach bohaterów kozackich, o ich jenieckiej niedoli w tureckich więzieniach oraz opowieści o nadzwyczajnych perypetiach miłosnych, godnych czasem pióra Boccaccia czy Aretina.

Żalił się w *Płaczu niewolnika* uwięziony Kozak:

> Wybaw, Boże, biednego niewolnika,
> Przywróć na święty ruski brzeg,
> Gdzie kraj wesoły,
> Gdzie naród chrzczony.

W pieśni o *Atamanie Matjaszu* brzmiała już inna nuta:

> Kozacy na konie wsiadali,
> Cztery tysiące bezbożnych bisurmanów zwyciężali,
> Srebro im i złoto tureckie zabierali,
> Do grodu Siczy czym prędzej pośpieszali,
> W grodzie Siczy już bezpieczni byli,
> Złoto — srebro tureckie między siebie rozdzielili.

Inny z kolei bohater pieśni wypróbowywał wierność swej dziewczyny, a gdy okazało się, że nie porzuci go dla nikogo, mówił jej:

> Gdybyś mnie zdradziła,
> Główka-by ci z szyi zleciała,
> Ale że-ś mnie nie zdradziła,
> Będziesz teraz moja miła.

(przełożył Mirosław Kasjan)

W dumach sławiono sturczoną, ale nie zapominającą o ziemi ojczystej Marusię z Bohusławia, ucieczkę trzech braci z niewoli tureckiej z Azowa, Kozaka Hołotę, a nawet rozmowę Dniepru-Sławutycza z Dunajem tęskniącym do czasów, gdy wojsko kozackie zapędzało się do jego ujścia. Prawdziwe fakty mieszały się z pełnym

Kamienica Korniaktów we Lwowie, 1580 r.

fantazji bajaniem wędrownych lirników, wpływając na rozszerzanie się na ziemiach ukraińskich wiedzy o własnej i oryginalnej przeszłości narodowej.

Również w malarstwie, poza wpływami *ikonopisców* Moskwy i Nowogrodu, pojawiło się wiele elementów twórczości oryginalnej. Wydaje się, że pozytywną rolę w tej mierze odegrała unia. Malarze ikon odchodzili od przepisanych schematów i ujęć formalnych, w coraz większym stopniu znajdując możliwości przedstawienia scen z otaczającego ich życia codziennego. Z kolei rozwój drukarstwa wpłynął na rozkwit zdobnictwa i grafiki. Już lwowski *Apostoł* Fiodorowa był tego wyraźnym dowodem.

Najwięcej zabytków sztuki malarskiej z tego okresu zachowało się w okolicach Lwowa, Sambora i Przemyśla. Liczba ich maleje w miarę posuwania się na wschód. Wywołane jest to zapewne zarówno malejącymi wpływami katolicyzmu, jak i późniejszymi losami tych ziem, poddanych wielokrotnie działaniu niszczących kataklizmów wojennych.

W malarstwie portretowym i batalistyczno-historycznym, które również wówczas pojawiło się na ziemiach ukraińskich, głównie w ich zachodniej części, wyróżniali się malarze lwowscy: Wojciech Stefanowicz i Mikołaj Petrachnowicz.

W rzeźbie i architekturze (zwłaszcza we Lwowie i jego okolicach) przeważały, podobnie jak na innych południowych ziemiach Polski, wpływy włoskiego Odrodzenia. Typowym tego przykładem są zachowane do dnia dzisiejszego rzeźby nagrobne oraz staromiejska zabudowa Lwowa powstała w większości po wielkim pożarze w 1527 r. (m. in. „Czarna Kamienica", dom Korniaktów, ulice Ruska, Serbska, Krakowska i Ormiańska). Budzą one nadal zachwyt oglądających, chociaż trudno byłoby zaliczyć je do wytworów ukraińskiej kultury.

Elementy ludowe i narodowe występowały natomiast powszechnie w żywo rozwijającym się budownictwie drewnianym: chłopskich chatach, zabudowaniach gospodarczych, a nawet szlacheckich dworkach. Były one dziełem anonimowych twórców miejscowych. Niestety, nietrwałość materiału spowodowała, że do czasów nam współczesnych przetrwały zaledwie pojedyncze zabytki tego typu.

Miejscowi budowniczowie uczestniczyli również we wznoszeniu fundowanych przez Rzeczpospolitą i magnatów zamków we Lwowie, Łucku, Ostrogu i Kamieńcu Podolskim.

KILKUDZIESIĘCIOLETNIA polityka kolonizacyjna prowadzona przez Rzeczpospolitą doprowadziła do poważnych zmian struktury własności na ziemiach ukraińskich. O ile poprzednio wielkie gospodarstwa magnackie nie obejmowały więcej niż 20% ziemi uprawnej, to w latach trzydziestych XVII w., zwłaszcza na Bracławszczyźnie, w Kijowskiem i na Zadnieprzu, dochodziły one do 70−80% wszystkich ziem (wliczając w to dzierżawione przez magnatów dobra królewskie). Do księcia Ostrogskiego należało 80 miasteczek i 2760 wsi, do Koniecpolskiego (jedynie w rejonie Bohu) − 170 miasteczek i 740 wsi, do Jeremiego Wiśniowieckiego − niemal cała Połtawszczyzna (w 1645 r. − 230 000 poddanych).

Wzrastająca stopniowo liczba ludności ukraińskiej ulegała ciągłym wahaniom z powodu nieurodzajów, epidemii i przede wszystkim najazdów tatarskich, które głównie kierowały się na Podole. W latach 1578−1583 liczba wsi podolskich zmniejszyła się przez to o $^1/_3$.

Eryk Lassota zanotował w swym *Diariuszu* w 1594 r., że w Przyłuce nad Desną, w rejonie Pikowa „każdy chłop, gdy jedzie w pole, ma swoją ręczną strzelbę na szyi oraz szablę lub tasak u boku, ponieważ bardzo często nawiedzają ich Tatarzy i oni prawie nigdy nie są przed nimi bezpieczni". W pół wieku później francuski inżynier na służbie króla polskiego Wilhelm le Vasseur de Beauplan w *Opisaniu Ukrainy* malując dolę chłopów ukraińskich stwierdził jeszcze dobitniej: „Stan chłopów tutejszych godny jest politowania. Są oni przymuszani do trzydniowej pracy w tygodniu, którą końmi i własnymi mięśniami na rzecz pana wykonują. Nadto od ilości dzierżawionej ziemi muszą się mu opłacać odpowiednią ilością zboża, kapłonów, gęsi, kur, kurcząt ... Nadto zwożą oni panom swoim za darmo drewno i oddają tysiące różnych posług pańszczyźnianych, do których nie powinni być zobowiązani; a to dziesięcinę oddają z baranów, wieprzków, z miodu i ze wszystkich owoców, co trzeci zaś rok dają trzeciego wołu ... Ich panowie posiadają nad nimi wszelkie prawa, zarówno nad ich dobrami, jak i nad ich życiem. Tak wielka jest swoboda szlachty polskiej (która żyje jak w raju, chłopi zaś jak w czyśćcu). Nic tedy dziwnego, że gdy zdarzy się, że ci biedni chłopi wpadną w jarzmo panów okrutnych, los ich staje się bardziej opłakany niźli galerników".

Na Wołyniu i w województwie ruskim najwięcej dochodów szlachcie i magnatom przynosiła rozszerzająca się gospodarka folwarczna, prowadząca do stopniowego i stałego powiększania pańszczyzny, czy to przez zwiększanie liczby dni odrobku, czy też przez obejmowanie nią nowych kategorii ludności, w tym również mieszczan. Na Podolu, w Kijowskiem, Bracławskiem oraz na Zadnieprzu wobec trudności ze zbytem zboża rolę tę spełniało rzemiosło i przemysły wiejskie. Coraz bardziej rozpowszechniała się dzierżawa poszczególnych wsi lub nawet całych kluczy majątków wypuszczanych w arendę drobnej i średniozamożnej szlachcie. Powstawały więc tutaj huty szkła, wytwórnie potażu i saletry, rudnie produkujące żelazo, rozbudowywano pasieki, gorzelnie i młyny. Na Podolu hodowano woły, wprawdzie nie w tak wielkiej ilości, jak w sąsiedniej Mołdawii, ale i one trafiały na dalekie rynki Rzeczypospolitej i Śląska. Wódkę i piwo sprzedawano w miejscowych karczmach, które niemal całkowicie znajdowały się w rękach żydowskich.

Dzierżawcy dawali się chłopom najbardziej we znaki. Wsie dzierżawiono zazwyczaj na niezbyt długi okres: 1, 3 lub 5 lat. W tym czasie dzierżawca starał się uzyskać jak największy zysk z arendowanych dóbr. Prowadziło to do szybkiego ubożenia ludności chłopskiej. Nic też dziwnego, że właśnie dzierżawcy stawali się pierwszym obiektem ataku buntujących się chłopów i wspomagających ich Kozaków.

Miasta, zwłaszcza te, które leżały na uczęszczanych szlakach handlowych bądź były administracyjnymi centrami dóbr, rozwijały się szybko mimo rosnących obciążeń, wysokich podatków i szlacheckiej samowoli. Ziemie ukraińskie związane były pod względem gospodarczym nie tylko z Polską, lecz również z państwem moskiewskim, które w tym właśnie czasie weszło w fazę kształtowania się rynku ogólnorosyjskiego. W leżących niezbyt daleko od granicy miasteczkach rosyjskich: Siewsku, Białogrodzie i Briańsku, wybudowano zajazdy i składy dla kupców przybywających z Ukrainy, sprzedających sól, bydło, konie i wódkę, a kupujących płótno i wyroby żelazne. Mimo to — jak się wydaje — w pierwszej połowie XVII w. kontakty te były słabsze niż z Rzecząpospolitą.

KOZACY A RZECZPOSPOLITA

Ataman, czy też jak go wkrótce nazwano, hetman kozacki był wybierany przez radę pułkowników i starszyzny. Rzeczpospolita wprawdzie nigdy formalnie nie wyraziła na to zgody, niemniej jednak nie była w stanie przeciwstawić się panującemu obyczajowi. Zaporoże, Dzikie Pola w coraz większym stopniu rządziły się własnymi prawami. Hetman kozacki miał wobec swoich podwładnych władzę nieograniczoną. Jego kadencja nie trwała zazwyczaj dłużej niż rok, niemniej jednak w tym czasie mógł nawet skazywać na śmierć (przez ścięcie, wbicie na pal, powieszenie, rozstrzelanie i ukamienowanie). W razie nieudolności lub konfliktu z większością rady mógł być w każdej chwili złożony z urzędu i — jak to czasem bywało — zostać stracony przez swego następcę. Na czas wypraw wojennych rada wybierała dowódcę, zwanego niekiedy hetmanem lub atamanem nakaźnym (w XVIII w. przydomek „nakaźny" otrzymywali tylko ci atamani kozaccy, których mianowały na czas wojny władze rosyjskie).

Wojsko kozackie dzieliło się na pułki i sotnie dowodzone odpowiednio przez pułkowników i setników. Każdy z pułków sprawował pieczę nad określoną częścią Kozaczyzny i tam też miał swoje stałe leże. Ze względu na ruchliwość wojska kozackiego trudno było to sprecyzować dokładnie, niemniej jednak zakładano, że pułkownik winien sprawować zarówno władzę wojskową, jak i cywilno-administracyjną na podległym sobie terenie.

Na wiosnę Kozacy ściągali na Sicz ze swych „zimowników": ziemianek i biednych chat położonych na południu kraju lub z bogatych gospodarstw starszyzny, która wykorzystywała ich w charakterze sezonowej siły roboczej. Jeśli nie podejmowano wyprawy wojennej, ruszali na zarobek lub indywidualne wyprawy łupieżcze. Zajmowali się rzemiosłem, głównie stolarstwem, ciesielstwem, bednarstwem, szewstwem i krawiectwem, często też wynajmując się na służbę albo u swoich bogatych towarzyszy, albo nawet w ... żydowskich karczmach.

Swoje stałe miejsce w radzie starszyzny mieli również inni urzędnicy kozaccy: oboźny, pisarz, sędzia i asaułowie.

Równość Kozaków miała w rzeczywistości jedynie formalny charakter. Już bowiem w pierwszej połowie XVII w. dotychczas dość jednolita społeczność uległa rozwarstwieniu na bogatą starszyznę i ubogą *czerń* kozacką. Przedstawiciele tej ostatniej z reguły nie sprawowali żadnych urzędów i tylko wskutek wyjątkowego zbiegu okoliczności awansowali do grupy zamożnych.

Kozaczyzna stawała się coraz potężniejsza. Nie zdawano sobie jednak z tego sprawy ani w Polsce, ani na samym Zaporożu. Projekty rozwiązania problemu kozackiego powstające w Rzeczypospolitej nie wybiegały poza wykorzystanie Kozaków w prowadzonych przez nią wojnach, a ówczesne propozycje zawarte w publikacjach Józefa Wereszczyńskiego *Publika z strony fundowania szkoły rycerskiej*..., Piotra Grabowskiego *Polska Niżna* i Szymona Starowolskiego *Pobudka abo rada* zawierały jedynie sugestie pełnego podporządkowania i całkowitego opanowania ziem ukraińskich. Krzysztof Palczowski odnotowując w dziełku *O Kozakach jeśli ich znieść czy nie*... zabiegi tureckie o zlikwidowanie Kozaczyzny stwierdzał, że nie tylko nie będzie to korzystne dla Polski, ale po prostu nie jest w ogóle możliwe do osiągnięcia.

Rzeczpospolita decydowała w owym okresie o kształcie polityki w Europie Środkowej i Wschodniej. Osadzenie Wazów na tronie polskim (1587) spowodowało zmianę celów politycznych państwa: prowadzona od czasów Zygmunta Augusta walka o „dominium maris Baltici" zmieniła się na wyłącznie dynastyczną politykę rodziny panującej. Walkę prowadzono zarówno o tron moskiewski, jak i szwedzki. W interesie Rzeczypospolitej leżało więc szybkie rozwiązanie problemu Kozaczyzny i uczynienie z niej instrumentu polskiej polityki wschodniej.

Jak się wydaje, z początkiem XVII w. strona kozacka była gotowa do współpracy z Polską, chociaż nie do podporządkowania się jej. W 1600 r. ok. 2000 Kozaków wzięło udział w wyprawie Jana Zamoyskiego na Wołoszczyznę. Dowodził nimi Samuel Kiszka, używający tytułu hetmana. W 1601 r. sejm walny koronny uchwalił konstytucję przywracającą prawa obywatelskie tym Kozakom, którzy uczestniczyli w powstaniach Kosińskiego i Nalewajki, a wzięliby ewentualnie udział w przygotowywanej wyprawie przeciw Szwecji. Obiecano zalegalizowanie istniejącego statusu Kozaczyzny, zgadzano się na wprowadzenie na Zaporoże obowiązującego w Rzeczypospolitej prawa spadkowego i zapewniano, że w czasie, gdy Kozacy będą walczyć w Inflantach ze Szwecją, ich rodziny i majątki nie doznają żadnych krzywd i uszczerbku.

Kiszka dowodził Kozakami również w Inflantach, zginął jednak w czasie kampanii wojennej, być może nawet zabity przez swoich podkomendnych za zbytnią ugodowość wobec władz polskich, które nie spieszyły się z wywiązaniem z przyjętych na siebie zobowiązań. Ta kunktatorska polityka doprowadziła do odejścia Kozaków z Inflant i do nowych kłopotów Rzeczypospolitej, tym razem z powracającymi oddziałami, niszczącymi po drodze ziemie białoruskie. Za swoje zasługi oddane w wojnie inflanckiej, za to, że służyli „tylko za trawę i za wodę", zażądali nobilitacji.

Kozacy regularnie wyprawiali się przeciw Turcji i chociaż uprzedzali czasem władze polskie o napadach grożących ze strony tatarskiej, nie stanowiło to usprawiedliwienia samowoli. W tym właśnie czasie Rzeczpospolita zaczęła się coraz poważniej angażować w sprawę związaną z pojawieniem się na widowni politycznej Dymitra Samozwańca (rzekomego syna cara Iwana IV Groźnego) i jego pretensjami do tronu moskiewskiego. Kozaków potrzebowano na wojnę przeciw Rosji, ale właśnie w związku z nią nie można było sobie pozwolić na prowokowanie jakiejkolwiek dywersji tatarskiej. Nie wolno było więc ani pobłażać samowoli, ani też okazywać zbytniej surowości. Powrócono przeto do polityki półśrodków, a Kozacy nadal bezkarnie buszowali na pograniczu, dokonywali śmiałych i zwycięskich wypraw morskich. Złupili Warnę, Kilię, Akerman, Perekop, Synopę, Trapezunt, Kaffę, a nawet przedmieścia Konstantynopola. Swoje talenty dowódcze dał poznać nowy hetman kozacki Piotr Konaszewicz Sahajdaczny. Na szczęście dla Rzeczypospolitej Turcja była zaabsorbowana wojną z Persją i nie mogła ruszyć przeciw Polsce, ale Tatarzy co roku wpadali w jej granice, łupili i palili osiedla, uprowadzając ludność w niewolę. Podole i Bracławskie, jak dawniej, najbardziej odczuwały skutki napaści tatarskich.

W 1604 r. znaczna liczba Zaporożców wzięła udział w wyprawie moskiewskiej I Dymitra Samozwańca. Pozostali oni nawet przy nim w chwili, gdy oddziały polskie, bojąc się zimy i niezadowolone z opóźnienia w wypłacie żołdu, zawróciły do kraju. Podobnie w 1609 r., w czasie wyprawy Zygmunta III i Stanisława Żółkiewskiego na Moskwę, nie ustawało przechodzenie Kozaków z tuszyńskiego obozu II Dymitra Samozwańca do oddziałów królewskich. Liczono ich na wielę tysięcy.

Kozacy posiłkowali Polaków. Samodzielnie zdobywali miasta na Siewierszczyźnie. Trudno było wszakże traktować ich jako sprzymierzeńców, krokami bowiem woluntariuszy kozackich nie kierowała ani chęć udokumentowania wierności dla Rzeczypospolitej, ani też — tym bardziej — niechęć do państwa rosyjskiego. Wyprawy moskiewskie traktowali jako jeszcze jedną okazję do wzbogacenia się, a nie jako manifestację swoich przekonań i sympatii politycznych.

Tak np. w 1609 r. postanowiono wysłać na Ukrainę komisarzy królewskich na mocy uchwały sejmowej *O Kozakach Zaporoskich* w celu powstrzymania samowoli. W 1613 r. król wydał dwa uniwersały: w jednym dziękował Kozakom za ich udział w kampanii moskiewskiej, a w szczególności za zdobycie Putywla (który nadał Michałowi Wiśniowieckiemu), w drugim zaś groził im karnymi ekspedycjami wojskowymi w wypadku powtarzania się przejawów nieposłuszeństwa.

W 1614 r. Turcy zagrozili Polsce wojną, motywując to stałym zagrożeniem kozackim. Wprawdzie wyrażali tylko chęć zorganizowania wyprawy pacyfikacyjnej przeciw Zaporożcom, ale że Zaporoże leżało w granicach Rzeczypospolitej, nikt nie miał wątpliwości, czym musiałaby się zakończyć taka kampania. Król wzmógł więc wysiłki, by za jednym zamachem zabezpieczyć granice południowo-wschodnie przed możliwością napaści tureckiej oraz by położyć kres kozackiej „swawoli". Na Ukrainie znalazły się oddziały koronne dowodzone przez Żółkiewskiego, a do Kozaków i wojska pospieszyli gońcy z uniwersałami, aby jedni nie przeszkadzali wojskom w zajmowaniu kwater i wybieraniu kontyngentów prowiantowych, drudzy — nie szukali zaczepki z Kozaczyzną.

Tymczasem Turcja wplątała się w kolejny konflikt z Persją i Rzeczpospolita znowu uniknęła z nią wojny. Wojska idące przeciw Polsce, dowodzone przez Ahmeda paszę, zawróciły z Mołdawii.

Wypadki toczyły się zgodnie z dotychczasową tradycją. Jedynym nowym elementem sytuacji było poselstwo wysłane przez Zaporożców do Warszawy. Do króla dotarło prawdopodobnie na początku 1615 r. Kozacy żądali autonomii i — prawdopodobnie — zrównania w prawach z polską szlachtą. Rzeczpospolita zaś opowiadała się za stosowaną już polityką: Kozacy są poddanymi króla, winni pełnić służbę graniczną, nie prowokować zatargów z sąsiadami, w zamian za co mieli otrzymać pewne wynagrodzenie, przeznaczone jednak tylko dla niewielkiej ich części.

W tym samym czasie Zaporożcy ponownie splądrowali przedmieścia Konstantynopola i rozbili eskadrę okrętów tureckich, która puściła się w pogoń za nimi. W odwecie orda tatarska spustoszyła kresy Rzeczypospolitej.

Z końcem 1616 r. Zygmunt III zwrócił się do szlachty ukraińskiej z uniwersałem zakazującym posyłania na Niż żywności, prochu i ołowiu oraz poleceniem, by zabroniono Kozakom budowania czółen i statków. Nie wykonujący rozkazów mieli być karani śmiercią i konfiskatą majątku.

Krok ten poważnie zaostrzył stosunki polsko-kozackie.

WYMUSZONE POROZUMIENIA

Na Ukrainie doszło wówczas do kilku poważnych antyfeudalnych wystąpień chłopskich. Do zbuntowanych masowo przyłączyli się Kozacy. Hetman Sahajdaczny prowadził w tym czasie politykę propolską. Jak się wydaje, wynikało to z jego obawy o całość własnych posiadłości. Dzięki temu oraz dzięki dyplomatycznym zdolnościom Żółkiewskiego udało się Rzeczypospolitej doprowadzić do zawarcia dwóch ważnych układów.

Pierwszy z nich, z Iskinderem paszą, został podpisany 23 IX 1617 r. w Buszy koło Jarugi na Podolu. Dzięki niemu powstrzymano wspólną turecko-tatarską wyprawę przeciw Polsce. W punkcie pierwszym, zatytułowanym niedwuznacznie: „Łotrostwo kozackie", Rzeczpospolita zobowiązywała się do powstrzymywania Kozaków od wypraw, w zamian za co otrzymywała podobne zapewnienie tureckie dotyczące Tatarów (pod warunkiem wypłacania im corocznego haraczu).

Drugi z traktatów podpisano z Kozakami 28 X 1617 r. w Olszanicy nad Rosią. Zgodnie z jego postanowieniami żołd miało otrzymywać 1000 żołnierzy kozackich, co jednak nie ograniczało liczby wojska zaporoskiego. Poza tym Kozacy zastrzegali sobie odwołanie się do sejmu w tej sprawie. Rzemieślnikom, kupcom, szynkarzom i tym, którzy znajdowali się na Zaporożu dopiero od dwóch lat, nakazywano opuszczenie siedzib kozackich. Kozacy uzyskiwali prawo wyboru „starszego", który miał być następnie zatwierdzony przez hetmana koronnego. Ze swojej strony Kozacy zobowiązywali się do nieopuszczania swych siedzib.

Ugodę olszanicką obydwie strony zawarły pod przymusem: Rzeczpospolita prowadząc wojnę z Rosją chciała nie tylko zabezpieczyć sobie tyły, ale i pozyskać sojuszników; Kozacy stali przed groźbą walki na dwa fronty: z armią turecką i z oddziałami Żółkiewskiego, a Sahajdaczny, jak wiemy, był w tym czasie skłonny do porozumienia bardziej niż kiedykolwiek przedtem.

Sejm nie zatwierdził jednak postanowień traktatowych, a o powiększeniu rejestru nie chciał nawet słyszeć. Jego kolejna uchwała *O Kozakach Niżowych* powracała ponownie do starych sformułowań wypróbowanych już w praktyce z negatywnym skutkiem. Obiecywano jedynie wysłać w przyszłości kolejną misję na Ukrainę dla rozpatrzenia postulatów kozackich.

Gdy w 1618 r. rozpisane zostały zaciągi do oddziałów królewicza Władysława ruszającego przeciw Moskwie, Sahajdaczny zjawił się u jego boku z 20 000 ludzi. Przy okazji dość dokładnie złupiono województwo kijowskie, i to tak, że aż trzeba było powstrzymywać Kozaków przed dalszymi grabieżami groźbą użycia wojsk koronnych.

Nie gorzej poczynał sobie Sahajdaczny w państwie rosyjskim. Zdobył samodzielnie Jelec i Kaługę, a nawet wspólnie z Polakami próbował bezskutecznie opanować Moskwę. W historiografii przyjął się pogląd, że działalność Kozaków w niemałym stopniu przyczyniła się do ustępliwości Rosjan i w efekcie — zawarcia rozejmu w Deulinie, przyznającego Rzeczypospolitej ziemię smoleńską, czernihowską i nowogrodzko-siewierską wraz z 29 miastami, w tym ze Smoleńskiem.

Przystąpiono teraz pospiesznie do uregulowania stosunków z Kozaczyzną. Pośpiech był wielce wskazany, wojna bowiem z Turcją wisiała na włosku. We wrześniu 1619 r. nad Rastawicą (w rejonie Pawołoczy) rozpoczęły się pertraktacje z Kozakami. Trwały kilka tygodni i zakończyły się podpisaniem ugody (w postaci dwóch deklaracji, z 8 i 17 X 1619 r.). Rejestr podniesiono do liczby 3000, zwiększając także wysokość żołdu, a istniejące zaległości w wypłacie natychmiast wyrównywano. Oprócz tego zapłacono Kozakom 20 000 zł za kampanię moskiewską i — dodatkowo — ofiarowano starszyźnie 2000 zł „za okazaną pokorę". Kozacy zobowiązali się do usunięcia ze swych szeregów „ludzi luźnych", którzy znaleźli się w nich w ciągu ostatnich pięciu lat, oraz do spalenia wszystkich łodzi i okrętów służących do wypraw przeciw posiadłościom tureckim. Mieli zresztą za to otrzymać odszkodowanie. Kozacy bezskutecznie postulowali, by do układu wprowadzono zezwolenie na podejmowanie przez nich wypraw przeciw Turkom w wypadku, gdyby Rzeczpospolita opóźniła wypłatę żołdu. W królewszczyznach Kozacy mieli podlegać sądownictwu i zwierzchności starostów, w dobrach prywatnych — panów feudalnych, w czasie wojny zaś — jurysdykcji wojskowej.

Zawarcie ugody rastawickiej wywołało rozłam nie tylko wśród

prostych Kozaków, lecz również w łonie starszyzny. Ataman Jacko Borodawka wypowiedział posłuszeństwo Sahajdacznemu i wyprawił się na Warnę. Ponieważ w tym samym czasie oddziały lisowczyków wzięły udział w dywersyjnej akcji antytureckiej na Węgrzech i w Słowacji, sułtan Osman II wypowiedział Polsce wojnę.

Sahajdaczny zdawał sobie sprawę ze słabości Rzeczypospolitej, a że już Borodawka próbował szukać porozumienia z Rosją, Sahajdaczny również rozpoczął zabiegi w tym kierunku. W 1620 r. zjawiło się w Moskwie wysłane przez niego, a kierowane przez Piotra Odyńca poselstwo, które oświadczyło, że Kozacy gotowi są walczyć z wszelkimi wrogami cara. Hetman nie wysyłał posłów z pustymi rękami. Mogli się bowiem pochwalić współudziałem Kozaczyzny w przywróceniu hierarchii prawosławnej na Ukrainie i ścisłym współdziałaniem w tej sprawie z patriarchą jerozolimskim Teofanesem (por. rozdział pt. „Unia brzeska").

Po raz pierwszy Rosja okazała się bezpośrednim przeciwnikiem Rzeczypospolitej w sprawach kozackich. W czasie, gdy wysłannik Sahajdacznego pertraktował w Moskwie, Żółkiewski poniósł klęskę w bitwie z Turkami pod Cecorą, niemal całkowicie pozbawiony sprzymierzeńców kozackich. Można bez przesady powiedzieć, że śmierć hetmana Żółkiewskiego w czasie odwrotu była w pewnej mierze rezultatem kunktatorskiej polityki Rzeczypospolitej wobec Kozaczyzny.

Sejm, który zebrał się w Warszawie pod koniec 1620 r., znalazł się w sytuacji przymusowej. Jako nad rzeczą oczywistą dyskutowano teraz nad projektem przyjęcia 20 000 Kozaków na służbę państwową za niewielkie w zasadzie wynagrodzenie wynoszące 100 000 zł. Posłużono się nawet pośrednictwem Teofanesa, któremu prawdopodobnie obiecano królewskie potwierdzenie dla przywróconej przez niego hierarchii prawosławnej. W zamian za to patriarcha wystosował list pasterski do Kozaków, zachęcający do służby pod sztandarami polskimi.

W lipcu 1621 r. do Warszawy przybyła delegacja kozacka, w której składzie znaleźli się m. in. Sahajdaczny i biskup prawosławny Ezechiel Kurcewicz. Dwutygodniowe rozmowy nie przyniosły spodziewanych rezultatów. Kozacy bowiem postulowali uznanie przez króla odnowionej hierarchii prawosławnej, w zamian za co wyrażali gotowość wzięcia udziału w wojnie z Turcją; tymczasem Zygmunt III pozyskał sobie Konaszewicza za uznanie jego tytułu hetmańskiego, ale nie zatwierdził nowych biskupów prawosławnych. Powstrzymał jedynie wejście w życie dekretu, w którym ogłaszano ich za wrogów majestatu i państwa.

W połowie sierpnia armia turecka po przeprawieniu się przez Dunaj rozłożyła się obozem pod Białogrodem. Kozacy byli także gotowi do walki. Borodawka zaprzestał prowadzonych dotychczas napaści na majątki szlacheckie i przeprawiwszy się za Dniestr buszował po Mołdawii. 20 VIII 1621 r. polskie oddziały dowodzone przez hetmana Karola Chodkiewicza również przeszły przez rzekę i stanęły w bezpośrednim sąsiedztwie Chocimia. W dniu następnym do Chocimia przybył z Warszawy Sahajdaczny, a 23 sierpnia — wysłannik Borodawki, późniejszy hetman kozacki Michał Doroszenko, któremu Chodkiewicz nakazał spieszne połączenie się z siłami polskimi. Z powracającym Doroszenką pojechał Sahajdaczny. Kozacy obozowali w tym czasie w rejonie Mohylowa Podolskiego. Znaczne straty poniesione przez nich wskutek niezbyt udolnych poczynań Borodawki wywołały powszechną niechęć do niego i w konsekwencji owacyjne przyjęcie konkurenta.

Na zwołanej radzie starszyzny Sahajdaczny chwalił się swymi (w rzeczywistości — niewielkimi) sukcesami warszawskimi, co wywołało powszechny entuzjazm, zrzucenie Borodawki z urzędu hetmańskiego, a osadzenie na nim Sahajdacznego. Ten miał już za sobą uznanie tytułu przez króla, mógł więc poczynać sobie śmielej niż kiedykolwiek. Borodawka został zakuty w kajdany i stracony 8 września pod Chocimiem.

Do obozu Chodkiewicza Sahajdaczny przyprowadził prawdopodobnie 35—40 000 Kozaków. Oddziały polskie liczyły 35 000 ludzi. Przeciwko nim szło 150 000 wojowników tureckich, kilkadziesiąt tysięcy Tatarów i nieprzeliczone masy służby obozowej, która w większości w razie potrzeby mogła również chwycić za broń.

Bitwa pod Chocimiem rozpoczęła się z początkiem września 1621 r. i trwała z krótkimi przerwami przez sześć tygodni. Wygrały ją polsko-kozackie siły sojusznicze. Sprzymierzeńcy z uznaniem patrzyli wzajemnie na swoje poczynania, ścierając się po bohatersku i — co ważniejsze — skutecznie z wielokrotnie przeważającymi siłami nieprzyjaciela. Sława zwycięstwa przetrwała wiele lat: w pieśniach ludowych, literaturze i dziełach malarskich.

Bitwa chocimska wyczerpała siły obydwu ścierających się armii. W rozpoczętych rokowaniach Turcy żądali kontrybucji i wydania im Kozaków, a przynajmniej surowego ukarania ich za ciągłe naruszanie granicy i napady na posiadłości tureckie. Polscy parlamentariusze stanowczo sprzeciwili się temu żądaniu, głosząc, że Kozacy są ich towarzyszami broni. Na wszelki wypadek odpowiedzialność za wszystkie ekscesy kozackie zwalono na nieżyjącego `Borodawkę. Traktat pokojowy zawarto 9 października. Nie zmieniał on praktycznie niczego, nie wnosił żadnych elementów, które mogłyby uczynić go trwalszym. Rzeczpospolita zobowiązywała się do powstrzymywania Kozaków od morskich wypraw przeciw Turcji, ta zaś Tatarów od najazdów na kresy państwa polskiego. Traktat rozczarował Kozaków, którzy szybko opuścili obóz chocimski, nie czekając na odprawienie triumfu, podziękowania itp. Okazało się wkrótce, że uczynili rozsądnie.

Już po dwóch tygodniach komisarze królewscy opracowali projekt uniwersału w sprawie kozackiej, zakazujący pod karą śmierci ucieczek na Zaporoże i dostarczania tam broni.

W 1622 r. zmarł Piotr Konaszewicz Sahajdaczny.

Niemal zaraz po bitwie chocimskiej Kozacy wystosowali petycję do Zygmunta III, w której wprawdzie zobowiązywali się do zaprzestania wypraw morskich, ale prosili o spełnienie obietnic danych Sahajdacznemu w czasie rozmów warszawskich, m. in. stałej i regularnej wypłaty wynagrodzenia w wysokości 100 000 zł rocznie, zapłaty za udział w ostatniej wojnie, równouprawnienia prawosławia, wybudowania szpitala dla kalek, zgody na mieszkanie we włościach szlacheckich i królewskich bez konieczności wypełniania powinności poddańczych, możliwości najmowania się do służby w oddziałach innych monarchów i wreszcie — opuszczenia województwa kijowskiego przez wojsko koronne.

Z pewnością były to warunki (zwłaszcza dwa ostatnie) nie do przyjęcia dla Rzeczypospolitej. Niemniej jednak mogły one stanowić punkt wyjścia do rozmów prowadzących do porozumienia. Tymczasem król zgodził się jedynie na wypłacenie wynagrodzenia za wojnę chocimską; resztę spraw odsyłał do decyzji sejmu i władz miejscowych (starościńskich), co w praktyce oznaczało odmowę spełnienia postulatów kozackich.

Wszystko więc pozostało po staremu. Teraz wszakże Kozacy już dobrze zdawali sobie sprawę z własnej siły i własnych możliwości. Nie tylko omijali surowe zakazy, ale zaczęli otwarcie grozić powstaniem i zerwaniem związków z Polską.

Na posiedzeniach senatu w 1623 r. kasztelan krakowski książę Jerzy Zbaraski żądał ostatecznego rozstrzygnięcia sprawy kozackiej, i to nie tylko z powodu niebezpieczeństwa tureckiego, lecz i ze względu na chłopów, gdyż — jak mówił — „zewsząd grozi nam burza".

Postanowiono zatem wysłać na Ukrainę nową komisję, a do pomocy przydać jej silne oddziały wojskowe.

Kozacy z kolei poczęli się mieszać do rozgrywek między chanami tatarskimi. W 1624 r. wystąpili po stronie braci Szahina i Mehmeda Girejów przeciw Turcji, która chciała osadzić na ich miejscu człowieka bardziej sobie powolnego. W styczniu 1625 r. zawarli z Szahin Girejem przymierze zaczepno-odporne poprzedzone zresztą walkami po jego stronie, i to zarówno na lądzie, jak i na morzu. Polska postanowiła wkroczyć do akcji, sprawa kozacka bowiem przestała być w tym momencie wewnętrzną sprawą Rzeczypospolitej, lecz stała się już — praktycznie — konfliktem między państwem polskim a na wpół zorganizowaną państwowością kozacką. Zaangażowanie się Kozaków w sprawy Tatarszczyzny groziło ewentualną wspólną akcją kozacko-tatarską przeciw Polsce, i to przy możliwym współudziale Moskwy.

Na Ukrainie znalazł się hetman polny koronny Stanisław Koniecpolski. Poczynał sobie bardzo zręcznie. Nie uderzył na przeciwnika, zanim nie upewnił się o neutralności Tatarów na wypadek wojny Polski z Kozakami. Gdy uzyskał odpowiednie zapewnienia, ruszył przeciw Kozaczyźnie. Szły w ślad za nim uniwersały królewskie do miejscowej szlachty, by wspomagała hetmana prywatnymi pocztami. Słowa króla nie pozostały bez odzewu.

Wojska koronne liczyły ok. 8000 żołnierzy. Ruszyły ze swoich leż w połowie września 1625 r. Hetman kozacki Marek Żmajło nie spodziewał się tak energicznego wystąpienia Rzeczypospolitej, nie wiedział także o porozumieniu polsko-tatarskim i spokojnie przygotowywał się do kolejnej wyprawy na posiadłości tureckie. Dopiero po miesiącu, zwłaszcza gdy pod Kaniowem doszło do pierwszych starć z Polakami, zorientował się, co mu grozi. 25 października w rejonie Kryłowa spotkali się ze Żmajłą komisarze królewscy wysłani przez Koniecpolskiego.

W żądaniach komisarzy pojawił się nowy element, a mianowicie: polecenie wydania w ręce polskie przywódców ekscesów antytureckich, ludzi posłujących do Moskwy i korespondencji prowadzonej z carem. Większość postulatów komisarskich została odrzucona przez radę starszyzny kozackiej. 29 października Koniecpolski uderzył na przeciwnika, wygrywając pierwszą bitwę. Kozackie próby kontrnatarcia zakończyły się fiaskiem, wobec czego Żmajło wycofał się nad jezioro Kurukowo, gdzie ponownie próbował zorganizować obronę. Koniecpolskiemu nie udało się jej przełamać od razu i mając wyraźną przewagę, lecz również spore straty, zdecydował się na ponowne podjęcie rokowań. Pertraktacje trwały cztery dni i zakończyły się podpisaniem porozumienia (na uroczysku Niedźwiedzie Łozy, 6 XI 1625 r.), znanego pod nazwą ugody kurukowskiej.

Postanowienia ugody zawierały: amnestię dla uczestników wypraw kozackich na posiadłości królewskie i majątki szlacheckie; potwierdzenie prawa wyboru hetmana ("starszego") przez samych Kozaków, podlegającego zatwierdzeniu przez hetmana wielkiego koronnego (po złożeniu Żmajły z urzędu nowym hetmanem kozackim został Michał Doroszenko); zezwolenie na utworzenie sześciotysięcznego rejestru, przy czym Kozacy nierejestrowi nie mieli być karani za udział w wyprawach kozackich; ustalenie wysokości rocznego żołdu na 60 000 zł i dodatkowo dla starszyzny 5000 zł; określenie miejsc rozlokowania wojska kozackiego; zakaz prowadzenia samodzielnych kampanii przeciw Turcji; polecenie natychmiastowego spalenia czółen i statków wraz z zakazem budowania w przyszłości morskich środków przeprawowych; rozkaz zwrotu zagrabionych ziem w majątkach prywatnych i wreszcie na koniec — stanowczy zakaz prowadzenia samodzielnej polityki zagranicznej, znoszenia się z obcymi państwami, a zwłaszcza zawierania z nimi przymierzy.

W razie gdyby Kozacy nie podporządkowali się warunkom ugody, zapowiadano potraktowanie ich jako "przestępców woli Jego Królewskiej Mości".

Mimo tego, że tekst porozumienia kurukowskiego był znacznie obszerniejszy od poprzednich, nie różnił się od nich poza paroma zaledwie szczegółami. Co ważniejsze, około 40 000 Kozaków znalazło się poza rejestrem. Nie mieli oni najmniejszego zamiaru powracania do poprzednich warunków bytowania: pracy na roli, wypełniania obowiązków poddańczych i całkowitego wyrzeczenia się wolności osobistej. W najbliższej przyszłości doprowadziło to do nowych wystąpień Kozaków przeciw Rzeczypospolitej oraz ostrych starć w łonie samej Kozaczyzny.

NOWE POWSTANIA KOZACKIE

Niemal natychmiast po zawarciu ugody kurukowskiej doszło do wystąpień Kozaków, którzy znaleźli się poza rejestrem, przeciw starszyźnie siczowej. Część z nich usiłowała znaleźć schronienie w państwie rosyjskim, inni pozostali na Zaporożu i grozili buntem. Doroszenko szukając rozpaczliwie wyjścia z sytuacji postanowił spacyfikować niebezpieczne nastroje przez zorganizowanie wyprawy przeciw Krymowi. Kozacy w dalszym ciągu opowiadali się za Szahin Girejem. Wspólnie z nim uderzyli na Kantemira popieranego przez Turków. Atak zakończył się połowicznym sukcesem, wprawdzie bowiem siły kozackie wygrały starcie pod Bachczysarajem i dotarły aż do Kaffy, którą oblegały przez półtora miesiąca, ale musiały odstąpić po nadejściu większych oddziałów tureckich. W trakcie oblężenia zginął hetman Doroszenko.

Dziełem Doroszenki była reorganizacja wojska kozackiego. Podzielił on rejestrowych na sześć pułków: białocerkiewski, czerkaski, kaniowski, kijowski, korsuński i perejasławski. Był przekonany o konieczności utrzymywania ścisłych związków z Rzecząpospolitą i przestrzegania porozumienia kurukowskiego. Zadanie to było jednak niemożliwe do zrealizowania, prócz bowiem opozycji istniejącej w łonie Kozaczyzny maksymalnie je komplikowała polityka polska prowadzona na ziemiach zaporoskich.

Polska uwikłana była w tym czasie w wojnę ze Szwecją i szukając żołnierzy niejednokrotnie trafiała na Zaporoże, gdzie werbowano ich spośród *wypisczyków* — nierejestrowych, legalizując jak gdyby ich status. W każdym razie zarówno wyprawa krymska Doroszenki, jak i wojna polsko-szwedzka złagodziły nieco napięcie na Ukrainie. Było to jednak zjawisko przejściowe.

Kozacy powrócili poszarpani z Krymu; na Zaporożu zjawiły się również oddziały kozackie uczestniczące w wojnie ze Szwecją (po rozejmie w Starym Targu w 1629 r.). Jedni nie przywieźli ze sobą spodziewanych bogatych łupów, przeciwnie — siedzący im na karkach Tatarzy Kantemira i Turcy zniszczyli sporą część ziem zaporoskich; drudzy nie otrzymali należnego żołdu.

Po Doroszence nowym „starszym rejestru" został Hrycko Czarny. Wobec Rzeczypospolitej reprezentował tę samą linię postępowania co poprzednik. Gdy w listopadzie 1629 r. nakazał nierejestrowym opuszczenie Zaporoża, a reszcie Kozaków przejście do wyznaczonych dla nich miejsc pobytu, spotkał się ze stanowczym oporem zarówno jednych, jak i drugich. Trudno dzisiaj dokładnie odtworzyć przebieg dalszych wypadków, wkrótce bowiem (w styczniu 1630 r.) Zaporożcy w pełni uznali władzę nowego hetmana. Czy krył się w tym podstęp, czy też Kozaków dobiegły wieści o zbliżających się oddziałach koronnych, nie wiadomo. Rozwój wydarzeń przemawiałby raczej za pierwszym przypuszczeniem.

Czarny został niespodziewanie schwytany przez Zaporożców i stracony na rozkaz Tarasa Fedorowicza, nowego hetmana, wybranego na to stanowisko przez Kozaków nierejestrowych.

Na Ukrainie rozegrał się kolejny akt dramatu. Rozpoczął się bunt nierejestrowych przeciw Rzeczypospolitej, połączony z rozruchami chłopskimi. Przeszedł on do historii pod nazwą powstania Tarasa Fedorowicza. Niejasna była w nim rola cerkwi prawosławnej. W przekazach świadków współczesnych wydarzeniom znajdziemy informacje o agitacji prowadzonej wśród Kozaczyzny przez duchownych i osoby świeckie wyznające prawosławie, a skierowanej przeciw Polsce. Naczelnym hasłem powstańców stało się nie ponowne włączenie ich do rejestru, lecz obrona „błahoczestija".

Na początku kwietnia 1630 r. Taras Fedorowicz ruszył na Korsuń. Wystosował ultimatum do oddziałów koronnych, w którym m. in. żądał wydania starszyzny rejestrowej, szukającej schronienia wśród formacji polskich. Ultimatum Fedorowicza zostało odrzucone, gdyż Polacy sądzili, iż uda im się utrzymać miasteczko, ale mieszczanie korsuńscy uderzyli na nich z tyłu i wygrali starcie współdziałając z Kozakami. Korsuń wpadł w ręce Fedorowicza.

W połowie kwietnia z Podola ruszył z odsieczą oddziałom koronnym hetman Koniecpolski. Miał już za sobą pertraktacje z powstańcami, które nie doprowadziły do żadnego, nawet częściowego porozumienia. Po miesiącu dopadł Kozaków pod Perejasławiem (Perejasław znajdował się w ich rękach, podobnie Korsuń i Kaniów). Bitwa nie przyniosła rozstrzygnięcia. Podjęte pertraktacje doprowadziły do kolejnego porozumienia — ugody perejasławskiej (8 VI 1630 r.). Przywracała ona stan usankcjonowany przez ugodę kurukowską i była wyrazem wzajemnej rezygnacji z wcześniej sformułowanych postulatów. Koniecpolski nie nalegał na wydanie Fedorowicza, Kozacy zaś nie tylko pogodzili się ze starszyzną, która wytrwała przy Rzeczypospolitej, ale wyrazili zgodę na ukaranie tych spośród siebie, którzy samowolnie wyprawiali się przeciw Turcji. Fedorowicz wkrótce zbiegł na Zaporoże i stracił urząd hetmański na rzecz Tymosza Michajłowicza.

Szturm na obóz Tarasa Fedorowicza był niejednokrotnie opiewany w literaturze ukraińskiej. Najbardziej znany jest wiersz Tarasa Szewczenki *Noc Tarasowa*. Wydarzenia perejasławskie zostały w legendzie przeinaczone i przedstawione jako wielkie zwycięstwo powstańców. Nb. takie przedstawienie biegu wypadków spotkamy czasem i w historiografii. Prawda była wszakże bardziej prozaiczna. Podkreślić jednak należy, że w czasie powstania Fedorowicza doszło do współdziałania Kozaków z chłopami i mieszczanami ukraińskimi na skalę dotychczas nie spotykaną. Jak się miało niebawem okazać, był to dopiero początek.

W niedługim czasie rejestr zwiększył się z 6000 do 8000 ludzi. Stanowisko hetmana objął Kułaha-Petrażycki, który — podobnie jak Michajłowicz — nie zagrzał długo miejsca. W 1632 r. został usunięty przez radę, a później stracony. Kozaczyzna coraz wyraźniej dzieliła się na dwa obozy. Podział ten nie pokrywał się już z podziałem na starszyznę i prostych Kozaków. Pułkownicy i asaułowie coraz częściej wypowiadali się przeciw współpracy z Rzecząpospolitą, nie widząc w niej żadnej korzyści dla siebie. Dochodziło do kłótni, a nawet starć zbrojnych, i to czasem na zebraniach starszyzny. Oprócz tendencji do całkowitego usamodzielnienia Zaporoża pojawiły się grupy chcące paktować z państwem moskiewskim, w którym widziały przeciwwagę dla dominujących dotychczas wpływów polskich.

Po śmierci Zygmunta III (1632) na sejmie konwokacyjnym zjawili się posłowie kozaccy żądający pełnego zrównania w prawach ze szlachtą, łącznie z zapewnieniem im udziału w zjazdach elekcyjnych. Jednocześnie Kułaha, jakby dla podkreślenia wagi tych postulatów, urządził na Wołyniu demonstrację zbrojną. Żądania te zostały jednak stanowczo odrzucone, a w Warszawie pozwolono sobie nawet na niesmaczne dowcipy z legacji przybyłej z Ukrainy, przyrównując Kozaków do paznokci wyrastających na ciele Rzeczypospolitej, które należy co pewien czas obcinać.

W związku z wybuchem nowej wojny polsko-moskiewskiej (w 1632 r.) król Władysław IV uznał hierarchię prawosławną odrestaurowaną nielegalnie przez patriarchę Teofanesa (por. rozdział: „Unia brzeska”), nie chcąc dopuścić do dalszego współdziałania trzech czynników zagrażających wschodniej polityce Rzeczypospolitej: Kozaczyzny, Moskwy i prawosławia. Przyznać trzeba, że na pewien czas cel ten udało mu się osiągnąć. Kozacy wzięli nawet udział w wojnie po stronie polskiej. Spokój nie trwał wszakże długo. Wkrótce po zwycięskim dla Polski „wiecznym pokoju” zawartym w 1634 r. w Polanowie, który sankcjonował postanowienia przyjęte w Deulinie, a ponadto wymuszał na Rosji rezygnację z Inflant, wypłacenie odszkodowania w wysokości 200 000 rubli, w zamian za co Władysław IV zrzekał się pretensji do tronu moskiewskiego, Rzeczpospolita przystąpiła do kolejnego natarcia przeciw Kozaczyźnie.

W 1635 r. sejm uchwalił zmniejszenie rejestru do 7000 ludzi. Należy podkreślić, że posunięcie to nie było całkowicie samodzielne, lecz wymuszone przez Turcję, ponownie nękaną wypadami kozackimi. Z własnej już przecież woli dodano postanowienia o wypłacie żołdu nie w Kijowie, co miało dla Kozaków znaczenie symboliczne, lecz w Kaniowie. Oprócz tego zdecydowano wybudować w Kudaku, w dolnym biegu Dniepru, na prawym jego brzegu, forteczkę mającą zapobiegać wyprawom kozackim przeciw Turcji.

Budowali ją inżynierowie: Fryderyk Getkant i znany nam już Beauplan; nie zdołali jednak ukończyć, powracający bowiem znad Donu nierejestrowi, gdzie zimowali po wyprawie na Azow, dowodzeni przez Iwana Sulimę (czasem utożsamia się go z Tymoszem Michajłowiczem), zniszczyli umocnienia kudackie i wybili doszczętnie stacjonujące tam wojsko. Sam Sulima, prawdopodobnie szlachcic pełniący niegdyś funkcję pomocnika administratora majątków Stanisława Żółkiewskiego, został w tym samym roku schwytany przez rejestrowych, przekazany stronie polskiej, przewieziony do Warszawy i stracony.

Zapadłą na kilka miesięcy ciszę przerwały nowe żądania kozackie, dobrze znane w Rzeczypospolitej. Rejestrowi domagali się wypłaty żołdu, nierejestrowi — albo powiększenia rejestru, albo wypowiedzenia posłuszeństwa Polsce. W sierpniu 1636 r. odbyła się nielegalna, tzw. czerniecka rada kozacka, w której wziął udział także komisarz królewski Adam Kisiel, znany ze swych wcześniejszych wystąpień w obronie tolerancji religijnej i równouprawnienia prawosławia. Tylko jego zdolnościom dyplomatycznym należy przypisać ochłodzenie rozgorączkowanych uczestników narady i niedopuszczenie do natychmiastowego wybuchu powstania Kozaków.

I tym razem nie zdało się to na wiele.

Gdy na wiosnę 1637 r. na Zaporoże przybyli z zaległym żołdem komisarze królewscy, a wśród nich Adam Kisiel, zastali sytuację, której nie dało się opanować ani obietnicami, ani też wypłaceniem pieniędzy należnych rejestrowym. Kozacy wprawdzie nie zamierzali ruszyć przeciw Polsce, lecz na Morze Czarne, ale także nie chcieli słyszeć o ewentualnym podporządkowaniu się Rzeczypospolitej. Starszyzna i *czerń* zajmowały w tej sprawie jednolite stanowisko.

Komisarze dołożyli więc starań, by ponownie przeciągnąć starszyznę i rejestrowych na swoją stronę. Zabiegi te zakończyły się pełnym powodzeniem i podjęciem decyzji o spaleniu wszystkich łodzi gotowych już do wyprawy. Potwierdzono również raz jeszcze postanowienia ugody kurukowskiej.

Rzecz jasna, pozostała znaczna większość: nierejestrowi, którzy nie zważając na zawarte porozumienie wyruszyli na wyprawę przeciw

Turcji, posiłkując na Krymie chana Inajet Gireja przeciw Kantemirowi. Po powrocie na Zaporoże połączyli się z chłopstwem od dawna gotowym do walki ze szlachtą i wszczęli otwarty bunt. Przywódcą powstania a zarazem hetmanem został okrzyknięty Pawluk (Paweł But), jeden ze współtowarzyszy Sulimy, który nie tylko uczestniczył w wyprawie na Kudak, ale i wspólnie z Sulimą został skazany na śmierć. Nie bardzo wiadomo, w jaki sposób udało mu się uniknąć pala; w każdym jednak razie miał własne powody do wystąpienia przeciw Polsce.

W pierwszej akcji: wyprawie na Korsuń, odniósł nieoczekiwanie szybki i pełny sukces, zdobył miasto i przywiózł z niego na Zaporoże bogate łupy, w tym również wiele broni. 12 VIII 1637 r. wydał uniwersał do Kozaków, w którym z jednej strony zapowiadał oddanie się w razie potrzeby na usługi królewskie, z drugiej jednak nawoływał do wystąpienia przeciw starszyźnie służącej Polsce za „obiady, wieczerze i bankiety".

Na uniwersał Pawluka, prócz Kozaków, odpowiedzieli chłopi napadając na majątki na Zadnieprzu, zabijając szlachtę i paląc dwory. Najbardziej ucierpiały dobra Jeremiego Wiśniowieckiego. W nich właśnie, w Borowicy, odbyła się kolejna rada czerniecka, która doprowadziła do skazania na śmierć i stracenia przywódcy kozaków rejestrowych pułkownika Sawy Kononowicza oraz wielu spośród starszyzny kozackiej.

Po nieudanych próbach podjęcia rozmów ze zbuntowanymi hetman wielki koronny Stanisław Koniecpolski wydał 3 IX 1637 r. w Barze uniwersał zapowiadający surowe represje wobec powstańców i nakłaniający szlachtę do podobnego postępowania, a nawet karania żon i dzieci kozackich, bowiem „lepsza jest rzecz, żeby pokrzywa na tym miejscu rosła, aniżeli żeby się zdrajcy Jego Królewskiej Mości i Rzeczypospolitej tam mnożyli".

Powstanie chłopsko-kozackie ogarnęło całą ziemię czernihowską, kijowską i połtawską. Chodziły słuchy, że Pawluk zamierza skorzystać z pomocy Kozaków dońskich oraz zwrócić się o opiekę do cara. Szlachta uciekała w panice z Ukrainy. Wydawało się, że nic już nie powstrzyma rozszerzającego się płomienia.

Dowództwo wojsk koronnych przeszło w ręce hetmana polnego Mikołaja Potockiego, który zastąpił chorego Koniecpolskiego. 16 XII 1637 r. pod Kumejkami (nieopodal Kaniowa) doszło do walnej bitwy między oddziałami Potockiego a powstańcami Pawluka. Zakończyła się ona pełnym sukcesem wojsk polskich, chociaż Kozacy odznaczyli się wielką zaciętością i nad podziw dobrym opanowaniem sztuki wojennej. Trzykrotnie udało im się odeprzeć natarcie i dopiero za czwartym razem wojsko wdarło się do ufortyfikowanego taboru i podpaliło wozy z sianem i prochem. Pawluk i jego współtowarzysz pułkownik Karp Skidan wraz z niewielkim oddziałem wycofali się na Czehryń, by tam szukać posiłków. Przez kilka godzin powstańcami dowodził Dymitr Hunia, ale i on został zmuszony do ucieczki. Z Pawlukiem połączył się w rejonie Borowicy, znajdującej się w odległości ok. 100 km od Kumejek.

Potocki dopadł ich tam po kilku dniach. Kozacy stracili ochotę do walki. W obozie powstańców rozpoczęły się kłótnie. Wypominano Pawlukowi jego poczynania przeciw Rzeczypospolitej i zaczęto przemyśliwać, jak wyjść cało z opresji. Wreszcie doszło do otwartego buntu. Pawluk został aresztowany i — na żądanie Potockiego — wydany hetmanowi wraz ze swoim pomocnikiem Tomilenką. Obydwu ścięto w Warszawie, a ciała poćwiartowano. Skidanowi udało się zbiec.

24 grudnia oblężeni Kozacy podpisali akt kapitulacji, zmniejszający liczbę rejestrowych do 6000 oraz zobowiązujący pokonanych do schwytania Skidana, spalenia posiadanych łodzi, wysłania legacji do króla z prośbą o przebaczenie i możliwość wiernego służenia Rzeczypospolitej. Zwierzchnikiem Kozaków został pułkownik Iljasz Karaimowicz. Warto dodać, że w imieniu Zaporożców, którzy nie wzięli udziału w powstaniu, kapitulację borowicką podpisał „pisarz wojskowy" Bohdan Chmielnicki.

Powstanie Pawluka nie zakończyło się wraz ze śmiercią przywódcy. W rejonie Łubniów przez kilka dni działał jeszcze zagon kozacki, dowodzony przez Kizymienkę (syna Bohdana Kizyma, który dostał się w polskie ręce po bitwie pod Kumejkami). Wkrótce przecież Kizymienko również znalazł się w niewoli i wraz z ojcem został stracony na palu w Kijowie.

Ukraina spłynęła krwią. Rozpoczęły się krótkotrwałe, lecz okrutne represje. Chłopski i kozacki strach przemieniał się w nienawiść. I jedni, i drudzy czekali tylko na chwilę, kiedy znowu będzie można wystąpić przeciw Rzeczypospolitej, mszcząc się za prześladowania. Miała to być walka ostateczna, prowadząca albo do pełnego wyzwolenia, albo do śmierci na polu bitwy. Jak się jednak okazało, wydarzenia potoczyły się, wbrew oczekiwaniom zainteresowanych, w zupełnie innym kierunku.

Tymczasem w Warszawie, po odprawieniu triumfu przez Koniecpolskiego, sejm debatował nad sprawą kozacką. Sam hetman wielki koronny przedstawił swoje propozycje specjalnej komisji sejmowej. Postulaty Koniecpolskiego sprowadzały się m. in. do wprowadzenia urzędu komisarza królewskiego, rezydującego stale w Trechtymirowie nad Dnieprem, na miejsce „starszego" wybieranego dotychczas przez Kozaków, obsadzenia kozackich urzędów wojskowych przez szlachtę, utworzenia ośmiusetosobowego oddziału komisarskiej gwardii przybocznej, odbudowy twierdzy w Kudaku, zwiększenia jej załogi do 700 ludzi oraz karania śmiercią wszystkich winnych przekraczania praw Rzeczypospolitej.

Projekt hetmański stał się podstawą uchwalonej przez sejm *Ordynacji wojska zaporoskiego regestrowego w służbie Rzeczypospolitej będącego* (1638). Rejestr ograniczono do 6000, a wszystkich tych Kozaków, którzy pozostali poza nim, traktowano jako „w chłopy obrócone pospólstwo". Propozycje zawarte w memoriale Koniecpolskiego zostały dodatkowo uzupełnione o postanowienia dotyczące konfiskaty mienia uczestników powstania oraz zakaz przyjmowania do rejestru mieszczan ukraińskich.

Ordynacja stanowiła wyraz woli szlachty i magnaterii kresowej, pragnącej pełnego zabezpieczenia swych majątków oraz kolejnego potwierdzenia praw do ziem ukraińskich i znajdujących się na nich poddanych. Pod jej presją zaczęto wprowadzać ustawę w życie, co stało się przyczyną kolejnego zrywu Kozaków nierejestrowych, prowadzonych do walki przeciw Rzeczypospolitej przez Jakuba Ostrzanina (Jacka Ostranicę) i Karpa Skidana.

Skidan, jak wiemy, był jednym z nielicznych przywódców powstania Pawluka, który uratował nie tylko życie, lecz i wolność; z kolei Ostrzanin jako pułkownik Kozaków rejestrowych brał udział w wojnie polsko-moskiewskiej w latach 1632—1634 po stronie Rzeczypospolitej, uczestnicząc w wyprawie na ziemię czernihowsko-siewierską w 1633 r. Jego późniejsze losy nie są znane. Pojawił się dopiero na wiosnę 1638 r. już jako hetman nierejestrowych.

Powstańcy obesłali swoimi odezwami niemal całe Naddnieprze, zachęcając do wystąpienia w obronie kozackich wolności i wiary prawosławnej. Zwrócili się także nad Don z prośbą o pomoc. Zdobyli Krzemieńczuk, Choroł i Hołtew, która stała się ich główną siedzibą. Wyruszył przeciw nim regimentarz Stanisław Potocki, brat hetmana. Z początkiem maja 1638 r. doszło pod Hołtwią do pierwszego poważniejszego starcia. Potocki uderzył na umocniony tabor kozacki. Wprawdzie nie udało mu się rozbić wszystkich sił powstańczych, ale zniszczył pięćsetosobowy oddział Kozaków zaporoskich i dońskich oraz doprowadził do rozproszenia zbuntowanych na niewielkie grupy. Ścigał je i niszczył po kolei. W połowie czerwca dopadł Ostrzanina pod Żołninem na Łubieńszczyźnie. Potockiego posiłkowały prywatne oddziały Jeremiego Wiśniowieckiego — budzącego strach „kniazia Jaremy".

Ostrzanin wraz z tysiącem ludzi uciekł spod Żołnina, przeszedł granicę i oddał się pod opiekę władz rosyjskich. Te zezwoliły mu na osiedlenie się w rejonie Charkowa. Zginął w 1641 r., mieszając się w spory między starszyzną a pospólstwem. Tymczasem pod Żołninem, po ucieczce Ostrzanina, nowym hetmanem został Dymitr Hunia, także — jak Skidan — jeden ze współtowarzyszy Pawluka. Widząc beznadziejność dalszego oporu Hunia wycofał się na wysoki brzeg dnieprzański, w pobliżu ujścia Starca do Suły, gdzie rozłożył się obozem i z powodzeniem przez niemal siedem tygodni odpierał ataki wojsk koronnych. Głód zmusił powstańców do przejścia na stronę rosyjską. Część, wskutek namowy starszyzny, pozostała na miejscu zawierzywszy Potockiemu, który obiecał amnestionować wszystkich zdających się na jego łaskę. Warunki porozumienia nie zostały jednak dotrzymane. Na przełomie lipca i sierpnia 1638 r. powstanie zostało ostatecznie stłumione. Represje, które się teraz rozpoczęły, spowodowały masowy exodus ludności ukraińskiej do Rosji, gdzie szukano schronienia przed zemstą szlachty. Pustoszały miasteczka i wsie zadnieprzańskie, a na skrwawionej Ukrainie zapanował pozorny spokój. Uciekano zwłaszcza na tzw. Ukrainę Słobodzką, tzn. tereny położone w dorzeczu górnego biegu rzek Sejm i Doniec.

Na Ukrainie Zakarpackiej sytuacja kształtowała się w pewnej mierze podobnie jak na ziemiach ukraińskich, wchodzących w skład państwa polskiego. Tutaj również podjęto udaną próbę wprowadzenia unii kościelnej, korzystając z pomocy biskupa mukaczowskiego Tarasiewicza. Do unii doszło na soborze w Użhorodzie (1649).

Na Bukowinie wybuchały powstania chłopskie (1623—1628) skierowane przeciw miejscowym feudałom, a w 1646 r. hospodar mołdawski Wasyl Lupul odebrał chłopom prawo swobodnego wyboru miejsca osiedlenia.

KULTURA UKRAIŃSKA W PIERWSZEJ POŁOWIE XVII WIEKU

Sytuacja polityczna Ukrainy nie pozostawała bez wpływu na rozwój jej kultury. W granicach Rzeczypospolitej znajdowały się ośrodki od dawna przyciągające artystów, uczonych i pisarzy. Skupiali się oni głównie w Kijowie i Lwowie, chociaż nie brakowało ich także w wielkich siedzibach magnackich, np. w Ostrogu na Wołyniu. Ogromną rolę odgrywała samorodna twórczość ludowa, wyrażająca się przede wszystkim w coraz liczniejszych pieśniach i dumach sławiących przeszłość lub opiewających najważniejsze wydarzenia współczesności. Niemożliwe jest obliczenie, nawet szacunkowe, procentu mieszkańców Ukrainy umiejących czytać i pisać, jednak było ich chyba więcej niż na etnicznych ziemiach polskich. Piśmiennictwo już od dawna posługiwało się językiem zbliżonym do używanego powszechnie; poza tym — jak wiemy — na przełomie XVI i XVII w. pojawiły się już pierwsze książki drukowane w języku „ruskim" (ukraińskim). Na rozpowszechnienie się znajomości pisma wpłynąć musiało również wprowadzenie języka ruskiego jako urzędowego we wszelkiego rodzaju dokumentach i aktach.

Ruiny zamku w Ostrogu, XVI w.

Nie dziwi także fascynacja kresami ukraińskimi spotykana w literaturze krajów, w których skład one wchodziły, zwłaszcza w literaturze polskiej. Ostatecznie Ukraina była niemal bez przerwy na ustach szlachty, albo jako przedmiot niepokoju, albo jako ziemia obiecana, mlekiem i miodem płynąca. W napisanej przez Sebastiana

Klonowica po łacinie *Roxolanii* (1584) znajdziemy i opis Rusi Czerwonej, zajęć jej mieszkańców, jak i miejscowych obyczajów. Pisał poeta:

Inny kraj skarby pojedyncze liczy:
Tu wszystkie skarby gromadzą się cudnie;
Bo tu jest ziemia, którędy graniczy
Lodowa północ i wrzące południe.
Co rodzi ziemia na północnej osi,
Wiozą moskiewskie telegi i sanie;
Co pod równikiem natura przynosi,
Tu idzie lądem i po oceanie.

(przełożył Władysław Syrokomla)

Ostrą krytykę społeczną zawierała „Apostrofa do panów i urzędników" zamykająca *Roxolanię*:

Z waszej łaski urzędnik o sercu z kamienia
Gorzej pijawki się przypiął do chłopskiego mienia
I do kropli ostatniej, co jeszcze dziś płynie,
Wysysa krew biedaka!

(przełożył Ignacy Chrzanowski)

Podobną fascynację Ukrainą znajdziemy czasem w literaturze sowizdrzalskiej (*Poselstwo z Dzikich Pól od Sowizrzała do mało cnotliwej drużyny* — 1606) czy u innych poetów tego czasu (Szymon Szymonowic: *Kołacze, Czary* — 1614; Józef Bartłomiej Zimorowic: *Sielanki nowe ruskie* — 1663). Przykłady te można by zresztą mnożyć.

Powszechne stały się obustronne zapożyczenia leksykalne. W literaturze polskiej stosunkowo często spotykamy ukrainizmy, znacznie częściej — polonizmy w literaturze ukraińskiej. Książki wydawane w drukarniach znajdujących się na Ukrainie rozchodziły się po państwie moskiewskim, zwłaszcza polemiczna literatura religijna.

Współzawodnictwo i walka unitów z prawosławnymi doprowadziły do szybkiego rozwoju szkolnictwa, któremu patronowały obydwa obrządki. Ogromne zasługi miały w tej dziedzinie bractwa, dzięki którym powstały szkoły nie tylko w Kijowie i Lwowie, ale również w Jarosławiu, Kamieńcu Podolskim, Krzemieńcu, Łucku, Niemirowie, Przemyślu, Winnicy oraz innych miastach Ukrainy. Swoje szkolnictwo, w znacznie jednak mniejszym zakresie, rozwijali protestanci: kalwini i socynianie. Wydawano podręczniki do nauki języka „słowiano-ruskiego", m. in. pod patronatem bractwa lwowskiego wydrukowano w 1591 r. gramatykę grecką i starosłowiańską *Adelfothes*.

W 1627 r. ukazał się w Kijowie *Leksykon sławienorosskij i imien tołkowanije* (*Słownik słowiańskoruski i znaczenie imion*) Pamba Beryndy, drukarza i tłumacza w drukarni Ławry Pieczerskiej. Zawierał on ok. 7000 słów w języku cerkiewnosłowiańskim przetłumaczonych na współczesny język ukraiński. Znane są także, pochodzące z tego okresu, prace leksykalne Wawrzyńca Zyzanii i Melecjusza Smotryckiego. Rozwijało się kronikarstwo. W pierwszej połowie XVII w. powstały m. in. *Latopis Chmielnicki* (obejmujący lata 1636—1650), *Latopis lwowski* (z lat 1498—1649) i *Latopis ostrogski* (z lat 1500—1636). Najwięcej miejsca zajęły w nich opisy wydarzeń rozgrywających się na ziemiach ukraińskich. Można przy tym zaobserwować tendencję do stopniowego przechodzenia od czysto kronikarskich zapisów do narracji typu pamiętnikarskiego, diariuszowego. Ich autorzy byli zresztą niejednokrotnie świadkami wydarzeń, które opisywali. Dotyczy to zwłaszcza autora *Latopisu lwowskiego*, Michała Hunaszewskiego, oraz anonimowego twórcy *Latopisu ostrogskiego*.

W literaturze panegirycznej i okolicznościowej wyróżnić należy *Wirsz na żałosnyj pohreb zacnoho Rycera Petra Konaszewicza Sahajdacznoho...*, pióra Kasjana Sakowicza, wydany w Kijowie (1622). Mówi się w nim nie tylko o głównym bohaterze, lecz sławi męstwo i waleczność Zaporożców, stwierdzając nawet wprost: „Czym jest hetman bez wojska? Podobnie wojsko bez niego. Nic zgoła nie znaczy jedno bez drugiego". Kilka panegiryków z lat trzydziestych XVII w. poświęcono metropolicie Piotrowi Mohyle.

Pojawiły się w tym czasie również liczne dramaty tzw. szkolne, powstające w szkołach brackich, dialogi i intermedia (m. in. po drugim i trzecim akcie sztuki Jakuba Gawatowica pt. *Tragedia albo wizerunek śmierci przeświętego Jana Chrzciciela, przesłańca bożego*, wydanej we Lwowie w 1619 r.).

Tłumaczeniami zajmowali się pisarze, mający w swym dorobku utwory oryginalne: Demian Naliwajko, Gawryło Dorofiejewicz, Pambo i Stefan Beryndowie, Wawrzyniec Zyzania, Zachariasz Kopysteński i in.

W CZASACH „ZŁOTEGO POKOJU"

O latach 1638—1648 mówiono w Rzeczypospolitej, że był to na Ukrainie okres „złotego pokoju". Rzeczywiście, po stłumieniu powstania Ostrzanina przez następne dziesięciolecie ani Kozacy, ani chłopi ukraińscy nie wystąpili zbrojnie przeciw państwu polskiemu. Dzięki temu powstrzymana na pewien czas akcja zagospodarowywania pustek ukraińskich i zasiedlania zarówno porzuconych domostw, jak i zakładania nowych miejscowości nabrała na nowo rumieńców, powodując szybki wzrost gospodarczego znaczenia Ukrainy.

Największe korzyści odnosiła magnateria, która, nie powstrzymywana przez nikogo, powiększała swoje majątki. Świadczą o tym zachowane rejestry podymnego sporządzane do celów podatkowych. W niektórych rejonach, nawet na stosunkowo słabo zaludnionym Zadnieprzu, zaczynało się robić ciasno. Dochodziło do sporów, rozstrzyganych czasem siłą. Konflikt między Jeremim Wiśniowieckim a Adamem Kazanowskim, marszałkiem nadwornym koronnym, oparł się o króla. Gdy Władysław IV opowiedział się za Kazanowskim, Wiśniowiecki podburzył szlachtę przeciw monarsze i ostatecznie sprawę wygrał. W zajazdach i wojnach prywatnych brały udział rozbudowane nieraz do kilku tysięcy ludzi milicje nadworne, rujnujące zarówno majątki przeciwnika, jak i — przede wszystkim — Bogu ducha winnych chłopów. Rozbudowany system dzierżaw sprzyjał szybkiemu powiększaniu rozmiarów powinności składanych na chłopskie barki.

Wprawdzie rozlokowane na Ukrainie oddziały koronne i wojska prywatne skutecznie paraliżowały ewentualne zamiary wywołania kolejnych powstań chłopsko-kozackich, jednak poddanym pozostawała jeszcze ucieczka do innych dóbr lub za granicę. Z tej możliwości poprawienia swej doli korzystali bardzo często mimo surowych kar, które musieli ścierpieć w razie schwytania.

Swawola szlachty połączona z niczym nie usprawiedliwionym okrucieństwem stawała się w latach „złotego pokoju" dniem powszednim Ukrainy. Nieposłusznym wykłuwano oczy, obcinano kończyny, a nawet palono ich żywcem.

Pierwsze oznaki nadciągającej burzy pojawiły się w 1647 r. Niewielkie zagony kozackie nachodziły pasieki, huty, potażarnie oddalone od większych ośrodków, jakby demonstrując swoją gotowość do otwartego wystąpienia i poparcia akcji podjętych przez poddanych. Odbudowany Kudak był solą w oku niezadowolonych ze swego bytu i czekał na kolejnego pogromcę.

VIII. POWSTANIE CHMIELNICKIEGO. UNIA PEREJASŁAWSKA

BOHDAN CHMIELNICKI

Nie zachowało się wiele wiadomości o pierwszych latach życia Bohdana Chmielnickiego, najwybitniejszego z kozackich hetmanów. Urodził się prawdopodobnie w Czehryniu, około 1595 r. Jego ojciec, Michał, był szlachcicem na służbie u Stanisława Żółkiewskiego, później u innego magnata kresowego, a następnie został podstarościm czehryńskim. Bohdan Chmielnicki uczył się w kolegium jezuickim we Lwowie i — jak należy sądzić — na tym zakończył swoją edukację. Mimo to wrodzona bystrość, inteligencja oraz zdolność do poszerzania i doskonalenia swych umiejętności w każdych warunkach w jakich się znajdował, spowodowały, że opanował kilka języków (polski, łacinę, turecki) i przede wszystkim przyswoił sobie wiedzę wojskową. W 1620 r. wziął udział w wyprawie Żółkiewskiego na Mołdawię. W bitwie pod Cecorą postradał ojca, a sam dostał się do niewoli tureckiej, w której spędził dwa lata. Po powrocie na Ukrainę zajął się najprawdopodobniej prowadzeniem swego majątku w Subotowie koło Czehrynia, jednocześnie coraz silniej wiążąc się z Kozakami rejestrowymi. Nie ma podstaw, by twierdzić, że brał udział w powstaniach kozackich, skoro w 1637 r. wystąpił jako pisarz rejestrowych, i to po stronie Rzeczypospolitej. Później przestał pełnić tę funkcję i musiał zadowolić się stanowiskiem setnika czehryńskiego.

Niewiele można powiedzieć o życiu i działalności Bohdana Chmielnickiego w pierwszej połowie lat czterdziestych XVII w. Wiadomości są skąpe i niezbyt pewne. Wiadomo tylko, że w 1638 r. wystąpił w Warszawie jako członek legacji kozackiej do króla. Podobno wraz z grupą Kozaków uczestniczył w 1645 r. w walkach przeciw koalicji habsburskiej na terenie Francji, m. in. w bitwie pod Dunkierką.

Na widowni politycznej pojawił się ponownie dopiero w 1646 r., gdy do Warszawy przybyło kilkuosobowe poselstwo kozackie celem przeprowadzenia rozmów w związku z planami Władysława IV wspólnego wystąpienia przeciw Turcji. Obydwie strony gotowe były do poczynienia wzajemnie znacznych ustępstw. Kozacy chcieli wystawić 50 000 wojska, król zaś obiecał podwyższenie rejestru do 20 000 oraz wydzielenie na Ukrainie terenu, na którym Kozaczyzna posiadałaby autonomię. Wobec opozycji szlachty, obawiającej się nadmiernego wzmocnienia władzy królewskiej, plany te spaliły na panewce. Niemniej jednak Zaporoże rozpoczęło przygotowania do wojny, nie zwracając uwagi na zmienione stanowisko Rzeczypospolitej. Wprawdzie w 1647 r. przybył na Ukrainę z tajną misją kanclerz wielki koronny Jerzy Ossoliński, by spacyfikować wojenne nastroje i rosnące niezadowolenie Kozaków, lecz — jak się okazało — była to już akcja mocno spóźniona. Kozaczyzna czekała tylko na sygnał do walki przeciw tym, którzy zawiedli jej oczekiwania i z którymi miała zadawnione porachunki.

Bohdan Chmielnicki, obraz olejny z XVII w.

W tym samym roku Chmielnickiego spotkało nieszczęście. Konkurent do względów kobiety, o nie najlepszej zresztą opinii, podstarości Daniel Czapliński nie tylko mu ją odebrał, ale w czasie zajazdu skatował syna, zabrał Subotów i zaprzeczył prawa Chmielnickiego do tego majątku. Pokrzywdzony zwrócił się do króla z prośbą o interwencję. Nic jednak nie uzyskał poza — podobno — zachętą, by sam orężem dochodził sprawiedliwości. Chmielnicki przystąpił do działania.

WYBUCH POWSTANIA. PIERWSZE STARCIA

Wielu Kozaków miało osobiste porachunki ze szlachtą, natomiast większość uważała politykę Rzeczypospolitej za wrogą i godzącą w najżywotniejsze interesy Kozaczyzny. Stosunek władz polskich do prawosławia, stałe ograniczanie rejestru, niczym nie hamowane represje wobec uczestników poprzednich powstań kozackich mimo obietnic amnestii, a wreszcie dokumentowana czynami chęć „schłopienia" wojska zaporoskiego splotły się i przerodziły w falę powszechnej nienawiści. Chmielnicki nie był więc wyjątkiem; umiał tylko lepiej niż inni wykorzystać sprzyjające okoliczności. W grudniu 1647 r. udało mu się wydostać od Iwana Barabasza, uczestnika ubiegłorocznego poselstwa do Warszawy, listy Władysława IV do Kozaków, informujące ich o zamierzeniach króla wobec Porty. Miały one (według zamysłów Chmielnickiego) spełnić podwójną rolę: pobudzić Zaporożców do akcji przeciw Polsce i sprowokować Tatarów, zagrożonych przez Rzeczypospolitą, do współdziałania z Kozakami. Władze polskie dowiedziały się o spisku organizowanym przez Chmielnickiego i uwięziły go w Kryłowie, skąd wkrótce wyszedł za poręczeniem. Dalsza zwłoka w realizacji jego planów groziła nieobliczalnymi konsekwencjami, a nawet śmiercią. Dlatego też szybko ruszył na Sicz, zatrzymując się na ufortyfikowanej wyspie Tomakówce na Dnieprze. Tutaj stanął na czele niezadowolonych i stąd prowadził rokowania z Tatarami. Odpowiednie porozumienie zawarto w lutym 1648 r., a pierwsze sześciotysięczne posiłki tatarskie ruszyły z Krymu wkrótce potem. Dowodził nimi murza Tuhaj bej.

Chmielnicki osiągnął już pierwsze sukcesy wojskowe i polityczne. Na Siczy rozbito znajdujący się tam niewielki oddział wojsk koronnych. Większość Kozaków rejestrowych opowiedziała się po stronie nowego przywódcy. Do Kozaków zaczęli przyłączać się chłopi ukraińscy. Znowu rozpoczęły się napady na majątki, rabowanie i niszczenie dobytku, zabijanie szlachty i Żydów arendujących karczmy oraz spontaniczne tworzenie oddziałów powstańczych, które później miały wejść w skład wojska kozackiego.

Rzeczpospolita pospiesznie przygotowywała się do obrony, chociaż w tym czasie nikt jeszcze nie zdawał sobie sprawy z rozmiarów rozpoczynającego się powstania. Hetman wielki koronny Mikołaj Potocki skierował część swych wojsk, w których skład wchodził kilkutysięczny oddział Kozaków rejestrowych, na południe wzdłuż Dniepru. Dowodził nimi syn hetmański Stefan.

Do bitwy doszło pod Żółtymi Wodami (29 IV – 16 V 1648 r.). Ze strony polskiej wystąpiło około 5000 żołnierzy. Siły przeciwnika, zwłaszcza po nadejściu posiłków tatarskich, znacznie tę liczbę przewyższały. Już zresztą na początku starcia Kozacy rejestrowi opuścili

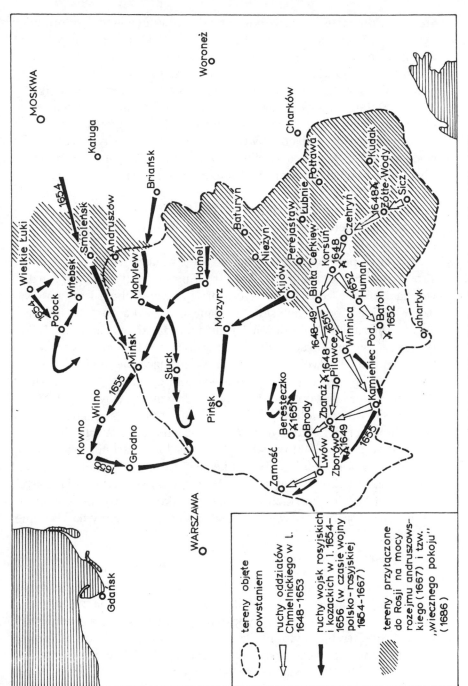

Powstanie Bohdana Chmielnickiego 1648—1654 i wojna polsko-rosyjska 1654—1667

MOSKWA
Woroneż
Kaługa
Briańsk
Wielkie Łuki
Smoleńsk
Andruszów
Witebsk
Mohylew
Homel
Charków
Baturyn
Połtawa
Niezyn
Perejasław
Łubnie
Kudak
Żółte Wody
Sicz
1654
Mozyrz
Kijów
Biała Cerkiew
Korsuń
1648
Czehryn
1648
Humań
1652
Potock
1654
Mińsk
Stuck
Pińsk
1648-49
1651
Winnica
Batoh
1652
Kamieniec Pod.
Czehartyk
Wilno
1655
Beresteczko
X1651
Zbaraż X 1648
Pilawce 1651
Kowno
Grodno
Brody
Lwów
Zborów
X 1649
1655
1655
WARSZAWA
Zamość
Gdańsk

tereny objęte
powstaniem

ruchy oddziałów
Chmielnickiego w l.
1648-1653

ruchy wojsk rosyjskich
i kozackich w l. 1654-
1656 (w czasie wojny
polsko-rosyjskiej
1654-1667)

tereny przyłączone
do Rosji na mocy
rozejmu andruszows-
kiego (1667) i tzw.
„wiecznego pokoju"
(1686)

Stefana Potockiego, przeszli na stronę powstańców i zamordowali Iwana Barabasza oraz Eliasza Karaimowicza, którzy chcieli pozostać wierni Rzeczypospolitej. Wyrok śmierci na nich wydała czerniecka rada rejestrowych, obradująca w Kamiennym Zatonie, nieopodal miejsca bitwy. Wojska koronne stawiały zacięty opór, lecz nie uniknęły klęski. Stefan Potocki zmarł z odniesionych ran, a wśród tych, którzy wpadli w ręce kozackie, znalazł się Stefan Czarniecki.

W następnych dniach obydwie armie: głównie siły koronne dowodzone przez hetmana wielkiego koronnego Mikołaja Potockiego i hetmana polnego koronnego Marcina Kalinowskiego, liczące przeszło 5000 żołnierzy, oraz połączone oddziały kozacko-tatarskie szły sobie na spotkanie. Chmielnicki nie czekał na posiłki, które z Krymu wyruszyły dopiero w połowie maja, ale szukał rozstrzygnięcia już na początku powstania.

26 maja pod Korsuniem doszło do walnego starcia, które dla strony polskiej okazało się katastrofalne w skutkach. Wprawdzie wojska koronne zdążyły założyć ufortyfikowany obóz, lecz wprowadzone w błąd przez umyślnie wysłanego Kozaka zaczęły odstępować w kierunku Bohusławia. Tam już czekał w zasadzce kilkutysięczny zagon kozacki dowodzony przez Maksyma Krywonosa (Perebijnosa). Krywonos zatrzymał wycofujące się oddziały aż do chwili nadciągnięcia głównych sił powstańczych, które po kilkugodzinnej walce doszczętnie rozbiły przeciwnika. Obydwaj hetmani dostali się do niewoli i przekazano ich w ręce tatarskie. Kozacy zawładnęli artylerią, zdobyli również znaczne łupy. Warto dodać, że i w tym wypadku 1800 rejestrowych przeszło na stronę powstańców.

Opromieniony odniesionym sukcesem Bohdan Chmielnicki został po bitwie okrzyknięty hetmanem. Wieści o zwycięstwie połączonych sił zaporoskich i tatarskich stały się dodatkowym czynnikiem mobilizującym chłopstwo do walki przeciw panowaniu szlachty na Ukrainie.

RZECZPOSPOLITA U PROGU KATASTROFY

20 maja, a więc na sześć dni przed bitwą pod Korsuniem, zmarł król Władysław IV. Wydawało się, że Ukraina została bezpowrotnie stracona dla Rzeczypospolitej. Bez wojska, bez hetmanów i bez króla trudno było myśleć o stawianiu oporu coraz liczniejszym zastępom powstańczym, zwłaszcza że Chmielnickiemu spieszyła na pomoc kilkudziesięciotysięczna armia tatarska dowodzona przez Krym Gireja, najwyższego po chanie zwierzchnika wojskowego Ordy.

Na Ukrainie pozostawały wprawdzie jeszcze oddziały dowodzone przez Jeremiego Wiśniowieckiego, ale bardziej myślał on o ocaleniu swoich majątków niż o współdziałaniu z wojskami Rzeczypospolitej. Zresztą i sam Chmielnicki sądził początkowo, iż uda mu się przeciągnąć Wiśniowieckiego na swoją stronę lub przynajmniej skłonić do zachowania neutralności. Po napaści chłopów na Łubnie, będące siedzibą „kniazia Jaremy", kazał ściąć dwóch ich przywódców. Zamiary hetmana kozackiego spaliły jednak na panewce. Wiśniowiecki nie zamierzał bowiem wiązać sobie rąk pozbawioną jakichkolwiek perspektyw współpracą z Chmielnickim. Nawet w razie zwycięstwa Kozaków nie mógł liczyć na utrzymanie dotychczasowego stanu posiadania na Zadnieprzu, które według zamysłów powstańczych stać się miało terytorium kozackim.

Po otrzymaniu wiadomości o klęsce korsuńskiej podjął udaną próbę wycofania się z Ukrainy. Odwrót Wiśniowieckiego wraz z towarzyszącymi mu masami szlachty i arendarzy żydowskich, chronionych przez sześciotysięczne wojsko, został opisany w monografii W. Tomkiewicza, poświęconej tej barwnej i kontrowersyjnej postaci. Autor, wbrew dotychczasowym opiniom utrzymującym się w polskiej historiografii i polskiej świadomości historycznej, dowodnie pokazał, iż wycofywanie się Wiśniowieckiego z Zadnieprza nie było żadnym nieprzerwanym triumfem polskiego oręża, lecz że towarzyszyły mu surowe i krwawe represje nad ludnością ukraińską. Powstańcy, a nawet nie przyłączający się do nich chłopi byli katowani, ścinani i wbijani na pal. Wszędzie, gdzie przechodziły oddziały Wiśniowieckiego, pozostawiały za sobą ślady krwi i nienawiść do szlachty. Trasa pochodu księcia wiodła przez Czernihów, Lubecz, Owrucz, Żytomierz, Pohrebyszcze, Berdyczów, Konstantynów, Zbaraż aż do Lwowa. W Żytomierzu i Pohrebyszczach urządził pogromy mieszkańców. Pod Konstantynowem starł się z oddziałami Maksyma Krywonosa, ale żadna ze stron nie mogła pochwalić się sukcesem. I jedni, i drudzy oskarżali się wzajemnie o okrutne postępowanie z przeciwnikiem, zresztą nie bez racji. Cała Ukraina stanęła w ogniu i nie było majątku czy wsi, które by nie spłynęły krwią. Gdy zaś Wiśniowiecki dowiedział się, że podjęto próby porozumienia się z Chmielnickim, by odwrócić niebezpieczeństwo zagrażające Rzeczypospolitej w czasie bezkrólewia, w liście do kasztelana kijowskiego Adama Kisiela napisał (w czerwcu 1648 r.), iż „lepsza rzecz umierać, aniżeliby pogaństwo i hultajstwo miało nam panować".

Jednakże nie tylko Kisiel dążył do ugody z Kozakami. Stronnictwu temu przewodził kanclerz wielki koronny Jerzy Ossoliński. Nie chcąc oddawać — po stracie hetmanów koronnych — buławy hetmańskiej Wiśniowieckiemu, reprezentującemu całkowicie odmienne stanowisko, doprowadził do powierzenia dowództwa wojsk polskich trzem regimentarzom: Dominikowi Zasławskiemu, Mikołajowi Ostrorogowi i Aleksandrowi Koniecpolskiemu. Kozacy nazywali ich: Zasławskiego ze względu na podeszły wiek — Pierzyną, uczonego Ostroroga — Łaciną, a młodego Koniecpolskiego — Dzieciną. Rzeczywiście, najbliższe starcie miało dowieść, że ocena regimentarzy była złośliwa, ale nad wyraz trafna.

Tymczasem Chmielnicki znalazł się w dość trudnej sytuacji. Jego sojusznik, chan krymski Islam Girej, z którym spotkał się w początkach czerwca 1648 r., był sprzymierzeńcem nader uciążliwym. Przyprowadzone wojsko tatarskie stanowiło wprawdzie poważną siłę, ale nie rezygnowało z tradycyjnych sposobów zdobywania łupów i pustoszyło ziemie ukraińskie podobnie jak poprzednio, nie zważając na traktat sojuszniczy. Z kolei Rzeczpospolita, a w każdym razie kilku wpływowych magnatów z kanclerzem wielkim koronnym na czele, skłonna była do pertraktacji i ustępstw. Nic też dziwnego, że przeciwnicy rozpoczęli rozmowy, które jednak nie przyniosły żadnych rezultatów poza wzmocnieniem się sił powstańczych, do których przez cały czas napływali chłopscy ochotnicy.

23 IX 1648 r. doszło do kolejnego wielkiego starcia między wojskiem koronnym dowodzonym przez trzech regimentarzy a siłami Chmielnickiego. O dyscyplinie w oddziałach polskich trudno było nawet mówić. Przemieszane ze sobą wojska prywatne i chorągwie koronne, przerażona i czekająca tylko na sygnał do ucieczki szlachta, wreszcie skłóceni dowódcy, wśród których znajdował się również obrażony na Rzeczpospolitą Wiśniowiecki, z góry przesądzały o wyniku bitwy.

Rozegrała się ona na pograniczu Podola i Wołynia, pod Piławcami. Na wieść o zbliżających się oddziałach tatarskich dowodzonych przez Krym Gireja (tymczasem od miejsca starcia dzieliło je jeszcze dwa dni marszu) wojsko, poza nielicznymi wyjątkami, pierzchło z pola bitwy. Połączone teraz armie Chmielnickiego i Krym Gireja ruszyły w głąb Rzeczypospolitej, docierając bez przeszkód aż pod Lwów. Chmielnicki zażądał poddania miasta, złożenia okupu i wydania Żydów, w zamian za co obiecywał pozostawienie mieszczan w spokoju. Propozycja ta została odrzucona i dopiero po dodatkowych pertraktacjach zgodzono się na wysoki okup.

Sprzymierzeńcy ruszyli dalej, stanęli pod Zamościem i rozpoczęli oblężenie dobrze ufortyfikowanej twierdzy. Oblężenie przeciągało się, a ponieważ ani Kozacy, ani też Tatarzy nie mieli doświadczenia w zdobywaniu murów miejskich bronionych przez znakomicie i według wszelkich zasad klasycznej sztuki wojennej usytuowane bastiony, Chmielnicki postanowił wykorzystać swoją pozycję i wyciągnąć korzyści dla siebie z wmieszania się do elekcji nowego króla.

Z dwóch braci Władysława IV: Jana Kazimierza i Karola Ferdynanda, którzy stanęli w szranki elekcyjne, pierwszy miał poparcie kanclerza Ossolińskiego i ... Chmielnickiego, drugi — Wiśniowieckiego. Zdesperowana po klęsce piławieckiej szlachta, opowiedziała się w większości za polityką zgody z Kozakami, widząc w tym jedyną szansę uratowania państwa i — po wycofaniu się z elekcji Karola Ferdynanda — królem Polski okrzyknęła Jana Kazimierza.

Wiśniowiecki, który przez pewien czas sprawował dowództwo nad wojskami koronnymi i spodziewał się buławy hetmańskiej, został publicznie ośmieszony przez króla i wycofał się na pewien czas z działalności publicznej.

Chmielnicki, nie zdobywszy Zamościa, powrócił do Kijowa, gdzie z początkiem stycznia 1649 r. odbył formalny triumf, przysługujący zwycięskiemu wodzowi.

Do Perejasławia przybył wraz z komisarzami królewskimi Adam Kisiel, by rozpocząć pertraktacje z hetmanem kozackim. Przywiózł propozycje, nie liczące się zupełnie z realną sytuacją. Sprowadzały się one do zniesienia zwierzchnictwa sejmu nad Kozakami i nadania przez króla tytułu hetmańskiego Chmielnickiemu. Ten jednak oświadczył: „Wybiję z lackiej niewoli naród ruski wszystek, a com pierwej o szkodę moją i krzywdę wojował, teraz wojować będę o wiarę prawosławną naszą ... Nie postoi mi noga żadnego kniazia i szlachetki w Ukrainie".

OBLĘŻENIE ZBARAŻA I UGODA ZBOROWSKA

Kisielowi udało się jedynie uzyskać krótkotrwałe zawieszenie broni. Na wiosnę 1649 r. wznowiono działania wojenne. Wprawdzie pertraktował jeszcze z Chmielnickim poseł królewski Śmiarowski, ale kiedy okazało się, że za hetmańskimi plecami usiłuje porozumieć się ze starszyzną kozacką, został pozbawiony nietykalności poselskiej, skazany na śmierć i stracony.

Chmielnicki znosił się już wtedy z państwem moskiewskim. Pierwsze rozmowy przeprowadzili jego wysłannicy w połowie 1648 r., w kwietniu zaś 1649 r. wysłał list do cara Aleksego, proponując mu zwierzchnictwo nad Kozakami. Posunięcie to dowodziło zręczności hetmana. Zdawał sobie bowiem sprawę z tego, że nie jest możliwa pełna niezależność ziem ukraińskich między co najmniej trzema państwami czyhającymi na ich zagarnięcie: Polską, Rosją i Turcją, działającą głównie przez podporządkowanych jej Tatarów krymskich. W tej sytuacji konieczne stawało się zawarcie sojuszu z jednym z tych państw oraz poddanie się w opiekę drugiemu. Chodziło o to, by mieć po swojej stronie dwa państwa, a nie tylko jedno. Dyplomacja Chmielnickiego starać się będzie zawsze o utrzymanie takiego układu sił. Jego naruszenie groziło likwidacją nawet pozorów autonomii, o czym mieli przekonać się już wkrótce następcy Chmielnickiego.

Wojskami koronnymi dowodzili teraz nowi regimentarze: Andrzej Firlej i Stanisław Lanckoroński. W lipcu, po wznowieniu działań wojennych na Ukrainie, wycofali się z kilkutysięcznymi oddziałami do twierdzy zbaraskiej. Był tu również Mikołaj Ostroróg, a wkrótce przybył i Jeremi Wiśniowiecki. Osobisty wróg Chmielnickiego Daniel Czapliński, którego żona stała się w styczniu, w Kijowie, żoną Chmielnickiego, także znalazł się w Zbarażu.

Oblężenie twierdzy zbaraskiej rozpoczęło się 10 VII 1649 r. Broniło jej około 15 000 żołnierzy przeciw wielokrotnie przeważającym siłom kozacko-tatarskim, którymi dowodzili Chmielnicki i Islam III Girej. Wprawdzie formalnie dowodził obrońcami Firlej, jednak główną rolę odegrał Wiśniowiecki, wykazujący zarówno doskonałe zdolności przywódcze, jak i osobiste męstwo.

Pierwszy szturm został pomyślnie odparty, chociaż obrońcom mdlały ręce od walki z powstańcami wdzierającymi się na fortyfikacje. Jak świadczy *Kronika Samowidca*, oblegającym nie brakowało ludzi, bowiem „wszyscy żywi poszli do Kozaków. Ledwo znalazłoby się w jakiejkolwiek wsi takiego człowieka, którego albo syn, albo on sam nie poszedł do wojska, a jeśli sam nie mógł, to parobka posłał; inni wreszcie, ilu ich było, wszyscy szli z domu, jednego tylko na gospodarstwie zostawiając". Starcia, większe i mniejsze, trwały nieustannie. Powoli wyczerpywały się siły obrońców. Do największego szturmu doszło 17 lipca, kiedy Kozacy przerwali pierwszą linię polskiej obrony. Udało się jednak naprędce zbudować nowe szańce i okopy, a wskutek nagłej ulewy ziemia tak rozmiękła, iż uniemożliwiła dalszy atak. Ponadto Wiśniowiecki nie zadowolił się odparciem szturmu, lecz z kilkusetosobowym oddziałem wypadł za wycofującymi się Kozakami i Tatarami, wielu z nich zabijając i niszcząc prawie wszystkie machiny oblężnicze, tzw. *hulajhorody*, przygotowane z niemałym trudem przez armię Chmielnickiego. Mimo to sytuacja oblężonych była katastrofalna. Doskwierał głód, codziennie ginęło kilkadziesiąt osób, których nawet nie przewożono na cmentarz, lecz zagrzebywano natychmiast w miejscu, na którym polegli. Pojawili się też pierwsi dezerterzy. Złapanych karano śmiercią, lub — dla postrachu — żywym obcinano ręce i nogi. Hetman litewski Janusz Radziwiłł szedł wprawdzie z Litwy na południe i 30 lipca wygrał nawet bitwę z Kozakami pod Łojowem, ale pod Zbaraż się nie kwapił.

W tym samym dniu, w którym obrońcy Zbaraża odparli najpotężniejszy atak, z Lublina ruszył z odsieczą Jan Kazimierz. Wojskiem dowodził Jerzy Ossoliński. Wierny swoim politycznym koncepcjom nie przyspieszał wyprawy. Z początkiem sierpnia w obozie królewskim w Toporowie pojawił się towarzysz chorągwi pancernej Mikołaj Skrzetuski. W chłopskim przebraniu przedarł się ze Zbaraża z listem Firleja do króla. Regimentarz prosił o przyspieszenie odsieczy, zwracając uwagę na kończące się już zapasy amunicji i krańcowe wyczerpanie obrońców twierdzy. Skrzetuski gotów był wracać do oblężonych z odpowiedzią króla, lecz nie wiadomo, czy jego ofiarność została wykorzystana. Nie minął wszakże tydzień, gdy 15 sierpnia pod Zborowem, w czasie przeprawy przez Strypę, wojska kozackie okrążyły oddziały królewskie. Jeszcze raz Chmielnicki wykazał swoją zręczność. Pod Zborowem znalazły się te same oddziały, które oblegały Zbaraż, a mimo to obrońcy twierdzy zbaraskiej nie zorientowali się, że główne siły przeciwnika wycofały się i udały na spotkanie króla.

Jan Kazimierz znalazł się w trudnej sytuacji. Bitwa zborowska trwała przcz pełne dwa dni. Obydwie strony poniosły znaczne straty. Król nie omieszkał wykorzystać skłonności Islam Gireja do pertraktacji i już 15 sierpnia wysłał do chana list, w którym proponował porozumienie się poza plecami Chmielnickiego. Hetman kozacki bezskutecznie protestował, ale sprzeciwić się nie mógł, gdyż sojusznik tatarski mógł w każdej chwili zmienić front i wobec nawiązanego już porozumienia ze stroną polską uderzyć na Kozaków.

W rokowaniach ze strony polskiej wziął udział kanclerz Ossoliński i Adam Kisiel, z przeciwnej — wezyr Sefer Ghasi aga oraz Chmielnicki, którego rola została wszakże ograniczona do prawie biernego statystowania.

125

Ugoda zborowska została podpisana 18 VIII 1649 r. i zamykała kampanię wojenną 1649 r. na Ukrainie. Na porozumieniu najwięcej skorzystali Tatarzy. Otrzymali łącznie 400 000 talarów okupu za wojsko królewskie otoczone pod Zborowem i za załogę broniącą Zbaraża. Wyrażono zgodę na „wojowanie ziem" przez Ordę w czasie jej powrotu w granice chanatu, co spowodowało, że ziemie ukraińskie zostały spustoszone prawie natychmiast, a znaczna część ich mieszkańców dostała się do niewoli. Rzeczpospolita zawierała z chanem tatarskim przymierze zaczepno-odporne. Chan otrzymywał prawo wypasu koni i bydła na Dzikich Polach, będących dotychczas kozacką „strefą wpływów". Poza tym Tatarzy stawali się gwarantami układu polsko-kozackiego, w zamian za co Kozacy (traktowani jako poddani króla polskiego) zobowiązani zostali do spieszenia z pomocą chanowi na każde jego wezwanie. Układ polsko-tatarski był wyrazem słabości Rzeczypospolitej, lecz jednocześnie uderzał bezpośrednio w Kozaczyznę i jej zamiary usamodzielnienia się. Kozacy zyskiwali zresztą sporo, chociaż ich podstawowe żądania nie zostały uwzględnione. Podniesiono liczbę rejestrowych do 40 000, co mogło wystarczać przed kilkunastu laty, ale nie w chwili, gdy podporządkowane Chmielnickiemu oddziały liczyły co najmniej kilkakrotnie więcej żołnierzy. Potwierdzono wszystkie dotychczasowe przywileje Kozaczyzny. Chmielnickiemu i jego następcom na stanowisku hetmana nadano Czehryń wraz z okolicą. Ogłoszono amnestię dla uczestników powstania. Władza hetmana kozackiego miała się odtąd rozciągać na trzy województwa ukraińskie: kijowskie, bracławskie i czernihowskie; urzędy w tych województwach miały być nadawane wyłącznie szlachcie prawosławnej, w miastach zaś, w których stacjonowały pułki kozackie, zabroniono osiedlać się Żydom. Metropolita kijowski uzyskał krzesło w senacie Rzeczypospolitej, a jezuitom zakazano prowadzenia działalności na terenach podległych hetmanowi kozackiemu.

Ugoda zborowska była kompromisem, i to kompromisem, z którego nietrwałości zdawały sobie sprawę wszystkie strony składające pod nią podpisy. Nie zadowalała Kozaczyzny, mającej przecież ambicje znacznie szersze i sięgające dalej niż znaczne podwyższenie liczby rejestrowych; nie zadowalała też Rzeczypospolitej, traktującej w dalszym ciągu Kozaków jako poddanych, którzy podnieśli bunt przeciw prawowitej władzy. W szczególności nie zamierzali dopuścić do realizacji postanowień zborowskich magnaci ukraińscy, gdyż pozbawiłyby ich majątków, dochodów i wpływów politycznych. Ugoda została ratyfikowana przez sejm w Warszawie jesienią 1649 r., jednak jej realizacja natrafiła na, wydawało się, nieprzezwyciężone trudności. Przede wszystkim episkopat rzymskokatolicki sprzeciwił się dopuszczeniu metropolity kijowskiego do senatu. Szlachta, o której w Zborowie nie było mowy, powracając na Ukrainę sądziła, że wraca do warunków sprzed powstania i starała się przywrócić status quo. Napotykała, rzecz jasna, natychmiast przeciwdziałanie ze strony chłopstwa rozgrzanego podjętą walką i odniesionymi zwycięstwami. Działo się tak zwłaszcza na Wołyniu i w województwie bracławskim, gdzie działał pułkownik Daniel Nieczaj, zapuszczający się ze swymi zagonami także na Podole.

Kozacy na Zaporożu nie zdawali sobie sprawy z przyczyn, dla których Chmielnicki zgodził się na podpisanie ugody zborowskiej. Uważali, że zawiódł ich nadzieje. W lutym 1650 r. wybuchł na Siczy bunt przeciw starszyźnie. Wybrano nawet hetmana — Chudolija. Bohdan Chmielnicki postąpił ze zbuntowanymi jak Rzeczpospolita z powstańcami kozackimi: posłał na Sicz oddział pacyfikacyjny, winnych buntu aresztował, a nowego hetmana kazał stracić.

Objęcie przez Kozaków władzy w trzech województwach kresowych pogłębiło społeczne rozwarstwienie Zaporożców. Tzw. starszyzna generalna — najbliższe otoczenie hetmana — miała praktycznie nieograniczone możliwości działania i uzyskiwania nowych źródeł dochodów. Znacznie zwiększył się zakres władzy hetmańskiej. Chmielnicki cieszył się na Ukrainie ogromną popularnością i miał poważny autorytet, którego nikt nie ośmielał się podważyć, zwłaszcza po rozprawie z Chudolijem. Sam hetman dążył do scentralizowania władzy, co nie było sprawą łatwą, gdyż na przeszkodzie stawały, silne wśród Kozaków, tradycje demokracji wojskowej. Tego rodzaju zamysłom hetmańskim sprzeciwiała się także starszyzna, starająca się na Ukrainie zająć miejsce okupowane dotąd przez magnaterię. Sprzyjającą sytuację starała się też wykorzystać cerkiew prawosławna.

Kanclerz Ossoliński ze swojej strony nie zamierzał zrezygnować z prób zrealizowania własnych koncepcji politycznych i dążył do pokojowego uregulowania stosunków Rzeczypospolitej z Kozaczyzną. Wydawało się, iż ma pewne szanse w związku z rysującą się możliwością stworzenia wielostronnej koalicji antytureckiej. Jak wiadomo, nawet Tatarzy byli skłonni, wspólnie z wybranymi sojusznikami, doprowadzić do zniesienia istniejącej zależności od Porty. Sądzono także, że w skład sojuszu wejdzie Republika Wenecka oraz Kozacy, nakłonieni przez innych. Nie wzięto jednak pod uwagę czynnika, który wyrastał tuż obok i coraz bardziej akcentował swoje istnienie, a mianowicie — państwa rosyjskiego.

Z początkiem 1650 r. przybyło do Polski poselstwo moskiewskie kierowane przez Jerzego Puszkina. Car Aleksy zgłaszał pretensje do wielu protokolarnych uchybień dopuszczonych przez stronę polską i żądał stanowczo zwrotu Smoleńska oraz kontrybucji w wysokości pół miliona złotych. Wojna polsko-rosyjska wisiała na włosku i gdyby nie bunt, który w tym czasie wybuchł w Moskwie, nie wiadomo, czy już wtedy Rzeczpospolita nie stanęłaby przed kolejną ciężką próbą. Na szczęście dla państwa polskiego Islam Girej zaproponował wyruszenie na wyprawę przeciw Moskwie. Na dowód dobrych intencji wypuścił z niewoli obydwu hetmanów: Potockiego i Kalinowskiego. Z kolei Chmielnicki, który wciąż jeszcze usiłował doprowadzić do zrealizowania swych zamierzeń i uzyskać pełną samodzielność, pozornie deklarował się, że wystąpi przeciw państwu rosyjskiemu. Nie ulegało wątpliwości, iż była to gra dyplomatyczna. Pozwoliła ona jednak Rzeczypospolitej na wyplątanie się z bardzo trudnej sytuacji, w jakiej znalazła się z początkiem 1650 r.

Hetman nie zrywał kontaktów z Moskwą. Przeciwnie. Starał się doprowadzić do dalszego zbliżenia. Manifestował również swoją lojalność wobec Porty, w zamian za co uzyskał formalną protekcję sułtańską.

W ciągu 1650 r. Chmielnicki kilkakrotnie zwracał się do cara z prośbą o wzięcie Kozaczyzny pod opiekę przez państwo rosyjskie. Wykorzystywał różne możliwości. Listy hetmańskie wozili kupcy moskiewscy Antonow i Samojłow, mnich Suchanow i poseł carski Unkowski. Zaktywizował również swoją politykę w kierunku mołdawskim. Tamtejsi hospodarowie sprzyjali Polsce. Dlatego też wojska kozackie wzięły udział w wyprawie tatarskiej przeciw Mołdawii, zdobyły Jassy, partycypowały w uzyskanej kontrybucji oraz wymogły rozerwanie kontaktów z Rzecząpospolitą i obietnicę hospodara Bazylego Lupula oddania ręki córki Rozandy synowi Chmielnickiego, Tymoszowi.

W grudniu sejm polski uchwalił powiększenie stanu wojska koronnego do 33 000 żołnierzy, litewskiego do 18 000 oraz powołał pospolite ruszenie.

BERESTECZKO I UGODA BIAŁOCERKIEWSKA

Obydwie strony przygotowywały się do walki. Działania wojenne wznowiono z początkiem 1651 r. W lutym oddziały polskie pokonały pułkownika Nieczaja, który zamknął się wraz z załogą w zameczku Krasne na Podolu i zginął w nierównym starciu.

Główne siły polskie, dowodzone przez króla Jana Kazimierza, ruszyły na Ukrainę. W czerwcu znalazły się na Wołyniu i 28 tego miesiąca starły z armią kozacko-tatarską, na której czele stali: Chmielnicki i Islam Girej. Bitwa trwała trzy dni. Później jeszcze przez tydzień starano się rozbić Kozaków wycofujących się z pola walki w dobrze zorganizowanym i skutecznie bronionym taborze.

Król dążył do szybkiego rozstrzygnięcia. Prowadzone bowiem przez niego wojska nie były dostatecznie zaopatrzone w żywność i spodziewano się nawet, że w razie przeciągania się wojny może dojść do buntu.

W bitwie pod Beresteczkiem pułkiem hetmańskim dowodził Stefan Czarniecki, chociaż sam nie odegrał w niej większej roli. W pierwszym dniu Polacy ponieśli klęskę, nie wykorzystaną jednak przez siły kozacko-tatarskie. Nazajutrz ruszyli na przeciwnika w luźnym szyku, a nie, jak dotychczas, w szyku taborowym. Ostrzał artyleryjski wywołał popłoch wśród Tatarów, spotęgowany zranieniem Islam Gireja, który stracił ochotę do dalszej walki. Polską jazdą pancerną lewego skrzydła dowodził Jeremi Wiśniowiecki. Wdarł się głęboko w oddziały kozackie, siejąc zniszczenie i omijając zasadzkę przygotowaną w centrum przez nieprzyjaciela. Prawe skrzydło prowadził do boju Jan Kazimierz, który wprawdzie nie nacierał z impetem równym Wiśniowieckiemu, ale również posuwał się naprzód. Tatarów ogarnęła panika. Zginął brat Islam Gireja, Amurad, Chmielnicki pospieszył do chana, by nakłonić go do powrotu, ale — niespodziewanie — został przez niego zatrzymany, związany, nazwany zdrajcą i uprowadzony z pola. Zdrada Tatarów przesądziła wynik bitwy, chociaż nie zakończyła jeszcze walki.

Kozacy pozbawieni dowódcy wybrali hetmanem nakaźnym pułkownika Filona Dżałalija (Dżedżalija), który brał udział we wszystkich większych starciach z Polską w czasie powstania Chmielnickiego i był znany ze swego nieprzejednanie wrogiego stosunku do Rzeczypospolitej. Próbował rozpocząć pertraktacje, ale król, zdając sobie sprawę z beznadziejnego położenia Kozaków, postawił im warunki nie do przyjęcia. Zażądał m. in. wydania w polskie ręce całej starszyzny łącznie z Chmielnickim. Kozacy zaczęli przygotowywać się do odwrotu i mościć trakt przez bagna, które stanowiły jedyną drogę ratunku.

Kozacy nękani nieustannie przez prześladujące ich wojska polskie nie wytrzymali ciągłego naporu. 7 VII 1651 r. w taborze kozackim rozpoczęła się panika, która została natychmiast wykorzystana przez wojska koronne. Żołnierze wpadli do obozu, mordując wszystkich napotkanych.

Po odniesionym sukcesie wojsko chciało powracać do swoich domów zaniepokojone wiadomościami o rozruchach chłopskich w Wielkopolsce i powstaniu Kostki Napierskiego na Podhalu. Zapomniano jednak, że na Ukrainie pozostali Tatarzy, że Chmielnicki nie wpadł w ręce polskie i po rychłym uwolnieniu przez chana zaczął na nowo gromadzić swe siły — jednym słowem, że wygrana najświetniejsza nawet bitwa nie zakończy wojny rozpoczętej przed trzema laty, że potrzebne jest rozwiązanie polityczne satysfakcjonujące w równym stopniu obydwie strony walczące.

Tymczasem udało się jedynie doprowadzić do ugody w Białej Cerkwi. Podpisano ją 28 IX 1651 r. Rzeczypospolitej udało się znacznie ograniczyć te wolności, które Kozaczyzna wywalczyła w porozumieniu zborowskim. Zmniejszono liczbę rejestrowych o połowę, do 20 000 ludzi; władzę hetmana kozackiego ograniczono do województwa kijowskiego, zabraniając mu jednocześnie samodzielnych kontaktów z zagranicą. Poza tym Chmielnicki został zobowiązany do zerwania sojuszu z chanem krymskim.

Szlachta ponownie powracała na Ukrainę, skąd poddani uciekali do Rosji, zdradzającej coraz większe zainteresowanie propozycjami kozackimi dotyczącymi objęcia protektoratu nad Kozaczyzną i ziemiami do niej należącymi. Już zresztą w lutym 1651 r. Sobór Ziemski w Moskwie wypowiedział się za przyłączeniem Ukrainy do Rosji, ale w ślad za tą decyzją nie poszły żadne kroki, ani polityczne, ani wojskowe.

W 1652 r. Chmielnicki postanowił znów wyruszyć przeciw Mołdawii, Lupul bowiem nie zamierzał dotrzymać danego przed rokiem słowa. Tym razem w porachunki te wmieszała się Polska, wysyłając Lupulowi na pomoc armię pod dowództwem hetmana Kalinowskiego. Kalinowski zamierzał połączyć się z oddziałami polskimi stacjonującymi na Lewobrzeżu i w województwie bracławskim. Chmielnicki przejrzał wszakże te plany i wspólnie z Tatarami wydał bitwę pod Batohem nad Bohem (na południe od Bracławia).

Starcie rozpoczęło się 1 VI 1652 r. od potyczki lekkiej jazdy tatarskiej z jazdą polską. W tym czasie Kozacy otoczyli armię Kalinowskiego. Gdy hetman zorientował się w powstałej sytuacji, było już za późno na jakikolwiek odwrót, chociaż część okrążonych chciała uciekać, nie zważając na przeważające siły nieprzyjaciela. Próby buntu w obozie polskim zostały stłumione przez wojska najemne. W dniu następnym Kozacy przypuścili szturm generalny, w którym decydującą rolę odegrała jazda dowodzona przez Iwana Bohuna. Armia polska została doszczętnie rozbita, a w bitwie zginął hetman polny koronny Marcin Kalinowski, jego syn — oboźny koronny — Samuel, brat przyszłego króla Marek Sobieski oraz dowódca wojsk najemnych, artylerzysta Zygmunt Przyjemski. Kto nie zginął w czasie starcia i znalazł się w niewoli, w dniu następnym został zamordowany w czasie masowej egzekucji jeńców. Dla Chmielnickiego była to zemsta za Beresteczko.

Rzeczpospolita przeżywała w owym czasie ciężki kryzys wewnętrzny, którego skutki miały być pogłębione przez wojny ze znacznie silniejszymi przeciwnikami niż Kozacy, nawet posiłkowani przez Tatarów. W 1651 r. przez państwo polskie przeszła zaraza dziesiątkująca ludność (zmarł także Jeremi Wiśniowiecki), straszniejsza aniżeli niejeden nieprzyjaciel. W roku następnym poseł upicki Władysław Siciński po raz pierwszy w dziejach Rzeczypospolitej zerwał obrady sejmowe, nie dopuszczając do koniecznych uchwał w sprawie wojska i nowych podatków. Wprawdzie po paru miesiącach kolejny sejm uchwalił i podatki i powiększoną armię (dla Korony — 50 000 żołnierzy, dla Litwy — 15 000), ale wieść o zaczynającym się rozprzężeniu dotarła zarówno na dwór szwedzki, gdzie na szkodę Polski działał skazany na infamię podkanclerzy koronny Hieronim Radziejowski, jak i na moskiewski Kreml. Inicjatywa w sprawach ukraińskich miała już rychło przejść w ręce cara, który przed rokiem jeszcze powstrzymywał się od jakiejkolwiek akcji grożącej wojną odwetową ze strony Rzeczypospolitej.

W 1653 r. Rzeczpospolita nie dawała jeszcze za wygraną. Na Ukrainę skierowano oddziały Piotra Potockiego i Stefana Czarnieckiego. Potocki operował na południu, w rejonie Kamieńca Podolskiego i stamtąd w styczniu 1653 r. przeszedł w okolice Krasnego. Czarniecki rozpoczął swą działalność w marcu, wchodząc na Ukrainę z Wołynia, z kicrunku Żytomierza i Pawołoczy. Prowadził ze sobą chorągwie liczące około 8 000 żołnierzy, szybko poruszające się w terenie i niejednokrotnie atakujące w rozproszeniu w różnych miejscach, na sposób niemal partyzancki. Początkowo, poza drobnymi potyczkami, nie napotykano poważniejszego oporu. Dopiero pod Monasterzyskami w Bracławskiem wyprawa Czarnieckiego została powstrzymana przez Bohuna, który po śmierci Krywonosa stał się jednym z najbliższych współpracowników Chmielnickiego. Czarniecki, postrzelony w starciu w podniebienie, wycofał się z wojskiem przez Lipowiec do Baru na Podolu.

Chmielnicki nie zaangażował w te starcia swoich głównych sił. Miał inne zamiary. Niektórzy historycy uważają nawet, iż snuł plany dynastyczne, co z kolei nie wywoływało entuzjazmu wśród podległych mu pułków kozackich. Postanowił doprowadzić do końca realizację planów związanych z podporządkowaniem hospodara mołdawskiego i uczynieniem z niego oddanego sobie sojusznika.

Od sierpnia 1652 r. Tymosz Chmielnicki był mężem Rozandy, córki Lupula, a siedmiotysięczny korpus znajdował się w Mołdawii. Tymosz rezydował w Suczawie. Rzeczpospolita zawarła więc przymierze z księciem siedmiogrodzkim Jerzym II Rakoczym i hospodarem wołoskim Mateuszem Basarabem. Sojusznicy zamierzali osadzić na mołdawskim tronie hospodarskim Jerzego Stefana popieranego przez miejscowych bojarów. Na wiosnę 1653 r. rozpoczęły się działania wojenne, które doprowadziły do ucieczki Lupula z Rozandą do Bohdana Chmielnickiego do Czehrynia i — jesienią — śmierci Tymosza w Suczawie, oblężonej przez oddziały polskie, siedmiogrodzkie, wołoskie i mołdawskie.

Idąc w sukurs sojusznikom operującym na terenie Mołdawii, Jan Kazimierz stanął pod Żwańcem nad Dniestrem, by przeszkodzić ewentualnej próbie Bohdana Chmielnickiego przyjścia synowi z pomocą. Walki pod Żwańcem trwały długo i przyniosły sukces wojskom kozackim i tatarskim, które pod wodzą Islam III Gireja ponownie pojawiły się u boku hetmana Kozaków.

Chan nie wytrwał przy swoim sojuszniku i nawet zawarł przymierze z Polską, król zaś musiał zgodzić się na podpisanie układu żwanieckiego (15 XII 1653 r.), przywracającego warunki ugody zborowskiej.

UNIA PEREJASŁAWSKA

Tatarzy pustoszyli województwo ruskie i Podole, nie napotykając prawie żadnego oporu. W sprawie kozackiej natomiast wypowiedziało się wreszcie państwo rosyjskie.

Chmielnicki — jak wiemy — od dłuższego czasu prowadził rozmowy z Moskwą. Ta zaś czekała na odpowiedni moment, by przyjąć Kozaków pod swoją protekcję i przyłączyć przynajmniej część ziem ukraińskich. Teraz chwila taka nadeszła. Rzeczpospolita była osłabiona i pozbawiona możliwości stawiania skutecznego oporu. Na Ukrainie, wzburzonej i zbuntowanej, walczącej pod hasłami wyrzucenia szlachty polskiej z kresów i obrony prawosławia, występowały coraz silniejsze tendencje do zjednoczenia się z Rosją. W każdym razie Rosja wydawała się Kozakom i chłopom ukraińskim naturalnym sojusznikiem w prowadzonej przez nich walce. Coraz szersze stawały się również łączące je więzy ekonomiczne.

Sojusz z Moskwą stawał się dla Chmielnickiego życiową koniecznością. Przeciwko niemu występowała już nie tylko Rzeczpospolita, ale — jak to się okazało na mołdawskim przykładzie — kilku przeciwników. Porta także zaczęła myśleć o podporządkowaniu sobie Kozaków i przecięciu raz na zawsze niebezpiecznych wypadów na Morze Czarne i posiadłości tureckie.

W styczniu 1653 r. w Czehryniu na posiedzeniu rady kozackiej postanowiono zabiegać o połączenie się z Rosją. W marcu wyruszyło do Moskwy poselstwo kierowane przez Syłujana Mużyłowskiego, uczestnika pierwszego poselstwa Chmielnickiego do cara jeszcze w 1649 r., oraz pułkownika hadziackiego Kondrata Burlaja. Miało ono przekazać wolę starszyzny monarsze moskiewskiemu.

W kwietniu Kozacy dotarli do Moskwy. Prócz sprawy zasadniczej — oddania się pod protekcję Rosji — prosili o pozwolenie udania się do Szwecji w celu wyjaśnienia przyczyn, dla których królowa szwedzka Krystyna wysłała poselstwo na Ukrainę do Chmielnickiego. Poselstwo zostało zatrzymane przez Polaków. Warto zadać pytanie, czy na dwa lata przed „potopem" Szwedzi nie zaczęli już organizować dywersji przeciw Rzeczypospolitej? Nie całkiem jeszcze wyjaśniona rola Kostki Napierskiego pozwala przypuszczać, że tak właśnie było. Mużyłowski i Burlaj zezwolenia na dalszą podróż wprawdzie nie otrzymali, car bowiem próbował pertraktować jeszcze z Polską, ale decyzja w sprawie Ukrainy zapadła już wcześniej — 24 III 1653 r. Carowi Aleksemu chodziło głównie o zwłokę, którą chciał wykorzystać w celu lepszego przygotowania się do wykonania podjętego postanowienia, ewentualnie doprowadzenia do wspólnego, rosyjsko-polsko-kozackiego wystąpienia przeciw Turcji.

Zwłoka była nie na rękę Chmielnickiemu i dlatego też groził, że podda się Porcie. W tej sytuacji Aleksy 22 czerwca (2 lipca) podpisał dekret przyjmujący propozycje Chmielnickiego. Legaci obydwu stron kursowali coraz częściej między Moskwą a Zaporożem. W sierpniu przybył na Ukrainę poddiaczy Iwan Fomin. Prócz potwierdzenia „łaski carskiej" przywiózł ze sobą listy sułtana, chana i hetmanów polskich do Chmielnickiego, które przekazał Moskwie pisarz kozacki Iwan Wyhowski, znajdujący się wówczas na służbie carskiej. Fomin zwrócił listy Wyhowskiemu.

Chmielnicki deklarował, w razie wybuchu wojny polsko-rosyjskiej, rozpoczęcie na Białorusi działań dywersyjnych przeciw Polsce.

Gdy książę Borys Repnin powrócił do Moskwy ze Lwowa po nieudanych próbach porozumienia się z Janem Kazimierzem, 1 (11) X Sobór Ziemski postanowił przyjąć „Bohdana Chmielnickiego i całe Wojsko Zaporoskie z miastami i ziemiami ich" pod carskie berło. Już nic nie mogło powstrzymać biegu wydarzeń: ani śmierć Tymosza Chmielnickiego w Suczawie, ani porażka Jana Kazimierza pod Żwańcem, zwłaszcza że Tatarzy odstąpili hetmana kozackiego. Na Ukrainę wyjechał specjalny wysłannik carski, bojar Wasyl Buturlin, po to, by przyjąć przysięgę od Chmielnickiego i jego wojska na wierność Aleksemu. Z początkiem stycznia 1654 r. powitał go pod Perejasławiem pułkownik Paweł Tetera. 16 stycznia przybył do Perejasławia Chmielnicki, 17 stycznia — Wyhowski. Zjeżdżali się pułkownicy i setnicy kozaccy.

Wczesnym rankiem 18 I 1654 r. hetman zwołał tajne posiedzenie rady starszyzny kozackiej, na której ponownie potwierdzono decyzję oddania się pod władzę cara. Oznajmiono o tym Buturlinowi, a następnie, bijąc w bębny, zwołano radę czerniecką. Do zgromadzonych Kozaków przemówił Chmielnicki. Mówił o sześciu latach nieustannych walk, o rozlanej krwi i zniszczeniach. Za główną przyczynę tego stanu rzeczy uznał brak panującego. Przedstawił z kolei cztery możliwe kandydatury do objęcia zwierzchnictwa nad Kozakami: sułtana tureckiego, chana krymskiego, króla Polski i cara Aleksego. Dwaj pierwsi to „bisurmanie". „Jakiej niewoli, jakiego bezlitosnego rozlewu krwi chrześcijańskiej, jakiego ucisku doznaliśmy od polskich panów, nikomu z was nie trzeba opowiadać. Sami wiecie, że traktowali lepiej Żyda i psa niż chrześcijanina brata naszego.

A prawosławny chrześcijański wielki gosudar, wschodni car, jest tego samego błogosławionego zakonu greckiego, co my, tej samej wiary. Jednym jesteśmy ciałem cerkwi, prawosławiem Wielkiej Rusi, mającym nad sobą Jezusa Chrystusa. Ten wielki gosudar, car chrześcijański, zlitowawszy się nad uciskaną nieznośnie cerkwią prawosławną w naszej Małej Rosji, nie odrzuciwszy naszych sześcioletnich próśb, skłoniwszy teraz ku nam swoje miłościwe, carskie serce, raczył przysłać do nas wielkich posłów, dostojnych swych doradców. Którego, jeśli szczerze pokochamy, pod jego to carską ręką znajdziemy takie schronienie, jak nigdzie indziej. Jeśli ktoś się teraz z nami nie zgadza, niech idzie dokąd chce — wolna droga!" (przekład Zbigniewa Wójcika).

Przy takim przedstawieniu sprawy nie podniósł się ani jeden głos opozycji, chociaż część starszyzny zapewne niezbyt chętnie przyjmowała dokonany wybór. Jak wykazały ubiegłe lata, Rzeczpospolitą można było pokonać, a przynajmniej tolerowała ona bogacenie się pisarzy i sędziów generalnych oraz starała się nie dostrzegać rosnących majątków kozackich pułkowników czy asaułów i setników. Poddanie się carowi oznaczało natomiast całkowite uznanie absolutnej władzy monarchy rosyjskiego i — być może w przyszłości — likwidację tych niewielkich nawet swobód, które już wywalczono w długotrwałych starciach z Rzecząpospolitą. Argumentacja Chmielnickiego trafiła jednak do przekonania *czerni* kozackiej. Do niej była chyba też przede wszystkim adresowana. Gdy więc Tetera obszedł zgromadzonych pytając, czy wszyscy chcą cara prawosławnego, usłyszał jednobrzmiącą odpowiedź: „Wszyscy!"

Po rozwiązaniu rady hetman raz jeszcze otrzymał od Buturlina potwierdzenie decyzji carskiej, a następnie wraz z nim i starszyzną udał się do cerkwi, gdzie czekali na nich duchowni przybyli z Moskwy. Od Kozaków zażądano przysięgi na wierność. Sprawa nie była wszakże tak prosta, jak wydawało się Buturlinowi, przyzwyczajonemu do bezwarunkowego posłuszeństwa absolutnemu monarsze. Chmielnicki bowiem z kolei zażądał od wysłannika carskiego, by ten w imieniu cara Aleksego zaprzysiągł, iż nie wyda Zaporożców Polakom, będzie bronił Kozaków i nie naruszał otrzymanych niegdyś przez nich przywilejów, a także wyda potwierdzenie prawa własności do posiadanych majątków. Chmielnicki wraz ze starszyzną sądzili, że z carem można postępować tak, jak czyniła to szlachta z królem Polski, każąc zaprzysięgać mu „pacta conventa". Buturlin sprzeciwił się temu stanowczo, zapewniając jedynie, że wszystkie wolności i majątki kozackie pozostaną nienaruszone.

Nie zadowoliło to Kozaków. Wyszli więc z cerkwi udając się na naradę do domu hetmana. W świątyni pozostali duchowni i Buturlin. Po dłuższym czasie powrócili: Tetera i pułkownik mirhorodzki Grzegorz Sachnowicz z tym samym żądaniem, co poprzednio. Buturlin także zdania nie zmienił, a na argument, iż królowie

135

polscy przysięgają swoim poddanym, odpowiedział: „Tego za wzór przyjmować nie można. To nawet nieobyczajnie. Królowie ci są niewiernymi, a poza tym — to nie samowładcy i jeśli przysięgają, to później i tak słowa swego nie dotrzymują". Pułkownicy tłumaczyli, że starszyzna gotowa jest ugiąć się przed wolą carską, ale prości Kozacy tego nie uczynią. Z kolei Buturlin oświadczył, że rzeczą starszyzny jest przekonanie swoich podwładnych, skoro rzeczywiście pragną połączenia się z Rosją. „Pokażcie teraz, jak potraficie służyć wielkiemu gosudarowi!"

Chmielnicki nie miał wyboru. Powrócił do cerkwi i złożył wymaganą przysięgę, podobnie pułkownicy i starszyzna generalna. Już na polu, w obecności licznie zgromadzonych Kozaków, otrzymał od Buturlina oznaki swej władzy: sztandar, buławę, buńczuk, czapkę i sobolowe futro. W dniu następnym przysięgali setnicy, asaułowie, pisarze pułkowi, prości Kozacy i mieszczanie.

22 I 1654 r. starszyzna zwróciła się do posła carskiego z prośbą o wydanie jej odpowiednich pełnomocnictw i potwierdzenia dotychczasowych przywilejów. Zamierzała pokazać je w pułkach rozlokowanych na Ukrainie w wypadku, gdyby doszło do podobnego kryzysu jak w Perejasławiu. I tym razem spotkano się z odmową.

Po dwóch dniach Buturlin triumfalnie wjechał do Kijowa witany przed miastem przez metropolitę Sylwestra Kossowa. Poseł powrócił do Moskwy w lutym, w marcu zaś przybyli do niej wysłannicy Chmielnickiego: sędzia generalny Samojło Zarudny i pułkownik perejasławski Tetera. 17 (27) marca car wyraził zgodę na zatwierdzenie tzw. artykułów Bohdana Chmielnickiego, a 27 marca (6 kwietnia) wydał przywilej dla Wojska Zaporoskiego. Zgodnie z zawartymi w nich postanowieniami urzędnicy miejscy mieli być powoływani spośród ludności miejscowej; wojewodom rosyjskim zabraniano nadużywania władzy, z tym jednak, że funkcje kontrolne nad ich działalnością sprawowali wyłącznie zwierzchnicy wyznaczeni przez cara; zabroniono Kozakom utrzymywania jakichkolwiek kontaktów z Polską i Turcją, nie wolno im było także prowadzić samodzielnej polityki zagranicznej, a jedynie przyjmować posłów „w dobrej sprawie", tzn. przyjaznych Rosji, i uzyskane od nich wiadomości natychmiast przekazywać do Moskwy, innych zatrzymywać aż do chwili otrzymania dalszych dyspozycji od cara. Liczbę rejestrowych Kozaków ustalono na 60 000; uzyskiwali oni prawo swobodnego wyboru nowego hetmana po śmierci Chmielnickiego. Car potwierdził również wszystkie przywileje nadane Kozakom przez książąt litewskich i krółów polskich, a Chmielnicki otrzymał na własność Hadziacz wraz z przyległymi włościami i majątkami.

Stosunki z Moskwą nie układały się wcale łatwo i prosto, chociaż wszystkie życzenia Chmielnickiego zostały spełnione przez cara. Długo jeszcze Kozacy, szlachta prawosławna, a nawet miejscowe, ukraińskie duchowieństwo prawosławne nie mogli się przyzwyczaić do porządków panujących w Rosji rządzonej przez absolutnego władcę Aleksego.

Wiele konfliktów wiązało się z postawą zajętą przez metropolitę kijowskiego Sylwestra Kossowa. M. in. nie zezwolił wojewodzie moskiewskiemu na budowę zamku w Kijowie, gdyż — jak twierdził — wybrane tereny stanowią własność Cerkwi. Więcej nawet: oświadczał, że nie prosił się, jak Chmielnicki, w rosyjskie poddaństwo, a jeśli naruszone zostaną jego prawa majątkowe, będzie się bił z przedstawicielami cara. Konflikt wpłynął na zwłokę w zatwierdzeniu przywilejów duchowieństwa prawosławnego na Ukrainie, o co Kossow wystąpił w 1655 r., uzyskawszy uprzednio protekcję Bohdana Chmielnickiego.

Trudno przecenić znaczenie unii perejasławskiej. Nie ulega najmniejszej wątpliwości, że Ukraina wyraźnie ciążyła w kierunku państwa moskiewskiego. Działo się tak z wielu względów. Przed wiekami ziemie te stanowiły jeden organizm państwowy, łączyło je ze sobą ścisłe pokrewieństwo językowe, ta sama religia i — w coraz większym stopniu — związki gospodarcze. Wobec ekspansji szlachty i magnaterii polskiej, ciągłych najazdów tatarskich powstania kozackie i chłopskie wystąpienia, zwłaszcza w XVII w., niejednokrotnie szukały wsparcia w Rosji. Tam też kierowały się kolejne fale uciekinierów ze wschodnich kresów Rzeczypospolitej. Chmielnicki nie musiał używać nadzwyczajnych środków, by skłonić Kozaków do wyrażenia zgody na przyjęcie carskiego zwierzchnictwa.

Była też jednak i druga strona medalu. Powstania kozackie głosiły hasła autonomiczne, domagano się zrównania w prawach ze szlachtą polską, równouprawnienia religii prawosławnej z rzymskokatolicką, czy nawet pełnej niezależności ziem ukraińskich, i chętnie widziano w Rosji sojusznika, ale wejście w jej skład nie w pełni pokrywało się z dotychczasową polityką przywódców Kozaczyzny. Rosja rosła w potęgę. Car był monarchą samowładnym, mającym pełne prawo dysponowania życiem i majątkami swoich poddanych. Ucisk chłopów na terenie państwa rosyjskiego nie był mniejszy niż w Rzeczypospolitej, a nawet większy. Stąd też nie raz będzie w przyszłości dochodzić do konfliktów między interesami mieszkańców Ukrainy a interesami i planami władz carskich.

Duchowieństwo prawosławne nie chciało podporządkować się patriarchatowi moskiewskiemu i metropolita kijowski uporczywie nalegał na utrzymanie dotychczasowego stanu rzeczy, tzn. zależności Kijowa od patriarchy konstantynopolitańskiego.

IX. UKRAINA W DRUGIEJ POŁOWIE XVII WIEKU

WOJNA Z POLSKĄ

ZAWIERAJĄC układ z Chmielnickim car zobowiązywał się do obrony ziem ukraińskich przed Rzecząpospolitą. Nie było to zobowiązanie czysto formalne, gdyż włączenie do Rosji kilku kresowych województw, które dotychczas należały do Polski, stanowiło wystarczający powód do rozpoczęcia działań wojennych. Przypomnijmy, że dla Polski powstanie Chmielnickiego było jedynie buntem poddanych, który należało spacyfikować, nie sięgając nawet — być może — do ostrzejszych środków represyjnych, ale w żadnym wypadku nie można jednak było dopuścić do oderwania części ziem wchodzących w skład państwa polskiego. W przygotowywanej pospiesznie wojnie z Moskwą Polska uzyskała pomoc od Turcji i chana tatarskiego. Nie zaniedbywano również działań dywersyjnych. Na Ukrainie pojawiły się listy króla Jana Kazimierza przyrzekające pełną amnestię dla uczestników powstania Chmielnickiego i spełnienie wszystkich żądań kozackich. Hetman wielki litewski Janusz Radziwiłł nawoływał Kozaków do ucieczki i obiecywał im (a także chłopom ukraińskim wraz z rodzinami) gościnę w granicach Wielkiego Księstwa Litewskiego.

Carowi Aleksemu chodziło nie tyle o Ukrainę, ile o odzyskanie ziem utraconych w poprzedniej wojnie z Polską. Kozacy zaś byli doskonałym sprzymierzeńcem mogącym chronić Rosję nie tylko przed atakiem Rzeczypospolitej z południowego zachodu, lecz i przed zagonami tatarskimi czy armią turecką. W maju 1654 r. w odstępach kilkutygodniowych ruszyły przeciw Rzeczypospolitej dwie armie: na Ukrainę, dowodzona przez księcia Aleksego Trubeckiego, i na Litwę, prowadzona przez samego cara. Tymczasem od lutego na Ukrainie trwały walki toczone przez wojska koronne z jednej i oddziały kozackie z drugiej strony. Ogień ogarnął województwa podolskie, wołyńskie i bracławskie, gdzie Bohun umiejętnie powstrzymywał posuwanie się polskich oddziałów pacyfikacyjnych. Czterdziestotysięczny korpus Trubeckiego nadchodził w samą porę, już bowiem rozeszły się wieści o ruszeniu się ordy tatarskiej, spieszącej z pomocą Rzeczypospolitej. Chmielnicki wyprawił trzy pułki kozackie o łącznej sile ok. 20 000 ludzi na Białoruś, gdzie połączyły się z armią cara.

Januszowi Radziwiłłowi udało się początkowo wygrać dwa starcia w rejonie Smoleńska i Szkłowa, ale później karta się odwróciła. Car Aleksy zdobył kolejno Dzisnę, Druję, Połock, Smoleńsk, Witebsk i Mohylew. Wiele tysięcy żołnierzy polskich i litewskich dostało się do niewoli.

Jesienią ciężar działań wojennych przeniósł się na Ukrainę. Chmielnicki próbował pertraktować z chanem krymskim, usiłując odwieść go od współdziałania z Polską. Rozmowy nie przyniosły rezultatu, gdyż chan z kolei chciał rozerwania sojuszu kozacko-rosyjskiego. W październiku Rzeczpospolita zmobilizowała swoje główne siły, które na ukraińską wyprawę poprowadzili hetmani koronni Stanisław Rewera Potocki i Stanisław Lanckoroński, a uczestniczyli w niej również: Stefan Czarniecki, Jan Sobieski, Aleksander Koniecpolski i wielu innych doświadczonych wojowników.

W listopadzie i grudniu oddziały polskie posuwały się w głąb kraju, wycinając w pień drobne jednostki kozackie, nie oszczędzając również chłopów, którzy na wiadomość o rozmiarach represji uciekali w lasy i do Rosji. W styczniu 1655 r. połączono się z ordą tatarską. 29 stycznia sojusznicy wygrali starcie pod Ochmatowem, pokonując wojska Chmielnickiego i wojewody rosyjskiego Wasyla Szeremietiewa. Sukces był jednak tylko cząstkowy. Rozbity tabor zdołano doprowadzić do porządku i przez następne trzy dni pomyślnie odpierano ataki oblegających go Polaków i Tatarów, by wreszcie wycofać się z pola bitwy. Krwawa walka pod Ochmatowem powstrzymała zapał ordy. Zajęła się ona teraz pustoszeniem Bracławszczyzny, mimo że w umowie z chanem Rzeczpospolita zastrzegła sobie pozostawienie w spokoju Ukrainy prawobrzeżnej. Wojewoda Krzysztof Tyszkiewicz pisał o powstałej sytuacji: „Chłopi kupami siedzą za naszym wojskiem, opłakują swe mizeryje. Cerkwi samych liczą zrujnowanych do tysiąca. Bronimy, ile możemy, przed ordą, ale trudno obronić. Rozumiem, że Kozacy ustąpią za Dniepr, ale tu pustynia będzie, bo się na to zaniosło".

Na wiosnę wznowiono działania wojenne na północy. Od poprzedniego roku nic się nie zmieniło. Rosjanie wraz z posiłkującymi ich Kozakami, dowodzonymi przez hetmana nakaźnego Iwana Zołotareńkę, zdobyli Wilno, gdzie urządzono rzeź mieszkańców, zagarnięto znaczne łupy i splądrowano domy prywatne. Padły również: Mińsk, Kowno i Grodno.

W tym samym czasie Buturlin z Chmielnickim postanowili doprowadzić do rozstrzygnięcia na Ukrainie. We wrześniu podeszli pod Lwów. Teraz jednak ruszyli się ze swoich leż Tatarzy, pamiętając zapewne o jasyrze i bogatych łupach zagarniętych przed kilkoma miesiącami. Orda, jak niszcząca burza, przeszła przez Podole i zmusiła Chmielnickiego do wycofania się nad Dniepr.

Zmieniona sytuacja międzynarodowa uratowała Rzeczpospolitą od grożącej jej niechybnie klęski ze wschodu, lecz z drugiej strony postawiła pod znakiem zapytania całą jej egzystencję. 19 VII 1655 r. wręczono w Sztokholmie przebywającym tam wówczas posłom polskim akt wypowiedzenia wojny przez króla Szwecji Karola X Gustawa. Wazowie wybierani byli na królów Rzeczypospolitej pod warunkiem zrzeczenia się pretensji do korony szwedzkiej. Żaden z nich tego warunku nie dopełnił, przeciwnie, przy każdej okazji podkreślał swoje roszczenia. Jan Kazimierz nie różnił się pod tym względem od poprzedników. Wojna została wypowiedziana przez Szwecję w nader trudnym dla Rzeczypospolitej momencie. Magnateria uważała Rosję za najgroźniejszego przeciwnika, stąd też wielu jej przedstawicieli przeszło na stronę szwedzką i u Karola Gustawa szukało wsparcia przeciw armiom moskiewskim. Nie minął tydzień, gdy pod Ujściem oddziały polskie skapitulowały przed feldmarszałkiem Arvidem Wittenbergiem. Skapitulowała Wielkopolska, później Litwa, w październiku województwa południowe. Król uszedł na Śląsk.

Chmielnicki został tymczasem zmuszony przez chana Mehmeda Gireja do zawarcia układu zobowiązującego go do zerwania sojuszu z Rosją i... zmniejszenia liczby rejestrowych do sześciu zaledwie tysięcy. Hetman kozacki nie miał innego wyjścia, jego wojska bowiem zostały szczelnie okrążone przez przeważające siły tatarskie, ale nie zamierzał dotrzymać obietnic złożonych pod przymusem.

Plany Chmielnickiego do dzisiaj budzą spory historyków różnych szkół i narodowości. Z jego flirtu ze Szwecją wnosi się o zamiarach pełnego usamodzielnienia Ukrainy. Potwierdził to hetman również w czasie rozmów z broniącym Lwowa Krzysztofem Grodzickim. Pertraktacje kozacko-szwedzkie miały z pewnością zachęcić królową Krystynę, a następnie Karola X Gustawa do przyspieszenia uderzenia na Polskę, lecz chyba nie do wojny z Rosją. Unia perejasławska była przygotowana zbyt starannie, by można było posądzić hetmana o dwulicowość wobec cara Aleksego.

Wojna szwedzko-rosyjska była jednak nie do uniknięcia. Obydwa państwa z rosnącym zaniepokojeniem obserwowały wzajemne sukcesy odnoszone przez ich armie na terenie osłabionej i praktycznie całkowicie osamotnionej Polski. Chmielnicki stawał się wymarzonym sojusznikiem dla Szwedów. Mógł ich wspomagać działaniami dywersyjnymi skierowanymi zarówno przeciw Polsce, jak i przeciw Rosji. Absolutystyczne poczynania cara, samowola urzędników moskiewskich na Ukrainie i poniżenia, które musieli ścierpieć nie tylko prości Kozacy, lecz i starszyzna, prowadziły do coraz jawniej wyrażanej niechęci wobec polityki kontynuowania ścisłych związków z Rosją. Szwedzi zaproponowali Chmielnickiemu tytuł księcia kijowskiego, przyłączenie do Ukrainy części ziem moskiewskich w zamian za dostarczenie im czterdziestotysięcznego posiłkowego korpusu kozackiego.

Rosja nie zwlekała dłużej. W lecie 1656 r. rozpoczęła udane, chociaż krótkotrwałe, natarcie na Inflanty znajdujące się w rękach szwedzkich. 3 XI 1656 r. zawarła w Niemieży koło Wilna rozejm z Polską. Obydwa państwa zobowiązywały się do wspólnej akcji przeciw Szwecji, a Aleksemu obiecano następstwo tronu polskiego po Janie Kazimierzu. Położenie Chmielnickiego znacznie się skomplikowało. Przeciwko sobie miał Polskę, Tatarów i Turków, a także — prawdopodobnie w najbliższej przyszłości — państwo moskiewskie. Układ w Niemieży zaniepokoił hetmana. Starał się o rozszerzenie zawartych sojuszów i posłał posiłki księciu siedmiogrodzkiemu Jerzemu Rakoczemu, który ruszył przeciw Polsce. Jednocześnie jednak carowi obiecał odstąpienie Wołynia i Rusi Czerwonej, a do Jana Kazimierza wysłał nie tylko zapewnienie o swej wierności, ale również obietnicę wsparcia królewskich starań o przywrócenie tronu.

Nie przeszkodziło mu to uczestniczyć w nie dokonanym rozbiorze Rzeczypospolitej ułożonym w Radnot na Węgrzech (12 XII 1656 r.) przez przedstawicieli Szwecji, Brandenburgii, Siedmiogrodu, Bogusława Radziwiłła i właśnie Chmielnickiego. Państwem, które natychmiast złożyło oficjalny protest przeciw traktatowi radnockiemu, była... Rosja.

27 VII (6 VIII) 1657 r. zmarł w Czehryniu Bohdan Chmielnicki. Zgodnie ze swym życzeniem został pochowany w chutorze subotowskim, gdzie spędził dzieciństwo i który był jego własnością.

Przed śmiercią wymógł na starszyźnie wybór syna, Jerzego. na hetmana Ukrainy i „całego Wojska Zaporoskiego", przykazując mu jednocześnie dotrzymać warunków ugody podpisanej w Perejasławiu przed trzema laty.

ORGANIZACJA ADMINISTRACJI I STOSUNKI SPOŁECZNO-GOSPODARCZE NA UKRAINIE W DRUGIEJ POŁOWIE XVII WIEKU

Autonomizacja lewobrzeżnej Ukrainy dokonana po unii perejasławskiej przyczyniła się w poważnej mierze do wzrostu znaczenia i zamożności starszyzny kozackiej, zwłaszcza tzw. generalnej, stojącej najbliżej hetmana. Majątki szlacheckie przeszły pod zarząd Skarbu Wojskowego. Jednak nie wszystkie. Szlachta miejscowa otrzymała potwierdzenie przywilejów oraz praw własnościowych już w marcu 1654 r. W ten sposób dotychczas istniejący system ucisku feudalnego otrzymał carską sankcję, a zamożni Kozacy uzyskali dodatkowe możliwości powiększania majątków. Tak np. sędzia wojskowy Bohdanowicz-Zarudny dostał przywilej na miasteczko Stary Mlijew, a pułkownik Tetera — na Śmiłę wraz z przylegającymi do niej włościami.

Powiększenie rejestru dało szansę wejścia do wojska kozackiego licznym chłopom, którzy posiłkowali Chmielnickiego w czasie powstania. Inni poddani, którym nie było dane stać się Kozakami rejestrowymi w pierwszych latach po zawarciu unii perejasławskiej, niejednokrotnie grozili, że odejdą ze wsi na Zaporoże. Sprzyjała temu zwłoka w zestawianiu rejestru. Był wciąż otwarty. Sporządzono go dopiero w wiele lat po śmierci Chmielnickiego.

Wykształcił się nowy system administrowania ziemiami podległymi władzy hetmańskiej. Najniżej stała wiejska gromada kozacka wybierająca spośród siebie *atamana*. Chłopi (tzw. *pospolici*) mieszkający w tejże wsi tworzyli własną gromadę z wybieralnym *wójtem* na czele. Zarówno *ataman*, jak i *wójt* sprawowali sądy nad podległymi sobie ludźmi i odpowiadali za nich przed władzami zwierzchnimi.

W miastach, które nie korzystały z przywilejów wynikających z prawa magdeburskiego, mieszczanie wybierali radę — *ratusz*, kierowaną przez wójta.

Leżące na określonym terytorium wsie i miasta tworzyły *sotnię*, będącą jednostką administracyjną, której przewodził setnik. Sotnie łączyły się z kolei w pułki. W 1660 r. było ich aż 20, z czego

3 były wyłącznie formacjami wojskowymi, pozostałe — jednostkami terytorialnymi. Były to pułki: białocerkiewski, bracławski, czehryński, czerkaski, czernihowski, humański, kalnicki, kaniowski, kijowski, korsuński, kropiwniański, mirhorodzki, niżyński, pawołocki, perejasławski, połtawski i pryłucki.

Podówczas nie było jeszcze utrwalonego przez tradycję obyczaju powoływania setnika. Mógł być zarówno wybierany, jak i mianowany przez hetmana, czy też pułkownika. W sprawowaniu władzy pomagali mu pisarz, ataman, asauł i chorąży. Podobnie pułkownik mógł być wybrany przez Kozaków lub mianowany przez hetmana, a do pomocy miał starszyznę pułkową: oboźnego, pisarza, asauła, chorążego, sędziego itd. Dla utrzymywania porządku w miastach wyznaczano *atamanów gorodowych*. Urzędy w sotniach i pułkach były obsadzane głównie przez najzamożniejszych Kozaków, którzy ewentualnie mogli sobie kupić głosy większości. Pułkownikom podlegały również te miasta, które miały nadane prawo magdeburskie i korzystały z uprawnień samorządowych.

Najwyższą władzę na Ukrainie sprawował hetman wybierany przez kozacką radę wojskową, a zatwierdzany na tym stanowisku przez odpowiedni urząd carski. Przez pierwsze niemal dziesięć lat ziemie i sprawy ukraińskie podlegały Prikazowi Poselskiemu w Moskwie, a od 1663 r. — Prikazowi Małorosyjskiemu.

Hetman miał do pomocy starszyznę „generalną": oboźny generalny dowodził artylerią, sędzia (czasem dwóch) sprawował władzę nad aparatem sprawiedliwości, pisarz kierował kancelarią hetmańską i miał pieczę nad kontaktami z zagranicą, podskarbi wojskowy zawiadywał finansami, dwaj asaułowie pomagali hetmanowi w dowodzeniu wojskiem, chorąży i buńczuczny odpowiadali za te właśnie oznaki władzy hetmańskiej i poza tym mogli być używani przez hetmana (podobnie jak pozostali przedstawiciele starszyzny generalnej) do wykonywania specjalnie wyznaczonych zadań.

Podatki, którymi była obciążona ludność miejscowa, przeznaczano praktycznie do dyspozycji urzędu hetmańskiego na utrzymanie wojska, chociaż — formalnie — należało je odsyłać do Moskwy. Tak było przez całą drugą połowę XVII w., z wyjątkiem lat 1666—1668. Większość sum trafiała w ręce starszyzny. Różnorodność i rozmiary podatków wywoływały niejednokrotnie protesty chłopów i mieszczan, zobowiązanych do ich płacenia. Starszyzna, szlachta i duchowieństwo podatków nie płaciły.

Opodatkowaniu podlegały: pędzenie wódki i piwa, mielenie zboża, uprawianie tytoniu oraz sprzedaż wielu towarów na rynkach miejscowych. Łożono również na utrzymanie miejskich organów samorządowych, cerkwi i — w szczególności — wojska. Prócz tego poddanych zmuszano do dawania podwód i bezpłatnych kwater wraz z wyżywieniem dla urzędników.

Podstawowym zajęciem mieszkańców tej części Ukrainy, która znalazła się w granicach państwa rosyjskiego, było rolnictwo. Przeważała trójpolówka, chociaż spotkać można było i gospodarkę wypaleniskową oraz nieśmiałe początki płodozmianu. Główną siłę pociągową w gospodarstwie wiejskim stanowiły woły. Siano pszenicę, grykę, owies i proso, w znacznie mniejszym stopniu jęczmień i żyto. Tych ostatnich używano w zasadzie tylko do produkcji wódki i piwa. Zwiększający się popyt na płótno powodował stopniowe powiększanie powierzchni upraw przemysłowych: lnu i konopi. Niejako specjalnością ukraińską było sadownictwo. Liczne drzewa owocowe różnych gatunków spotkać można było w każdej wsi i w każdym gospodarstwie chłopskim. Znajomość sztuki sadowniczej na tym terenie była tak wysoko ceniona przez sąsiadów Ukrainy, że zarówno w Rosji, jak i w Polsce znajdowali się ukraińscy specjaliści zapraszani do pomocy przez szlachtę i magnatów.

Środków utrzymania dostarczały również pszczelarstwo i rybołówstwo. Nad rzekami stawiano liczne młyny, a w lasach produkowano potaż, dziegieć i saletrę. W hutach szkła i w rudniach, rozsianych zwłaszcza w rejonie Staroduba, Czernihowa i Nieżyna, produkowano żelazo i wyroby szklane. Surowiec czerpano z miejscowych zasobów naturalnych, niezbyt bogatych, ale w zupełności wystarczających na pokrycie potrzeb miejscowego przemysłu.

W latach sześćdziesiątych XVII w. na Lewobrzeżu było około 90 miast, w których mieszkało 20% łącznej liczby ludności. Warto przypomnieć, iż przeszło połowa z nich miała charakter rolniczy i często nie różniła się niczym od wsi, poza tym że ich mieszkańcy nosili dumną nazwę mieszczan, wybierali *ratusz* lub radę i ławę miejską.

Po powstaniu Chmielnickiego Kijów znalazł się już na stałe w granicach państwa rosyjskiego, chociaż dopiero w 1667 r. uzyskano pierwsze traktatowe potwierdzenie tego stanu rzeczy (w traktacie andruszowskim — por. rozdział: „Na drodze do Andruszowa"), i to tylko na dwa lata. Był on głównym miastem Ukrainy, podlegającym bezpośrednio władzy hetmana. Zdając sobie sprawę z jego znaczenia rząd carski osadził w nim silny garnizon, składający się z oddziałów rosyjskich, rozbudował umocnienia i ufortyfikował tzw. Górne Miasto. Wojewoda kijowski, mianowany przez cara, uważany był za jego osobistego przedstawiciela i byli mu podporządkowani inni carscy urzędnicy na Ukrainie. Rzemiosło osiągnęło wysoki stopień rozwoju, chociaż organizacja cechowa miała mniejsze znaczenie niż w kresowych miastach Rzeczypospolitej, np. we Lwowie.

Po włączeniu Lewobrzeża do Rosji znacznie zwiększyły się związki handlowe między ziemiami ukraińskimi a głównymi ośrodkami miejskimi państwa moskiewskiego. Przedmiotem handlu były skóry, wełna, bydło, miód, wódka, łatwo znajdujące zbyt na rynku rosyjskim. Na Ukrainę przywożono natomiast drobne towary przemysłowe oraz futra, drogie tkaniny i sól, chociaż na południu ziem ukraińskich wcale jej nie brakowało. Po obydwu stronach Dniepru rozwijały się targi i jarmarki, na które niejednokrotnie trafiały wyroby śląskie, niemieckie, holenderskie oraz pochodzące z krain leżących na Półwyspie Bałkańskim.

Prócz zwiększania się wymiany towarowej z państwami sąsiadującymi z Ukrainą w coraz szybszym tempie formowała się spójność gospodarcza ziem Lewobrzeża, Zaporoża i Ukrainy Słobodzkiej, z których dotychczas (przed 1654 r.) każda stanowiła oddzielną jednostkę ekonomiczną, rządzącą się innymi prawami. Ukraina Słobodzka znajdowała się bowiem w granicach Rosji, Lewobrzeże — Rzeczypospolitej, a Zaporoże było jak gdyby samodzielnym terytorium kozackim, chociaż formalnie stanowiło część państwa polskiego.

Jak niegdyś na kresach ukraińskich Rzeczypospolitej system dzierżawy majątków przyczyniał się do zwiększenia ucisku feudalnego i pogorszenia się położenia mas chłopskich, tak i obecnie nie zrezygnowano z tej formy zarządzania włościami i wyciągania z nich jak największych zysków. Rozszerzono ją nawet na przemysł propinacyjny i podatki.

W 1669 r., po wielkim powstaniu przeciw starszyźnie i wojewodom carskim, hetman Demian Mnohohriszny podpisał nowe artykuły, tzw. artykuły głuchowskie, narzucone mu przez rząd centralny. W znacznym stopniu ograniczyły one autonomię ziem ukraińskich, znosząc całkowicie prawo hetmanów do utrzymywania jakichkolwiek samodzielnych kontaktów z zagranicą. Zezwolono im jedynie na uczestniczenie w tych naradach z posłami obcymi w Moskwie, na których rozstrzygano sprawy dotyczące Ukrainy. Starszyzna uzyskiwała oficjalną obietnicę stopniowej nobilitacji, a dla utrzymania porządku i posłuszeństwa stworzono specjalny, tysiącosobowy oddział, który w latach następnych uległ znacznemu powiększeniu. Kozakom udało się jedynie wytargować zmniejszenie liczby wojewodów rosyjskich rezydujących na Ukrainie oraz ograniczenie ich kompetencji do spraw o charakterze czysto wojskowym.

W drugiej połowie XVII w. szybko zwiększała się liczba mieszkańców Ukrainy Słobodzkiej. Byli wśród nich — jak wiemy — w znacznej mierze uciekinierzy z Prawobrzeża, ale nie brakowało też chłopów zbiegłych z centralnych ziem rosyjskich lub Ukrainy lewobrzeżnej, broniących się w ten sposób przed postępującym ubożeniem. Również tutaj rząd carski budował umocnienia mające zagrodzić drogę wyprawom tatarskim zmierzającym w głąb Rosji. Powstawały nowe miasta, m. in. Sumy, Ochtyrka i Charków.

Ukraina Słobodzka podzielona została na pięć terytoriów pułkowych: charkowskie, izjumskie, ochtyrskie, ostrogskie i sumskie. Niższe szczeble administracyjne funkcjonowały podobnie jak na Lewobrzeżu, natomiast całość terytorium słobodzkiego podporządkowana była wojewodzie białogrodzkiemu, w Moskwie — Prikazowi Razriadnemu (tzn. do spraw wojskowych), a później Prikazowi Wielkiej Rosji. Mimo rozbudowanego systemu zależności feudalnej położenie chłopów było tutaj lżejsze niż na innych ziemiach wchodzących w skład państwa rosyjskiego. Wiązało się to zarówno z wczesnym jeszcze stadium zasiedlenia, jak i z polityką caratu, który traktował Ukrainę Słobodzką jako pas ochronny broniący państwa przed atakami sąsiadów z południa.

Od 1667 r. Zaporoże znalazło się w podwójnej zależności: od Polski i od Rosji. Zwierzchnictwo Rzeczypospolitej miało prawie wyłącznie charakter formalny, gdyż państwo polskie nie było już wówczas zdolne do cnergicznego wyegzekwowania swoich praw zwierzchnich. Centralnym ośrodkiem Zaporoża była Sicz Czortomlicka, usytuowana na prawym brzegu Dniepru, dobrze ufortyfikowana i wskutek sprzyjających warunków naturalnych trudno dostępna dla wrogów. W środku Siczy znajdował się wielki plac stanowiący zwyczajowe miejsce posiedzeń rady wojskowej, który otaczały budynki należące do starszyzny kozackiej i poszczególnych *kureni* (*kureń* był najmniejszą jednostką wojskowo-administracyjną Siczy i składało się nań kilkuset Kozaków dowodzonych przez *atamana*).

Bezpowrotnie minęły już czasy, gdy głównym zajęciem Zaporożców i jedynym niemal źródłem utrzymania były łupieżcze wyprawy wojenne. Teraz zajmowali się rybołówstwem, myślistwem, pszczelarstwem i handlem. Wielu z nich poświęciło się rzemiosłu, głównie obróbce

147

żelaza, produkcji czółen, prochu i kul. Starszyzna zaporoska miała majątki na Lewobrzeżu i czasem podejmowała próby zmuszenia prostych Kozaków do pracy na roli w swoich włościach. Tu jednak, na Zaporożu, w największym stopniu zachowały się dawne obyczaje i wolności, tutaj też najczęściej dochodziło do buntów przeciw próbom rozciągnięcia porządków feudalnych na „Towarzystwo Zaporoskie", stąd wreszcie rekrutowało się wielu przywódców powstań chłopskich, jakie wybuchały w sąsiedztwie.

W zachowanej pieśni ludowej, dumie kozackiej o hetmanie Feśko Handży Andyberze, mołojcy mówili „wielmożom kozackim-bogackim", chłoszcząc ich przy tym:

Ej, wielmoże, mówią, bogacze!
Pastwiska i łąki są wasze,
Nigdzie brat nasz, biedny Kozak, niebożę
Nawet konia popaść nie może!

(przełożył Mirosław Kasjan)

„Kozak Mamaj", malarz ludowy z XVIII w.

148

Wprawdzie ogromne połacie Ukrainy coraz bardziej wymykały się spod władzy Rzeczypospolitej, lecz województwa: ruskie, wołyńskie i podolskie, leżące najbliżej rdzennych ziem polskich, stawały się stopniowo, zwłaszcza pod względem gospodarczym, ważną cząstką królestwa. Zboże z Wołynia, ziem ruskich oraz zachodniego, przedzbruczańskiego Podola było przewożone do nadwiślańskich przystani, skąd spławiano je do Gdańska. Podolskie woły przepędzano i po kilkaset kilometrów, by sprzedać je w Krakowie czy na Śląsku, przedsiębiorczy zaś kupcy, a nawet chłopi małopolscy niejednokrotnie trafiali do Lwowa, na targi i jarmarki w Dubnie, Łucku, Krzemieńcu i Kamieńcu Podolskim.

Odbijało się to na położeniu miejscowych chłopów, które prawie niczym nie różniło się od sytuacji włościan zamieszkujących centralne ziemie polskie, z tym tylko że na kresach magnateria i szlachta korzystała z większego niż gdzie indziej marginesu wolności, sprowadzającego się na Prawobrzeżu do − niejednokrotnie − samowoli i znęcania się nad ludnością wiejską. Pańszczyzna na terenach, które nie znalazły się pod władzą hetmanów ukraińskich, przekraczała 200 dni robocizny rocznie (z jednego gospodarstwa), prócz tego chłopi musieli oddawać liczne daniny w naturze oraz wykonywać nadprogramowe prace sezonowe. Nie było tu już prawie wcale ziem pustych nadających się do zasiedlenia, stąd też w miarę wzrostu liczby ludności powiększała się liczba drobnych gospodarstw chłopskich o niewielkim areale gruntów uprawnych i niemal zupełnie pozbawionych siły pociągowej.

Wywoływało to liczne bunty i lokalne powstania. Od połowy XVI w. w Karpatach rozwinął się ruch *opryszków* (od łac. *oppressor* − ciemiężyciel, napastnik). Przypominali oni zbójników tatrzańskich. Napadali na dwory szlacheckie i bogatsze gospodarstwa chłopskie, rabowali je i − czasem − wspaniałomyślnie rozdawali część zdobytych łupów biedniejszym chłopom. Działalność *opryszków* była przez długie lata owiana legendą, co m. in. wiązało się z ich trybem życia, wykazywaną odwagą oraz im tylko właściwymi obyczajami (np. skomplikowany rytuał przyjęcia do oddziału). W latach powstania Chmielnickiego szerokiego rozgłosu nabrały akcje prowadzone przez watahy Iwana Siwochopa i Fiodora Fokasa. Semen Wysoczan zorganizował piętnastotysięczny oddział chłopski współdziałający z hetmanem kozackim początkowo na Podkarpaciu, a później w Bracławskiem. Za swoje zasługi w 1659 r. został mianowany pułkownikiem kozackim. Był synem Hnata Wysoczana, który rozpoczął swoją karierę jako osadnik w pobliżu Stanisławowa, zorganizował następnie zagon chłopski walczący z oddziałkami Tatarów stale wyprawiającymi się na kresy wschodnie Rzeczypospolitej i wreszcie, w 1626 r., ruszył wraz z synem przeciw szlachcie. Oddziały *opryszków* uczestniczyły także w wyprawie Chmielnickiego do Mołdawii w 1653 r. W dziesięć lat później doszło do dwóch lokalnych powstań na Wołyniu, przy czym zbuntowani chłopi z Piekałowa w powiecie łuckim zamierzali przesiedlić się całą wsią na Lewobrzeże, skąd dochodziły wieści o znośniejszych warunkach życia.

Najgorzej wiodło się ludności wiejskiej na Bukowinie i Zakarpaciu. Mieszkańcy Bukowiny znajdowali się pod panowaniem Turków, którym świadczyli dodatkowe powinności prócz feudalnych, wykonywanych na rzecz miejscowych panów. Podobnie działo się w tej części Zakarpacia, która wchodziła w skład państwa tureckiego. Reszta podlegała władzy Habsburgów. W monarchii habsburskiej poważnie wzrosła podówczas rola magnaterii, co nie pozostało bez wpływu na położenie ludności chłopskiej. Rody Rakoczych, Perényich, Drugethów i Homonaiów miały na Zakarpaciu znaczne majątki ziemskie, a ich rola polityczna oparta była na odpowiednio silnych podstawach gospodarczych.

Chłopi ukraińscy i Kozacy często występowali wspólnie przeciw feudałom, nie tylko polskim, lecz i rosyjskim, nie zważając na istniejące podziały terytorialne i granice państwowe. Przykładem tego był udział chłopów i Kozaków, zwłaszcza zamieszkujących Ukrainę Słobodzką, w powstaniu Stiepana Razina (1667—1671). Jednym z przywódców powstania i — prawdopodobnie — bliskich współpracowników Razina był pułkownik ostrogoski Iwan Dzikowski. W 1670 r., porozumiawszy się z powstańczym zagonem Fiodora Szadry, wpuścił go do Ostrogożska, a następnie współdziałał w zlikwidowaniu miejscowej załogi rosyjskiej oraz kilku urzędników carskich z wojewodą Miezencewem na czele. Już jednak po kilkunastu dniach Dzikowski został schwytany i stracony w mieście, które niedawno znajdowało się w jego władaniu. Ten sam los spotkał żonę Dzikowskiego, Eudoksję, która nawet próbowała, posyłając po pomoc nad Don, uratować męża od śmierci. Starszyzna kozacka z Lewobrzeża wypowiedziała się przeciw powstaniu i wspólnie z hetmanem Demianem Mnohohrisznym brała udział w tłumieniu zaburzeń.

Po śmierci Bohdana Chmielnickiego władza hetmańska przeszła formalnie w ręce jego syna Jerzego. Miał on wtedy zaledwie 16 lat i, rzecz jasna, nie mógł — już chociażby z tego powodu — dorównać ojcu. O buławie marzył Iwan Wyhowski wyznaczony na opiekuna młodego hetmana. Otrzymał ją zresztą, lecz rada starszyzny zastrzegła jej zwrot Jerzemu Chmielnickiemu po osiągnięciu przez niego pełnoletności.

Jak wiemy, Wyhowski jeszcze przed zawarciem unii perejasławskiej znosił się z dworem moskiewskim i donosił mu o wszystkich krokach Bohdana Chmielnickiego, zwłaszcza tych, które dotyczyły jego kontaktów z zagranicą. Po 1654 r. stał się jednak jednym z najzawziętszych przeciwników porozumienia z Rosją. Sądzić należy, że reprezentował interesy starszyzny kozackiej, niepokojącej się ograniczeniem samodzielności Kozaczyzny i w szlachcie rosyjskiej słusznie upatrującej konkurenta do majątków ukraińskich, które pozostały do rozdysponowania po wycofaniu się Polaków z Lewobrzeża. Próbował jeszcze porozumieć się ze Szwecją, ale jej pozycja w Europie Środkowej nie rokowała nadziei na uzyskanie rzeczywistego poparcia w chwili ewentualnego starcia się z państwem rosyjskim.

Wobec tego raz jeszcze zmienił orientację i zaczął szukać dróg wiodących do ugody z Rzecząpospolitą. To było wówczas najłatwiejsze. Tuż po śmierci starego hetmana na Ukrainie pojawiło się poselstwo polskie kierowane przez kasztelana wołyńskiego Stanisława Bieniewskiego, zaproszone zresztą jeszcze przez samego Bohdana Chmielnickiego. Ze strony polskiej do pojednania dążył, wykorzystując swoje wpływy w Warszawie, magnat ukraiński Jerzy Niemirycz, arianin (później przeszedł na prawosławie), który wprawdzie w latach najazdu Szwedów na Polskę przyłączył się do nich, ale w 1657 r. zmienił front po raz wtóry i starał się o ustanowienie między Polską i Ukrainą stosunków dobrosąsiedzkich, na zasadzie równego partnerstwa. Bieniewski i Niemirycz, chociaż nie żywili do siebie sympatii, jako polscy negocjatorzy występowali w tym samym interesie i przyświecały im te same cele.

W zasadzie nic nie stało na przeszkodzie szybkiemu osiągnięciu porozumienia. Pragnęli tego zarówno przedstawiciele Rzeczypospolitej, jak i hetman Wyhowski. Dała jednak o sobie znać silna opozycja, w większości — wychodząca z Zaporoża, które nie chciało nawet słyszeć o przywróceniu poprzedniego stanu rzeczy, a nawet o jakimkolwiek paktowaniu z Polską. Na jej czele stał ataman koszowy Jakub Barabasz oraz pułkownik perejasławski Martyn Puszkar, który wraz z Wyhowskim miał się opiekować Jerzym Chmielnickim. Na przełomie lat 1657/1658 na Ukrainie doszło do wojny domowej. Wyhowskiemu udało się stłumić powstanie przy pomocy wezwanych na pomoc oddziałów tatarskich. W połowie czerwca 1658 r. Puszkar zginął w boju pod Połtawą, a Barabasz, w sierpniu wzięty do niewoli, został stracony na rozkaz hetmana.

16 IX 1658 r. zebrała się w Hadziaczu na Zadnieprzu rada kozacka, na której, jak niegdyś Chmielnicki w Perejasławiu, wystąpił z przemówieniem kasztelan Bieniewski. Przypomniał, że więź religijna łącząca Ukrainę z Rosją prowadzi do pełnego podporządkowania hierarchii prawosławnej carowi, który „metropolitów degraduje, drugich ustanawia ... władyków więzi i zakonników ... a gdy widzi skarby cerkiewne, wnet je na swój pożytek obraca. To w stanie duchownym dzieje się, a w świeckim wszyscy doznaliście ... Starszyznę przedtem obieraliście podług upodobania, teraz kogo car zrobi ... Na ostatek do was, zacne Wojsko Zaporoskie, słowa ojczyzny przynoszę: Jam was porodziła, nie Moskal, jam wypielęgnowała, wyhodowała, wsławiła: ocknijcie się, bądźcie synami nieodrodnymi, a zjednoczywszy się do gromady, wyrugujcie nieprzyjaciół swoich i moich".

Kozacy przyjęli przyjaźnie słowa Bieniewskiego. Z jednej strony odwoływał się do faktów dobrze znanych uczestnikom zgromadzenia i starannie przemilczał „wiktorie" Rzeczypospolitej nad buntującymi się przeciw niej Zaporożcami, nie wspomniał ani o masowych rzeziach chłopstwa i Kozaków w czasie odwetowych wypraw pacyfikacyjnych, ani też o kilkakrotnym złamaniu słowa przez hetmanów, którym nieraz zbuntowani Kozacy poddawali się, ufając ich zapewnieniom o możliwości swobodnego powrotu do miejsc zamieszkania; z drugiej — słuchacze zbyt dobrze mieli w pamięci poczynania Wyhowskiego i wiedzieli, że jakikolwiek protest może ich kosztować utratę życia. W tym też więc dniu (16 września) została zawarta ugoda między państwem polskim a Ukrainą. Do historii przeszła jako ugoda hadziacka. W roku następnym, w maju, została zatwierdzona przez sejm i zaprzysiężona przez króla.

Była ona najważniejszym, najlepiej sformułowanym i najpełniej uwzględniającym postulaty kozackie aktem prawnym podpisanym przez przedstawicieli Rzeczypospolitej. Niestety. Pięćdziesiąt lat wcześniej, a nawet jeszcze w początkach powstania Chmielnickiego, mogła stanowić podstawę do trwałego uregulowania wzajemnych stosunków, teraz była tylko wynikiem sprzyjającej koniunktury politycznej, czy też raczej rezultatem wyczerpania obydwu partnerów. W 1658 r. był to tylko obustronny kompromis, z góry skazany na krótki żywot. W każdym razie uwzględniono w niej wszystkie dotychczas sporne kwestie.

Religia prawosławna, nazwana „starożytną", otrzymała pełne swobody, i to nie tylko w granicach Ukrainy, lecz również na terenie całego państwa polskiego, gdzie „język narodu ruskiego zasięga". Unię zniesiono, a na ziemiach ukraińskich zabraniano wznoszenia nowych kościołów katolickich i przyjmowania nowych wiernych do obrządku łacińskiego. Metropolita kijowski wraz z biskupami: chełmskim, lwowskim, łuckim, mścisławskim i przemyskim uzyskali miejsca w senacie. Wyłącznie dla prawosławnych zarezerwowano urzędy w Kijowskiem, w województwach zaś czernihowskim i bracławskim miano rozdzielać je na zmianę między prawosławnych i katolików. Mieszczanie wyznający prawosławie uzyskali równe prawa z katolikami w dostępie do urzędów miejskich.

Szkolnictwu poświęcono sporo miejsca w ugodzie hadziackiej. Przede wszystkim zezwalano na założenie na ziemiach ukraińskich dwóch akademii z pełnymi prawami uczelni wyższych. Jedna z nich miała powstać w Kijowie, druga w miejscu, które zobowiązywano się wyznaczyć później. Do akademii tych zabraniano jedynie wstępu protestantom. Nie ograniczano liczby gimnazjów, szkół niższych i drukarń; wyrażano zgodę na publikowanie książek polemizujących z religią katolicką (ale tylko z pozycji prawosławia i nie wymierzonych w majestat monarszy).

Trzy województwa kresowe: bracławskie, czernihowskie i kijowskie, miały odtąd tworzyć trzeci składnik Rzeczypospolitej (obok Korony i Wielkiego Księstwa Litewskiego) — Księstwo Ruskie. Miało ono być rządzone przez hetmana wojsk ruskich, bezpośrednio podległego królowi. Hetman otrzymywał miejsce w senacie. Powrócono do niesławnej pamięci rejestru, który zawsze wywoływał spory między Polską a Kozaczyzną. Określono go na 60 000, przy czym otwierano Kozakom drogę do nobilitacji. Jednocześnie ustanowiono granicę: nie więcej niż 100 Kozaków z jednego pułku mogło wejść do stanu szlacheckiego. W ugodzie znalazło się sporo wzniosłych twierdzeń o „Rzeczypospolitej narodu polskiego, litewskiego i ruskiego", o tym, że Kozacy „jako wolni do wolnych, równi do równych i zacni do zacnych powracają". W zamian za pełną amnestię dla Kozaków biorących poprzednio udział w wystąpieniach przeciw Polsce przywracano prawa majątkowe szlachty, która niegdyś zbiegła z kresów, bojąc się śmierci z rąk poddanych lub Zaporożców. Hetmanom ukraińskim nie pozwalano na prowadzenie samodzielnej polityki zagranicznej, a wydawanie przywilejów zastrzegano dla króla i sejmu. Wszystkie dotychczasowe sojusze i traktaty zawarte przez Kozaków zostały unieważnione, wyjąwszy układy z chanatem krymskim. Planowano wspólne podjęcie starań o uzyskanie prawa swobodnego spławu towarów rzekami uchodzącymi do Morza Czarnego. Uwzględniano więc interesy szlachty i starszyzny kozackiej ze wschodniego Podola, Bracławszczyzny i województwa kijowskiego. Dotychczas w położonych na tych terenach folwarkach produkowano w zasadzie wyłącznie na rynki lokalne. W wypadku gdyby wskutek wojny na terenie Księstwa Ruskiego musiały pojawić się oddziały koronne i litewskie, władza zwierzchnia nad nimi przechodziła w ręce hetmana wojsk ruskich.

Odrębne postanowienia dotyczyły stosunków z Rosją. Sojusz polsko-kozacki miał w tym wypadku wyłącznie charakter odporny, natomiast jeśliby Rzeczpospolita rozpoczęła wojnę z państwem moskiewskim, Kozacy nie mieli obowiązku uczestniczenia w niej.

Oprócz oficjalnego tekstu ugody Wyhowski podpisał jeszcze, we własnym tylko imieniu, deklarację, w której zobowiązywał się do zredukowania w przyszłości liczby rejestrowych do 30 000.

W maju 1659 r. sejm ratyfikował zmieniony tekst ugody. Wprawdzie zmiany dotyczyły szczegółów, na tyle jednak istotnych, że wywołało to oburzenie strony ukraińskiej. Wycofano na przykład postanowienie o likwidacji Kościoła unickiego, zmniejszono rejestr do 30 000, buławę hetmańską oddano Wyhowskiemu w dożywotnie władanie, czyniąc mu zarazem nadzieje na możliwość dziedziczenia tytułu przez jego potomków. Poza tym tak zmieniono tekst postanowień dotyczących stosunków z Rosją, że można je było interpretować w różny sposób, włącznie z koniecznością wzięcia przez Kozaków udziału w wojnie polsko-moskiewskiej rozpoczętej przez Rzeczpospolitą.

Wyhowski był niemal całkowicie osamotniony w swoich poczynaniach, a po debacie sejmowej 1659 r. zaczęli się od niego odwracać nawet jego najbliżsi współpracownicy, zresztą sowicie wynagrodzeni przez Polskę za działanie na rzecz zawarcia ugody. Protestowano coraz głośniej i coraz odważniej. Rząd moskiewski nie zamierzał rezygnować z rezultatów osiągniętych przed paroma laty i podjudzał Kozaków do otwartego wystąpienia przeciw hetmanowi.

Z końcem czerwca Wyhowski przy pomocy sił polskich i tatarskich pokonał interwencyjną wyprawę rosyjską w bitwie pod Konotopem. Zaczął werbować wojska zaciężne, a ich dowództwo oddał Jerzemu Niemiryczowi. Rzeczpospolita, zajęta trwającą jeszcze wojną ze Szwecją, nie mogła udzielić hetmanowi wsparcia przeciw jego własnym ludziom, poza 3000 żołnierzy dowodzonych przez oboźnego koronnego Andrzeja Potockiego. Wkrótce na Zaporożu doszło do otwartego buntu przeciw Wyhowskiemu. Na jego czele stanęli: ataman koszowy Iwan Sirko, hetman nakaźny Iwan Bezpały oraz pułkownik Iwan Bohun. Bezpały współdziałał ściśle z wyprawą moskiewską, która ruszyła na Ukrainę. Wyhowski usiłował ratować się i rozpoczął pertraktacje z Turcją, obiecując sułtanowi protektorat nad Ukrainą. Nie zdążył ich doprowadzić do końca, gdyż podniósł się bunt na całym Prawobrzeżu, a także w czterech pułkach kozackich na Zadnieprzu: w pułku czernihowskim, łubiańskim, niżyńskim i perejasławskim. Niemirycz zginął, a zwerbowani żołnierze najemni zostali doszczętnie wybici.

We wrześniu 1659 r. Wyhowski złożył buławę i uciekł do Polski. Nowym hetmanem został okrzyknięty, zgodnie z wolą wyrażoną niegdyś przez swego ojca, Jerzy Chmielnicki. Początkowo próbował prowadzić politykę zgodną z postanowieniami ugody hadziackiej, ale szybko zmienił orientację i odnowił sojusz z Rosją. Warunki nowego porozumienia z carem wyraźnie wskazywały na brak wiary rządu rosyjskiego w stałość sojusznika. W tzw. artykułach perejasławskich (1659) Chmielnicki musiał zgodzić się na ulokowanie garnizonów rosyjskich nie tylko w Kijowie, ale także w Bracławiu, Czernihowie, Humaniu, Nieżynie i Perejasławiu, a więc w kluczowych ośrodkach miejskich Ukrainy. Kozakom zabroniono wdawania się w jakiekolwiek konflikty zbrojne z sąsiadami bez uprzedniej wiedzy i zgody cara; carscy urzędnicy uzyskali prawo kontrolowania działalności starszyzny kozackiej i kozackiej administracji; starszyznę pozbawiono prawa wyboru hetmana bez aprobaty rządu centralnego i z kolei hetmanowi nie zezwalano na usuwanie z urzędów tych pułkowników i urzędników, którzy zajmowali swoje miejsca z wyboru.

Artykuły perejasławskie były z pewnością krokiem wstecz wobec postanowień ugody hadziackiej i skłaniały starszyznę do opozycji, jednak — co podówczas na Ukrainie wielu uważało za wyraźny postęp — nie zmuszały do łączenia się z tradycyjnym przeciwnikiem, jakim była Rzeczpospolita.

W WALCE O UKRAINĘ

Wszystko zaczynało się od nowa. Ukraina stać się miała ponownie teatrem działań wojennych, wewnętrznych sporów, konfliktów i krwawych walk oraz przedmiotem nie tylko dyplomatycznych rozgrywek między Rzecząpospolitą, Rosją a Turcją i Tatarami. W 1660 r. ruszyła przeciw Polsce kolejna wyprawa moskiewska. Na Ukrainie operował wojewoda kijowski Wasyl Szeremietiew. Rzeczpospolita zdążyła w maju zawrzeć w Oliwie pokój ze Szwedami, miała więc rozwiązane ręce i mogła skoncentrować się na odparciu ataku wojsk carskich. Hetman polny koronny Jerzy Lubomirski pokonał działające w odosobnieniu armie Chmielnickiego i Szeremietiewa. Teraz Rzeczpospolita wymogła na hetmanie kozackim zawarcie (17 października 1660 r.) nowej ugody, tzw. cudnowskiej, w której potwierdzano postanowienia hadziackie (wyjąwszy utworzenie Księstwa Ruskiego). Szeremietiew skapitulował pod Cudnowem 2 XI 1660 r. i kilkanaście następnych lat spędził w niewoli tatarskiej. W imieniu cara zrzekł się pretensji do ziem ukraińskich.

Chmielnicki chciał złączyć całą Ukrainę pod swoją buławą i nie zamierzał, przynajmniej na razie, zrywać z Rzecząpospolitą. Było to jednak nierealne marzenie. W Kijowie siedział silny garnizon rosyjski dowodzony przez ks. Grzegorza Romodanowskiego, który ani myślał wycofywać się z dobrze bronionego miasta, ani też nie brał na serio paktu rozejmowego zawartego w przymusowej sytuacji przez Szeremietiewa ratującego własną skórę. Ukraina Zadnieprzańska pozostawała pod władzą Rosji, natomiast Prawobrzeże było opanowane przez Polskę. Kozacy na Lewobrzeżu nie uznawali władzy Chmielnickiego i wybrali Jakima Somkę na hetmana nakaźnego.

W styczniu 1663 r. Jerzy Chmielnicki zrzekł się buławy i przywdział szaty zakonne, zmieniwszy imię na Gedeon. Później przez pewien czas był archimandrytą w monastyrze Białocerkiewskim. Jego miejsce zajął Paweł Tetera, podobnie jak poprzednik, zwolennik współpracy z Polską i także władający jedynie Prawobrzeżem.

W Nieżynie na Zadnieprzu przeprowadzono w czerwcu 1663 r. odrębne wybory hetmana. Było dwóch kandydatów: dotychczasowy hetman nakaźny Somka i wysunięty przez Zaporożców ataman Kosza Zaporoskiego Iwan Brzuchowiecki. Brzuchowiecki został hetmanem: umiejętnie rozegrał batalię i szermując obietnicami zmniejszenia podatków oraz ograniczenia samowoli starszyzny zyskał sobie większość Kozaków i chłopów, którzy też brali udział w posiedzeniu rady kozackiej. W tym samym roku poddani na Lewobrzeżu splądrowali i rozgrabili wiele majątków miejscowej szlachty i starszyzny.

Na Ukrainie byli więc dwaj hetmani sprawujący w większym czy mniejszym zakresie władzę na odrębnych terytoriach rozdzielonych Dnieprem, ale zarazem starający się o wyeliminowanie konkurenta i zagarnięcie władanego przezeń kraju. Rozpoczęły się walki bratobójcze, które w rezultacie doprowadziły do całkowitego niemal upadku gospodarczego ziem ukraińskich. Okres ten historycy i pamiętnikarze nazwali nawet okresem „ruiny".

W listopadzie 1663 r. Jan Kazimierz ruszył z wojskiem na Lewobrzeże. Z południa posiłkowali go Tatarzy i Kozacy Tetery. Oddziały polskie ominęły Kijów i Perejasław, gdzie stacjonowały silne garnizony rosyjskie i posuwały się dalej na wschód. Nie udało się jednak doprowadzić do rozstrzygającego starcia. Przeciwnik unikał go umiejętnie, a siły polskie stopniowo topniały w miarę wdzierania się w głąb Rosji. Wreszcie na wiosnę zarządzono odwrót.

Odwrót Jana Kazimierza i fiasko planu podboju Moskwy zaktywizowały opozycję ma Ukrainie prawobrzeżnej. Przerażony Tetera prosił króla o jak najszybsze zawarcie pokoju z Rosją. Okazało się, że Wyhowski, wierny jak dotąd Polsce, również zaczął wiązać się z Lewobrzeżem. W połowie marca 1664 r. został rozstrzelany w Kaniowie. Na wszelki wypadek uwięziono również archimandrytę Gedeona, czyli Jerzego Chmielnickiego. Przez trzy lata był zamknięty w twierdzy malborskiej. Stefan Czarniecki objął po Wyhowskim urząd wojewody kijowskiego. Poczynał sobie na Ukrainie nie jak w części Rzeczypospolitej, lecz jak w podbitym kraju. Palił, niszczył i wycinał jej mieszkańców, których posądzano o kontakty z Rosją. W Subotowie rozkazał rozkopać grób Chmielnickiego i wyrzucić stamtąd jego zwłoki. Bunty kozacko-chłopskie na Prawobrzeżu wybuchały teraz jeden po drugim. Było ich tak wiele, że śmiało mówić można o kolejnym powstaniu przeciw panowaniu Rzeczypospolitej na Ukrainie. Stawiszcze i Lisianka, które stały się głównymi ośrodkami oporu, były oblegane przez regularne oddziały polskie. Z Zaporoża z pomocą powstańcom ruszył ataman koszowy Iwan Sirko.

Tetera zrzekł się buławy i uciekł w głąb Polski. Władzę na Prawobrzeżu przejął na pewien czas Kozak Opara, lecz wkrótce został pokonany i stracony przez kolejnego kandydata do urzędu hetmańskiego — Piotra Doroszenkę. Doroszenko miał wówczas 38 lat i bujną przeszłość za sobą. Pochodził ze starszyzny kozackiej, brał udział w powstaniu Chmielnickiego i z jego rozkazu posłował do Szwecji (w 1657 r.). Był kolejno pułkownikiem pryłuckim, czehryńskim i czerkaskim, wiązał się z Wyhowskim i Jerzym Chmielnickim, a za rządów Tetery został asaułem generalnym. Był bardzo ambitny i gotów do związania się z każdym, kto mógłby mu pomóc w zdobyciu władzy zarówno na Prawobrzeżu, jak i na Zadnieprzu. W 1661 r. został nobilitowany. Początkowo, jako hetman Prawobrzeża, zdeklarował się za ścisłym sojuszem z Polską, gdy jednak przekonał się o jej słabości, poszukał innego sprzymierzeńca. Byli nim Tatarzy.

W tym samym czasie na Lewobrzeżu Brzuchowiecki, nie mogący liczyć na jakiekolwiek sukcesy bez pomocy rosyjskiej, a mający nie mniejszy apetyt niż Doroszenko, musiał (w 1665 r.) zgodzić się na narzucone przez rząd carski tzw. artykuły moskiewskie. Zmniejszyły one i tak nieznaczne już swobody autonomiczne Kozaczyzny, przekazując zbieranie podatków w ręce urzędników rosyjskich. Jednocześnie zwiększyła się liczba wojewodów na Lewobrzeżu mianowanych przez cara.

W 1666 r. przeprowadzono na Zadnieprzu spis ludności. Miał on na celu zwiększenie dochodów skarbowych. W zamian za uległość wobec poczynań rosyjskich Brzuchowiecki otrzymał tytuł bojarski oraz znaczne posiadłości na Ukrainie, podobnie zresztą wielu przedstawicieli starszyzny kozackiej. Jednak ani Kozacy, ani chłopi nie byli skłonni do spokojnego przyjmowania nowych obciążeń i nowych ograniczeń tradycyjnych swobód. W ciągu 1666 r. na Lewobrzeżu wybuchło szereg buntów przeciw starszyźnie kozackiej i urzędnikom rosyjskim. Największym z nich było powstanie Kozaków pułku perejasławskiego. Zduszono je dopiero przy pomocy znacznych regularnych sił carskich.

Rosja i Polska znalazły się w podobnej sytuacji, a porozumienie Doroszenki z Tatarami sprzyjało zbliżeniu niedawnych przeciwników, zaniepokojonych obecnie możliwością uderzenia z południa sprzymierzonych ze sobą Tatarów, Turków i Kozaków Doroszenki.

ROZEJM ANDRUSZOWSKI I WOJNA O UKRAINĘ

30 I 1667 r. w Andruszowie zawarty został między Polską a Rosją układ rozejmowy. Miał on obowiązywać przez 13,5 roku.

W zamierzeniu obydwu stron stanowił dobrą podstawę przyszłych traktatów, umożliwiających wspólne działanie przeciw Porcie i chanatowi krymskiemu. Najbardziej zależało na tym Rosji, ona też wkrótce potem rozpoczęła intensywne przygotowania do wojny. Rzeczpospolita starała się jeszcze wówczas nie ujawniać swoich planów i nie prowokować starcia. Jak każdy rozejm, również i ten był kompromisem między jego sygnatariuszami, chociaż rzeczywiste korzyści wyciągnęło z niego państwo carów. Traktat andruszowski stanowił zamknięcie okresu przewagi Rzeczypospolitej na wschodzie. Najgorzej wyszła na nim Ukraina, która stała się jedynie przedmiotem rozgrywek politycznych.

Na mocy postanowień traktatu andruszowskiego do Polski powracały tzw. Inflanty Polskie, województwo połockie i witebskie; Rosja otrzymywała Smoleńsk i Siewierszczyznę. Ukraina została podzielona między obydwa państwa, przy czym Rzeczpospolita zatrzymała Prawobrzeże, a Rosja zabierała Zadnieprze. Kijów przez dwa lata miał pozostawać jeszcze w granicach państwa rosyjskiego i później powrócić do Polski. Praktycznie odszedł od niej na zawsze. Obie strony uzyskiwały prawo wzajemnej protekcji dwóch różnych religii: Polska — katolickiej na terenie Rosji, Rosja — prawosławnej w Rzeczypospolitej. Carat nie omieszkał w przyszłości wykorzystać tego postanowienia rozejmu andruszowskiego jako pretekstu uprawniającego go do mieszania się w wewnętrzne sprawy zachodniego sąsiada. Polska takiej możliwości nie miała. Zaporoże przechodziło pod wspólną kontrolę obydwu państw, stanowiąc jak gdyby pas ochronny zapobiegający przed najazdami Tatarów i Turków.

Na traktat andruszowski Ukraina odpowiedziała kolejnym powstaniem. Tym razem wybuchło ono na Lewobrzeżu. Brzuchowiecki stanął na czele nurtu kierującego się przeciw rządowi carskiemu i jego urzędnikom. W tym celu sprzymierzył się z Turcją i uznał jej zwierzchnictwo. Podobnie wcześniej zareagował Doroszenko, a sułtan Mahomet IV wysłał mu na pomoc Tatarów dowodzonych przez kałgę Krym Gireja. Doroszenko zresztą już od listopada 1666 r. występował czynnie przeciw Polsce, co nie pozostało bez wpływu na sfinalizowanie porozumienia w Andruszowie.

Obroną kresów kierował hetman polny koronny Jan Sobieski, który zatrzymał główne siły przeciwnika pod Podhajcami, resztę zaś szarpał licznymi podjazdami rozsyłanymi w południowe rejony Prawobrzeża. W tym samym czasie Zaporożcy dowodzeni przez atamana Iwana Sirkę dokonali dywersyjnej wyprawy na ogołocony z wojska chanat krymski. Sirko, napominany przez sułtana, który nakazywał mu uznanie zwierzchnictwa Turcji, odpowiedział podobno listem, którego treść nie tylko przeszła do legendy, lecz również stała się przedmiotem obrazu Ilji Riepina, namalowanego w drugiej połowie XIX w., a znanego pod nazwą *Zaporożcy piszą list do sułtana*. Sirko parodiując napuszony styl korespondencji sułtańskiej napisał rzekomo do Mahometa IV: „Ty szatanie turecki, czarta przeklętego bracie i towarzyszu, sekretarzu samego Lucypera! Jaki z ciebie, u diabła, rycerz? Nie jesteś godzien panować nad synami chrześcijańskimi; nie boimy się twego wojska, będziemy się z tobą bić na ziemi i na wodzie.

I. Riepin, *Zaporożcy piszą list do sułtana*, 1880—1891, fragment

Tyś kucharz babiloński, kołodziej macedoński, gorzelnik jerozolimski, kozołup aleksandryjski, świniarz Wielkiego i Małego Egiptu, sajdak tatarski, kat kamieniecki, złodziej podolski, wnuk samego potwora, błazen całego świata i zaświatów, Boga naszego dureń, morda świńska, pies rzeźnicki, łeb niechrzczony, oby cię czarci porwali!

Tak ci Kozacy odpowiedzieli, plugawcze!

Dnia nie wiemy, gdyż kalendarza nie mamy; miesiąc na niebie, rok w książce, a dzień taki sam u nas, jak i u was, pocałuj więc nas...!

Ataman koszowy Iwan Sirko wraz z całym Koszem Zaporoskim".

Tatarzy zaniepokojeni wieściami z Krymu pospiesznie (16 X 1667 r.) zawarli pokój z Rzecząpospolitą. Po kilku dniach Doroszenko, który pozostał sam na placu boju, ukorzył się przed Sobieskim i zadeklarował wierną służbę Polsce.

W 1668 r., gdy — jak wiemy — wybuchło powstanie na Lewobrzeżu, wyprawił się tam Doroszenko i wykorzystawszy spadek popularności Brzuchowieckiego schwytał go i zamordował. Przez pewien czas Ukraina miała więc znowu jednego tylko hetmana. Propolska, a także proturecka i protatarska polityka Doroszenki szybko wywołała kolejną falę wystąpień przeciw niemu. Nowym hetmanem Lewobrzeża został okrzyknięty Demian Mnohohriszny, z łaski Doroszenki ataman nakaźny, będący przy Brzuchowieckim pułkownikiem czernihowskim. Mnohohriszny powrócił do polityki prorosyjskiej i w 1669 r. podpisał tzw. artykuły głuchowskie, składające się z 27 punktów i jeszcze bardziej ograniczające autonomię ziem ukraińskiego Zadnieprza (por. rozdział: „Organizacja administracji i stosunki społeczno-gospodarcze na Ukrainie w drugiej połowie XVII w."). Doroszenko został wyparty z Lewobrzeża przez wojsko rosyjskie.

16 IX 1668 r. Jan Kazimierz zrzekł się korony polskiej, a 19 VI 1669 r. nowym królem został wybrany Michał Korybut Wiśniowiecki, syn księcia Jaremy, w niczym wszakże nie przypominający ojca.

Doroszenko zdecydował się na ponowne nawiązanie współpracy z sułtanem. Rzeczpospolita usunęła go więc z urzędu hetmańskiego, a buławę przekazała Michałowi Chanence, który — jak dotąd — dość konsekwentnie reprezentował orientację propolską. Doroszenko zaś, mszcząc się na swoim niedawnym sojuszniku chanie Aadilu, który opuścił go w potrzebie podhajeckiej, poskarżył się na niego w Konstantynopolu. Mahomet IV usunął Aadila z Krymu i mianował na jego miejsce Selim Gireja. W sierpniu 1671 r. Kozacy Doroszenki wraz z ordą tatarską ruszyli przeciw Rzeczypospolitej. Napotkali jednak znowu zdecydowany opór oddziałów prowadzonych przez Jana Sobieskiego, w tym czasie już hetmana wielkiego koronnego, i musieli przerwać natarcie.

W styczniu 1672 r. Turcja wypowiedziała wojnę Polsce. Na przełomie czerwca i lipca ruszyła ze swych leż stutysięczna armia prowadzona przez samego sułtana. W sierpniu wojska tatarskie, kozackie i tureckie rozpoczęły oblężenie Kamieńca Podolskiego. Po dwóch tygodniach twierdza padła, a napastnicy pociągnęli dalej pod Lwów, który uratował się dzięki złożonemu okupowi. Sobieski próbował jeszcze szarpać uchodzące z jasyrem czambuły tatarskie, ale porażka

Rzeczypospolitej była nieunikniona. 18 X 1672 r. został zawarty pokój w Buczaczu. Turcja zagarniała Podole wraz z Kamieńcem, a województwo bracławskie i południowa część kijowskiego przechodziły w ręce Doroszenki. Oprócz tego Polska zobowiązywała się do jednorazowej kontrybucji i corocznej daniny w wysokości 22 000 czerwonych złotych.

Sukcesy Turcji i związanego z nią Doroszenki ośmieliły Demiana Mnohohrisznego, który nawiązał kontakty z hetmanem Prawobrzeża. Nie podobało się to starszyźnie, hołubionej przywilejami nadawanymi przez rząd rosyjski. Mnohohrisznego aresztowano, przewieziono do Moskwy, a następnie zesłano na Sybir. Nowym hetmanem Ukrainy lewobrzeżnej został dotychczasowy sędzia generalny Iwan Samojłowicz, konsekwentny zwolennik ścisłego sojuszu z Rosją, zmierzający do umocnienia roli starszyzny kozackiej i prowadzący politykę nieustannego pomnażania jej majątków.

MIĘDZY POLSKĄ, ROSJĄ A TURCJĄ

Podzielona Ukraina miała już trzech hetmanów, nie mówiąc o atamanie koszowym, Zaporożcu Iwanie Sirce. Na ziemiach znajdujących się w granicach państwa polskiego hetmanił Chanenko, w części tureckiej — Doroszenko, wreszcie w rosyjskiej — Samojłowicz. Każdy z konkurentów miał ambicje zjednoczenia wszystkich terenów ukraińskich pod jedną buławą. W tym celu jednak każdy z nich musiał wiernie służyć królowi, sułtanowi lub carowi, godzić się na wspieranie ich działania i polityki oraz w pełni uznawać ich zwierzchnictwo nad sobą.

Dzisiaj, z perspektywy trzech stuleci dzielących nas od opisywanych wydarzeń, łatwo jest osądzać postępowanie hetmanów: jednemu zarzucać zdradę, drugiemu — łatwowierność i zbytnie uleganie protektorom, trzeciego ganić za bezbarwność i nadmierną troskę o własne interesy. Nie ulega wątpliwości, że nie były to postacie równorzędne, ani pod względem rozległości horyzontów politycznych, ani też zdolności. Z drugiej jednak strony łączyła ich chęć przywrócenia jedności Ukrainy, która wówczas stała się jedynie przedmiotem rozgrywek dyplomatycznych i teatrem rujnujących ją działań wojennych.

Tragedia hetmanów była zarazem tragedią ziem ukraińskich i zamieszkującej jej ludności. Przywrócenie względnej samodzielności, takiej, jaką uzyskał w chwili swych największych sukcesów Bohdan

Chmielnicki, wymagało rezygnacji z dążenia do pełnej suwerenności i podporządkowania się najmocniejszemu, czy też najbliższemu z trzech państw zmierzających do całkowitego opanowania żyznych terenów nad Dnieprem, Bohem i Dniestrem.

Ciągłe zmiany stosunku sił między Polską, Rosją a Turcją powodowały, że hetmani musieli niejednokrotnie zmieniać orientację, a że byli słabsi od swoich protektorów, przeto czasem nie tylko tracili buławy, lecz z nimi wolność, a nawet życie.

W 1673 r. Sobieski pokonał Turków pod Chocimiem. W roku następnym do walki ruszyła Rosja. Wykorzystała ona zręcznie fakt zrzeczenia się przez Polskę w traktacie buczackim pretensji do części Ukrainy na rzecz Turcji i rozpoczęła działania wojenne na terenie Prawobrzeża, nie naruszając w ten sposób formalnie postanowień rozejmu andruszowskiego. Gdy oddziały Romodanowskiego i Samojłowicza zjawiły się na prawym brzegu Dniepru, poddało im się dziesięć pułków (białocerkiewski, bracławski, czerkaski, humański, kalnicki, kaniowski, korsuński, mohylowski, podolski, pawołocki i targowicki), uznających dotychczas władzę Doroszenki. Dało to podstawę do powołania Iwana Samojłowicza na urząd hetmana całej Ukrainy. Wyboru dokonała starszyzna na radzie zwołanej w 1674 r. w Perejasławiu. Po zatargu z jednym z polskich oficerów i zamordowaniu go Chanenko uciekł do Rosji, poddał się Samojłowiczowi, przekazując mu buławę hetmańską. W zamian za to otrzymał od rządu carskiego znaczne dobra w Czernihowskiem i wycofał się z czynnej działalności politycznej. Na placu boju pozostało więc już tylko dwóch konkurentów: Doroszenko i Samojłowicz. Pierwszy z nich był w tym czasie hetmanem bez ziemi i dowódcą nielicznych oddziałów kozackich.

Sojusz Doroszenki z Turkami wpłynął na poważne pogorszenie się położenia ludności ukraińskiej. Zarówno Turcy, jak i Tatarzy penetrowali nieustannie ziemie, formalnie tylko podległe władzy hetmana, grabili je i niszczyli, wywozili ludność i konfiskowali zbiory. Szczególnie silnie zostało zrujnowane Podole, oddane w Buczaczu pod bezpośrednią zwierzchność Porty. Wyludniły się miasteczka i wsie, których mieszkańcy szukali schronienia w granicach Rosji lub Rzeczypospolitej.

Wreszcie w 1676 r. Doroszenko skapitulował, oddając się na łaskę i niełaskę Romodanowskiemu i Samojłowiczowi. Nie postąpiono z nim surowo. Wprawdzie musiał wynieść się z Ukrainy i przez pewien czas przebywał na dworze carskim w Moskwie, ale później został wojewodą w Wiatce i ostatnie lata swego życia (zmarł w 1698 r.) spędził w oddanej mu na własność wsi pod-moskiewskiej.

Turcja nie zrezygnowała jednak z Ukrainy. W 1676 r. przypomnia-no sobie o najmłodszym synu Bohdana Chmielnickiego — Jerzym, który od trzech lat przebywał w Konstantynopolu, będąc archiman-drytą jednego z miejscowych klasztorów prawosławnych. Zwolniony przez Polaków z fortecy malborskiej (w 1667 r.), przebywał przez pewien czas w monasterze w Humaniu i tam został zagarnięty przez oddziały tatarskie w 1673 r. Tatarzy przekazali go Turkom, ci zaś przewieźli do stolicy. Teraz wyciągnięto go z klasztoru i triumfalnie ogłoszono „księciem Ukrainy Małorosyjskiej".

Jerzy Chmielnicki dwukrotnie wyprawiał się na czele armii tu-reckiej na Czehryń (w latach 1677 i 1678). Zdobycie tego miasta, a jak się spodziewano, także Kijowa, dawało możliwość propagan-dowego wykorzystania nazwiska wsławionego przez ojca i umocnienia wpływów tureckich na Ukrainie przez osadzenie Jerzego w tradycyj-nych siedzibach hetmanów ukraińskich. Plany te spaliły na panewce. Pierwsza wyprawa zakończyła się całkowitym fiaskiem, natomiast druga doprowadziła jedynie do wycofania załogi rosyjskiej i wysa-dzenia w powietrze zamku czehryńskiego.

W 1679 r. Porta znowu rozpoczęła przygotowania do wojny. Tym razem jednak Rosjanie i Kozacy Samojłowicza pomyśleli wcześ-niej o obronie. Kijów został otoczony dodatkowymi umocnieniami ziemnymi, wybudowano most na Dnieprze i podciągnięto w rejon miasta stutysięczną armię rosyjsko-kozacką. Uwiadomiony o tym suł-tan zrezygnował z wyprawy.

W styczniu 1681 r. Rosja zawarła z Turcją pokój w Bachczy-saraju. Posiadłości tureckie miały być nienaruszone, podobnie ro-syjskie, lecz wśród ziem, jakie przypadły Rosji, znalazły się również tereny, które na mocy rozejmu andruszowskiego należały do Polski, a mianowicie Kijów wraz z okolicą. Było to pierwsze międzyna-rodowe potwierdzenie stanu faktycznego, istniejącego od 1667 r. Rosja winna była zwrócić Kijów Rzeczypospolitej w 1669 r.; nie uczyniła tego wówczas i obecnie postarała się o swoistą gwarancję dla naruszonego postanowienia. Podobnie naruszeniem rozejmu an-druszowskiego było uznanie przez Turcję zwierzchnictwa Rosji nad Zaporożem, gdy — formalnie — zwierzchnictwo to zostało podzie-lone między Polskę a Rosję. Ważnym postanowieniem traktatu bachczysarajskiego było zobowiązanie się obydwu sygnatariuszy do niezasiedlania terenów położonych między Bohem a Dniestrem.

Miała to być swoista strefa buforowa, rozdzielająca na tym odcinku posiadłości tureckie i rosyjskie. Należy dodać, że wprawdzie ani jedno, ani też drugie państwo nie złamało tego warunku, ale nie mogło wziąć odpowiedzialności za masową, spontaniczną kolonizację chłopską, która nieustannie kierowała się na tereny niezasiedlone, w tym także na ziemie ukraińskie wymienione w układzie pokojowym.

Traktat bachczysarajski zawierał także artykuły o treści czysto politycznej: m. in. zobowiązanie Turcji i chanatu krymskiego do nieudzielania poparcia przeciwnikom Rosji. W przyszłości mogło to być rozumiane jako próba wywarcia nacisku na Rzeczpospolitą i zmuszenia jej do ustępliwości w trakcie rokowań pokojowych. Osiągnięte w 1678 r. przedłużenie ważności rozejmu andruszowskiego już nie wystarczało.

Jerzy Chmielnicki zaniepokoił się. Nie ulegało wątpliwości, że związał się z niewłaściwym protektorem. Na zmianę orientacji było już za późno. Przeciwko sobie miał nie tylko Kozaków i chłopów ukraińskich nie mogących mu wybaczyć nasyłanych przezeń na Ukrainę ord tatarskich, lecz i samych Turków, którzy jesienią 1681 r. odebrali Chmielnickiemu buławę po to, by przywrócić mu ją jeszcze ną kilka miesięcy w 1685 r. i następnie stracić go w Kamieńcu Podolskim. Odegrał narzuconą sobie rolę do końca i stał się niepotrzebny. Chodziło o to, by nie zdążył być niebezpieczny.

W latach osiemdziesiątych XVII w. poważnie osłabły wpływy tureckie i tatarskie w Europie Środkowej i Południowo-Wschodniej. Podjęta w 1683 r. wyprawa wiedeńska Jana III Sobieskiego stała się początkiem długotrwałego procesu wypierania Turków z tej części Europy. W 1684 r. powstała wymierzona przeciw Porcie Liga Święta, w której skład weszły: Rzeczpospolita, papiestwo, Austria, Wenecja, a od 1686 r. również Rosja. Polska stopniowo powracała na Podole. Załogi tureckie utrzymywały się jeszcze w nielicznych tutejszych zameczkach, ale ich oddziaływanie na rozwój wypadków na Ukrainie było bardzo ograniczone.

Po śmierci (w 1679 r.) hetmana nakaźnego pułkownika Eustachego Hohola, wyznaczonego na to stanowisko przez króla, monarcha nie mianował nikogo na jego miejsce. Rolę zwierzchnika Kozaczyzny na Ukrainie prawobrzeżnej powierzono szlachcicowi z Lubelskiego Stefanowi Kunickiemu. Zginął on w 1683 r. w bójce, a kolejnym hetmanem z łaski królewskiej został Mohiła, któremu zezwolono na kolonizowanie Naddnieprza i Bracławszczyzny. Uniwersał królewski potwierdzony konstytucją sejmową (1685) spowodował pewne zamieszanie, chłopi bowiem ruszyli masowo na wschód, a szlachta kresowa przeciwstawiała się temu wszelkimi możliwymi sposobami, obawiając się wyludnienia własnych majątków. Mianowano nowych pułkowników kozackich, którzy pełnili funkcje *osadczych* i korzystali zarazem z tytułów „atamanów nakaźnych". Samuel Iwanowicz (zwany Samusiem) został pułkownikiem bohusławskim, a w 1692 r. nawet hetmanem nakaźnym całej Ukrainy prawobrzeżnej. Siedzibą jego miała być Winnica. Prawdopodobnie za udział w wyprawie wiedeńskiej Sobieskiego mianowano pułkownikami: Semena Palija — fastowskim, Zachara Iskrę — korsuńskim i Andrzeja Abazyna — bracławskim.

Kozaczyzna nie pretendowała już do samodzielności i w coraz większym stopniu skłaniała się do pełnego podporządkowania Rosji. Zanikały tradycje Chmielniczyzny i zacierały się różnice między Kozakami a chłopami Prawobrzeża. Rosja nie mogła jednak pozwolić sobie na energiczniejsze wystąpienie przeciw Polsce w kwestii kozackiej, była bowiem związana postanowieniami świeżo (w 1686 r.) zawartego „wiecznego pokoju" (zwanego także traktatem Grzymułtowskiego od nazwiska negocjatora polskiego, wojewody poznańskiego Krzysztofa Grzymułtowskiego) z Rzecząpospolitą.

Traktat pokojowy z 1686 r. w zasadzie potwierdzał postanowienia rozejmu andruszowskiego. Oprócz tego, za cenę przystąpienia Rosji do Ligi Świętej i odszkodowanie pieniężne, car otrzymał Kijów na własność i wyłączne prawo do sprawowania zwierzchnictwa nad Zaporożem. W ten sposób nowy układ, chociaż wymierzony był przeciw Porcie, potwierdzał artykuły pokoju bachczysarajskiego zawartego pięć lat wcześniej z tą samą przecież Portą. Dyplomacja rosyjska doskonale zdawała sobie sprawę z osiągniętej przewagi i umiała ją wykorzystać. Jedno z postanowień „wiecznego pokoju" dotyczyło południowej części województwa kijowskiego oraz ziem naddnieprzańskich położonych w dolnym biegu rzeki, które pozostawiano nie zasiedlone.

W 1687 r. na Lewobrzeżu nastąpiła zmiana hetmana. Samojłowicz został usunięty ze swojego urzędu i zesłany na Syberię. Na jego miejsce wybrano Iwana Mazepę. Była to jedna z najciekawszych postaci w dziejach Ukrainy, a jej działalność budzi do dnia dzisiejszego ostre spory między historykami, z których większość osądza postępowanie Mazepy bardzo surowo.

Mazepa urodził się w 1644 r. na Prawobrzeżu. Wywodził się z miejscowej szlachty. Otrzymał dość staranne wykształcenie i przez pewien czas był paziem na dworze króla Jana Kazimierza. Po romansie z żoną jednego z polskich magnatów (przygoda ta stała się kanwą dramatu Juliusza Słowackiego pt. *Mazepa*) uciekł w 1669 r. do Doroszenki, a po pięciu latach przeszedł na Zadnieprze, gdzie stanął u boku Iwana Samojłowicza. W 1682 r. został asaułem generalnym. Miał wielkie ambicje i dążył do zjednoczenia wszystkich ziem ukraińskich. Nie zadowalała go buława hetmańska. Gotów był sprzymierzyć się z każdym, by uzyskać pełnię władzy na Ukrainie. Hetmanem został dzięki łapówce, którą dał Wasylowi Golicynowi, faworytowi regentki rosyjskiej Zofii Aleksiejewny. Niejednokrotnie podkreślał swoje przywiązanie do Rzeczypospolitej, chociaż właśnie z nią w działalności politycznej na Ukrainie miał najmniej wspólnego.

W dniu, w którym został obrany hetmanem (25 VII/4 VIII 1687 r.), podpisał tzw. artykuły kołomackie, stanowiące kontynuację linii wyrażonej w poprzednich tego typu ugodach hetmanów Lewobrzeża z rządem carskim. M. in. zabraniano hetmanowi samowolnego pozbawiania starszyzny urzędów, starszyźnie zaś — wypowiadania posłuszeństwa hetmanowi. Hetman miał obowiązek wydawania Rosji zbiegłych stamtąd chłopów; poza tym otrzymał zezwolenie na utrzymywanie oddziału żołnierzy (strzelców) rosyjskich w celu zapobiegania buntom. Oddział ten rozlokowano w rezydencji Mazepy — Baturynie. Nie tylko jednak łapówka zadecydowała o odebraniu Samojłowiczowi buławy hetmańskiej. W 1687 r. Golicyn przedsięwziął nieudaną wyprawę na Krym. Winą za niepowodzenia obarczył posiłkującego go Samojłowicza. Po dwóch latach cała historia powtórzyła się raz jeszcze, lecz tym razem nie znalazł się już odpowiedni kozioł ofiarny.

Epizodem w dziejach Lewobrzeża był bunt przeciw Rosji podniesiony przez Piotra Iwanienkę zwanego Petrykiem, który w 1691 r. uciekł na Krym, gdzie w roku następnym podpisał układ w imieniu nie istniejącego „udzielnego księstwa kijowskiego, czernihowskiego i Wojska Zaporoskiego", oddający Ukrainę lewobrzeżną pod władzę Turcji. Samozwańczo ogłosił się hetmanem i bezskutecznie próbował wyprzeć Rosję z Zadnieprza przy pomocy oddziałów tatarskich i niewielkiej grupy awanturników kozackich. Jego dalsze losy nie są znane, a przypuszczenie, iż był wysłannikiem Mazepy, nie znajdują potwierdzenia w dokumentach.

Tymczasem Rzeczpospolita starała się uporczywie o stworzenie z ziem koronnych i ukraińskich jednej organicznej całości. W 1696 r. sejm podjął uchwałę o usunięciu języka ruskiego z sądownictwa ziemskiego. Z niepokojem patrzono na poczynania Palija, który wcielał chłopów od oddziałów kozackich. Żądano, by ustąpił z Polesia kijowskiego. W 1697 r. sejm uchwalił usunięcie wojsk kozackich z dóbr szlacheckich, a konstytucja 1699 r. zniosła Kozaczyznę na Prawobrzeżu.

W tym samym 1699 r. został podpisany w Karłowicach traktat pokojowy między Turcją a Austrią, Polską i Wenecją. Rzeczpospolita odzyskiwała utracone w pokoju buczackim Podole wraz z twierdzą kamieniecką. Rosja — nie chcąc wyrazić zgody na oddanie Turcji zdobytych forteczek w dolnym biegu Dniepru — zawarła z nią tylko rozejm na dwa lata. W 1700 r. w Konstantynopolu wysłannik Piotra I, Ukraincew, podpisał traktat z Portą, w którym Rosja musiała zgodzić się na wydanie Turcji swoich naddnieprzańskich zdobyczy, jednak pod warunkiem, że sporne forteczki zostaną zburzone, a okoliczne ziemie nie zasiedlone.

KULTURA UKRAIŃSKA W DRUGIEJ POŁOWIE XVII WIEKU

Powstanie Chmielnickiego stało się poważnym bodźcem do wytworzenia się wśród mieszkańców Ukrainy poczucia jedności narodowej, świadomości własnej odrębności i siły, co nie pozostało bez wpływu na rozwój kultury.

Wyraziło się to przede wszystkim w szybkim rozwoju szkolnictwa prowadzonego obecnie nie tylko przez bractwa, ale w znacznej mierze również przez niższe i średnie warstwy duchowieństwa prawosławnego. W Winnicy powstała filia Akademii Kijowskiej (później przeniesiono ją do Hoszczy na Wołyniu). Dodać trzeba, że w 1661 r. we Lwowie został założony uniwersytet, ale — rzecz jasna — jako szkoła polska nie wywarł on wówczas większego wpływu na podniesienie się poziomu oświaty ludności ukraińskiej.

Coraz wyraźniejsze stawały się natomiast związki między piśmiennictwem ukraińskim a rosyjskim. Zjawisko to można zaobserwować nie tylko w kontaktach osobistych i licznych podróżach wybitnych przedstawicieli ukraińskiego życia kulturalnego do Moskwy, gdzie zajmowali oni eksponowane stanowiska na dworze carskim (np. Symeon Połocki, Epifaniusz Sławiniecki), lecz głównie we wzajemnym przeplataniu się i łączeniu w powstających dziełach wątków historycznych, wspólnych dla obydwu narodów.

Bardzo charakterystyczny tego przykład stanowi książka wydrukowana po raz pierwszy w 1674 r. w Kijowie, powstała w murach miejscowego Kolegium, a zatytułowana *Synopsis, czyli krótki zbiór różnych latopisów o początkach narodu słowiańsko-rosyjskiego.* W ciągu 150 lat książka ta miała przeszło 20 wydań. Pierwsze trzy wydania powstały pod nadzorem archimandryty Ławry Pieczerskiej w Kijowie Innocentego Gizela, ale wbrew dość rozpowszechnionemu poglądowi nie ma wystarczających podstaw, by przypisać mu jej autorstwo. *Synopsis* była kompilacją kilku kronik i latopisów, m. in. znanej polskiej *Kroniki* Macieja Stryjkowskiego. Najwięcej miejsca zajmowała w niej próba wyświetlenia legendarnych początków Kijowa i Rusi Kijowskiej. Rzecz charakterystyczna, że unia perejasławska potraktowana została w książce jako naturalny powrót „ziemi kijowskiej pod władanie berłonośnej ręki carskiej", a nie jako wynik powstania kozackiego. Praca została zadedykowana carowi Fiodorowi.

Podobny charakter miał *Latopis, to jest kronika z różnych autorów i licznych historyków...*, ukończony w 1699 r. w Czernihowie. Napisał go jeromonach tamtejszego monasteru Troickiego Leontij Bobolinski. Wiele innych prac tego typu, które powstały na Ukrainie w drugiej połowie XVII w., podkreślało wspólnotę interesów rosyjskich i ukraińskich, poświęcając wiele miejsca wspólnym wyprawom podejmowanym przeciw Turcji i Tatarom.

Zaczęły się również pojawiać diariusze i pamiętniki pisane przez przedstawicieli starszyzny kozackiej. Najwybitniejszym zabytkiem tego rodzaju była *Kronika Samowidca* (*Letopis' Samowidca*) — „naocznego świadka" opisywanych wydarzeń, jak się przypuszcza: wojskowego podskarbiego generalnego Romana Rakuszki-Romanowskiego. Pochodził z Bracławszczyzny, z rodziny szlacheckiej. Uciekł stamtąd i został wpisany do rejestru w pułku niżyńskim. Stanowisko podskarbiego otrzymał przy Brzuchowieckim. W 1668 r. przywdział szaty kapłańskie i po kilku latach został *parochem* w Starodubie na Lewobrzeżu. Zmarł w 1703 r. *Kronika Samowidca* obejmuje wydarzenia rozgrywające się na Ukrainie w latach 1648—1702, najwięcej uwagi poświęcając powstaniu Chmielnickiego. Autor opowiadał się za autonomizacją ziem ukraińskich powiązanych z Rosją, wypowiadał się natomiast stanowczo przeciw Wyhowskiemu i Doroszence, paktującym z Polską i Turcją. W *Kronice* zawarto wiele legend i podań współczesnych autorowi oraz szereg wiadomości dotyczących codziennego życia Kozaczyzny, jej obyczajowości i porządku prawnego.

Wśród drukowanych utworów literackich pojawiły się na Ukrainie liczne kazania, utwory panegiryczne oraz wiersze sylabiczne opiewające powstanie i postać Bohdana Chmielnickiego. Nową formą twórczości były teksty dla teatrów lalkowych występujących na targach i jarmarkach. Teatrzyki te nazywano *wertepami*. Występowały w nich zazwyczaj te same postacie: Kozak, szynkarka, diak, dziad i baba, przedstawiające komiczne scenki z codziennego życia ludu wiejskiego.

Kompozytor Dilecki opublikował traktat *Gramatyka muzyczna* oraz podręcznik *Idea gramatyki muzycznej*, który przez wiele lat nie utracił swojej wartości dydaktycznej.

Głównym materiałem, z którego budowano domy i cerkwie, było drewno, dlatego też niewiele zabytków architektury przetrwało do naszych czasów. Charakterystyczne dla nich jest obfite występowanie zdobnictwa opartego na motywach ludowych. Z budynków kamiennych zachowały się m. in.: subotowska cerkiew Bohdana Chmielnickiego oraz sobory — Mikołaja w Kijowie, Troicki w Czernihowie i Mgarski w Łubniach. Znajdziemy w nich wiele elementów barokowych przejętych zapewne z budownictwa kościelnego, w tym czasie burzliwie rozwijającego się na ziemiach polskich.

W malarstwie pojawiły się elementy świeckie, a postać Kozaka Mamaja była wielokrotnie powielana przez miejscowych artystów. Zachowało się też sporo portretów starszyzny kozackiej i hetmanów ukraińskich.

X. ZIEMIE UKRAIŃSKIE
W XVIII WIEKU

Realizacja decyzji Rzeczypospolitej o likwidacji Kozaczyzny napotkała opór pułkownika Semena Palija, który nie chciał się jej podporządkować i zręcznie unikał decydującego starcia z siłami polskimi, mimo że hetman wielki koronny Stanisław Jabłonowski oblegał przez pewien czas Fastów, główną siedzibę zbuntowanego oficera kozackiego. Palij zwrócił się do Siczy z prośbą o pomoc; pojawiły się u niego także liczne grupy przybyszów z Lewobrzeża, którym nie potrafił zapewnić utrzymania. Starali się więc oni zdobyć żywność na własną rękę i grabili okoliczne majątki szlacheckie. W 1702 r. szlachta podolska zwróciła się o pomoc do hetmana wielkiego koronnego, bracławska natomiast wysłała posłów do Palija, prosząc o oszczędzenie jej włości i obiecując wstawiennictwo u króla Augusta II.

Na paktowanie było już jednak za późno. W tym samym 1702 r. na naradzie w Fastowie, w której wzięli m. in. udział Palij, pułkownik Samuś, wójt międzyrzecki Jerzy Kossowicz i podczaszy wendeński Daniel Bratkowski, postanowiono zdecydowanie przeciwstawić się wprowadzeniu w życie konstytucji z 1699 r. Kroki wojenne rozpoczął Samuś. Zajął kolejno Bohusław i Korsuń, a następnie wyruszył do Białej Cerkwi i obległ ją po nieudanej próbie zdobycia szturmem. W odezwach skierowanych do mieszkańców Ukrainy nawoływał do przyłączania się do niego, z pozytywnym zresztą skutkiem, gdyż — według świadectw współczesnych — „rzuciły się zaraz do Palija okrutne gromady chłopstwa, opuszczali miasta, wsie i domy ich, a zabrawszy się z dziećmi, żonami, bydłem i całym domostwem, pozapalawszy własne ich domy, niezliczonymi taborami szli do kupy".

Samuś starał się pozyskać Mazepę, ale ten — ostrożny — naj-

171

pierw zasięgał o nim wiadomości, gdzie się tylko dało, i o wszystkim skrupulatnie informował rząd rosyjski. Samuś otrzymał natomiast od Palija pomoc w postaci dobrze zorganizowanego półtoratysięcznego oddziału kozackiego. Połączone siły powstańcze zdobyły Niemirów, Berdyczów i wreszcie — z początkiem listopada 1702 r. — Białą Cerkiew. Mazepa posyłał powstańcom amunicję, powstrzymywany od ściślejszego współdziałania rozkazami z Moskwy, która będąc aktualnie zaangażowana w wojnę ze Szwecją nie chciała dopuścić do osłabienia Augusta II i potencjalnej sojuszniczki — Rzeczypospolitej. Próby nakłonienia Palija do udziału w tej wojnie nie przyniosły rezultatu.

Nie było nadziei na opanowanie sytuacji. Szlachta starała się nie pozbawiać siły roboczej i złapanych powstańców „znaczyła" obcięciem lewego ucha. Niemniej jednak trafiały się także, i to dość powszechnie, masowe egzekucje. Jeszcze przed wybuchem buntu w Łucku stracono Daniela Bratkowskiego.

Powstanie objęło całą Ukrainę prawobrzeżną. Ruszyło się chłopstwo na Podolu, Wołyniu i Bracławszczyźnie. Rosja nie podejmowała energiczniejszej kontrakcji, sądziła bowiem, że znękana Rzeczpospolita będzie podatniejsza na propozycje przystąpienia do sojuszu antyszwedzkiego.

W 1703 r. przeciw powstańcom ruszyła ekspedycja karna dowodzona przez hetmana polnego koronnego Adama Sieniawskiego. Już w styczniu i lutym odbito Międzyboż, Stary Konstantynów, Płoskirów, Niemirów i wiele innych miejscowości na Podolu i Wołyniu. Twierdza białocerkiewska pozostała jednak w rękach Palija, który werbował nowe oddziały. Późną wiosną 1703 r. Prawobrzeże stanęło znowu w ogniu.

O dalszych losach powstania zadecydowały wypadki w Polsce. W lutym 1704 r. zawiązana w Warszawie konfederacja generalna zdetronizowała Augusta II, a w połowie lipca nowym królem Rzeczypospolitej został Stanisław Leszczyński. Piotr I wysłał Augustowi wojsko na pomoc i obsadził twierdzę białocerkiewską. Na Ukrainę wkroczyły oddziały Mazepy. 31 lipca Mazepa aresztował Palija w Pawołoczy, kiedy ten odmówił wyjazdu do Moskwy. Po miesiącu w Narwie podpisano traktat sojuszniczy między Polską a Rosją. Car zgodził się pomóc Polsce w wyegzekwowaniu terenów zagarniętych przez Palija, przy czym gdyby przywódca powstania zgodził się oddać je dobrowolnie, miał skorzystać z pełnej amnestii. Tymczasem jednak trafił na Syberię.

Mazepie udało się przekonać Piotra I, że dla Rosji nie byłoby rzeczą bezpieczną dopuścić do utworzenia wspólnej granicy Rzeczypospolitej z chanatem krymskim i Zaporożem. W rzeczywistości hetman zaczął realizować własne plany i jednoczyć całą Ukrainę pod swoją buławą. Usunięcie Palija oraz obsadzenie własnymi oddziałami twierdz Prawobrzeża stanowiło faktyczną realizację jego zamysłów. Sytuacja nie pozwalała mu jeszcze na uwolnienie się od zwierzchnictwa rosyjskiego. Piotr I traktował natomiast ziemie ukraińskie zarówno jako środek nacisku na Rzeczpospolitą, jak i jako szansę powiększenia imperium oraz wzmocnienia go w miejscu newralgicznego styku z interesami tureckimi. Na wszelki wypadek w tajnej instrukcji dla Mazepy polecił mu przestrzegać ludność przed możliwością represji polskich w odwecie za powstanie. Radził nawet sugerować przesiedlanie się na lewy brzeg Dniepru. W wyniku takich zabiegów mieszkańcy Ukrainy prawobrzeżnej w jeszcze większym stopniu, niż miało to miejsce dotychczas, wiązali nadzieje na polepszenie swego bytu właśnie z Rosją, widząc w niej skutecznego obrońcę przed Polską.

Mazepa starał się utrwalić swoje panowanie na zagarniętych ziemiach. Faworyzował przy tym starszyznę, która przybyła wraz z nim z Lewobrzeża (współcześnie dla Lewobrzeża zaczęto wymiennie stosować termin: Hetmańszczyzna), nadając jej majątki i przywileje.

Zaporoże wciąż jeszcze pozostawało samodzielnym organizmem politycznym. W niczym jednak nie przypominało istniejącej niegdyś dość jednolitej zbiorowości. Koszowy i starszyzna niejednokrotnie musieli ustępować przed żądaniami niezadowolonej z ich rządów biedoty kozackiej. Mazepa niemal bez przerwy informował cara, że Ukraina przepojona jest „duchem zaporoskiej swawoli" i zastanawiał się nawet nad możliwością likwidacji Siczy. Nie zdecydował się jednak na działanie w tym kierunku, gdyż obawiał się możliwego wówczas sojuszu kozacko-tatarskiego i — jako następstwa — wojny z Turcją.

W 1708 r. Zaporożcy wzięli masowy udział w powstaniu Kondrata Buławina, które wybuchło nad Donem. Liczne ogniska buntu zapłonęły na Ukrainie Słobodskiej, gdzie działały zagony powstańcze dowodzone przez Semena Dranego i Mykitę Gołego. Przeciw nim wystąpiła starszyzna kozacka oraz dwa pułki podległe Mazepie. Na Lewobrzeżu działały tysiącosobowe oddziały powstańcze Mołodca

Iwan Mazepa

i Perebijnosa. W lecie 1708 r. powstanie Buławina zostało zdławione, a jego przywódca zabity.

Tymczasem w wojnie północnej, prowadzonej od 1700 r. przez Rosjan i ich sojuszników ze Szwedami, następował przełom, i to w kierunku, którego się wówczas najmniej spodziewano. We wrześniu 1706 r. na mocy traktatu w Altranstadt, zawartego przez Augusta II z królem szwedzkim Karolem XII, August abdykował na rzecz Stanisława Leszczyńskiego i wydał w ręce Szwedów posiłkujące go oddziały rosyjskie. W zimie 1707 r. Karol XII ruszył na Litwę, a następnie, w pierwszych miesiącach 1708 r., przez Mohylew na Ukrainę.

W poprzednich latach zwolennicy Leszczyńskiego kilkakrotnie usiłowali nakłonić Mazepę do przejścia na jego stronę. Próby te kończyły się niepowodzeniem, a hetman wydawał uczestników tajnych misji w ręce rosyjskie. Teraz jednak doszedł do wniosku, że Rosja stoi nad brzegiem przepaści. Postanowił możliwie szybko zmienić orientację. Zamysły Mazepy wkrótce stały się wiadome starszyźnie kozackiej. Osobisty wróg hetmana sędzia generalny Wasyl Koczubej nie omieszkał natychmiast donieść o tym carowi. Jednym z jego wysłanników był pułkownik Iwan Iskra.

Car nie uwierzył nadchodzącym informacjom i powołał komisję do zbadania sprawy, która przeprowadziła śledztwo w kwietniu 1708 r. Wynik jego był z góry przesądzony. Koczubeja i Iskrę poddano torturom, wskutek czego odwołali swoje zarzuty. Po dodatkowych przesłuchaniach prowadzonych w podobny sposób zostali straceni publicznie w Borszczahówce pod Białą Cerkwią.

Mazepa zamierzał do ostatniej chwili czekać na rozstrzygnięcie wojny rosyjsko-szwedzkiej. Wyprawa króla Szwecji na Ukrainę pokrzyżowała jego plany. I jeden, i drugi monarcha żądali przystąpienia do wojny po własnej stronie. Hetman udawał chorego i zwlekał z decyzją. Wreszcie na Ukrainie pojawił się faworyt carski Aleksander Mienszykow wraz z silnymi oddziałami wojska rosyjskiego.

Zdenerwowany wykrętami gotów był nawet aresztować Mazepę, ale ten wymknął się w ostatniej chwili i 25 X 1708 r. złożył przysięgę na wierność Karolowi XII. Wbrew oczekiwaniom nie uzyskał poparcia Kozaczyzny. Udało mu się jedynie przyprowadzić do Szwedów dwutysięczny oddział konnych. Nastroje na Ukrainie były zdecydowanie antyszwedzkie.

Rezydencja Mazepy, Baturyn, stała się celem swoistego wyścigu między Mienszykowem a Szwedami. Szybszy był Mienszykow. Nie tylko opanował Baturyn, ale na jego rozkaz spalono miasto i zrównano je z ziemią, mordując znaczną liczbę jego mieszkańców. 6 listopada w Głuchowie, w obecności cara, wybrano nowego hetmana: pułkownika starodubskiego Iwana Skoropadskiego. Mazepę wyklęto z Cerkwi prawosławnej.

Skoropadski w chwili wyboru miał już 62 lata. Wywodził się ze starszyzny kozackiej i urodził na Prawobrzeżu, skąd wraz z braćmi przeszedł na Zadnieprze. Przez pewien czas pełnił funkcję asauła generalnego.

Car zabiegał o przychylność Siczy Zaporoskiej. Podwyższył wynagrodzenie wypłacane poszczególnym *kureniom*, nawoływał do zbrojnego wystąpienia przeciw Szwedom i obiecywał wysokie nagrody pieniężne za wziętych do niewoli oficerów. Zaporoże nie dowierzało jednak obietnicom carskim i szukało protektora w chanacie krymskim, pertraktując również z Mazepą. Przybyłe na Sicz poselstwo rosyjskie zostało potraktowane nieprzyjaźnie i niewiele brakowało, by jego członkowie zostali zabici. Nie udały się też podjęte przez Piotra I próby przekupienia starszyzny siczowej. W połowie marca 1709 r. koszowy połączył się z Mazepą i rozpoczął otwartą walkę z Rosją. Carowi udało się nawet doprowadzić do zmiany atamana, lecz i ten kontynuował linię postępowania swojego poprzednika.

Z początkiem maja wyruszyła przeciw Siczy ekspedycja wojsk carskich dowodzona przez pułkownika Piotra Jakowlewa. Zaporożcy bezskutecznie wypatrywali pomocy tatarskiej, a gdy pod Sicz podeszły posiłki rosyjskie dowodzone przez Ignacego Gałagana, rozpoczęło się starcie zakończone klęską Kozaków. Zwycięzcy potraktowali mieszkańców Siczy z ogromnym okrucieństwem. Przeszło 150 osób stracono na miejscu. Zabudowania spalono i zrównano z ziemią, podobnie jak stało się to w Baturynie. Kozacy, którzy ocaleli z pogromu, uciekali w popłochu na południe, pod opiekę chanatu krymskiego. Przy ujściu Dniepru do Morza Czarnego założyli tzw. Sicz Oleszkowską. Inni szukali szczęścia na nie zasiedlonych terenach naddnieprzańskich. Część Zaporożców poddała się rosyjskiemu zwierzchnictwu, zasilając szeregi armii. O dawnych swobodach, przywilejach i autonomii kozackiej pozostała już tylko legenda, odzwierciedlona w dumach śpiewanych przez wędrownych lirników.

BITWA POD POŁTAWĄ

Postępowanie armii szwedzkiej na Ukrainie nie różniło się niczym od tego, którym zasłynęli Szwedzi w Polsce w czasie „potopu". Grabieże, gwałty i pospolite zabójstwa były na porządku dziennym. Nic też dziwnego, że apel cara o pomoc skierowany do miejscowej ludności spotkał się z powszechnym i przychylnym odzewem. W lasach ukraińskich gromadziły się oddziały chłopskich partyzantów, którzy szarpali mniejsze grupy i znosili podjazdy wysyłane przez napastników dla rozeznania terenu. Armia Karola XII budziła grozę, ale w ten sposób działała przeciw sobie samej, uprzedzeni bowiem o jej zbliżaniu się chłopi uciekali wraz z rodzinami i całym dobytkiem do lasów czy na tereny, na których stacjonowały pułki rosyjskie, pozostawiając opustoszone osiedla, pozbawione żywności i podwód. Mazepa nie różnił się postępowaniem od Szwedów.

Wiosną 1709 r. Karol XII rozpoczął oblężenie Połtawy. Niewielki stosunkowo garnizon skutecznie odpierał ataki przeciwnika. W lecie car zdecydował się na wydanie rozstrzygającej bitwy. Armia szwedzka liczyła 28 000 żołnierzy, w oblężonej przez nią Połtawie znajdowało się 8000 Rosjan, a podciągnięte pod miasto siły Piotra I składały się z 42 000 ludzi. Po stronie rosyjskiej walczyło sześć pułków ukraińskich z Lewobrzeża i Ukrainy Słobodzkiej. Wśród nich znajdował się także Semen Palij zwolniony z zesłania. Bitwa pod Połtawą trwała niemal trzy dni (25—27 czerwca/6—8 lipca 1709 r.) i zakończyła się klęską Szwedów. Do niewoli dostał się m. in. głównodowodzący sił szwedzkich Karol Gustaw Rehnsköld. Ranny w czasie walki Karol XII i Mazepa wraz z niedobitkami zostali zmuszeni do ucieczki z pola bitwy i znaleźli schronienie w Turcji.

Mazepa wkrótce zmarł, a jego miejsce zajął dotychczasowy pisarz generalny Filip Orlik, szlachcic ukraiński i właściciel rozległych dóbr.

Zwycięstwo pod Połtawą miało poważne następstwa dla Ukrainy. Rosja uzyskała niekwestionowaną przewagę na tym terenie. Dało się to m. in. wyraźnie odczuć w tonie odpowiedzi Piotra I na petycję hetmana Skoropadskiego, zawierającą artykuły podane carowi do zatwierdzenia.

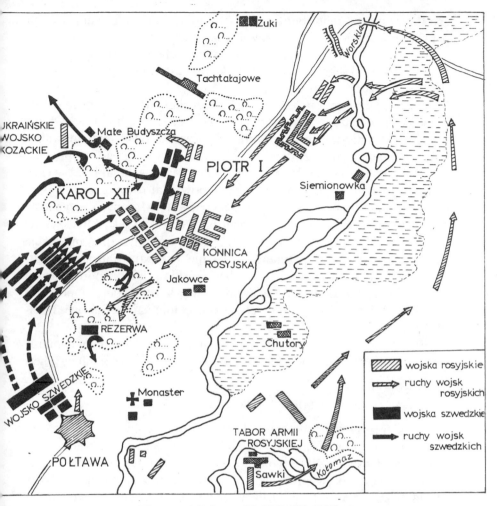

Bitwa pod Połtawą (27 VI/8 VII 1709)

Piotr I oświadczył, że aprobuje dotychczasowe przywileje i prawa kozackie, lecz ze względu na toczącą się jeszcze wojnę nie może ustosunkować się do kwestii szczegółowych. Wypowiedział się wszakże niedwuznacznie o konieczności podporządkowania starszyzny generałom rosyjskim.

Z kolei Skoropadski wyraził zadowolenie z powodu zniszczenia Siczy, lecz prosił zarazem, by ludność mogła się tam udawać, jak poprzednio, w celu przywiezienia ryb, soli i mięsa. Car odmówił, gdyż

„pod tym pretekstem buntownicy zaporoscy mogą osiedlić się na poprzednim miejscu i organizować spiski".

W 1710 r. Piotr I potwierdził przywileje nadane Ukrainie w 1654 r. przez cara Aleksego, jednak dodatkowo ustanowił przy hetmanie swojego urzędnika, który miał osobiście odpowiadać za postępki hetmańskie i otrzymał polecenie niedopuszczania do ponownego osiedlenia się Zaporożców na Siczy. Carski namiestnik miał wgląd we wszystkie ważniejsze sprawy Ukrainy: uczestniczył w przyjmowaniu poselstw, bez jego zezwolenia nie wolno było nikogo wyprawiać poza ziemie ukraińskie w misjach dyplomatycznych, ani też wykonywać wyroków śmierci. Namiestnik odpowiadał również za ściągnięcie kontrybucji z miast, które przyłączyły się do Mazepy. W wypadku odmowy miał zniszczyć je w podobny sposób, jak Mienszykow uczynił to z Baturynem. Prócz tego otrzymał on tajną instrukcję polecającą mu śledzić hetmana i uważnie przypatrywać się działalności całej starszyzny na dworze hetmańskim. Do jego dyspozycji oddano specjalne oddziały regularnych wojsk rosyjskich, a ponadto wojewoda kijowski otrzymał polecenie udzielania namiestnikowi wszelkiej pomocy.

Jeszcze w tym samym 1710 r. na miejsce odwołanego namiestnika wyznaczono aż dwóch urzędników carskich „do pomocy" hetmanowi.

LIKWIDACJA AUTONOMII LEWOBRZEŻA

Orlik intrygował na terenie Turcji za pomocą wszelkich dostępnych mu środków i metod. Myślał o powrocie na Ukrainę, lecz w efekcie doprowadził jedynie do najazdów tatarskich wyniszczających te ziemie. W wyprawach brali również udział Kozacy z Siczy Oleszkowskiej. W 1710 r. Orlik wkroczył na Ukrainę prawobrzeżną na czele zjednoczonych oddziałów kozacko-tatarskich. Dotarł aż pod Białą Cerkiew, ale wkrótce został wyparty ze zdobytego terenu.

Uważał się nie tylko za następcę Mazepy, lecz i za spadkobiercę jego dzieła. Prowadził bardzo ożywioną działalność dyplomatyczną, starając się przekonać władców Szwecji, Francji, Prus, Polski i Turcji, że utworzenie samodzielnego państwa ukraińskiego przyczyni się do zachowania równowagi w Europie. Poglądów tych nie brano jednak pod uwagę, mimo iż powtarzał je z uporem również syn hetmana, Grzegorz. Ten został przynajmniej hrabią i generałem francuskim, Filip nie uzyskał nic poza mianem zdrajcy, jakim obdarzyła go część współczesnej opinii i wielu historyków.

Tymczasem Piotr I po bitwie połtawskiej postanowił uporać się do końca także z problemem tureckim. Ufny w swoje siły oraz siły sojuszników z Mołdawii i Wołoszczyzny przedsięwziął w 1711 r. wyprawę na południe. Spotkał go jednak srogi zawód. Z początkiem lipca dowodzony przez cara korpus rosyjski został otoczony nad Prutem przez przeważające siły tureckie. Turcy okazali się jednak skłonni do rokowań i 12 (23) lipca zgodzili się na rozejm, w którym znalazły się również artykuły dotyczące ziem ukraińskich. Tak więc zabraniano Rosji mieszania się do spraw polskich i kozackich oraz wprowadzania wojsk w granice Rzeczypospolitej i na ziemie podległe jurysdykcji kozackiej. Trzy rosyjskie twierdze leżące w dolnym biegu Dniepru miały zostać zburzone. Postanowienia rozejmowe potwierdzono w roku następnym w traktacie pokojowym zawartym w Konstantynopolu, gdzie ustalono, że z ziem Prawobrzeża tylko Kijów wraz z przyległościami pozostanie pod panowaniem Rosji. Car zrzekał się pretensji do zwierzchnictwa nad Siczą Zaporoską oraz nad Kozakami zamieszkującymi Prawobrzeże.

We wrześniu 1711 r. Piotr I wydał ukaz zalecający wszystkim Kozakom przesiedlenie się z Prawobrzeża na lewy brzeg Dniepru. Obiecywał wynagrodzenie poniesionych przy tym szkód i nadanie majątków stanowiących równowartość utraconych na terenie Rzeczypospolitej. Podobne zarządzenia wydał Skoropadski, który ponadto do przesiedleń używał siły. Rozpoczęła się wielka wędrówka ludności, której nie mogła przeciwstawić się osłabiona Polska. Granicę przekroczyło wiele tysięcy ludzi, pozostawiając opustoszałe domostwa i pola uprawne z wolna zarastające chwastami. Na nowych ziemiach nie znaleziono jednak oczekiwanych, czy też obiecywanych korzyści.

Problem kozacki na Lewobrzeżu stał się już teraz tylko wewnętrzną sprawą Rosji. Do cara i jego urzędników dochodziły coraz liczniejsze skargi na poczynania starszyzny pułkowej, która — wbrew prawu i tradycji — przekształcała wolnych Kozaków w zależnych chłopów. Podobnie postępowali wyżsi oficerowie rosyjscy. Kozacy byli albo zmuszani do sprzedaży swojej ziemi za bezcen, albo też po prostu wypędzani. W każdej chwili można się było spodziewać nowych zaburzeń na Ukrainie.

Spore grupy ubogich Kozaków, pozbawionych majątków, wychodziły na stepy, aby polować bądź też zająć się przewozem towarów (tzw. *czumacy*): soli i ryb. Niejednokrotnie w czasie swoich wędrówek spotykali Zaporożców wypędzonych przez Piotra I. Car dostrzegał wynikające stąd niebezpieczeństwo, jednak w 1716 r. pułkownicy kozaccy oświadczyli mu wprost, że nie mają żadnej możliwości powstrzymania swoich podkomendnych przed uchodzeniem w stepy. W 1720 r. wydano dekret zabraniający przyjeżdżającym do Rosji Tatarom przywożenia ze sobą Zaporożców, z wyjątkiem tych, którzy chcieliby prosić cara o łaskę.

Skoropadski obrastał w majątki i stał się jednym z najzamożniejszych feudałów ukraińskich. Posłusznie wykonywał wszystkie polecenia Piotra I i jego pełnomocników, przekształcając się stopniowo w carskiego urzędnika. Autonomia Zadnieprza wyrażała się teraz w zasadzie już tylko zachowaniem pewnych tradycyjnych obyczajów, które zresztą w większym stopniu kultywowane były przez niższe warstwy ludności: ubogich Kozaków i chłopów, niż przez starszyznę z otoczenia hetmana.

Na dwa miesiące przed śmiercią Skoropadskiego, 16 (27) V 1722 r. Piotr I powołał do życia Kolegium Małorosyjskie (tzw. Pierwsze), które rezydowało w Głuchowie. Posunięcie to wiązało się z zabiegami monarchy o ujednolicenie i scentralizowanie władzy w imperium rosyjskim (nb. poprzednio funkcjonujący Prikaz Małorosyjski miał swoją siedzibę w Moskwie). W skład Kolegium wchodził prezydent, sześciu oficerów z pułków rosyjskich rozlokowanych na Ukrainie oraz prokurator. Wszystkich mianował car. Pierwszym prezydentem został brygadier Wieljaminow. Kolegium było podporządkowane bezpośrednio dwu instytucjom: w sprawach cywilnych — Senatowi, w wojskowych — naczelnemu dowództwu wojsk rosyjskich na Ukrainie. Był to pierwszy poważniejszy krok zmierzający do likwidacji autonomii. Drugi nastąpił wkrótce później.

Po śmierci hetmana Skoropadskiego zabroniono wyboru następcy i wyznaczono jedynie hetmana nakaźnego. Został nim pułkownik czernihowski Paweł Połubotok. Był on właścicielem dóbr leżących na terenie kilku pułków i działając we własnym interesie przemyśliwał o przywróceniu urzędu hetmana. Spotkało się to z natychmiastową reakcją władz centralnych. Połubotok został w 1723 r. wezwany do Petersburga, uwięziony w twierdzy Pietropawłowskiej, gdzie zmarł jeszcze w tym samym roku.

Kolegium Małorosyjskie roztoczyło ścisły nadzór nad całą starszyzną zadnieprzańską, kontrolowało wydawane przez nią rozkazy i — w ciągu dwóch lat — prawie sześciokrotnie powiększyło wymiar podatków ściąganych z ziem ukraińskich. W związku z zaostrzeniem się stosunków rosyjsko-tureckich w 1727 r. Kolegium Małorosyjskie zostało zlikwidowane. Kozackie pułki z Lewobrzeża były potrzebne w czasie nadciągającej wojny i carat nie chciał zbytnio drażnić miejscowej ludności. Powrócono więc do polityki stwarzania pozorów dobrej woli i realizowania postulatów starszyzny.

Nowym hetmanem Ukrainy lewobrzeżnej został wybrany sędziwy, 73-letni bogaty pułkownik mirhorodzki Daniel Apostoł. Przez całe życie trzymał się orientacji prorosyjskiej i tylko na bardzo krótko związał się z Mazepą po jego zdradzie, ale już w czasie bitwy pod Połtawą wystąpił po stronie Piotra I. Znany był ze swych zdolności wojskowych i cieszył się dużą popularnością na Ukrainie. Jego możliwości samodzielnego działania były jednak bardzo niewielkie, i to nie tylko ze względu na wiek, ale przede wszystkim z powodu ścisłego nadzoru, jakim otoczyły go władze rosyjskie, i coraz liczniej pojawiających się w jego otoczeniu urzędników carskich.

W 1733 r. zmarł król Polski August II. Do kraju powrócił wypędzony niegdyś Stanisław Leszczyński i został wybrany władcą Rzeczypospolitej. Jednak już po miesiącu wspólnej akcji Rosji i Austrii, a zwłaszcza po zbrojnej demonstracji rosyjskiej, doszło do ponownej elekcji, w której wyniku na tronie polskim zasiadł August III. Armia carska wypędziła konkurenta z Polski, tym razem na zawsze. Zamieszanie związane z podwójną elekcją trwało jeszcze przez kilka lat. Leszczyński abdykował ostatecznie z początkiem 1736 r.

W Rosji panowała wówczas carowa Anna. Niejednokrotnie Kozacy Zaporoscy kierowali do niej prośby o umożliwienie im powrotu na Ukrainę. Prośby te były stale odrzucane, Rosja bowiem obawiała się sprowokowania Turcji, a wojna była jej w tym czasie bardzo nie na rękę. Mimo to carowa nie chciała zamykać Kozakom drogi do powrotu, mając nadzieję, że w przyszłości okażą się cennymi sojusznikami. Dlatego też w tajnych instrukcjach nakazywała swym wysłannikom dawać ustne obietnice, że przy nadarzającej się okazji przyjmie Kozaków pod swoje berło. Sukces odniesiony w Polsce i znaczny wzrost napięcia na granicy południowej (umocnionej w 1731 r. przez budowę fortyfikacji, tzw. linii ukraińskiej) przyspieszyły podjęcie decyzji. Na wiosnę 1734 r. Kozacy powrócili do Rosji. Z końcem września utworzyli Nową Sicz w rejonie rzeki Podpolnej. Leżała ona w odległości ok. 5 km od poprzedniej Siczy Zaporoskiej. Wybudowano w niej silne umocnienia i dodatkowo umocniono artylerią.

Zaporożcy wzięli się energicznie do przywrócenia poprzedniego stanu posiadania. Starszyzna tworzyła własne *chutory*, biedniejsi skupiali się wokół centrów pułkowych i samej Siczy. Zakładano *słobody* w miejscach mniej narażonych na tatarskie najazdy, głównie w północnej części Zaporoża. Do spustoszonego kraju powracało życie. Daniel Apostoł dożywający ostatnich swoich dni sprawował rządy na terenach przylegających do Zaporoża z północy. Dla Kozaków Zaporoskich był po prostu jednym z wykonawców zarządzeń władzy centralnej, którym musieli się podporządkować. O przywództwie typu Chmielnickiego czy jego następców nie mogło być nawet mowy. Hetman zmarł w tym samym 1734 r., a Rosja nie wyraziła zgody na wybranie nowego. Do życia powołano natomiast całkowicie zależny od Petersburga Zarząd Urzędu Hetmańskiego (Prawlenije Gietmanskogo Uriadu). Instytucja ta funkcjonowała bez przerwy aż do 1750 r. Na jej czele stał rezydent carski ks. Aleksy Szachowski. Prócz tego w skład Zarządu wchodzili dwaj urzędnicy rosyjscy oraz trzej przedstawiciele starszyzny ukraińskiej z oboźnym generalnym Jakubem Lizogubem.

Poważne zmiany następowały w łonie Kozaczyzny. W 1735 r. zamożni Kozacy za cenę osobistego udziału w wyprawach wojennych i obowiązku służby wojskowej zostali zwolnieni od wszelkich innych powinności; pozostali, określeni jako tzw. podpomocnicy, winni byli wykonywać te same prace co chłopi, lecz w wymiarze obniżonym do połowy powinności chłopskich, oraz dostarczać konie, amunicję i żywność dla wojska.

Starszyzna pragnęła usankcjonowania istniejących porządków i jeśli nie pełnego zrównania w prawach ze szlachtą rosyjską, to przynajmniej przeprowadzenia takich reform, które dawałyby jej prawo do korzystania chociażby z części dawnych przywilejów nadanych przez królów i carów. Tendencja ta zbiegła się z dążeniami rządu carskiego, który chciał doprowadzić do ujednolicenia przepisów prawnych obowiązujących na Ukrainie. Funkcjonowało tu jeszcze przecież prawo litewskie, polskie, rosyjskie, miejscowe zwyczajowe oraz wiele indywidualnych przywilejów imiennych. Projektowana kodyfikacja miała również na celu zbliżenie ukraińskich przepisów prawnych do prawa rosyjskiego.

W 1728 r. została utworzona specjalna komisja z siedzibą w Głuchowie, w której jedną z czołowych ról odgrywał oboźny Jakub Lizogub. W 1744 r., a więc dopiero po 16 latach, projekt kodeksu pod nazwą *Prawa, według których rządzi się naród małorosyjski* przekazany został Senatowi w Petersburgu do zatwierdzenia. Po następnych dwunastu latach projekt powrócił na Ukrainę do poprawy i częściowej przeróbki. Ostatecznie, po całkowitej likwidacji autonomii, przerwano prowadzone w związku z tym prace.

Projekt kodeksu składał się z 30 rozdziałów, zawierających 531 artykułów o łącznej liczbie 1716 punktów. Przy jego opracowaniu wykorzystano praktycznie wszystkie obowiązujące dotychczas normy i zbiory praw. W dodanym do *Praw...* aneksie umieszczono wykaz i schemat urzędów wojskowych oraz administracji cywilnej na Ukrainie, łącznie z wyjaśnieniami dotyczącymi użytych terminów.

Gdy ponownie zaostrzyły się stosunki rosyjsko-tureckie, carat znowu stał się skłonny do pewnego złagodzenia kursu wobec Ukrainy. W 1750 r., za panowania carowej Elżbiety, na jej wyraźne życzenie starszyzna zebrała się na radzie w Głuchowie i wybrała nowego hetmana Lewobrzeża. Został nim brat faworyta monarchini Cyryl Razumowski, otrzymując jednocześnie nominację na feldmarszałka i — jako wiano — znaczne majętności na Ukrainie. Pochodził wprawdzie z rodziny kozackiej, lecz szybko wyszedł ze swojej sfery, otrzymał staranne wykształcenie w uniwersytetach zachodnioeuropejskich i nawet, w bardzo młodym wieku, został prezydentem Petersburskiej Akademii Nauk. W karierze, prócz rzeczywistych zdolności i umiejętności, pomogła mu szczególna pozycja brata na dworze cesarskim. Hetmanem został mając zaledwie 22 lata.

Działalność Cyryla Razumowskiego sprzyjała umocnieniu się stosunków feudalnych na Lewobrzeżu. Wydany w 1760 r. uniwersał hetmański dozwalał chłopom opuszczać swoje dotychczasowe miejsca zamieszkania jedynie pod warunkiem pisemnej zgody dziedzica i pozostawienia na miejscu całego dobytku. W 1763 r. Katarzyna II potwierdziła postanowienia uniwersału, dodając zarazem, że chłopi mieszkający w danej wsi dłużej niż 10 lat muszą już w niej pozostać. Po dwudziestu latach, 3 (14) V 1783 r., chłopi zostali pozbawieni nawet tej możliwości.

W latach 1760—1763 przeprowadzona została na Ukrainie reforma sądownictwa, która wprowadziła system wzorowany na ustroju sądów stanowych przewidzianych w III *Statucie litewskim*. Sąd generalny stał się najwyższym organem sądowniczym mającym nadzorować działalność sądów niższych instancji. Temu sądowi podlegały też wyłącznie sprawy starszyzny generalnej, pułkowników, „towarzyszy" buńczukowych i wojskowych oraz wszystkich tych, którzy znajdowali się pod osobistą opieką hetmana. Sąd generalny stopniowo przejął też funkcje najwyższej izby apelacyjnej, które dotychczas wypełniała Generalna Kancelaria Wojskowa. Końcowym etapem reformy było wprowadzenie na każdym terytorium pułkowym dwóch sądów ziemskich, dwóch podkomorskich i jednego grodzkiego (w pułku niżyńskim były trzy sądy ziemskie). Sądy ziemskie rozpatrywały sprawy własnościowe, podkomorskie — sprawy graniczne, grodzkie — sprawy kryminalne. Drobne kwestie sporne między Kozakami, a także między mieszczanami, podlegały kompetencji magistratów, a sprawy cywilne i karne dotyczące chłopów znalazły się w całości w rękach właścicieli ziemskich.

Przywrócenie urzędu hetmana spowodowało także przywrócenie zależności od niego Zaporoża. Tutaj jednostkami administracyjno--wojskowymi były *kurenie*. Na ziemiach zaporoskich było ich 38. Nazwa pochodziła od chat wybudowanych w Siczy, gdzie kolejno pełnili służbę wojskową wyznaczeni Kozacy. Każdy żołnierz kozacki musiał związać się z określonym *kureniem*. Tam dokonywano zapisów do wojska, przy czym służba wojskowa była — praktycznie rzecz biorąc — bezterminowa. Zwolnić od niej mogła tylko śmierć lub kalectwo uniemożliwiające wykonywanie obowiązków.

Sicz Zaporoska podlegała bezpośrednio generałowi-gubernatorowi kijowskiemu; w czasie wojny natomiast wystawione przez nią oddziały wykonywały rozkazy rosyjskiego głównodowodzącego. W czasie pokoju oddziały Zaporożców pełniły przeważnie pograniczną służbę wartowniczą; używano ich również do akcji wywiadowczych. Szeregowi żołnierze wykonywali obowiązki w zależności od stanu rodzinnego. Służbę w garnizonie siczowym pełnili wyłącznie kawalerowie, a żonaci — na terenie podległym władzy odpowiednich *kureni*. Kozakiem zaporoskim mógł zostać każdy. Wpisanie się na listę w *kureniu* było prostą formalnością; ograniczenia zaczynały się dopiero przy sporządzaniu rejestrów tych, którzy mogli odbywać służbę wojskową w oddziałach kozackich.

Biedni Kozacy przenosili się późną jesienią do majątków starszyzny, tzw. *zimowników*, lokowanych nad rzekami lub większymi strumieniami. Zjawiskiem wyjątkowym były tak wielkie zespoły gospodarcze, jak np. *zimownik* ostatniego atamana zaporoskiego Piotra Kalniszewskiego, liczący przeszło 13 000 sztuk różnego rodzaju żywego inwentarza, w tym blisko 650 koni.

Odrębny typ posiadłości stanowiły *słobody*. Było ich na Zaporożu kilkadziesiąt. Mieszkało w nich od kilku do kilkuset rodzin. Mieszkańcy *słobód* otrzymywali ziemię na podstawie decyzji *kosza*. Dzielili się na dwie części: kozacką i pospolitą z oddzielnym *atamanem* dla każdej z nich. Leżały one zazwyczaj w pobliżu Dniepru.

Znaczna liczba Kozaków trudniła się wydobywaniem (odparowywaniem) soli. Głównym ośrodkiem tego przemysłu był liman dnieprowy, gdzie pracowało niejednokrotnie i po kilka tysięcy ludzi. Wydobywana sól przewożona była na Zaporoże, do Polski, Rosji, a zaspokajała również potrzeby mieszkańców Krymu, z którymi zresztą Zaporożcy utrzymywali ożywione kontakty handlowe. Kozacy nie uważali handlu za zajęcie uwłaczające godności wolnego człowieka. W przeciwieństwie do Prawobrzeża, gdzie karczmarstwem zajmowali się niemal wyłącznie Żydzi, na Zaporożu większość szynkarzy była Kozakami. W szynkach zatrudniano sporo czeladzi i nawet prowadzono obwoźną sprzedaż napojów alkoholowych.

Konieczność ciągłego przenoszenia się z miejsca na miejsce wiązała się niemal z każdym z zajęć wykonywanych przez mieszkańców Zaporoża. Od momentu zapisania się do rejestru w *kureniu* na Siczy niemal aż do śmierci Kozacy wędrowali po całym terytorium zaporoskim, zapuszczając się na Krym i niejednokrotnie przekraczając granice państwowe, które zupełnie nie stanowiły dla nich przeszkody. Trudne warunki bytowania zmuszały ich do surowości obyczajów, wytrwałości, odwagi i hartu ducha. Współcześni podkreślali to dość zgodnie. Zwracali również uwagę na małą ilość kobiet na Zaporożu.

Życie codzienne było regulowane przez zmieniające się pory roku. W zimie zapełniały się osady i zimowniki, bydło spędzano ze stepów, powracali rybacy, zamierał ruch karawan czumackich i tylko od czasu do czasu brzegami granicznych rzek przejeżdżały konne podjazdy kozackie patrolujące okolicę. Wiosna budziła nadzieje na nowe zarobki z rzemiosła, czumactwa, zaczynano myśleć o zbliżającym się sezonie rybackim, niektórzy zaś czyścili broń, skrzykiwali się z towarzyszami i ruszali na rabunek do Polski lub w głąb Rosji. Według odrębnego kalendarza żyli ci, którzy utrzymywali się z uprawy roli.

Sporo niepokoju wywołała w Petersburgu próba przekształcenia urzędu hetmańskiego w stanowisko dziedziczne. Wyszła wprawdzie od starszyzny kozackiej, ale wszystkie poszlaki wskazywały, że znaczną rolę odegrał w tej sprawie sam hetman Razumowski. Pod odpowiednią petycją do carowej znalazły się natomiast jedynie podpisy pułkowników z Hetmańszczyzny. Stało się to z końcem 1763 r. W roku następnym Razumowski został wezwany do stolicy i carowa wymogła na nim podanie się do dymisji. Prośbę hetmana przekazano do Kolegium Spraw Zagranicznych, które postanowiło znieść urząd hetmański. W listopadzie 1764 r. utworzono tzw. Drugie Kolegium Małorosyjskie. Jego przewodniczącym został Piotr Rumiancew, jeden z najwybitniejszych rosyjskich mężów stanu i dowódców, za swoje zasługi w walkach przeciw Turcji obdarzony przydomkiem „Zadunajski". W skład Kolegium powołano po cztery osoby z Ukrainy i Rosji, po jednym sekretarzu każdej narodowości oraz prokuratora pochodzenia rosyjskiego. Uprawnienia Rumiancewa były bardzo szerokie i rozciągały się zarówno na Hetmańszczyznę, jak i na Zaporoże. Wśród wielu innych zaleceń, które otrzymał przy obejmowaniu nowego urzędu od carowej Katarzyny II, znalazło się też polecenie wykorzenienia na Ukrainie „nienawiści do Rosjan".

Po likwidacji urzędu hetmańskiego i utworzeniu (jeszcze w 1708 r.) guberni kijowskiej, a następnie dwóch dalszych jednostek tego typu (por. rozdział następny), pewne ślady samodzielności pozostały już tylko na Zaporożu, lecz i to nie na długo.

NOWA SERBIA

W połowie 1751 r. do posła rosyjskiego w Wiedniu hr. Michała Bestużewa Riumina zwrócił się w imieniu Serbów znajdujących się na służbie austriackiej pułkownik Iwan Chorwat, prosząc o zezwolenie na przejście do służby rosyjskiej. Maria Teresa zgodziła się na to już wcześniej. Decyzja Serbów spowodowana była wyparciem ich z uprzywilejowanych stanowisk dworskich przez Węgrów, którym nawet formalnie podporządkowano oddziały serbskie. W lipcu 1751 r. Elżbieta rosyjska wyraziła zgodę na przyjęcie Chorwata wraz z jego współziomkami. Chciała wykorzystać ich doświadczenie w przyszłych działaniach przeciw Turcji. W październiku Chorwat znalazł się ze swymi podkomendnymi i ich rodzinami w Kijowie. Natychmiast otrzymał rangę generała-majora i 3000 rubli. W styczniu 1752 r., zgodnie z instrukcją Senatu, Serbowie zaczęli się osiedlać na terenach od ujścia Kawarłyka do górnego biegu Turu, stamtąd do ujścia Kamionki, dalej do górnego biegu Berezówki, skąd do Omelnika i jego biegiem aż do ujścia do Dniepru, „odstępując od granicy z Polską na 20 wiorst". Instrukcja nakazywała również wybudowanie‹twierdzy z umocnieniami ziemnymi, którą na cześć patronki carowej nazwano twierdzą św. Elżbiety. Całość zagospodarowanych obecnie ziem nazwano Nową Serbią. Nie wolno się było tutaj osiedlać nikomu poza imigrantami. Nb. ziemie te stanowiły niezłe zabezpieczenie Rzeczypospolitej przed najazdami tatarskimi.

W 1762 r. okazało się, że gen. Chorwat przywłaszczył sobie poważne sumy, w związku z czym odsunięto go od zarządzania

Nową Serbią i skonfiskowano jego majątek. Nowym rządcą został Rosjanin, gen. Mielgunow, podporządkowany kijowskiemu generałowi-gubernatorowi. Władzę zwierzchnią nad korpusem serbskim sprawowało Kolegium Wojskowe. W ten sposób zlikwidowano odrębny status Nowej Serbii. W połowie maja 1764 r. utworzona została gubernia noworosyjska. W jej skład weszły: Nowa Serbia, tzw. Słowiano-Serbia i część ziem zaporoskich leżących nad granicą z Polską, w rejonie rzeki Siniuchy. Gubernatorem nowej jednostki został gen. Mielgunow. W końcu tego samego roku powstała kolejna gubernia: słobodzko-ukraińska.

UKRAINA PRAWOBRZEŻNA W PIERWSZEJ POŁOWIE XVIII WIEKU

Cztery tzw. ukraińskie województwa Rzeczypospolitej: bracławskie, kijowskie, podolskie i wołyńskie (było ich właściwie pięć, gdyż zazwyczaj nie wymieniano województwa ruskiego), również w XVIII w. nie zaznały spokoju. Wielokrotnie przeciągała przez nie armia carska; wybuchały liczne chłopskie powstania i bunty; poza tym tereny te podlegały niemal nieustannym napaściom tatarskim z Krymu i kozackim z Zadnieprza. Mimo to w pierwszych dziesięcioleciach XVIII w. przypłynęła tu kolejna wielka fala kolonizacyjna. Przeważali w niej chłopi z ziem polskich, którzy szybko ulegali asymilacji. Magnaci: Czartoryscy, Potoccy, Lubomirscy, Sieniawscy, Ossolińscy, Lanckorońscy i in. starali się o szybkie odnowienie stanu posiadania. W związku z tym ogłaszano wieloletnie wolnizny (zwolnienia od odbywania powinności pańszczyźnianych), nierzadko sięgające 15 i 20 lat. Wieści o tym, a także o urodzajności gleby i niezmierzonych bogactwach ziem ukraińskich szybko rozchodziły się po Rzeczypospolitej. Oprócz więc przeprowadzania na Ukrainę rodzin chłopskich z majątków leżących w centralnej Polsce, co praktykowane było dość powszechnie, pojawiła się bez porównania większa grupa kolonistów przybywających tutaj dobrowolnie, a wbrew woli swoich dotychczasowych panów. Zapobiegliwi administratorzy przechwytywali chłopów udających się dalej na wschód i zmuszali do osiedlania się w województwie podolskim, wołyńskim lub w zachodnich rejonach kijowskiego i bracławskiego. Prowadziło to do uciążliwych procesów, które nie zawsze kończyły się po myśli szlachty występującej do sądu o rewindykację swoich poddanych. Najbardziej cierpieli na tym ci ostatni, niepewni dnia jutrzejszego, chcący jak najszybszej stabilizacji i usunięcia wiszącego nad nimi zagrożenia. Szlachta znalazła nowego poważnego przeciwnika. Był nim ruch hajdamacki (od tur. *hajdamak* — grabić, rabować), który aż do lat siedemdziesiątych XVIII w. siał grozę i przerażenie. *Hajdamakami* byli chłopi z Prawobrzeża oraz Kozacy wywodzący się z prywatnych oddziałów magnackich, Ukrainy lewobrzeżnej i Zaporoża. Zaporożcy odgrywali czołową rolę w tworzących się watahach: byli dowódcami oddziałów i wskazywali dogodne kierunki, miejsca oraz czas uderzenia. Ruch hajdamacki, łącząc w sobie elementy protestu antyfeudalnego ze zwykłym bandytyzmem, przypominał zarówno zbójnictwo podhalańskie, jak i ruch *opryszków* na Podkarpaciu. O ile drobne grupy hajdamackie miały na celu niemal wyłącznie rabunek lub zemstę osobistą, to duże oddziały niosły ze sobą hasła przywrócenia wolności kozackich, obrony religii prawosławnej i całkowitego wypędzenia polskiej szlachty i Żydów z ziem ukraińskich. Charakter tego ruchu do dnia dzisiejszego budzi spory wśród historyków, lecz — jak się wydaje — byłoby poważnym błędem traktować go tylko z jednego punktu widzenia i widzieć tylko w białych lub czarnych barwach. Nazwa *hajdamaka* po raz pierwszy pojawiła się w dokumentach dotyczących Ukrainy w 1717 r.

Historyk kijowski, Walentyna Markina, wiąże nasilenie się ruchów hajdamackich z kończeniem się okresu zwolnienia chłopskich kolonistów od powinności wykonywanych na rzecz pana. Ponieważ następowało to raptownie, po dłuższym czasie i mniej więcej w tym samym momencie, sądzi, że mieszkańcy wsi w hajdamactwie oraz innych formach oporu dawali wyraz sprzeciwu wobec spadających na nich obowiązków. Nie kwestionując całkowicie tej hipotezy, należy zwrócić uwagę, iż większe wystąpienia hajdamackie miały miejsce w okresie osłabienia władzy państwowej na wschodnich kresach Rzeczypospolitej, co z kolei wiązało się z ważnymi wydarzeniami politycznymi, wojnami na pograniczu i konfliktami zbrojnymi.

W 1734 r. w czasie walk o władzę w Polsce po śmierci Augusta II doszło na Prawobrzeżu do wystąpienia setnika oddziału nadwornych kozaków ks. Jerzego Lubomirskiego, „pułkownika" Werłana. Niewiele zachowało się o nim wiadomości. Na widowni dziejowej pojawił się w ostatnich dniach maja 1734 r., gdy wraz ze 130-osobowym zagonem wyruszył z okolic Raszkowa nad Dniestrem. Skontaktował się z dowódcą rosyjskiego oddziału stacjonującego w Humaniu i otrzymał od niego rzekomy ukaz carski, nadający mu tytuł „pułkownika nakaźnego ochotniczych wojsk kozackich". Werłan złożył przysięgę na wierność carowej Annie i starał się wprowadzić jaki taki porządek w rosnących z dnia na dzień oddziałach powstańczych. Podzielił je na sotnie i dziesiątki, zamierzał wprowadzić rejestr wszystkich podporządkowanych sobie powstańców, wprowadził karę za dezercję i działanie bez rozkazu, głosił, iż uczestnicy powstania odbywają regularną siedmioletnią służbę kozacką, po której będą mogli powrócić — odpowiednio wynagrodzeni — do swoich domów. Po niespełna dwóch tygodniach werbunku znalazło się przy nim przeszło 1000 chłopów, wydzielony oddział kozaków humańskich (dotychczas na służbie Potockich) oraz 100 Zaporożców z Gardu Bohowego (Gard leżał na lewym brzegu Bohu, między rzekami: Suchym Taszłykiem, Harbużną a Martwą Wodą. Tłumy kozackiej biedoty spędzały tu czas od późnej wiosny aż do jesieni na łowieniu ryb. Był to najbardziej zapalny element na Zaporożu. Podejmowanym stąd wyprawom nie mógł się przeciwstawić bezsilny zupełnie miejscowy komendant, wyznaczony przez atamana koszowego).

Werłan działał w Bracławskiem, a następnie przeniósł się na Wołyń, gdzie wprawdzie doznał porażki pod Krzemieńcem, lecz opanował Brody i nawet planował wyprawę na Stanisławów i Kamieniec Podolski. W sierpniu 1734 r. Werłan przyciskany przez wojska koronne usunął się z Ukrainy, przechodząc prawdopodobnie na Wołoszczyznę.

Powstanie Werłana zaktywizowało opór chłopski na Ukrainie. Pojawiły się liczne watahy hajdamackie, z których np. oddział Sawy Całego, Kozaka urodzonego na Zaporożu, przeszedł do miejscowej legendy. Wiele miejsca poświęcono w niej zwłaszcza postaci samego przywódcy. Służył w prywatnej milicji u Czetwertyńskich, brał udział w powstaniu Werłana, a po zatargu z dowódcą zaczął działać na własną rękę. Został wreszcie aresztowany i osadzony w Białej Cerkwi, skąd udało mu się uciec. W 1735 r. znalazł się w Turcji na służbie u Orlika. W czasie samodzielnej wyprawy hajdamackiej opanował Mohylów nad Dniestrem, Sawrań i Bar. Po roku, przekupiony przez szlachtę, stanął jako pułkownik na czele jednego z oddziałów koronnych, ścigających hajdamaków. Wkrótce po powstaniu (w 1735 r.) Kijowskiej Komisji Pogranicznej, mieszanego polsko-rosyjskiego organu do rozstrzygania sporów granicznych, Rosjanie zażądali wydania Sawy Całego na prośbę starszyzny siczowej, która miała z nim jakieś własne porachunki. Strona polska pominęła to żądanie milczeniem. W 1741 r. Sawa został zamordowany przez Kozaka Ihnata Gołego, specjalnie wysłanego w tym celu z Zaporoża.

Nowa fala wystąpień hajdamackich przypadła na rok 1750. Jak wynika z akt Kijowskiej Kancelarii Gubernialnej, w lipcu i sierpniu 1750 r. szlachta polska złożyła 77 skarg na działalność *watah* hajdamackich. Według relacji przedstawionej Komisji Pogranicznej *hajdamacy* w samym tylko województwie bracławskim zrujnowali w lecie 1750 r. 27 miast i 111 wsi, co stanowiło więcej niż połowę wszystkich miast Bracławszczyzny i przeszło 10% znajdujących się tutaj wsi. Ukraiński historyk Łoła obliczył, że w okresie od marca do września 1750 r. nastąpiły 44 napaście i rajdy hajdamackie, w których wzięło udział przeszło 1000 uczestników. Atakowano nie tylko wioski, ale również spore ośrodki miejskie: Fastów, Korsuń, Rżyszczew, Narodycze, Pawołocz, Moszny, Białą Cerkiew, Śmiłę, Chodorów, Winnicę, Berdyczów, Krasne, Cybulew i Humań. Terenem największego nasilenia ruchu hajdamackiego były województwa bracławskie i kijowskie. Powołano w nich nawet specjalne oddziały milicji mające bronić majątków szlacheckich przed napastnikami.

Wkroczenie do akcji wojsk koronnych przytłumiło falę wystąpień hajdamackich. Na Lewobrzeżu walkę taką równolegle prowadziły oddziały rosyjskie.

RUCH OPRYSZKÓW

W latach trzydziestych i czterdziestych XVIII w. na Pokuciu i w południowo-zachodniej części województwa podolskiego powstało kilka dobrze zorganizowanych oddziałów *opryszków* (por. rozdział: „Organizacja administracji i stosunki społeczno-gospodarcze na Ukrainie w drugiej połowie XVII w."). Największą sławę zdobyła *wataha* Oleksego Dowbusza, zwanego także Doboszem lub Doboszczukiem. Pochodził z biednej rodziny chłopskiej osiadłej w starostwie jabłonowskim w pobliżu Kołomyi. Pierwsze wiadomości o nim pochodzą z 1738 r., gdy zaczął grasować w pobliżu miejsca swego urodzenia. Wypierany przez polskie ekspedycje karne, musiał przenieść się na pogranicze Bukowiny. Poczynał sobie coraz śmielej i z początkiem lat czterdziestych przerzucił się do Mołdawii, a stąd do zachodnich zakątków Podola, wywołując coraz poważniejsze zaniepokojenie szlachty i miejscowych władz. Wszędzie spotykał się z sympatią włościan.

Oddziałek Dowbusza nie był liczny; prawdopodobnie nigdy nie przekroczył 30—40 osób. W 1742 r. ruszył przeciw niemu hetman wielki koronny Józef Potocki, prowadząc ze sobą 2500 ludzi. Poza złapaniem kilku *opryszków* nie odniósł większego sukcesu. Dopiero po trzech latach sławny „Dobosz" został zabity przez męża swej kochanki. Zabójcę za to uwolniono do końca życia od wszelkich powinności, łącznie z powinnościami i podatkami na rzecz państwa.

Działalność *opryszków* nie ustała po śmierci Dowbusza. Niezwykłą ruchliwością odznaczał się zwłaszcza oddział jego współtowarzysza Wasyla Bajuraka, który działał w latach 1749—1754. Uderzał na majątki szlacheckie na Bukowinie, w Siedmiogrodzie, Mołdawii, w kluczu jabłonowskim i na Podkarpaciu. Zdradzony przez jednego z kompanów, wpadł w ręce aparatu sprawiedliwości i został stracony w Stanisławowie.

Wkrótce potem powstał nowy oddział. Dowodził nim Iwan Bojczuk, który przejął tradycje Dowbusza i Bajuraka. Znał ich zresztą osobiście. Rozpoczął od napadów na bogatych gospodarzy i arendarzy żydowskich, a następnie, w miarę powiększania się *watahy*, ruszył na większe ośrodki. Wyprawiał się na Kosów, Kołomyję i Dolinę w województwie ruskim, a w 1759 r. doszczętnie splądrował Bolechów, leżący w tym województwie. Rozbił go w końcu oddział wojsk koronnych dowodzony przez porucznika Tadeusza Dzieduszyckiego. Watażka uratował się i przeszedł na Sicz, gdzie znalazł schronienie w *kureniu* perejasławskim, przygarnięty przez miejscowego atamana. Wkrótce potem oddział odrodził się, ale już w znacznie okazalszej postaci. W jego skład weszło niemal 70 ludzi, w tym wielu Zaporożców, doskonale znających rzemiosło wojenne. Latem 1759 r. wyruszyli do Polski tzw. Czarnym Szlakiem, w kierunku na Lubar. Opanowali i ograbili kilka miejscowości, a później bez przeszkód powrócili na Zaporoże. Część próbowała jeszcze grasować na Pokuciu, lecz została rozbita przez wojska koronne.

Jeszcze przez kilka następnych lat województwo ruskie było niepokojone przez odradzające się oddziały *opryszków*, tak że w 1764 r. zorganizowano nawet milicję wojewódzką przeznaczoną wyłącznie do walki z nimi.

Warto dodać, że wbrew rozpowszechnionemu sądowi, zarówno w czasie wypraw hajdamackich, jak i napadów przedsiębranych przez *opryszków*, rzadko dochodziło do przelewu krwi. Aż do końca lat pięćdziesiątych XVIII w. podstawowym celem napaści było zdobycie pieniędzy, broni, odzieży i żywności (szersze cele wytyczał sobie jedynie Werłan). Tylko w wypadku czynnej obrony podejmowanej przez napadniętych rabusic czynili użytek z pistoletów, rusznic i spis. Przejawy okrucieństwa, które złą sławą okryły ruch hajdamacki, zdarzały się niemal wyłącznie w takich wypadkach. Dodajmy jeszcze, że po wpadnięciu w ręce polskich oddziałów pacyfikacyjnych złapani *hajdamacy* poddawani byli nie mniej okrutnym torturom, tracąc życie po wyrokach skazujących na „śmierć kwalifikowaną": łamanie kołem, ćwiartowanie żywcem itp.

KOLISZCZYZNA

Objęcie tronu rosyjskiego przez Katarzynę II (1762) i niemal jednocześnie elekcja w Polsce Stanisława Poniatowskiego (1764), który był kandydatem Petersburga, spowodowały znacznie silniejszą, niż miało to dotychczas miejsce, ingerencję carską w wewnętrzne sprawy Rzeczypospolitej. Wiele miejsca w tej polityce zajmowała zwłaszcza tzw. sprawa dysydencka (różnowierców), w której naturalnym biegiem rzeczy niepoślednia rola przypadła religii prawosławnej. Kler prawosławny na Ukrainie prawobrzeżnej wraz ze swym duchowym przywódcą, energicznym i ambitnym ihumenem monasteru Motreninskiego pod Czehryniem Melchizedekiem Znaczko-Jaworskim zaczął agitację za zniesieniem unii i przywróceniem dawnej, czołowej roli prawosławia na ziemiach ukraińskich. Akcja ta zbiegła się w czasie z podobną, prowadzoną przez biskupa mohylewskiego (na Białorusi) Jerzego Konisskiego, który skutecznie starał się o uzyskanie protekcji rosyjskiej.

Sejm, obradujący w Warszawie na przełomie 1767/1768 r., uchwalił wprawdzie równouprawnienie różnowierców, lecz presja ze strony caratu była w tej mierze tak widoczna, iż doprowadziła do powstania silnej opozycji w łonie katolickiej szlachty. 29 II 1768 r. w Barze na Podolu została zawiązana konfederacja. Akt barski unieważnił wszystkie uchwały sejmu 1767/1768 r. jako wymuszone. Skasowano również wszystkie podjęte już decyzje w sprawie dysydenckiej. Rozpoczęły się starcia wojsk carskich z konfederatami. Chłopi ukraińscy czuli się zagrożeni pogróżkami wypowiadanymi pod adresem odstępców od wiary katolickiej i zaczęli w Rosji widzieć protektorkę prawosławia i własnego bezpieczeństwa. Chętnie też przyjmowali ziomków z Lewobrzeża, obiecujących wystąpić zbrojnie w ich obronie. Rozchodziły się pogłoski o rzekomych okrucieństwach wojsk konfederackich. Na Ukrainie panował zamęt.

W ostatnich dniach maja 1768 r. z klasztoru Motreninskiego wyruszył siedemdziesięcioosobowy oddział hajdamacki dowodzony przez Maksyma Żeleźniaka. W oddziale znajdowali się Zaporożcy, kozacy z milicji nadwornych oraz chłopi z terenu całego Prawobrzeża namówieni do wystąpienia przez wysłanych wcześniej ludzi. Żeleźniak urodził się na Lewobrzeżu w rodzinie chłopskiej. Jako młody chłopak udał się na Sicz, gdzie został przyjęty do *kurenia* tymoszowskiego. Chodził na zarobek do Oczakowa, trudnił się rybołówstwem i wreszcie w 1767 r. znalazł się na służbie w monasterze Motreninskim. Był niepiśmienny, lecz los, a jak się wkrótce okazało, także ambicja i osobiste zdolności postawiły go na czele rozpoczynającego się powstania.

Maksym Żeleźniak

Niewielki oddział błyskawicznie przybierał na sile. Łączyli się z nim chłopi i grasujący już po Prawobrzeżu *hajdamacy* z Zaporoża. Opanowano Żabotyń i Śmiłę, gdzie rozdzielono się na trzy grupy. Pierwsza, dowodzona przez Żeleźniaka, ruszyła na Czerkasy; druga — Semena Nieżywego — na zachód; trzecia — Nikity Szwaczki — na Wasylkowszczyznę i Fastów. Miasteczka ukraińskie, jedno po drugim, wpadały w ręce powstańców. Padły Czerkasy, Korsuń, Bohusław, Lisianka i wreszcie Humań. W Humaniu szukały schronienia wielotysięczne gromady szlachty przerażonej rozszerzającym się gwałtownie powstaniem. Obrona miasta spoczywała w rękach Rafała Despota Mładanowicza, któremu m. in. podlegał oddział nadwornej milicji kozackiej wojewody kijowskiego Franciszka Salezego Potockiego, dowodzony przez Iwana Gontę. Syn chłopa spod Humania szybko zwrócił uwagę Potockiego, który po jednym z przeglądów swoich oddziałów wydzierżawił mu jego wieś rodzinną. Gonta przeszedł rychło na stronę Żeleźniaka i 21 VI 1768 r. Humań skapitulował.

Rozpoczęła się rzeź, w której zginęło kilka tysięcy szlachty, Żydów i księży unickich. Miasto splądrowano i doszczętnie rozgrabiono. Najstraszniejsze wieści mówiły o znęcaniu się nad kobietami, a nawet małymi dziećmi. Władza Żeleźniaka i Gonty rozciągnęła się na województwo kijowskie, bracławskie oraz zachodnią część podolskiego i południową wołyńskiego. Reszta terenów Prawobrzeża gotowa była do podobnych wystąpień, lecz obecność oddziałów koronnych i rosyjskich nie pozwalała na rozpoczęcie powstania.

Na przełomie czerwca i lipca oddziały powstańców zaatakowały Bałtę i Gołtę, miasteczka znajdujące się już w granicach terytorium podległego Porcie, co spowodowało poważne zaostrzenie się stosunków rosyjsko-tureckich i w konsekwencji stało się jedną z bezpośrednich przyczyn wybuchu wojny.

Sprawczynią upadku powstania była Rosja, zaniepokojona zbliżającym się konfliktem z Turcją, przerzucaniem się oddziałów hajdamackich na Lewobrzeże i brakiem stabilizacji na pograniczu, a także posługiwaniem się przez powstańców sfałszowanym manifestem Katarzyny II, nawołującym do wypędzenia z Ukrainy prawobrzeżnej Polaków, Żydów i księży unickich. Jak można przypuszczać z nielicznych zachowanych wiadomości o hasłach powstańczych, chłopom ukraińskim chodziło o stworzenie na Prawobrzeżu organizacji o statusie przypominającym dawną autonomię Kozaczyzny, wzmocnioną przez ścisły związek z państwem rosyjskim.

Tymczasem jednak, na podstawie porozumienia między hetmanem wielkim koronnym Franciszkiem Ksawerym Branickim a dowódcą operującego w Polsce korpusu rosyjskiego generałem majorem Michałem Kreczetnikowem, do akcji przeciw powstańcom przystąpili Rosjanie. W nocy z 6 na 7 lipca aresztowano w Humaniu obydwu przywódców chłopskich. Gontę wraz z chłopami pochodzącymi z Prawobrzeża przekazano władzom polskim, w rękach wojsk rosyjskich pozostał Żeleźniak i Zaporożcy. Rozpoczęły się represje.

Gonta został stracony w drugiej połowie lipca (śmierć poniósł przez darcie pasów ze skóry i ćwiartowanie żywcem — wersje o rodzaju śmierci są różne, wszystkie jednak podkreślają, że była to śmierć w strasznych męczarniach), we wrześniu natomiast wychłostano publicznie Żeleźniaka, obcięto mu nos, napiętnowano i zesłano na katorgę do Nerczyńska. Próbował po drodze ucieczki, lecz został wkrótce złapany i przez Moskwę odtransportowany na zesłanie. Legenda łączyła go jeszcze z późniejszym powstaniem Pugaczowa, ale nie dochowały się żadne dokumenty mogące potwierdzić tę wersję.

Akcja pacyfikacyjna prowadzona była przez władze polskie jeszcze przez kilka następnych lat. Kierował nią kasztelan kijowski, oboźny i regimentarz partii podolskiej i ukraińskiej (dowódca wojsk koronnych na Ukrainie prawobrzeżnej) Józef Stępkowski, który zyskał sobie niesławny przydomek „krwawy" lub „straszny". W Kodni koło Żytomierza, gdzie znajdowała się jego główna siedziba, oraz w kilku innych miejscowościach ukraińskich zginęło z ręki kata kilka tysięcy osób. Miejscowe przekleństwo mówiło: „Szczob tebi swiata Kodnia ne mynuła" („Oby cię nie ominęła Święta Kodnia"). Masowa ucieczka prześladowanych za rosyjską granicę spowodowała nawet apele wielkich właścicieli ziemskich o przerwanie represji.

Hajdamaczyzna wygasła niemal zupełnie. Ostatnim jej echem były pogłoski, które dotarły do Warszawy w 1789 r., o rzekomych przygotowaniach do kolejnego wielkiego powstania chłopów ukraińskich. Projekty, które zmierzały do spacyfikowania kresów wschodnich, a związane były z akcją publicystyczną doby Sejmu Wielkiego, zawierały z reguły myśli o stłumieniu siłą wszelkiego oporu. Pogłoski te były podsycane przez hetmańską partię sejmową, chcącą przechwycić dowództwo nad projektowaną kawalerią narodową i nie dopuścić do zamierzonych reform. Sejm wyłonił nawet specjalną komisję: „Deputację do egzaminowania sprawy o bunty oskarżonych", która po przeprowadzeniu śledztwa złożyła szczegółową relację, oskarżając carat o wywoływanie zamieszania na kresach.

Pewnym novum politycznym była koncepcja uniezależnienia kościoła prawosławnego na ziemiach polskich od Rosji. Nie przeszkadzało to jednak w rozpoczętym na nowo prześladowaniu dyzunitów. Aresztowano wielu *parochów*, masowe represje dotknęły chłopów ukraińskich, a nawet zaaresztowano i sprowadzono do Warszawy archimandrytę słuckiego, biskupa perejasławsko-boryspolskiego Wiktora Sadkowskiego wraz z sekretarzem i dwunastoma innymi duchownymi prawosławnymi. Wypuszczony został na wolność dopiero na żądanie ambasadora rosyjskiego Jakuba Bułhakowa w 1792 r.

LIKWIDACJA SICZY ZAPOROSKIEJ

Hajdamaczyzna sprawiała wiele kłopotów władzom rosyjskim, Sicz Zaporoska bowiem bez przerwy dostarczała nowych sił dla tego ruchu. Zaporożcy przekraczali nie tylko granicę z Polską, lecz również rabowali kupców w imperium rosyjskim, a co gorsza, wyprawiali się na pogranicze chanatu krymskiego, uprowadzając stamtąd stada bydła i koni. Petersburg nieustannie alarmował władze koszowe, by podjęły skuteczne kroki w celu zapobieżenia dalszym niepokojom i rabunkom. *Ataman* koszowy był bezsilny. Jego podwładni, częstokroć przedstawiciele starszyzny, często wiązali się z *hajdamakami*, dostarczając im broni i amunicji w zamian za obietnicę udziału w zyskach pochodzących ze sprzedaży zagrabionego mienia. Poza tym biedota kozacka nie chciała podporządkować się zarządzeniom *atamana* i władz carskich, gdyż widziała w nich poważne ograniczenie podejmowanych przedsięwzięć, mających na celu polepszenie swojej doli.

W 1761 r. władze Kosza Zaporoskiego, współdziałając z wojskami rosyjskimi, stłumiły powstanie biedoty, które rozpoczęło się w *pałance* kudackiej. Powstańcy zniszczyli m. in. rozkaz Kosza *O wykorzenieniu i końcu hajdamactwa*, wydany w związku z pracami specjalnej komisji przysłanej z Petersburga na Zaporoże w celu likwidacji hajdamaczyzny. Magnateria polska z kolei nakłaniała króla, by zechciał zwrócić się do Piotra III o wydanie odpowiednich poleceń atamanowi koszowemu, by ten energicznie wziął się do tępienia *hajdamaków*.

Petersburg uważnie śledził bieg wypadków na Ukrainie. W 1762 r. chan krymski Krym Girej urządził demonstrację zbrojną przeciw Rosji. Z początkiem tegoż roku atamanem koszowym został kandydat starszyzny Piotr Kalniszewski. W roku następnym opozycja zmusiła go do złożenia urzędu, lecz wkrótce powrócił na poprzednie stanowisko.

Po stłumieniu koliszczyzny wielu Zaporożców zostało aresztowanych i po śledztwie skazanych przez władze carskie na katorgę, chłostę i piętnowanie. Wybuch wojny rosyjsko-tureckiej w 1768 r. i wywołane tym napięcie przyspieszyły wystąpienie biedoty siczowej. 26 XII 1768 r. (6 I 1769 r.) Kozacy rzucili się w Siczy na domy starszyzny, plądrując je i grabiąc znajdujące się tam mienie oraz zabijając kilka osób, które próbowały stawiać opór. Kalniszewski, przebrany za mnicha, schronił się w pobliskim garnizonie rosyjskim. Stamtąd udało mu się przez zręczne intrygi wprowadzić zamęt w szeregach powstańców nie posiadających przywódcy. Nowym, marionetkowym atamanem został reprezentant zamożnego Kozactwa Filip Fiodorow, który natychmiast po objęciu stanowiska rozkazał wszystkim Kozakom rozejść się do swoich *kureni*. Około 300 osób nie podporządkowało się jednak wydanemu poleceniu i stawiło czoła dwóm pułkom wiernym Kalniszewskiemu. Bunt został szybko stłumiony i w połowie stycznia przedłożono o tym raport władzom.

Piotr Rumiancew, prezydent Kolegium Małorosyjskiego i dowódca armii działającej przeciw Turkom, który na pierwszą wieść o wybuchu powstania skierował na Sicz dwa pułki piechoty i dwa pułki kawalerii, wydał odezwę do Zaporożców, nawołującą do okazania posłuszeństwa swoim zwierzchnikom. W razie niewykonania polecenia groził surowymi karami.

Dążenie Katarzyny II do zlikwidowania resztek ukraińskiej autonomii zostało zahamowane przez wojnę, w której wykorzystano znaczne siły kozackie. Z końcem września 1769 r. dowodzone przez Piotra Kalniszewskiego oddziały zajęły linię nad Bohem. Dwie pozostałe części korpusu kozackiego wyprawiły się ku ujściu Dniepru i obsadziły pozycje wzdłuż południowej granicy Zaporoża. Łącznie wystawiono około 11 000 żołnierzy. Nie było to wiele, lecz i tak Sicz pozostała prawie bez obrońców. Sytuację wykorzystali Tatarzy. Przerwali jesienią straże graniczne i przetoczyli się przez Zaporoże, zabierając jasyr, porywając konie i bydło. Kozacy walczyli w tym czasie pod Oczakowem.

W tym też rejonie działali w roku następnym, a dopiero z końcem października zwolniono ich na zimowe kwatery. Kalniszewski został odznaczony złotym medalem z diamentami. Trudno przecenić zasługi wojska zaporoskiego w wojnie rosyjsko-tureckiej. Miało ono zwłaszcza wybitny udział w opanowaniu Krymu, za co wielu odznaczono, a w szeregu raportów wypowiadano na ich temat najwyższe pochwały. Kilkunastu carskich urzędników i oficerów przyjęło tytuły „honorowych towarzyszy Wojska Zaporoskiego". Znaleźli się między nimi także: prezydent Kolegium Spraw Zagranicznych Nikita Panin, gen. major Prozorowski i — podówczas jeszcze pułkownik — Michał Kutuzow. Katarzyna II wydała w 1774 r. ukaz podkreślający kozackie zasługi, stwierdzając m. in.: „Nasza miłość monarsza i łaska dla tego naszego poddanego wojska nie tylko będzie trwać nadal, ale i w zależności od świadczonych przez nie usług będzie zwiększona".

Niestety, już najbliższe wydarzenia pokazały, jak w rzeczywistości wyglądała łaska monarchini.

Jeszcze w 1770 r. wydano rozkaz wybudowania linii umocnień na południu ziem zaporoskich. Linię tę nazwano Nowodnieprowską. Oficjalnie miała służyć obronie przed napadami tatarskimi. W tym wypadku chodziło jednak o coś więcej niż zwykłe cele wojskowe.

Zabezpieczenie spokoju na południu kraju dawało możliwość prowadzenia tutaj akcji osadniczej. Starszyzna kozacka i ataman koszowy znajdowali się wówczas na froncie i dowiedzieli się o wszystkim dopiero po rozpoczęciu prac.

Budowa systemu umocnień została w zasadzie zakończona w 1771 r. Nie obyło się przy tym bez zajmowania ziem zaporoskich, wyłapywania Kozaków, jacy pojawili się w tym rejonie, i zmuszania ich do wykonywania prac ziemnych. Skargi napływały bez przerwy. Interwencje w Petersburgu nie przyniosły żadnego rezultatu.

Nawet jednak w czasie wojny, wówczas gdy Sicz znalazła się pod naporem centralizacyjnych posunięć caratu i wydawało się, że występuje przeciw nim jednolicie, nie ustały wystąpienia biedoty przeciw starszyźnie. Z końcem grudnia 1769 r. wybuchł poważny bunt w *kureniu* korsuńskim. Stłumiony przez wojsko rosyjskie, zakończył się zesłaniem przywódców na Syberię.

Największe zamieszanie na Lewobrzeżu wywołały wydarzenia, które rozpoczęły się nad odległym Jaikiem (dziś rzeka Ural). W 1772 r. wybuchł tam bunt, a w rok później powstanie, znane jako wojna chłopska pod kierownictwem Jemieliana Pugaczowa. Powstańcy zamierzali utworzyć państwo kozackie. Cel ten był bliski Zaporożcom. Na wieść o powstaniu do oddziałów Pugaczowa pociągnęli ludzie znad Dniepru, zwłaszcza kiedy rozeszły się słuchy, że rzekomo w wojskach powstańczych znalazł się Maksym Żeleźniak.

Pugaczow, już w okresie, gdy wojska rządowe uzyskały nad nim przewagę, zamierzał szukać schronienia na Zaporożu. Nie zdążył jednak zrealizować swych zamiarów, chociaż po upadku powstania tu właśnie znalazło się wielu jego byłych uczestników. Na Zaporożu wrzało. Dochodziło do ciągłych starć między luźnymi zagonami kozackimi a posterunkami i garnizonami rosyjskimi. Większość ataków kierowała się przeciw oddziałom ubezpieczającym budowę umocnień. Sędzia Timofiejew pisał w raporcie do Kalniszewskiego: „Jest u nas taka republika, iż tylko Boga można prosić o pomoc".

W 1774 r. wybuchł bunt w tzw. Pierwszej Komendzie Zaporoskiej rozlokowanej nad Dunajem. Na Zaporożu napadano na wojsko powracające z frontu. Krążyły wieści, że zbliża się nowa koliszczyzna, która tym razem objąć ma kresy imperium rosyjskiego.

Na przełomie lat 1774/1775 starszyzna przedstawiła w Petersburgu *Plan dla zarządu Siczą i nową formą służby*. Wszystkich, którzy nie podporządkowaliby się rozkazom władz, należało, według projektu, wydalić z wojska zaporoskiego. Miało to dotyczyć zarówno biedoty, jak i starszyzny. Wojsko zaporoskie miało być zorganizowane w ten sam sposób jak dońskie i stanowić zamkniętą grupę opartą na sporządzonych rejestrach. Ówczesny wiceprezydent Kolegium Wojskowego Grzegorz Potiomkin odrzucił projekt reformy. Przygotowywano bowiem już inne rozwiązanie problemu.

Jeszcze w drugiej połowie lipca 1774 r. zawarto w Kuczuk-Kainardżi rosyjsko-turecki traktat pokojowy. Imperium rosyjskie zdobyło wyjście na Morze Czarne i otrzymało Azow (przyznany Rosji już w 1739 r., lecz przez następne 30 lat leżący w ruinach), Kercz, Jenikale i Kinburn. Chanat krymski został uniezależniony od Porty, co praktycznie oznaczało poddanie go wpływom rosyjskim. Te właśnie postanowienia miały najistotniejsze znaczenie dla losów Zaporoża. Rosja przestała obawiać się Tatarów i dalsza egzystencja Nowej Siczy nie miała już dla caratu żadnego uzasadnienia.

Z końcem kwietnia 1775 r. Potiomkin zaproponował likwidację Siczy Zaporoskiej. Projekt został zaaprobowany przez Radę Nadworną, a dowódca 1 Armii gen. Piotr Tekely otrzymał tajny rozkaz zajęcia Siczy. Cała operacja miała być przeprowadzona bez przelewu krwi. Tekely powracał z frontu tureckiego i stopniowo zajmował ziemie zaporoskie, pozostawiając w *palankach* swoich żołnierzy. 3 (14) VI 1775 r. podszedł pod Sicz, otoczył ją, a w dniu następnym wkroczył do niej, nie napotykając żadnego oporu. Starszyzna została aresztowana. Wielu jej przedstawicieli czekało długie, często dożywotnie zesłanie. Kalniszewski znalazł się w osławionym monasterze Sołowieckim. Został ułaskawiony dopiero przez Aleksandra I, gdy dobiegł wieku 109 (!) lat i był zupełnie ślepy. Pisarz wojskowy Hłoba ostatnie lata swego życia spędził w monasterze w Turuchańsku.

Katarzyna II ogłosiła manifest *O likwidacji Siczy Zaporoskiej i przyłączeniu jej do guberni noworosyjskiej* dopiero po nadejściu wieści o zakończeniu akcji Tekelyego. W manifeście stwierdzano m. in., że „samo używanie nazwy Kozaków Zaporoskich uznane będzie przez nas za obrazę majestatu carskiego".

Wielu Kozaków nie chciało pogodzić się z nowym ładem i opuściło Zaporoże (osiedlili się nad Dunajem w posiadłościach tureckich, tworząc Sicz Naddunajską), ale przeważająca część pozostała na miejscu. Starszyzna otrzymała szlacheckie przywileje i stopnie oficerskie. Większość ziem rozdano szlachcie. Zwierzchnia władza nad ziemiami zaporoskimi została przekazana Potiomkinowi, który otrzymał nominację na generała-gubernatora guberni noworosyjskiej, azowskiej i astrachańskiej. Status Kozactwa przypominał teraz status tzw. chłopów państwowych. Wolni Kozacy utrzymali wolność osobistą, mieli natomiast — jak wszyscy im podobni — płacić podatki do skarbu państwa.

W 1783 r. carat wykorzystując słabość Porty oraz walki o władzę na Krymie podjął decyzję o przyłączeniu chanatu do imperium. Latem 1787 r. Turcja wypowiedziała wojnę Rosji, spodziewając się poparcia ze strony Anglii. Desant turecki rozbito pod Kinburnem. Na froncie bałkańskim Rosja spiesznie sformowała tzw. armię ukraińską, dowodzoną przez Rumiancewa, oraz na odcinku krymskim — jekaterynosławską pod dowództwem Potiomkina. W trakcie działań wojennych Rosja zdobyła (w 1788 r.) dwie ważne twierdze tureckie: Chocim i Oczaków. W Siczy Naddunajskiej pojawili się *hajdamacy*, wypadający stamtąd na pogranicze polskie i rosyjskie.

Carat szukał możliwości zwiększenia armii i przypomniał sobie o byłych Zaporożcach, jacy pozostali jeszcze na Ukrainie. Werbowano ich pospiesznie i z początkiem lutego 1788 r. powołano do życia Wojsko Wiernych Kozaków, które wkrótce przemianowano na Wojsko Kozaków Czarnomorskich. Przywrócono stare nazwy urzędów, podział na *kurenie*, a na stanowisko atamana koszowego powołano sędziwego pułkownika zaporoskiego S. Biłego. Nowo utworzone oddziały weszły w skład korpusu gen. Aleksandra Suworowa. Jeszcze w trakcie działań wojennych utworzono kilka osiedli. Leżały one między Bohem a Dniestrem. W związku z licznymi ucieczkami Kozaków z miejsc osiedlenia wyznaczono im nowe: nad Kubaniem i w rejonie Morza Azowskiego, skąd ucieczka za granicę była znacznie trudniejsza.

Wojna rosyjsko-turecka zakończyła się w styczniu 1792 r. podpisaniem pokoju w Jassach. Turcja uznawała zajęcie Krymu przez Rosję oraz oddawała jej ziemie leżące między Bohem a Dniestrem, które w trakcie działań wojennych zostały opanowane przez carat i na których przeprowadzono już niefortunną akcję osiedleńczą.

Teraz zagospodarowanie terenów nadczarnomorskich było już tylko kwestią czasu. Uzyskane wyjście na morze nęciło kupców i właścicieli ziemskich. Nieliczne, powstające dopiero miasta portowe szybko stawały się poważnymi punktami przeładunkowymi dla towarów wywożonych z całej Rosji.

Dla życia gospodarczego Ukrainy prawobrzeżnej charakterystyczne było „skokowe" podwyższanie obciążeń chłopskich, nie zawsze związane z podnoszeniem ich do maksymalnej wysokości, lecz przeważnie z raptownym przerwaniem wolnizn, zahamowaniem kolonizacji lub też przestawieniem gospodarki na czerpanie zysków z innych niż dotychczas źródeł, np. zamiast z gospodarki zbożowo--towarowej na zyski z arend propinacyjnych.

W ciągu XVIII w. nastąpiło całkowite odrodzenie się wielkich latyfundiów na Ukrainie prawobrzeżnej. W drugiej połowie stulecia wykształciły się ostatecznie wielkie fortuny Potockich, Czartoryskich, Zamoyskich, Lubomirskich, Branickich, Sanguszków, Koniecpolskich i in. Próby dotarcia ze zbożem do wybrzeży czarnomorskich, a zwłaszcza wykorzystania Dniestru do spławu towarów, nie zakończyły się pomyślnie. Powstające manufaktury magnackie, produkujące głównie towary luksusowe, mimo osiągniętej na ogół wysokiej jakości produkcji (porcelana korzecka, szkło cudnowskie, sukno z Machnówki itp.), nie mogły znaleźć stałego odbiorcy. Pewnymi próbami wyjścia z impasu były przeprowadzone w majątkach Stanisława Szczęsnego Potockiego reformy przenoszące chłopów na czynsze. I one nie przetrwały długo. Po śmierci właściciela jego syn przywrócił pańszczyznę, licząc na wyższe dochody z gospodarki folwarcznej.

Najbardziej rozpowszechnionymi przemysłami były: gorzelnictwo i piwowarstwo. Poza tym rozwijały się tradycyjne dziedziny gospodarki wiejskiej, a więc pszczelarstwo, hodowla bydła i w coraz większym stopniu sadownictwo i ogrodnictwo. Nie zanotowano jednak tutaj żadnych istotnych zmian w technice rolnej. Nadal przeważała trójpolówka, a przeciętna urodzajność zbóż wahała się w granicach 3—4 ziaren (tzn. zbierano trzy- lub czterokrotnie więcej, niż zasiano).

Na Zadnieprzu rosły wielkie fortuny starszyzny kozackiej. Największe majątki posiadali hetmani i atamani koszowi, którzy wykorzystywali swoją pozycję do uzyskiwania coraz większych przywilejów i powiększania swoich posiadłości. Tak np. do Mazepy należało ok. 100 000 chłopów ukraińskich, Skoropadski miał niemal 20 000 gospodarstw chłopskich, niewiele mniejszym majątkiem dysponował Kalniszewski. Podobnie zresztą bogacili się urzędnicy carscy, faworyci i wyżsi oficerowie armii rosyjskiej, korzystający z nadań rozdawanych hojną ręką przez kolejnych panujących. Do Aleksandra Mienszykowa należały 4 miasta, 187 wsi i 14 *słobód*. Chłopi, którzy niegdyś uciekali głównie na Zadnieprze i Ukrainę Słobodzką, obecnie wszędzie napotykali te same warunki bytu. Ucieczki były najpowszechniejszą formą oporu antyfeudalnego, chociaż poza zmianą właściciela wsi nie przynosiły żadnego istotnego polepszenia doli. Zbiegostwo istniało wszędzie i kierowało się zarówno na Lewobrzeże, jak i na prawy brzeg Dniepru.

W czerwcu 1789 r. w Turbajach w Połtawskiem wybuchło powstanie Kozaków, których miejscowa szlachta zmuszała do odrabiania powinności pańszczyźnianych. Zabito właścicieli majątku i przywrócono samorząd kozacki. Przez następne cztery lata nie uznawał on żadnej władzy nad sobą. Dopiero w lipcu 1793 r. powstanie stłumiono przy użyciu oddziałów armii regularnej i artylerii. Rząd nakazał zmianę nazwy wsi na Skorbne (w jęz. polskim — Bolesne).

Wzrastały podatki, a przeprowadzony w latach 1765—1767 spis ludności i gospodarstw stanowił podstawę do skrupulatnego wyegzekwowania przez rząd nowo wprowadzanych i stale zwiększanych obciążeń.

Pierwsze manufaktury powstały na tym terenie pod koniec drugiego dziesięciolecia XVIII w. Ich pojawienie się związane było z powszechnym w Rosji rozwojem przemysłu, wynikającym zarówno z działalności reformatorskiej Piotra I, jak i potrzeb armii. W 1719 r. założono ochtyrską manufakturę tytoniową, w roku następnym manufakturę sukienną i płócienną w Putywlu, w Kijowie zaś jedwabniczą. W drugiej połowie stulecia liczba manufaktur zwiększyła się poważnie. Powstały zakłady produkujące żagle, szkło, przędzę i płótno. W 1765 r. w Charkowie istniało już 9 cegielni. Praca najemna wypierała stosowaną dotychczas w przeważającej mierze pracę chłopów pańszczyźnianych.

Stale umacniała się więź gospodarcza łącząca Lewobrzeże z Rosją centralną, w czym niebagatelną rolę odegrała znaczna liczba wyspecjalizowanych targów i jarmarków ukraińskich. W 1754 r. zniesiono wewnętrzne cła i myta, dzielące jeszcze ziemie wchodzące w skład imperium, co poważnie przyczyniło się do wzrostu wymiany towarowej i stopniowego włączania się ziem ukraińskich do rynku ogólnorosyjskiego. Miejscowy przemysł wykorzystywał zarówno surowiec pochodzący ze źródeł lokalnych, jak i z Rosji. Sprowadzano stamtąd wełnę, drzewo na budulec, farby i narzędzia, wywożono natomiast szkło, sukno, świece, saletrę i in. Dodatkowym czynnikiem spajającym ziemie ukraińskie z Rosją było stopniowe wprowadzanie jednolitego podziału administracyjnego, łamiącego dotychczasowe, zwyczajowe granice (o pewnych przedsięwzięciach tego typu informowały już rozdziały poprzednie). W 1765 r. kozackie pułki na Ukrainie Słobodzkiej zostały zamienione na regularne pułki huzarskie, a ustrój pułkowy całkowicie zniesiono. Na pozostałych terenach podobną reformę przeprowadzono w latach 1781—1782. Powstały wówczas kolejno: namiestnictwo kijowskie, czernihowskie, nowogrodzko-siewierskie, charkowskie i jekaterynosławskie. Nowy podział administracyjny rozciągnięty został również na ziemie chanatu krymskiego oraz tereny przyłączone w wyniku zwycięskiej wojny z Turcją (1787—1791). W 1786 r. zlikwidowano Drugie Kolegium Małorosyjskie.

Podjęta przez rząd carski akcja zasiedlania nowo zdobytych ziem i umacnianie panowania na wybrzeżach Morza Czarnego doprowadziły do powstania nowych ośrodków miejskich, m. in. Aleksandrowska — dziś Zaporoże (1770), Jelizawetgradu — dziś Kirowograd (1775), Chersonia (1778), Jekaterynosławia — dziś Dniepropietrowsk (1783), Mikołajowa (1789) i Odessy (1793/1794).

ROZBIORY POLSKI

W 1772 r. Rosja, Prusy i Austria dokonały pierwszego rozbioru Polski. Część ziem, zamieszkanych głównie przez ludność ukraińską, tzn. województwo ruskie i część województwa podolskiego po Zbrucz, znalazła się w granicach Austrii. W 1774 r. Austria zagarnęła Bukowinę. Stolicą Królestwa Galicji i Lodomerii, jak nazwano ziemie zaboru austriackiego (nawiązując m. in. do tradycji księstwa halickiego rzekomo kultywowanej przez Austrię), został Lwów. Administrację ukształtowano na wzór istniejącej w monarchii habsburskiej i lwowskiemu gubernium podporządkowano kilkanaście cyrkułów zarządzanych przez starostów. W Galicji pojawili się urzędnicy niemieccy i czescy. W założonym we Lwowie w 1784 r. czterowydziałowym uniwersytecie językiem wykładowym miała być łacina i niemiecki. W tym samym roku przeniesiono tutaj z Wiednia seminarium duchowne unickie. W 1787 r. na Uniwersytecie Lwowskim powstały wydziały: filozoficzny i teologiczny, na których dopuszczono prowadzenie wykładów w języku ukraińskim (ruskim), lecz już w 1809 r. katedry z tym językiem wykładowym zostały zamknięte przez rząd austriacki.

Pewne polepszenie sytuacji chłopów przyniosły reformy Marii Teresy i Józcfa II. M. in. ograniczono sądownictwo patrymonialne i dopuszczono odwoływanie się chłopów do sądów państwowych. Złagodzono poddaństwo osobiste oraz zabroniono podwyższania powinności pańszczyźnianych.

Granica zaboru austriackiego odcięła większość ziem galicyjskich od ich naturalnych rynków, a produkowane tutaj towary nie znajdowały zbytu na terenie monarchii habsburskiej. Podupadło rzemiosło, a manufaktury sukienne założone w Jarosławiu, Samborze i Lwowie szybko przerwały swoją egzystencję. W latach siedemdziesiątych XVIII w. Brody wyłączono z austriackiego obszaru celnego, co jednak nie powstrzymało postępującego upadku tego miasta.

W 1792 r. w czasie wojny polsko-rosyjskiej chłopi ukraińscy demonstracyjnie udzielali poparcia wojskom carowej. Jednym z czynników wpływających na ukształtowanie się takiej postawy była niewątpliwie polska polityka wobec mieszkańców wschodnich kresów Rzeczypospolitej.

Drugi rozbiór Polski w 1793 r. spowodował przyłączenie do Rosji województwa kijowskiego i bracławskiego, wschodniej części Wołynia i dwóch powiatów województwa podolskiego (kamienieckiego i latyczowskiego; powiat czerwonogrodzki znajdował się od 1772 r. w posiadaniu Austrii). Pozostałą część województwa wołyńskiego, mimo zgłaszanych uprzednio pretensji austriackich, włączono do Rosji w wyniku trzeciego rozbioru Polski w 1795 r.

Na zjednoczonych pod berłem rosyjskim ziemiach Ukrainy prawobrzeżnej i lewobrzeżnej wprowadzono wkrótce nowy podział administracyjny. W 1796 r. Prawobrzeże podzielono na trzy gubernie: kijowską, wołyńską i podolską. Szlachta polska została zrównana w prawach ze szlachtą rosyjską, zachowano język polski w sądownictwie, utrzymano sądy ziemskie i podkomorskie oraz utrzymano w mocy przepisy *Statutów litewskich*. Poza wprowadzoną powszechnie swobodą wyznawania religii prawosławnej, która była religią panującą w imperium rosyjskim, nie polepszyło się położenie ukraińskich mas plebejskich ani w mieście, ani też na wsi.

KULTURA OSIEMNASTOWIECZNEJ UKRAINY

Poważny wpływ na rozwój kultury na ziemiach ukraińskich wchodzących w skład Rzeczypospolitej miało przystąpienie do unii tych diecezji, które przez cały wiek poprzedni stanowiły ogniska oporu religii prawosławnej. Wskutek tego naturalną śmiercią zmarła cała świetnie rozwijająca się dotychczas literatura polemiczna. Diecezja przemyska przystąpiła do unii w 1692 r., lwowska w 1700 r., łucka w 1701 r., a *stauropigia* lwowska w 1708 r.

Drukarnia Ławry Pieczerskiej w Kijowie, miedzioryt z 1758 r.

Zupełnie inaczej kształtowała się sytuacja na Lewobrzeżu, gdzie szczególną kulturotwórczą rolę odgrywało Kolegium Mohylańskie, przemianowane w 1701 r. przez Piotra I na Akademię Kijowską. Do Kijowa przybywali studenci z całej Ukrainy, Rosji, a nawet Bułgarzy, Serbowie i Czarnogórcy. Niekiedy uczyło się w niej jednocześnie przeszło 1000 studentów. Powstały również, ukształtowane na wzór kijowski, kolegia w Czernihowie (1700), Charkowie (1727) i Perejasławiu (1738) oraz szereg podobnych zakładów naukowych na ziemiach rosyjskich. Próby założenia uniwersytetu na Lewobrzeżu nie doczekały się realizacji ze względu na nieprzychylne stanowisko rządu carskiego. W 1720 r. Piotr I wydał dekret zakazujący drukowania na Ukrainie jakichkolwiek książek poza literaturą o charakterze religijnym.

W nielicznych szkołach istniejących na Bukowinie językiem wykładowym były: rumuński i niemiecki; na Zakarpaciu szkolnictwo początkowe było opanowane przez unitów. W połowie XVIII w. rozpoczęła się intensywna rusyfikacja szkolnictwa na Lewobrzeżu. Język ukraiński wypierany z dzieł literackich zachował się tylko w intermediach, które nie doczekały się publikacji i pozostały w zbiorkach rękopiśmiennych. Jednocześnie liczni wychowankowie Akademii Kijowskiej odgrywali wybitną rolę na terenie Rosji, głównie w Moskwie, gdzie nawet doprowadzili do założenia Akademii Słowiańsko-Grecko-Łacińskiej. Działali tutaj m. in.: Symeon Połocki, Stefan Jaworski i Teofan Prokopowicz. Wielu z nich pozostawiło po sobie liczne dzieła literackie, zbiory kazań, podręczników poetyki i retoryki, które jednak już nie należały wyłącznie do ukraińskiej puścizny kulturalnej, lecz stanowiły części składowe kultury rosyjskiej. Teofan Prokopowicz, wśród wielu innych dzieł, napisał panegiryk *Epinicjon* (1709), zawierający opis bitwy pod Połtawą i zdrady Mazepy. Po polsku, łacinie i rusku pisał swe wiersze Stefan Jaworski.

Ważne miejsce w literaturze tego okresu zajmują pamiętniki i diariusze kozackie, a wśród nich: Jakuba Markowicza, Samuela Wieliczki i Grzegorza Hrabianki. *Dziennik generalnego podskarbiego Jakuba Markowicza* obejmuje wydarzenia z lat 1717—1767, szczegółowo opisując zwyczaje kozackie, dążenie starszyzny do pomnożenia własnych majątków i stan gospodarki ukraińskiej. Kilkutomowa kronika Wieliczki nie zachowała się w całości (zawiera informacje o dziejach Ukrainy w latach 1648—1700). W znacznej mierze wykorzystano w niej źródła współczesne oraz polskie i niemieckie dzieła historyczne. Wieliczko krytykuje politykę hetmanów sprzyjających Polsce i Turcji, natomiast podkreśla prawa starszyzny, pozwalające jej odgrywać główną rolę na Ukrainie. Nie zachowana w oryginale kronika Hrabianki poświęca wiele miejsca powstaniu Chmielnickiego, a napisana została w celu udowodnienia, że „naród ukraiński jest równy innym narodom". Podobne zadanie postawił sobie autor i w dalszej części dzieła, opisując dzieje ziem ukraińskich aż do hetmaństwa Mazepy, którego potraktował jako zdrajcę sprawy narodowej. Hrabianka, podobnie jak Wieliczko, wykorzystał sporą liczbę współczesnych dokumentów historycznych.

Prawdopodobnie u schyłku XVIII w. powstała *Historia Rusów*. Nie udało się ustalić jej autorstwa. Objęła ona historię Ukrainy od czasów najdawniejszych do 1768 r. Pisana z pozycji prorosyjskich, traktowała dzieje Rosji, Ukrainy i Białorusi jako jedną całość. Była ona raczej świadectwem stanu historycznej świadomości części inteligencji ukraińskiej niż dziełem zawierającym wiarygodne wiadomości z przeszłości Ukrainy. Przez pewien czas przypuszczano, że jej autorem był albo biskup mohylewski Jerzy Konisski, albo pochodzący ze starszyzny kozackiej główny inspektor korpusu szlacheckiego Grzegorz Poletika (1725—1784). Należy dodać, że Poletika był autorem pracy pt. *Wiadomość historyczna, na jakiej podstawie Mała Rosja znajdowała się pod panowaniem Rzeczypospolitej i w jakich okolicznościach poddała się carom rosyjskim...* Na posiedzeniach Komisji do Spraw Nowego „Ułożenija" (1767—1768) w Petersburgu przedstawiono *Opinię... o projekcie praw...* pióra Poletiki, w której autor wypowiadał się za autonomią Ukrainy w granicach Rosji i za rozszerzeniem przywilejów szlachty ukraińskiej.

Grzegorz Skoworoda,
obraz olejny z XVIII/XIX w.

Najwybitniejsze miejsce w dziejach literatury ukraińskiej XVIII stulecia zajmuje Grzegorz Skoworoda (1722—1794). Pochodził z biednej rodziny kozackiej. Zdobył wykształcenie w Akademii Kijowskiej i przez pewien czas był wykładowcą w kolegium perejasławskim i charkowskim. Prześladowany przez duchowieństwo i władze świeckie od 1769 r. aż do śmierci Skoworoda wędrował po Ukrainie głosząc swoje poglądy. Był pierwszym filozofem narodowości ukraińskiej. Pozostawił po sobie liczne utwory, m. in.: *Sad pieśni bożych, Baśnie charkowskie, Narcyz: dyskurs — poznaj sam siebie, Rozmowa pięciu podróżnych o prawdziwym szczęściu w życiu, Rozmowa zwana alfabetem, czyli elementarz świata, Walka archanioła Michała z szatanem, Ubogi skowronek,* oraz przekłady Plutarcha i Cycerona na język ukraiński.

W wierszach nawiązywał do tradycji klasycznej, natomiast jego poglądy filozoficzne stanowiły w znacznej mierze odbicie ludowego racjonalizmu. Ostro krytykował kler i wyzysk chłopów. Uważał, że wszyscy ludzie są sobie równi i bez względu na swoją pozycję społeczną mają prawo do szczęścia. Człowiek — pisał Skoworoda — winien dążyć do tego, by stać się dobrym. Drogą do tego miała być praca na rzecz społeczeństwa i poznawanie samego siebie. Należało uciec ze świata materii, w którym panuje zło, do świata ducha, rządzonego przez dobro. Świat widzialny był według niego jedynie odbiciem świata wewnętrznego, niewidzialnego, stworzonego przez Boga. Świat widzialny, podobnie jak świat ducha, miał być wieczny, nie mający ani początku, ani końca.

Dzieła Skoworody wpłynęły w poważnym stopniu na dalszy rozwój literatury na Ukrainie, a ich ślady znaleźć można w bujnie rozwijającej się pieśni ludowej. Pod tym właśnie względem wiek XVIII przyniósł nowe jej rodzaje i nowe wątki, zarówno historyczne, jak i obyczajowe. Wiele miejsca w dumach i pieśniach ludowych zajmowały wspomnienia czasów Chmielnickiego, Mazepy, przewag nad Turkami i Tatarami; sławiono przywódców koliszczyzny i wyrażano żal wobec utraty wolności zaporoskich. Obok motywów kozackich w pieśniach pojawiły się również inne, związane z niedolą chłopską, nadmiernymi powinnościami i dolegliwościami osobistymi doznawanymi przez mieszkańców wsi.

Wędrowni pieśniarze, lirnicy i bandurzyści trafiali do wielu miejscowości na Ukrainie, a teatr wędrowny — *wertep* — zasłynął w owym czasie nawet na dalekiej Syberii. W 1789 r. w Charkowie założono pierwszy stały teatr.

Czołowi kompozytorzy rosyjscy tego czasu: Maksym Berezowski (1745—1777) i Dymitr Bortniański (1751—1825) pochodzili z Ukrainy, podobnie jak znani malarze: Dymitr Lewicki (1735—1822), Włodzimierz Borowikowski (1757—1825) i Antoni Łosienko (1737—1773), który był dyrektorem Petersburskiej Akademii Sztuk Pięknych.

Pierwsze dziesięciolecia XVIII w. przyniosły zahamowanie rozwoju sztuki architektonicznej na Lewobrzeżu ze względu na wydany przez Piotra I zakaz wznoszenia poza Petersburgiem budynków z cegły. Zakaz ten został zniesiony w 1721 r. W latach następnych zbudowano m. in. nową siedzibę Akademii Kijowskiej, dom metropolity na terenie soboru Św. Zofii w Kijowie, bursę i kolegium w Perejasławiu, w których elementy barokowe przeplatały się z klasycystycznymi. Najwybitniejszym pomnikiem architektury tego czasu była cerkiew Św. Andrzeja w Kijowie (1747—1753), wzniesiona według projektu Bartolomea Rastrellego, jednego z budowniczych Petersbur-

Ratusz w Buczaczu, 1751 r.

ga. Ta klasycystyczna budowla, postawiona na naddnieprzańskiej skarpie, została znakomicie wkomponowana w otoczenie i do dnia dzisiejszego stanowi świetny przykład zharmonizowania obiektu architektonicznego z krajobrazem.

Na ziemiach zachodnioukraińskich rozwinęło się zarówno budow-

Sobór Św. Jura we Lwowie, 1748—1762

nictwo kultowe, jak i świeckie. Powstały wówczas liczne budowle barokowe, m. in. ratusz w Buczaczu, cerkiew Św. Jura we Lwowie i Ławra Poczajowska.

Trudno dzisiaj stwierdzić, czy notowany rozkwit osiemnastowiecznej samorodnej twórczości artystycznej wynikał z rzeczywistego postępu w tej mierze, czy też po prostu z większej liczby zachowanych zabytków, zwłaszcza obrazów namalowanych przez anonimowych twórców. Powszechnym motywem był wizerunek Kozaka bandurzysty, przedstawionego na tle wiejskiego pejzażu. Stosunkowo często spotkać też można było portrety hetmanów kozackich i przedstawicieli starszyzny. Jednym z najciekawszych zabytków tego rodzaju jest subotowski portret Bohdana Chmielnickiego, u którego stóp anonimowy twórca rozpostarł uproszczoną mapę Ukrainy.

Nie ulega wątpliwości, że elementy narodowe uzyskały trwałe i poczesne miejsce w kulturze ukraińskiej XVIII w.

XI. W GRANICACH
DWÓCH IMPERIÓW

STOSUNKI SPOŁECZNO-
-GOSPODARCZE NA UKRAINIE
W GRANICACH IMPERIUM
ROSYJSKIEGO

NA PRZEŁOMIE XVIII i XIX w. rząd rosyjski dokonał szeregu zabiegów, mających silniej niż dotychczas związać ziemie ukraińskie z imperium. Podobnie postąpił w tym czasie rząd austriacki, wskutek czego podział Ukrainy na dwie części uległ utrwaleniu i spowodował w pewnych wypadkach opóźnienie jej rozwoju, zwłaszcza w zakresie zjawisk należących do sfery świadomości społecznej, takich jak np. formowanie się jednolitego języka narodowego, poczucia narodowej odrębności i nawiązywania do tych samych elementów własnej tradycji historycznej. W sferze gospodarczej podział Ukrainy między dwa organizmy państwowe przyczynił się do zahamowania istniejących w przeszłości procesów tworzenia się jednolitego rynku ukraińskiego.

Nowe zarządzenia dotyczyły głównie organizacji administracji terenowej oraz rozszerzenia ustawodawstwa stanowego na ziemie ukraińskie.

W 1796 r. Ukraina lewobrzeżna stała się gubernią małorosyjską, a Ukraina Słobodzka — gubernią słobodzko-ukraińską (w 1835 r. tę ostatnią przemianowano na gubernię charkowską). W 1802 r. gubernia małorosyjska została przekształcona na generał-gubernatorstwo o tej samej nazwie. W jego skład weszły dwie nowe gubernie: czernihowska i połtawska. Gubernia noworosyjska, istniejąca od 1797 r., w której skład wchodziła znaczna część zlikwidowanego wówczas namiestnictwa jekaterynosławskiego, w 1802 r. uległa podziałowi na trzy gubernie: mikołajowską (od 1803 r. chersońską), jekaterynosławską i taurydzką. Po dziesięciu latach, po przyłączeniu Besarabii do Rosji, wymienione trzy gubernie wraz z nowo utworzonym obwodem besarabskim weszły w skład generał-

-gubernatorstwa noworosyjsko-besarabskiego. Stłumienie powstania listopadowego na ziemiach polskich spowodowało dalsze kroki caratu wzmacniające administrację na kresach imperium. Utworzono (w 1832 r.) generał-gubernatorstwo kijowskie, do którego weszły trzy gubernie Prawobrzeża: kijowska, wołyńska i podolska.

Car Paweł I przywrócił na Ukrainie sąd generalny i powiatowe sądy szlacheckie. Rozciągnięcie w 1802 r. na Lewobrzeże obowiązującej w Rosji *Ustawy o guberniach* wprowadziło obowiązek zatwierdzania składu sądu generalnego przez Senat w Petersburgu; powiatowych marszałków szlachty wybierano tylko na trzy lata, a nie — jak dotychczas — dożywotnio.

Nieco odmienną politykę prowadził carat na Prawobrzeżu, gdzie musiał się liczyć ze stanowiskiem polskiej szlachty. Zachowano więc tutaj sądy ziemskie i podkomorskie, a językiem urzędowym był zarówno polski, jak i rosyjski. Szlachta polska otrzymała te same przywileje co rosyjska, łącznie z prawem zsyłania poddanych na Syberię w razie nieposłuszeństwa. W 1796 r. na całą południową Ukrainę rozciągnięto ustawodawstwo pańszczyźniane przypisując chłopa do ziemi.

Ziemie ukraińskie (znajdujące się w granicach imperium rosyjskiego) zamieszkiwało ok. 7,5 mln osób, przy czym niemal 5% z nich stale przebywało w miastach. W ciągu najbliższego półwiecza liczba ludności zwiększyła się o 5,5 mln osób, a ludność miejska wzrosła do 11%. Związane to było zwłaszcza z zasiedlaniem południa kraju oraz licznymi ucieczkami chłopów z Rosji centralnej, szukających na Ukrainie możliwości polepszenia swego bytu. Najwięcej chłopów pańszczyźnianych znajdowało się na Prawobrzeżu, gdzie tradycje tego typu gospodarowania były najsilniejsze. Łącznie na terenie ziem ukraińskich chłopi pańszczyźniani stanowili ok. 40% wszystkich włościan. Coraz powszechniejsze stosowanie pańszczyzny wydziałowej (z określeniem wielkości wykonywanych prac — swoisty „akord"), mimo niepodwyższania liczby dni odrobku w tygodniu, znacznie zwiększyło obciążenie gospodarstw chłopskich. Rosła wartość ziemi, gdyż dobrze prosperujące porty czarnomorskie dawały możliwość zbytu produktów rolnych na rynkach zagranicznych. Rosła też liczba skarg chłopskich na zmniejszanie uprawianych nadziałów, a w połowie XIX w. na Lewobrzeżu już czwarta część poddanych nie miała w ogóle ziemi (poza tym ok. 200 000 rodzin włościańskich uprawiało jedynie niewielkie działki przyzagrodowe).

Wzrastało rozwarstwienie chłopstwa. Ubożsi corocznie ciągnęli na zarobek na południe kraju. Część z nich zatrudniano w powstających licznych cukrowniach i gorzelniach, głównie na Prawobrzeżu. Zubożenie poddanych potęgowały nieurodzaje i klęski żywiołowe, które na ziemiach ukraińskich powtarzały się co 2—3 lata. Sporą grupę stanowili na Ukrainie chłopi państwowi — około 41% łącznej liczby ludności wiejskiej. Część z nich „wydzierżawiano" szlachcie, na rzecz której świadczyli normalne powinności pańszczyźniane, regulowane jedynie zawieranymi umowami i zapisami w inwentarzach; część zmuszona była do przekazywania państwu zarówno podatków, jak i danin w naturze. Postępujące zubożenie tej grupy mieszkańców wsi zmusiło carat do utworzenia w 1837 r. ministerstwa majątków państwowych, a w 1839 r. — do zlikwidowania praktyki wydzierżawiania dóbr państwowych szlachcie oraz do wprowadzenia jednolitych podatków dla tej kategorii chłopów.

Zasiedlanie południa Ukrainy odbywało się głównie poprzez rozdawnictwo ziemi. Nadziały, jakie otrzymywała jednorazowo szlachta, przekraczały często 10 000 dziesięcin (1 dziesięcina — 1,0925 ha). Do nowych majątków przybywali osadnicy z wszystkich zakątków kraju, wielu z nich — przymuszonych przez swoich panów. Liczbę przymusowo przesiedlonych szacowano na około 160 000 osób. Na południu, w szerszym niż gdzie indziej zakresie, stosowano w rolnictwie pracę najemną. Rozwijały się uprawy roślin przemysłowych: buraków cukrowych, tytoniu, konopi i lnu. Wprowadzono hodowlę owiec cienkorunnych.

W literaturze historycznej przeważa pogląd, że początek rewolucji przemysłowej na Ukrainie należy datować na wczesne lata czterdzieste XIX w. Najpowszechniej występował tutaj przemysł przetwórczy, korzystający z miejscowych produktów rolnych. Rozwijało się więc głównie gorzelnictwo, młynarstwo, przemysł tytoniowy, cukrownie, fabryki płótna lnianego i konopnego, potażarnie i papiernie. Funkcjonowały również rudnie, huty szkła oraz fabryki fajansu i porcelany. Większość zakładów przemysłowych należała do wielkich właścicieli ziemskich. W połowie XIX w. liczba cukrowni doszła do 218, a gorzelni do prawie 2500. Cukrownie ukraińskie dawały ok. 80% całej produkcji cukru w państwie.

Największymi manufakturami produkującymi płótno były: taganczańska (pow. kijowski) należąca do Poniatowskich, chabieńska (pow. radomyski) — do Radziwiłłów, raszkowska (gub. połtawska) — do Jusupowów i karłowska (gub. połtawska) — do Razumowskich. Pracowało w nich po 450—900 robotników. W połowie XIX w. wydobywano w Zagłębiu Donieckim 6 mln pudów węgla (1 pud — 16,38 kg). Z początkiem lat sześćdziesiątych na Ukrainie było już około 20 zakładów budowy maszyn, a więc fabryk, które w najbliższej przyszłości miały decydować o charakterze gospodarki przemysłowej i jej przekształceniu się z gospodarki na wpół feudalnej, opartej na przymusowej pracy poddanych, w gospodarkę kapitalistyczną, opartą prawie wyłącznie na kwalifikowanej pracy najemnej i szybko rozwijającej się technice. Wraz z nową grupą społeczną: rodzącą się klasą robotniczą, tworzyła się miejscowa, ukraińska burżuazja.

Powstająca klasa robotnicza wywodziła się głównie z chłopstwa i zubożałych właścicieli warsztatów rzemieślniczych. Ci ostatni nie stanowili wprawdzie zbyt wysokiego procentu zatrudnionych, lecz ze względu na tradycje i przyniesione nawyki decydowali o szybkim dojrzewaniu i usamodzielnianiu się nowej klasy. W przededniu zniesienia poddaństwa w Rosji (1861) liczba robotników wolnonajemnych wynosiła na Ukrainie 54% zatrudnionych we wszystkich zakładach przemysłowych.

W skład burżuazji wchodzili przedstawicele wykazujących najwięcej inicjatywy rodzin szlacheckich, którzy jednak obok korzyści płynących z prowadzenia działalności przemysłowej nie rezygnowali z zysków przynoszonych im przez wielkie majątki ziemskie. Oprócz tego w grupie tej znaleźli się przedsiębiorczy kupcy, stosunkowo wcześnie lokujący swoje kapitały w tworzącym się przemyśle. W wielu wypadkach wydzierżawiali już istniejące zakłady przemysłowe (od obszarników), stopniowo przechodząc do w pełni samodzielnej działalności na tym polu. Wśród przedsiębiorców znaleźli się zarówno Ukraińcy, jak i Rosjanie, przyciągnięci na Ukrainę powstającymi możliwościami szybkiego pomnożenia majątków.

Silne związki Ukrainy z Rosją, wyrażające się przcde wszystkim stale rosnącą wymianą towarową, nie przeszkadzały rozwojowi miejscowych ośrodków handlu. Około 40% wszystkich jarmarków odbywających się w granicach imperium znajdowało się na ziemiach ukraińskich. Sprzedawano na nich m. in. około $^1/_3$ całej rosyjskiej produkcji tekstylnej. Przeprowadzano tutaj wielkie operacje finansowe, dokonywano hurtowych transakcji kupna-sprzedaży, co niejednokrotnie połączone było ze zjazdami kupców, przemysłowców i właścicieli ziemskich oraz sprzyjało rozwojowi miast.

Szczególne miejsce w gospodarce Ukrainy zajmowały porty czarnomorskie powstałe u schyłku XVIII w. W latach 1812—1859 wywieziono przez nie ok. 40% zboża eksportowanego z imperium; wywożono tędy również wełnę, tytoń, drewno, sól i ryby. W 1817 r. Odessa otrzymała strefę wolnocłową.

DEKABRYŚCI NA UKRAINIE

Włączone do imperium rosyjskiego ziemie ukraińskie dostarczały caratowi nowych bogactw, zapełniały skarb, a ich mieszkańcy musieli uczestniczyć we wszystkich przedsięwzięciach rządu petersburskiego. Gdy w 1806 r. wybuchła wojna z Turcją, na Ukrainie zasekwestrowano na potrzeby armii 6000 wozów wraz z woźnicami i siłą pociągową. Z ziem ukraińskich pochodziło kilkanaście tysięcy żołnierzy walczących po stronie Rosji. Pokój z Turcją zawarty w Bukareszcie (1812) powiększył imperium o Besarabię, w tym również o tę jej część, która była zamieszkana przez Ukraińców (głównie powiat chocimski).

W 1812 r. Napoleon zamierzał utworzyć z części ziem ukraińskich państwo wasalne, ukształtowane na wzór podobnych w Europie Zachodniej i Środkowej; na jego czele chciał postawić któregoś ze swych krewnych lub marszałków. Plany cesarza Francuzów sięgały dalej. Uważał, że ze względu na swe urodzajne ziemie i dostęp do Morza Czarnego Ukraina winna stać się główną dostarczycielką żywności dla armii francuskiej. Działania wojenne dotknęły bezpośrednio jedynie część Wołynia. Bez porównania większy był wysiłek mieszkańców Lewobrzeża, które dało ok. 60000 żołnierzy różnych formacji (w tym również ochotniczych) rzuconych do walki przeciw armii francuskiej. Wokół Kijowa zbudowano dodatkowe umocnienia. Później, w czasie odwrotu Wielkiej Armii, ukraińskie regularne formacje wojskowe wraz z oddziałami partyzanckimi uczestniczyły w niszczeniu pojedynczych jednostek napoleońskich, głównie na terenie Białorusi.

Nie ulega wątpliwości, że kampania 1812 r., jak żadne inne dotąd wydarzenie o charakterze politycznym, ukazała spójność rosyjskich i ukraińskich interesów narodowych w walce przeciw obcym interwentom. Wbrew pozorom nie spowodowało to osłabienia tempa rodzenia się nowoczesnego narodu ukraińskiego, budzenia jego świadomości oraz kształtowania się jego języka literackiego. Przeciwnie, zetknięcie się z problemami europejskiej miary, ideologią francuskiej rewolucji i francuskiego państwa burżuazyjnego spowodowało szybsze niż dotychczas przemiany światopoglądowe i rozszerzenie się horyzontów powstającej rodzimej inteligencji ukraińskiej.

Po kongresie wiedeńskim (1815) carat uzyskał niepochlebną, lecz prawdziwą etykietę „żandarma Europy", stając się współtwórcą Świętego Przymierza (Rosji, Austrii i Prus) skierowanego przeciw wszelkim rewolucyjnym i narodowowyzwoleńczym ruchom europejskim. Aleksander I (1801—1825), który w pierwszych latach panowania dopuścił do głosu liberalne koła polityczne, teraz stał się patronem i sprzymierzeńcem najbardziej wstecznych poglądów i tendencji. Cerkiew prawosławna zaczęła odgrywać coraz poważniejszą rolę w życiu Rosji, a tzw. „osiedla wojskowe" zaprojektowane przez gen. Aleksego Arakczejewa stały się symbolem wewnętrznej polityki caratu. Pierwsze osiedla wojskowe powstały na terenie Ukrainy w 1816 r. i w ciągu najbliższych kilku lat objęły przeszło 350 000 chłopów państwowych. We wsiach tych wprowadzono reżim wojskowy, naukę musztry, obchodzenia się z bronią, zakładając jednocześnie że mieszkańcy osiedli, utrzymujący się z pracy na roli, będą zarazem żołnierzami formacji regularnych. Wkrótce rozpoczęły się bunty chłopów, i to zarówno w osiedlach wojskowych, jak i w majątkach wielkich właścicieli ziemskich. Do stłumienia wielu z nich musiano używać wojska i artylerii. Fala rozruchów przetoczyła się przez całą Ukrainę, osiągając apogeum w latach 1818—1820, kiedy to jedynie na południu kraju i nad Donem zbuntowało się przeszło 250 wsi. Schwytanych przywódców i uczestników powstania, jeśli udało im się uniknąć śmierci w bezpośrednich starciach z wojskiem, karano przepędzaniem przez rózgi (praktycznie równoznacznym z wyrokiem śmierci), zsyłaniem na Syberię, chłostą i więzieniem.

Reprezentanci oświeconych kręgów społeczeństwa rosyjskiego, głównie młodzi oficerowie armii carskiej, nie mogąc pogodzić się z istniejącym stanem rzeczy zaczęli w tworzonych tajnych stowarzyszeniach przemyśliwać nad sposobami zmiany panującego porządku. W 1816 r. w Petersburgu powstało Towarzystwo Prawdziwych i Wiernych Synów Ojczyzny, w którego skład wchodzili m. in. Aleksander Murawiow, bracia Matwiej i Sergiusz Murawiowie-Apostołowie, ks. Sergiusz Trubecki oraz — najradykalniejszy z nich — Paweł Pestel. Celem działalności Towarzystwa było wprowadzenie konstytucji i zniesienie poddaństwa chłopów. Po dwóch latach Towarzystwo przestało istnieć i na jego miejscu, tym razem w Moskwie, powstał Związek Dobra Publicznego, który miał swój oddział na Ukrainie, w Tulczynie, gdzie w tym czasie kwaterował pułk wiacki, dowodzony przez Pestla. Wskutek poważnych rozbieżności w kierownictwie organizacji rozwiązała się ona z początkiem

Paweł Pestel

1821 r. Główną przyczyną tego postanowienia stał się republikanizm Pestla, chcącego nie tylko przekształcenia monarchii rosyjskiej w republikę burżuazyjną, lecz również domagającego się zlikwidowania wszystkich członków rodziny carskiej, by ustrzec się prób restytucji monarchii.

Pestel nie podporządkował się uchwale kierownictwa i w drugiej połowie 1821 r. założył Towarzystwo Południowe, ostatecznie uformowane na zjeździe kijowskim w styczniu 1822 r. Towarzystwo ulegało przeobrażeniom i wreszcie w 1823 r. przybrało kształt ostateczny. Dzieliło się ono na trzy oddziały (*uprawy*): tulczyński — kierowany przez Pestla, kamieński — Wasyla Dawidowa i Sergiusza Wołkońskiego oraz wasylkowski — Sergiusza Murawiowa-Apostoła i Michała Bestużewa-Riumina. W 1822 r. powstało w Petersburgu Towarzystwo Północne, które szybko nawiązało ścisłe kontakty ze swoim odpowiednikiem na Ukrainie.

W 1824 r. Pestel zakończył opracowywanie programu Towarzystwa Południowego. Programowi temu nadał nazwę *Prawdy ruskiej*, nawiązując w ten sposób do tradycji pierwszego znanego zbioru praw Rusi Kijowskiej. Pestel sądził, że wewnętrzne problemy państwa rosyjskiego można rozwiązać tylko opierając się na przejętych do naśladowania wzorcach z przeszłości Rosji. Odrzucał m. in. zmiany, które przyniosły reformy Piotra I. Proponowany ustrój republikański miał nawiązywać do tradycji republiki nowogrodzkiej i pskowskiej, chociaż w rzeczywistości nie przypominał ich prawie zupełnie, poza nazewnictwem pewnych instytucji. I tak najwyższym organem ustawodawczym miał być Wiec Ludowy; władzę wykonawczą sprawować miała Duma Państwowa, a funkcję organu kontrolnego wypełniał projektowany Najwyższy Sobór. *Prawda* Pestla zakładała równość wszystkich obywateli wobec prawa i zniesienie poddaństwa chłopów. Podstawę demokratycznego ustroju przyszłego państwa miała stanowić gmina, dysponująca specjalnym funduszem ziemi, rozdawanym swoim członkom w użytkowanie, lecz nie na własność. Część ziemi miała pozostać w prywatnych rękach.

Według Pestla jedynie Polska, ze względu na swoją przeszłość i tradycje państwowe, miała prawo do samodzielnego bytu. Inne narody wchodzące w skład imperium uznał za zbyt słabe, aby mogły utworzyć samoistne i suwerenne organizmy państwowe. Nb. w swoich projektach odchodził od zasady etnograficznej i przewidywał odstąpienie państwu polskiemu części ziem litewskich, białoruskich i ukraińskich (Wołynia). Rząd polski miał funkcjonować według tych samych zasad, co rosyjski, i związać się z nim ścisłym sojuszem wojskowym.

Program Towarzystwa Północnego, tzw. *Konstytucja* opracowana przez Nikitę Murawiowa, był znacznie mniej radykalny niż *Prawda* Pestla. Przewidywał on pozostawienie monarchicznej formy rządu, opartej na zasadach konstytucyjnych, wprowadzał wyborczy cenzus majątkowy i poza projektem sfederowania 15 prowincji nie zakładał żadnych ustępstw na rzecz narodowości znajdujących się w granicach imperium rosyjskiego.

Z Towarzystwem Południowym kontaktował się członek Komitetu Centralnego Narodowego Towarzystwa Patriotycznego, działającego na terenie Królestwa Polskiego, podpułkownik Seweryn Krzyżanowski. Rozmowy między wysłannikami obydwu tajnych związków przeprowadzone w Kijowie nie zakończyły się jednak sukcesem ze względu na różnice zdań w sprawie granic przyszłego państwa polskiego. Strona polska bowiem stała na stanowisku konieczności przywrócenia granic z 1772 r., a więc wskrzeszenia państwowości w kształcie przedrozbiorowym.

Również na Ukrainie, w Nowogrodzie Wołyńskim, powstała na przełomie 1823/24 r. organizacja, która przybrała nazwę Stowarzyszenia Zjednoczonych Słowian. W skład jej kierownictwa wchodzili bracia Piotr i Andrzej Borysowowie, Iwan Horbaczewski i Polak Julian Lubliński (właśc. nazwisko Kazimierz Motosznowicz). Program Stowarzyszenia został zawarty w siedemnastopunktowym *Katechizmie* i zakładał federację wszystkich narodów słowiańskich (nb. za Słowian uznawano również Węgrów i Rumunów!) rządzonych w sposób demokratyczny. U schyłku 1825 r. Stowarzyszenie Zjednoczonych Słowian połączyło się z Towarzystwem Południowym, stając się jego czwartym już, „słowiańskim" oddziałem.

Należy dodać, że pewną rolę w tworzeniu tajnych związków

Sergiusz Murawiow-Apostoł

odegrało zapewne doświadczenie nabyte w lożach masońskich, jakie — po dłuższej przerwie — zaczęły ponownie powstawać w czasie rządów Aleksandra I. Ruch masoński rozwijał się nie tylko w Petersburgu, lecz również w Kijowie, Żytomierzu i Kamieńcu Podolskim. Masonami byli Pestel i Murawiow-Apostoł, a w 1818 r. powstała w Kijowie Loża Zjednoczonych Słowian.

Po śmierci Aleksandra I w 1825 r. tron winien był przypaść najstarszemu z jego żyjących braci — Konstantemu, który jednak zrzekł się korony carskiej. Przysięgę miano złożyć kolejnemu synowi Pawła I — Mikołajowi (1825—1855). Wojsko nie zostało powiadomione o rezygnacji Konstantego, co postanowili wykorzystać spiskowcy. 14 (26) XII 1825 r. wyprowadzili swoje pułki na plac Senacki w Petersburgu, lecz zdezorientowani nieobecnością przyszłego dyktatora i przywódcy powstania nie podjęli żadnych innych kroków. Bezczynność dekabrystów (od nazwy miesiąca: *dekabr'* — grudzień) stała się jedną z przyczyn ich klęski. Powstańców skartaczowano, a następnie aresztowano przywódców ruchu znajdujących się w stolicy.

Powstanie znalazło kontynuatorów na Ukrainie. Do walki ruszył pułk czernihowski stojący na kwaterach w Wasylkowie i okolicznych wsiach. Powstaniem kierował Sergiusz Murawiow-Apostoł zastępujący aresztowanego kilka dni wcześniej Pestla. Bunt pułku czernihowskiego rozpoczął się 29 XII 1825 r. (10 I 1826 r.). Po aresztowaniu Sergiusza Murawiowa-Apostoła i jego brata Matwieja żołnierze piątej, a następnie dalszych rot wystąpili zbrojnie i uwolnili zatrzymanych. Zajęto wprawdzie Wasylków, lecz na tym zakończyły się sukcesy powstańców. Nikt więcej nie przyłączył się do nich. Ostatecznie powstanie zostało stłumione 3 (15) I 1826 r. Przywódców dekabrystów: Pawła Pestla, Kondrata Rylejewa, Piotra Kachowskie-

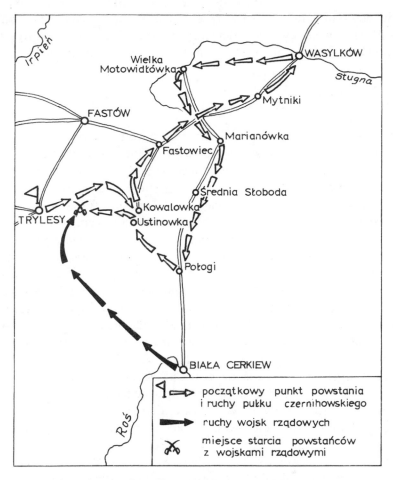

Powstanie pułku czernihowskiego 29 XII 1825 — 3 I 1826 (10 — 15 I 1826)

go, Sergiusza Murawiowa-Apostoła i Michała Bestużewa-Riumina
skazano na śmierć i powieszono. Pozostali członkowie tajnych organizacji znaleźli się na katordze lub na zesłaniu na Syberii i Kauka-
zie. Żołnierzy przerzucono do jednostek wiernych rządowi, przeważ-
nic odlcgłych od miejsca powstania.

Działalność grupy spiskowców nie wystarczyła, by obalić carat.
Wprawdzie zarówno w Petersburgu, jak i na Ukrainie spotykali
się oni z objawami poparcia udzielanego im przez mieszkańców
stolicy i chłopów ukraińskich, nie potrafili jednak tego wykorzystać.
Ludność chłopska w imperium nie była jeszcze zdolna do wspólnego,
jednoczesnego wystąpienia przeciw swoim ciemiężycielom. Najważniej-

sze w powstaniu dekabrystów było wszakże to, że Rosja pokazała światu, iż tkwiące w niej elementy rewolucyjne i demokratyczne są zdolne do otwartego wystąpienia przeciw samowładztwu.

RZĄDY MIKOŁAJA I.
ZIEMIE UKRAIŃSKIE W POWSTANIU LISTOPADOWYM

O ile carat uzyskał miano „żandarma narodów", o tyle — równie słusznie — Mikołaj I zasłużył sobie w pełni na przezwisko „kata na tronie". Stopniowe ograniczanie swobody wypowiadania myśli, wprowadzanie policyjnej reglamentacji wielu dziedzin życia publicznego, rozpowszechnienie donosicielstwa na nie spotykaną dotąd skalę, utworzenie żandarmerii i samodzielnego urzędu cenzorskiego były wydarzeniami wyznaczającymi etapy rządów i charakteryzującymi panowanie cara Mikołaja. Jak na ironię, co zresztą stało się swoistym symbolem tych czasów, wysunięto hasła propagowania i rozszerzania prawosławia, samowładztwa i „ludowości", co miało oznaczać podniesienie do rangi oficjalnej ideologii państwowej tych wszystkich elementów życia, które były najbardziej reakcyjne.

W latach 1828—1829 Rosja prowadziła kolejną wojnę z Turcją. Zakończyła się ona pokojem zawartym w Adrianopolu, na mocy którego imperium rosyjskie uzyskało ujście Dunaju, wschodnie wybrzeża Morza Czarnego oraz wolność prowadzenia handlu na Morzu Czarnym i Śródziemnym. W trakcie działań wojennych Kozacy z Siczy Zadunajskiej, kierowani przez atamana koszowego Józefa Hładkiego, postanowili skorzystać z okazji i powrócić do ojczyzny. Początkowo wspierali działania ofensywne armii rosyjskiej, później zaś zwrócili się oficjalnie z prośbą o zezwolenie na przejście granic Rosji. Na Ukrainę powróciło ok. 1000 rodzin kozackich. Początkowo osiedliły się one na północnych wybrzeżach Morza Azowskiego. Gdy przyłączyli się do nich chłopi i mieszczanie z pobliskich miejscowości, w 1837 r. postawiono przed nimi zadanie ochrony wschodnich wybrzeży Morza Azowskiego. Ataman Hładki otrzymał nominację na pułkownika armii rosyjskiej. Azowskie Wojsko Kozackie (tak brzmiała jego oficjalna nazwa) było w sprawach wojskowych podporządkowane generałowi-gubernatorowi noworosyjskiemu, w cywilnych zaś besarabskiemu. Z początkiem lat sześćdziesiątych XIX w. część azowskich Kozaków przesiedlono nad Kubań, na północny Kaukaz, co wywołało protesty i ponowną ucieczkę wielu rodzin do Turcji. Azowskie Wojsko Kozackie zostało zlikwidowane w 1865 r., za panowania Aleksandra II (1855—1881). Wybuch powstania listopadowego w Polsce (1830) i przeprowadzona przez sejm detronizacja Mikołaja I (na podstawie postanowień kongresu wiedeńskiego z 1815 r. i oktrojowanej konstytucji car rosyjski był jednocześnie królem utworzonego wówczas Królestwa Polskiego) oraz wojna polsko-rosyjska znalazły swoje odbicie na Ukrainie prawobrzeżnej. Przerzucenie działań powstańczych na Litwę, Białoruś i Ukrainę było wprawdzie możliwe ze względu na znaczne skupiska polskiej szlachty na tych ziemiach, jednak konieczne było równoczesne śmiałe uwzględnienie żądań miejscowych chłopów, a zwłaszcza wysunięcie hasła uwłaszczenia łącznie ze zniesieniem poddaństwa. Rząd powstańczy nie zdobył się na tego typu posunięcie, a nieśmiało podnoszone projekty polepszenia sytuacji chłopów nie zakończyły się żadnymi konkretnymi postanowieniami. Trudno się więc dziwić, że próby poruszenia chłopstwa na Ukrainie nie przyniosły zadowalającego efektu.

W kwietniu i maju 1831 r. kilka tysięcy powstańców, głównie drobna szlachta i oficjaliści dworscy, walczyło w trzech guberniach Prawobrzeża, jednak prócz wygrania paru drobnych potyczek nie mogło poszczycić się większymi sukcesami. Wielu z nich powróciło do swoich miejsc zamieszkania, a część przekroczyła granicę austriacką. Tylko kilkusetosobowy oddział jazdy dowodzony przez Karola Różyckiego przedarł się do Królestwa i połączył z głównymi siłami powstania. Na Ukrainie próbował także dokonać dywersji gen. Józef Dwernicki, który wraz z kilkoma tysiącami żołnierzy działał na Wołyniu w kwietniu 1831 r. Udało mu się wprawdzie wygrać jedną bitwę (pod Boremlem, 19 IV 1831), jednak i on został zmuszony do przejścia granicy i złożenia broni. Warto dodać, że wielu chłopów ukraińskich odnosiło się do powstańców wręcz wrogo, gdyż obawiało się powrotu porządków panujących tutaj w poprzednim stuleciu.

Zdławienie powstania listopadowego przez carat poważnie zmieniło położenie Polaków na Ukrainie. Rozpoczęły się represje: aresztowania, zsyłki, przymusowe oddawanie w rekruty, konfiskaty majątków należących do powstańców i wykreślanie uczestników powstania ze spisów szlachty. Pod koniec 1831 r. zamknięto wszystkie szkoły polskie, a w roku następnym usunięto język polski z urzędów i sądownictwa. Zlikwidowano Liceum Krzemienieckie, będące jednym ze świetniejszych zakładów naukowych z polskim językiem wykładowym na Ukrainie. Część zbiorów przerzucono do Kijowa, wykorzystując je do wzbogacenia zasobów tworzonego tutaj uniwersytetu.

Uniwersytet Św. Włodzimierza założono w Kijowie·w 1834 r. Początkowo miał on tylko dwa wydziały: filozoficzny i prawny, później miano otworzyć wydział medyczny (1841). Prócz tego powstały dwie samodzielne katedry: teologii prawosławnej i rzymskokatolickiej. Kurator kijowski Jegor von Bradke pisał do ministra Uwarowa o celach, jakie winna realizować nowo założona uczelnia: „Założenie wyższego zakładu naukowego dla guberni zachodnich, prócz celu wspólnego dla wszystkich tego typu zakładów naukowych, winno służyć zbliżeniu mieszkańców tych guberni do charakteru i obyczajów rosyjskich, zmniejszeniu fanatyzmu religijnego i przyczynieniu się do tego, by miłą im się stała wspólna ojczyzna".

W ciągu pierwszych trzydziestu lat istnienia uczelni większość personelu nauczającego (58,9%) stanowili Rosjanie, Niemców było 19,3%, Polaków − 17,8%. W latach 1834−1839 najwięcej było Polaków, tak że okres ten nazwano nawet „polskim". Przenieśli się oni zarówno z Krzemieńca, jak i z Uniwersytetu Wileńskiego. Początkowo na uniwersytecie znalazło się jedynie 62 studentów; liczba ich stale wzrastała, by z końcem lat pięćdziesiątych osiągnąć 985 słuchaczy. Polacy byli w tym czasie zawsze najliczniejszą grupą (51,0−62,5%).

Uniwersytet stać się miał ostoją monarchii, tymczasem od początku stanowił ośrodek ruchu demokratycznego i wyzwoleńczego. Rzecz jasna, element polski odgrywał w nim czołową rolę.

W czerwcu 1837 r. w Berdyczowie pojawił się emisariusz Młodej Polski Szymon Konarski, współzałożyciel Stowarzyszenia Ludu Polskiego. Na zwołanym wówczas zebraniu przedstawicieli polskich grup niepodległościowych i spiskowych utworzono Związek Ludu Polskiego, w którego składzie rychło znaleźli się studenci z Kijowa. Czołową rolę wśród nich odgrywał Władysław Gordon. Po wpadnięciu policji na ślad spisku udało mu się uniknąć aresztowania i uciec do Francji. Szymon Konarski został aresztowany już w maju 1838 r. i stracony w Wilnie w roku następnym. 26 studentów kijowskich wcielono do wojska, 8 przeniesiono dyscyplinarnie na Uniwersytet Kazański. Wśród studentów, których dotknęły represje carskie, znalazło się również kilku Ukraińców, zamierzających w ramach Związku Ludu Polskiego realizować ideje jedności narodów słowiańskich. Celem tej organizacji była odbudowa niepodległego państwa polskiego na zasadach demokratycznych. Spodziewano się poparcia ze strony chłopstwa, które zamierzano zjednać przez zrównanie w prawach z pozostałymi obywatelami wskrzeszonej Polski. Car Mikołaj I chciał po wykryciu Związku zlikwidować uczelnię kijowską. Ostatecznie skończyło się na jej zamknięciu na okres jednego roku.

ZABURZENIA NA WSI UKRAIŃSKIEJ

Carat starał się doprowadzić do pełnego i jak najszybszego związania guberni ukraińskich z resztą imperium. W wierszu *Opętany* (*Jurodiwyj*) Taras Szewczenko pisał o rządach ówczesnych generałów-gubernatorów ukraińskich:

> W dni one za feldfebla-cara
> Kapral Gawryłowicz Bezruki
> I opój frajter Dołgoruki
> Rządzili Ukrainą. [...]
> Tak cały naród musztrowali,
> Że sam feldfebel ich pochwalił
> Za musztrę i za pysk sołdacki.
> Sam car im „bardzo dziękowali
> I byli dla nich pełni łaski".

(przełożył Włodzimierz Słobodnik)

Stale rosła liczba carskich formacji regularnych stacjonujących na Ukrainie. Tworzono nowe garnizony i nowe osiedla wojskowe, lokując je na terenach, których mieszkańcy — jak przypuszczano — byli najbardziej skłonni do buntu.

Głównym przeciwnikiem chłopów ukraińskich pozostawał nadal ich pan i właściciel majątku, w którym musieli odrabiać pańszczyznę. Po konfiskatach dóbr należących do szlachty polskiej coraz częściej przeciwnikiem tym stawał się szlachcic rosyjski, korzystający na Ukrainie ze szczególnej ochrony i opieki rządu. Nic też dziwnego, że napady zdesperowanych chłopów na dwory, podpalenia i zabójstwa spotkały się ze stanowczym przeciwdziałaniem władz, często przy użyciu wojska, co z kolei prowadziło do lokalnych powstań długo żyjących w pamięci ludu. W 1826 r. wybuchło powstanie na Humańszczyźnie, w 1829 r. — w Charkowskiem. Do stłumienia tego ostatniego użyto artylerii; zabito i zraniono 150 chłopów.

Na Podolu i Wołyniu grasował Ustim Karmeluk (1787—1835). Urodził się w rodzinie chłopskiej, w Hołowczyńcach na Podolu. W 1812 r. oddano go do wojska, skąd uciekł po roku i wraz z innymi dezerterami zorganizował *watahę*, działającą na sposób hajdamacki. W 1814 r. został schwytany, skazany na 500 rózeg (wyrok wykonano w Kamieńcu Podolskim) i wcielony do oddziałów na Krymie. W drodze na miejsce zesłania uciekł ponownie i przez kilkanaście lat przewodził różnym grupom działającym w powiatach: latyczowskim, lityńskim i proskurowskim. Łącznie, jak się oblicza, przez jego oddziały przeszło ok. 20 000 chłopów i dezerterów z wojska. Karmeluk napadał na dwory, zabijał szlachtę, wciągał w zasadzki ścigające go wojsko, podpalał zabudowania dworskie i zabierał znajdujący się w nich dobytek.

Karmeluk dokonał kilkaset napadów na majątki szlacheckie. Czterokrotnie schwytany, za każdym razem zdołał zbiec. W listopadzie 1833 r. do walki z nim i jego współtowarzyszami utworzono odrębny urząd: Komisję Hałuziniecką, a w rejonach najczęstszych wystąpień chłopskich rozlokowano oddziały wojskowe. Kariera Karmeluka zakończyła się dopiero w 1835 r.; wpadł w zasadzkę i został zastrzelony. Przed Komisją stanęło 2700 chłopów i dezerterów, by odpowiadać za dokonane napady.

Postać Karmeluka znalazła trwałe miejsce w twórczości ludowej mieszkańców Podola, Wołynia i Kijowskiego. Niektórzy historycy widzą w nim jedynie bohatera i przywódcę walk antyfeudalnych, chociaż wiele z jego czynów nie da się sklasyfikować jednoznacznie. Znajdziemy wśród nich typowe przestępstwa kryminalne oraz nie ulegające wątpliwości wystąpienia w obronie chłopów gnębionych przez właścicieli majątków. Podobnie jednak niełatwo byłoby wyłącznie w białych lub czarnych barwach namalować obraz *hajdamaczyzny* czy ruchu *opryszków*. To prawda, że w wypadku Karmeluka wątpliwości historyka są szczególnie trudne do rozstrzygnięcia.

Kolejna fala wystąpień chłopskich przetoczyła się przez Ukrainę w latach czterdziestych XIX w. Pod ich wpływem rząd wydał *Prawo o chłopach zobowiązanych* (1842), na podstawie którego właściciele mogli uwalniać chłopów od zależności osobistej przy zachowaniu jednak obowiązku pozostawania w tej samej wsi i odrabiania pańszczyzny lub płacenia czynszu. Nie zmieniało to w sposób zasadniczy położenia poddanych.

Kolejnym krokiem caratu, który wprawdzie nie przyniósł istotnej zmiany sytuacji, ale dał chłopom nadzieję na opiekę prawa, była „reforma inwentarska" przeprowadzona na Ukrainie w latach 1847—1848. Jej bezpośrednią przyczyną stały się wydarzenia zachodzące na ziemiach polskich w przededniu i w czasie Wiosny Ludów, charakteryzujące się aktywizacją ruchu narodowowyzwoleńczego. Caratowi chodziło o to, by skierować chłopów przeciw szlachcie polskiej na Ukrainie w wypadku, gdyby na tym terenie doszło do podobnych wystąpień. Miała ich do tego zachęcić zapowiedziana opieka prawna ze strony rządu przed ewentualnymi nadużyciami panów. Wszystkie powinności chłopskie w majątkach Prawobrzeża zostały szczegółowo spisane, chłopi otrzymali w użytkowanie niewielkie w zasadzie nadziały ziemi, określono również maksymalną wysokość pańszczyzny tygodniowej dla poszczególnych kategorii poddanych (maksimum wynosiło 4 dni w tygodniu).

Połowiczne rozwiązania nie przyniosły spodziewanych rezultatów. Nie rozstrzygnięto problemów najistotniejszych. Nie zniesiono poddaństwa całkowicie i nie uczyniono chłopów właścicielami uprawianej ziemi, nie zlikwidowano powinności pańszczyźnianych. Bunty i drobniejsze powstania chłopskie wybuchały więc corocznie we wszystkich guberniach ukraińskich, łącznie z intensywnie zagospodarowywanymi ziemiami południa Ukrainy.

BRACTWO CYRYLA I METODEGO.
POCZĄTEK DZIAŁALNOŚCI TARASA SZEWCZENKI

Ruch chłopski na Ukrainie nie stanowił wyjątku w imperium. Powszechność zjawiska zmuszała do zastanowienia. Zanim władze zdołały przedsięwziąć inne środki zaradcze niż wysyłanie wojskowych ekspedycji karnych do zbuntowanych wsi, inteligencja rosyjska i ukraińska rozpoczęły ożywioną działalność propagandową na rzecz demokratycznych przemian ustrojowych. Spotykała się ona z natychmiastowym przeciwdziałaniem władz połączonym z represjami. Mimo to poglądy demokratyczne i rewolucyjne szerzyły się w coraz większym stopniu, docierając do nowych kręgów społecznych, na Ukrainie w szczególności do młodzieży uniwersyteckiej i gimnazjalnej.

Wyjątkową rolę w tym ruchu odegrał Taras Szewczenko (1814—1861), poeta i malarz obdarzony ogromnym talentem. Urodził się w rodzinie chłopskiej, w Kijowskiem. Dopiero w wieku 24 lat (w 1828 r.) został wykupiony z poddaństwa przez przyjaciół – malarzy w Petersburgu. W 1840 r. opublikował swój pierwszy zbiór wierszy ukraińskich pt. *Kobzar'* (ukr. lirnik), nawiązujący zarówno w treści, jak i formie do twórczości ludowej mieszkańców ziem naddnieprzańskich. W 1844 r. ukończył serię akwafort pod wspólnym tytułem *Malownicza Ukraina*, a w roku następnym zakończył studia w petersburskiej Akademii Sztuk Pięknych. W 1845 r. przybył do Kijowa, gdzie związał się, pracując w Tymczasowej Komisji do Przeglądu Akt Dawnych, z nowo utworzonym, nielegalnym Bractwem Cyryla i Metodego.

W wierszach Szewczenki znalazły odbicie najważniejsze wydarzenia z historii Ukrainy, epizody powstania Chmielnickiego, *koliszczyzna* oraz refleksje o sytuacji narodu ukraińskiego i jego stosunku do sąsiadów, głównie Polski i Rosji. Był przeciwnikiem systemu pańszczyźnianego i wszelkich rządów despotycznych, a zarazem gorącym rzecznikiem przyjaźni z Polakami i Rosjanami.

Pisał więc:

> I tak, Polaku, druhu, bracie,
> Zachłanni księża i magnaci
> Nas poróżnili, rozdzielili,
> A my wciąż zgodnie byśmy żyli.
> Podajże rękę Kozakowi
> I serce swe do niego przychyl,
> I razem w imię Chrystusowe
> Odbudujemy raj nasz cichy!

(przełożył Jerzy Jędrzejewicz)

Bractwo Cyryla i Metodego powstało w Kijowie na przełomie lat 1845/1846. Należeli do niego głównie studenci i kilka osób z personelu nauczającego w Uniwersytecie Kijowskim i Charkowskim (łącznie ok. 100 osób). Nie było ono organizacją rewolucyjną, a jego członkowie nie reprezentowali jednolitych poglądów. Współzałożyciele i najaktywniejsi działacze Bractwa: adiunkt Uniwersytetu Kijowskiego, historyk Mikołaj Kostomarow i literat Pantelejmon Kulisz uważali, że uda się doprowadzić do rozwiązania najważniejszych problemów politycznych i społecznych Rosji przez nakłanianie władz do czynienia stopniowych ustępstw w tej mierze. Podstawowym dokumentem precyzującym ideowe założenia Bractwa były *Księgi bytu narodu ukraińskiego*, których forma została zapożyczona z mickiewiczowskich *Ksiąg narodu i pielgrzymstwa polskiego*. Autorami tego dokumentu, składającego się ze 109 paragrafów odnoszących się do różnych dziedzin życia na Ukrainie, byli: Kostomarow i Mikołaj Hułak, podówczas urzędnik kijowskiej kancelarii gubernialnej. W *Księgach bytu*... zawarta została wizja przyszłej federacyjnej republiki narodów słowiańskich posiadających równe prawa autonomiczne, bez pańszczyzny i przywilejów stanowych. Autorzy uważali, że naród ukraiński jest z natury nosicielem idei równości, przyjaźni i braterstwa, w związku z czym idealizowali Kozaczyznę przedstawiając ją jako wolne stowarzyszenie równych sobie żołnierzy.

Członkowie Bractwa opracowali także jego statut oraz memoriały w sprawie prowadzenia działalności oświatowej wśród ludu, emancypacji kobiet i zjednoczenia narodów słowiańskich.

Liberalnemu kierunkowi w Bractwie nadawali ton Kostomarow i Kulisz. Sądzili, że szlachta sama zdecyduje się na zlikwidowanie pańszczyzny, a car ulegnie powszechnie wyrażonemu życzeniu i zatwierdzi indywidualne akty dobrej woli, nadając im w ten sposób sankcję państwową. Szczególny na-

Taras Szewczenko — autoportret

cisk kładli na hasła wyzwolenia narodowego i rozdzielali je od sprawy wyzwolenia społecznego. Całkowicie odrzucali rewolucyjne metody działania. Odmienne stanowisko reprezentował Taras Szewczenko, który wstąpił do Bractwa w kwietniu 1846 r.

O ile pierwsi uważali, że przyszłość Ukrainy można wiązać tylko z monarchią rosyjską, o tyle Szewczenko wraz z grupą zwolenników orientował się na republikańską formę rządów. Hułak propagował ideę wywołania równoczesnego powstania narodów słowiańskich; Aleksander Nawrocki (student z Kijowa) głosił konieczność budzenia niechęci ludu do caratu i tym samym przygotowywania go do udziału w przewrocie rewolucyjnym. Podobne poglądy wyznawali Iwan Posiada i Jerzy Andruzki, będący również studentami Uniwersytetu Kijowskiego.

Po 14-miesięcznej działalności członkowie Bractwa zostali zadenuncjowani przez prowokatora, który znalazł się w jego szeregach. W ciągu kilku miesięcy 1847 r. wszyscy działacze Bractwa znaleźli się w więzieniu. Szewczenkę wcielono do wojska, a Mikołaj I zaostrzył jeszcze karę, zabraniając mu pisać i malować; Hułaka skazano na trzyletnie zamknięcie w Szlisselburgu, Kostomarowa — na rok w twierdzy Pietropawłowskiej, Nawrockiego — na pół roku więzienia w Wiatce, pozostałych zaś na zesłanie.

Działalność Bractwa Cyryla i Metodego stanowiła uwieńczenie pierwszego etapu kształtowania się nowoczesnego narodu ukraińskiego o uformowanym już w pełni poczuciu odrębności narodowej, świadomym własnej tradycji historycznej i rozwiniętym, zdolnym do samodzielnej egzystencji nurcie demokratycznym, propagującym hasła wyzwolenia społecznego Ukraińców i innych narodów słowiańskich.

KULTURA UKRAIŃSKA W KOŃCU XVIII
I PIERWSZEJ POŁOWIE XIX WIEKU

Ogromną rolę w kształtowaniu ukraińskiej świadomości narodowej oraz języka ukraińskiego odegrały utwory literackie, które powstały na przełomie XVIII i XIX w. Ich autorzy: Iwan Kotlarewski (1769—1838), Grzegorz Kwitka-Osnowianenko (1778—1843) i Piotr Hułak-Artemowski (1790—1865) umiejętnie łączyli w swych dziełach elementy ludowe i narodowe z krytyką panującego systemu oraz hasłami wyzwolenia społecznego.

Kotlarewski urodził się w Połtawie i z tym miastem był związany przez większą część życia. W 1798 r. opublikowana została sparodiowana i sparafrazowana przez niego *Eneida* Wergiliusza, w której wykorzystując nazwiska i dzieje bohaterów poematu dał szeroką panoramę życia różnych warstw społeczeństwa ukraińskiego. Wiele w niej elementów ludowego, jędrnego humoru, co w połączeniu ze świetnym opanowaniem strofy i mistrzowskim posługiwaniem się językiem ludu stworzyło niepowtarzalną całość. W *Eneidzie* Kotlarewskiego występują postacie wzięte z dziejów Ukrainy, bogowie ukazani jako zamożni gospodarze nie umiejący sobie poradzić z podporządkowanymi im niższymi bóstwami i nawet — ludźmi.

Kotlarewski był pierwszym pisarzem, który w szerokim zakresie oparł ukraiński język literacki na dialekcie połtawsko-kijowskim (dotychczas posługiwano się głównie dialektem północnoukraińskim, co ze względu na jego „kresowy" rodowód utrudniało rozwój języka narodowego). *Eneida* Kotlarewskiego już wkrótce po opublikowaniu uzyskała znaczną popularność zarówno na Ukrainie, jak i w Rosji. Inny z utworów Kotlarewskiego, *Natałka Połtawka*, stał się później librettem operowym.

Hułak-Artemowski był historykiem z wykształcenia. Studia wyższe ukończył w Charkowie, został profesorem tamtejszego uniwersytetu, a w latach 1841—1849 rektorem. Warto dodać, że przez pewien czas uczył również języka polskiego. Spośród wielu ballad i bajek, które wyszły spod jego pióra, najbardziej znane są: *Pan i pies, Sołopij i Chiwa lub groch przy drodze, Tiuchtij i Czwańko* oraz *Twardowski*.

W pierwszej z nich w alegorycznej formie przedstawił dolę chłopa pańszczyźnianego oraz despotyzm, lenistwo i samowolę panów feudalnych; w drugiej wyśmiał modne wówczas nowinkarstwo i bezkrytyczne naśladowanie wzorów zachodnich. Ballada *Twardowski* była przeróbką utworu Adama Mickiewicza, wprowadzającą do fabuły elementy ukraińskiego dnia powszedniego i obyczajowości hajdamackiej.

Iwan Kotlarewski, mal. G. Kowalenko

Grzegorz Kwitka-Osnowianenko był synem zamożnego właściciela ziemskiego z okolic Charkowa. Znajdując się na różnych stanowiskach wojskowych i w służbie cywilnej, uczestniczył w wielu akcjach oświatowych i kulturalnych podejmowanych z początkiem XIX w. przez inteligencję ukraińską. Stał się jednym ze współzałożycieli teatru w Charkowie i współwydawców pierwszego czasopisma ukraińskiego „Ukrainskij wiestnik", wydawanego jednak po rosyjsku. Działalność literacką rozpoczął dość późno, dopiero w wieku trzydziestu kilku lat. Pisał głównie po rosyjsku. Napisał szereg komedii, m. in.: *Przybysz ze stolicy, Wybory szlacheckie* (2 części), *Jasnowidzący* i *Podróżnicy*, a prócz tego dwie księgi *Opowiadań małorosyjskich*.

Przybysz ze stolicy powstał w 1827 r. i wskutek zadziwiającego zbiegu okoliczności do złudzenia przypomina powstałego później (w 1836 r.) gogolowskiego *Rewizora*. Sztuka Osnowianenki opublikowana została dopiero w 1840 r. *Wybory szlacheckie*, piętnujące przywary szlachty, ocenzurowano dwukrotnie. Ostatecznie nie zezwolono ani na ich druk, ani też na wystawienie. Te same akcenty krytyczne znajdziemy w pozostałych komediach Kwitki-Osnowianenki

Pierwszy teatr w Kijowie — fragment panoramy miasta z 1850 r.

i utworach prozatorskich. Był on także autorem szeregu szkiców historycznych.

Poważny wpływ na rozwój nurtu realistycznego w literaturze ukraińskiej miał Eugeniusz Hrebinka (1812—1848), jeden z przyjaciół Szewczenki. Pozostawił po sobie utwory najrozmaitszych gatunków literackich: bajki, opowiadania, powieści i szkice. Pisał po ukraińsku i rosyjsku. Był również autorem przekładu na ukraiński poematu Aleksandra·Puszkina *Połtawa*.

Ożywioną działalność literacką prowadził historyk Mikołaj Kostomarow (1817—1885). W opublikowanej *Autobiografii* pisał: „Zawładnęła mną jakaś namiętność do wszystkiego, co małorosyjskie; doprowadzało mnie do pasji, że nieucy, jakich wówczas było bardzo wielu, z ironią mówią o chochłach [w jęz. rosyjskim ironiczna nazwa Ukraińców — uw. *W. S.*], a wyrazy małorosyjskie wywołują jedynie śmiech". Oprócz utworów scenicznych i wierszy napisał powieści: *Syn*, *Chołuj*, *Czernihowianka* oraz opowiadania (po rosyjsku) opublikowane dopiero po śmierci autora. Kostomarow był znawcą i miłośnikiem ukraińskiej twórczości ludowej, której wątki wplatał do swych utworów.

Ze sporej liczby innych twórców ukraińskich doby romantyzmu

wymienić należy ponadto Opanasa Szpigockiego, tłumacza sonetów Mickiewicza i inicjatora wprowadzenia wątków ludowych do twórczości literackiej, oraz Mikołaja Markiewicza, historyka, etnografa i wydawcę zbioru pieśni (*Melodie ukraińskie*, 1831), Izmaiła Srezniewskiego, twórcę stylizowanych dum kozackich, i Osipa (Józefa) Bodiańskiego, autora zbiorku bajek ukraińskich.

U schyłku XVIII i w pierwszej połowie XIX w. rozwinęły się nowe kierunki w malarstwie ukraińskim, chociaż nie zawsze były one związane z twórcami miejscowego pochodzenia. Wasyl Tropinin (1776 – 1857) przez dwadzieścia lat był

Taras Szewczenko — fot. z lat 1858 – 1860

poddanym hr. Markowa, zamieszkującym w jego dobrach na Podolu. Namalował w tym czasie całą galerię portretów chłopów ukraińskich, pejzaży i scen obyczajowych, m. in. *Dziewczynę z Podola* i *Chłopa ukraińskiego*. Podobną tematykę znajdziemy w pracach Kapitona Pawłowa (1792 – 1852), Iwana Soszenki (1807 – 1876) i Wasyla Szternberga (1818 – 1845).

Wielu malarzy ukraińskich wywodziło się z rodzin chłopskich i nie zawsze mogli oni uwolnić się z poddaństwa, jak to np. udało się Szewczence. Szewczenko zaś również wśród malarzy należał do najwybitniejszych twórców. Pierwszym znanym jego obrazem, który niestety nie zachował się do dnia dzisiejszego, był *Chłopiec-żebrak dzielący się jałmużną z psem* (1839). Otrzymał za niego srebrny medal Akademii Sztuk Pięknych w Petersburgu. Jednym z najwybitniejszych dzieł Szewczenki był obraz *Katarzyna* (1842), ukazujący dolę uwiedzionej przez oficera dziewczyny wiejskiej. Z innych prac wymienić należy serię akwafort *Malownicza Ukraina*, autoportrety, sceny rodzajowe i pejzaże kazachskie pochodzące z okresu jego zesłania, serię *Syn marnotrawny* (1856 – 1857) oraz liczne portrety, a wśród nich: właścicieli ziemskich Lizoguba i Kejkuatowej oraz aktorów Szczepkina i Aldridge'a.

Uniwersytet w Kijowie — główny budynek, stan obecny

Dzieło Szewczenki, serię *Malownicza Ukraina*, kontynuowali w latach sześćdziesiątych Lew Żemczużnikow (1828—1912), m. in. autor *Kobziarza na szlaku* i *Lirnika w chacie*, Iwan Sokołow (1823—1910), twórca licznych obrazów ilustrujących dzień powszedni Ukrainy, oraz kilku innych malarzy, a wśród nich znany rosyjski odtwórca scen batalistycznych Wasyl Wereszczagin (1842—1904).

Tę samą tematykę znaleźć można w pracach Konstantego Trutowskiego (1826—1893), ukazującego głównie życie biedoty wiejskiej.

Przyłączenie z końcem XVIII w. nowych ziem do imperium rosyjskiego przyczyniło się do szybkiego rozwoju budownictwa, na architektów bowiem spłynął deszcz zamówień rządowych związanych z budową Jelizawetgradu, Mikołajowa, Odessy i Chersonia. Większość prac wykonywana była przez specjalistów stołecznych: z Petersburga i Moskwy, oraz cudzoziemskich, którzy zazwyczaj nie odchodzili od obowiązujących kanonów klasycyzmu. Również w tym czasie powstał szereg wspaniałych zespołów pałacowych, jak np. w Chocimiu i Laliczach (Giacomo Quarenghi), Baturynie (Charles Cameron) czy Siekierzyńcach (Paweł Dubrowski). Ostatnim z obiektów zrealizowanych w tym właśnie stylu był budynek Uniwersytetu Kijowskiego (Vincenzo Beretti, 1837—1843).

UKRAIŃSKIE ODRODZENIE NARODOWE. „RUSKA TRÓJCA"

Znajdujące się w granicach państwa austriackiego ziemie ukraińskie były praktycznie odcięte od stałych kontaktów kulturalnych z resztą Ukrainy, tą, która wchodziła w skład imperium rosyjskiego. Tam, mimo rusyfikacji, ukształtował się już język narodowy, powstała narodowa literatura nawiązująca do tradycji ludowej i istniejących, żywych dialektów. Natomiast w Galicji Wschodniej procesy polonizacyjne nie uległy zahamowaniu, a nawet w 1817 r. rząd austriacki nakazał nauczać w szkołach wyłącznie po polsku, uznając język ukraiński za mowę „chłopską" i „zdziczałą". Nazywano go „ruskim" i zawierał tutaj wiele zapożyczeń z cerkiewnosłowiańskiego, polskiego, rosyjskiego i ukraińskiego zasobu leksykalnego. Pierwsze próby uporządkowania tych spraw doprowadziły do utworzenia sztucznych, opartych na wymyślonych wzorach, struktur językowych. Już w 1822 r. Józef Łewycki opublikował *Tęsknotę przeklętych* (*Domobolije proklatych*) — książkę będącą przekładem z niemieckiego na sztucznie archaizowany język ukraiński. Coraz częściej wszakże pojawiały się prace, których autorzy udowadniali istnienie odrębnego języka ukraińskiego. Należał do nich Iwan Mohylnycki (1777—1831), kanonik przemyski, twórca *Gramatyki języka słowiańsko-ruskiego* (1829). Zaczęto odwoływać się do twórczości ludowej, w której najpełniej przechowały się wzorce języka narodowego. Opublikowano w tym czasie kilka zbiorków pieśni: *Pielgrzym lwowski* (1822, 1823), *Ruthenische Volkslieder* Wincentego Pola (1829) oraz *Pieśni polskie i ruskie ludu galicyjskiego* (1833) zebrane przez Wacława Zaleskiego, występującego pod pseudonimem Wacława z Oleska i korzystającego z materiałów zgromadzonych przez Adama Czarnockiego (pseud. Zorian Dołęga Chodakowski).

Udział polskich badaczy folkloru w tych pracach był bezsprzeczny, niemniej jednak wielu z nich, np. Wacław Zaleski, kwestionowało istnienie języka ukraińskiego i uważało go za jeden z polskich dialektów.

Wkrótce, z początkiem lat trzydziestych, we Lwowie rozpoczęli działalność ludzie, z których nazwiskami związało się tzw. ukraińskie odrodzenie narodowe. Czołową rolę odegrali Markian Szaszkewicz (1811—1843), Jakub Hołowacki (1814—1888) oraz Iwan Wahylewicz (1811—1866). Założyli oni stowarzyszenie w celu „odrodzenia literatury ukraińskiej w Galicji". Już współcześnie nazywano ich „Ruską Trójcą" i pod takim mianem weszli do historii. Uważali, że Ukraińcy galicyjscy stanowią cząstkę narodu, który w większości żyje w granicach imperium rosyjskiego. W swej działalności oświatowej nawiązywali do tradycji, folkloru i obficie korzystali z wzorów literackich, jakie powstawały nad Dnieprem. Dochodziło nawet do tego, że ręcznie przepisywano opublikowany w Moskwie (1827) zbiorek *Pieśni małorosyjskich* wybitnego historyka i etnografa ukraińskiego Michała Maksymowicza (1804—1873). Utrzymywali stałe kontakty nie tylko z pobratymcami znajdującymi się w Rosji, lecz również z uczonymi i pisarzami innych narodów słowiańskich: Serbem Vukiem Karadžiciem (m. in. autorem *Serbskich pieśni ludowych,* t. I—IV, 1823—1833), Słowakiem Janem Kollárem, Czechem Wacławem Hanką i polskim etnografem, autorem dwutomowego wydawnictwa *Pieśni ludu ruskiego w Galicji* (1839—1840) Żegotą Paulim. Ten ostatni wprowadził ich do środowiska polskiej inteligencji liberalnej oraz poznał z wieloma uczestnikami niedawno zdławionego przez carat powstania listopadowego.

„Ruska Trójca" nie stanowiła wyjątku w ówczesnej Europie, ogarniętej ideami wyzwoleńczymi, hasłami walki z krzywdą społeczną, porywającymi młodzież tych zwłaszcza narodowości, które same doznały ciężaru jarzma nałożonego przez obcych. Najbliższy i najświeższy przykład szedł z Królestwa Polskiego.

W 1833 r. „Ruska Trójca" przygotowała pierwszy wspólny zbiór wierszy pt. *Syn Rusi*, który jednak pozostał w rękopisie. Znalazł się w nim wiersz Szaszkewicza adresowany do „synów Rusi", w którym autor nawoływał:

> Czas już sen długi porzucić,
> Co obciąża nam powieki.
> Czas już wstać i świat zobaczyć,
> Dosyć snu przez całe wieki!

РУСАЛКА

ДНѢСТРОВАЯ.

Ruthenische Volks-Lieder.

У БУДИМѢ

Письмом Корол. Всеучилища Пештанского

1 8 3 7.

„Rusałka Dnistrowaja" — 1837 r., karta tytułowa

W rok później do druku przygotowano almanach *Zorza* — *pismo poświęcone językowi ruskiemu* (*Zoria, pisemce, poswiaszczennoje ruskomu jazyku*). Prócz pieśni ludowych zawierał on m. in. życiorys Bohdana Chmielnickiego. Cenzura nie tylko zabroniła jego publikacji, lecz także ustanowiono nad autorami nadzór policyjny i przeprowadzono rewizję u Szaszkewicza.

Członkowie „Ruskiej Trójcy" nie zrezygnowali jednak z kontynuowania swej działalności i zredagowali nowy zbiór, zatytułowany *Rusałka Dniestrowa* (*Rusałka Dniestrowaja*). Hołowacki wysłał rękopis do Budapesztu, do jednego ze swoich znajomych, któremu wreszcie

Markian Szaszkewicz,
portret olejny I. Trusza z 1911 r.

udało się go opublikować z końcem 1836 r. (na wydawnictwie widnieje rok wydania 1837), w nakładzie 1000 egzemplarzy. 900 z nich trafiło do Lwowa, 100 — do Wiednia. We Lwowie nie uzyskano zgody na ich rozpowszechnianie, mimo to pewna część nakładu trafiła do rąk czytelników. Zakaz ten obowiązywał aż do 1848 r. Oryginalne egzemplarze *Rusałki* są dzisiaj wielką rzadkością.

Przedmowę do zbioru napisał Szaszkewicz, ubolewając, że „sądzone nam było zostać ostatnimi", a zarazem wyrażając nadzieję, iż zgrzebnie odziana „rusałeczka znad Dniestru" zostanie przyozdobiona i dobrze przyjęta przez swoje siostry — inne narody słowiańskie. Przedmowa pióra Wahylewicza otwierała następną część książki, zawierającą pieśni ludowe. Pisał w niej m. in.: „Naród ruski jest jednym z najważniejszych pokoleń [!] słowiańskich, w środku między nimi, rozciąga się od Beskidów po Don". W *Rusałce* opublikowano także oryginalne wiersze Szaszkewicza i Wahylewicza oraz wierszowane przekłady z serbskiego i czeskiego pióra Szaszkewicza i Hołowackiego. Ostatnia część — „Starina" — dotyczyła przeszłości Ukrainy, a całość zamykała recenzja książki Józefa Łozińskiego o weselu ukraińskim.

Odwoływanie się do folkloru nie wyczerpywało powiązań „Ruskiej Trójcy" z ludem ukraińskim. Bodaj czy nie ważniejszy nurt stanowiły często pojawiające się w almanachu stwierdzenia o istniejącej niesprawiedliwości społecznej i aluzje do konieczności jej likwidacji. Najistotniejszy wszakże był sam fakt pojawienia się *Rusałki Dniestrowej*, zademonstrowania w ten sposób narodowych dążeń Ukraińców oraz rozbudzenia świadomości własnej odrębności, wyrażającej się w odmienności języka, kultury, tradycji, a także rozbudzenia poczucia wspólnoty, łączącej ich z innymi narodami słowiańskimi, nie mówiąc już o ścisłych związkach z mieszkańcami Naddnieprza.

Rusałka Dniestrowa była napisana po ukraińsku, a wydrukowana grażdanką, co powodowało niejednokrotnie formułowane pod adresem jej autorów zarzuty orientowania się na Rosję i oskarżenia o próby oderwania Galicji Wschodniej od reszty ziem wchodzących w skład monarchii habsburskiej.

Jakub Hołowacki

Nie jest rzeczą przypadku, że zarówno Szaszkewicz, jak i Wahylewicz byli wychowankami lwowskiego seminarium duchownego; Hołowacki był studentem uniwersytetu we Lwowie. W tym czasie w Galicji dopiero rozpoczął się proces formowania inteligencji ukraińskiej. Kariera duchowna była dla młodych ludzi tej narodowości stosunkowo najłatwiejszą drogą prowadzącą do uzyskania wykształcenia. Uczniem lwowskiego seminarium był również inny współpracownik Szaszkewicza, Mikołaj Ustinowicz (1811—1885), poeta, etnograf i filolog.

Utwory poetyckie Szaszkewicza, Wahylewicza, Hołowackiego i Ustianowicza należą do romantycznego nurtu w literaturze ukraińskiej i mają wiele wspólnego z zafascynowaniem problematyką ukraińską występującym w ówczesnej polskiej poezji romantycznej. Ukraina była tematem wierszy Antoniego Malczewskiego (1793—1826), Seweryna Goszczyńskiego (1801—1876), Aleksandra Grozy (1807—1875), Michała Czajkowskiego (1804—1886), Tomasza Padury (1801—1871), Lucjana Siemieńskiego (1807—1877), Bohdana Zaleskiego (1802—1886) i in. Padura pisał nawet po ukraińsku.

Krytyk i powieściopisarz Michał Grabowski pisał w 1840 r.: „Ich [poetów polskich „szkoły ukraińskiej" — uw. *W.S.*] prawa do stanowienia osobnej szkoły zasadzają się nie na tym, że obierają na treść swoich utworów przedmioty z historii tej ziemi, ale raczej że przyjmują całkiem ducha i barwę właściwej poezji ukraińskiej, jednej z najdoskonalszych gałęzi samorodnej poezji słowiańskiej, więc z pierwszych całego świata". Niemal wszyscy przedstawiciele tego

Iwan Wahylewicz

kierunku traktowali Ukrainę jako nierozłączną część Rzeczypospolitej, a tematyka historyczna dominowała w ich twórczości. Powstały wówczas m. in.: *Maria. Powieść ukraińska* — Malczewskiego (1825) i *Zamek kaniowski* — Goszczyńskiego (1828). Również wiele utworów Juliusza Słowackiego nawiązywało do tematyki ukraińskiej, a wśród nich *Beniowski* i *Sen srebrny Salomei*.

Literatura obficie czerpała z twórczości ludowej, ta zaś z kolei przyjmowała część jej dorobku za swój własny. Tak np. wiersz Kaspra Cięglewicza (1807—1886) *Dalej bracia, w ręce kosy!* stał się dość powszechnie znaną pieśnią chłopską.

O jednym z poetów tworzących po ukraińsku, Antonim Szaszkewiczu, pisał niedawno (1976) Jarosław Iwaszkiewicz: „Jego pieśni ukraińskie stały się pieśnią ludową i teraz nawet nie wiadomo, czy niektóre z nich istniały przed Szaszkewiczem, czy on je opracował, czy on je stworzył. Przypuszczalnie nie zastanawiał się nad tym: komponował, dorabiał do pieśni istniejących, stwarzał nowe strofy w duchu ludowych, w duchu tego ludu, który znał tak dobrze".

ZIEMIE UKRAIŃSKIE W DOBIE WIOSNY LUDÓW

Rozwój ukraińskiego ruchu narodowego znalazł swoje odzwierciedlenie nie tylko w nadzwyczaj szybkim rozkwicie twórczości literackiej, lecz również w innych dziedzinach życia kulturalnego.

Pojawiły się pierwsze periodyki: „Ukrainskij wiestnik" (1816—1819), „Charkowskij diemokrat" (1816), „Charkowskije izwiestija" (1817—1824), „Ukrainskij almanach" (1834), „Kijewlanin" (1840—1841, 1850) i „Jużnyj russkij sbornik" (1848).

Obok działających od początku stulecia rosyjskich teatrów zawodowych zaczęły powstawać pierwsze ukraińskie trupy teatralne, głównie dzięki staraniom Kotlarewskiego i Kwitki-Osnowianenki. Tematyka ukraińska wkroczyła do twórczości Mikołaja Gogola i Michała Glinki (powieść i opera pt. *Taras Bulba*).

Ożywienie działalności inteligencji ukraińskiej zbiegło się z wielkimi ruchami społecznymi i narodowymi w Europie oraz nadało jej kształt demokratyczny.

Na wieść o rewolucji 1848 r. Szewczenko napisał na zesłaniu poemat *Królowie*, w którym znalazły się śmiałe słowa:

> Bodaj ich kaci pościnali,
> Królów, najgorszych spośród katów!
> Głupcy jesteśmy, służąc dalej
> Władcom, co już obrzydli światu,
> I tańcząc tak, jak nam zagrali...
> Gdybyż się pozbyć tych łajdaków.
>
> *(przełożył Stanisław Strumph-Wojtkiewicz)*

Najpoważniejszy oddźwięk wywołały wydarzenia 1848 r. w Galicji, gdzie wiązały się z podejmowanymi przez inteligencję ukraińską próbami znalezienia modus vivendi w — wydawało się — powstającej nowej rzeczywistości politycznej.

Utworzone w 1835 r. w Krakowie Stowarzyszenie Ludu Polskiego przeniosło w rok później do Lwowa siedzibę władz: Zboru Głównego. Jednym z czołowych działaczy SLP, który nie podporządkował się liberalnemu kierownictwu Stowarzyszenia, był znany nam już poeta Kasper Cięglewicz. Prowadził agitację wśród chłopów Galicji Wschodniej, nawołując ich do czynnego wystąpienia przeciw Austrii i wspólnego polsko-ukraińskiego powstania ludowego. Z początkiem lat czterdziestych działalność spiskowców galicyjskich została odkryta przez władze, co spowodowało masowe aresztowania i wiele wyroków skazujących konspiratorów na ciężkie więzienie. Cięglewicz został aresztowany już w 1838 r. i skazany na 20 lat więzienia w Kufsteinie, w Tyrolu.

Ziemie znajdujące się w granicach monarchii austriackiej rozwijały się bardzo nierównomiernie. Szczególnie upośledzone były: Galicja Wschodnia, Bukowina i Zakarpacie. Dla metropolii były one w zasadzie tylko rynkiem zbytu i, w niewielkim stopniu, pełniły funkcję rolniczego zaplecza. Wartość produkcji przemysłowej nie dochodziła nawet do jednej dziesiątej wartości produkcji przemysłu w całej Austrii. Większość ludności utrzymywała się z rolnictwa, które było bardzo zacofane. Opierało się ono na rozdrobnionych gospodarstwach chłopskich, z drugiej zaś strony na wielkich majątkach magnackich, w których pracowała biedota i bezrolni, i wreszcie na niskiej technice uprawy roli. Mnożyły się wystąpienia ludowe przybierające najróżniejsze formy, a pojawiające się watahy rabusiów składały się często z chłopów pozbawionych nadziei na inny sposób poprawienia swej doli.

Jednym z czołowych przywódców chłopskich był Łukian Kobylica (1812—1851), urodzony i działający na Bukowinie. W 1839 r. został upoważniony, początkowo tylko przez gromadę, w której mieszkał, a następnie przez kilkanaście innych, do występowania w ich imieniu do administracji państwowej ze skargami na postępowanie właścicieli majątków. Gdy to nie pomogło, w 1843 r. chłopi z 16 wsi odmówili wykonywania pańszczyzny, zajęli lasy i pastwiska, żądając przyznania im statusu chłopów państwowych. Władze austriackie stłumiły opór poddanych przy pomocy wojska, przeszło 200 chłopów poddały chłoście, a Kobylicę wraz z kilkoma innymi przywódcami oddano pod sąd.

W połowie lat czterdziestych położenie chłopów w Galicji pogorszyło się znacznie wskutek powodzi i kilku lat nieurodzaju. Gromady chłopów wędrowały po kraju szukając jakiejkolwiek możliwości przetrwania. Tymczasem w lutym 1846 r. rozpoczęło się w Krakowie (epizodycznie w Wielkopolsce i Królestwie Polskim) wcześniej przygotowane polskie powstanie narodowe przeciw zaborcom. Władze austriackie zdawały sobie sprawę z czynionych przygotowań i wykorzystały niezadowolenie chłopów do spacyfikowania ruchu w Galicji. Manifest Rządu Narodowego ogłoszony w Krakowie zapowiadał wprawdzie zniesienie (bez odszkodowania) pańszczyzny i czynszów oraz przekazanie chłopom uprawianej przez nich ziemi, ale jednocześnie w tzw. *Ustawie rewolucyjnej* groził surowymi karami za samowolne odbieranie prywatnego mienia, zamykając w ten sposób drogę do pełnego związania idei narodowowyzwoleńczych z żywiołowym ruchem chłopskim. Próby powstańcze zostały szybko stłumione przez władze, a w Krakowie zginął jeden z przywódców powstania, Edward Dembowski.

Prowincjonalne władze austriackie rozszerzały wieści, że szlachta nie chce dopuścić do spełnienia przez cesarza ludowych postulatów, co stało się powodem masowego ataku chłopów na dwory w tym samym czasie, gdy Rząd Narodowy zapowiadał zniesienie pańszczyzny. Ruch chłopski rozpoczął się w Tarnowskiem, a następnie rozszerzył na pozostałe ziemie galicyjskie. Tylko w niewielkim stopniu ogarnął Galicję Wschodnią, chociaż wieści o rabacji galicyjskiej docierały tam w wystarczającej ilości, by wywołać wzmożenie się ruchu protestu na wsi. Szybka interwencja wojsk austriackich zapobiegła rzezi szlachty na tym terenie. Nie polepszyło to oczywiście doli ludu, podobnie jak patent cesarski z 13 IV 1846 r. znoszący podwody i upoważniający chłopów do wnoszenia skarg na swych panów do cyrkułu. Dopiero wydarzenia związane z Wiosną Ludów przyniosły rzeczywiste zmiany w ich położeniu.

Rewolucja dokonana w połowie marca 1848 r. w Wiedniu doprowadziła do obalenia Metternicha i ogłoszenia amnestii oraz wolności prasy. Zapowiedziano również przygotowanie i wejście w życie ustawy konstytucyjnej. W Galicji, w obawie przed rozruchami, jej gubernator hr. Franz von Stadion na własną rękę ogłosił w dniu 22 kwietnia zniesienie pańszczyzny, na co już po fakcie otrzymał sankcję cesarską. Utrzymano serwituty i obiecano odszkodowanie właścicielom majątków.

W tym czasie w Galicji Wschodniej, na Bukowinie i Zakarpaciu mieszkało ok. 2 300 000 ludności ukraińskiej. Jej postulaty narodowe, tak żywe w ostatnim dziesięcioleciu, nie były brane w ogóle w rachubę przez polskich działaczy politycznych w podejmowanych przez nich akcjach w Wiedniu. W tej sytuacji konserwatyści i liberałowie ukraińscy rozpoczęli działanie na własną rękę, spodziewając się, że uzyskają odpowiednie swobody polityczne dzięki wyeksponowaniu własnej roli jako ewentualnego moderatora poczynań polskich.

Czołową rolę w tej akcji odegrało wyższe duchowieństwo unickie — świętojurcy (nazwa pochodzi od soboru Św. Jura we Lwowie), początkowo w znacznej mierze inspirowane przez samego Stadiona. 19 kwietnia wystąpiono z adresem do cesarza z prośbą o roztoczenie opieki nad ludnością ukraińską ciemiężoną przez Polaków, a 2 V 1848 r. powstała we Lwowie tzw. Hołowna Rada Ruska, na której czele stanął biskup Grzegorz Jachimowicz. Jej żądania sprowadzały się do poprawy bytu narodowego „na drodze konstytucyjnej", wprowadzenia języka ukraińskiego do szkół, dopuszczenia Ukraińców do urzędów państwowych i zrównania w prawach duchowieństwa unickiego z rzymskokatolickim. W odezwie do ludności ukraińskiej Hołowna Rada podkreślała konieczność tworzenia rad terenowych, do których winni byli wejść przedstawiciele wszystkich warstw społecznych (chłopi mieli wszakże stanowić jedynie 10% ich składu, a duchowni i diacy przeszło 40%). Odezwa opublikowana została w nakładzie 6000 egzemplarzy (po ukraińsku, po polsku i niemiecku) oraz wydrukowana w rozpoczynającej dopiero swoją egzystencję gazecie „Zorii hałyckiej", wychodzącej we Lwowie (1848—1857). Władze austriackie starały się nie dopuścić do jakiegokolwiek porozumienia między politykami polskimi a ukraińskimi i nawet na ich żądanie Jachimowicz zakazał duchowieństwu greckokatolickiemu należenia do powstających równolegle polskich rad narodowych. Łącznie powstało w Galicji 50 ruskich rad dekanalnych i 13 rad obwodowych. Planowano również utworzenie rad wiejskich, które jednak nie doszło do skutku wskutek późniejszego rozwoju wypadków (zamieszki we Lwowie i bombardowanie miasta).

Również w maju 1848 r. zawiązał się we Lwowie Sobór Ruski, w którego składzie znaleźli się Ukraińcy o zapatrywaniach polonofilskich, zmierzający do ścisłej współpracy z polskimi kołami konserwatywnymi. Z Soborem związał się m. in. Iwan Wahylewicz oraz kilku magnatów wywodzących się z rodzin ukraińskich, bądź też tylko podkreślających swoje ukraińskie pochodzenie, jak np. Leon Sapieha, Aleksander, Julian i Włodzimierz Dzieduszyccy, Józef i Ludwik Jabłonowscy czy też Antoni Golejewski. Organizacja ta powstała najprawdopodobniej pod wpływem zorganizowanej jeszcze w kwietniu Rady Narodowej, która zmierzała do utrzymania jedności narodowej w Galicji. Zwolennicy Soboru negowali samodzielność Ukraińców stwierdzając, iż wspólna z Polakami tradycja i przebyte cierpienia „spoiły ich w jedność polityczną tak, że z woli Bożej w jedno zrosły się ciało". Głosili również solidaryzm społeczny.

W przyszłości Sobór Ruski nie odegrał większej roli i nie uzyskał poparcia na prowincji.

2 czerwca w Pradze rozpoczął obrady Zjazd Słowiański, na którym podjęto kwestię stosunków polsko-ukraińskich i doprowadzono do ugody zakładającej równouprawnienie języka ukraińskiego w szkołach i urzędach, powołanie wspólnej administracji, sejmu i gwardii narodowej. Sprawę ewentualnego podziału Galicji na część polską i „rusińską" odłożono do decyzji prowincjonalnego sejmu ustawodawczego. Wkrótce jednak okazało się, że zawarte porozumienie ma jedynie znaczenie propagandowe, nie zostało bowiem uznane ani przez Radę Narodową, ani też przez Hołowną Radę Ruską.

Tymczasem w czerwcu rząd wiedeński rozpisał wybory do parlamentu. Na Galicję przypadało 100 mandatów, z których 25 zdobyli Ukraińcy, a wśród nich 15 chłopów, 8 duchownych i 2 przedstawicieli inteligencji. Wyniki wyborów świadczyły o tym, że wieś ukraińska odwróciła się od tych przywódców, którzy ściśle współpracowali z rządem, jak również — w wielu wypadkach — od duchowieństwa (m. in. chłop Iwan Kapuszczak wygrał wybory w Sołotwinie konkurując z księdzem greckokatolickim A. Dutkewiczem).

W parlamencie wiedeńskim zarysowały się raz jeszcze poważne różnice co do celów, które chcieli osiągnąć posłowie „rusińscy" i polscy. Polacy starali się o uzyskanie autonomii dla Galicji, a w przyszłości o połączenie jej z odrodzonym państwem polskim, Ukraińcy ograniczali się do żądania podziału kraju na dwie części. Ani jeden, ani drugi postulat nie został zrealizowany. Jednak nie tylko różnice narodowe dzieliły posłów galicyjskich. Dodatkowym czynnikiem było w tej mierze ustosunkowanie się do kwestii zniesienia pańszczyzny w całej monarchii oraz do sprawy serwitutów (prawa do użytkowania lasów, łąk, stawów etc.). W tej kwestii chłopscy posłowie z Galicji występowali wspólnie, bez względu na swoją przynależność narodową. 17 sierpnia Iwan Kapuszczak wystąpił z mową przeciw indemnizacji (odszkodowaniu dla szlachty za zniesioną pańszczyznę): „Za co mamy dawać odszkodowanie?... Są na to setki dowodów, że z nami obchodzono się w Galicji i na Śląsku nie jak z ludźmi, nie jak z poddanymi, nie jak z chłopami, ale jak z maszynami pańszczyźnianymi, jak z najniższą klasą ludności. ... Rózgi i knuty, którymi siekano nasze spracowane ciała — niech to im zostanie na własność i niech im służy za odszkodowanie!"

W październiku wybuchło powstanie w Wiedniu, z początkiem listopada doszło do zamieszek we Lwowie. Starły się ze sobą nie tylko wojska austriackie i gwardia narodowa, lecz także przeciw zaborcy wspólnie wystąpiła biedota: Polacy, Ukraińcy i Żydzi. 2 listopada, po ostrzelaniu miasta z dział, magistrat lwowski skapitulował. W styczniu 1849 r. w całej Galicji wprowadzono stan wyjątkowy.

Wprawdzie istniejące od wczesnej jesieni na prowincji oddziały gwardii ukraińskiej podlegające Hołownej Radzie deklarowały lojalność wobec cesarza i w Jaworowie chciano nawet wyruszyć na pomoc przeciw „buntownikom" w czasie lwowskich zaburzeń listopadowych, przecież nie na wiele się to zdało. Zostały one rozwiązane, podobnie jak gwardia narodowa i polskie organizacje polityczne.

W 1851 r. rozwiązano również Hołowną Radę Ruską. Znacznie wcześniej, bo w listopadzie 1848 r., zaprzestał swej działalności Sobór Ruski.

Wydarzenia rewolucyjne lat 1848—1849 przyczyniły się do aktywizacji chłopów ukraińskich, rozbudziły ich świadomość polityczną oraz poczucie własnej siły. Dowodzi tego chociażby działalność Łukiana Kobylicy. W 1848 r. został wybrany posłem do parlamentu wiedeńskiego, gdy zaś na Bukowinę doszły wieści o powstaniu w Wiedniu i zaburzeniach we Lwowie, stanął na czele żywiołowego ruchu powstańczego żądającego zmiany starostów wiejskich, zabezpieczenia chłopskich praw do lasów i pastwisk oraz niepodporządkowywania się zarządzeniom administracji państwowej i dworskiej. Kobylicę pozbawiono mandatu poselskiego, a na Bukowinie rozlokowano dodatkowe oddziały wojskowe. Zamieszki zostały stłumione dopiero w kwietniu 1850 r., po aresztowaniu Kobylicy i jego współtowarzyszy. Torturowany i osadzony w więzieniu, zmarł 18 miesięcy później.

XII. ZIEMIE UKRAIŃSKIE
W DRUGIEJ POŁOWIE XIX W.

ZNIESIENIE PODDAŃSTWA

D ĄŻENIA caratu do rozszerzenia swoich posiadłości na wybrzeżach czarnomorskich spotkały się nie tylko z przeciwdziałaniem Turcji, państwa bezpośrednio zainteresowanego w zahamowaniu wpływów rosyjskich, lecz także Austrii, obawiającej się wzrostu potęgi konkurenta, oraz Anglii i Francji, przewidujących osłabienie własnych wpływów we wschodniej części basenu Morza Śródziemnego.

Gdy więc w 1853 r. wybuchła wojna rosyjsko-turecka, zwana później krymską, po pierwszych sukcesach caratu na Morzu Czarnym i Bałkanach, w kwietniu 1854 r. flota angielska i francuska ostrzelały Odessę, a we wrześniu tegoż roku na Krymie wylądował desant sprzymierzonych. Po szeregu starć przegranych przez Rosję carską i długotrwałym oblężeniu z końcem sierpnia 1855 r. padł Sewastopol. Carat poniósł klęskę. Wojna krymska wykazała jego zacofanie, brak rozwiniętych linii zaopatrzeniowych i, w licznych wypadkach, nieudolność dowódców. Na paryskim kongresie pokojowym (1856) pozbawiono Rosję prawa utrzymywania floty wojennej na Morzu Czarnym, postanawiając również o przejęciu twierdzy Kars przez Turcję i włączeniu południowej Besarabii do Mołdawii, którą z kolei poddano władzy Porty.

Poza terenami, które zostały objęte działaniami wojennymi, najbardziej ucierpiała Ukraina. Stąd zabierano podwody i prowiant dla wyżywienia armii, stąd też czerpano rekrutów mających uzupełnić straty poniesione w wyniku walk. Główny ciężar tych powinności spadł na barki chłopskie. Rząd wydał w 1855 r. dekret o utworzeniu pospolitego ruszenia, który na wsi ukraińskiej, zwłaszcza w guberni kijowskiej, był interpretowany jako próba odbudowy Kozaczyzny. Chłopi masowo zgłaszali się do formowanych oddziałów, odmawiali odrabiania pańszczyzny i wypowiadali posłuszeństwo szlachcie. Dopiero wprowadzenie na Ukrainę znacznych sił wojskowych i kilka krwawo zakończonych starć ze zbuntowanymi włościanami doprowadziło do chwilowego spacyfikowania nastrojów. Już jednak w roku następnym, wkrótce po zakończeniu działań wojennych, przez gubernie ukraińskie przeszła nowa fala wystąpień chłopskich. Uciekano na Krym, powodując się pogłoskami o rzekomej akcji kolonizacyjnej rozpoczętej na półwyspie przez carat. Ruch ten ogarnął dziesiątki tysięcy poddanych pragnących polepszenia swego bytu i łudzących się nadzieją, że na południu kraju zyskają wolność. Tak się jednak nie stało. Powtórnie do akcji ruszyły regularne formacje wojskowe.

Władze zdawały sobie doskonale sprawę z groźby, jaka kryła się w zrewolucjonizowanym chłopstwie. 30 III 1856 r. car Aleksander II na spotkaniu z przedstawicielami szlachty wypowiedział znamienne słowa: „Mówi się, że chcę dać wolność chłopom; to nieprawda i możecie o tym mówić wszystkim ... Sądzę jednak, iż będziemy musieli wziąć to pod uwagę. Myślę, iż uważacie tak samo, gdyż znacznie lepiej, by to nadeszło z góry niż z dołu".

Jak na sfatygowane wojną, zacofane i rządzone przez konserwatywne władze imperium przygotowania do reformy „z góry" postępowały dość szybko. W styczniu 1857 r. powołano w tym celu Komitet Tajny, który w roku następnym przekształcono w Główny Komitet do Spraw Włościańskich, tworząc jednocześnie we wszystkich guberniach odpowiednie komitety prowincjonalne. Rozpoczęta dyskusja wykazała znaczne nieraz różnice stanowisk wśród szlachty. Tak np. na Ukrainie prawobrzeżnej wielu właścicieli majątków opowiedziało się za uwolnieniem chłopów od pańszczyzny, lecz bez nadania im ziemi (jedynie z pozostawieniem w ich rękach domów mieszkalnych i niewielkich działek). Podobnie było zresztą na Lewobrzeżu. Jeden z obszarników połtawskich zaproponował przekazanie włościanom skromnego kawałka ziemi ornej wyłącznie na tzw. okres przejściowy, po którym miała ona powrócić do poprzedniego właściciela. Niemal identyczne stanowisko zajął jekaterynosławski marszałek szlachty Nieczaj. Inaczej rozumowali posiadacze cukrowni i gorzelni, pilnie poszukujący wolnej siły roboczej. Opowiadali się za zniesieniem poddaństwa i nadzieleniem chłopów ziemią za wykupem. Mieli nadzieję, że w poszukiwaniu gotówki mieszkańcy wsi trafią do ich przedsiębiorstw. Każdy z projektodawców myślał wyłącznie o własnym interesie i interesie reprezentowanej przez siebie grupy, natomiast żaden o rzeczywistym polepszeniu chłopskiej doli.

Dyskusja trwała. Powstawały nowe projekty zreformowania stosunków wiejskich, a jednocześnie mnożyły się wystąpienia zdesperowanych włościan. W latach pięćdziesiątych XIX w. na Prawobrzeżu odnotowano 160 wystąpień i buntów chłopskich; przeciwko pańszczyźnie występowali również chłopi guberni jekaterynosławskiej, taurydzkiej (na Krymie) i Czernihowszczyzny.

Wydarzenia te wywołały odzew rosyjskich kół demokratycznych i rewolucyjnych. Szybkiego i radykalnego rozwiązania kwestii chłopskiej domagali się Czernyszewski i Dobrolubow, a na emigracji — Hercen i Ogariow. Wzrosła aktywność młodzieży studenckiej na Ukrainie. W 1856 r. na Uniwersytecie w Charkowie powstała nielegalna organizacja głosząca w większości hasła republikańskie i domagająca się zniesienia poddaństwa (Piotr Zawadzki, Mitrofan Murawski, Jakub Bekman). Murawski i Bekman zostali wyrzuceni z uczelni, lecz wkrótce wznowili działalność na Uniwersytecie w Kijowie. Jedynie niewielka grupa członków organizacji opowiadała się za monarchią konstytucyjną. Znaczny wpływ na poglądy studentów charkowskich miały prace Hercena, z którym utrzymywali kontakty korespondencyjne. Sądzili nawet, że uda im się wywołać ogólnorosyjskie powstanie i doprowadzić do obalenia caratu. Już jednak w 1860 r. żandarmeria wpadła na ich ślad i rozbiła organizację. Większość przywódców skazano na zesłanie.

Mniej więcej w tym samym czasie Taras Szewczenko powrócił z Orenburga, gdzie odbywał przymusową służbę wojskową. Zaprzyjaźnił się tam z zesłańcami polskimi: Zygmuntem Sierakowskim, Janem Staniewiczem, Bronisławem Zaleskim, Aleksandrem Popielem, księdzem Michałem Zielonką i wieloma innymi. Dziesięcioletnie zesłanie nie wpłynęło na zmianę poglądów poety. Przeciwnie, stały się one jeszcze bardziej radykalne. Władze nie miały złudzeń w tej mierze i zezwalając poecie na zamieszkanie w Petersburgu, zarządziły nad nim nadzór policyjny. Tutaj również Szewczenko zetknął się z Polakami, którzy przygotowywali powstanie w Królestwie Polskim. Oprócz Sierakowskiego czołową rolę w rozmowach z Szewczenką odgrywał Zygmunt Padlewski i wkrótce później Jarosław Dąbrowski. Stali się oni następnie współzałożycielami tajnego Koła Oficerskiego, z którego wyszło wielu przywódców powstania styczniowego.

Z końcem maja 1859 r. Szewczenko wyruszył w swoją ostatnią podróż na Ukrainę. I tym razem nie szczędzono mu upokorzeń. Został aresztowany, a następnie „poradzono" mu powrócić do Petersburga. Jednocześnie zalecono policji petersburskiej, by w przyszłości nie zezwalała poecie na przyjazd do kraju rodzinnego. Wiersze Szewczenki, które powstały u schyłku jego życia, w mniejszym stopniu mówiły o przeszłości narodowej, w znacznie większym natomiast o spodziewanym nadejściu lat wolności. Pisał:

Bez siekiery,
W okropną, pełną grzmotów burzę,
Bezgłowy Kozak raptem padnie,
Obali, zniszczy tron, purpurę,
Waszego bożka w proch rozbije,
A razem z nim i was, robaki.
(przełożył Jerzy Jędrzejewicz)

Szewczenko stał się dla Ukraińców symbolem ich dążeń wyzwoleńczych, a nadciągające zniesienie poddaństwa niejednokrotnie wiązano z jego imieniem i działalnością agitacyjną. Poezja miała często większą siłę oddziaływania niż najlepiej napisana odezwa nawołująca do walki z niesprawiedliwością społeczną. Szewczenko zmarł w Petersburgu 10 III 1861 r., nie przetrzymawszy kolejnego ataku puchliny wodnej. Pochowany został w Kaniowie. Stało się tak, jak życzył sobie w swym poetyckim *Testamencie* (1845):

Kiedy umrę, na wysokiej
Schowajcie mogile
Mnie, wśród stepu szerokiego,
W Ukrainie miłej:
Żeby łany płaskoskrzydłe
I Dniepr, i urwiska
Widać było, słychać było,
Jak się rączy ciska.
[...]
Pochowajcie, zanim sami
Kajdany zerwiecie
I posoką złą i wrażą
Wolność obmyjecie.
A mnie zaś w rodzinie waszej
Mocnej, świeżej, nowej
Przypomnijcie, wspominając
Łagodnymi słowy.
(przełożył Jarosław Iwaszkiewicz)

Tymczasem prace nad reformą dobiegły końca. Komisja redakcyjna, przejrzawszy projekty, które nadeszły z prowincji, przygotowała ostateczny tekst dekretu, który — jeszcze nieco zmieniony przez Radę Państwa — został podpisany przez Aleksandra II 19 II (3 III) 1861 r. Dekret dotyczył Rosji europejskiej. Zniesiono poddaństwo osobiste i nadzielono chłopów ziemią, która jednak musiała być wykupiona od posiadającej ją uprzednio szlachty. Wprowadzenie reformy w życie było obwarowane wieloma warunkami, z których najdotkliwszym było tzw. czasowe zobowiązanie, jakie miało trwać aż do chwili sporządzenia umowy o wykup między panem a chłopem. W sporej liczbie wypadków okres ten przeciągnął się aż do 1881 r., tzn. do momentu zniesienia obowiązku dwustronnej zgody na podpisanie umowy. Kwota wykupu została zawyżona i chociaż 80% należnej sumy zapłaciło właścicielom ziemskim państwo, to spłata tego zadłużenia w ratach rozłożonych na 49 lat (wraz z narosłymi procentami) przerastała możliwości słabszych gospodarstw, przyczyniając się do postępującego w szybkim tempie rozwarstwienia wsi. Określenie przez ustawodawcę górnej wielkości nadziału pozwalało szlachcie na zabieranie chłopom tzw. odcinków, czyli tej części ziemi użytkowanej dotychczas przez włościan, która przekraczała wyznaczoną normę. Szczególnie dotkliwie odczuli to chłopi z Ukrainy lewobrzeżnej, dla której (jak zresztą dla wielu innych terenów) wydano szczegółowe przepisy lokalne. W guberni połtawskiej i jekaterynosławskiej nadziały chłopskie zmniejszono o ok. 37%, a w guberni czernihowskiej i taurydzkiej o 20—30%. Zdarzały się przecież i takie wypadki, jak w Łukaszówce w Czernihowskiem, gdzie chłopski nadział zmniejszył się aż o 92%.

Trudno się przeto dziwić, że wkrótce po ogłoszeniu reformy na wsi rozeszły się pogłoski, iż prawdziwy tekst dekretu carskiego został ukryty przez szlachtę, która podała do wiadomości publicznej tekst sfałszowany.

Jedynie na Prawobrzeżu: w guberni podolskiej, wołyńskiej i kijowskiej, reformę przeprowadzono na odmiennych niż gdzie indziej zasadach. Chodziło bowiem o przeciągnięcie chłopów na stronę władzy i pozbawienie w ten sposób polskich właścicieli majątków ewentualnego poparcia ludności dla planów odbudowy państwa. Carat uważał, że jest to najlepszy sposób zapobieżenia wybuchowi powstania narodowego. Wielkość nadziałów chłopskich określono tutaj na podstawie inwentarzy z lat 1847—1848, gdy były one nieco większe niż po piętnastu latach energicznego rozprzestrzeniania się gospodarki folwarcznej. Po wybuchu powstania styczniowego, w marcu 1863 r., wprowadzono wykup obowiązkowy (bez „czasowego zobowiązania", zlikwidowanego formalnie na tym terenie w październiku 1863 r.), obniżony o $^1/_5$ w stosunku do wysokości wykupu w pozostałych guberniach. Czynsze należało wpłacać bezpośrednio do skarbu państwa.

Trudno jednoznacznie ocenić wyniki reformy 1861 r. Na Lewobrzeżu i na południu Ukrainy chłopi, w porównaniu z powierzchnią poprzednio użytkowanej ziemi, utracili przeszło 1 mln hektarów, tzn. ok. 28% swego poprzedniego stanu posiadania. Bez ziemi pozostało 440 000 rodzin chłopskich, a niemal 100 000 musiało zadowolić się tzw. nadziałami „żebraczymi" (nieco więcej niż po 1 hektarze), za które nie musieli już wnosić żadnych opłat. Z drugiej wszakże strony zniesienie poddaństwa osobistego było krokiem likwidującym jeden z najbardziej jaskrawych dowodów ustrojowego zacofania i reakcyjnej polityki wewnętrznej rządu. Pojawienie się na rynku pracy znacznej liczby wolnej siły roboczej usunęło dotychczas istniejące przeszkody w rozwoju przemysłu rosyjskiego i ostatecznym wykształceniu się kapitalizmu w Rosji. Zniesienie poddaństwa nie rozwiązało wszystkich problemów wsi. Trudno zresztą było tego oczekiwać od tych, którzy działali „bez troski o rzeczywiste potrzeby i interesy chłopa, w interesie klasy, która tylko z konieczności godziła się na zniesienie poddaństwa" (Ludwik Bazylow).

Chłopi państwowi nie zostali objęci pierwszym etapem reformy. Uwłaszczenie ich nastąpiło dopiero w 1866 r., z tym że w guberniach zachodnich, a więc również na Prawobrzeżu, wprowadzono obowiązkowy wykup nadziałów (16/28 V 1867 r.). Na Ukrainie chłopi państwowi otrzymali te ziemie, które uprawiali dotychczas.

W ślad za postanowieniami w sprawie chłopskiej carat podjął szereg decyzji dotyczących kolejno: samorządu ziemskiego, sądownictwa, samorządu miejskiego i wojska. *Dekret o ziemstwach* (instytucjach ziemskich) wszedł w życie 1 (13) I 1864 r. Ziemstwa, powoływane w guberniach i powiatach, były organizacjami samorządowymi, które miały zajmować się budową szkół, szpitali, dróg oraz innymi bieżącymi sprawami porządkowo-administracyjnymi dotyczącymi danego terenu. Członków zgromadzeń ziemskich wybierano na trzy lata w trzech kuriach: ziemiańskiej, miejskiej i wiejskiej. Swoje funkcje sprawowali honorowo. Nb., o ile w dwóch pierwszych kuriach wybory były bezpośrednie, to w kurii wiejskiej najpierw wybierano elektorów, a z nich potem wyłaniano reprezentację ludności chłopskiej. Członków ziemstw gubernialnych wybierano na powiatowych zgromadzeniach ziemskich.

Reforma rozszerzyła uprawnienia szlachty i właścicieli większych przedsiębiorstw, nie dotyczyła jednak Ukrainy prawobrzeżnej. Na Wołyniu, Podolu i w Kijowskiem większość szlachty była narodowości polskiej i po doświadczeniach trwającego wciąż jeszcze powstania styczniowego nie zamierzano zwiększać uprawnień rzeczywistych i potencjalnych „buntowników".

Dekret o reformie sądownictwa został podpisany przez Aleksandra II 20 XI (2 XII) 1864 r. Dekret ten w poważnej mierze, obok reformy 1861 r., likwidował ustrojowe zacofanie imperium rosyjskiego. Nastąpiła całkowita zmiana procedury sądowej. Zniesiono stanowość sądownictwa. Wprowadzono jawność rozpraw, zasadę równości stron, powstała adwokatura, sędziowie zaś mieli być niezależni. Utworzono także instytucję sędziów przysięgłych, przy czym wyroki zapadające z ich udziałem nie podlegały apelacji. Najniższą instancją były sądy pokoju, najwyższą — Senat.

Reforma miejska została ogłoszona 16 (28) VI 1870 r. Prawa wyborcze uzyskiwali wszyscy mieszkańcy miast mający obywatelstwo rosyjskie, ukończone 25 lat i odpowiedni cenzus majątkowy. Wybory do *dumy* miejskiej odbywały się w trzech kuriach. Organem wykonawczym *dumy* był zarząd miejski wybierany przez nią na cztery lata (podobnie na cztery lata była wybierana *duma*). Na czele zarządu stał prezydent miasta zatwierdzany w miastach gubernialnych przez ministra spraw wewnętrznych, w pozostałych — przez gubernatora.

Ogłoszenie zasad reformy wojskowej (1/13 I 1874 r.) było poprzedzone długotrwałymi przygotowaniami, ciągnącymi się przeszło 10 lat. Dekret wprowadzał powszechną służbę wojskową, której podlegali wszyscy mężczyźni po ukończeniu 21 roku życia. Losowanie decydowało o tym, czy poborowych zaliczano do służby czynnej, czy też do pospolitego ruszenia. Znacznemu skróceniu uległa długość służby wojskowej: 6 lat na lądzie i 7 w marynarce wojennej, przy czym posiadane wykształcenie stanowiło podstawę do dodatkowego skrócenia czasu służby.

Wymienione reformy w poważnym stopniu zmieniły oblicze Rosji, nie przyniosły jednak zmian tak radykalnych, jak spodziewali się nie tylko rewolucyjni demokraci, lecz także liberalna inteligencja. Całkowicie rozczarowani byli chłopi i ubożsi mieszkańcy miast. Największą korzyść osiągnął carat, gdyż udało mu się usprawnić aparat administracyjny i w ten sposób przedłużyć własną egzystencję. Wkrótce po zniesieniu poddaństwa zamieszki na wsi wybuchły z nową siłą. Niemal codziennym zwyczajem stosowanym przez władze przy uśmierzaniu buntów stało się używanie oddziałów wojskowych. Wprowadzono je do akcji już na wiosnę 1861 r., gdy w powiecie berdyczowskim zbuntowało się ok. 12000 chłopów. Na Podolu w 159 wsiach odmówiono wykonywania pańszczyzny w „okresie przejściowym". Do najpoważniejszych wystąpień na Lewobrzeżu doszło w guberni czernihowskiej. Podobnie było w innych regionach. Dość powiedzieć, że w ciągu trzech wiosennych miesięcy 1861 r. na Ukrainie w różnego typu wystąpieniach wzięło udział prawie pół miliona chłopów. Później fala zamieszek opadła, lecz i tak w następnych kilkunastu miesiącach liczba uczestników wystąpień doszła do 800000, nie mówiąc już o tym, że półtoramilionowa masa włościan odmówiła podpisania umów z właścicielami majątków. Wystąpienia chłopskie trwały jeszcze przez cały rok 1863, jednak już w tym czasie, zwłaszcza na Prawobrzeżu, sytuacja zaczęła ulegać zmianie.

Wybuchło powstanie, którego celem była odbudowa państwa polskiego, a które ogarnęło również ziemie ukraińskie.

PRZYSZŁOŚĆ UKRAINY W PLANACH POLSKICH KONSPIRATORÓW

Zdławienie przez zaborców kolejnych polskich powstań narodowych, represje stosowane wobec ich uczestników oraz członków wykrytych przez władze organizacji konspiracyjnych nie przytłumiły nadziei na odzyskanie niepodległości. Zdawano sobie doskonale sprawę z tego, że realizacja haseł głoszących przywrócenie suwerennego bytu państwowego nastąpić może jedynie w wyniku udanego powstania zbrojnego. Przygotowywano się do niego przez dłuższy czas, a patriotyczna postawa różnych warstw społecznych, zwłaszcza mieszkańców Warszawy, wspierała zapał spiskowców. Jednym z koniecznych warunków, które należało spełnić, by urzeczywistnić marzenie o powszechnym wystąpieniu przeciw zaborcom, była likwidacja stosunków pańszczyźnianych w Królestwie Polskim. Zniesienie poddaństwa w Rosji stymulowało przyjęcie rozwiązań idących znacznie dalej niż reforma 1861 r. Na tym tle doszło do poważnej różnicy zdań między konspiratorami.

Tymczasem wieści o reformie szybko rozeszły się wśród mieszkańców wsi w Królestwie. Do końca kwietnia 1861 r. przeszło

160 000 chłopów odmówiło odrabiania pańszczyzny. Zmusiło to wielu właścicieli majątków do zawierania indywidualnych umów ze zbuntowanymi i do przeniesienia ich na czynsz. Wreszcie sytuacja dojrzała do rozwiązań bardziej radykalnych. 16 V 1861 r. Aleksander II wydał dekret zezwalający na zaprzestanie odrabiania powinności pańszczyźnianych z dniem 1 października, a więc po wykonaniu najpilniejszych i najbardziej pracochłonnych robót polowych.

Jeśli jednak nawet radykałowie (tzw. czerwoni) skłonni byli niemal od początku do daleko posuniętych ustępstw wobec chłopstwa, to problemem bez porównania trudniejszym do rozwiązania stał się kształt i rozmiary przyszłego, odrodzonego państwa polskiego. Większość wypowiadała się za przywróceniem granic 1771 r., co w konsekwencji oznaczałoby m. in. powtórne przyłączenie Ukrainy prawobrzeżnej do Polski. Próba powrotu do starych granic w zmienionej sytuacji historycznej była z góry skazana na niepowodzenie. Przywódcy czerwonych znaleźli się w trudnej sytuacji.

W 1861 r., w rocznicę unii horodelskiej zorganizowano wielką manifestację w Horodle nad Bugiem, święcąc powiązanie ziem polskich z „ruskimi". Manifestacja ta i jej podobne niewątpliwie przyciągały do przyszłego powstania niezdecydowaną jeszcze szlachtę, natomiast odstręczały chłopów ukraińskich. Tymczasem nie sposób było liczyć na sukces bez rzeczywiście jednolitego stanowiska wszystkich warstw społecznych wywodzących się z wszystkich narodowości wchodzących niegdyś w skład Rzeczypospolitej (o ile myślało się o jej wskrzeszeniu w dawnych granicach).

W grudniu 1861 r. ukonstytuowało się kierownictwo obozu białych, grupującego głównie przedstawicieli zamożnej szlachty i burżuazji. Nie mogli oni nie dostrzegać nastrojów wsi, ale sądzili, iż np. możliwe będzie zniesienie pańszczyzny za wykupem przy jednoczesnym pozostawieniu serwitutów w rękach właścicieli ziemskich. W sprawie granic wypowiadali się za przywróceniem status quo, żądając jednoznacznie odbudowy państwa w granicach z 1771 r.

W przygotowaniach do powstania, jakie prowadziła organizacja wojskowa, wzięli udział Ukraińcy. Czołową rolę odgrywał ppor. Andrzej Potiebnia, urodzony na Wołyniu. W czasie służby w korpusie kadetów w Petersburgu związał się z Jarosławem Dąbrowskim i Zygmuntem Padlewskim. Przydzielony później do pułku szlisselburskiego, który skierowany został do Polski, założył organizację podziemną: Komitet Oficerów Rosyjskich w Polsce. Komitet wszedł później w skład Ziemi i Woli — rewolucyjnego stowarzyszenia, które powstało w Petersburgu z końcem 1861 r. (miało ono swoje agendy również na Ukrainie). Dowództwo szybko wpadło na ślad spisku. Rozpoczęły się aresztowania i pierwsze represje. Trzech oficerów, a wśród nich kolejny Ukrainiec — Piotr Śliwicki — zostało rozstrzelanych w czerwcu 1862 r. Potiebnia musiał uciec za granicę, gdyż z kolei był poszukiwany za udział w zamachu na namiestnika Aleksandra Lüdersa. Udał się wówczas do Londynu i skontaktował z Aleksandrem Hercenem oraz Mikołajem Ogariowem, współwydawcami pisma „Kołokoł" („Dzwon"). Kontakty z nimi nawiązał także Komitet Centralny — kierownictwo obozu czerwonych.

Rozmowy wysłanników Komitetu Centralnego z redaktorami „Kołokołu" współpracującymi z Ziemią i Wolą na temat jednoczesnego wystąpienia rewolucyjnego w Polsce i w Rosji nie przyniosły spodziewanych rezultatów. Problemem, który rozdzielał obydwie strony, stała się ponownie sprawa granic. Dla strony polskiej przywrócenie dawnego stanu posiadania stanowiło zadośćuczynienie krzywd wyrządzonych przez rozbiory; dla znacznie bardziej radykalnych emigrantów rosyjskich taki punkt widzenia był zupełnie nie do przyjęcia. Nb. nawet wysłannicy Komitetu Centralnego mieli w tej kwestii różne zdanie. Agaton Giller mówił o Ukrainie jako składowej części Polski, Zygmunt Padlewski widział natomiast możliwość utworzenia federacji polsko-litewsko-ruskiej.

W liście otwartym Gillera i Padlewskiego do redakcji „Kołokołu" obydwaj zajęli jednolite stanowisko: zakładali konieczność wspólnych przygotowań do powstania, pozostawiając wszakże sprawę związku z Polską swobodnej decyzji zainteresowanych narodowości.

Z końcem 1862 r. w Petersburgu została podpisana umowa między Komitetem Centralnym a Komitetem Wolnej Rosji, który stał na czele Ziemi i Woli. W umowie stwierdzono m. in., że powstaniem na Ukrainie prawobrzeżnej będzie kierował Komitet Centralny. Zakładano jednakże, że organizacja kijowska będzie utrzymywać stałą łączność z Komitetem Wolnej Rosji.

Warunek ten wynikał z rozbudowujących się wpływów Ziemi i Woli na Ukrainie. Na przełomie 1862/1863 r. na ziemie ukraińskie przerzucono pokaźną ilość druków emigracyjnych: ulotek, broszur i egzemplarzy „Kołokołu". Część ich rozpowszechniono w guberni kijowskiej i czernihowskiej. W Odessie powstała nielegalna biblioteka zawierająca utwory Dobrolubowa, Czernyszewskiego i in., których nie wolno było rozpowszechniać w Rosji.

Rosyjscy i ukraińscy radykalni demokraci uważali, że główną

siłą rewolucyjną jest w Rosji chłopstwo. Należało tylko przezwyciężyć jego dotychczasową inercję, a żywiołowy ruch protestu przeobrazić w świadomą walkę o obalenie caratu i wprowadzenie ludowych rządów demokratycznych. Nie zawsze się to udawało. Na wiosnę 1862 r. w Korsuniu i Bohusławiu zjawił się przebrany w chłopską odzież ppłk Andrzej Krasowski, członek Ziemi i Woli. Usiłował przekonać włościan o konieczności zorganizowanego wystąpienia zbrojnego przeciw reżimowi carskiemu. Później próbował odwieść od działania oddział żołnierzy zakwaterowanych w pobliżu Kijowa, a skierowanych tam dla stłumienia zamieszek w okolicznych wsiach. Wkrótce potem został aresztowany i skazany na śmierć przez rozstrzelanie. Karę zamieniono mu na 12 lat katorgi, której nie przetrzymał i popełnił samobójstwo po nieudanej próbie ucieczki.

Z kolei członkowie moskiewskiego kółka Piotra Zajczniewskiego zakładali na Ukrainie szkoły niedzielne, które miały przyczynić się do podniesienia ogólnego poziomu oświaty na wsi.

ZIEMIE UKRAIŃSKIE W CZASIE POWSTANIA STYCZNIOWEGO

W sierpniu 1862 r. Stefan Bobrowski (1841—1863) utworzył nielegalny Zarząd Narodowy Ziem Ruskich, który był ukraińską ekspozyturą Komitetu Centralnego. Po kilku miesiącach Bobrowski przybył do Warszawy i wszedł w skład Komitetu na miejsce Agatona Gillera, który sprzeciwiał się podjęciu walki zbrojnej.

22 I 1863 r. rozpoczęło się powstanie. W wydanej wówczas odezwie Komitet Centralny „jako Tymczasowy Rząd Narodowy" wzywał „Naród Polski, Litwy i Rusi" do broni, ogłaszając wszystkich „synów Polski ... wolnymi i równymi obywatelami kraju". Ziemia użytkowana przez chłopów przechodziła wraz z serwitutami na ich własność bez żadnego wykupu. Dotychczasowi właściciele mieli otrzymać odszkodowanie ze skarbu państwa. Bezrolnym obiecywano po trzy morgi gruntu, jeśli tylko chcieliby wziąć udział w powstaniu.

Działania powstańcze na Ukrainie rozpoczęły się dopiero w nocy z 8 na 9 V 1863 r. Ogólne kierownictwo spoczywało tam w rękach Kijowskiego Komitetu Ruchu opanowanego przez białych. Powstanie nie przybrało tutaj większych rozmiarów, mimo że wzięło w nim udział ok. 10 000 osób zgrupowanych w przeszło 20 oddziałach powstańczych. Wojna partyzancka, prowadzona ze skutkiem w Królestwie Polskim, nie miała na Ukrainie większych szans powodzenia, gdyż brakowało koniecznego w takim wypadku szerokiego zaplecza wśród miejscowej ludności. Wprawdzie manifest Rządu Narodowego szedł bez porównania dalej niż dekret Aleksandra II z 1861 r., lecz wielowiekowe zatargi chłopów ukraińskich z polską szlachtą kresową wytworzyły klimat wzajemnej nieufności i niechęci. Poza tym brak było jedności w kierownictwie powstania. Jeszcze przed jego wybuchem jeden z kijowskich demokratów — chłopomanów, Włodzimierz Antonowicz, demonstracyjnie odmówił w nim udziału, oświadczając, że jest Ukraińcem, a więc nie porywają go hasła wskrzeszenia państwa polskiego. Niechęć do szlachty polskiej wyrażał później niejednokrotnie w swoich pracach z historii Ukrainy.

Chłopomaństwo zrodziło się wśród studentów kijowskich na przełomie lat pięćdziesiątych i sześćdziesiątych XIX w. W ruchu tym uczestniczyli zarówno Polacy, jak i Ukraińcy, którzy niejednokrotnie wyprawiali się na wieś, by namawiać włościan do wystąpień przeciw caratowi. Prócz Antonowicza brali w nim udział: Tadeusz Rylski, Władysław Kozłowski, Wincenty Wasilewski, Paweł Żytecki i in. Wzmagające się z początkiem lat sześćdziesiątych represje policyjne położyły kres dalszemu rozwojowi ruchu.

Poważne spustoszenia w świadomości potencjalnych sojuszników polskiego czynu zbrojnego czyniła propaganda antypolska i antypowstańcza sterowana przez rząd i cerkiew. Wbrew rzeczywistości twierdzono, że szlachta cofnie dobrodziejstwa dekretu carskiego z 1861 r. i przywróci pańszczyznę. Poza tym nakłaniano chłopów do współpracy z władzami rosyjskimi, obiecując nagrodę w postaci nadziałów ziemi. W ciągu pierwszego półrocza 1863 r. liczebność wojsk carskich na Prawobrzeżu zwiększyła się o przeszło 200 000 ludzi.

Motorem akcji powstańczej na Ukrainie stała się średniozamożna szlachta, oficjaliści dworscy, gimnazjaliści i studenci, głównie z Uniwersytetu Kijowskiego. Kierownictwo akcji spoczywało w rękach Tymczasowego Rządu na Rusi. Wydał on odezwę *Do Polaków na Rusi*. Jej treść doskonale charakteryzowała główne kierunki działalności miejscowych władz powstańczych. Za wszelką cenę starano się uzyskać jak największe poparcie ludności polskiej, natomiast pomijano milczeniem sprawę udziału Ukraińców w powstaniu. Jednym z zadań wymienianych w manifeście Rządu na Rusi było złożenie najwyższej nawet ofiary w imię ludu, „który nigdy nie widział ani równości, ani braterstwa".

Mimo to nie zaniechano propagowania celów powstania wśród chłopstwa. Emisariusze odczytywali i rozdawali mieszkańcom wsi tzw. *Złotą hramotę* — dwujęzyczne obwieszczenie o uwłaszczeniu, drukowane złotymi literami. Stwierdzano, że carat ani nie da chłopom ziemi, ani też nie zlikwiduje podatków, natomiast takich właśnie dekretów należy oczekiwać od rządu powstańczego. Zalecano nawiązywać możliwie bliskie kontakty z chłopami: uczestniczyć w wiejskich zabawach, trzymać dzieci chłopskie do chrztu, chodzić wraz z chłopami do cerkwi i karczmy.

Czyniono to z różnym powodzeniem, o czym na własnej skórze miał się przekonać dwudziestoosobowy oddziałek dowodzony przez Antoniego Juriewicza. Tekst *Złotej hramoty* został przyjęty z zainteresowaniem przez mieszkańców Motowiłowki pod Kijowem i mieszkańców Fastowa, ale w Sołowijówce chłopi rozbroili powstańców, dwunastu spośród nich wymordowali, resztę — pokaleczoną i poranioną — zamykając w areszcie. Nie przydała się na nic zawarta w *Hramocie* obietnica wynagrodzenia nie posiadających ziemi uczestników powstania sześciomorgowymi nadziałami.

Plan powstania na Prawobrzeżu zakładał jednoczesne wystąpienie we wszystkich znajdujących się tutaj 36 powiatach. Sądzono, że rozdrobnione oddziałki łączyć się będą w większe grupy, by wreszcie utworzyć regularne formacje rządu powstańczego posiłkowane przez oddziały mające nadejść z Mołdawii i Galicji.

Pierwszy trzydziestoosobowy oddział powstańców wyszedł z Kijowa 8 V 1863 r., łącząc się w dniu następnym z grupą Władysława Rudnickiego, który używał pseudonimu „Kozak Sawa". Przez cały czas byli oni śledzeni przez władze carskie, które skierowały do walki dwa szwadrony dragonów i sotnię kozacką. Wieczorem 9 maja powstańcy ponieśli w potyczce z nimi całkowitą klęskę, tracąc prawie 40 zabitych i rannych oraz 68 wziętych do niewoli. Z pogromu udało się uratować jedynie 50. Klęskę poniósł też oddział zorganizowany przez Stanisława Tarasowicza, przy czym w ręce żołnierzy rosyjskich wpadło kilku przywódców powstania w Kijowskiem.

Już w pierwszych starciach wyszły na jaw podstawowe braki wojskowej strony przygotowań. Brakowało broni palnej (była ona zresztą bardzo różnej jakości i kalibru), przeważała broń myśliwska, i to nie zawsze najnowszych modeli, nie został dopracowany plan koncentracji oddziałów, a ich członkowie mieli na ogół bardzo mierne pojęcie o sposobie prowadzenia czy to walki partyzanckiej, czy też otwartych bitw z regularnymi formacjami przeciwnika.

Każda z prób sformowania oddziału powstańczego w guberni kijowskiej kończyła się jednakowo tragicznie. Powstańcy ginęli w starciach, a tych, którzy dostali się do niewoli, czekała albo śmierć z wyroku sądu, albo też długoletnia katorga.

W guberni podolskiej rząd carski nie dopuścił w ogóle do walki zbrojnej. Silne oddziały wojskowe obsadziły granicę z Galicją i Mołdawią, tak że jakakolwiek próba przerzucenia oddziałów powstańczych z zewnątrz z góry była skazana na niepowodzenie. Na dodatek biali, którzy przejęli przywództwo na Podolu, nie chcieli otwartego wystąpienia.

Stosunkowo najpomyślniej rozwijały się wydarzenia na Wołyniu. W nocy z 8 na 9 V 1863 r. z Żytomierza wyszło ok. 500 powstańców dowodzonych przez Edmunda Różyckiego. Wkrótce liczebność oddziału wzrosła do 800 ludzi. Byli oni na ogół nieźle uzbrojeni, większość z nich miała konie i — co chyba najważniejsze — dowódca wykazał się wybitnymi zdolnościami wojskowymi. W pierwszych dniach działalności Różyckiego siły jego składały się z pięciu szwadronów (140—145 żołnierzy każdy) oraz taboru liczącego 85 wozów, bronionego przez 150 pieszych. Szlak powstańczy prowadził z Żytomierza przez Lubar, Połonne do Miropola. Pod Miropolem doszło do nierozstrzygniętej potyczki z oddziałami rosyjskimi, po której zawrócono do Połonnego. Już jednak w dniu następnym, 18 maja, Różycki ruszył w dalszą drogę. Rosjanie znajdowali się stale na jego tropie, lecz szybkość, z jaką poruszali się powstańcy, nie pozwalała wojskom rządowym na przygotowanie decydującej bitwy. Różycki starał się pozyskać dla powstania chłopów i w każdej wsi, przez którą przechodził, zaznajamiał ich z tekstem *Złotej hramoty*. Oddział Różyckiego posuwał się w kierunku na Stary Konstantynów przez Świnne, Macewicze, Moskalówkę i Worobiówkę, skąd zawrócił na południe i doszedł do Ostropola. 22 maja znalazł się w powiecie lityńskim guberni podolskiej, ale okazało się, że tutejsza szlachta nie zamierza przyłączyć się do powstańców. Jedynie sześćdziesięcioosobowy oddziałek dowodzony przez trzech braci Szaszkiewiczów: Edwarda, Oskara i Włodzimierza, uzupełnił siły Wołynian. Różycki zawrócił więc na północ i przez Lubar dotarł do Laszek.

Wojsko carskie przygotowało zasadzkę pod Salichą, wioską położoną w powiecie starokonstantynowskim. Rosjanie dysponowali dwoma wyborowymi rotami strzelców z pułku orłowskiego i kremieńczuckiego oraz sotnią kozacką. Łącznie siły ich liczyły ok. 600 żołnierzy. Powstańcy mieli nad nimi niewielką przewagę liczebną i nie dali się zaskoczyć. Trzygodzinna bitwa, która rozegrała się pod Salichą 26 maja, zakończyła się całkowitą klęską Rosjan. Stracili w niej około 400 zabitych i rannych. Straty powstańców były dziesięciokrotnie mniejsze.

Bitwa pod Salichą była pierwszym i zarazem ostatnim wielkim sukcesem powstania na Ukrainie. Oddział Różyckiego, tropiony i ścigany przez przeważające siły przeciwnika, został rozczłonkowany i przeszedł wraz z dowódcą granicę rosyjsko-austriacką. Na przełomie czerwca i lipca w ślad za nim przekroczyły granicę mniejsze oddziałki powstańcze.

Główną przyczyną upadku powstania na Ukrainie był brak poparcia ze strony włościan. Rząd wykorzystał antyszlacheckie i antypolskie nastroje powołując chłopskie oddziały wartownicze, które w trzech guberniach Prawobrzeża liczyły ponad 300 000 ludzi. Liczba zaś tych, którzy podnieśli broń przeciw caratowi, nie przekraczała 6000 (w tym zaledwie niespełna 10% chłopów).

Z końcem maja powstał na Ukrainie Wydział Wykonawczy Rządu Narodowego, a jego komisarzem został Marian Sokołowski, który przybył tutaj z Galicji. Uciekł, gdy policja zaczęła deptać mu po piętach. Następcą Sokołowskiego został Antoni Chamiec. Siedzibą Wydziału Wykonawczego był Żytomierz, chociaż ze względów konspiracyjnych wszystkie dokumenty sygnowano rzekomo w Kijowie. Władzom cywilnym powstania udało się wprawdzie stworzyć dość gęstą sieć nielegalnej administracji, lecz nie potrafiły rozniecić walki zbrojnej na nowo. Równie bezskuteczne okazały się próby podejmowane przez Różyckiego i Izydora Kopernickiego, lekarza kijowskiego, a później, po upadku powstania, profesora antropologii na Uniwersytecie Jagiellońskim.

W 1864 r. upadło powstanie w Królestwie Polskim. Na Ukrainie represje dotknęły przede wszystkim tych, których złapano z bronią w ręku. Byli oni rozstrzeliwani i wieszani. Na katorgę i więzienie skazywano za pomoc udzielaną powstańcom, uczestnictwo w pracach władz powstańczych i szerzenie idei wyzwoleńczych. Od maja 1863 r. do maja 1867 r. skazano łącznie za udział w powstaniu na Ukrainie ok. 3100 osób; w latach 1863—1873 z tych samych przyczyn skonfiskowano 144 majątki (najwięcej na Wołyniu — 78) o łącznej powierzchni ok. 150000 ha. Dodatkowym środkiem represyjnym był specjalny podatek nałożony na właścicieli ziemskich. W latach 1863—1865 do skarbu państwa wpłynęło z tego tytułu przeszło 4177000 rubli, pochodzących z trzech guberni Prawobrzeża.

Jeden jeszcze epizod powstańczy związany był z Ukrainą. W powstaniu, w bitwie pod Pieskową Skałą, 4 III 1863 r. zginął Andrzej Potiebnia. Hercen we wspomnieniu opublikowanym w „Kołokole" napisał wówczas, iż: „Nie wiedziała rosyjska kula, która przeszyła Potiebnię, jakie życie zatrzymała przy pierwszych jego krokach. Czystszej, bardziej bohaterskiej i wierniejszej ofiary oczyszczenia nie mogła Rosja złożyć na gorejącym ołtarzu wyzwolenia Polski".

Upadek powstania styczniowego na Ukrainie był nie tylko klęską polskiego ruchu narodowego. Fala rusyfikacyjna, która nastąpiła wkrótce potem, zalała również tereny Prawobrzeża. Wszelkie działanie na rzecz innej niż rosyjska narodowości budziło podejrzenia i represje ze strony władz. Ukraińcy odczuli to w nie mniejszym stopniu niż Polacy.

GOSPODARKA UKRAINY W DRUGIEJ POŁOWIE XIX WIEKU

Zniesienie poddaństwa przyspieszyło rozwój gospodarczy ziem ukraińskich znajdujących się w granicach imperium rosyjskiego. Mimo licznych przeżytków feudalnych, a zwłaszcza pozostawienia w rękach obszarniczych większości ziem uprawnych, utrzymania się dysproporcji między szlacheckim a chłopskim stanem posiadania (32 200 rodzin szlacheckich posiadało 17 mln dziesięcin ziemi, a 1,95 mln rodzin chłopskich — niespełna 20 mln dziesięcin) na wsi zaczęły się kształtować stosunki kapitalistyczne. Wyrażało się to przede wszystkim w pojawieniu się nowej kategorii właścicieli ziemskich, wywodzących się ze stanu kupieckiego, oraz w stałym wzroście zamożności bogatego chłopstwa. Równolegle postępował proces ubożenia właścicieli małych gospodarstw, którzy niejednokrotnie musieli opuszczać ojcowiznę i iść na służbę do miejscowych bogaczy, czy też wynajmować się do pracy w majątkach obszarniczych.

Znaczna liczba pozbawionych ziemi chłopów i członków ich rodzin przenosiła się do miast zasilając szeregi niskopłatnego proletariatu. Jedynie w guberni czernihowskiej, głównie ze względu na niski stopień uprzemysłowienia i urbanizacji, utrzymały się dłużej stosunki na wpół pańszczyźniane. Wprawdzie za pracę chłopów na gruntach folwarcznych wypłacano wynagrodzenie pieniędzmi lub w naturze, lecz tania siła robocza nie sprzyjała wprowadzeniu nowych technik uprawy, maszyn rolniczych czy innych ulepszeń gospodarskich. W pewnych wypadkach zachowała się nawet trójpolówka. Stosunkowo często spotykane odrabianie powinności za dzierżawiony kawałek ziemi obszarniczej również nie sprzyjało rozszerzaniu się wiedzy rolniczej i stosowaniu jej zdobyczy. Chłopi nie mieli środków pozwalających na prowadzenie intensywnej uprawy roli. Za sielskim obrazem sochy ciągniętej przez woły lub krowy kryła się zwykła, nieraz tragiczna, chłopska bieda. Brakowało sprzężaju: konie znajdowały się zaledwie w połowie gospodarstw włościańskich Prawobrzeża i w 56% gospodarstw Ukrainy lewobrzeżnej.

Byłoby przesadą twierdzenie, że wszędzie panowała bieda, niski poziom uprawy roli i słabe urodzaje. Maszyny rolnicze, produkowane w Aleksandrowsku (dzis. Zaporoże), Jelizawetgradzie, Charkowie, Odessie, Mikołajowie czy Kijowie, znajdowały zbyt w wielu majątkach obszarniczych, głównie jednak na Prawobrzeżu i południu kraju, gdzie panowała wyższa niż gdzie indziej kultura rolna. Pracowały tam młockarnie, wialnie, siewniki konne. Obsługiwane były głównie przez kobiety i podrostków. Dzień pracy trwał zazwyczaj od wschodu do zachodu słońca.

Ukraina dawała przeszło $^1/_4$ produkcji zbóż i ok. $^3/_4$ plonu buraków cukrowych w stosunku do wielkości produkcji osiąganej w guberniach Rosji europejskiej. Z terenów ukraińskich pochodziła połowa zbiorów tytoniu.

Szczególną rolę odgrywał w rosyjskiej gospodarce eksport produktów rolnych pochodzenia ukraińskiego. W latach 1876—1880 na statki w portach czarnomorskich załadowano przeszło pół miliona ton zboża, a w latach 1895—1898 już 1,37 mln ton. Zboże eksportowano do Anglii, Francji, Włoch i innych krajów Europy Zachodniej. Z eksportu rosyjskiego korzystała także monarchia austro-węgierska.

Rozwój handlu, powiększanie się liczby ludności miast i rosnący rynek zbytu na produkty przemysłowe powodowały powstawanie wielkich ośrodków gospodarczych, będących nie tylko skupiskami fabryk i przedsiębiorstw, lecz również centrami wymiany handlowej oraz miejscami, gdzie rozwijało się szkolnictwo, rozbudowywała administracja i rosły szeregi miejscowej inteligencji. W coraz większym stopniu wywodziła się ona nie tylko tradycyjnie ze szlachty, ale również z rodzin rzemieślniczych, urzędniczych, czy też uprawiających wolne zawody.

Ludność miast stanowiła w 1897 r. 13% wszystkich mieszkańców guberni ukraińskich, a jej większość (ok. 35%) koncentrowała się w Odessie (404 000 mieszkańców), Kijowie (248 000), Charkowie (174 000) i Jekaterynosławiu (121 000).

Znacznie rozwinęła się sieć linii kolejowych. Pod koniec XIX w. połączyły one ze sobą wszystkie większe miasta Ukrainy, osiągając długość ok. 8500 km. Szczególne znaczenie miały szlaki wiążące ziemie ukraińskie z centrum Rosji oraz biegnące na południe do portów czarnomorskich. Był to jeden z czynników poważnie wpływających na zwiększenie eksportu zboża w drugiej połowie XIX w. Nb. pierwsza linia kolejowa na Ukrainie związała Bałtę z Odessą i oddana została do użytku w 1866 r. Z końcem lat osiemdziesiątych linie kolejowe połączyły ze sobą ośrodki przemysłowe, a w szczególności Zagłębie Donieckie, centralne Naddnieprze i Krzywy Róg.

Wkrótce po zniesieniu poddaństwa zanotowano pewien zastój w rozwoju przemysłu. Związane było to z chwilowym odpływem siły roboczej zatrudnionej na zasadach najmu przymusowego (głównie chłopów pańszczyźnianych pracujących w przedsiębiorstwach swych panów). Już jednak z końcem lat sześćdziesiątych liczba zakładów przemysłowych zaczęła szybko rosnąć, by pod koniec stulecia dojść do 8000. Zatrudniały one przeszło 300 000 robotników, nie mówiąc już o 750 000 rzemieślników i osobach trudniących się pracą chałupniczą. Wartość produkcji przemysłowej zwiększyła się z 71 000 do 439 mln rubli.

Rozwój jednej gałęzi przemysłu stymulował rozwój drugiej. W szczególności przyczynił się do tego rozwój kolejnictwa, które wymagało zarówno znacznych ilości węgla, jak i żelaza. O ile w 1860 r. wydobyty tutaj węgiel stanowił zaledwie $1/3$ produkcji rosyjskiej, o tyle po czterdziestu latach udział ten wzrósł do $2/3$, przy czym w liczbach bezwzględnych zanotowano dziesięciokrotny wzrost produkcji, z ok. 1 mln ton do przeszło 10 mln ton. Głównym ośrodkiem wydobycia węgla na Ukrainie było Zagłębie Donieckie, w którym działały pierwsze kapitalistyczne spółki akcyjne: Towarzystwo Południowo-Rosyjskie, Aleksiejewskie Towarzystwo Górnicze i Towarzystwo Noworosyjskie. Liczba górników zatrudnionych w 1900 r. w kopalniach Zagłębia Donieckiego doszła do 82 500 osób.

Węgla potrzebował cały świat, rosła więc jego cena. Stale zwiększająca się produkcja rosyjska nie zaspokajała w dostateczny sposób wewnętrznych potrzeb kraju. Początkowe próby importu węgla z zagranicy zostały skutecznie zahamowane przez wprowadzenie ceł ochronnych, później zaś sama Rosja zaczęła go eksportować. Warunki pracy w kopalniach były nadzwyczaj ciężkie. Maszyny stosowano tylko w najniezbędniejszych ilościach ze względu na bardzo tanią siłę roboczą.

Równie szybko rozwijał się przemysł metalowy. Obserwowano tutaj, podobnie jak w poprzednim wypadku, szybszy rozwój metalurgii na Ukrainie niż w pozostałych częściach imperium. W ciągu ostatniego trzydziestolecia XIX w. wydobycie rudy żelaza w Rosji wzrosło ośmiokrotnie, na Ukrainie aż 150-krotnie (!). Zjawisko to można tłumaczyć niskim początkowo poziomem wydobycia na Ukrainie i obfitszymi złożami tutejszej rudy. Przemysł hutniczy koncentrował się w Zagłębiu Donieckim i Krzywym Rogu. W 1900 r. wyprodukowano tutaj dwukrotnie więcej surówki żelaza niż na Uralu (52% całości produkcji imperium). Cała produkcja była zakupywana przez państwo.

Kapitaliści zagraniczni szybko zainteresowali się przemysłem ukraińskim. Przyciągała ich zwłaszcza tania siła robocza i wysokie ceny wyrobów miejscowego przemysłu. W latach 1888—1894 powstały tu 22 spółki z udziałem przemysłowców i bankierów belgijskich, francuskich, angielskich i amerykańskich, z kapitałem zakładowym wynoszącym 63 mln rubli. Dywidendy wynosiły często 30—40% włożonego kapitału.

Do dobrej tradycji należał szybki rozwój ukraińskiego przemysłu przetwórczego. Liczne cukrownie, gorzelnie, młyny, garbarnie i zakłady przemysłu tytoniowego odgrywały ważną rolę w gospodarce miejscowej. W drugiej połowie XIX w. rozdrobnione dotychczas i należące do pojedynczych właścicieli przedsiębiorstwa zaczęły łączyć się w potężne stowarzyszenia przemysłowe. W 1887 r. w Kijowie powstał syndykat cukrowniczy, w którym partycypowali przedstawiciele znanych rodzin obszarniczych i magnackich: Bobryńskich, Branickich, Potockich, Tereszczenków, Fiszmanów i in. Po pięciu latach istnienia syndykat kontrolował już przeszło 90% cukrowni na Ukrainie.

Burzliwy rozwój przemysłu ukraińskiego wymagał nie tylko kapitałów i dopływu taniej siły roboczej, lecz również zatrudnienia robotników o wysokich kwalifikacjach zawodowych. Zachęcani pogłoskami o możliwości uzyskania dobrych zarobków, przymuszani przez właścicieli fabryk z innych ośrodków przemysłowych, którzy tutaj inwestowali część swoich kapitałów, na Ukrainę przenosili się robotnicy rosyjscy i polscy, z Petersburga, Moskwy i Warszawy. Na południu Ukrainy tworzyła się wspólnota ludzi różnych narodowości, złączonych identycznymi warunkami pracy i bytowania. Nie pozostało to bez wpływu na charakter powstających tu pierwszych organizacji robotniczych.

Zupełnie inaczej kształtowała się sytuacja gospodarcza ziem ukraińskich pozostających pod berłem Habsburgów. Reforma uwłaszczeniowa 1848 r. nie przyniosła istotnych zmian w położeniu Galicji Wschodniej i Północnej Bukowiny. Jedynie struktura własności zbliżona była do tej, jaka panowała w południowo-zachodnich guberniach imperium rosyjskiego, przeszło bowiem 40% ziemi znajdowało się w rękach wielkich latyfundystów.

Jedną z głównych przyczyn zatargów między dworem a wsią były serwituty. W Galicji do końca XIX w. chłopi utracili na rzecz panów przeszło 3,5 mln morgów gruntów serwitutowych, nie mówiąc już o 15 mln reńskich, które musieli wydać na przedłużające się procesy sądowe w tych sprawach. Powiększała się stale liczba chłopów bezrolnych, a jednocześnie umacniały się gospodarstwa zamożniejsze. Poziom uprawy roli był tu znacznie wyższy niż w Rosji. Pod koniec XIX w. na polach wschodniogalicyjskich, na Bukowinie i Zakarpaciu pracowało przeszło 200 000 maszyn rolniczych różnych typów, produkowanych głównie w innych krajach monarchii austro-węgierskiej. Oczywiście biedny chłop nie miał dostępu do maszyn i dzielił dalej swój skromny kawałek ziemi na trzy części (na szerszą skalę płodozmian w gospodarstwach chłopskich zaczęto wprowadzać dopiero w latach siedemdziesiątych XIX w.), uprawiając rolę drewnianym pługiem z lemieszem okutym żelazem.

Poważnym problemem było przeludnienie wsi. Brak wielkiego przemysłu powodował, że miasta nie były w stanie wchłonąć nadwyżek siły roboczej. Pozostawała jedynie emigracja: do Stanów Zjednoczonych, Kanady, Ameryki Łacińskiej... Z końcem XIX w. z Galicji Wschodniej i Północnej Bukowiny wyemigrowało około 200 000 osób.

Rząd wiedeński niewiele uczynił dla zaktywizowania miejscowego przemysłu. Wątłe przedsiębiorstwa przemysłowe podupadały, nie mogąc wytrzymać konkurencji z bujnie rozwijającym się przemysłem na ziemiach austriackich i w Czechach. Wybudowanie w 1861 r. linii kolejowej łączącej Lwów z Krakowem i Wiedniem nie przyspieszyło rozwoju gospodarczego Galicji Wschodniej. Przeciwnie, spowodowało to większy jeszcze niż dotychczas napływ tanich towarów przemysłowych z Austrii i Czech. Jedynym wyjątkiem był rozwój przemysłu naftowego, który rozpoczął się w latach sześćdziesiątych w rejonie Krosna i Borysławia. W początkach XX w. Galicja dawała już 5% światowej produkcji ropy naftowej. Odbywało się to jednak bardzo wysokim kosztem.

Ignacy Daszyński opisywał miejscowe stosunki: „Brutalność złowrogich szubrawców, którzy robili wówczas karierę w Drohobyczu, była tak jawna i publiczna, że nie trzeba było zaiste być socjalistą, ażeby znienawidzieć tę zbrodniczą »produkcję«, ugruntowaną na naturalnych skarbach matki ziemi i na bezgranicznym wyzysku kilku tysięcy rusińskich [podkr. W. S.] chłopów, kopiących wosk ziemny w Borysławiu".

We Lwowie i Stanisławowie powstały warsztaty remontowe taboru kolejowego i kilka zakładów przemysłu maszynowego. O innym wielkim przemyśle nawet nie można było marzyć. Panujące stosunki powodowały, że najpewniejsza stawała się kariera urzędnicza. Dla Ukraińców była ona prawie zupełnie niedostępna.

Tak więc pozostawał tylko jako tako prosperujący przemysł przetwórczy: gorzelnie (mówiono nawet: „co folwark to gorzelnia"), młyny, w których zaczynano stosować maszyny parowe, na wpół chałupnicze tkactwo i garbarstwo oraz wyrąb i obróbka drewna. W ostatnim ćwierćwieczu XIX stulecia liczba tartaków rosła bardzo szybko, a zakłady wykorzystujące siłę pary dawały połowę całej produkcji wschodniogalicyjskiej. Pracowało w nich ok. 3000 robotników. W tej gałęzi przemysłu pojawił się nawet obcy, austriacki kapitał, którego przyciągnęły zarówno tania siła robocza, jak i – wydawało się wówczas – nieograniczone zasoby pierwszorzędnego surowca. Wyrąb lasów prowadzono w sposób rabunkowy, niszcząc wielkie masywy leśne i odrzucając na opał zdrowe okazy, które przypadkowo trafiły pod siekierę drwala, a które nie nadawały się do przerobu na deski. Stale natomiast wzrastał import różnego rodzaju towarów: tkanin, skór, maszyn i cukru.

Tragiczny obraz rzeczywistości galicyjskiej w drugiej połowie XIX w. dał ekonomista Stanisław Szczepanowski (1846–1900) w dziele *Nędza Galicji w cyfrach i program energicznego rozwoju gospodarstwa krajowego* (Lwów 1888). Pisał m. in.: „panuje u nas przerażający brak zdrowego i odpowiedniego pożywienia dla całej ludności. Stosunkowo znaczna konsumpcja alkoholu i tytoniu w niczym tego braku nie wynagradza".

CARAT I UKRAIŃSKI RUCH NARODOWY

Przemiany gospodarcze, jakie zachodziły na ziemiach ukraińskich, w poważnym stopniu przyczyniły się do zmian w świadomości ich mieszkańców. Powstawała rodzima ukraińska burżuazja, drobnomieszczaństwo i proletariat, który wkrótce zrozumiał konieczność podjęcia walki o cele polityczne, a w tym — o wyzwolenie narodowe. Rząd nie chciał dopuścić do jakichkolwiek ustępstw w tej mierze. W Rosji doszły do głosu elementy najbardziej reakcyjne, w ogóle negujące istnienie narodowości ukraińskiej. Każdy przejaw samodzielności narodowej był tępiony w zarodku. Osławiony redaktor „Wiadomości Moskiewskich" Michał Katkow pisał, że „Ukraina nigdy nie miała własnej historii, nigdy nie była odrębnym państwem ... Nigdy nie było języka małorosyjskiego i mimo wysiłków ukrainofilów nie powstał aż do dnia dzisiejszego".

Rosyjski minister spraw wewnętrznych Piotr Wałujew stwierdził w 1863 r. niemal dokładnie to samo: „Nie było żadnego odrębnego języka małorosyjskiego, nie ma i być nie może". W tym samym roku opracował dekret, skwapliwie podpisany przez Aleksandra II, zabraniający drukowania po ukraińsku jakichkolwiek dzieł z wyjątkiem literatury pięknej. Zarządzenie to (tzw. okólnik wałujewowski) za szczególnie niebezpieczne uznało ukraińskie podręczniki szkolne oraz te książki, które były przeznaczone dla prostego ludu. Jednym ze skutków zarządzenia było zmniejszenie się liczby publikacji wydawanych w guberniach południowo-zachodnich. Nawet bowiem literatura piękna podlegała surowej cenzurze prewencyjnej, znacznie ograniczającej swobodę wypowiadania się autorów.

18 (30) V 1876 r. Aleksander II wydał tzw. akt emski (nazwa pochodziła od niemieckiego uzdrowiska Ems, w którym car podpisał dekret). Stanowił on jak gdyby uzupełnienie poprzedniego. Powstał w wyniku donosu wicekuratora kijowskiego okręgu szkolnego M. Józefowicza, który poinformował monarchę o istnieniu ruchu ukrainofilskiego, rzekomo będącego zamaskowanym socjalizmem, godzącym w jedność państwa rosyjskiego. Akt emski zabraniał importu wszelkich wydawnictw drukowanych po ukraińsku za granicą, wystawiania ukraińskich spektakli teatralnych, publikowania przekładów na ukraiński (nawet z rosyjskiego) oraz ukraińskich tekstów do utworów muzycznych. Dopiero w 1881 r. uchylono zakaz wystawiania sztuk w języku narodowym.

Nauka w szkołach była prowadzona wyłącznie po rosyjsku.

Polityka caratu wzbudziła niepokój miejscowej inteligencji. Jako pierwsze do walki z rusyfikacją ruszyły Hromady. Były to organizacje oświatowo-kulturalne, które powstawały na Ukrainie w początkach lat sześćdziesiątych XIX w. Pierwsza z nich została utworzona w 1859 r. w Kijowie, a następnie, prawie równocześnie, powstały inne: w Charkowie, Czernihowie, Odessie, Połtawie i szeregu innych miast ukraińskich. W 1861 r. w skład Hromady kijowskiej weszła grupa chłopomanów: Włodzimierz Antonowicz, Tadeusz Rylski, Borys Poznański, Paweł Żytecki i in. Byli oni wówczas studentami Uniwersytetu Kijowskiego. Fascynowała ich przeszłość Ukrainy, ludowe obyczaje i pieśni i chcieli podobne zainteresowania rozbudzić u współziomków.

W 1862 r. członkowie kijowskiej Hromady opublikowali w moskiewskim czasopiśmie „Sowremiennaja letopis" (Kronika Współczesna) swoje kredo, zatytułowane *Głos z Kijowa*. Pisali, że ich obowiązkiem „jako ludzi, którym udało się osiągnąć wyższe wykształcenie, jest dołożenie wszelkich starań w celu stworzenia ludowi możliwości uzyskania wykształcenia, uświadomienia sobie swoich własnych potrzeb, nabycia umiejętności ich wypowiedzenia, jednym słowem, by przez swój rozwój wewnętrzny lud osiągnął taki poziom, jaki mu prawnie przysługuje".

Jedynym legalnym czasopismem ukraińskim w Rosji był miesięcznik „Osnowa", wychodzący w Petersburgu w latach 1861—1862 pod redakcją Wasyla Biłozierskiego, niegdyś jednego z członków Bractwa Cyryla i Metodego. Z Biłozierskim współpracowali również inni członkowie Bractwa: Kostomarow i Kulisz. Na łamach pisma ukazywały się rozprawy historyczne i etnograficzne; publikowano źródła do dziejów Ukrainy; umieszczano również utwory literackie, a wśród nich wiersze Szewczenki.

Na przełomie lat sześćdziesiątych i siedemdziesiątych XIX w. nastąpił rozłam w kijowskiej Hromadzie. Podzieliła się na „starą" i „młodą" Hromadę. Członkowie „starej" chcieli kontynuować działalność tylko w takim zakresie, na jaki pozwalało im obowiązujące ustawodawstwo. Możliwości były bardzo skromne, mimo to jednak udało się doprowadzić do wydania szeregu dzieł literackich w języku ukraińskim.

Czołowym działaczem lewego, „młodego" skrzydła Hromady był Michał Drahomanow (1841—1895), podówczas docent Uniwersytetu Kijowskiego. Urodzony w Hadziaczu, pochodził z niezamożnej rodziny ziemiańskiej. W 1863 r. ukończył w Kijowie studia historyczne. Jego pierwsze prace naukowe dotyczyły historii starożytnej, ale temperament i pasja publicystyczna szybko skierowały go na inną drogę. Poglądy Drahomanowa nie zawsze były w pełni konsekwentne. Gorąco protestował przeciw rusyfikacji Ukrainy, związał się z radykalnym ruchem studenckim, głosił potrzebę utworzenia

Michał Drahomanow

w Rosji republiki parlamentarnej, opartej na zasadach federacyjnych, a jednocześnie w powstaniu styczniowym dostrzegł jedynie bunt przeciw prawowitej władzy. Sądził, że ziemie ukraińskie powinny pozostać w granicach państwa rosyjskiego, lecz winna im być przyznana szeroka autonomia narodowo-kulturalna. Wielokrotnie podkreślał konieczność zlikwidowania „historycznej przepaści" rozdzielającej Ukrainę Naddnieprzańską od Galicji Wschodniej. Opublikował wiele prac o historii kraju ojczystego, m. in.: *Słowo wstępne do „Hromady", Dziwaczne myśli o ukraińskiej sprawie narodowej, Czas utracony* oraz zbiory twórczości ludowej: *Pieśni historyczne ludu małoruskiego* (wsp. z W. Antonowiczem, Kijów 1874—1875), *Małoruskie podania i opowieści ludowe* (Kijów 1876), *Nowe pieśni ukraińskie o treści społecznej* (Genewa 1881) i *Pieśni polityczne ludu ukraińskiego XVIII—XIX w.* (Genewa 1883—1885). Spod jego pióra wyszły również liczne pamflety, artykuły publicystyczne i krytycznoliterackie.

Drahomanow jeszcze za życia stał się symbolem narodowych dążeń inteligencji ukraińskiej. W 1875 r. został usunięty z uniwersytetu jako element „niepewny pod względem politycznym" i uprzedzając grożące mu aresztowanie wyjechał do Szwajcarii. W Genewie założył Wolną Drukarnię Ukraińską, w której drukował (na koszt kijowskiej Hromady) wydawnictwo *Hromada* (1878—1879, 1882), a następnie czasopismo pod tym samym tytułem. Prowadził obszerną korespondencję z wszystkimi niemal działaczami ukraińskiego ruchu narodowego. Wielu utrzymywało z nim osobiste kontakty. Ostatnie lata życia spędził w Sofii jako wykładowca na tamtejszym uniwersytecie.

Akt emski zamknął pierwszy etap działalności Hromad na Ukrainie. Rząd nakazał ich rozwiązanie. Podobny los spotkał szereg innych organizacji naukowych i kulturalno-oświatowych. Zlikwidowano nawet Południowo-Zachodni Oddział Rosyjskiego Towarzystwa

Geograficznego, przekazując jego majątek Towarzystwu Kościelno-
-Archeologicznemu istniejącemu przy Kijowskiej Akademii Duchow-
nej. Wielu działaczy liberalnych wyjechało za granicę. Po kilku latach
Hromady odrodziły się, lecz już jako organizacje konspiracyjne.

W 1882 r. w Kijowie zaczął się ukazywać miesięcznik histo-
ryczno-literacki „Kijewskaja starina", założony przez Antonowicza,
Aleksandra Łazarewskiego i Teofanesa Łebedyńskiego. Wkrótce sku-
piła się wokół niego część członków „starej" Hromady. „Kijewskaja
starina" korzystała z subsydiów przemysłowca i właściciela cukrowni
W. Semirenki. Wychodziła do 1907 r. (ostatni numer ukazał się
w języku ukraińskim pod zmienionym tytułem: „Ukraina"). Wiele
prac historycznych, m. in. D. Bahalija, W. Ikonnikowa, D. Jawornic-
kiego i O. Jefimenko, publikowanych w tym miesięczniku, zachowało swoją wartość naukową do dnia dzisiejszego, chociaż ich
autorzy hołdowali poglądowi o rzekomej jednorodności i bezklasowości społeczeństwa ukraińskiego. „Kijewskaja starina" prowadziła
stały dział miscellaneów, w którym ukazywały się dokumenty obra-
zujące przeszłość Ukrainy, pamiętniki, korespondencje itp.

NARODNICY I POCZĄTKI RUCHU ROBOTNICZEGO NA UKRAINIE

Narodnictwo było produktem rosyjskim, stanowiącym przedłużenie ruchu rewolucyjnych demokratów lat pięćdziesiątych i będącym
zarazem reakcją inteligencji radykalnej na połowiczność rozwiązania
kwestii chłopskiej w Rosji przez carat w wyniku reformy 1861 r.
W ruchu tym znaleźli się później również reprezentanci robotników, co wiązało się z postępującą aktywizacją polityczną proletariatu.

Narodnicy uważali, że chłopstwo jest w Rosji czołową siłą
rewolucyjną (ros. *narod* – lud, stąd nazwa ruchu). Dostrzegali jego
zacofanie i niski poziom świadomości politycznej, dlatego też uważali za konieczne prowadzenie szerokiej agitacji rewolucyjnej wśród
ludu. Ideologowie narodnictwa: Mikołaj Bakunin, Piotr Ławrow
i Piotr Tkaczow, wyrażali wprawdzie odmienne poglądy na metody
ruchu, łączyło ich jednak przekonanie o konieczności dokonania
przewrotu rewolucyjnego w Rosji, czy to przez dobrze zorganizowaną elitę konspiratorów, czy też przez powszechne wystąpienie mas.

Pierwsze organizacje narodnickie powstały w Petersburgu na przełomie lat sześćdziesiątych i siedemdziesiątych XIX w. Kółko „czajkowców" (nazwa pochodziła od nazwiska jednego z jego członków
Mikołaja Czajkowskiego) miało swoje filie w innych miastach imperium,

wśród nich w Odessie (Feliks Wołchowski, Andrzej Żelabow, Hanna Makarewicz), Kijowie (Paweł Akselrod, Jakub Stefanowicz) i Chersoniu (Andrzej Franjoli, Martin Wilhelm Langans). Wołchowski napisał odezwę *Prawdziwe słowo rolnika do swoich ziomków*, rozpowszechnioną później wśród chłopów w Czernihowskiem.

W 1873 r. powstała Komuna Kijowska, która znalazła się pod wpływem poglądów Bakunina. Liczyła zaledwie 30 członków, ale udało się jej nawiązać kontakt z podobnymi organizacjami w Petersburgu, Charkowie i Odessie. Sądzono, że porwanie chłopów do walki z despotyzmem nie będzie przedstawiało większych trudności. W 1874 r. całą Rosję ogarnął masowy ruch młodzieży inteligenckiej. która ruszyła wieś, „w lud", licząc na uzyskanie poparcia dla idei rewolucyjnych. Ukraina nie stanowiła wyjątku w tej mierze.

Próba pobudzenia wsi do czynnego wystąpienia przeciw caratowi zakończyła się całkowitym niepowodzeniem. W większości wypadków chłopi odnieśli się nieufnie do młodych agitatorów, nie chcieli ich słuchać, a często nawet oddawali w ręce władz. W wyniku represji przerwana została działalność wielu organizacji narodnickich, w tym również Komuny Kijowskiej.

Po trzech latach grupa narodników kierowana przez „czajkowca" Jakuba Stefanowicza, Lwa Dejcza i Iwana Bochanowskiego rozpoczęła przygotowania do powstania w powiecie czehryńskim (gub. kijowska). Stefanowicz wykorzystał wiarę chłopów w „dobrego cara" i udając komisarza rządowego założył wraz ze współtowarzyszami nielegalną organizację – Tajną Drużynę, w której wkrótce znalazło się ok. 1000 włościan. Wybuch powstania planowano na październik 1877 r., ale wcześniej władze wpadły na trop sprzysiężenia, aresztowały jego uczestników i skazały na surowe kary. Trzem przywódcom ruchu udało się zbiec z więzienia w Kijowie.

Załamanie się planów porwania chłopstwa za sobą spowodowało zmianę taktyki narodnickiej. Narodnicy przeszli teraz do terroru: zamachów na przedstawicieli władzy, urzędników zajmujących wysokie stanowiska i wyższych funkcjonariuszy policji. W 1878 r. dokonano zamachu na wiceprokuratora sądu okręgowego i na jednego z oficerów żandarmerii w Kijowie. W lutym roku następnego z rąk zamachowców zginął gubernator charkowski.

Wówczas też, w 1879 r., Ziemia i Wola rozpadła się na dwie organizacje: Czarny Podział (czyli podział ziemi dokonany przez samych chłopów) i Wolę Ludu. Członkowie Czarnego Podziału opowiadali się za utrzymaniem dawnej taktyki i mimo gorzkich doświadczeń zamierzali nadal prowadzić działalność propagandową wśród chłopstwa. Z kolei narodowolcy za cel podstawowy uznali walkę polityczną realizowaną głównie przez akty terrorystyczne. Sądzili, że w ten sposób doprowadzą do obalenia caratu i wprowadzenia podstawowych wolności obywatelskich w nowo utworzonej republice demokratycznej. Na Ukrainie filialne organizacje Woli Ludu powstały w Kijowie, Charkowie, Odessie i Nieżynie. Mniejsze i efemeryczne grupy działały również w innych miastach ukraińskich.

Jak się jednak okazało, ani jedna, ani druga metoda walki nie spełniły pokładanych w nich nadziei. Ruch narodnicki wykształcił jednak liczne zastępy odważnych i świadomych przeciwników despotyzmu. W latach najbliższych ich uwagę zwróciła nowa klasa — proletariat, który w tym czasie szukał własnej drogi prowadzącej do rewolucji w Rosji.

Na wiosnę 1880 r. członkowie Czarnego Podziału, Elżbieta Kowalska i Mikołaj Szczedrin, założyli w Kijowie Południoworosyjski Związek Robotniczy. Ułożony przez nich program głosił konieczność walki o taki ustrój społeczny, w którym podstawowe środki produkcji przeszłyby we władanie robotniczych i chłopskich stowarzyszeń wytwórców. Miały być w nim wprowadzone wszystkie podstawowe wolności obywatelskie: powszechne bierne i czynne prawo wyborcze, wolność słowa, druku i zgromadzeń. Ochrona państwowa miała spoczywać na barkach pospolitego ruszenia. Za główną metodę walki autorzy programu uznali terror indywidualny, skierowany nie tylko przeciw aparatowi władzy, lecz również przeciw właścicielom fabryk i przedstawicielom administracji fabrycznej. Sądzili, iż w ten sposób możliwe będzie uzyskanie skrócenia dnia roboczego, podwyżki płac, polepszenia warunków pracy i bytu oraz wywalczenie prawa do strajków.

Związek Robotniczy miał swoje agendy w kilku fabrykach kijowskich; rozbudował je zwłaszcza w miejscowych zakładach zbrojeniowych — „Arsenale". Liczył ok. 1000 członków, dość jednak luźno związanych z organizacją. Byli to raczej ludzie stale stykający się z działalnością agitacyjną niewielkiej grupy działaczy Związku, którzy organizowali zebrania konspiracyjne i wydawali odezwy nawołujące do wystąpień przeciw caratowi.

Po kilku miesiącach policja aresztowała oboje przywódców: Kowalską i Szczedrina. Próba przywrócenia Związkowi Robotniczemu poprzedniej aktywności podjęta przez następców, zwłaszcza narodniczkę Zofię Bohomolec, nie dała rezultatów. Po kolejnej fali aresztowań dokonanych w styczniu 1881 r. Związek przestał istnieć. W marcu 1881 r. zginął od bomby rzuconej przez członka Woli Ludu, Polaka Ignacego Hryniewieckiego, car Aleksander II. I ten czyn nie przyniósł spodziewanej zmiany w polityce caratu. Następca zabitego Aleksander III zaczął stopniowo odchodzić od wszystkich, nie idących przecież daleko, reformatorskich posunięć poprzednika. Raz jeszcze okazało się, że taktyka walki z caratem propagowana przez narodników nie prowadzi do złagodzenia ucisku politycznego, a tym bardziej do zmiany ustroju. Opozycja radykalna w Rosji musiała znaleźć innego sojusznika i inne metody walki.

Już Południoworosyjski Związek Robotniczy dostrzegł konieczność oparcia się na proletariacie fabrycznym. Liczebność tej klasy wzrastała z każdym rokiem. W 1900 r. liczba robotników na Ukrainie wynosiła już 2,5 mln osób, z czego 330 000 pracowało w przemyśle (najwięcej w guberni charkowskiej, jekaterynosławskiej i kijowskiej — ok. 200 000 osób). Warunki pracy były nadzwyczaj ciężkie. Dzień roboczy trwał przeważnie 12 godzin, dochodząc nawet czasem do 15 godzin na dobę. Płaca nie przekraczała 20 rubli miesięcznie, a kobiety i dzieci otrzymywały niekiedy jedynie 2−4 rb. Powszechne stosowanie kar pieniężnych uszczuplało i tak już niskie wynagrodzenie. Według oficjalnych danych w latach 1864−1899 wypadki przy pracy pochłonęły 3300 ofiar śmiertelnych. Równie ciężkie były warunki mieszkaniowe rodzin robotniczych, gnieżdżących się w prymitywnych ziemiankach, barakach i wieloizbowych budynkach przyfabrycznych, bardziej przypominających koszary niż domy mieszkalne.

Trudno się też dziwić, że bardzo wcześnie, bo już w latach sześćdziesiątych XIX w., wybuchły na Ukrainie pierwsze strajki. Dominowały w nich żądania ekonomiczne: podwyżka płac, skrócenie dnia pracy i polepszenie warunków bytu. Taki charakter miał np. strajk budowniczych linii kolejowej Kijów − Bałta w 1867 r., strajk pracowników fabryki kożuchów w Odessie w 1871 r., czy też w roku następnym strajk na budowie kolei łączącej Łozowo z Sewastopolem.

Jeden z największych strajków wybuchł w 1875 r. w zakładach metalurgicznych w Juzowce (nazwa miejscowości pochodziła od nazwiska fabrykanta − Hughesa), a przyłączyli się do niego górnicy z okolicznych kopalni. Chociaż do walki ze strajkującymi użyto wojska, robotnikom udało się wymóc na administracji fabrycznej obietnicę regularnej wypłaty wynagrodzenia.

Jeszcze większym sukcesem zakończył się strajk 2000 robotników kijowskich zakładów naprawczych taboru kolejowego, którzy w 1879 r. wystąpili w obronie 17 wyrzuconych z pracy współtowarzyszy. Żądania strajkujących zostały spełnione w całości.

W latach 1870—1894 na Ukrainie doszło do 150 strajków, w których uczestniczyło ok. 40 000 robotników. $^1/_3$ strajków zakończyła się ustępstwami administracji fabrycznej na rzecz strajkujących. Oddziały wojskowe biorące w tym czasie udział w tłumieniu wystąpień robotniczych mają na swoim sumieniu 110 osób, które straciły życie w starciach z żołnierzami.

W coraz większym stopniu do żywiołowego ruchu proletariatu fabrycznego przenikały idee marksistowskie i myśli o konieczności założenia własnej organizacji. W 1871 r. docent ekonomii politycznej i statystyki Uniwersytetu Kijowskiego Mikołaj Ziber opublikował pracę pt. *Teoria wartości i kapitału Davida Ricardo z pewnymi późniejszymi uzupełnieniami i wyjaśnieniami*, w której dał wykład głównych założeń teorii ekonomicznej Karola Marksa. Przebywając w późniejszych latach za granicą zetknął się osobiście zarówno z Marksem, jak i z Engelsem i swoje kolejne prace poświęcił teorii marksistowskiej. Wiadomo, że wielu działaczy ruchu narodnickiego czytało w oryginale dzieła twórców socjalizmu naukowego, a np. w czasie rewizji przeprowadzonej przez policję w mieszkaniu Mikołaja Kibalczicza, jednego z najwybitniejszych reprezentantów orientacji terrorystycznej, znaleziono dokonany przez niego przekład *Manifestu komunistycznego*. Znaczną popularnością wśród studentów charkowskich cieszyła się w latach siedemdziesiątych książka zawierająca statut I Międzynarodówki. Wprawdzie nie zawsze umiano dostrzec rewolucyjne treści zawarte w czytanych pracach, ale ziarno raz rzucone w podatną glebę miało wkrótce przynieść nader bogaty plon.

Zbudowane w 1863 r. w Kijowie słynne więzienie łukianowskie (nazwa pochodzi od nazwy dzielnicy kijowskiej), które stało się miejscem dobrze znanym rewolucjonistom ukraińskim i rosyjskim, nie było wystarczającym środkiem odstraszającym, podobnie jak nahajki kozackie spadające na plecy strajkujących, kule karabinowe i cień szubienicy stale przesłaniający ziemie imperium. Robotniczy protest zataczał coraz szersze kręgi, a głos proletariatu ukraińskiego brzmiał coraz donośniej i coraz potężniej.

W 1875 r. w Odessie powstał Południoworosyjski Związek Robotników. Jego organizatorem był Eugeniusz Zasławski (1845—1878). Ukończył on wyższe studia rolnicze i przez kilka lat pracował jako zastępca administratora w jednym z prywatnych majątków w guberni połtawskiej. W 1872 r. przeniósł się do Odessy, gdzie założył nielegalną drukarnię, bibliotekę i robotniczą kasę zapomogową. Przy założeniu Związku współdziałał Polak Jan Rybicki, robotnik z miejscowych zakładów metalurgicznych. Stowarzyszenie liczyło wprawdzie tylko ok. 50 członków, ale — jak się oblicza — w jego sferze wpływów znajdowało się prawie 200. W statucie Związku znalazło się wiele stwierdzeń powtórzonych za statutem I Międzynarodówki. Była więc w nim mowa o konieczności dokonania rewolucji i budowie społeczeństwa ludzi wolnych i równych, dla których praca miała być podstawą szczęścia osobistego. Członkowie Związku założyli własną kasę zapomogową, dysponowali drukarnią oraz starali się nawiązać kontakty z robotnikami z innych miast Rosji i Ukrainy, m. in. z Charkowa, Kerczu, Mikołajowa, Sewastopola, a w Rostowie nad Donem założyli nawet filię stowarzyszenia.

Jednym z największych sukcesów Związku było pokierowanie (w lutym 1875 r.) dwoma strajkami w Odessie. Po kilku miesiącach działalności Południoworosyjski Związek Robotników został zdziesiątkowany przez policję i przestał istnieć. 15 jego członków skazano na więzienie i katorgę; Zasławski otrzymał karę 10 lat więzienia, gdzie wkrótce zmarł.

Nowe stowarzyszenie robotnicze, które powstało w 1878 r. w Petersburgu: Północny Związek Robotników Rosyjskich, nie miało poważniejszych kontaktów z ziemiami ukraińskimi, chociaż o jego działalności były nieźle poinformowane koła inteligencji demokratycznej w Charkowie. Znacznie lepiej była znana na Ukrainie grupa Wyzwolenie Pracy, którą założył w Genewie (w 1883 r.) Jerzy Plechanow, głównie dzięki podjętej przez nią szerokiej akcji popularyzowania literatury marksistowskiej. Jerzy Plechanow (1856—1918) w początkach swej działalności rewolucyjnej związał się z ruchem narodnickim, a po rozłamie w Ziemi i Woli stanął na czele Czarnego Podziału. Na początku 1880 r. wyemigrował do Szwajcarii i tam zajął się studiami nad zachodnioeuropejskim ruchem robotniczym. Studia te nie miały wyłącznie charakteru teoretycznego. Plechanow rychło wyciągnął z nich wnioski praktyczne. W 1882 r. przełożył *Manifest komunistyczny* na rosyjski i napisał do niego przedmowę. W rok później stworzył pierwszą rosyjską organizację marksistowską, wspomniane Wyzwolenie Pracy. W latach następnych opublikowano na emigracji kolejne przekłady klasycznych dzieł twórców socjalizmu naukowego, m. in. *Nędzę filozofii* Marksa, *Rozwój socjalizmu naukowego od utopii do nauki* oraz *Ludwik Feuerbach i zmierzch klasycznej filozofii niemieckiej* Engelsa. Warto dodać, że działalność grupy Wyzwolenie Pracy, Plechanowa i jego współpracowników nie stanowiła jedynego przejawu zainteresowania się Rosjan marksizmem. W 1872 r. wyszedł rosyjski przekład pierwszego tomu *Kapitału* Marksa, a inne prace Marksa i Engelsa były wydawane przez studenckie Towarzystwo Tłumaczy i Wydawców, działające w Moskwie na początku lat osiemdziesiątych XIX w.

Plechanow miał także własny bogaty dorobek teoretyczny, dotyczący głównie krytyki tzw. liberalnego kierunku w ruchu narodnickim. Zajmował się również materializmem historycznym. Był m. in. autorem prac: *Socjalizm i walka polityczna, Nasze rozbieżności, Przyczynek do monistycznego pojmowania dziejów* oraz *W sprawie roli jednostki w historii.*

Literatura marksistowska płynęła na Ukrainę coraz szerszym strumieniem. Przenosili ją przez zieloną granicę emisariusze organizacji robotniczych, przywozili studenci, a czasem była przedmiotem przemytu na skalę niemal „przemysłową" – po kilkadziesiąt i kilkaset egzemplarzy. Czytano ją w Kijowie, Charkowie, Jekaterynosławiu, Odessie i Mikołajowie. Marksistowska ekonomia polityczna stawała się przedmiotem studiów naukowych, podobnie jak i marksistowskie rozumienie procesu dziejowego. Co ważniejsze, nie brakowało również ludzi, którzy potrafili zawarte w literaturze treści rewolucyjne stosować we własnej działalności organizatorskiej.

Jednym z nich był szlachcic z pochodzenia, Juwenaliusz Melnykow (1868–1900). W 1888 r. podjął pracę jako ślusarz w warsztatach naprawczych taboru kolejowego w Charkowie, w roku następnym rozpoczął działalność rewolucyjną w Rostowie nad Donem i w Taganrogu, za co został aresztowany i uwięziony na dwa lata. Do Kijowa przybył pod koniec 1891 r., a w 1893 r. zorganizował tutaj tzw. Klub Łukianowski. Klub miał charakter szkoły rzemieślniczej, która przygotowywała młodzież różnego pochodzenia, w tym również wywodzącą się z inteligencji, studentów itp. do wykonywania zawodu (ślusarza, tokarza, stolarza). Nie to jednak było głównym celem instytucji założonej przez Melnykowa. W Klubie zapoznawano się z literaturą marksistowską, prowadzono dyskusje na tematy polityczne i zastanawiano się nad możliwością zmiany ustroju w Rosji. Absolwenci szkoły Melnykowa rozpoczynali pracę w różnych przedsiębiorstwach przemysłowych na Ukrainie, głównie w Kijowie, i tam kontynuowali działalność propagandową,

Juwenaliusz Mielnykow

stając się zaczynem dla coraz liczniej powstających kółek socjaldemokratycznych.

Należy dodać, że już w latach osiemdziesiątych powstały w Kijowie pierwsze organizacje socjalistyczne grupujące przede wszystkim polskich studentów (na uniwersytecie kijowskim stanowili oni 20% ogółu młodzieży studiującej). W 1880 r. powstała w Kijowie Gmina Polskich Socjalistów, w 1882 r. — filia Proletariatu, na czele której stał Stanisław Narutowicz, brat późniejszego prezydenta Rzeczypospolitej Polskiej, i Zofia Płaskowicka--Dziankowska. Wielu Polaków należało do Tajnego Stowarzyszenia Spiskowców (1884—1892) założonego przez narodowolców: Michała Fokina i Włodzimierza Nieklepajewa. W 1890 r. utworzono kijowski oddział Związku Młodzieży Polskiej „Zet", który zanim dostał się pod wpływy Narodowej Demokracji, miał charakter socjalistyczny.

Pierwsze kółko socjaldemokratyczne powstało w Kijowie w 1889 r. z inicjatywy młodego lekarza Emila Abramowicza i robotnika warsztatów kolejowych Jana Kilańskiego. Działalność kółka przerwały aresztowania dokonane przez policję w tym samym jeszcze roku. Niemniej jednak już w 1892 r. powstała nowa organizacja tego typu kierowana przez Edwarda Pletata, współtowarzysza pracy Jana Kilańskiego. W jej działalności wziął zresztą udział nie tylko Jan Kilański, lecz i jego brat Karol, student Instytutu Technologicznego w Petersburgu. W 1892 r. kółko Pletata, jako pierwsza organizacja socjalistyczna w Kijowie, świętowało 1 Maja. Pletat pomógł Melnykowowi w nawiązaniu pierwszych kontaktów z robotnikami socjalistami.

Organizacje, o których była mowa wyżej, skupiały robotników i studentów różnych narodowości: Polaków, Rosjan, Ukraińców i Żydów.

W latach 1895—1896 Melnykow stał w Kijowie na czele Pierwszego Komitetu Robotniczego i grupy socjaldemokratycznej Sprawa Robotnicza (działali w niej m. in.: Boruch Ejdelman, Paweł Tuczapski i Natan Wigdorczyk). Wkrótce Melnykow został aresztowany i skazany na 10 miesięcy więzienia, a następnie wysłany do guberni astrachańskiej, gdzie zmarł na gruźlicę.

UTWORZENIE ZWIĄZKU WALKI O WYZWOLENIE KLASY ROBOTNICZEJ. I ZJAZD SDPRR

W ciągu ostatnich pięciu lat XIX w. nastąpił na Ukrainie poważny wzrost liczby strajków. Wybuchło ich przeszło 200, z czego połowa w guberni jekaterynosławskiej, a wzięło w nich udział ok. 120 000 robotników. Połowa strajków zakończyła się pełnym lub przynajmniej częściowym spełnieniem żądań robotniczych. Coraz większa liczba wystąpień miała charakter polityczny: wiązały się z obchodami święta pierwszomajowego, zawierały żądania przyznania swobód obywatelskich, a w demonstracjach ulicznych pojawiły się hasła nawołujące do walki z caratem.

Mniej więcej na te same lata przypada początek działalności Włodzimierza Uljanowa (Lenina). Urodził się on 10 (22) IV 1870 r. w Symbirsku (dzis. Uljanowsk), w rodzinie inspektora szkół ludowych. Z ruchem rewolucyjnym zetknął się już w latach młodzieńczych, a jego brat Aleksander, członek Woli Ludu, został skazany na śmierć za udział w przygotowaniach do zamachu na cara i stracony w 1887 r. W 1893 r. Lenin przybył do Petersburga, w którym po dwóch latach działalności propagandowo-organizacyjnej wśród robotników stał się współzałożycielem Związku Walki o Wyzwolenie Klasy Robotniczej.

Utworzenie Związku Walki miało przełomowe znaczenie dla rosyjskiego i ukraińskiego ruchu robotniczego. Oznaczało przejście od etapu „kółkowego" do fazy agitacji rewolucyjnej wśród szerokich rzesz proletariatu miejskiego. Działacze stowarzyszenia umiejętnie przejmowali przywództwo żywiołowego ruchu strajkowego i łączyli hasła o charakterze ekonomicznym, pod którymi w większości jeszcze występowali robotnicy, z hasłami politycznymi.

W ślad za Petersburgiem prowincjonalne organizacje Związku Walki o Wyzwolenie Klasy Robotniczej powstały w innych miastach imperium rosyjskiego. We wrześniu 1897 r. rozdrobnione dotychczas kijowskie kółka socjaldemokratyczne, głównie: Sprawa Robotnicza

Włodzimierz Lenin

i grupa socjaldemokratów polskich, połączyły się i podjęły decyzję o utworzeniu Związku Walki, który wkrótce nawiązał kontakty z robotnikami socjaldemokratycznymi Charkowa, Mikołajowa, Odessy i Połtawy. Rozpoczęto wydawanie własnego organu — „Gazety Robotniczej" (wyszły tylko dwa numery). Na czele Związku stanęli: były student medycyny Boruch Ejdelman, Paweł Tuczapski i Wiera Krzyżanowska. Wszyscy wymienieni byli już — mimo młodego wieku — wytrawnymi działaczami rewolucyjnymi, współzałożycielami (na początku lat dziewięćdziesiątych) Rosyjskiej Grupy Socjaldemokratycznej w Kijowie.

Kijowski Związek Walki o Wyzwolenie Klasy Robotniczej nie był organizacją masową. Początkowo liczył zaledwie 30 członków, niemniej jednak prowadził bardzo ożywioną działalność propagandową. Dzięki posiadaniu własnej drukarni udało mu się opublikować i rozpowszechnić w miejscowych fabrykach 6500 egzemplarzy różnego rodzaju odezw i ulotek. Już po niespełna dwóch miesiącach działalności zorganizowano w Kijowie obchody święta pierwszomajowego, które przybrały nadspodziewanie szerokie rozmiary. Pracę porzuciło m. in. 500 kolejarzy i pracowników warsztatów kolejowych.

Równolegle ze Związkiem Walki w Kijowie powstał Drugi Komitet Robotniczy jednoczący socjaldemokratów — reprezentantów organizacji fabrycznych. Jego zakres działalności pokrywał się na ogół z zakresem działania Związku.

Związek Walki o Wyzwolenie Klasy Robotniczej powstał również w Jekaterynosławiu. Organizacją kierowali: robotnik rosyjski Iwan Babuszkin i Izaak Łałajanc, jeden z działaczy kółek socjaldemokratycznych w Samarze. Obydwaj zostali przymusowo przesiedleni do Jekaterynosławia i oddani pod nadzór policji za dotychczasową działalność rewolucyjną, co – jak widać – nie przeszkadzało im w kontynuowaniu tej działalności.

Jekaterynosławski Związek Walki był, poza petersburskim, jedną z najbardziej rozbudowanych i aktywnych organizacji socjaldemokratycznych w imperium. W czasie niespełna rocznej działalności wydał i rozpowszechnił kilkadziesiąt tysięcy egzemplarzy ulotek nawołujących do podjęcia walki z kapitalizmem i despotyzmem carskim. Większość z nich była autorstwa Babuszkina, chociaż w ich układaniu brali także udział robotnicy. Członkowie Związku dzielili się na dwie grupy: fabryczną, którą kierował Babuszkin, i miejską, kierowaną przez Łałajanca, skupującą głównie inteligencję.

Sytuacja dojrzała do zjednoczenia wszystkich działających w Rosji organizacji socjaldemokratycznych. Wymagała tego zarówno sytuacja wewnętrzna państwa, w którym rząd w coraz większym stopniu wiązał się z wielkim kapitałem, jak i wysoki już stopień dojrzałości klasy robotniczej, dostrzegającej cele dalsze i większe niż skrócenie dnia pracy lub podwyżka wynagrodzenia. Już na przykładzie Ukrainy można było dostrzec wzajemne powiązania i współdziałanie wielu stowarzyszeń i związków marksistowskich; w Rosji nie były one mniejsze.

Przygotowanie zjazdu zjednoczeniowego wzięła na swoje barki socjaldemokracja kijowska. W połowie marca 1897 r. w Kijowie z zaproszonych przedstawicieli wielu organizacji zjawili się jedynie reprezentanci socjaldemokratów dwóch miast stołecznych: Petersburga i Moskwy. Reprezentant Moskwy został uznany za zbyt młodego, aby mógł decydować w tak ważnej kwestii dla robotników rosyjskich, jak zjednoczenie ich organizacji. Ustalono natomiast wówczas, że „Gazeta Robotnicza", którą zamierzała wydawać socjaldemokracja kijowska, będzie organem wszystkich grup socjaldemokratycznych w Rosji. Drugi, grudniowy numer czasopisma zawierał artykuł wstępny zatytułowany: *Najbliższe zadania rosyjskiego ruchu robotniczego*. Stwierdzano w nim: „Nadchodzi okres, gdy odosobnione, rozrzucone wszędzie kółka i związki robotnicze powinny przekształcić się w jeden wspólny związek lub jedną wspólną partię. Partia ta będzie przyczyniać się do zespolenia robotników rosyjskich i rozwoju rosyjskiego ruchu robotniczego".

Pierwszy zjazd partii odbył się w Mińsku w marcu 1898 r. Wzięło w nim udział jedynie dziewięć osób reprezentujących pięć organizacji oraz „Gazetę Robotniczą". Znaleźli się wśród nich: Ejdelman, Wigdorczyk, Tuczapski z Kijowa i Kazimierz Petrusewicz z Jekaterynosławia. Uczestnicy zjazdu podjęli decyzję o utworzeniu Partii Socjaldemokratycznej Rosji (później, w trakcie opracowania dokumentów programowych nazwa została zmieniona na Socjaldemokratyczną Partię Robotniczą Rosji), wybrano trzyosobowy Komitet Centralny, w którego skład wszedł m. in. Ejdelman, wydano manifest określający cele nowo powstałej partii i uznano „Gazetę Robotniczą" za organ partyjny.

Wkrótce jednak policja aresztowała pięciu uczestników Zjazdu i nie doszło już do wydania kolejnego, trzeciego numeru „Gazety". Aresztowania zahamowały proces tworzenia jednolitej partii socjaldemokratycznej. Ponieważ jednak mimo wszystko udało się opublikować manifest partii, wieść o jej formalnym założeniu rozeszła się po całym imperium. Stare i nowo powstałe organizacje socjaldemokratyczne zaczęły przybierać nazwy Komitetów SDPRR. Tak było również na Ukrainie: w Kijowie, Jekaterynosławiu, Odessie, Charkowie i Mikołajowie.

W wyniku aresztowań w więzieniach znalazło się wielu doświadczonych rewolucjonistów (np. w Kijowie aresztowano 175 osób). W tej sytuacji do głosu często dochodzili ludzie, którzy albo nie rozumieli położenia proletariatu, albo też naiwnie wierzyli w możliwość uzyskania ustępstw zarówno ze strony caratu, jak i kapitalistów przez kontynuowanie, w najlepszym razie, dotychczasowych metod walki.

W łonie socjaldemokracji rosyjskiej ujawnił się wówczas niebezpieczny nurt oportunistyczny — ekonomizm. Jego przedstawiciele uważali, że najlepszą drogą do zespolenia ruchu robotniczego jest stawianie przed nim haseł stosunkowo najłatwiejszych do zrozumienia (bo najbliższych proletariatowi) i do urzeczywistnienia, a więc haseł ekonomicznych. Sądzili, że proletariat jeszcze „nie dorósł" do podjęcia walki politycznej. Wyciągali z tego wniosek, że podjęcie agitacji politycznej przyniesie rosyjskiemu proletariatowi więcej szkód niż korzyści.

Kijowski Komitet SDPRR został opanowany przez „ekonomistów", a jego organ — gazeta „Wpieriod" („Naprzód"), wydawana uprzednio przez Sprawę Robotniczą, a następnie przez Kijowski Związek Walki o Wyzwolenie Klasy Robotniczej, coraz częściej zamieszczała artykuły odzwierciedlające poglądy oportunistycznego ugrupowania w partii.

W 1899 r. Komitet Kijowski uchwalił własny program działania pt. *Profession de foi* (*Wyznanie wiary*). Już w pierwszym jego zdaniu stwierdzano, że robotnik rosyjski „w swej masie nie dojrzał jeszcze do walki politycznej". Za najbliższe zadanie uznano „przeprowadzenie badań nad sytuacją robotników w miejscowych fabrykach za pomocą ankiet i innych sposobów", odkładano zaś na plan dalszy przygotowanie odbudowy partii i zjednoczenie rosyjskiej socjaldemokracji.

Lenin, przebywający wówczas na zesłaniu, zareagował natychmiast na uchwałę Kijowskiego Komitetu SDPRR, pisząc artykuł polemiczny *W związku z »Profession de foi«*. Trudno dzisiaj odpowiedzieć na pytanie, w jakim stopniu rozpowszechnione były obydwa dokumenty, uchwała kijowska bowiem była — jak stwierdzał Lenin — „projektem napisanym na brudno", artykuł Lenina natomiast pozostał w rękopisie i po raz pierwszy był opublikowany w 1928 r., niemniej jednak niezaprzeczalny jest fakt dalszego utrzymywania regularnych i ścisłych kontaktów między poszczególnymi organizacjami, osobami i ugrupowaniami działającymi w ruchu robotniczym w Rosji.

W swej polemice z socjaldemokratami kijowskimi Lenin zwrócił uwagę na konieczność stałego rozwijania świadomości politycznej mas, przy czym środkami prowadzącymi do tego celu miały być: walka polityczna, prowadzenie agitacji socjalistycznej i stworzenie „wspólnego rosyjskiego organu prasowego, który powinien podjąć próbę przygotowania odbudowy partii, stając się organem dla całej Rosji". Pismem tym stała się „Iskra", której pierwszy numer ukazał się 11 (24) XII 1900 r. Praca gazety oparta była na szeroko rozbudowanej sieci korespondentów terenowych. Ich działalność na Ukrainie koordynował początkowo Juliusz Martow, mieszkający wówczas w Połtawie.

ŻYCIE POLITYCZNE UKRAIŃCÓW W GALICJI
W DRUGIEJ POŁOWIE XIX WIEKU

Zmierzch Wiosny Ludów i zwycięstwo reakcji w monarchii austriackiej spowodowało chwilowe zahamowanie burzliwego dotychczas rozwoju ukraińskiego życia narodowego w Galicji. Zwłaszcza świętojurcy deklarowali pełną lojalność wobec poczynań rządu, myśląc jedynie o polepszeniu własnej pozycji i zwiększeniu posiadanych przywilejów. Zaktywizowali się moskalofile, głoszący konieczność złączenia wszystkich elementów „niepodzielnej narodowości rosyjskiej" w jedną całość. Tendencje te występowały równie silnie w Galicji, jak i na Bukowinie i Zakarpaciu.

Moskalofilom przewodził historyk Denis Zubrycki (Zubrzycki,

1777—1862), atakujący przejęcie przez ukraiński język literacki słownictwa ludowego. W ferworze polemicznym nazywano go nawet językiem „chachłów" i „skotopasów", proponując w zamian powszechne wprowadzenie języka rosyjskiego. Przedstawiciele moskalofilstwa stanowili najbardziej reakcyjny odłam ukraińskiego ruchu narodowego, jeśli wyrzeczenie się własnego narodu można nazwać ruchem narodowym. Zubrycki wypowiadał się np. przeciw zniesieniu pańszczyzny. Jak często bywa w takich wypadkach, moskalofile nie zawsze dobrze znali język narodu, do którego się przyznawali, a próby pisania po rosyjsku przynosiły mierne rezultaty. Język występujący w ich publikacjach, nazywany *jazycziem*, nie był ani językiem rosyjskim, polskim czy cerkiewnosłowiańskim, ani też — ukraińskim.

Działalność moskalofilów napotykała opór osób zainteresowanych w poszerzaniu praw narodowości ukraińskiej, zwłaszcza że uzyskano już pewne korzystne rezultaty w tej mierze, m. in. utworzono katedrę literatury ukraińskiej na Uniwersytecie we Lwowie, założono Dom Narodowy i Maticę (Macierz) Ruską, prowadzącą działalność na rzecz rozbudowy szkolnictwa narodowego i podnoszenia poziomu kulturalnego społeczeństwa. Rząd austriacki również nie patrzył przychylnie na poczynania moskalofilów. Deklarowana chęć przywrócenia „jedności narodu rosyjskiego" budziła poważny niepokój w Wiedniu. Gdy więc w 1859 r. część działaczy ukraińskich poparta przez Polaków, a głównie przez Agenora Gołuchowskiego, który był wówczas ministrem spraw wewnętrznych rządu wiedeńskiego, zaproponowała wprowadzenie alfabetu łacińskiego do języka „ruskiego", rząd zamierzał ten postulat zrealizować. Tylko stanowczy opór samych Ukraińców spowodował, że projekt nie doczekał się urzeczywistnienia.

Moskalofile uzyskali natomiast pewne sukcesy organizacyjne. Udało im się opanować zarówno Dom Narodowy, jak Hałycko-Ruską Maticę; dysponowali własnymi pismami („Słowo", Lwów 1861—1887; „Nauka", Lwów 1874—1900; „Hałyczanin", Lwów 1893—1914; „Bukowynska zoria", Czerniowce 1870; „Russkaja rada", 1871—1912; „Swet", Użhorod 1867—1871 i in.), wydaniami seryjnymi i almanachami naukowo-literackimi. W 1873 r. powstało Towarzystwo im. Michała Kaczkowskiego, które również znalazło się pod wpływami moskalofilów.

Znacznie ożywił się ukraiński ruch studencki. Ukraińcy tworzyli zwarte grupy narodowe w istniejących organizacjach akademickich. Na przełomie lat sześćdziesiątych i siedemdziesiątych XIX w.

zaczęli dążyć do utworzenia własnych organizacji, które przybierały kształt Hromad. Hromady Akademickie powstały zarówno na Uniwersytecie Lwowskim, jak i w Krakowie. Zajmowały się głównie działalnością samopomocową, kulturalno-oświatową i badaniem obyczajów ludowych. Bardzo szybko zostały one opanowane przez narodowców — nowo powstałą orientację w ukraińskim ruchu politycznym.

Narodowcy byli liberałami i początkowo koncentrowali się niemal wyłącznie na działalności kulturalnej. Ich zasługą stało się utworzenie pierwszego ukraińskiego teatru zawodowego we Lwowie (1864), Towarzystwa Literackiego im. Tarasa Szewczenki (1873), które w 1892 r. przekształciło się w Towarzystwo Naukowe im. T. Szewczenki. Byli współzałożycielami organizacji oświatowych: Proswity i Ruskiej Besidy.

Proswita powstała we Lwowie w grudniu 1868 r. Celem stowarzyszenia było szerzenie oświaty wśród ludu. Służyła temu gęsta sieć filialnych organizacji na prowincji i licznie zakładane czytelnie wraz z obszernym nieraz zapleczem bibliotecznym. Proswita miała własne drukarnie, wydawała więc klasyczne dzieła literatury ukraińskiej, prace popularnonaukowe, podręczniki szkolne i czasopisma. Pierwsza Ruska Besida powstała we Lwowie w styczniu 1861 r. i również rozbudowała swoje organizacje prowincjonalne. Członkowie Besidy urządzali koncerty ludowej muzyki ukraińskiej, dyskusje na wybrane tematy naukowe, dotyczące głównie przeszłości narodowej, a nawet utrzymywali własny muzyczny teatr wędrowny.

Najpoważniejszymi pismami wydawanymi przez narodowców były: „Weczornyci" (Lwów 1862—1863), „Prawda" (Lwów 1867—1898) oraz ich główny organ „Diło" (Lwów 1880—1939).

Narodowcy deklarowali pełną lojalność wobec istniejącego państwa, graniczącą niejednokrotnie z serwilizmem. W skład kierownictwa tego ugrupowania wchodzili: redaktor „Prawdy" i „Diła" Włodzimierz Barwinski, polityk i publicysta Kost' Łewycki oraz Julian Romańczuk. Z początkiem lat osiemdziesiątych nastąpił rozłam wśród narodowców. Większa ich część przeszła na pozycje radykalne i zbliżyła się do socjalizmu; reszta opowiedziała się za pełną współpracą z rządem austriackim. Obydwie orientacje w dalszym ciągu podkreślały odrębność narodową Ukraińców i konieczność uzyskania przez nich daleko posuniętych uprawnień autonomicznych.

Czołowymi przedstawicielami nurtu radykalnego byli: Iwan Franko (1856—1916) i Michał Pawłyk (1853—1915).

Iwan Franko

Iwan Franko pochodził z rodziny chłopskiej, mieszkającej w okolicach Drohobycza. Prowadził bardzo wszechstronną działalność publicystyczną i literacką; popularyzował marksizm w środowiskach robotniczych we Lwowie. Również z chłopów wywodził się Michał Pawłyk (jego rodzina mieszkała w okolicach Stanisławowa). Współpraca obydwu działaczy datowała się jeszcze z okresu studenckiego, gdy na Uniwersytecie Lwowskim stali na czele kółka młodzieży demokratycznej. Oni pierwsi otwarcie mówili o konieczności połączenia polskich i ukraińskich mas ludowych w walce przeciw konserwatyzmowi reprezentowanemu głównie przez polską szlachtę. Ich publikacje trafiały niejednokrotnie do czasopism lwowskich, m. in. „Kuriera Lwowskiego" i „Przeglądu Społecznego". Franko sądził, że w Galicji chłopstwo, a nie proletariat, stanowi czołową siłę rewolucyjną. W znacznym też stopniu oddziaływał na poglądy Pawłyka w pierwszym okresie jego działalności. Pawłyk znajdował się także po wpływem Drahomanowa, z którym zetknął się w czasie stosunkowo krótkiego pobytu na emigracji w Szwajcarii. Później odszedł zarówno od Franki, jak i Drahomanowa w kierunku prowadzącym do rozwiązań bardziej radykalnych.

Gdy w 1878 r. we Lwowie powstało pierwsze polskie legalne pismo socjalistyczne „Praca", w skład komitetu redakcyjnego obok Bolesława Limanowskiego, Bolesława Czerwieńskiego i in. weszli także Franko i Pawłyk. Iwan Franko stał się współautorem programu Galicyjskiej Partii Robotniczej, opublikowanego w Genewie w 1881 r. Zakładając jako cel ostateczny wywalczenie ustroju socjalistycznego, autorzy opowiadali się jednocześnie za koniecznością walki o zdobycie podstawowych praw politycznych przez klasę robotniczą.

Naturalnym niejako zakończeniem i uwieńczeniem pierwszego etapu działalności Franki i Pawłyka w ruchu socjalistycznym stało się założenie w 1890 r., wspólnie z Wacławem Budzynowskim i Cy-

rylem Trylowskim, Ukraińsko-Ru-
skiej Partii Radykalnej. Organem
prasowym partii był „Narod"
(Lwów, Kołomyja 1890—1895), na
którego łamach ukazywały się liczne artykuły poświęcone sytuacji
chłopstwa ukraińskiego w Galicji,
nawołujące do wywłaszczenia wielkiej własności ziemskiej oraz oddania ziemi w użytkowanie chłopskich spółek rolnych. Domagano
się w nich również przyznania
chłopom pełnych praw politycznych opartych na zasadach demokratycznych. Problematyka podejmowana przez działaczy URPR
zbliżyła ich do polskich ludowców.
W 1899 r. doszło do rozłamu
w partii. Oddzieliła się od niej

Michał Pawłyk

część działaczy reprezentujących poglądy liberalne i w połączeniu
z narodowcami utworzyła Ukraińskie Stronnictwo Narodowo-De-
mokratyczne. Franko, który w tym czasie znalazł się w poważnym
konflikcie z polskimi kołami konserwatywnymi, zasilił szeregi USND.
Nowo utworzona partia głosiła poglądy nacjonalistyczne, całkowicie
odrzucała możliwość jakiejkolwiek współpracy z Polakami, ale jednocześnie uważała, że rozwiązanie problemu ukraińskiego może nastąpić jedynie w wyniku połączenia Galicji Wschodniej z Ukrainą Naddnieprzańską i utworzenia z nich autonomicznej części monarchii
habsburskiej.

Nieco wcześniej niż USND, na przełomie 1896/1897 r., z URPR
wydzieliła się grupa kierowana przez Romana Jarosiewicza, Semena
Wityka i Ostapa Terleckiego i założyła Ukraińską Partię Socjalno-
-Demokratyczną. W tym czasie nie odgrywała ona większej roli
politycznej.

W 1888 r. nowym namiestnikiem Galicji został hr. Kazimierz
Badeni. Jego nominacja była spowodowana koniecznością wprowadzenia nowego kursu wobec rozwijających się masowych ruchów
demokratycznych: ludowego i socjalistycznego oraz ukraińskiego, który przybierał coraz bardziej zorganizowany charakter. Badeni w tej
ostatniej sprawie miał jasno sprecyzowany własny pogląd. Ani

moskalofilstwo, ani ruch radykalny nie mogły być jego sojusznikami. Pozostało więc jedynie oparcie się na nacjonalistach. W 1890 r. ogłoszono ugodę polsko-ruską. W jej rezultacie Badeni skłonił do współpracy kierownictwo narodowców oraz greckokatolickiego metropolitę Sylwestra Sembratowicza. Romańczuk wygłosił w sejmie galicyjskim przemówienie, w którym z jednej strony podkreślił istnienie odrębnej narodowości ukraińskiej, lecz z drugiej — zadeklarował pełną lojalność wobec Habsburgów i przywiązanie do kościoła greckokatolickiego. Sembratowicz usunął z konsystorza wszystkich duchownych o orientacji moskalofilskiej. Profesor literatury Aleksander Barwinski (brat Włodzimierza) otrzymał polecenie usunięcia pisowni rosyjskiej z ukraińskich podręczników szkolnych, a na Uniwersytet Lwowski sprowadzono z Kijowa jednego z najwybitniejszych później historyków ukraińskich Michała Hruszewskiego (1866—1934).

Hruszewski był postacią niezwykle barwną i zarazem niezmiernie kontrowersyjną. Przykładanie jednej miarki do całej jego bogatej działalności naukowej i politycznej całkowicie mijałoby się z celem. Był zarazem utalentowanym historykiem, doskonałym organizatorem nauki (m. in. autorem wielotomowego dzieła *Istorija Ukrajiny-Rusy*, wydawcą źródeł do dziejów Ukrainy, prezesem Towarzystwa Naukowego im. T. Szewczenki, redaktorem wielu czasopism naukowych, członkiem Akademii Nauk ZSRR), a jednocześnie działaczem politycznym, nieraz dość gruntownie zmieniającym swoje poglądy, poczynając od wąskiego nacjonalizmu, a na poparciu dla władzy radzieckiej skończywszy. Ta wybitna indywidualność czeka wciąż jeszcze na rzetelnego biografa. Poglądy naukowe Hruszewskiego były w znacznej mierze podporządkowane reprezentowanej przez niego postawie politycznej. Uważał więc, że pojęcia „naród" i „narodowość" są kategoriami niezmiennymi, w głównej mierze wyznaczającymi kierunek i tempo rozwoju historycznego. Sądził także, że naród ukraiński stanowił jednorodną całość, w której nie występowały podziały klasowe. Podnosił słusznie konieczność dostrzegania związku między dziejami Rusi Kijowskiej a historią Ukrainy, jednakże wysuwał z tego wniosek o wyłącznym prawie Ukraińców do traktowania Rusi Kijowskiej jako części swej tradycji narodowej, całkowicie odmawiając tego prawa narodowi rosyjskiemu. Nb. Hruszewski w czasie swego pobytu we Lwowie skutecznie zwalczał używanie terminu „Rusini" zamiast „Ukraińcy", co z kolei godziło w pogląd lansowany przez moskalofilów o rzekomej tożsamości pojęć „Rusin" i „Rosjanin".

Ugoda badeniowska nie zadowoliła żadnej ze stron. Namiestnik uległ naciskom ziemiaństwa polskiego (tzw. podolakom) i zaczął ograniczać swobodę działania narodowców, a ci z kolei musieli ustąpić pod naciskiem ukraińskiego ruchu radykalnego. W 1894 r. narodowcy przeszli do opozycji rządowej.

Ukraińcy zamieszkujący monarchię habsburską wkraczali w wiek XX bogatsi o gęstą sieć organizacji kulturalno-oświatowych, doświadczenie współpracy z różnymi ugrupowaniami politycznymi, własne partie oraz wiele rozwianych już i trwających wciąż jeszcze złudzeń co do przyszłości.

Dodać należy, że autonomia Galicji ogłoszona w 1867 r. sprzyjała rozwojowi narodowego ruchu ukraińskiego, który korzystał z tych samych uprawnień, jak inne ugrupowania polityczne. Podobnie zresztą jak one był wykorzystywany do różnego typu rozgrywek mających w ostatecznym efekcie przyczynić się do umocnienia panowania austriackiego w Galicji. Rezultaty miały się jednak w przyszłości rozminąć z planami.

ELEMENTY IMPERIALIZMU
W GOSPODARCE UKRAIŃSKIEJ
U SCHYŁKU XIX i na początku
XX w. na Ukrainie nastąpił okres burzliwego rozwoju przemysłu. Działo się to w tempie nie mniejszym niż w poprzednich dziesięcioleciach, kiedy jednak punkty odniesienia wyrażały się znacznie niższymi wartościami liczbowymi.

Jeśli przyjmiemy za 100 poziom produkcji surówki żelaza w południowych guberniach Rosji osiągnięty w 1885 r., to w 1900 r. wyniósł on 4127 (dla całej Rosji — 577), wydobycie zaś węgla 601 (dla Rosji — 381). Gdy w 1885 r. produkcja surówki żelaza i wydobycie węgla na Ukrainie stanowiły odpowiednio 7,2% oraz ·44,1% produkcji w państwie rosyjskim, to w 15 lat później udział ten zwiększył się do 52,0% i 68,9%. Podobnie było i w innych gałęziach przemysłu. W cukrownictwie, będącym jednym z „narodowych" przemysłów Ukrainy, nie zwiększyła się wprawdzie wydatniej liczba zakładów, ale produkcja cukru wzrosła w ciągu dziewięciu lat (1894/1895—1903/1904) prawie dwukrotnie. Występowały na tym terenie wszystkie zjawiska towarzyszące rozwojowi kapitalizmu, a więc i koncentracja przemysłu, i dążenie do integracji gospodarczej, tutaj — ziem ukraińskich z resztą ziem imperium.

Osłabienie tempa rozwoju, a nawet pewne obniżenie dotychczasowego poziomu produkcji przyniósł kryzys przemysłowy 1900 r. Wielki kapitał wchłaniał słabe, mało odporne na tego rodzaju wstrząsy zakłady produkcyjne. Kapitalizm na Ukrainie wkraczał w stadium monopolistyczne. Pierwsze syndykaty powstały już w pierwszych latach XX w.: w 1902 r. Prodamet, w 1904 r. Produgol.

Głównym ośrodkiem przemysłu ciężkiego na Ukrainie była nadal gubernia jekaterynosławska. Do niej też w najpoważniejszym stopniu ściągali wykwalifikowani robotnicy z całego państwa. Nie pozostawało to naturalnie bez wpływu na aktywność miejscowego ruchu robotniczego, gdyż wielu z nich miało już spore doświadczenie rewolucyjne.

W r. 1902/03 na Ukrainie było już 413400 robotników, z czego w przemyśle metalowym pracowało ok. 20%, podobna ilość w górnictwie, w przemyśle zaś spożywczym i lekkim ok. 33%. Większe skupiska robotnicze znajdowały się w Jekaterynosławiu, Odessie, Mikołajowie, Charkowie i Kijowie.

Stałą bazą rekrutacyjną dla proletariatu miejskiego stała się, oprócz napływu siły roboczej z innych rejonów Rosji oraz wywodzącej się z miejscowych rodzin robotniczych, rozwarstwiająca się po zniesieniu poddaństwa i uwłaszczeniu wieś ukraińska, z której zubożali chłopi szli albo na służbę do obszarników czy zamożnego sąsiada, albo do fabryki bądź kopalń w mieście. W 1897 r. chłopi stanowili 86,4% ogółu ludności Ukrainy. Większą niż gdzie indziej rolę odgrywała tutaj wielka własność ziemska (zwłaszcza na Wołyniu). Według statystyki ziemskiej z 1905 r. użytki rolne wynosiły łącznie 45 mln ha, w tym 97 majątków miało ok. 2 mln ha, 2355 majątków — 7 mln ha, a 17793 majątki — 6 mln ha. W tym samym czasie 2 640 000 gospodarstw chłopskich dysponowało ok. 15 mln ha. Reszta ziemi znajdowała się w posiadaniu zamożnych gospodarstw chłopskich, kupców, państwa oraz klasztorów i kościołów. Na Ukrainie prawobrzeżnej własność szlachecka stanowiła 24,8%, na lewobrzeżnej 20,4%, w guberniach stepowych 19,4%, a własność chłopska odpowiednio — 49,8%, 68,5% i 58%. Średnio na Ukrainie na własność szlachecką przypadało 24,5%, na chłopską — 58,5% całej ziemi. Proporcje te odpowiadały mniej więcej istniejącym na terenie wszystkich 50 guberni Rosji europejskiej, gdzie według tych samych, przybliżonych zresztą danych na szlachtę przypadało 21,4%, a na chłopstwo o różnej zamożności 57,1% ziemi. Podobnie też kształtował się stosunek liczby chłopów do liczby całej ludności.

Ukraina różniła się natomiast od reszty ziem wchodzących w skład imperium rosyjskiego prawie zupełnym brakiem wspólnot gminnych. Występował tutaj przeważnie tradycyjny układ stosunków między dworem a chłopem, przejęty z folwarczno-pańszczyźnianego sposobu gospodarowania (chłop uprawiał stale ten sam kawałek ziemi i z niego opłacał czynsz dzierżawny lub podatki). Odnosiło się to w pierwszym rzędzie do Ukrainy prawobrzeżnej, a także do ziem zagospodarowanych na przełomie XVIII i XIX w. W Połtawskiem, ze względu na wysoką urodzajność gleby, „odcinki" zabrane chłopom w wyniku reformy uwłaszczeniowej osiągnęły znaczne rozmiary.

Ruch chłopski na Ukrainie przybrał wyjątkowo szeroki zasięg i walka chłopów o prawa przebiegała w bardzo ostrych formach. Wiązało się to także z miejscowymi tradycjami ruchów chłopskich. O trudnym położeniu chłopstwa może też świadczyć fakt, że po 1889 r., kiedy wydano dekret *O dobrowolnym przesiedleniu włościan i mieszczan na ziemie państwowe*, gubernia połtawska stała pod względem liczby przesiedleńców na pierwszym miejscu w Rosji europejskiej, a trzy gubernie Lewobrzeża dawały przeciętnie przeszło 25% przesiedleńców całego państwa.

Związki gospodarcze Ukrainy z resztą ziem rosyjskich były bardzo silne. Migracje, wzmożone po reformie uwłaszczeniowej, powodowały, że rosyjska i ukraińska (w Kijowie również polska) ludność miast mieszała się ze sobą, przekształcając w społeczność zróżnicowaną jedynie pod względem klasowym. Lenin pisał o tym procesie w pracy *Uwagi krytyczne w kwestii narodowej* (1913): „Już od kilku dziesięcioleci zupełnie wyraźnie zaznaczył się proces szybkiego rozwoju gospodarczego Południa, tzn. Ukrainy, która do folwarków kapitalistycznych, do kopalń, do miast przyciąga dziesiątki i setki tysięcy chłopów i robotników z Wielkorusi. Fakt »asymilacji« — w tym zakresie — proletariatu wielkoruskiego i ukraińskiego jest niewątpliwy. I ten fakt jest bezwarunkowo postępowy. Kapitalizm na miejscu tępego, zaśniedziałego, osiadłego i jak niedźwiedź nieokrzesanego chłopa wielkoruskiego czy ukraińskiego stawia ruchliwego proletariusza, którego warunki życiowe łamią specyficzne narodowe ograniczenie zarówno Wielkorusów, jak Ukraińców. Przypuśćmy, że między Wielkorusią a Ukrainą przeprowadzona zostanie z czasem granica państwowa — to i w tym wypadku niewątpliwą będzie historyczna postępowość »asymilacji« robotników wielkoruskich i ukraińskich, podobnie jak postępową rzeczą jest przemielenie narodów w jednym młynie w Ameryce. Im bardziej wolna będzie Ukraina oraz Wielkoruś, tym bardziej wszechstronny i szybszy będzie rozwój kapitalizmu, który wówczas jeszcze bardziej przyciągać będzie robotników wszystkich narodowości z wszystkich dzielnic państwa oraz masy robotnicze z wszystkich państw sąsiednich (gdyby Rosja stała się państwem sąsiadującym z Ukrainą) do miast, do kopalń, do zakładów przemysłowych".

1 V 1900 r. odbyła się w Charkowie wielka polityczna demonstracja robotnicza pod hasłami ośmiogodzinnego dnia pracy i przyznania masom pracującym swobód politycznych. Uczestniczyło w niej 10 000 osób, a kierował nią charkowski Komitet SDPRR. Podobną demonstrację zorganizowali socjaldemokraci w Kijowie we wrześniu 1901 r. Na początku 1902 r. wiece i pochody, w których wzięli udział robotnicy i studenci, odbyły się w Kijowie, Jekaterynosławiu i Odessie. Pojawiło się nowe hasło: „Precz z samowładztwem!"

Poważną rolę w podniesieniu ruchu robotniczego na wyższy poziom odegrała „Iskra", dostarczana na Ukrainę w różny sposób i różnymi drogami: przez port w Odessie albo przez Kamieniec Podolski lub Teofilpol do Kijowa. Kilka numerów gazety przedrukowano w nielegalnej drukarni znajdującej się w Kiszyniowie. W 51 numerach „Iskry" znalazło się prawie 500 korespondencji pochodzących z Ukrainy i jej dotyczących.

Z proklamacjami i ulotkami terenowe komitety SDPRR zwracały się nie tylko do proletariatu miejskiego, ale także do chłopów. W latach 1901—1902 wybuchły zamieszki chłopskie na Podolu. Największa fala rozruchów przetoczyła się przez wieś ukraińską (głównie gubernie: połtawską i jekaterynosławską) w 1902 r. Stale wybuchały włościańskie bunty w trzech guberniach Prawobrzeża. Bezpośrednią przyczyną zaburzeń były spory z dworem o prawo korzystania z serwitutów oraz niskie wynagrodzenie otrzymywane przez robotników folwarcznych. Łącznie w 1902 r. zanotowano na Ukrainie 145 wystąpień chłopskich (w całej Rosji europejskiej — 340).

Jednym z objawów zbliżającej się rewolucji był strajk powszechny, który wybuchł na Ukrainie w lipcu-sierpniu 1903 r. W odezwie skierowanej do także strajkujących wówczas robotników portowych odeski Komitet SDPRR wzywał ich do żądania ośmiogodzinnego dnia pracy, podwyżki płac i niemieszania się policji do spraw robotniczych. Pisano: „Aresztuje policja waszych towarzyszy — odbijajcie ich. Puszcza w ruch nahajki — dajcie jej godną odprawę. Niech żyje wasza jedność i stanowczość! Precz z policyjnym bezprawiem! Precz z rządem carskim — sprzymierzeńcem kapitalistów! Niech żyje wolność polityczna! Niech żyje socjalizm!" Podobne odezwy wystosowały komitety SDPRR do strajkujących w Mikołajowie,

Kijowie, Jekaterynosławiu, Jelizawetgradzie, Konotopie i innych miejscowościach Ukrainy. Łącznie w strajku wzięło udział przeszło 100 000 robotników.

W Jelizawetgradzie policja usiłowała sprowokować demonstrantów do pogromów żydowskich, ale ci odpowiedzieli: „Powinniśmy was bić, a nie Żydów!"

W walce ze strajkującymi policja użyła broni. 23 VII 1903 r. w Kijowie zginęło 4 robotników, a 22 zostało rannych, 7 sierpnia — w Jekaterynosławiu — zginęło 10, odniosło rany 17.

Równolegle toczyły się przygotowania do zjednoczenia wszystkich komitetów SDPRR w ogólnorosyjską organizację partyjną. Na Ukrainie powstały liczne drukarnie, które zasypywały kraj literaturą socjalistyczną. We wszystkich większych ośrodkach przemysłowych działali agenci „Iskry", a wśród nich znani działacze ruchu rewolucyjnego: w Kijowie — Piotr Krasikow, Fryderyk Lengnik i Aleksander Szlichter, w Charkowie — Mikołaj Skrypnik i Aleksander Ciurupa, w Odessie — Dymitr Uljanow (brat Lenina) i Rozalia Ziemlaczka (Załkind), w Jekaterynosławiu — Wasyl Szełgunow oraz w Zagłębiu Donieckim — Grzegorz Pietrowski. W kijowskim więzieniu zostali osadzeni m. in.: Mikołaj Bauman, Maksym Litwinow i Józef Piatnicki (Tarszis). Uciekli stąd przy pomocy kijowskiego Komitetu SDPRR jeszcze przed procesem, biorąc udział w sławnej ucieczce „jedenastu" (10 „iskrowców" i 1 socjalista rewolucjonista) w sierpniu 1902 r. i bez przeszkód przedostali się za granicę.

W pierwszych latach XX w. w ukraińskich organizacjach socjaldemokratycznych, zwłaszcza w Kijowie, Odessie i Charkowie, toczyły się dyskusje między przedstawicielami wciąż jeszcze żywotnego ekonomizmu a zwolennikami masowego udziału proletariatu w walce politycznej. „Ekonomiści" tracili stopniowo swoje pozycje. Wpływała na to zarówno działalność „iskrowców", szczególnie Lenina, który w licznych pracach udowadniał błędność założeń ekonomizmu, jak też żywiołowy rozwój wydarzeń i coraz częstsze wysuwanie daleko idących haseł politycznych przez samych robotników.

W II Zjeździe SDPRR, który odbył się w Brukseli i Londynie w 1903 r., ukraińskie organizacje socjaldemokratyczne były reprezentowane przez 12 delegatów. Swoich przedstawicieli wysłały komitety SDPRR z Charkowa, Jekaterynosławia, Kijowa, Mikołajowa i Odessy oraz grupa Południowy Robotnik (Jużnyj raboczij) i Socjaldemokratyczny Związek Górników. W czasie dyskusji zjazdowej okazało się, że wśród delegatów ukraińskich „iskrowcy" stanowią mniejszość.

Zjazd uchwalił leninowski program działania, w którym oprócz ukazania bliższych i dalszych celów walki, a więc: obalenia caratu, rewolucji burżuazyjnodemokratycznej i zbudowania społeczeństwa socjalistycznego, znalazły się sformułowane przez Lenina założenia programowe w kwestii narodowej: o prawie każdego narodu do decydowania o własnym losie. Większość uczestników Zjazdu opowiadających się za tak sformułowanym programem oraz za zaproponowanymi przez „iskrowców" władzami zaczęto od tego czasu nazywać bolszewikami (*bolszynstwo* − większość), natomiast przeciwników Lenina − mienszewikami.

Mienszewikom udało się przeforsować własny punkt widzenia na sprawę członkostwa partii. Wbrew stanowisku Lenina i popierających go delegatów uchwalono pierwszy punkt statutu partii w postaci zaproponowanej przez L. Martowa, wyłączającej konieczność uczestniczenia członków SDPRR w działalności którejś z socjaldemokratycznych organizacji partyjnych.

Decyzje II Zjazdu SDPRR miały ogromne znaczenie dla przyszłości ruchu robotniczego w Rosji. Utworzona bowiem została partia marksistowska, precyzyjnie formułująca zadania klasy robotniczej i jednocząca rozdrobnione wciąż jeszcze grupy, komitety i związki socjaldemokratyczne.

Walka między dwoma orientacjami w rosyjskim ruchu robotniczym: bolszewikami i mienszewikami, zaostrzyła się po zakończeniu obrad II Zjazdu. Mienszewicy przejęli redakcję „Iskry" i usiłowali również przechwycić kontrolę nad terenowymi organizacjami partyjnymi. Na Ukrainie za bolszewikami opowiedziały się Komitety SDPRR w Jekaterynosławiu, Mikołajowie i Odessie, za mienszewikami − w Charkowie i Kijowie. Nie oznaczało to oczywiście, że w komitetach partyjnych opanowanych przez mienszewików nie działali zwolennicy Lenina. Przeciwnie. Leninowskie kierownictwo wysyłało swoich reprezentantów na prowincję, by udzielić pomocy w walce z oportunizmem. Do Kijowa przybyły m. in. R. Ziemlaczka i Lidia Knipowicz. W drugiej połowie 1903 r. w Kijowie znalazła się rodzina Lenina; matka i rodzeństwo: Dymitr, Anna i Maria Uljanowowie.

Burzliwie rozwijający się ruch robotniczy i zaburzenia chłopskie stały się przyczyną ożywienia inteligencji liberalnej. Rząd carski dopuścił do otwartej dyskusji na tematy ogólnopaństwowe podjętej przez działaczy ziemskich w jesieni 1904 r., w tzw. kampanii bankietowej. Animatorem tej akcji stał się, założony w 1903 r., Związek Wyzwolenia, składający się z ludzi zgrupowanych wokół redakcji wychodzącego w Stuttgarcie dwutygodnika „Oswobożdienije" („Wyzwolenie"), a założonego przez jednego z przywódców liberałów rosyjskich Piotra Struvego (niegdyś „legalnego marksistę", tj. zwolennika działania na rzecz poszerzania swobód obywatelskich jedynie w ramach dozwolonych przez obowiązujące normy prawne i propagowania marksizmu w tych samych granicach).

Ruch bankietowy ogarnął również Ukrainę. Zjazdy liberałów, w czasie których padały głosy o konieczności wprowadzenia konstytucji i ograniczenia samowoli władz, odbyły się w Charkowie, Odessie i innych miastach południowej Rosji. Zdarzało się niekiedy, że legalne spotkania członków niegroźnych stowarzyszeń przeradzały się w uliczne demonstracje skierowane przeciw caratowi. W wielu wypadkach było to dziełem miejscowych organizacji socjaldemokratycznych.

Niemałą rolę w rozważaniach liberałów odgrywała kwestia narodowa. Domagano się zniesienia ograniczeń wynikających z aktu emskiego (por. rozdz.: „Carat i ukraiński ruch narodowy"), żądano wprowadzenia języka ukraińskiego do szkół i zezwolenia na wydawanie ukraińskiej prasy i literatury. Z oburzeniem przyjęto zakaz wygłoszenia przemówień po ukraińsku w czasie odsłonięcia pomnika Iwana Kotlarewskiego w Połtawie w 1903 r. Postulaty burżuazji ukraińskiej nie wychodziły w tym czasie poza autonomię Ukrainy w ramach rosyjskiego państwa konstytucyjnego.

W 1904 r. w Kijowie powstała Ukraińska Partia Demokratyczna założona przez ludzi o orientacji zbliżonej do Związku Wyzwolenia: Czykalenkę, Łotockiego i Tymczenkę. Po kilku miesiącach nastąpił w niej rozłam. Pod jesień 1904 r. wydzieliła się grupa radykałów kierowana przez Sergiusza Jefremowa i pisarza Borysa Hrynczenkę, tworząc Ukraińską Partię Radykalną. Żadna z tych partii nie odegrała większej roli w życiu politycznym Ukrainy, głównie ze względu na swoją nikłą liczebność. W ostatnich miesiącach 1905 r. połączyły się ponownie i utworzyły Ukraińską Partię Radykalno-Demokratyczną.

Znacznie poważniejsze wpływy miała założona w 1900 r. w Charkowie Ukraińska Partia Rewolucyjna grupująca drobną burżuazję o wyraźnych poglądach nacjonalistycznych. Jej działaczami byli Dymitr Antonowicz, Semen Petlura, M. Rusow i Włodzimierz Wynyczenko. Udało im się zdobyć spore wpływy na wsi, zwłaszcza wśród zamożnego chłopstwa. Partia głosiła konieczność przekazania ziemi chłopom, domagała się samodzielności Ukrainy i pełnej równości praw dla wszystkich obywateli. UPR miała swoje organizacje terenowe w wielu miastach ukraińskich, w tym również w zaborze austriackim, we Lwowie. Były one zorganizowane w postaci tzw. wolnych hromad, nawiązujących do tradycji drahomanowskich. Program partii opublikowany został w oddzielnej broszurze pt. *Samostijna Ukrajina* (*Niepodległa Ukraina*). Organami prasowymi UPR były „Hasło" i „Selanyn" („Włościanin").

I to ugrupowanie uległo rozpadowi. Najpierw, w 1902 r., oddzieliła się od niego grupa działaczy prawicowych, tworząc Ukraińską Partię Narodową, a następnie w 1904 r. liberałowie z UPR, reprezentujący poglądy zbliżone do mienszewickich, założyli Ukraiński Związek Socjaldemokratyczny, którym kierował M. Meleniewski.

Najwięcej kłopotów sprawiał UPR niemal zupełny brak zainteresowania robotników jej działalnością, co stało się szczególnie dotkliwe w czasie wydarzeń rewolucyjnych 1905 r. W grudniu 1905 r. II Zjazd UPR uchwalił zmianę nazwy partii na Ukraińską Socjaldemokratyczną Partię Robotniczą. Przyjęto również nowy program partyjny, wzorowany na programie socjaldemokracji niemieckiej, zakładający wprawdzie konieczność socjalistycznych zmian ustrojowych, lecz bez wprowadzania w okresie przejściowym formuły o dyktaturze proletariatu. USDPR zamierzała wejść w skład SDPRR na zasadach autonomicznych (podobnie jak Bund, skupiający socjaldemokratów żydowskich), lecz IV Zjazd SDPRR (1906) stanowczo odrzucił jej warunki, zwłaszcza postulat uznania USDPR za jedyną reprezentantkę interesów proletariatu ukraińskiego. Budowa partii na zasadach federacyjnych godziła bowiem w jedność interesów klasy robotniczej różnych narodowości zamieszkujących imperium rosyjskie.

REWOLUCJA 1905 R. NA UKRAINIE

W 1904 r. wybuchła wojna rosyjsko-japońska. Przebieg działań wojennych wykazał nie tylko nieumiejętność dowódców rosyjskich i brak odpowiedniego przygotowania do prowadzenia wojny, lecz również obnażył wszystkie słabe strony polityki społecznej i gospodarczej caratu, przyczynił się do przyspieszenia wybuchu kryzysu politycznego. W niedzielę 9 (22) I 1905 r. pokojowa demonstracja robotników petersburskich została ostrzelana na placu przed Pałacem Zimowym. Zginęło kilkaset osób.

Wieść o wydarzeniach „krwawej niedzieli" błyskawicznie dotarła na Ukrainę. W dwa dni później odeski, a w trzy — charkowski i jekaterynosławski Komitety SDPRR wydały odezwy nawołujące robotników do strajku powszechnego. Żądano w nich wprowadzenia ośmiogodzinnego dnia pracy, natychmiastowego przerwania wojny z Japonią, zwołania Zgromadzenia Ustawodawczego wyłonionego w wyniku powszechnych, bezpośrednich, równych i tajnych wyborów, a także wprowadzenia ustawodawstwa pracy ograniczającego samowolę fabrykantów. Przez całą Ukrainę przeszła fala strajków solidarnościowych. W ciągu stycznia i lutego 1905 r. w samym tylko Zagłębiu Donieckim strajkowało 80 000 robotników z 50 kopalń i fabryk. Coraz częściej w żądaniach strajkujących pojawiały się hasła utworzenia republiki demokratycznej. Tam gdzie działały komitety i organizacje partyjne, strajki i manifestacje były doskonale zorganizowane i trwały niejednokrotnie po kilka tygodni.

Taki charakter miał np. strajk lutowy w Ługańsku. 15 lutego miejscowy Komitet SDPRR doprowadził do wybrania komitetu strajkowego (w jego skład wchodził m. in. Kliment Woroszyłow). W ciągu nocy w mieście rozklejono odezwy z wezwaniem do opuszczenia pracy i wyjaśnieniem żądań robotniczych. Podkreślano konieczność wspólnego wystąpienia z robotnikami innych ośrodków przemysłowych. 16 lutego zastrajkowali robotnicy fabryki parowozów Hartmanna, a następnie zakładów zbrojeniowych, warsztatów kolejowych i in. W czasie przemarszu strajkujących przez miasto rozrzucano ulotki podpisane przez miejscowy Komitet SDPRR. W proklamacjach zwracano się do uczestników strajku: „Towarzysze! W czasie strajku zachowujcie się cicho i spokojnie, nie niszczcie maszyn i urządzeń fabrycznych, nie rozbijajcie sklepów, nie urządzajcie żydowskich pogromów, zachowujcie się jak robotnicy innych miast. Na tym polega nasza zorganizowana walka".

Nie zawsze socjaldemokraci mogli stanąć na czele żywiołowych wystąpień robotniczych. Wszędzie jednak w żądaniach strajkujących powtarzały się hasła poprawy warunków pracy, zwłaszcza wprowadzenia ośmiogodzinnego dnia roboczego, połączone z postulatami o charakterze politycznym: ustanowienia powszechnego prawa wyborczego i republiki demokratycznej.

Ruch strajkowy ogarnął wszystkie ośrodki przemysłowe na Ukrainie. Zaktywizował on nie tylko proletariat miejski, ale także chłopstwo i inteligencję. Rozpoczęły się zamieszki studenckie. Na uniwersytetach w Charkowie i Kijowie zawieszono zajęcia. Zaktywizowało się mieszczaństwo. Kontynuowano akcję „bankietową". Organizowano zebrania, na których liberałowie podnosili konieczność utworzenia państwa konstytucyjnego. Celem zdobycia popularności wśród robotników przeprowadzono nawet zbiórki pieniężne na rzecz strajkujących. Z jednej strony burżuazja żądała swobód politycznych, natomiast z drugiej — w miarę rozwoju wypadków — nierzadko wzywała wojsko do tłumienia demonstracji i wystąpień robotniczych.

Lansowano hasło autonomii Ukrainy. Znaczną popularność uzyskało ono na wsi. Pierwsze wystąpienia chłopskie w rewolucji 1905 r. miały charakter żywiołowy. Ogarnęły kolejno gubernie: czernihowską, połtawską i charkowską, a następnie Prawobrzeże, gdzie osiągnęły największe rozmiary. Sprowadzały się do niszczenia majątków, podpalania zabudowań dworskich i rozgrabiania mienia folwarcznego. Żądano obniżenia opłat dzierżawnych i podatków. Chcąc skierować ruch chłopski na legalne tory i osłabić go w ten sposób, car wydał 18 lutego (3 marca) ukaz umożliwiający chłopom składanie petycji w sprawach potrzeb miejscowych. Liczba suplik przerosła wszelkie oczekiwania. Chłopi domagali się wolności zgromadzeń, wprowadzenia instytucji inspektorów podatkowych dla zapobieżenia nadużyciom oraz... przekazania całej ziemi w ręce tych, którzy ją uprawiają.

W okólniku wysłanym 2 (15) marca z Jekaterynosławia do ziemskich naczelników guberni zwracano uwagę na to, że „ruch, który ogarnął robotników w fabrycznych rejonach guberni, wpłynie niewątpliwie również na jej ludność włościańską". Nakazywano śledzenie nastrojów chłopskich, a przy najmniejszej nawet próbie zamieszek rozkazywano podejmować „energiczne kroki w celu ich stłumienia". W dniu następnym wysłano z Jekaterynosławia ponaglenie adresowane do ministra spraw wewnętrznych zawierające prośbę o przysłanie trzech sotni kozackich w celu zdławienia zaburzeń chłopskich.

Rozbicie SDPRR, tak widoczne na Ukrainie, utrudniało działanie socjaldemokratów. Na III Zjeździe SDPRR (kwiecień 1905 r.) bolszewików ukraińskich reprezentowali Lenin i Wacław Worowski (Polak z pochodzenia). Przyjęte przez Zjazd zasady taktyczne, ostateczne rozdzielenie się dwóch kierunków rosyjskiego ruchu robotniczego sprzyjały bolszewikom także na Ukrainie, gdzie rozwinęli samodzielną akcję propagandową. Pracowało tu już wielu działaczy skierowanych przez KC dla wzmocnienia sił „większości". W Ługańsku przebywał Woroszyłow, w Jekaterynosławiu Pantelejmon Lepieszyński, w Odessie Jemielian Jarosławski (Mineusz Bubelman), a w Charkowie Artiom (Fiodor Siergiejew). Poważnej pomocy w pracy propagandowej udzielało bolszewickie czasopismo „Wpieriod" („Naprzód").

Krążownik „Potiomkin"

Pierwszą przygotowaną przez bolszewików próbą sił miały być obchody święta pierwszomajowego. Przez Ukrainę przetoczyła się kolejna wielka fala strajków i demonstracji robotniczych. Na murach i kominach fabryk jekaterynosławskich pojawiły się czerwone flagi i transparenty głoszące: „Precz z samowładztwem!"„ „Niech żyje rewolucja!" Strajk dokerów odeskich ciągnął się przez cały maj i zakończył się wywalczeniem przez nich dziewięciogodzinnego dnia pracy, podwyżką zarobków o 10—20%, zniesieniem rewizji osobistych i innymi, mniejszymi ustępstwami władz fabrycznych.

Mimo wielu częściowych sukcesów demonstracje majowe na Ukrainie nie miały charakteru powszechnych wystąpień politycznych, a realizacja przyjętego przez III Zjazd SDPRR hasła rozpoczęcia przygotowań do powstania zbrojnego wydawała się jeszcze bardzo odległa. Radykalna zmiana sytuacji nastąpiła tymczasem już w czerwcu 1905 r.

13 czerwca, w odpowiedzi na aresztowanie delegatów robotniczych, rozpoczęły się strajki w Odessie. W dniu następnym strajk stał się powszechny. Na redzie portu odeskiego stanął krążownik „Potiomkin" prowadzony przez zbuntowaną załogę. Okazało się jednak, że żadna ze stron nie jest przygotowana do współpracy. Po dwóch strzałach artyleryjskich oddanych demonstracyjnie w kierunku miasta krążownik wypłynął na morze. Strajk na lądzie został wkrótce przerwany. Nb. bolszewicy przygotowywali powstanie marynarzy floty czarnomorskiej na koniec czerwca 1905 r. Żywiołowy bunt załogi

Barykady na ulicach Odessy w 1905 r.

„Potiomkina" zaskoczył organizację. Nie wyciągnęła ona jednak z tego wniosków organizacyjnych. Podobne błędy popełniono również w następnych miesiącach. Kiedy w listopadzie wybuchł bunt marynarzy w Sewastopolu i kilku rot garnizonu kijowskiego, a następnie dołączyli się do tych wystąpień żołnierze w Charkowie, nie znaleźli poparcia w masowym ruchu proletariatu miejskiego.

Istotne zmiany przeżywał w 1905 r. ruch chłopski na Ukrainie. Na wiosnę ośrodkiem zamieszek była Ukraina prawobrzeżna, a ruch skierowany był przede wszystkim przeciw wielkim latyfundiom. W lecie fala zaburzeń poczęła przesuwać się na Lewobrzeże i tereny guberni stepowych. Do żądań o charakterze czysto ekonomicznym coraz częściej dołączano postulaty polityczne: zwołania zgromadzenia przedstawicieli ludowych i równouprawnienia języka ukraińskiego z rosyjskim. W doniesieniu z 9 (22) VII 1905 r. prokurator odeskiego sądu okręgowego stwierdzał, że „zbieżność żądań wysuniętych w różnych częściach powiatu daje podstawę do przypuszczenia, że chłopi otrzymali je już w gotowej, opracowanej przez kogoś postaci". Radykalizacja postulatów zaznaczyła się także w sprawie ziemi. Od haseł nadzielenia ziemią chłopów z możliwością wypłaty odszkodowań dla obszarników przechodzono do żądania odebrania ziemi bez wykupu. Do wystąpień chłopskich przyłączyli się sezonowi robotnicy rolni przybywający na Ukrainę z innych części imperium.

Konieczność rozwiązania kwestii agrarnej dostrzegały wszystkie istniejące w Rosji ugrupowania polityczne. Wiele z nich wysyłało swoich agitatorów na wieś, wiele zdobywało tam swoich zwolenników. Dużą popularność zdobył zwłaszcza utworzony w lecie 1905 r. Ogólnorosyjski Związek Chłopski. Jesienią na Ukrainie lewobrzeżnej powstało przeszło 50 terenowych kółek Związku (na Ukrainie nosił nazwę: Selanśka Spiłka). Radykalizm żądań tych organizacji: konfiskaty i podziału ziemi obszarniczej oraz należącej do państwa, dworu lub kościoła, ograniczony był dopuszczeniem możliwości indemnizacji. Znaczną popularność uzyskały na wsi hasła autonomii dla Ukrainy, głoszone przez liberalną opozycję.

Minister spraw wewnętrznych Piotr Durnowo pisał w raporcie z 29 XI (12 XII) 1905 r. adresowanym do Mikołaja II: „Wśród chłopstwa guberni połtawskiej, biernego dotychczas wobec zaszłych wydarzeń i zainteresowanego jedynie sprawami o charakterze ekonomicznym, zaczynają przejawiać swą przestępczą działalność elementy rewolucyjne, podburzające chłopów przeciw właścicielom ziemskim i wskazujące na konieczność odebrania im ziemi siłą. Rozpoczyna się wzmożony werbunek chłopów do Związku Chłopskiego, zalecającego ludności m. in.»usunąć władze — prawdziwego wroga interesów ludowych«, a w miejscowej, radykalnie nastawionej gazecie »Połtawszczina« pojawiło się wezwanie do utworzenia w guberni połtawskiej Związku Chłopskiego opartego na hasłach autonomii narodu ukraińskiego. Doradza się przy tym natychmiastowe zniesienie przeszkód ograniczających wolność, zajęcie ziem państwowych, prywatnych i klasztornych bez odszkodowania. W rezultacie można oczekiwać, że pod wpływem propagandy rewolucyjnej chłopi tej guberni uchwalą postanowienia o odłączeniu Ukrainy od Rosji na zasadach autonomicznych i o zagarnięciu ziem będących w rękach prywatnych, a następnie przejdą do odbierania ziemi siłą, przy czym szczególnego nasilenia ruchów agrarnych należy oczekiwać z nadejściem wiosennych prac polowych".

Tymczasem, po chwilowym osłabieniu i spadku fali rewolucyjnej w lecie 1905 r., w październiku nastąpiła nowa aktywizacja sił robotniczych. Ogólnorosyjski strajk polityczny objął wówczas także wszystkie poważniejsze ośrodki przemysłowe Ukrainy. Strajkowali robotnicy wielkich zakładów przemysłowych, kolejarze i portowcy w Charkowie, Kijowie, Jekaterynosławiu, Połtawie i Odessie. Do ruchu przyłączyli się studenci.

17 (30) X 1905 r. Mikołaj II wydał manifest, w którym zapo-

wiadał wprowadzenie w Rosji podstawowych wolności obywatelskich i zwołanie Dumy ustawodawczej. Zaczęły powstawać Rady Delegatów Robotniczych będące reprezentantami robotników wszystkich przedsiębiorstw danego miasta. Niektóre z nich wydawały własne organy prasowe. Na Ukrainie utworzono w tym czasie przeszło 250 organizacji związkowych, które tworzono korzystając z uprawnień, jakie wprowadził carski manifest.

Zaktywizowały się ugrupowania burżuazyjne. Świeżo założona partia konstytucyjnych demokratów formowała swe organizacje w wielu miastach ukraińskich. Gdy zaś przez Ukrainę przeszła kolejna wielka fala wystąpień chłopskich, Ukraińska Partia Radykalno-Demokratyczna stwierdziła we własnym organie prasowym – „Wolnej Ukrainie" – że zajmowanie gruntów obszarniczych przez chłopów ma charakter reakcyjny, podobnie jak udział proletariatu wiejskiego w ruchach żywiołowych.

Przy całej ograniczoności, często reakcyjności postulatów wysuwanych przez ugrupowania burżuazyjne, ich aktywność dynamizowała ludność miast i wciągała ją do czynnego udziału w życiu politycznym. Uświadamiała istnienie możliwości takiego uczestnictwa. Ukraina zachłysnęła się wolnością słowa, a zwłaszcza przywróceniem należnych praw językowi ukraińskiemu. Odbywały się liczne wieczory literackie, ukazywały się gazety ukraińskie, a hasło samodzielności Ukrainy wyrażane było coraz odważniej i coraz donośniej. Republika bądź monarchia konstytucyjna wraz ze sprawnie funkcjonującym parlamentem była dla burżuazji celem rewolucji; na ziemiach ukraińskich dochodził do tego jeszcze postulat niezależności kraju albo na zasadzie autonomii, albo – pełnej suwerenności. Dla klasy robotniczej celem była rewolucja socjalistyczna i budowa socjalistycznej państwowości. Bolszewicy przygotowywali się do zbrojnego powstania. Tworzono robotnicze drużyny bojowe, wzmogła się agitacja w wojsku. W Sewastopolu wybuchł bunt marynarzy; zbuntowała się załoga krążownika floty czarnomorskiej „Oczakow"; w Kijowie doszło do powstania brygady saperów. Wystąpienia te zostały zdławione przez carat.

W grudniu 1905 r. nasilenie ruchu rewolucyjnego osiągnęło punkt kulminacyjny. W odpowiedzi na strajk i powstanie moskiewskie strajkiem powszechnym zostały ogarnięte kolejno: Jekaterynosław i Jekaterynosławska Kolej Żelazna, a następnie reszta linii kolejowych na południu. Strajkowali kolejarze Odessy, Kijowa, Charkowa, Mikołajowa i Zagłębia Donieckiego. Komitet Wykonawczy Rady

Jekaterynosławskiej utworzył Bojowy Komitet Strajkowy, w którego skład weszli przedstawiciele Bundu, eserowców (Partii Socjalistów Rewolucjonistów, która powstała na przełomie 1901/1902 r.; miała ona znaczne wpływy wśród rosyjskiego chłopstwa) i miejscowych komitetów strajkowych. Komitet przejął władzę w mieście. W Charkowie i Zagłębiu Donieckim doszło w tym czasie do wymiany strzałów między policją a strajkującymi. Na ulicach pojawiły się barykady. Również w wielu innych miastach ukraińskich, a zwłaszcza w dzielnicach zamieszkanych przez robotników, władze municypalne straciły panowanie nad sytuacją. W drugiej połowie grudnia carat przeszedł do kontrnatarcia. W Charkowie w starciach ulicznych zabito i raniono około 200 robotników; spora grupa uczestników zajść charkowskich wyjechała do Lubotyna, gdzie zorganizowała zbrojne powstanie stłumione dopiero przez znaczne oddziały wojska. Na pomoc powstańcom w Aleksandrowsku i Gorłowce w Zagłębiu Donieckim spieszyli mieszkańcy okolicznych wsi i miasteczek. Wszędzie do walki z powstaniami robotniczymi użyto wojska. W Jekaterynosławiu wprowadzono stan wyjątkowy. Powstania stłumiono. Rozpoczęły się masowe i bezlitosne represje.

Wydarzenia 1905 r. wykazały, że proletariat ukraiński szybko osiągnął wysoki poziom dojrzałości politycznej, chociaż warto też podkreślić, że w porównaniu z innymi ziemiami cesarstwa rosyjskiego, a zwłaszcza uprzemysłowionym okręgiem petersburskim czy warszawskim, na Ukrainie w różnego typu wystąpieniach brał udział mniejszy procent robotników.

SYTUACJA NA UKRAINIE W LATACH 1906—1907

Następne lata przyniosły znaczne osłabienie ruchu rewolucyjnego. Poważnie zmalała liczba wystąpień robotniczych. Jedynie w guberni chersońskiej procent strajkujących w 1906 r. był wyższy niż w roku poprzednim.

Większa fala strajków i demonstracji, do których sygnał dały liczne manifestacje pierwszomajowe, przeszła nad Ukrainą dopiero w lecie 1906 r. Sprawą centralną, wokół której obracały się dyskusje i żądania proletariatu, była kwestia stosunku do rządu i Dumy Państwowej. Wybory do I Dumy zostały zbojkotowane przez bolszewików, którzy wprawdzie słusznie podkreślali reakcyjny charakter ordynacji wyborczej (wybory pośrednie przez elektorów, pozbawienie praw wyborczych znacznej części społeczeństwa, nierówna proporcja głosów przypadających na posłów reprezentujących różne środowiska społeczne), niemniej jednak pozbawili się możliwości wykorzystania istniejących legalnych form walki politycznej. W I Dumie znalazło się 102 przedstawicieli Ukrainy, w tym 36 członków partii konstytucyjnych demokratów. Sporą grupę stanowili posłowie chłopscy, było ich 42; robotników jedynie 8. Wyniki debaty nad kwestią agrarną w I Dumie rozwiały jakiekolwiek złudzenia co do możliwości przeprowadzenia reform na drodze parlamentarnej. Rozczarowanie ogarnęło zwłaszcza wieś, gdy projekt przekazania ziemi chłopom został odrzucony przez rząd. W połowie lipca 1906 r. I Duma została rozwiązana.

Wieś przejawiała coraz większą aktywność polityczną. Zaburzenia chłopskie objęły w 1906 r. 64 z 75 powiatów Ukrainy Naddnieprzańskiej. Ruch ten przyniósł pewne efekty głównie w postaci nieznacznej poprawy warunków pracy proletariatu wiejskiego.

W kwietniu 1906 r. w Sztokholmie odbył się IV (tzw. Zjednoczeniowy) Zjazd SDPRR. Z Ukrainy wzięło w nim udział siedmiu delegatów bolszewickich. Zjazd, na którym doszło do formalnego połączenia się bolszewików z mienszewikami, wprowadził zamęt w pracy wielu terenowych organizacji partyjnych. W Jekaterynosławiu, Mikołajowie, Odessie i innych miastach południowej Rosji sprawozdania z prac Zjazdu wygłaszali referenci obydwu stron. Mienszewicy uważali, że stosowana przez bolszewików taktyka bojkotu wyborów do I Dumy Państwowej wzmocniła wpływy nacjonalistycznych partii ukraińskich. Utworzyły one nawet na terenie Dumy narodowy klub poselski — Ukraińską Hromadę Dumską. W I Dumie liczyła ona 40 posłów, w II — 47; wydawała własny organ prasowy „Ridna sprawa" („Ojczysta Sprawa"). Ukraińska Hromada Dumska głosiła konieczność rozszerzenia praw narodowości ukraińskiej, daleka była jednak od podejmowania hasła niepodległości Ukrainy. Ruch narodowy znajdował swe ujście w licznych akcjach oświatowych. Niemal we wszystkich miejscowościach powstawały Proswity — organizacje mające za sobą blisko czterdziestoletnią tradycję działania w Galicji Wschodniej. W wielu z nich podejmowali pracę wybitni pisarze ukraińscy. W kijowskiej Proswicie pracowała Łesia Ukrainka, w czernihowskiej — Michał Kociubynski, a w połtawskiej — Panas Myrny. Powstawały liczne kluby, kółka muzyczne i teatralne, wreszcie — ukraińskie towarzystwa naukowe. W 1906 r. ukazywało się 18 gazet i czasopism w języku ukraińskim.

Wydarzenia 1905 r. wzbudziły ogromne zainteresowanie wielu

przedstawicieli miejscowych środowisk twórczych. Iwan Franko, pilnie obserwujący wydarzenia w Rosji, pisał wówczas: „Wschód Europy, a w tym także nasza Ukraina, przeżywa obecnie wiosnę, kiedy pęka lód absolutyzmu i despotyzmu, kiedy siły ludu wśród strasznych katastrof szukają sobie nowych dróg". Rewolucji 1905 r. na wsi ukraińskiej poświęcił Kociubynski swą powieść *Fata morgana*. 3 (16) VI 1907 r. car rozwiązał II Dumę Państwową. Wydarzenie to przyjmuje się tradycyjnie za akt zamykający okres pierwszej rewolucji rosyjskiej.

Przebieg rewolucji na Ukrainie wykazał, że istnieje całkowita zbieżność interesów proletariatu ukraińskiego i rosyjskiego. Sytuację mocno komplikowało rozbicie ruchu robotniczego oraz konieczności zajęcia stanowiska wobec haseł narodowych i rysujących się — przyznajmy — dość jeszcze dalekich możliwości ich realizacji. Jak się wydaje, SDPRR z rozmysłem unikała wysuwania w tym czasie na terenie Ukrainy jakichkolwiek postulatów w kwestii narodowej poza podkreśleniem niezbędności solidarnych wystąpień internacjonalistycznych. W tej sytuacji trudno się dziwić, że skoro ostateczne rozwiązanie problemu narodowego miała dopiero przynieść rewolucja socjalistyczna, partie liberalne, głoszące w tej mierze postulaty haseł narodowych, które miały być — ich zdaniem — zrealizowane w najbliższej przyszłości, zyskiwały znaczną popularność.

W OKRESIE REAKCJI

Wybory do III Dumy odbyły się jesienią 1907 r. Narzucona przez rząd nowa ordynacja wyborcza spowodowała, że w składzie parlamentu rosyjskiego nastąpiły znaczne przesunięcia na prawo. Poważnie zwiększyła się reprezentacja partii konserwatywnych czy wręcz reakcyjnych, a blisko połowa posłów dumskich wywodziła się z ziemiaństwa. Na 111 posłów wybranych na Ukrainie było 64 ziemian i tylko 20 chłopów. Największa grupa posłów ukraińskich (41) należała do Związku 17 Października, partii związanej z wielkim kapitałem; 29 posłów — do monarchistycznego Ogólnorosyjskiego Związku Narodowego; 26 — do innych ugrupowań prawicowych, a tylko 5 — do konstytucyjnych demokratów.

W imperium rozpoczął się okres reakcji i terroru. Na Ukrainie wprowadzono stan wyjątkowy, zabroniono odbywania zebrań i organizowania demonstracji. Rozpoczęły działalność sądy wojskowe. Wielu działaczy partyjnych musiało emigrować za granicę. Wszyscy przywódcy powstania w Gorłowce w Zagłębiu Donieckim zostali skazani na śmierć. Zlikwidowano większość związków zawodowych. Zamykano ukraińskie kluby i towarzystwa oświatowe.

Takie postępowanie władz carskich powodowało nasilenie się propagandy nacjonalistycznej zamazującej klasowe treści polityki rządu i podsycającej waśnie narodowe. Po upadku Ukraińskiej Partii Radykalno-Demokratycznej (1908) Hruszewski i Sergiusz Jefremow założyli w Kijowie Towarzystwo Ukraińskich Postępowców. TUP było bardzo bliskie poglądom konstytucyjnych demokratów, chociaż różniło się od nich żądaniem przyznania Ukrainie autonomii. Coraz większą popularność zyskiwały poglądy Hruszewskiego o jedności narodu ukraińskiego wynikającej z jego rzekomej tradycyjnej bezklasowości.

9 (22) XI 1906 r. rząd wydał dekret o możliwości występowania chłopów z istniejących jeszcze dotychczas wspólnot gminnych. Na Ukrainie wspólnoty gminne utrzymywały się zwłaszcza w guberniach stepowych: w guberni jekaterynosławskiej dysponowały one np. 99,5% ziemi uprawianej przez chłopów. Z kolei na Prawobrzeżu przeważały indywidualne gospodarstwa chłopskie (96,3%). Dekret z 1906 r. został rozszerzony 14 (27) VI 1910 r. przez wprowadzenie obowiązku występowania ze wspólnot. W latach 1907—1911 z dekretów skorzystało 226 520 gospodarstw chłopskich o łącznej powierzchni ok. 2 mln ha. Wielu chłopów uległo propagandzie rządowej zachęcającej do osiedlania się na Syberii. Niemal połowa przesiedleńców pochodziła z Ukrainy. Wkrótce jednak większość z nich powróciła do poprzednich miejsc zamieszkania. Wielu nie wytrzymało trudów podróży i ciężkich warunków klimatycznych, wielu pozbyło się swoich gospodarstw i nie miało już środków na odbudowę swego stanu posiadania. W ostatecznym efekcie reforma agrarna (od nazwy projektodawcy, premiera i ministra spraw wewnętrznych Rosji Piotra Stołypina nazywana często „stołypinowską") zwiększyła zadłużenie wsi, powiększyła liczbę biedoty chłopskiej, ale jednocześnie sprzyjała rozwojowi i gospodarczemu wzmocnieniu się zamożnych gospodarstw wiejskich, które stosunkowo szybko przekształcały się w kapitalistyczne fermy oparte na powszechnym stosowaniu pracy najemnej.

Wieś ukraińska dawała w tym czasie blisko połowę produkcji pszenicy całej Rosji europejskiej, chociaż urodzajność nie była zbyt wysoka (zboże: 7,0—10,7 ziarna), głównie ze względu na niski poziom kultury rolnej. Jeszcze w 1910 r. w gospodarstwach chłopskich pracowało 190 100 soch, 306 600 pługów drewnianych i aż 3 415 200 drewnianych bron. Coraz większe znaczenie przydawane produkcji zbóż na Ukrainie powodowało stałe zmniejszanie się pogłowia bydła, trzody chlewnej i owiec. Stopień towarowości rolnictwa ukraińskiego nie przekraczał $^1/_3$ wartości jego produkcji globalnej.

Stołypinowska reforma agrarna, która spowodowała znaczne pogorszenie położenia biedoty wiejskiej, przyczyniła się w poważnym stopniu do nasilenia się wystąpień chłopskich. W latach 1907—1910 zanotowano na Ukrainie przeszło 4500 zamieszek i buntów wywołanych przez zdesperowanych włościan. Niemal $^3/_4$ z nich miało miejsce na Prawobrzeżu. Wiązało się to zapewne nie tylko z cięższą niż gdzie indziej sytuacją chłopów, lecz również z miejscowymi tradycjami buntów i powstań chłopsko-kozackich.

We wrześniu 1910 r. w Czarnej Kamionce (pow. humański) chłopi przepędzili miierniczego i zniszczyli dokumenty, na podstawie których zamierzano dokonać rozdziału ziemi gminnej. Oddział policji okazał się zbyt słaby, aby stłumić zamieszki. Udało się to dopiero dwóm rotom wojska. 38 przywódców buntu skazano na kary więzienia.

Lata 1907—1909 charakteryzował pewien zastój gospodarczy w przemyśle ukraińskim, w którym pracowało w tym czasie około 350 000 robotników (15,8% łącznej liczby robotników zatrudnionych w imperium). Zmniejszyło się wydobycie węgla i rudy manganowej, zamknięto kilkadziesiąt zakładów przemysłowych. Liczba bezrobotnych przekroczyła 50 000. Jednocześnie dokonywała się dalsza koncentracja przemysłu, do którego — jak poprzednio — napływał kapitał zagraniczny.

Fala masowych represji spowodowała spadek aktywności ruchu robotniczego. Zmniejszyła się znacznie liczba członków SDPRR: np. w Kijowie w latach 1907—1908 z 1235 do 80, a w Charkowie w ciągu jednego tylko półrocza 1908 r. z 762 do 150. W szeregu organizacji pojawiły się głosy o konieczności zaprzestania działalności nielegalnej i niemożliwości kontynuowania walki o rozszerzenie zdobyczy rewolucji burżuazyjnodemokratycznej. Byli to tzw. likwidatorzy. Największe wpływy na Ukrainie uzyskali oni wśród mienszewików, w Ukraińskim Związku Socjaldemokratycznym oraz Ukraińskiej Socjaldemokratycznej Partii Robotniczej. Odmienną taktykę proponowali przyjąć „otzowiści" (od ros. *otozwat'* — odwołać), żądający odwołania posłów socjaldemokratycznych z Dumy Państwowej i przejścia wyłącznie do pracy konspiracyjnej, prowadzonej głównie przez zawodowych rewolucjonistów. Realizacja tego postulatu groziła zerwaniem związków partii z masami i nawet w efekcie jej likwidacji. Najsilniejsze wpływy uzyskali oni na Ukrainie w Odessie i Jekaterynosławiu. Wypowiadali się m. in. przeciw organizowaniu związków zawodowych i prowadzeniu masowej pracy politycznej wśród portowców.

Bolszewicy zdawali sobie sprawę z odpływu fali rewolucyjnej. W 1905 r. ruch strajkowy w przemyśle ukraińskim ogarnął 200 000, w 1907 r. — 53 000, a w 1908 r. — już tylko 7000 osób, co stanowiło zaledwie 4% liczby strajkujących w całym imperium rosyjskim. Uznano więc za konieczne położenie głównego nacisku na pracę propagandową, wydawanie odezw i ulotek oraz rozszerzanie zasięgu prasy partyjnej. Odescy bolszewicy, kierowani przez Worowskiego, wydawali gazetę „Odiesskij raboczij" („Robotnik Odeski"), w Mikołajowie wychodziła „Borba" („Walka"), w Kijowie — „Żeleznodorożnyj proletarij" („Proletariusz Kolejowy"). Nieliczne strajki miały głównie charakter ekonomiczny; hasła polityczne wysuwano najczęściej z okazji świąt i obchodów pierwszomajowych. Najwięcej strajków notowano w guberni chersońskiej, jekaterynosławskiej i kijowskiej, najmniej — w czernihowskiej, podolskiej, połtawskiej, taurydzkiej i wołyńskiej.

WZROST POLITYCZNEJ AKTYWNOŚCI PROLETARIATU UKRAIŃSKIEGO W PRZEDEDNIU WYBUCHU I WOJNY ŚWIATOWEJ

Lata 1910—1914 charakteryzował znaczny wzrost produkcji przemysłowej na Ukrainie. Jej rozmiary wzrosły przeciętnie o 50%. Ziemie ukraińskie partycypowały w 71% ogólnorosyjskiego wydobycia węgla, 68% wytopu surówki żelaza i 58% — stali. Znacznie zwiększyła się liczebność ukraińskiej klasy robotniczej. W 1914 r. na Ukrainie było 645 000 robotników przemysłowych, 175 000 kolejarzy, 300 000 pracowników budownictwa, 650 000 rzemieślników i chałupników oraz 1 200 000 robotników rolnych. W ślad za obserwowaną koncentracją przemysłu następowała również koncentracja proletariatu. W 300 wielkich zakładach przemysłowych o ponad 500 zatrudnionych pracowało 68% ogółu robotników fabrycznych na Ukrainie. Znacznie pogorszyły się warunki pracy i wzrosła liczba wypadków. Kapitał zagraniczny kontrolował 70% wydobycia węgla i rudy żelaza oraz 90% produkcji surówki żelaza.

Zwiększyła się rola burżuazji ukraińskiej w życiu politycznym kraju. Jej przedstawiciele coraz liczniej pojawiali się na eksponowanych stanowiskach w dumach miejskich i ziemstwach. Koncentracja kapitału zaznaczyła się również w przemyśle spożywczym i przetwórczym: cukrownictwie, garbarstwie, młynarstwie oraz produkcji oleju.

Struktura własności ziemskiej wskazywała na stopniowe rozszerzanie się wpływów kapitalizmu w rolnictwie. Kułacy (zamożni gospodarze) posiadali zaledwie 13% ogólnej liczby gospodarstw rolnych, które jednak zajmowały niemal połowę powierzchni uprawnej i dawały 70% produkcji towarowej. Podniosła się cena ziemi, z czego przede wszystkim skorzystali obszarnicy sprzedający grunty orne zamożnemu włościaństwu. W rękach 5000 wielkich właścicieli ziemskich znajdowało się ok. 10,5 mln ha pól uprawnych. Znaczny ich procent oddawano w dzierżawę za wygórowane opłaty, przynoszące rocznie ok. 60 mln rubli rocznie.

Lata reakcji ośmieliły kapitalistów do podejmowania decyzji obniżających płace robotnicze i nakładania wysokich kar za rzeczywiste i domniemane uchybienia w pracy. Spowodowało to konieczność zatrudnienia większej liczby członków rodzin, zwłaszcza kobiet i dzieci, gdyż płaca uzyskiwana przez głowę domu nie wystarczała na zaspokojenie najpilniejszych nawet wydatków bieżących. W latach 1908—1912 liczba kobiet zatrudnionych w przemyśle ukraińskim zwiększyła się o 36%, a dzieci i młodzieży dwukrotnie.

Wzrost aktywności politycznej robotników zanotowano na Ukrainie latem 1910 r. Strajki wybuchły w Jekaterynosławiu, Odessie i na licznych liniach kolejowych. W listopadzie, po śmierci Lwa Tołstoja, na ulice wyszli demonstranci. Manifestacje uliczne odbyły się w Kijowie, Charkowie i Odessie. W kilku przedsiębiorstwach Mikołajowa i Chersonia przerwano pracę. Zastrajkowali studenci Uniwersytetu Kijowskiego. Demonstracje miały charakter polityczny i odbywały się pod hasłami walki z despotyzmem caratu i reakcyjnym prawosławiem.

Nowa fala strajkowa przeszła przez Ukrainę w roku następnym. Strajkowali stoczniowcy w Mikołajowie, tkaczki w Odessie i górnicy w guberni jekaterynosławskiej. Większość strajkujących opowiadała się za polepszeniem warunków pracy i podwyżką płac. W kilku wypadkach strajki te zakończyły się częściowym spełnieniem żądań robotników. Dochodziło do starć z policją i żandarmerią. Łącznie w 1911 r. wybuchły na Ukrainie 54 strajki, w których wzięło udział przeszło 15 300 uczestników.

Znacznie rozszerzyły się wpływy partii socjaldemokratycznej. W lipcu 1911 r. przybył do Kijowa Sergo Ordżonikidze, przedstawiciel Zagranicznej Komisji Organizacyjnej do spraw zorganizowania Ogólnorosyjskiej Konferencji SDPRR. Pod jego wpływem Komitet Kijowski SDPRR uchwalił rezolucję podkreślającą konieczność jak najszybszego zwołania takiej konferencji. W podobnym duchu wypowiedziały się komitety SDPRR działające w Jekaterynosławiu, Charkowie, Mariupolu, Juzowce i Odessie. W VI Konferencji SDPRR, która odbyła się w styczniu 1912 r. w Pradze, uczestniczyli m. in. przedstawiciele trzech partyjnych organizacji z Ukrainy: z Kijowa, Jekaterynosławia i Mikołajowa. Na Konferencji postanowiono ostatecznie zrezygnować z formalnego zjednoczenia z mienszewikami. Decyzja ta została na ogół przyjęta ze zrozumieniem we wszystkich socjaldemokratycznych organizacjach partyjnych na Ukrainie, bez względu na liczne próby mienszewików utrzymania nienormalnego stanu rzeczy i na ich agitację (np. w Mikołajowie i Odessie) przeciw uchwałom Konferencji.

Z początkiem kwietnia 1912 r. policja dokonała masakry strajkujących robotników z kopalń złota nad Leną, na Syberii. Przez całą Rosję przeszła w odpowiedzi wielka fala strajków i demonstracji solidarnościowych i protestacyjnych. Strajki takie odbyły się również w wielu miastach ukraińskich. Wzięło w nich udział przeszło 40 000 robotników. Święto pierwszomajowe obchodzono pod hasłami walki z kapitalizmem i samowładztwem carskim, a na Ukrainie uczestniczyło w nim przeszło 20 000 osób.

Poważną rolę w koordynacji działalności ruchu robotniczego i przygotowaniu socjaldemokracji rosyjskiej do rewolucji socjalistycznej odegrała nowo założona gazeta bolszewicka „Prawda", której pierwszy numer ukazał się 22 IV (5 V) 1912 r. Wychodziła legalnie, ale niejednokrotnie podlegała ingerencji cenzury, zamykano jej redakcję i — by przetrwać — musiała nawet zmieniać nazwę. Nb. ingerencja władz wprawdzie znacznie utrudniała normalną pracę redakcji, nie miała jednak charakteru tak stanowczej represji, z jaką można się było spotkać w niedawnym okresie reakcji. Zbyt silny był już nacisk masowego ruchu politycznego proletariatu na władze. Na Ukrainie rozprowadzano 4000—5000 egzemplarzy „Prawdy"; najwięcej w Odessie — 900, Jekaterynosławiu — 675, w juzowskim rejonie Zagłębia Donieckiego — 600 i w Kijowie — 572. W fabrykach ukraińskich kilkakrotnie przeprowadzano zbiórki pieniężne na fundusz „Prawdy". Gęsta była również sieć jej ukraińskich korespondentów. W latach 1912—1914 na jej łamach opublikowano przeszło półtora tysiąca informacji i korespondencji z Ukrainy. Wzrosła liczba nielegalnych grup socjaldemokratycznych oraz organizacji związkowych (zarówno legalnych jak i działających w konspiracji).

Ostatnie lata przed wybuchem I wojny światowej charakteryzowały się stale utrzymującą się aktywnością polityczną proletariatu. W 1912 r. na Ukrainie wybuchło 349 strajków, w których wzięło udział 132000 robotników, w 1913 r. — 249 strajków z 77000 uczestników, w pierwszej połowie 1914 r. — 301 strajków z 94500 uczestnikami.

Jesienią 1912 r. przeprowadzono wybory do IV Dumy Państwowej. Po raz pierwszy na Ukrainie wybrano posłów reprezentujących miejscowe organizacje socjaldemokratyczne: w guberni jekaterynosławskiej — Grzegorza Pietrowskiego, w charkowskiej — Matwieja Muranowa. Łącznie Ukrainę reprezentowało 97 posłów, w tym: 59 monarchistów, 21 październikowców, 14 kadetów i członków tzw. Bloku Postępowego. Poważne ograniczenie prawa wyborczego spowodowało więc dalsze uwstecznienie reprezentacji społeczeństwa rosyjskiego w Dumie Państwowej, gdyż podobne wyniki wyborów zanotowano w innych guberniach imperium. Zupełnie nie odzwierciedlało to sytuacji istniejącej w kraju, charakteryzującej się wzrostem opozycji antyrządowej, a w szczególności wzrostem napięcia rewolucyjnego. Notowano je zresztą nie tylko w wielkich ośrodkach przemysłowych, lecz także na wsi. Mnożyły się pożary zabudowań dworskich i strajki robotników rolnych. Dochodziło do licznych starć z policją i wojskiem. Obserwowano wspólne wystąpienia robotników i chłopów przychodzących sobie wzajemnie z pomocą.

Zaktywizował się personel pływający floty czarnomorskiej, w której działał związek zawodowy marynarzy. Przygotowywane przez nich powstanie zostało udaremnione. W 1912 r. odbyło się kilka procesów członków organizacji rewolucyjnych działających zarówno w marynarce wojennej, jak i flocie handlowej. Kilkunastu z nich zostało skazanych na śmierć, kilkuset na kary wieloletniego więzienia i katorgę. Liczne strajki protestacyjne nie przyniosły, niestety, złagodzenia wyroków.

Postulaty narodowe odgrywały coraz większą rolę w żądaniach robotniczych. Partia bolszewicka przywiązywała szczególną wagę do tej sprawy. Jak wiadomo, rozwiązanie problemu narodowego na zasadzie samostanowienia narodów wchodziło w skład sformułowań programowych SDPRR. W latach 1912—1914 znaczna część prac publicystycznych Lenina podejmowała tę kwestię wskazując na możliwość pełnego jej rozwiązania jedynie w warunkach, które powstaną po zwycięstwie rewolucji socjalistycznej. Lenin występował stanowczo przeciw szowinizmowi wielkorosyjskiemu i wielokrotnie zalecał posłom socjaldemokratycznym w Dumie obronę interesów narodów ciemiężonych w Rosji. Polecenie takie otrzymał też w 1913 r. Pietrowski. Tekst jego wystąpienia opublikowano w „Prawdzie". Przemówienie Pietrowskiego zawierało ostrą krytykę caratu i partii rządzących stosowanej wobec narodowości nierosyjskich, a zmierzającej do całkowitego ich zrusyfikowania. Pietrowski stwierdzał: „Rzeczywiste rozwiązanie kwestii narodowej w Rosji, podobnie jak w innych

Grzegorz Pietrowski

krajach, jest możliwe jedynie przy pełnym demokratyzmie, który zabezpiecza konsekwentny i wolny rozwój narodowości oparty na zasadach pełnego samostanowienia. Przyspieszyć nadejście takiego porządku może tylko pełne zjednoczenie się proletariuszy wszystkich narodowości w walce o socjalizm, przeciw każdej burżuazji i przeciw naszym obszarnikom, którzy rozpalają waśnie narodowe".

Przemówienie Pietrowskiego zostało oparte na gruntownie zebranym i doskonale wykorzystanym materiale faktycznym. Socjaldemokratyczny poseł Jekaterynosławia już na wiosnę 1913 r. zwrócił się do wielu postępowych działaczy ukraińskiego ruchu narodowego z prośbą o poinformowanie go o wszystkich znanych im wypadkach ucisku narodowego oraz o źródłach, z których mógłby zaczerpnąć potrzebny mu materiał. W tym samym czasie robotnicy Jekaterynosławia w „nakazie" (instrukcji) dla swego posła upoważnili go do żądania w Dumie szkół z ukraińskim językiem nauczania, dopuszczenia języka ukraińskiego do sądownictwa i administracji oraz zapewnienia ukraińskim stowarzyszeniom kulturalno-oświatowym pełnej swobody działania.

W wielkie manifestacje narodowe przekształciły się: pogrzeb pisarki Łesi Ukrainki w Kijowie w sierpniu 1913 r. i setna rocznica urodzin Tarasa Szewczenki w lutym 1914 r. W ostatnim z wymienionych wypadków minister spraw wewnętrznych wydał zakaz organizowania jakichkolwiek demonstracji, zebrań, a nawet wieczorów literackich. Wywołało to powszechny protest mieszkańców Ukrainy, a frakcja bolszewicka wniosła w tej sprawie interpelację w Dumie. Mimo utrzymania zakazu uroczystości odbyły się nie tylko na ziemiach ukraińskich, lecz także w licznych miastach rosyjskich, w tym również w Moskwie i Petersburgu.

Przez szereg lat po zdławieniu rewolucji lat 1905—1907 ukraińskie ugrupowania burżuazyjne wysuwały sprawę autonomii Ukrainy na czołowe miejsce wśród swoich haseł programowych. Jednak w chwili, gdy Rosja znalazła się w przededniu wojny i partie rosyjskiej prawicy zgodnym chórem deklarowały konieczność zjednoczenia wszystkich sił narodowych, nacjonaliści ukraińscy porozumieli się z partią konstytucyjnych demokratów i zrezygnowali z autonomii. Nastąpiło to w lutym 1914 r. w czasie narad, które odbyły się w Kijowie i Petersburgu. Mimo nazwy nie różniła się od nich pod tym względem również Ukraińska Socjaldemokratyczna Partia Robotnicza.

GALICJA WSCHODNIA W LATACH 1900—1914

W pierwszym dziesięcioleciu XX w. nie zmniejszyło się zacofanie gospodarcze ziem zachodnioukraińskich. W 1910 r. przeszło 75% mieszkańców Galicji Wschodniej, Bukowiny i Zakarpacia utrzymywało się z rolnictwa. Nie powstał tutaj żaden wielki ośrodek przemysłowy. Rozwijał się jedynie przemysł naftowy oraz drzewny, które pracowały w oparciu o prymitywną bazę maszynową i wykorzystywały niskopłatną siłę roboczą. $3/4$ dochodów z przemysłu naftowego zagarniał kapitał angielski i niemiecki; wkrótce dołączył się do nich amerykański, reprezentowany przez Vacuum Oil Company. Przygniatająca większość ludności ukraińskiej (95%) była zatrudniona w rolnictwie.

Ukraińskie drobnomieszczaństwo, w minimalnym tylko stopniu znajdujące zatrudnienie w administracji krajowej, znajdowało ujście dla inicjatyw gospodarczych w spółdzielczości kredytowej i spożywczej. Kierował nią Krajowy Związek Rewizyjny Ruskich Stowarzyszeń Gospodarczych, Pożyczkowych, Handlowych i Przemysłowych, kontrolujący przeszło 500 różnego rodzaju związków spółdzielczych (głównie kredytowych), zrzeszających ok. 120 000 członków.

Moskalofile założyli Ruski Związek Rewizyjny, w którym znalazło się 110 stowarzyszeń liczących 36 000 członków. Centrala ukraińskich spółdzielni mleczarskich powstała w 1907 r. i po czterech latach działalności kontrolowała już 81 organizacji tego typu (7500 członków). Pewne zasługi w podniesieniu kultury rolnej wsi ukraińskiej miała organizacja samopomocowa Silski Hospodar (Gospodarz Wiejski). Rozwijała się również spółdzielczość handlowa, w której naczelne miejsce zajmowała Narodna Torhiwla (Handel Narodowy).

Bardzo ciężkie było położenie robotników. Dzień pracy trwał niejednokrotnie 12—14, czasem nawet 16 godzin na dobę. Ludność chłopska była dziesiątkowana przez epidemie, ale mimo to stale zwiększało się przeludnienie wsi. Wzrosła emigracja do Stanów Zjednoczonych, Kanady (głównie prowincji: Manitoba, Alberta i Saskatchewan), Brazylii, Argentyny i Niemiec. Wielu robotników rolnych przekraczało granicę rosyjską szukając dla siebie zarobku na Ukrainie Prawobrzeżnej. W żadnej innej części ziem ukraińskich rozwarstwienie wsi nie powodowało takich kontrastów, jak właśnie w Galicji Wschodniej. Przeszło połowa gospodarstw chłopskich była pozbawiona sprzężaju. Czołową rolę gospodarczą odgrywały wielkie majątki obszarnicze, w większości należące do znanych rodzin polskich, 'm. in. Potockich, Dzieduszyckich i Sanguszków. Znaczne posiadłości ziemskie znajdowały się również w rękach Kościoła rzymskokatolickiego i Cerkwi unickiej. Wzrastało zadłużenie drobnych gospodarstw chłopskich, które wyzbywały się ziemi, korzystając z szybkiego wzrostu jej ceny. Podobną sytuację można było zaobserwować na Bukowinie i Zakarpaciu.

Ukraińskie liberalne i nacjonalistyczne organizacje polityczne i stowarzyszenia kulturalno-oświatowe działały głównie na wsi. Na każdym kroku podkreślały odrębność narodową Ukraińców, przeciwstawiały ich innym narodowościom, podsycały waśnie i konflikty narodowe. Do ścisłej współpracy dochodziło natomiast między robotnikami fabrycznymi: Polakami, Żydami a Ukraińcami. Solidarnie brali udział w strajkach i demonstracjach politycznych. W maju—
—czerwcu 1902 r. strajkowali budowlani we Lwowie. Doszło do zamieszek ulicznych, w których zginęło 5 robotników. W lipcu 1904 r. wybuchł wielki strajk górników przemysłu naftowego w Zagłębiu Borysławskim i Krośnieńskim, w którym wzięło udział około 8000 strajkujących. Zakończył się on częściowym sukcesem: skróceniem dnia roboczego w tej gałęzi przemysłu do 9 godzin na dobę.

Powstawały wspólne związki zawodowe, a w ruchu socjalistycznym niejednokrotnie członkowie i działacze Ukraińskiej Partii Socjalno-Demokratycznej działali zarazem w Polskiej Partii Socjalno-Demokratycznej Galicji i Śląska. Między tymi partiami doszło do swoistego podziału wpływów: UPSD dominowała na wsi wschodniogalicyjskiej, PPSD — w miastach. W 1900 r. UPSD zaczęła wydawać własny organ prasowy, czasopismo „Wola".

W 1902 r. Galicję ogarnęła wielka fala rozruchów chłopskich. Największe ich nasilenie wystąpiło w Galicji Wschodniej, głównie w powiatach położonych na wschód od Lwowa: buczackim, czortkowskim, zaleszczyckim, husiatyńskim, trembowelskim, tarnopolskim, zbaraskim, złoczowskim, przemyślańskim i kamionko-strumiłowieckim. Objęły one łącznie 400 gmin w 28 powiatach. Robotnicy rolni, głównie małorolni chłopi, porzucali pracę na gruntach obszarniczych, niszczyli zabudowania dworskie i plony, wyrąbywali lasy i spasali łąki należące do obszarników. Największe nasilenie rozruchów nastąpiło w czasie sianokosów i żniw: w czerwcu, lipcu i sierpniu. Chłopi żądali podwyżki zarobków, zmniejszenia długości dnia pracy, zaniechania stosowania upokarzających kar fizycznych i przyznania im prawa do korzystania z serwitutów. Uczestnicy rozruchów przejmowali wiele form walki od ruchu robotniczego, takich jak: tworzenie komitetów strajkowych i kas oporu, wydawanie ulotek oraz wypędzanie łamistrajków sprowadzonych przez dwór.

Zradykalizował się ruch studencki, a w wielu wystąpieniach organizowanych przez młodzież akademicką brali udział również uczniowie ukraińscy wyższych klas gimnazjalnych. Lwowska Akademicka Hromada była wówczas związana z ruchem socjalistycznym. Słabsze liczebnie stowarzyszenie Druh ulegało wpływom moskalofilskim. Wysuwane przez studentów żądania dotyczyły przede wszystkim rozbudowy szkolnictwa ukraińskiego, którego rozmiary nie odpowiadały istniejącemu na nie zapotrzebowaniu. W Galicji Wschodniej istniało w tym czasie tylko 5 gimnazjów z ukraińskim językiem wykładowym, nie było żadnej ukraińskiej szkoły realnej, ani też seminarium nauczycielskiego. Wśród postulatów znalazło się żądanie równouprawnienia języka ukraińskiego na Uniwersytecie Lwowskim, chociaż domagano się także utworzenia odrębnej szkoły wyższej wyłącznie z ukraińskim językiem wykładowym. Na Uniwersytecie młodzi nacjonaliści ukraińscy i polscy toczyli zawzięte spory, niejednokrotnie przeradzające się w bójki.

Wieści o „krwawej niedzieli" styczniowej 1905 r. w Petersburgu trafiły w Galicji na podatny grunt. Społeczeństwo było dostatecznie zanimowane wydarzeniami w kraju, rozruchami na wsi, strajkiem powszechnym robotników przemysłu naftowego i legalną, przy znacznie mniejszej niż gdzie indziej ingerencji władz, agitacją socjalistyczną. Już przeto w dniu następnym, tj. 23 I 1905 r., w wielu miejscowościach wschodniogalicyjskich odbyły się demonstracje solidarnościowe. Manifestacje pierwszomajowe były znacznie liczniejsze niż w latach poprzednich i objęły większą liczbę miejscowości, m. in. Lwów, Kołomyję, Stanisławów, Buczacz, Tarnopol, Borysław i Drohobycz. Hasła pierwszomajowe zawierały postulaty o charakterze politycznym, przede wszystkim żądanie wprowadzenia powszechnego prawa wyborczego, wolności prasy i ośmiogodzinnego dnia pracy. Oprócz napisów obwieszczających: „Niech żyje Polska!", pojawiły się inne — „Niech żyje republika ukraińska!"

W lipcu 1905 r. zastrajkowali budowlani we Lwowie. W październiku w związku z otwarciem sesji sejmu krajowego odbyły się manifestacje we wszystkich miastach galicyjskich, a 23 października we Lwowie półdniowy strajk powszechny połączony z manifestacyjnym wręczeniem namiestnikowi i marszałkowi krajowemu petycji żądającej powszechnych, równych, bezpośrednich i tajnych wyborów. Petycję wręczali wspólnie przedstawiciele socjalistów polskich i ukraińskich. Do akcji włączyli się chłopi agitowani zarówno przez własne stronnictwo ludowe, jak i PPSD oraz UPSD. 28 XI 1905 r., w dniu otwarcia sesji Rady Państwa, cała Galicja została objęta strajkiem powszechnym. Pod jego naciskiem premier Paul Gautsch (strajk powszechny wybuchł jednocześnie we wszystkich prowincjach monarchii habsburskiej) zapowiedział przystąpienie do prac nad nową ordynacją wyborczą zapewniającą wszystkim powszechne i równe wybory.

Dla UPSD, podobnie jak dla PPSD, sprawą najważniejszą było przeprowadzenie reformy wyborczej. Dlatego też wprawdzie przyłączała się do powszechnego ruchu w tej sprawie i niejednokrotnie inicjowała wiele wystąpień politycznych, niemniej jednak uważała, że wobec stosunkowo znacznych swobód politycznych panujących w Galicji nie byłoby celowe stosowanie takich metod walki, jakie zostały użyte w Rosji. Stwierdzano: „Tam idzie o wolność polityczną, o obalenie samowładztwa, u nas — o rozszerzenie politycznych praw, o obalenie politycznych przywilejów".

Zapowiedziane ustępstwa rządu wiedeńskiego przeraziły narodowych demokratów i konserwatystów galicyjskich. Ugrupowania te zaczęły teraz lansować projekt usamodzielnienia poszczególnych prowincji austriackich i w związku z tym postulowały przekazanie sprawy kształtu nowej ordynacji wyborczej w ręce parlamentów krajowych. Pomysłom tym stanowczo przeciwstawiały się ukraińskie ugrupowania polityczne, nie chcąc dopuścić do spodziewanego pogorszenia położenia Ukraińców w Galicji, w której władza z całą pewnością znalazłaby się wówczas w rękach obozu konserwatywnego. W kwietniu 1906 r. upadł rząd Gautscha. Powstała obawa, że reforma ordynacji wyborczej przeciągnie się na czas dłuższy. W czerwcu i lipcu masowy ruch polityczny przybrał na sile. Podobnie jak w roku poprzednim rozpoczęły się rozruchy i strajki chłopskie w Galicji Wschodniej. Nie znalazły jednak one poparcia w kierownictwie UPSD. Jeszcze w styczniu 1906 r. na II Konferencji UPSD postanowiono odłożyć sprawę rozszerzenia i zmodyfikowania ujęcia kwestii agrarnej w programie partii do następnego zjazdu.

W styczniu 1907 r. ogłoszono nową ordynację wyborczą. Wprowadzała ona zasadę powszechności, ograniczoną przez niedopuszczenie do głosowania kobiet, żołnierzy, osób pozostających pod kuratelą i pobierających zasiłki. Zwiększyła się (z 78 do 105) liczba mandatów do parlamentu przypadających Galicji. Rozpoczęła się o nie walka między polską prawicą a stronnictwami ukraińskimi. Wybory odbyły się w maju 1907 r. Ukraińcy zdobyli łącznie 27 mandatów, z czego 5 przypadło moskalofilom, 3 — radykałom, a 2 — socjaldemokratom. W odbytych w roku następnym wyborach do Sejmu Krajowego w kurii gmin wiejskich Ukraińcy zdobyli 58,5% głosów, w tym narodowcy i radykałowie 38,5%, resztę, tj. 20%, konserwatyści, czyli tzw. starorusini.

W kwietniu 1908 r. opracowano projekt porozumienia między Kołem Polskim a Klubem Ukraińskim. Ukraińcy zrezygnowali z żądania podziału Galicji, w zamian za co otrzymali zapewnienie swobodnego dostępu do administracji krajowej oraz stanowiska wiceprezesa Rady Szkolnej Krajowej, Sądu Apelacyjnego, wicemarszałka Sejmu oraz dwa wysokie stanowiska urzędnicze w Ministerstwie Oświaty i Ministerstwie dla Galicji. Klub Ukraiński zrezygnował również z postulatu utworzenia odrębnego uniwersytetu w zamian za obietnicę powołania kilku katedr z ukraińskim językiem wykładowym na Uniwersytecie Lwowskim, założenia trzech nowych gimnazjów i upaństwowienia ukraińskiego seminarium nauczycielskiego. Porozumienie to nie weszło nigdy w życie, 12 IV 1908 r. bowiem członek UPSD, student Mirosław Siczyński, zastrzelił namiestnika Andrzeja Potockiego. Zaczęła się, podsycana przez obydwie strony, zaciekła nagonka nacjonalistyczna. Nowemu namiestnikowi Michałowi Bobrzyńskiemu przedłożono propozycję usunięcia Ukraińców z sądownictwa i żandarmerii, wprowadzenia stanu wyjątkowego etc. Bobrzyński starał się doprowadzić do ugody, uchylił wyrok śmierci wydany przez lwowski sąd przysięgłych na Siczyńskiego i był gotów nawet zgodzić się na utworzenie uniwersytetu ukraińskiego we Lwowie. Do porozumienia doszło dopiero w 1914 r., a opóźnienie w jego zawarciu nastąpiło głównie wskutek inspirowanej przez Narodową Demokrację wielkiej akcji antyukraińskiej.

W 1909 r. rozgorzała na nowo i zaczęła przynosić sukcesy walka strajkowa przytłumiona w dwóch ostatnich latach. Robotnicy pracujący w przemyśle naftowym wywalczyli ośmiogodzinny dzień pracy. Stosunkowo szybko rosły płace. Co roku dochodziło też do nowych wystąpień ludności chłopskiej. Swoiste uspokojenie sytuacji przyniósł dopiero kryzys gospodarczy wywołany wojnami bałkańskimi (1912, 1913).

ZIEMIE UKRAIŃSKIE W LATACH I WOJNY ŚWIATOWEJ

Ukształtowane na przełomie XIX i XX w. bloki państw imperialistycznych czekały tylko na chwilę rozpoczęcia otwartej walki o nowy podział sfer wpływów w świecie. Po zabójstwie austriackiego następcy tronu, arcyksięcia Franciszka Ferdynanda, w Sarajewie (28 VI 1914 r.) wydarzenia zaczęły przebiegać z zawrotną szybkością. 28 lipca Austro-Węgry wypowiedziały wojnę Serbii; 30 lipca ogłoszono w Rosji mobilizację; 1 sierpnia Niemcy znalazły się w stanie wojny z Rosją, a następnie również monarchia habsburska.

W sierpniu z terenów wschodniogalicyjskich armia austriacka ruszyła na Lublin. Wkrótce jednak sytuacja zmieniła się diametralnie. Kontrofensywa rosyjska dotarła za San i w zimie zatrzymała się na linii Tarnów — Gorlice. Stan taki utrzymywał się do późnej wiosny 1915 r., kiedy kolejna ofensywa niemiecko-austriacka wyparła Rosjan za Lwów. W czerwcu 1916 r. rosyjski generał Aleksy Brusiłow rozpoczął operację ofensywną na środkowym i południowym odcinku frontu. Uzyskał pewne sukcesy na Wołyniu, a poza tym zdobył Halicz, Stanisławów, Kołomyję i Czerniowce.

Jednym z nielicznych ugrupowań politycznych, które wypowiedziało się przeciw wojnie, była partia bolszewicka. Prowadzona przez nią akcja propagandowa aktywizowała w tym kierunku terenowe organizacje partyjne. Za obowiązującą dyrektywę działania przyjęto zalecenia Lenina i uznano za konieczne przekształcenie wojny imperialistycznej w wojnę domową. Odezwa Komitetu Charkowskiego SDPRR(b) z 1915 r. głosiła wprost: „Będziemy przysłuchiwać się głosowi socjaldemokracji i przy pierwszej stosownej okazji zwrócimy broń przeciw naszemu prawdziwemu wrogowi — rządowi; przekształcimy tę rzeź bratobójczą w wojnę i rewolucję". Jekaterynosławska organizacja SDPRR(b) rozrosła się do tego stopnia, że trzeba było utworzyć w niej trzy komitety rejonowe. Rosła liczebność organizacji partyjnych w Zagłębiu Donieckim, Charkowie i Kijowie. W Kijowie m. in. działał Polak Stanisław Kosior (1889—1939).

W sierpniu 1914 r. powstał we Lwowie Związek Wyzwolenia Ukrainy, składający się głównie z wychodźców z Ukrainy Naddnieprzańskiej i roszczący sobie pretensje do ich wyłącznego reprezentowania. Była to organizacja nacjonalistyczna, orientująca się na państwa centralne i ściśle współpracująca z rządem wiedeńskim. ZWU głosił konieczność utworzenia samodzielnego państwa ukraińskiego o ustroju konstytucyjno-demokratycznym, korzystającego z niemieckich gwarancji. Swoje działanie ZWU rozpoczął od poparcia zabiegów zmierzających do utworzenia ukraińskich formacji wojskowych, tzw. ukraińskich strzelców siczowych, podporządkowanych dowództwu armii austriackiej. Oddziały strzelców siczowych miały stanowić zalążek przyszłych ukraińskich sił zbrojnych. W wypadku gdyby ziemie ukraińskie znalazły się w składzie monarchii habsburskiej, działacze ZWU, A. Żuk, W. Doroszenko, O. Skoropys-Jełtuchowski i M. Meleniewski, postulowali utworzenie z nich prowincji autonomicznej.

W tym samym czasie powstała we Lwowie Ukrajińska Zahalna Rada (Rada Ogólnoukraińska) założona przez Kostia Łewyckiego i Mikołaja Wasylkę. Podobnie jak ZWU była nastrojona austrofilsko. Uzurpowała sobie też prawo do reprezentowania interesów ukraińskich na arenie międzynarodowej. Jej dziełem było zjednoczenie strzelców siczowych ze Striłećkim Kuriniem (Kureń Strzelecki), formacją o podobnej strukturze i zadaniach jak USS, i utworzenie wspólnego Legionu Ukraińskiego, który przeznaczony był raczej do akcji dywersyjnych niż do samodzielnych działań bojowych na froncie. Gdy Lwowowi zagroziła ofensywa rosyjska, Rada Ogólnoukraińska przeniosła się do Wiednia i całkowicie opowiedziała za stworzeniem autonomicznej Ukrainy, wchodzącej w skład monarchii habsburskiej. Za programem austrofilskim opowiadał się również metropolita unicki Andrzej Roman Szeptycki.

Po wkroczeniu wojsk rosyjskich do Galicji Wschodniej i Bukowiny wojskowym generałem-gubernatorem zajętych prowincji został Gieorgij Bobrinski. Od pierwszej chwili swych rządów rozpoczął politykę konsekwentnej rusyfikacji podległych mu terenów. Z Rosji ściągali urzędnicy i duchowni. Akcją przymusowego rozprzestrzeniania prawosławia kierował biskup chełmski Włodzimierz Gieorgiewski (Eulogiusz). Zamknięto wszystkie szkoły, a otwierane na nowo miały być prowadzone według rosyjskich wzorów i z rosyjskim językiem nauczania. W szkołach prywatnych w bardzo niewielkim zakresie dopuszczono język polski, natomiast język ukraiński miał być całkowicie wyrugowany ze szkolnictwa. Odżyli moskalofile, którym Bobrinski pozwolił na założenie organizacji mającej stanowić przeciwwagę dla Rady Ogólnoukraińskiej. Organizacją tą był Narodnyj Sowiet (Rada Narodowa).

Działające w Rosji ukraińskie ugrupowania liberalne opowiedziały się po stronie Ententy. Wychodząca w Moskwie „Ukrainskaja żyzń" zapewniała, że Ukraińcy pozostaną wierni Rosji. Podobne twierdzenia głosiło kijowskie czasopismo „Rada". Nie wystarczało to jednak ministrowi spraw zagranicznych Sergiuszowi Sazonowowi, który głosił, że „właśnie teraz nadarzył się najodpowiedniejszy moment, ażeby raz na zawsze skończyć z waszym ukraiństwem". Profesora Hruszewskiego deportowano do Symbirska.

W czerwcu 1915 r. powstał we Lwowie Komitet Ukraińców Lwowa, któremu przewodził Andrzej Czajkowski z UPND. Rada Ogólnoukraińska pozostała jeszcze przez pewien czas w Wiedniu. Rozwinęła bardzo żywą działalność, starając się o jak najrychlejsze wprowadzenie w życie swego programu, przynajmniej w części możliwej do zrealizowania w czasie wojny. Zastępcą namiestnika Galicji został Ukrainiec W. Decykiewicz. Przedstawiciele Rady pragnęli, by te ziemie ukraińskie, które aktualnie znajdowały się pod rządami Austrii, otrzymały autonomię, a także by jeszcze przed spodziewanymi dalszymi zwycięstwami państw centralnych mogły się one wypowiedzieć w sprawie przyszłości Ukrainy. Żądania te zostały częściowo uwzględnione i obóz austrofilski rozszerzył swe wpływy na Wołyń, Chełmszczyznę i Podlasie, które w całości uznano za tereny zamieszkałe przez większość ukraińską.

Sytuacja zmieniła się po akcie dwu cesarzy z 5 XI 1916 r., w którym zapowiedziano utworzenie w przyszłości Królestwa Polskiego z części ziem polskich wchodzących w skład zaborów. Już w tym samym dniu Ukraińska ·Partia Narodowo-Demokratyczna zaprotestowała przeciw sformułowaniom aktu i zażądała utworzenia odrębnej autonomicznej prowincji ukraińskiej. 7 listopada Ukraiński Klub Parlamentarny oświadczył, że „naród ukraiński nigdy nie uzna wyodrębnienia Galicji pod polskim panowaniem i nigdy nie zrzeknie się prawa do narodowej autonomii swego terytorium i utworzenia odrębnego ukraińskiego kraju koronnego w ramach Austrii".

Rozczarowanie Ukraińców było tak wielkie, że doszło do przesilenia zarówno w Radzie Ogólnoukraińskiej, jak i w Ukraińskim Klubie Parlamentarnym. Przerwały one swą działalność, a niektórzy ich działacze, np. Łewycki i Wasylko, zostali odsunięci od kierownictwa. W nowo powołanej Ukraińskiej Reprezentacji Parlamentarnej czołową rolę odgrywali: Julian Romańczuk i Eugeniusz Petruszewicz. Kontynuowali oni politykę poprzedników, wypowiadając się stanowczo przeciw „polskiej autonomii", żądając natomiast podziału Galicji i utworzenia prowincji rządzonej przez sejm ukraiński.

Rozwój wydarzeń wojennych, który wprawdzie początkowo nie dawał wyraźnej przewagi żadnej ze stron walczących i zmuszał je do prowadzenia wojny pozycyjnej, zmusił je również do łagodniejszego traktowania mniejszości narodowych. Gdy w wyniku ofensywy przeprowadzonej przez gen. Brusiłowa w 1916 r. rozszerzył się stan posiadania Rosji w Galicji Wschodniej, nowy generał-gubernator galicyjsko-bukowiński Dymitr Trepow przymykał oczy na powstające pod jego bokiem gimnazja ukraińskie i wznawiające swą działalność przedwojenne instytucje kulturalno-oświatowe.

Działania wojenne odbiły się w poważnym stopniu na życiu gospodarczym ziem ukraińskich. Największe zniszczenia dotknęły Galicję Wschodnią, która niemal stale była objęta działaniami wojennymi. Wycofujące się wojska rosyjskie zniszczyły Zagłębie Borysławskie i spaliły wielką cukrownię w Chodorowie; lasy dewastowano; prawie zupełnie zamarła produkcja przemysłowa. Wojska obydwu stron walczących niszczyły zasiewy, rekwirowały żywność, bydło i konie. Wprawdzie rekwizycje siły pociągowej w większym stopniu dotknęły wielką własność ziemską, jednak chłopi małorolni odczuli dotkliwiej skutki wojny, drobne bowiem gospodarstwa chłopskie stanowiły jedyne źródło egzystencji ich właścicieli. W nie mniejszym stopniu wojna dotknęła gospodarkę Ukrainy Naddnieprzańskiej. Przemysł przestawił się niemal całkowicie na produkcję na potrzeby frontu. Wzrosło wydobycie węgla, lecz brak było środków do jego transportu, wskutek czego obniżyła się produkcja przemysłu hutniczego i metalurgicznego. Musiano całkowicie wygasić 36 wielkich

pieców. Obszar zasiewów skurczył się o 2 mln ha. Zmniejszyła
się produkcja cukru. Brakowało siły roboczej. Obniżyły się plony.
W 1917 r. z ogólnej liczby 3 980 000 gospodarstw chłopskich
640 000 nie było obsianych, 1 400 000 nie miało koni, a 1 142 000 —
krów.

Na rynku brakowało nawet podstawowych produktów żywnościowych. Ceny rosły z każdym tygodniem i miesiącem. Wartość realnych płac spadła kilkakrotnie. Sytuacja stawała się krytyczna, zwłaszcza
że na domiar złego zaczęły wybuchać epidemie, a głód przybrał
rozmiary klęski żywiołowej.

KULTURA UKRAIŃSKA W DRUGIEJ POŁOWIE XIX
I W PIERWSZYCH LATACH XX WIEKU

Mimo rusyfikacyjnych poczynań caratu w drugiej połowie XIX w.
kultura i nauka ukraińska rozwijały się nadal, chociaż z pewnością
w tempie znacznie wolniejszym, niż działoby się wtedy, gdyby uzyskały pełne możliwości rozwojowe.

Najgorzej przedstawiała się sytuacja szkolnictwa niższego i średniego. Ilość szkół zupełnie nie odpowiadała istniejącemu zapotrzebowaniu. Próbowano temu zaradzić przez tworzenie szkół niedzielnych dających podstawowe wiadomości z zakresu pisania, czytania,
liczenia, historii ojczystej i religii, ale zarówno ich poziom, jak
i liczba świadczyły, że były to tylko półśrodki. Poza szkołą po-
czątkową pozostawało przeszło 70% dzieci w wieku szkolnym. Na
Ukrainie było 76% analfabetów. Pod koniec XIX w. na ziemiach
ukraińskich istniało zaledwie 129 gimnazjów, 19 szkół realnych
i 17 szkół handlowych. Większość z nich znajdowała się w rękach
prywatnych, co w poważnym stopniu zwiększało koszty nauczania,
czesne bowiem było tu znacznie wyższe niż w szkołach państwowych. Opłaty za nauczanie w szkołach średnich i wyższych stanowiły dodatkową barierę, którą trudno było przekroczyć młodzieży
pochodzącej z rodzin robotniczych i chłopskich.

Nieco lepiej kształtowała się sytuacja szkolnictwa wyższego. Prócz
istniejących już uniwersytetów w Kijowie i Charkowie powstały inne
uczelnie różnych typów, a wśród nich Noworosyjski Uniwersytet
w Odessie (1865), Instytut Historyczno-Filologiczny w Nieżynie
(1875), Instytut Technologiczny w Charkowie (1885) i Politechnika
w Kijowie (1898). Najwyższy poziom osiągnęły nauki matematyczno-
-przyrodnicze, wolne od nacisku władz państwowych i niezależne

od koniunktur politycznych związanych przeważnie z koniecznością sławienia dobrodziejstw caratu i prawosławia. Rozwijała się więc matematyka, fizyka, chemia, astronomia, biologia i geografia.

Ilja Miecznikow, absolwent uniwersytetu w Charkowie, później zaś profesor uniwersytetu w Noworosyjsku, założył w 1886 r. pierwszą w Rosji placówkę mikrobiologiczną — Odeską Stację Bakteriologiczną.

W nauce historycznej dokonano wiele dla stworzenia obszernej bazy dokumentacyjnej. Wydobyto z archiwów i opublikowano znaczną ilość materiałów źródłowych, zwłaszcza w wielotomowym wydawnictwie *Archiw Jugo-Zapadnoj Rossii* i czasopiśmie „Kijewskaja starina" (1882—1906). Kontynuował swoją działalność naukową M. Kostomarow. Prace poświęcone historii Ukrainy, głównie XVIII w., publikowali Aleksander Łazarewski (1834—1902), Aleksandra Jefimienko (1848—1918) i Dymitr Bahalij (1857—1932).

Na drugą połowę XIX w. i pierwsze lata następnego stulecia przypada okres największego rozkwitu twórczości klasyków literatury ukraińskiej: Marii Wilinskiej (pseud. lit. Marko Wowczok, 1834—1907), Jerzego Fedkowicza (1834—1888), Panasa Rudczenki (pseud. lit. Panas Myrnyj, 1849—1920), Iwana Franki (1856—1916), Michała Kociubynskiego (1864—1913) i Iwana Tobilewicza (pseud. lit. Iwan Karpenko-Karyj, 1845—1907).

Utwory Marka Wowczka poświęcone były głównie życiu wsi pańszczyźnianej, stanowiąc zapowiedź pojawienia się w literaturze ukraińskiej nurtu realizmu krytycznego. Ukazywały niedolę ludu, a zarazem moralną czystość wywodzących się z niego bohaterów powieści i opowiadań. Pochodzący z Bukowiny poeta Jerzy Fedkowicz tematykę swych wierszy umiejscowił w tym samym środowisku i wprowadził do literatury motywy huculskie. Najbardziej znaną powieścią Panasa Myrnego był utwór zatytułowany *Czy ryczą woły, gdy mają pełne żłoby?* Pokazał w nim współczesną sobie wieś ukraińską, pełną niesprawiedliwości społecznej i beznadziejności chłopskiego bytu.

Najwybitniejszym wszakże pisarzem, a zarazem krytykiem i publicystą tych czasów był Iwan Franko. Jak wiemy, prowadził bardzo czynne życie polityczne, wiążąc się z nurtem socjalistycznym w początkowych latach swej działalności. Pozostawił kilka zbiorów wierszy lirycznych (*Ze szczytów i nizin, Przywiędłe liście, Mój szmaragd, Semper tiro*) i poematy. Najbardziej znane są jego utwory prozatorskie: opowiadania i powieści. Jako jeden z pierwszych wprowadził do literatury tematykę robotniczą, rysując w sposób nieraz przejaskrawiony życie proletariatu i jego nędzę (*Boa constrictor, Borysław się śmieje*). Pewne fragmenty jego dzieł stanowią przykład oddziaływania naturalizmu na sposób ujęcia problematyki społecznej. Franko zawsze opowiadał się po stronie krzywdzonych i prześladowanych przez ustrój kapitalistyczny, tak że cała jego twórczość nie tylko była związana ściśle z życiem najniżej usytuowanych warstw społecznych narodu ukraińskiego, ale również nosiła wszelkie cechy twórczości zaangażowanej, a nawet — swoistej publicystyki,

Michał Kociubynski

znajdującej swój wyraz w literaturze pięknej. Niezwykle utalentowany, równie swobodnie poruszał się w różnorodnych gatunkach literackich, jak i innej tematyce. Stworzył powieść historyczną (*Zachar Berkut*) i dramat (*Ukradzione szczęście*). Nie wzgardził nawet utworami pisanymi dla dzieci. Często stwierdza się, że Franko zajmuje najwybitniejsze po Szewczence miejsce w literaturze ukraińskiej.

Kociubynski wprowadził do niej styl impresjonistyczny, pozostając jak poprzednicy wierny tematyce społecznej, przeważnie współczesnej. Ostatnio największą popularność zdobyła nowela *Cienie zapomnianych przodków*, która stała się podstawą scenariusza głośnego filmu zrealizowanego na Ukrainie przed kilku laty. Tej samej problematyce poświęcona została powieść Kociubynskiego zatytułowana *Fatamorgana*.

Z kolei z utworów dramatycznych, jakie wyszły spod pióra Karpenko-Karego, należy wymienić *Burłaczkę, Najmitkę, Marcina Borulę, Sto tysięcy* i *Gospodarzy*.

Wybitne miejsce wśród twórców ukraińskich zajęła Łarysa Kosacz-Kwitka (pseud. lit. Łesia Ukrainka, 1871—1913), poetka o ogromnej pracowitości i płodności. Twórczość o charakterze uniwersalnym, treści filozoficzne wplecione w wiersze i poematy, umiejętność samorefleksji spowodowały, że Łesia Ukrainka uzyskała rozgłos międzynarodowy. Złączyła ona umiejętnie znane wątki literackie z historią własnego narodu i jego folklorem; była także autorką świetnych wierszy lirycznych. Spod jej pióra wyszła wreszcie znakomita sztuka *Pieśń leśna*. Działalność społeczna, związki z ruchem robotniczym spowodowały, że traktuje się ją nie tylko jako wybitną poetkę wnoszącą nowe elementy do estetyki i literaturoznawstwa, lecz również jako jedną z wybitniejszych postaci, które przewinęły się przez życie społeczne Ukrainy. Warto dodać, że fragmenty jej wierszy wykorzystywano w odezwach wydawanych przez SDPRR.

Z innych pisarzy ukraińskich tego okresu wymienić jeszcze należy Leonida Hlibowa (1827—1893), Anatola Swydnickiego (1834—1871), Iwana Neczuja-Łewyckiego (1838—1918), Michała Staryckiego (1840—1904), m. in. twórcę sztuki *Marusia Bohusławka,* i Wasyla Stefanyka (1871—1936), nb. wychowanka Uniwersytetu Jagiellońskiego i autora wspomnień o działalności tamtejszych studenckich organizacji ukraińskich.

Tematyka ukraińska zajęła ważne miejsce w muzyce rosyjskiej tego czasu. Znajdziemy ją w operach: *Jarmark soroczyński* Modesta Musorgskiego, *Noc majowa* i *Noc wigilijna* Mikołaja Rimskiego-Korsakowa, *Trzewiczki* Piotra Czajkowskiego i *Kniaź Igor* Aleksandra Borodina. Uczniem Michała Glinki był Ukrainiec Semen Hułak-Artemowski (1813—1873), kompozytor i śpiewak, twórca pierwszej opery ukraińskiej z własnym librettem, zatytułowanej *Zaporożec za Dunajem*. Nawiązał w niej do folkloru, zarówno w wątkach muzycznych, jak i treści oraz wyrazistym rysunku występujących postaci.

Twórcą klasycznej muzyki ukraińskiej nazywa się Mikołaja Łysenkę (1842—1912), ucznia Rimskiego-Korsakowa. Reprezentował styl romantyczny, a w jego utworach zawsze można znaleźć wątki ludowe. Stworzył 80 pieśni do *Kobziarza* Szewczenki, kilka oper, z których najbardziej znane są *Taras Bulba* i *Natałka Połtawka,* kantaty i kompozycje na fortepian. Jego dziełem jest również praca *Dumki i pieśni kobziarza Ostapa Weresaja* (Weresaj był jednym z najwybitniejszych w XIX w. odtwórców dum kozackich i pieśni ludowych). Łysence Ukraina zawdzięcza otwarcie w 1904 r. w Kijowie pierwszej na ziemiach ukraińskich szkoły muzyczno--dramatycznej.

Działalność Łysenki kontynuowali: Mikołaj Leontowicz (1877—

1921), mocno związany z ru- chem robotniczym, i Cyryl Stecenko (1882—1922), kie- rownik i współpracownik licznych amatorskich zespo- łów chóralnych.

Maria Zańkowiecka

W latach osiemdziesią- tych i dziewięćdziesiątych XIX w. powstało na Ukrai- nie wiele zespołów teatral- nych, z których wyszli wy- bitni aktorzy i organizatorzy ukraińskiego teatru zawodo- wego: Marek Kropywnycki (1840—1910), Panas Tobile- wicz (pseud. Panas Saksa- hanski, 1859—1940), Miko- łaj Tobilewicz (pseud. Mi- kołaj Sadowski, 1856—1933, brat Karpenka - Karego i Saksahanskiego) i Maria Adasowska (pseud. Maria Zańkowiec- ka, 1860—1934). Pierwszy stały teatr ukraiński powstał w Kijowie w 1907 r., założony przez M. Sadowskiego. W teatrze tym wy- stawiano również opery, m. in. *Halkę* Moniuszki.

Na Ukrainie pracowało w tym czasie wielu utalentowanych malarzy, którzy niemal całkowicie wyzwolili się z przeżywającego zresztą wówczas zmierzch oficjalnego nurtu „akademickiego", (patro- nowała mu Akademia Sztuk Pięknych w Petersburgu). Jednym z nich był Konstanty Trutowski (1826—1893), znany także jako ilustrator dzieł Szewczenki, Marka Wowczka i rosyjskiego bajko- pisarza Iwana Kryłowa. Brał on również udział w wydaniu albumu *Malownicza Ukraina* Lwa Żemczużnikowa (1828—1912). Najwybitniej- szym pejzażystą ukraińskim był Stepan Wasylkiwski (1854—1917), m. in. twórca *Wiosny na Ukrainie, Łąki kozackiej, Łęgów naddnieprzań- skich, Dumy o trzech braciach* i *Kozaków na stepie*. Pozostało po nim przeszło trzy tysiące obrazów i rysunków. W Galicji tworzyli: Teofil Kopystynski (1844—1916), Tytus Romanczuk (1865—1911), Kornel Ustianowicz (1839—1903) i najpopularniejszy z nich Iwan Trusz (1869—1941). Dziełem Trusza były portrety I. Franki, W. Ste- fanyka, Łesi Ukrainki, serie pejzaży: *Łąki i pola, Samotna sosna,*

Włodzimierska górka, Dniepr pod Kijowem i sceny z życia Hucułów: *Hucułka z dzieckiem* oraz *Grający na trombitach*. Z jego inicjatywy w 1905 r. zorganizowano we Lwowie pierwszą wystawę malarstwa ukraińskiego, na której wystawiali twórcy z obydwu części Ukrainy. W 1888 r. odsłonięto w Kijowie na placu Św. Zofii (dzis. plac Chmielnickiego) pomnik Bohdana Chmielnickiego, będący dziełem rosyjskiego rzeźbiarza Michała Mikieszyna (1835—1896).

Wprawdzie wybuch rewolucji 1905 r. znacznie przyspieszył rozwój kultury ukraińskiej i utrwalił przejawiane przez twórców zainteresowanie życiem prostego ludu, lecz w niewielkim tylko stopniu ułatwił działalność oświatową i wydawniczą. W 1913 r. na Ukrainie wydano 5283 książki, z tego w języku ukraińskim opublikowano jedynie 176. Po dwóch latach na całym terytorium Ukrainy podporządkowanym Rosji, a więc również w okupowanej części Galicji, nie ukazywało się już żadne czasopismo w języku ukraińskim.

XIV. DWIE REWOLUCJE

REWOLUCJA LUTOWA
I RZĄDY CENTRALNEJ RADY $\quad$ WOJNA głód, drożyzna i wszechwładny despotyzm carski doprowadziły do powstania w imperium rosyjskim na przełomie lat 1916—1917 głębokiego kryzysu politycznego.

Obalenie caratu, przejęcie władzy przez Rząd Tymczasowy, jego pierwsze odezwy i postanowienia pełne słów o wolności, zrzuceniu jarzma samowładztwa i o wspaniałych perspektywach roztaczających się przed wolną, demokratyczną republiką trafiły na Ukrainie na podatny grunt. Ukrywane dotąd pragnienia wyzwoliły się w powszechnym żądaniu autonomii terytorialnej.

2(15) III 1917 r. utworzony został w Piotrogrodzie Rząd Tymczasowy, a już 4(17) III w Kijowie powstała ukraińska Centralna Rada stawiająca sobie m.in. za cel reprezentowanie narodowych interesów Ukraińców, koordynację działań partii i stronnictw ukraińskich oraz powołanie ogólnoukraińskiego parlamentu. Główną rolę odgrywali w niej związani z koncepcjami M. Hruszewskiego „postępowcy" — członkowie Towarzystwa Ukraińskich Postępowców, partii założonej w Kijowie w 1908 r., Ukraińska Socjal-Demokratyczna Partia Robotnicza, której program był, jak wiadomo, bardzo zbliżony do mienszewickiego, oraz Ukraińska Partia Socjalistów Rewolucjonistów (założona oficjalnie dopiero w kwietniu 1917 r. przez M. Hruszewskiego, M. Kowalewskiego, W. Hołubowicza, M. Szapowała i in.). Później, w czerwcu 1917 r., „postępowcy" przekształcili się w Ukraińską Partię Socjalistów Federalistów, w której główną rolę odgrywali S. Jefremow, A. Nikowski i D. Doroszenko, dążący do utworzenia autonomicznej Ukrainy w ramach przyszłej demokratycznej republiki rosyjskiej. W oczekiwaniu na rychły powrót prof. Hruszewskiego z Symbirska wybrano go zaocznie na przewodniczącego Rady, a na jego zastępców D. Antonowicza i D. Doroszenkę. W skład Rady wchodzili m.in.: Sergiusz Jefremow, Semen Petlura i Włodzimierz Wynnyczenko.

Ruch narodowy na Ukrainie wkroczył w stadium burzliwego rozwoju. Wznowiła swoją działalność Proswita. Na wiecach i na łamach prasy toczyły się zacięte dyskusje o przyszłości ziem ukraińskich, przy czym obok autonomii wysuwano hasło proklamowania pełnej niepodległości i suwerenności państwowej. Tworzono zalążki narodowej armii, odwołując się do historycznych wzorów i historycznego nazewnictwa, zaczerpniętego głównie z kozackiej przeszłości.

Drugi istniejący na Ukrainie nurt polityczny pretendował do odegrania roli jedynego reprezentanta interesów proletariatu oraz walczących i ginących na froncie żołnierzy. Rozwiązanie problemu narodowego w duchu równouprawnienia było dla niego również jednym z pierwszoplanowych haseł. Inaczej jednak rozumiał tę kwestię proletariat wielkoprzemysłowy, w którym robotnicy narodowości ukraińskiej nie stanowili nawet połowy składu, inaczej natomiast inteligencja i liberalnie nastawione drobnomieszczaństwo, reprezentowane w ruchu politycznym wyłącznie przez Ukraińców. Dla dwóch ostatnich warstw społecznych rewolucja dokonała się w marcu, dla proletariatu — dopiero się zaczęła.

Doskonale zdawali sobie z tego sprawę bolszewicy, nie tylko mający od dawna jasno sprecyzowany program w tej mierze, ale i bogatsi o doświadczenia rewolucji 1905 r. Początkowo nie było ich zbyt wielu. W marcu 1917 r. liczba członków SDPRR(b) na Ukrainie wynosiła 1200—1400. Od tej jednak chwili szeregi partyjne zaczęły się szybko powiększać. Z końcem kwietnia liczebność partii wzrosła do 10 000 członków, w lipcu — 33 000, październiku — przeszło 42 000, a na przełomie listopada i grudnia przekroczyła 71 000. W porównaniu jednak z liczbą np. samych tylko robotników przemysłu i transportu na Ukrainie (2 184 600) była to przysłowiowa kropla w morzu (zaledwie nieco więcej niż 3%). Gdyby podstawę szacunku rozszerzyć o robotników rolnych i wojsko, procent zorganizowanego proletariatu zmniejszyłby się jeszcze bardziej.

Bolszewicy starali się zyskiwać popularność dzięki głoszonym przez siebie radykalnym hasłom, zwłaszcza nacjonalizacji podstawowych środków produkcji, likwidacji ucisku społecznego i narodowego oraz natychmiastowego przerwania działań wojennych.

W Piotrogrodzie z niepokojem śledzono rozwój wydarzeń na Ukrainie osłabiających spójność państwa. Doszło wreszcie do konfliktu, którego geneza sięgała niemal samego momentu powstania zarówno Centralnej Rady, jak i Rządu Tymczasowego oraz pierwszych postulatów Rady w sprawie przyznania Ukrainie uprawnień autonomicznych. Na zwołanym przez Centralną Radę w Kijowie 4−8(17−21) IV 1917 r. I Ukraińskim Zjeździe Narodowym, w którym uczestniczyło przeszło tysiąc delegatów reprezentujących różne ukraińskie ugrupowania polityczne, zawodowe i kulturalne, w tym również żołnierzy frontowców, przyjęto rezolucje akcentujące mocno narodowy punkt widzenia. Wprawdzie przyznawały one prawo ostatecznej decyzji w sprawie ustroju Rosji i statusu Ukrainy przyszłemu Zgromadzeniu Ustawodawczemu, niemniej jednak ich autorzy zastrzegali się, „że do tego momentu nie mogą pozostawać bierni, lecz wspólnie z mniejszymi narodowościami muszą natychmiast przystąpić do tworzenia na Ukrainie podstaw jej bytu autonomicznego". Żądano wyznaczenia granic Ukrainy „zgodnie z wolą ludu" oraz udziału przedstawicielstwa ukraińskiego w przyszłej konferencji pokojowej. Wtedy też Centralna Rada uzyskała sankcję Zjazdu Narodowego, została zreorganizowana i powołała swój organ wykonawczy, zwany później Małą Radą, składający się z prezydenta (M. Hruszewski), dwóch wiceprezydentów (W. Wynnyczenko i S. Jefremow), sekretarzy Rady oraz po dwóch reprezentantów każdej z ukraińskich partii politycznych. 15(28) VI 1917 r. organem wykonawczym stał się Sekretariat Generalny, a na jego czele stanął lider USDPR − W. Wynnyczenko.

Centralna Rada usilnie starała się o zwołanie kolejnych zjazdów przedstawicieli różnych warstw społecznych. Chodziło jej o zdobycie jak najszerszego poparcia dla prowadzonej przez siebie działalności oraz zbudowanie mocnego fundamentu, na którym mógłby rozbudowywać na Ukrainie podporządkowany sobie aparat władzy.

Następny ze zjazdów, I Ogólnoukraiński Zjazd Wojskowy, odbył się w Kijowie w dniach 5−8(18−21) V 1917r. Wzięło w nim udział przeszło 700 delegatów, którzy uznali Centralną Radę za jedyną prawowitą władzę na Ukrainie i powołali Ukraiński Wojskowy Komitet Generalny z S. Petlurą na czele. Zażądali także wydzielenia z armii rosyjskiej jednostek ukraińskich oraz natychmiastowego uznania przez Rząd Tymczasowy i Radę Delegatów Robotniczych i Żołnierskich w Piotrogrodzie (dwuwładza w Rosji była realnym faktem politycznym i trzeba się było z tym liczyć) narodowo-terytorialnej autonomii Ukrainy. Pierwszym krokiem w tym kierunku miało być mianowanie ministra do spraw Ukrainy w Rządzie Tymczasowym. Na przełomie maja i czerwca delegacja Centralnej Rady złożyła w Piotrogrodzie memoriał adresowany do rządu i Komitetu Wykonawczego Rady Piotrogrodzkiej. Zawarto w nim wszystkie wcześniej sformułowane postulaty, a więc: oficjalnego wyrażenia przychylnego stanowiska w sprawie autonomii Ukrainy, udziału delegacji ukraińskiej w obradach przyszłej konferencji pokojowej, a także utworzenia odrębnych narodowych ukraińskich formacji wojskowych zarówno na froncie, jak i na zapleczu.

Rezolucję o podobnym charakterze uchwalił również obradujący w Kijowie w dniach 28 maja − 3 czerwca (10−16 VI) 1917 r. I Ogólnoukraiński Zjazd Chłopski. Zjazd postulował zniesienie prywatnej własności ziemi i przekazanie jej we władanie „wołostnych" (gminnych) komitetów ziemskich. Wybrano też 133-osobową Ukraińską Radę Delegatów Chłopskich oraz Centralny Komitet Związku Chłopskiego.

Rząd Tymczasowy nie zamierzał jednak pobłażać dalszym poczynaniom tego rodzaju, w których dopatrywał się wąskiego separatyzmu i rozbijania sił „demokracji rosyjskiej". Kiereński, podówczas minister wojny, wydał zakaz organizowania drugiego z kolei Ogólnoukraińskiego Zjazdu Wojskowego.

Konflikt między Centralną Radą a Rządem Tymczasowym wszedł w ostre stadium. Memoriał Rady został odrzucony przez rząd. W odpowiedzi Rada oświadczyła 4(17) czerwca, że „Rząd Tymczasowy świadomie przeciwstawił się interesom ukraińskiego ludu pracującego i własnej, oficjalnie głoszonej zasadzie samookreślenia narodów". Stwierdzano dalej, że żywiołowo rosnący ukraiński ruch narodowy może wskutek odmowy rządu skierować się na niepożądane tory.

W dniach 5−10(18−23) VI 1917 r. zebrał się w Kijowie II Ogólnoukraiński Zjazd Wojskowy, w którym uczestniczyło przeszło 2500 delegatów. Stwierdzili oni, że wydany przez Rząd Tymczasowy zakaz odbycia Zjazdu był nielegalny, i postulowali, by Centralna Rada rozpoczęła organizację państwa ukraińskiego opartego na zasadach autonomii terytorialnej bez konsultacji z rządem w Piotrogrodzie. Na zjeździe wybrano Ogólnoukraińską Radę Delegatów Żołnierskich, polecono Ukraińskiemu Wojskowemu Komitetowi Generalnemu przystąpienie do pracy nad „ukrainizacją" sił zbrojnych oraz przyjęto plan organizacji tzw. Wolnego Kozactwa, wojskowej formacji ochotniczej, która powstała w kwietniu 1917 r. w Zwienihorodce (gub. kijowska). Była ona zorganizowana na zasadach terytorialnych, a oficerów wybierano. Atamanem Wolnych Kozaków został gen. Paweł Skoropadski (1873−1945). Gdy w połowie października 1917 r.

w Czehryniu odbył się Kongres Wolnego Kozactwa, okazało się, że liczyło ono już ok. 60000 żołnierzy. Formacja ta, podporządkowana Sekretariatowi Generalnemu Spraw Wewnętrznych, a później — wojny, została zlikwidowana w marcu—kwietniu 1918 r. na żądanie dowództwa niemieckiego.

10(23) VI 1917 r. Centralna Rada ogłosiła I Uniwersał, w którym proklamowała autonomię Ukrainy i tworzyła rząd autonomiczny — Sekretariat Generalny, uzyskując dla tego kroku pełne poparcie odbywającego się właśnie II Ogólnoukraińskiego Zjazdu Wojskowego. Rząd Tymczasowy odłożył decyzje w tych sprawach, mających najistotniejsze znaczenie dla przyszłości ziem ukraińskich, aż do chwili zwołania Zgromadzenia Ustawodawczego.

Bolszewicy znaleźli się na Ukrainie w szczególnej sytuacji. Wystąpienia przeciw Rządowi Tymczasowemu stawiały ich w oczach ludności, nie zawsze dostrzegającej różnice w przyczynach konfliktu między poszczególnymi partiami a Rządem Tymczasowym, na jednej płaszczyźnie z Radą Centralną. Rozbieżności były jednak tak poważne, że niemożliwy był nawet chwilowy sojusz o charakterze taktycznym. Inteligencji i burżuazji ukraińskiej wystarczał całkowicie program Rady, głoszący konieczność zbudowania autonomicznej Ukrainy, wzorowanej na demokratycznych państwach zachodnich, związanej więzami federacyjnymi z republiką rosyjską. Wielosettysięczny proletariat gubił się w zalewie frazeologii demokratycznej, którą obficie szermowali przedstawiciele wszystkich ugrupowań politycznych. Na wsi największe wpływy uzyskał Związek Chłopski (Selanska Spiłka), współpracujący z Ukraińską Partią Socjalistów Rewolucjonistów. Demokratami nazywali sami siebie nawet zamożni właściciele ziemscy, tworząc w czerwcu 1917 r. Ukraińską Partię Demokratyczno-Chłopską. Jej współzałożyciele: S. Szemet, L. Kłymiw i W. Lipiński, głosili potrzebę przeprowadzenia reformy rolnej na Ukrainie, jednak z zastrzeżeniem, że reforma ta opierać się będzie na zasadzie parcelacji ziemi za wykupem. Niemal każdy tydzień przynosił wieści o pojawieniu się nowego ugrupowania o efemerycznym na ogół charakterze, np. socjalistów niepodległościowców. Nie odgrywały one wszakże większej roli w życiu politycznym Ukrainy. Na Ukrainie działały również partie rosyjskie: eserowcy, kadeci itp.

Pierwszy projekt rezolucji Kijowskiego Komitetu SDPRR(b), dotyczący konfliktu między Radą a rządem piotrogrodzkim, zawierał jedynie ogólne stwierdzenia o konieczności walki z burżuazją rosyjską, usiłującą utrzymać inne narodowości w istniejących ramach prawno-

-państwowych, i komunikował, że „żądanie odłączenia Ukrainy może być poparte przez nas tylko wówczas, kiedy opowie się za nim cała ludność zamieszkująca ten kraj". Jednocześnie upomniano się o uwzględnienie praw innych narodowości zamieszkujących Ukrainę.

Rezolucja Kijowskiego Komitetu SDPRR(b) z drugiej połowy czerwca 1917 r., będąca odpowiedzią na *I Uniwersał Centralnej Rady*, odcinała się stanowczo od zajętej przez nią pozycji. Wskazywano w niej zwłaszcza na nieliczenie się z interesami innych narodowości zamieszkujących Ukrainę oraz próby wywołania waśni między Ukraińcami a Rosjanami. Opowiadano się wprawdzie za autonomią kraju, lecz i za powszechnym plebiscytem mającym zadecydować o jego przyszłości. Sprawę pełnego równouprawnienia wszystkich narodowości wiązano z obaleniem kapitalizmu i przejęciem władzy przez „robotników, żołnierzy i biedotę chłopską".

Lenin poparł pretensje Rady do Rządu Tymczasowego. 2(15) czerwca, w opublikowanym w „Prawdzie" artykule pt. *To niedemokratyczne, obywatelu Kiereński!*, zaprotestował przeciw zakazowi zwołania II Ogólnoukraińskiego Zjazdu Wojskowego. W tym czasie sprawa ukraińska stała się jednym z głównych przedmiotów jego zainteresowania. 15(28) czerwca w „Prawdzie" ukazał się nowy artykuł Lenina pt. *Ukraina*. Autor poparł w nim *I Uniwersał Centralnej Rady*, a zwłaszcza te jego sformułowania, które odnosiły się do samodzielnego decydowania przez Ukraińców o własnym losie, „bez zrywania więzi z państwem rosyjskim". Uzasadniając swoje stanowisko pisał: „Jesteśmy za jak najściślejszym sojuszem robotników wszystkich krajów przeciwko kapitalistom zarówno »własnym«, jak i w ogóle kapitalistom wszystkich krajów. Ale właśnie dlatego, by sojusz ten był dobrowolny, robotnik rosyjski, nie ufając w niczym i ani chwilę burżuazji rosyjskiej ani burżuazji ukraińskiej, broni teraz prawa Ukraińców do oderwania się, nie narzucając im swojej przyjaźni, lecz zdobywając ją przez ustosunkowanie się jak do równego sobie, jak do sojusznika i brata w walce o socjalizm". W kolejnym artykule pt. *Ukraina i klęska rządzących partii Rosji*, opublikowanym w „Prawdzie" dwa dni później, pisał: „Ustąpcie Ukraińcom — tak mówi rozsądek, w przeciwnym razie będzie gorzej, siłą nie utrzyma się Ukraińców, lecz tylko rozdrażni".

Lato 1917 r. przyniosło szybko postępującą polaryzację ugrupowań politycznych. Radykalizacja proletariatu i wojska spowodowała, że 30 czerwca (13 lipca) zawarta została ugoda między Centralną Radą a Rządem Tymczasowym. Likwidacja konfliktu pozwalała na skuteczniejszą walkę z rewolucyjną lewicą. W rozmowach, które doprowadziły do porozumienia, uczestniczyli: Aleksander Kiereński (wkrótce premier Rządu Tymczasowego), Herakliusz Cereteli (minister poczt, a później minister spraw wewnętrznych), Michał Tereszczenko (minister spraw zagranicznych), reprezentanci eserowców, mienszewików i rosyjskich „postępowców" oraz przedstawiciele Centralnej Rady. Rezultatem zawartej ugody było odłożenie sprawy autonomii Ukrainy do chwili zwołania Ogólnorosyjskiego Zgromadzenia Ustawodawczego. Centralna Rada stała się przedstawicielką rządu w pięciu guberniach ukraińskich (kijowskiej, podolskiej, połtawskiej, wołyńskiej i części czernihowskiej). Potwierdzono prawo do tworzenia przez nią własnych rad powiatowych i gubernialnych oraz zarządów wiejskich i osiedlowych (tzw. narodne uprawy). Jej reprezentacja miała znaleźć się w ministerstwie wojny, naczelnym dowództwie wojskowym i sztabie generalnym, 3(16) lipca Centralna Rada wydała *II Uniwersał*, w którym informowała o zasadach zawartego porozumienia oraz deklarowała pełne poparcie dla Rządu Tymczasowego.

Centralna Rada składała się wówczas z 822 osób, w tym 212 przedstawicieli Ogólnoukraińskiej Rady Delegatów Chłopskich, 158 – Ogólnoukraińskiej Rady Delegatów Żołnierskich, 100· – Ogólnoukraińskiej Rady Delegatów Robotniczych, 50 – nieukraińskich robotników i żołnierzy, 20 – ukraińskich partii socjalistycznych, 40 – rosyjskich partii socjalistycznych, 35 – żydowskich oraz 15 – polskich partii socjalistycznych, 84 – przedstawicieli miast i miasteczek i wreszcie 108 delegatów wybranych przez inne mniejszości narodowe: Białorusinów, Mołdawian, Niemców i Tatarów.

Po miesiącu, 4(17) VIII 1917 r., Rząd Tymczasowy wydał instrukcję dla Generalnego Sekretariatu Ukrainy – organu wykonawczego Rady, i jak się spodziewano, zalążka przyszłego rządu ogólnoukraińskiego. W instrukcji wyrażano zgodę na utworzenie sekretariatów (ministerstw) spraw wewnętrznych, finansów, rolnictwa, oświaty, handlu i przemysłu, pracy oraz spraw narodowych. Generalny Sekretariat został sprowadzony do roli wykonawcy poleceń rządu, a niemal policzkiem dla Rady stało się żądanie, by „nie mniej niż czterech sekretarzy było narodowości nieukraińskiej".

W kraju panował już jednak inny porządek; na czele Rządu Tymczasowego stał Kiereński i Centralna Rada nie odważyła się na oficjalne zerwanie z rządem. Groziłoby to jej osamotnieniem w obliczu narastającego w kraju kryzysu rewolucyjnego, w którym coraz więcej do powiedzenia mieli bolszewicy, chociaż raporty z terenu nie zawierały zbyt wielu akcentów optymistycznych.

Tak np. delegat z Zagłębia Donieckiego na VI Zjazd SDPRR(b) (sierpień 1917 r.), decydującego się na rozpoczęcie przygotowań do powstania zbrojnego, stwierdzał, że na jego terenie „Rady są w masie swej niebolszewickie", inny mówił: „pracą w tym obwodzie jest postawiona gorzej niż gdziekolwiek indziej ... Masy skłaniają się do bolszewizmu, ale mamy bardzo mało działaczy partyjnych. O pracy partyjnej większość nie ma żadnego pojęcia". Najpopularniejszym czasopismem w Charkowie była gazeta reprezentująca interesy burżuazji — stwierdzali delegaci na VI Zjazd, a miejscowa organizacja bolszewicka nie miała poważniejszego wpływu na poczynania Rady Delegatów. Nikitińska organizacja SDPRR(b) z Zagłębia Donieckiego wystosowała rozpaczliwy apel do Komitetu Centralnego o przysłanie odpowiedniego lektora. „Ledwie można utrzymać partię, ażeby się nie rozpadła" — pisano w ankiecie sprawozdawczej dla KC. W Jekaterynosławiu Radą kierowali mienszewicy-oboroncy (tzn. uznający konieczność kontynuowania wojny) wspólnie z eserowcami. W zbiorczym *Sprawozdaniu Obwodu Zagłębia Donieckiego i Rejonu Krzyworoskiego* stwierdzano, że we wszystkich Radach dominują oboroncy, a autorytet Rad osłabł w poważnym stopniu. Na rysującą się perspektywę zmiany sytuacji wskazywało jednak zdanie, że „nasze organizacje mają przytłaczający wpływ na robotników".

REWOLUCJA SOCJALISTYCZNA NA UKRAINIE

Strzały skierowane w lipcu 1917 r. do pokojowej demonstracji w Piotrogrodzie ośmieliły ukraińskie elementy zachowawcze. W Kijowie dokonano napadu na siedzibę miejscowego Komitetu SDPRR(b). Rozpoczęły się aresztowania bolszewików w Charkowie, Odessie, Winnicy i innych miastach. Poczynania te wzburzyły proletariat, a oliwy do ognia dolały jeszcze: przywrócenie na froncie kary śmierci oraz nieudana ofensywa rosyjska na Froncie Południowo-Zachodnim, w wyniku której w ciągu zaledwie 10 dni stracono ok. 60 000 żołnierzy w zabitych, rannych i wziętych do niewoli.

Akcje podejmowane obecnie przez proletariat ukraiński były ściśle związane z ogarniającą całą Rosję wielką falą protestów przeciw terrorowi w Piotrogrodzie. Wytyczone przez VI Zjazd SDPRR(b) cele postawiły partię bolszewicką w stan mobilizacji. Z terenu nadchodziły meldunki świadczące o postępującym procesie radykalizowania się mas robotniczych i chłopskich. W Ługańsku do dumy miejskiej na łączną liczbę 75 delegatów wybrano 29 bolszewików. Frakcja bolszewicka w charkowskiej dumie miejskiej wypowiedziała się przeciw wysłaniu delegatów na tzw. Naradę Państwową w Moskwie, która wobec odroczenia wyborów do Zgromadzenia Ustawodawczego miała stworzyć pozory szerokiego poparcia społeczeństwa dla poczynań rządu. Ze wszystkich zakątków kraju płynęły wieści o nowej fali rozruchów chłopskich.

W czasie puczu Korniłowa (25–31 VII) (7–13 IX 1917 r.), chcącego przechwycić władzę w Rosji, żołnierze sami rozbili jeden z ośrodków przygotowań do zamachu stanu, który to ośrodek znajdował się w Berdyczowie. Aresztowano wielu uczestników puczu, którzy znaleźli się na Ukrainie, wśród nich gen. Antoniego Denikina. Klęska Korniłowa powstrzymanego przez robotników Piotrogrodu przyczyniła się do postępującej bolszewizacji rad, które zaczęły teraz powstawać również na wsi.

Podstawowe żądanie biedoty wiejskiej sprowadzało się do przekazania całej ziemi natychmiast, na zawsze i bez wykupu w ręce chłopskie. Niejednokrotnie prawa do ziemi dochodzono z bronią w ręku, czemu nie potrafiło się już przeciwstawić nawet dowództwo Frontu Południowo-Zachodniego, które wzięło na siebie akcję pacyfikacji zamieszek na wsi ukraińskiej. Również w armii postępował proces radykalizacji.

W rozpoczynającej się walce o władzę ugrupowania znajdujące się u steru rządów nie zamierzały ustępować. 24 IX (7X) 1917 r. Generalny Sekretariat Ukrainy komunikował: „Najwyższy organ władzy na Ukrainie — Sekretariat Generalny, utworzony przez demokrację rewolucyjną, przez jej organ, Ukraińską Centralną Radę, i zatwierdzony dekretem Rządu Tymczasowego 4 sierpnia br., kończąc swoją pracę nad organizacją wewnętrzną i obejmując rządy w kraju, obwieszcza o tym ludności Ukrainy oraz wszystkim instytucjom rządowym i społecznym". Komunikat został podpisany przez W. Wynnyczenkę, przewodniczącego Sekretariatu, a zarazem sekretarza generalnego spraw wewnętrznych, oraz A. Łotockiego, pisarza generalnego.

10(23) X KC SDPRR(b) obradujący w Piotrogrodzie zdecydował się na rozpoczęcie natychmiastowych przygotowań do powstania zbrojnego. Na Ukrainę, do Zagłębia Donieckiego wysłano emisariusza KC G. Pietrowskiego. Zaczęły powstawać oddziały Gwardii Czerwonej. Liczbę czerwonogwardzistów w Charkowie szacowano na przeszło 3000, w Kijowie — 3000, Odessie — 3200, Mikołajowie — ok. 1000, Ługańsku — 800, Jekaterynosławiu — 600.

Niemały wpływ na wzrost aktywności rewolucyjnej lewicy na Ukrainie miała kampania wyborcza związana z mającym się odbyć w Piotrogrodzie z początkiem listopada II Ogólnorosyjskim Zjazdem Rad. Wzięło w nim udział 126 delegatów z Ukrainy, w tym 57 bolszewików, 21 lewicowych eserowców (którzy wówczas w wielu kwestiach zajmowali takie samo stanowisko jak bolszewicy), 18 mienszewików, 10 ukraińskich narodowych socjalistów, 2 — żydowskich, 8 eserowców, 1 bezpartyjny i 9, których przynależności partyjnej nie udało się ustalić. Stanowili oni ok. 20% łącznej liczby delegatów na Zjazd. Grupa ta, z nielicznymi tylko wyjątkami, poparła piotrogrodzkie powstanie zbrojne oraz przejęcie władzy w państwie przez Centralny Komitet Wykonawczy Rad i wyłonioną na II Zjeździe Radę Komisarzy Ludowych z Leninem na czele.

Rewolucja socjalistyczna, której przełomowym momentem było piotrogrodzkie powstanie w dniu 25 X (7 XI) 1917 r., zwyciężyła w Rosji. Rząd Tymczasowy został obalony. II Zjazd Rad uchwalił *Dekret o pokoju* — rezolucję skierowaną do wszystkich rządów i narodów biorących udział w wojnie światowej, nawołującą do natychmiastowego przerwania działań wojennych oraz zawarcia pokoju bez aneksji i kontrybucji. Formułowano w niej także prawo każdego narodu do decydowania o własnym losie, w tym również do oderwania się od innego, uciskającego go dotychczas państwa. *Dekret o ziemi* oddawał ziemię obszarniczą w ręce chłopskie bez wykupu.

Wieści o wydarzeniach w Piotrogrodzie natychmiast dotarły na Ukrainę. Tam gdzie działały silne bolszewickie organizacje partyjne, władza szybko przechodziła w ręce terenowych Rad Delegatów Robotniczych. Tak było np. w licznych miejscowościach Zagłębia Donieckiego: w Ługańsku (przewodniczącym tamtejszej Rady Delegatów i Dumy Miejskiej był Kliment Woroszyłow), Makiejewce, Gorłowce, Szczerbinowce, Lisiczańsku i Kramatorsku. Zgoła inna sytuacja istniała w dwóch największych miastach ukraińskich: Kijowie i Charkowie. Skupione były tutaj instytucje zorganizowane, kierowane i kontrolowane przez Centralną Radę, korzystającą z poparcia większości miejscowych mieszkańców, zwłaszcza inteligencji i mieszczaństwa. Wiele osób schroniło się w nich w obawie przed wystąpieniami rewolucyjnymi na prowincji.

Poza tym w Kijowie wojsko miało wyraźną przewagę nad czerwonogwardzistami. Trwające przez trzy dni walki doprowadziły wpra-

От Военно-Революціоннаго Комитета при Петроградскомъ Совѣтѣ Рабочихъ и Солдатскихъ Депутатовъ.

Къ Гражданамъ Россіи.

Временное Правительство низложено. Государственная власть перешла въ руки органа Петроградскаго Совѣта Рабочихъ и Солдатскихъ Депутатовъ Военно-Революціоннаго Комитета, стоящаго во главѣ Петроградскаго пролетаріата и гарнизона.

Дѣло, за которое боролся народъ: немедленное предложеніе демократическаго мира, отмѣна помѣщичьей собственности на землю, рабочій контроль надъ производствомъ, созданіе Совѣтскаго Правительства — это дѣло обезпечено.

ДА ЗДРАВСТВУЕТЪ РЕВОЛЮЦІЯ РАБОЧИХЪ, СОЛДАТЪ И КРЕСТЬЯНЪ!

Военно-Революціонный Комитетъ при Петроградскомъ Совѣтѣ Рабочихъ и Солдатскихъ Депутатовъ.

25 октября 1917 г. 10 ч. утра.

Odezwa Komitetu Wojskowo-Rewolucyjnego przy Piotrogrodzkiej Radzie Delegatów Robotniczych i Żołnierskich informująca o obaleniu Rządu Tymczasowego

wdzie do likwidacji agend Rządu Tymczasowego w tym mieście, jednak 31 października (13 listopada) po stłumieniu powstania zrewolucjonizowanych żołnierzy i robotników władza powróciła w ręce Centralnej Rady.

Udzielała ona teraz pomocy gen. Aleksemu Kaledinowi działającemu nad Donem w obronie starego porządku. Kaledin w czerwcu

1917 r., po usunięciu ze stanowiska dowódcy armii, został wybrany „atamanem wojska dońskiego", a później stanął na czele tzw. rządu wojskowego i po zwycięstwie rewolucji socjalistycznej w Piotrogrodzie opowiedział się za przywróceniem władzy Rządowi Tymczasowemu. Aż do tej chwili zamierzał sprawować rządy nad Donem.

2(15) listopada Rada Komisarzy Ludowych ogłosiła *Deklarację praw narodów Rosji*, w której uznawała prawo wszystkich narodów zamieszkujących Rosję do swobodnego decydowania o własnym losie. W odpowiedzi na to 7(20) listopada Centralna Rada wydała swój *III Uniwersał*, proklamując w nim utworzenie niezależnego państwa Ukraińskiej Republiki Ludowej, deklarując także utrzymanie federacyjnego związku z Rosją. W uniwersale znalazły się również obietnice przekazania ziemi chłopom, wprowadzenia ośmiogodzinnego dnia pracy, państwowej kontroli produkcji, jednak nie było w nim mowy o terminach ich realizacji.

Jednocześnie ogłoszono dekret o wyborach do Ukraińskiego Zgromadzenia Konstytucyjnego (Ukrajiński Ustanowczy Zbory), które miały odbyć się 9 I 1918 r. Pierwsze posiedzenie Zgromadzenia przewidziano na 22 I 1918 r. Prawo wyborcze otrzymali wszyscy mieszkańcy Ukrainy obojga płci, którzy ukończyli 20 lat. Miało być wybranych 301 delegatów. Późniejsze walki o władzę uniemożliwiły realizację dekretu (wybrano tylko 171 delegatów) i Zgromadzenie Konstytucyjne nigdy się nie zebrało. Warto dodać, że w czasie wyborów do Ogólnorosyjskiego Zgromadzenia Konstytucyjnego, które odbyły się 12(25) XI 1917 r., na narodowe ukraińskie partie polityczne padło 75% głosów, gdy bolszewicy zgromadzili ich ok. 10%. Z kolei w nowo utworzonej Ukraińskiej Republice Ludowej niemal natychmiast przeprowadzono zakrojone na szeroką skalę aresztowania, pozbawiając wolności wielu wybitnych działaczy bolszewickich. Sterroryzowana kijowska Rada Delegatów uznała władzę Centralnej Rady, w czym niemały udział miała zasiadająca w niej grupa mienszewicko-eserowska konkurująca z frakcją bolszewicką.

W Charkowie, mimo aktywnej działalności w istocie swej kontrrewolucyjnego Komitetu Ocalenia Ojczyzny i Rewolucji oraz prób ściągnięcia oddziałów wiernych Rządowi Tymczasowemu, nie udało się zdławić masowego poparcia udzielanego przez masy rewolucji i 10(23) listopada nowo wybrana Rada Delegatów Robotniczych i Żołnierskich większością głosów (120 przeciw 75) uznała zwierzchnictwo Rady Komisarzy Ludowych, a zarazem akceptowała uniwersał Centralnej Rady o proklamowaniu Ukraińskiej Republiki Ludowej.

Semen Petlura

W odpowiedniej uchwale stwierdzano: „Cała władza, zarówno na prowincji, jak i w stolicy, winna należeć do Zjazdu Delegatów Rad Robotniczych, Żołnierskich i Chłopskich Republiki Ukraińskiej oraz wybranych na nim [podkr. moje — *W.A.S.*]: Centralnej Rady i Generalnego Sekretariatu”. Ta swoista koncepcja dwuwładzy nie przetrwała długo i już dwa dni później Rada Delegatów w Charkowie uchwaliła rezolucję bolszewicką, na mocy której przejmowała całą władzę w swoje ręce. 24 listopada (7 grudnia) nastąpiło ostateczne zerwanie z Centralną Radą, którą uznano za „nie zasługującą na zaufanie mas pracujących”.

Rzecz charakterystyczna, że wówczas wszędzie tam, gdzie do władzy doszli bolszewicy, uznawali oni doniosłość haseł narodowych, nie zrywali z powszechnie już przyjętą nazwą i samodzielnością Ukraińskiej Republiki Ludowej, która miała w przyszłości, na bliżej jeszcze nie określonych zasadach, wejść w skład państwa radzieckiego.

Przeważająca część ziem ukraińskich pozostawała w rękach Centralnej Rady, bolszewików zaś — prócz Charkowa, części Zagłębia Donieckiego tylko Płoskirów, Łuck, Żmerynka i Równe.

Państwa Ententy pośpieszyły Radzie z daleko idącą pomocą.

Budynek w Charkowie, w którym odbył się I Ogólnoukraiński Zjazd Rad

Francja zaofiarowała jej pożyczkę w wysokości 180 mln franków, pomoc ofiarowała także Rumunia, ale w zamian za zgodę na odstąpienie Besarabii. 2 XII 1917 r. miejscowa Rada Narodowa ogłosiła, że Besarabia staje się Mołdawską Republiką Demokratyczną, sfederowaną z Rosją; w styczniu 1918 r. proklamowała swoją niepodległość. 15 III 1918 r. Hruszewski jako prezydent Centralnej Rady zgłosił pretensje do północnej i południowej części Republiki Mołdawskiej. Nie miało to żadnego większego znaczenia, gdyż po niespełna dwóch tygodniach Rumunia włączyła Besarabię w skład swego państwa.

Generalny Sekretariat podejmował próby skoordynowania działań I Korpusu Polskiego, dowodzonego przez gen. Józefa Dowbora-Muśnickiego, z działaniami jednostek wojskowych podporządkowanych Centralnej Radzie.

Rada postanowiła nie wycofywać się z wojny przeciw państwom centralnym. Sekretarzem generalnym do spraw wojska został Petlura. 23 XI (6 XII) 1917 r. podjęto decyzję o połączeniu dotychczasowego Frontu Południowo-Zachodniego i Rumuńskiego. Nowy Front nazwano Ukraińskim i zaczęto przerzucać nań z innych ukraińskie formacje wojskowe.

Wobec rozesłania przez Radę zaleceń wzywających do niepodporządkowywania się rozkazom i dekretom Rady Komisarzy Ludowych ta ostatnia uznała za konieczne poczynienie energicznych kroków zmierzających do uregulowania i unormowania stosunków wzajemnych. 3(16) XII 1917 r. Rada Komisarzy Ludowych wydała *Manifest do narodu ukraińskiego*, w którym uznawała oficjalnie niepodległość Ukrainy. Pisano w nim: „Wszystko, co należy do zakresu praw narodowych i narodowej niepodległości, RKL uznaje natychmiast, bez ograniczeń i bezwarunkowo". W tekście manifestu znalazło się również czteropunktowe ultimatum zobowiązujące Centralną Radę do udzielenia RKL zadowalającej odpowiedzi w ciągu 48 godzin. Żądano w nim: zaprzestania dezorganizacji frontu przez przerzucanie jednostek ukraińskich za pomocą jednostronnie wydawanych rozkazów, nieprzepuszczania przez terytorium ukraińskie wojsk spieszących na pomoc Kaledinowi, udzielenia wsparcia walczącej z kontrrewolucją władzy radzieckiej oraz zaprzestania wszelkich prób rozbrajania radzieckich pułków i jednostek Gwardii Czerwonej na Ukrainie. Stwierdzano, że ta właśnie „dwulicowa polityka" pozbawiła RKL „możliwości uznania Rady za prawomocnego przedstawiciela mas pracujących i wyzyskiwanych Republiki Ukraińskiej, doprowadziła ostatnio Ukraińską Radę do kroków, które oznaczają przekreślenie wszelkiej możliwości porozumienia". Manifest kończył się słowami, że w razie nieotrzymania zadowalającej odpowiedzi na przedłożone postulaty „Rada Komisarzy Ludowych będzie uważała, że Ukraińska Rada znajduje się w stanie wojny z władzą radziecką w Rosji i na Ukrainie".

Ultimatum RKL zostało odrzucone przez Centralną Radę.

Już wcześniej jej działalność napotykała coraz poważniejsze trudności. Układ sił politycznych w kraju zmieniał się powoli na jej niekorzyść. W dniach 3—5(16—18) XII 1917 r. odbył się w Kijowie Zjazd SDPRR(b) Kraju Południowo-Zachodniego, a 5—6 (18—19) tego miesiąca w Charkowie Konferencja Partyjna SDPRR(b) Zagłębia Donieckiego i Krzyworoskiego. Opowiedziały się one za utworzeniem Ukraińskiej Republiki Rad. Utworzono Główny Komitet Socjaldemokracji Ukrainy.

Uchwały te wiązały się bezpośrednio ze zwołanym przez bolszewików i inne partie lewicowe na 4(17) XII 1917 r. I Ogólnoukraińskim Zjazdem Rad Delegatów Robotniczych, Żołnierskich i Chłopskich, którego obrady rozpoczęły się tego dnia wieczorem. Spodziewano się przybycia ok. 200 delegatów. Centralnej Radzie udało się jednak uprzedzić bolszewików. Do Kijowa zjechali się przedstawiciele terenowych organizacji Związku Chłopskiego, przedstawiciele rad powiato-

Eugenia Bosz

wych i gubernialnych będących prowincjonalnymi ekspozyturami Centralnej Rady oraz narodowcy z podporządkowanych Generalnemu Sekretariatowi oddziałów wojskowych. Zamiast spodziewanych 200 salę wypełniło ok. 2500 delegatów, z których wielu miało mandaty wątpliwej wartości. Po stronie bolszewików opowiedziało się zaledwie ok. 100 delegatów. Wobec braku realnych możliwości wpłynięcia na przebieg Zjazdu oraz obstrukcję stosowaną przez zwolenników Centralnej Rady delegaci Rad Robotniczych i Żołnierskich uchwalili odrębną deklarację, w której podkreślali wymuszoną w tej sytuacji konieczność opuszczenia sali i protestującą przeciw polityce ukraińskich partii narodowych.

Obrady Zjazdu Rad przeniesiono do Charkowa opanowanego przez bolszewików. Odbył się on już bez przeszkód w dniach 11—12 (24—25) XII 1917 r., po połączeniu się z obradującymi tutaj uczestnikami III Zjazdu Rad Zagłębia Donieckiego i Krzyworoskiego.

Najważniejsza z uchwalonych rezolucji — *O organizacji władzy na Ukrainie* — głosiła: "Od chwili obecnej władza na terytorium Republiki Ukraińskiej należy wyłącznie do Rad Delegatów Robotniczych, Żołnierskich i Chłopskich ... Ukrainę ogłasza się Republiką Rad".

Mikołaj Skrypnyk

Wybrany na Zjeździe Centralny Komitet Wykonawczy, któremu przewodniczył J. Miedwiediew, były członek USDPR, został zobowiązany do jak najszybszego zwołania II Zjazdu Rad Ukrainy. 14(27) XII 1917 r. powstał Sekretariat Ludowy Ukraińskiej Republiki Robotniczo-Chłopskiej, pierwszy rząd Ukrainy radzieckiej. Po trzech dniach CKW Rad Ukrainy poinformował oficjalnie o jego składzie. Ministrami (sekretarzami) zostali, poza jednym wyjątkiem, bolszewicy. Resort spraw wewnętrznych objęła Eugenia Bosz, spraw zagranicznych — S. Bakiński, spraw wojskowych — W. Szachraj, handlu i przemysłu — Fiodor Siergiejew (pseud. Artiom), finansów — Włodzimierz Aussem, sprawiedliwości — W. Luksemburg, pracy — Mikołaj Skrypnyk, zaopatrzenia — E. Ługanowski, oświaty — Włodzimierz Zatoński, rolnictwa E. Terlecki (lewicowy eserowiec). Głównym pisarzem został G. Łapczynski. Obowiązki premiera spadły na barki Eugenii Bosz, która z początkiem marca 1918 r. przekazała je Skrypnykowi, któremu urząd ten przekazano oficjalnie wcześniej, jednak dopiero wówczas Skrypnyk przybył z Piotrogrodu do Kijowa. I Zjazd Rad Delegatów Robotniczych, Żołnierskich i Chłopskich Ukrainy podjął również decyzję unieważniającą wszystkie dotychczas wydane uchwały i dekrety Centralnej Rady oraz podporządkowanych jej organów władzy.

W dniu powstania Sekretariatu Ludowego radiostacja w Charkowie przekazała radiotelegram CKW Rad Ukrainy do Rady Komisarzy Ludowych informujący o przebiegu wydarzeń. Opublikowano także manifest CKW *Do wszystkich robotników, chłopów i żołnierzy Ukrainy*. Depesza wysłana z Charkowa została przejęta w Piotrogrodzie wieczorem i wręczona Stalinowi, który w tym czasie znajdował się na posiedzeniu Ogólnorosyjskiego CKW Rad. Uzyskaną informację przekazał natychmiast zebranym. 16(29) XII 1918 r. Rada Komisarzy Ludowych, witając powstanie na Ukrainie „prawdziwie ludowej władzy radzieckiej" i widząc w niej „prawdziwy rząd Ukraińskiej Republiki Ludowej", obiecała jej daleko idącą pomoc w przedsięwzięciach zmierzających do przeprowadzenia podstawowych reform społecznych: nacjonalizacji ziemi, fabryk, przedsiębiorstw i banków.

XV. W WALCE O WŁADZĘ

Na prośbę rządu powstałego
w Charkowie oddziały czerwonogwardzistów rosyjskich dowodzonych
przez Włodzimierza Antonowa-Owsiejenkę, które przechodziły przez
ziemie ukraińskie, by walczyć z Kaledinem, udzieliły pomocy zbrojnej
nowo utworzonej władzy radzieckiej. Część z nich skierowano przeciw
wojskom Centralnej Rady. Czerwonogwardziści pomogli bolszewikom
przejąć władzę w Jekaterynosławiu i opanować Zagłębie Donieckie.
Nie udał się spisek antyradziecki przygotowywany przez dowódcę
Frontu Rumuńskiego gen. Szczerbakowa. W styczniu 1918 r. w ciężkich walkach czerwonogwardziści zdobyli Odessę, Mikołajów, Chersoń i Aleksandrowsk. Bolszewicy utworzyli pułk Czerwonych Kozaków, składający się z robotników i tych żołnierzy jednostek ukraińskich, którzy przeszli na stronę władzy radzieckiej. Jego dowódcą został
członek Komitetu Kijowskiego SDPRR(b) Witalij Prymakow. Oddziały Gwardii Czerwonej zdobyły kolejno Połtawę, Krzemieńczug,
Łubnie i Łochwicę, podchodząc pod sam Kijów, w którym miejscowa
organizacja socjaldemokratyczna przygotowywała powstanie.

Powstanie wybuchło w Kijowie w połowie stycznia 1918 r.
Uderzenie nastąpiło z dwóch stron: z jednej nacierali robotnicy
„Arsenału", z drugiej — czerwonogwardziści skoncentrowani w robotniczej dzielnicy Podół. Na pomoc przybył też oddział marynarzy floty
czarnomorskiej. Powstańcom udało się zdobyć kilka ważnych punktów oporu, m.in. stację kolejową, szereg komisariatów policji itp.
Dotarli nawet do centrum miasta. Wówczas Petlura ściągnął posiłki
z frontu, zdobył „Arsenał" po kilku dniach zaciekłych walk i krwawo
rozprawił się z jego obrońcami. Dopiero 22 stycznia (4 lutego) do
Kijowa weszły posiłki czerwonogwardyjskie przybyłe z zewnątrz,
zajęły lewobrzeżne przedmieście Darnicę i opanowały most na Dniep-

rze. 26 I (8 II) 1918 r. Kijów został całkowicie zajęty przez oddziały opowiadające się po stronie władzy radzieckiej: miejscowych powstańców, żołnierzy pułku Czerwonych Kozaków oraz oddziały Gwardii Czerwonej. Członkowie Centralnej Rady ewakuowali się do Żytomierza, a następnie Sarn na Wołyniu, a rząd Ukrainy Radzieckiej przeniósł się do Kijowa 30 I (12 II) 1918 r.

Sekretariat Ludowy zabronił wykonywania jakichkolwiek zarządzeń Centralnej Rady. Władza terenowa przeszła w ręce miejscowych Rad Delegatów. Utworzono sieć sądów ludowych, a następnie trybunałów rewolucyjnych; wydano dekret o utworzeniu na Ukrainie Armii Czerwonej. Rozpoczęto wydawanie oficjalnego organu prasowego (po ukraińsku i rosyjsku) zatytułowanego „Biuletyn (Wisnyk) Ukraińskiej Republiki Ludowej". Składający się z 41 osób CKW Rad Ukrainy został powiększony o 21 reprezentantów chłopskich wybranych na Ogólnoukraińskiej Konferencji Delegatów Rad Wiejskich (23 I/5 II 1918 r.) , a następnie — 8 osób wybranych przez Jekaterynosławski Gubernialny Zjazd Delegatów Chłopskich.

Poważne kłopoty sprawiała władzy radzieckiej na Ukrainie kwestia narodowa. Znaczny procent robotników innych niż ukraińska narodowości, głównie Rosjan, którzy w znacznej liczbie znaleźli się w organach władzy, powodował, iż nie zawsze problemy budownictwa państwowego i polityki wewnętrznej były rozwiązywane zgodnie z koniecznością uwzględnienia narodowych potrzeb samych Ukraińców. Z końcem stycznia 1918 r. w Charkowie ogłoszono rezolucję VI Zjazdu Rad Zagłębia Donieckiego i Krzyworoskiego o utworzeniu i włączeniu do Rosyjskiej Socjalistycznej Republiki Federacyjnej Republiki Doniecko-Krzyworoskiej. Jakub Swierdłow, ówczesny przewodniczący CKW Rad Rosji radzieckiej, stwierdził wręcz: „To wyodrębnienie uważamy za szkodliwe", a w marcu 1918 r. KC partii bolszewickiej uznał Zagłębie Donieckie za nierozłączną część Ukrainy.

Wiele wysiłku włożono w odbudowę gospodarki ukraińskiej. Stopniowo, o ile pozwalał czas wojny, wprowadzano kontrolę robotniczą w fabrykach. Rząd przejął nadzór nad działalnością banków i przedsiębiorstw kredytowych. Rozpoczęła się akcja nacjonalizacji i parcelacji ziemi obszarniczej oraz przekazywania jej bez wykupu chłopom.

W tym też czasie rozpoczęły się rozmowy w państwami centralnymi na temat zakończenia działań wojennych i podpisania traktatu pokojowego. 2(15) XII 1917 r. Rosja Radziecka zawarła rozejm z Niemcami i Austro-Węgrami. Rozpoczęte wkrótce w Brześciu

Litewskim pertraktacje pokojowe wyjawiły poważne rozbieżności między układającymi się stronami. Państwa centralne zażądały radzieckiego désintéressement w sprawie przyszłości ziem polskich, litewskich i białoruskich; żądały również wyrażenia zgody na uznanie przez Radę Komisarzy Ludowych prawa Centralnej Rady do reprezentowania Ukrainy w czasie rozmów brzeskich. RKL, będąc w obliczu interwencji, znajdowała się w sytuacji przymusowej i musiała wyrazić na to zgodę. W partii bolszewickiej i w rządzie radzieckim odezwały się grupy opozycyjne, zwłaszcza zaś tzw. lewicowi komuniści, którzy domagali się prowadzenia wojny „rewolucyjnej" aż do chwili uznania racji strony radzieckiej. W Kijowie na czele opozycji stał Georgij Piętakow. Spora grupa lewicowych komunistów znalazła się także w Charkowie oraz w rządzie Republiki Doniecko-Krzyworoskiej. W Brześciu pojawiły się dwie delegacje ukraińskie: radziecka oraz Centralnej Rady, przy czym tylko ta ostatnia została uznana przez państwa centralne. Odrzuciły one pretensje Rady do Galicji Wschodniej, Bukowiny i Zakarpacia, uznając tę kwestię za wewnętrzną sprawę monarchii austro-węgierskiej; zgodziły się natomiast na przekazanie Ukrainie Chełmszczyzny i Podlasia.

9(22) I 1918 r. Centralna Rada ogłosiła *IV Uniwersal*, w którym proklamowała utworzenie niezależnego i suwerennego państwa — Ukraińskiej Republiki Ludowej, przekształcając Sekretariat Generalny w Radę Ludowych Ministrów URL. Premierem został W. Wynnyczenko (ministrem d. s. polskich M. Mickiewicz). 1 II 1918 r. Ukraińska Republika Ludowa została uznana przez państwa centralne, a 9 lutego zawarła przygotowany przez nie traktat pokojowy. Wprawdzie granice państwowe miały zostać wytyczone w terenie później, i to biorąc pod uwagę zasadę etniczną i wolę ludności miejscowej, ale już uznawano za obowiązującą linię graniczną odpowiadającą granicy rosyjsko-austriackiej z 1914 r. oraz, na północy, przebiegającą od Tarnogrodu przez Biłgoraj, Szczebrzeszyn, Krasnystaw, Puchaczów, Radzyń Podlaski, Międzyrzec, Mielnik, Kamieniec Litewski i Prużany. Prócz tego Austro-Węgry podpisały z URL tajny układ, w którym zobowiązywały się do połączenia w jeden kraj Galicji Wschodniej i Bukowiny. Układ ten został anulowany przez stronę austriacką już na początku lipca 1918 r.

Radziecki protest przeciw traktatowi pokojowemu z URL nie został przyjęty do wiadomości.

Tymczasem ówczesny kierownik delegacji radzieckiej na rokowaniach brzeskich Lew Trocki (Bronstein), licząc na rzekomy rychły wybuch rewolucji socjalistycznej w Europie, oświadczył, że Rosja radziecka nie podpisze pokoju na warunkach zaproponowanych przez państwa centralne, niemniej jednak nie będzie prowadzić działań wojennych i zdemobilizuje swoją armię. Nie trzeba było długo czekać na rezultaty takiej polityki. Niemcy rozpoczęły ofensywę na froncie wschodnim, którą zatrzymano po kilku dniach, z końcem lutego. Wznowione wkrótce rokowania zakończyły się w dniu 3 III 1918 r. podpisaniem traktatu pokojowego na warunkach podyktowanych przez państwa centralne. Wśród 14 artykułów traktatu znalazły się również takie, które zakładały konieczność opuszczenia Ukrainy przez wojska radzieckie oraz uznanie wcześniej podpisanego pokoju między państwami centralnymi a Centralną Radą. Rosja radziecka zobowiązywała się również do zawarcia z Centralną Radą układu granicznego.

Niemcy pospieszyli z pomocą Centralnej Radzie i wprowadzili na Ukrainę armię liczącą blisko pół miliona żołnierzy. Już w ostatnich dniach lutego rząd Ukrainy radzieckiej musiał ewakuować się do Połtawy, a 1 marca wojska niemieckie wkroczyły do Kijowa. W guberniach, w których władzę sprawowały jeszcze terenowe organy władzy radzieckiej, a więc chersońskiej, czernihowskiej i połtawskiej, wprowadzono stan wyjątkowy. Ogłoszono mobilizację wszystkich mężczyzn w wieku od 18 do 30 lat. 7 marca Antonow-Owsiejenko został mianowany głównodowodzącym sił zbrojnych Ukrainy radzieckiej. Mimo tych zabiegów oraz wydatnej pomocy udzielonej przez RKL liczba czerwonoarmistów na froncie ukraińskim nie przekroczyła 25 000 żołnierzy. Na Ukrainie zapanował chaos. Chłopi nie wiedzieli, po której opowiedzieć się stronie.

W marcu Sekretariat Ludowy przeniósł się do Jekaterynosławia, gdzie odbył się II Ogólnoukraiński Zjazd Rad. Na 964 uczestników Zjazdu 428 należało do partii bolszewickiej, 414 do partii lewicowych eserowców, 82 było bezpartyjnych, reszta zaś reprezentowała Bund, mienszewików, anarchistów, USDRR i in. Najwięcej sporów budziła ratyfikacja traktatu brzeskiego, ale bolszewikom udało się załatwić tę sprawę po swojej myśli i traktat został ratyfikowany. Nb. podobną decyzję podjął obradujący w tym samym czasie VI Nadzwyczajny Ogólnorosyjski Zjazd Rad. Na Zjeździe Ogólnorosyjskim wybrano nowy, 102-osobowy CKW Ukrainy (47 bolszewików, 49 lewicowych eserowców, 5 członków lewicy USDPR, 1 członek PPS Lewicy). Przewodniczącym CKW został Zatonski, premierem — Skrypnyk. Wkrótce potem do Moskwy udała się delegacja Ukrainy radzieckiej w celu uregulowania stosunków politycznych, finansowych i gospodarczych z RFSRR.

Dalsze walki z Niemcami toczyły się ze zmiennym szczęściem. CKW i rząd Ukrainy radzieckiej zmuszone zostały do kolejnej zmiany miejsca pobytu i ewakuowały się do Taganrogu. Do Kijowa natomiast powróciła Centralna Rada wraz z członkami agenturalnego Związku Wyzwolenia Ukrainy, całkowicie zależnego do Niemiec i Austro-Węgier.

W pierwszych miesiącach 1918 r., w tym także w czasie pobytu na Wołyniu, Centralna Rada prowadziła ożywioną działalność ustawodawczą. Sytuacja zmusiła ją do radykalniejszego niż dotąd stanowiska w sprawach społecznych. Uchwaliła więc m. in. dekrety o ośmiogodzinnym dniu pracy, reformie rolnej, systemie pieniężnym i nowym podziale administracyjnym. 22 marca na wniosek Dymitra Antonowicza, wsparty przez M. Hruszewskiego, podjęto uchwałę o godle Ukraińskiej Republiki Ludowej. Został nim stylizowany trójząb (ukr. tryzub) w wieńcu laurowym, przejęty z monety księcia kijowskiego Włodzimierza Wielkiego i będący prawdopodobnie później godłem Rusi Kijowskiej.

Centralna Rada znalazła się w trudnej sytuacji. Z jednej bowiem strony starała się w miarę możliwości demonstrować swój ludowy i narodowy charakter, obiecywała wprowadzenie szerokich swobód obywatelskich, deklarowała parcelację wielkich majątków ziemskich, z drugiej zaś musiała zgadzać się na wszystkie żądania okupantów niemieckich, którym teraz zawdzięczała swoją egzystencję. Tak np. 22 IV 1918 r. zobowiązała się do wysłania do Niemiec i Austro-Węgier z wyniszczonego przez wojnę kraju znacznych ilości produktów żywnościowych, m. in. przeszło 45 000 ton mięsa, niemal 1 mln ton zboża, 500 000 sztuk jajek itp.

RZĄDY SKOROPADSKIEGO

Wkrótce potem zbędne stały się jakiekolwiek pozory. Radykalizacja poczynań Rady, coraz częstsze protesty wobec aktów bezprawia dokonywanych przez wojska niemieckie doprowadziły do przewrotu, który dla wielu nie stanowił żadnej niespodzianki. 28 IV 1918 r. na posiedzenie Rady wdarł się oddziałek niemiecki aresztując kilku działaczy ukraińskiego ruchu narodowego. Nazajutrz, jakby nic się nie stało, Centralna Rada uchwaliła konstytucję URL oraz formalnie wybrała Hruszewskiego prezydentem Republiki.

W tym samym dniu, 29 kwietnia, na zjeździe partii chłopskiej, ochranianym przez oddziały niemieckie, gen. Paweł Skoropadski został okrzyknięty „hetmanem Ukrainy". Wkrótce ogłosił on uroczyście utworzenie państwa ukraińskiego (Ukrajinśka Derżawa) i proklamował się jego jedynowładcą. Dotychczasowy rząd został aresztowany. Natychmiast przywrócono porządki przedrewolucyjne, w szczególności zaś prywatną własność wszelkich środków produkcji. Premierem nowego rządu został zamożny właściciel ziemski Fedor Łyzohub. Zmieniła się struktura władz terenowych: guberniami zarządzali teraz starostowie gubernialni, powiatami — starostowie powiatowi. Ich kompetencje nie różniły się od kompetencji urzędników carskich. Policja, tzw. hetmańska warta, ściśle współpracowała z armią niemiecką, organizując wspólne ekspedycje pacyfikacyjne skierowane przeciw buntującym się chłopom i robotnikom. Zamykano fabryki, przedłużano dzień pracy i odbierano już rozparcelowaną ziemię. Na Ukrainie znaleźli schronienie kontrrewolucjoniści zbiegli z terenów kontrolowanych przez władze radzieckie. Partia bolszewicka, działając w konspiracji, organizowała grupy oporu i przygotowywała powstania. Wiele decyzji zapadało poza ziemiami ukraińskimi.

W dniach 5—12 VII 1918 r. w Moskwie odbył się I Zjazd Komunistycznych Organizacji Ukrainy, który powołał do życia Komunistyczną Partię (bolszewików) Ukrainy, wchodzącą w skład Rosyjskiej KP(b). Na Zjeździe podjęto decyzję o likwidacji rządu Ukrainy radzieckiej i powołaniu na jego miejsce Centralnego Komitetu Wojskowo-Rewolucyjnego. Wprawdzie inicjatorom tego kroku chodziło o stworzenie sprawnego organu, zdolnego do kierowania walką z okupantami i „hetmańszczyzną", niemniej jednak w ten sposób zniesiono legalnie wybrane (przez Zjazd Rad) władze. Przeciwko tej decyzji wypowiadali się stanowczo zarówno Andrzej Bubnow, jak i Zatonski oraz Skrypnyk, lecz zwyciężyło zdanie większości wsparte autorytetem Stalina, a przewodniczącym Komitetu został właśnie Bubnow.

W skład KP(b)U weszli członkowie lewego skrzydła USDPR, natomiast lewicowi eserowcy utworzyli nową partię, której członków nazywano borotbistami (od tytułu organu partyjnego „Borot'ba" — „Walka"). W kierownictwie partii znaleźli się m. in. Wasyl Ełłanski (pseud. Błakitny), Aleksander Szumski, Grzegorz Hryńko i Hnat Mychajłyczenko. Borotbiści również działali w konspiracji, wspólnie z bolszewikami prowadząc walkę przeciw rządom Skoropadskiego. Sądzili, że zdołają przejąć władzę na Ukrainie i w tym celu utworzyli

rego czele stanął W. Wynnyczenko. W skład Dyrektoriatu weszli poza tym: S. Petlura reprezentujący USDRP i Strzelców Siczowych, Fedor Szwec ze Związku Chłopskiego, Opanas Andrijewski z Ukraińskiej Partii Socjalistów-Niepodległościowców oraz delegat kolejarzy A. Makarenko.

Dyrektoriat utworzył rząd — Radę Zarządzających Sprawami Państwa (Rada Zawidujuczych Derżawnymy Sprawamy). Orientował się on na Ententę, głównie Francję i Anglię. Dysponował początkowo 3,5-tysięczną siłą zbrojną — Strzelcami Siczowymi, dowodzonymi przez Eugeniusza Konowalca i Andrzeja Melnyka. Formacja ta składała się wówczas z byłych jeńców armii austriackiej narodowości ukraińskiej pochodzących z Galicji Wschodniej. Dyrektoriat początkowo miał siedzibę w Białej Cerkwi, gdzie przebywali Strzelcy i stamtąd też ogłosił powstanie przeciw Skoropadskiemu. Petlurze, który stanął na czele wojsk Dyrektoriatu, udało się podporządkować sobie znaczną liczbę oddziałów partyzanckich i wraz z nimi ruszył na Kijów. Miasto zdobyto 14 XII 1918 r. Formalnie Skoropadski złożył urząd hetmański i przekazał władzę własnej Radzie Ministrów, a ta oddała ją z kolei Dyrektoriatowi. Były hetman uciekł do Niemiec po kilku dniach od zrzeczenia się urzędu.

Tymczasem 13 XI 1918 r. RKL anulowała postanowienia pokoju brzeskiego. Z końcem listopada w Sudży (miasto w odległości ok. 100 km na północny wschód od Sum, dzisiaj w obwodzie kurskim) na Ukrainie utworzono Tymczasowy Rząd Robotniczo-Chłopski, do którego weszli: Wasyl Awierin, K. Woroszyłow, W. Zatonski, E. Kwiring, J. Kociubynski i F. Siergiejew (Artiom). Później skład rządu został rozszerzony. TRR-Ch ogłosił manifest proklamujący likwidację urzędu hetmańskiego, nacjonalizację wszystkich podstawowych środków produkcji i surowców oraz natychmiastowe przekazanie chłopom ziemi obszarniczej. Ukraińskie Dywizje Radzieckie wspomagane przez rosyjskie jednostki Armii Czerwonej przeszły do natarcia. 3 I 1919 r. zajęto Charków, do którego przeniósł się Tymczasowy Rząd Robotniczo-Chłopski. 6 stycznia ogłoszono jego decyzję o zmianie nazwy państwa ukraińskiego, które miało odtąd nazywać się Ukraińską Socjalistyczną Republiką Radziecką.

Dyrektoriat nie zamierzał jednak oddawać władzy. Jego członkowie utworzyli 26 XII 1918 r. nowy rząd — Radę Ministrów Ukraińskiej Republiki Ludowej z Włodzimierzem Czechiwskym na czele. Zarządzono ochronę prywatnej własności ziemskiej, wydając wprawdzie (8 I 1919 r.) dekret o nacjonalizacji ziemi, ale jednocześnie zabraniając jej samowolnej parcelacji. Przewidywano indemnizację. Wprowadzono język ukraiński jako język urzędowy.

Walka o władzę wywołała nieokiełznaną samowolę Strzelców Siczowych i różnych samozwańczych obrońców interesów narodowych przed siłami radzieckimi. Terror wymierzony był głównie w działaczy komunistycznych i związkowych. Rozpędzano zebrania i konferencje; wielu bolszewików skrytobójczo zamordowano. Dla odwrócenia uwagi od rzeczywistego charakteru rządów Dyrektoriatu rozpoczęto propagandę nacjonalistyczną na nie spotykaną dotąd skalę. Organizowano pogromy Żydów, prześladowano ludność polską. Na miejsce Rad Delegatów Robotniczych powoływano tzw. Rady Pracy, całkowicie podporządkowane Dyrektoriatowi. W dniach 23—28 I 1919 r. odbył się w Kijowie pospiesznie zwołany Kongres Pracy, który miał przekonać społeczeństwo o rzekomo szerokiej reprezentacji powołanych wcześniej terenowych organów władzy. Formalnie Dyrektoriat podporządkował się Kongresowi, który z kolei upoważnił go do sprawowania rządów i wydawania zarządzeń niezbędnych dla obrony Ukraińskiej Republiki Ludowej oraz powoływania Rady Ministrów Narodowych.

Stany Zjednoczone przekazały Dyrektoriatowi sprzęt wojskowy wartości 11 mln dolarów. Nie wystarczyło to jednak do powstrzymania ofensywy wojsk radzieckich, które w drugiej połowie stycznia zajęły Połtawę, Jekaterynosław i Ługańsk, a 5 lutego Kijów. Członkowie Dyrektoriatu uciekli do Winnicy.

Jednym z dowódców pułków, które wkroczyły do Kijowa, był Mikołaj Szczors, w marcu mianowany dowódcą I Ukraińskiej Dywizji Radzieckiej, a w sierpniu — 41 Dywizji Strzelców (zginął wkrótce potem w starciu z petlurowcami w rejonie Korostenia). Terytorium podporządkowane władzy Dyrektoriatu kurczyło się coraz bardziej, tak że ten musiał przenieść się z kolei do Kamieńca Podolskiego. W kwietniu 1919 r. oddziały Armii Czerwonej dotarły do Zbrucza.

W składzie Dyrektoriatu następowały zmiany. 11 lutego ustąpił zeń Wynnyczenko, wobec czego na czele zespołu rządzącego stanął Petlura. W końcu sierpnia Dyrektoriat został porzucony przez Andrijewskiego.

Na południu Ukrainy także dochodziło do zmian władzy. Jeszcze z końcem listopada 1918 r. wylądował tam desant angielsko-francuski. Dwa miesiące później wojska interwencyjne zdobyły Chersoń, a następnie Mikołajów. Do akcji przyłączyli się Amerykanie, którzy w marcu 1919 r. odbyli w Brodach naradę z Petlurą, obiecując mu

Włodzimierz Antonow-Owsiejenko

zamierzali pomagać RKL w incjatywach, które w ostatecznym efekcie — ich zdaniem — obróciłyby się przeciw nim samym, nie mówiąc już o tym, że po wcześniejszym proklamowaniu niepodległości Ukrainy każdy program federacyjny jawił się jako próba cofnięcia rozwoju historycznego kraju i uderzenie w narodowe dążenia jego mieszkańców. Poza tym wciąż jeszcze trwały walki i wielu czekało na ostateczne rozstrzygnięcia, które — jak im się wydawało — miały dopiero nastąpić w przyszłości.

Z pomocą przyszła Rosja radziecka, skąd w styczniu i lutym 1919 r. przybyli na Ukrainę działacze gospodarczy, administracyjni i wojskowi, obejmując szereg ważnych, często kluczowych stanowisk w miejscowym aparacie państwowo-administracyjnym. Miało to także swoje niekorzystne konsekwencje, gdyż nowo przybyli nie zawsze rozumieli szczególną sytuację panującą na ziemiach ukraińskich, a demonstrowany przez nich internacjonalizm niejednokrotnie oznaczał takie postępowanie, które odbierane było przez społeczeństwo jako lekceważenie jego uczuć narodowych, bądź nawet poczynania rusyfikacyjne.

W lutym dokonano nowego podziału Ukrainy na gubernie. Było ich teraz dwanaście: charkowska, chersońska, czernihowska, doniecka, jekaterynosławska, kremieńczucka, kijowska, odeska, podolska, połtawska, taurydzka i wołyńska. Przywrócono większość zawieszonych w czasie rządów Skoropadskiego i Dyrektoriatu swobód obywatelskich, wprowadzono ośmiogodzinny dzień pracy oraz obowiązkowe ubezpieczenie pracujących. Armia Czerwona, działająca na Ukrainie i licząca wówczas 190 000 żołnierzy w kwietniu 1919 r. została podzielona na trzy armie. Utworzono Wojenną Flotę Dnieprzańską. Trwały prace nad odbudową floty czarnomorskiej.

W dniach 1 – 6 III 1919 r. w Charkowie obradował III Zjazd KP(b)U, w którym wzięło udział przeszło 200 delegatów reprezentujących ok 23. tysięcy członków partii. Na zjeździe zatwierdzono projekt konstytucji Ukrainy radzieckiej wzorowany na konstytucji RFSRR. 6 marca rozpoczęły się obrady (także w Charkowie) III Ogólnoukraińskiego Zjazdu Rad (trwał do 10 marca). Wzięło w nim udział 1787 delegatów, z czego 1435 należało do partii komunistycznej; z pozostałych mandatów najwięcej przypadło borotbistom (119) i lewicowym eserowcom (88). Zjazd nadał rządowi nową nazwę: Robotniczo-Chłopski Rząd Ukraińskiej Socjalistycznej Republiki Radzieckiej. 10 marca uchwalono pierwszą konstytucję Ukrainy radzieckiej.

Konstytucja USRR deklarowała pełną suwerenność Ukrainy, wyrażającą się m. in. w przyznaniu Centralnemu Komitetowi Wykonawczemu Rad Ukrainy prawa prowadzenia samodzielnej polityki zagranicznej, łącznie z wypowiadaniem wojny i zawieraniem pokoju. Jednocześnie wyrażano nadzieję na ścisłą współpracę z innymi socjalistycznymi republikami radzieckimi. Konstytucja stwierdzała, że obywatele ukraińscy nie utrzymujący się z własnej pracy zostaną pozbawieni praw wyborczych.

Ustalono również kształt i barwy godła państwowego oraz flagi. Godło wyobrażało skrzyżowany sierp z młotem na tle promieni słonecznych, obramowane kłosami. Znajdował się na nim napis (po ukraińsku i po rosyjsku): „Proletariusze wszystkich krajów łączcie się!" oraz „USRR". Flaga miała być czerwona, a w jej lewym górnym rogu koło drzewca winien był znajdować się napis „Ukraińska Socjalistyczna Republika Radziecka".

W skład nowo wybranego CKW Rad weszli wyłącznie przedstawiciele dwóch ugrupowań partyjnych: z KP(b)U — 89 i spośród borotbistów — 10. Przewodniczącym CKW został G. Pietrowski, a jego zastępcami: Chmielnicki, Kosior, Woroszyłow i Zatoński. CKW powołał rząd składający się z 16 resortów. Ich obsada nie różniła się w zasadzie od poprzedniej.

ziemiach ukraińskich, poza wzrostem sił Denikina, Lenin powiedział: „Na tle zupełnie niedostatecznego stopnia uświadomienia proletariatu na Ukrainie, jego słabości i niezorganizowania, na tle petlurowskiej dezorganizacji i nacisku ze strony niemieckiego imperializmu — na tym podłożu wyrastała tam żywiołowość i partyzantka. W każdym oddziale chłopi chwytali za broń, wybierali swego atamana, czyli swojego bat'kę, żeby wprowadzić, żeby stworzyć miejscową władzę. [...] W obecnej sytuacji samym entuzjazmem, samym zapałem chłopstwa pociągnąć za sobą nie można — sposób taki jest nietrwały. Tysiąc razy przestrzegaliśmy ukraińskich towarzyszy, że kiedy dochodzi do ruchu milionowych mas ludowych, to słowa tu nie wystarczą, lecz potrzebne jest własne doświadczenie życiowe mas, żeby ludzie sami sprawdzili wartość haseł, żeby uwierzyli swojemu własnemu doświadczeniu".

Poważne zamieszanie wprowadzały na Ukrainie akcje oddziałów atamana Nestora Machny. Pochodził on z rodziny chłopskiej osiadłej w Hulajpolu w guberni jekaterynosławskiej. W czasie rewolucji 1905 r. dostał się pod wpływy anarchistów, którzy ostatecznie uformowali jego poglądy polityczne. Rozpoczął działalność w 1918 r. od walki z obszarnikami i okupantami niemieckimi, głównie na terenie guberni jekaterynosławskiej i charkowskiej. W lutym 1919 r. wraz z przeszło dwudziestoma tysiącami podległych mu ludzi został przyjęty do Armii Czerwonej, a jego oddział przekształcono w samodzielną dywizję partyzancką. Wkrótce jednak doszło do buntu Machny, który odmawiał wykonywania rozkazów i zaczął na własną rękę organizować Zjazdy Delegatów Powstańczych, Robotniczych i Chłopskich, wypowiadających się przeciw władzy radzieckiej, a zwłaszcza przeciw wprowadzaniu kontyngentów żywnościowych. Jego podkomendni dopuszczali się morderstw i grabieży. Z początkiem czerwca 1919 r. Machno został pozbawiony dowództwa i wyjęty spod prawa. Postanowienie to miało jednak wyłącznie charakter formalny, pozbawiony jakiegokolwiek praktycznego znaczenia, watażka bowiem nic sobie nie robił z wydawanych mu rozkazów i zarządzeń. Dysponował siłą nie do pogardzenia, która według różnych ocen wynosiła już wówczas 35, 55, a być może nawet 80 000 żołnierzy. Znali oni doskonale swoje rzemiosło, byli dobrze wyposażeni w broń i konie, korzystali z pomocy miejscowego chłopstwa, posiadali świetny wywiad i łączność. W trakcie ofensywy Denikina część wycofujących się czerwonoarmistów weszła w skład Rewolucyjno-Powstańczej Armii atamana.

Kontrrewolucja zataczała coraz szersze kręgi. Ze wschodu Rosję

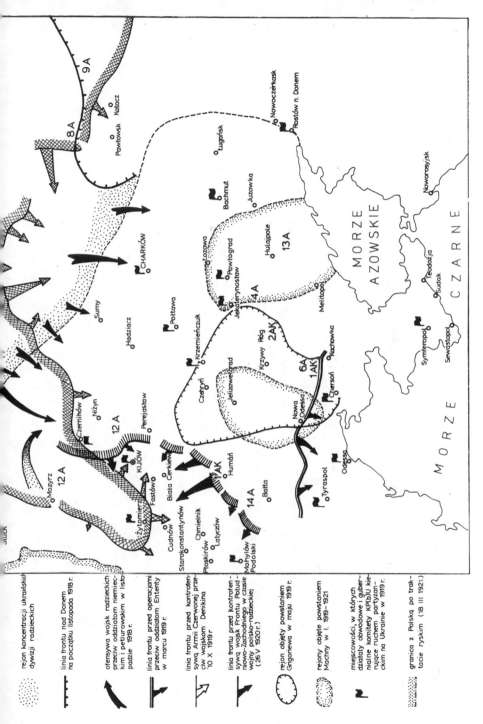

Legend:

- rejon koncentracji ukraińskich dywizji radzieckich
- linia frontu nad Donem na początku listopada 1918 r.
- ofensywa wojsk radzieckich przeciw oddziałom niemieckim i petlurowskim w listopadzie 1918 r.
- linia frontu przed operacjami przeciw oddziałom Ent: w marcu 1919 r.
- linia frontu przed kontrofensywą Armii Czerwonej przeciw wojskom Denikina 10 X 1919 r.
- linia frontu przed kontrofensywą wojsk Frontu Południowo-Zachodniego w czasie wojny polsko-radzieckiej (26 V 1920 r.)
- rejon objęty powstaniem Grigoriewa w maju 1919 r.
- rejony objęte powstaniem Machny w l. 1919–1921
- miejscowości, w których działały obwodowe i gubernialne komitety KP(b)U kierujące ruchem partyzanckim na Ukrainie w 1919 r.
- granica z Polską po traktacie ryskim (18 III 1921.)

Walka z interwencją i wojna domowa na Ukrainie (wybrane operacje)

Map labels: 9 A, 8 A, Kałacz, Pawłowsk, Nowoczerkask, Rostów n. Donem, Ługańsk, Noworosyjsk, Bachmut, Juzowka, CHARKÓW, Sumy, Łozowa, Pawłograd, Hulajpole, 13 A, MORZE AZOWSKIE, Hadziacz, Połtawa, Krzemieńczuk, Jekaterynosław, 14 A, Melitopol, Teodozja, Sudak, Symferopol, Sewastopol, CZARNE MORZE, Mozyrz, Czernihów, Nizyn, Perejasław, 12 A, KIJÓW, Fastów, Biała Cerkiew, Czehryń, Jelizawetgrad, Krzywy Róg, 2 AK, Kachowka, Cherson, 6 A, 1 AK, Żytomierz, Cudnów, Starokonstantynów, Chmielnik, AK, Humań, Bałta, 14 A, Nowa Odessa, Odessa, Połskirów, Latyczów, Mohylów Podolski, Tyraspol, Odessa, MORZE CZARNE

tańczych, na którego czele stanął Grzegorz Kołos. Największe nasilenie ruchu partyzanckiego notowano w okolicach Chersonia, Mikołajowa i w Zagłębiu Donieckim. Z początkiem października wzmocniono oddziały Armii Czerwonej na Froncie Południowym. Dowódcą Frontu został b. dowódca 14 Armii Aleksander Jegorow, a jego dotychczasowe stanowisko zajął Hieronim Uborewicz. Radziecka kontrofensywa zaczęła się 10 października. Znacznej pomocy udzielił Armii Czerwonej ruch partyzancki. Partyzanci nie tylko całkowicie przejęli kontrolę nad linią kolejową łączącą Jekaterynosław z Charkowem, ale nawet zdobyli Charków (30 października). Później jednak musieli wycofać się z miasta.

Najbliższe cztery miesiące stanowiły niemal jedno pasmo nieprzerwanych sukcesów Armii Czerwonej, 11 grudnia wyzwolono ostatecznie Charków, 16 grudnia — Kijów. Pod koniec roku rozpoczęły się walki o Zagłębie Donieckie z udziałem 1 Armii Konnej Siemiona Budionnego. 7 II 1920 r. do Odessy wkroczyła brygada kawaleryjska Grzegorza Kotowskiego. W marcu wyzwolono Noworosyjsk. Jedynie na Krymie zachowały się resztki armii denikinowskiej.

W celu zapewnienia bardziej operatywnego współdziałania aparatu administracyjnego i politycznego z nacierającymi jednostkami Armii Czerwonej 11 XII 1919 r. powstał na Ukrainie Ogólnoukraiński Komitet Rewolucyjny, który przejął pełnię władzy na tym terenie. W jego skład weszli: G. Pietrowski jako przewodniczący oraz Dymitr Manuilski, W. Zatonski i in. jako członkowie. Zreorganizowano również odpowiednio organy władzy terenowej. W kilka dni później doszło do porozumienia między KP(b)U a borotbistami, którzy zobowiązali się do popierania polityki partii komunistycznej, w zamian za co dokooptowano do OKR jednego z ich działaczy — Grzegorza Hryńkę. Komitet Rewolucyjny został rozwiązany 16 II 1920 r., a jego funkcje przejęły Prezydium CKW i Rada Komisarzy Ludowych Ukrainy.

Jednym z najważniejszych posunięć Komitetu Rewolucyjnego było przeprowadzenie reformy rolnej, która zwiększyła stan posiadania gospodarstw chłopskich o przeszło 15 mln ha, przy czym ziemię otrzymało ok. 60% rodzin włościańskich.

Przyczyniło się to w znacznej mierze do zwiększenia popularności bolszewików. W wyniku wyborów do Rad Delegatów, które odbyły się na wiosnę 1920 r., przygniatającą większość mandatów uzyskali członkowie partii komunistycznej. Na rezultat ten wpłynęła również częściowo ordynacja wyborcza odsuwająca od elektoratu znaczną część inteligencji oraz tzw. „elementy kapitalistyczne". Część borotbistów podjęła uchwałę o wstąpieniu do KP(b)U, część wraz z tzw. niezależnikami (którzy w styczniu 1919 r. wystąpili z USDPR i zdeklarowali się jako jej lewe skrzydło) utworzyła Ukraińską Partię Komunistyczną. Ukapiści, jak ich nazywano, dążyli do oderwania Ukrainy od Rosji, występując pod hasłami pełnej niezależności i suwerenności państwowej. Partia ukapistów nie była liczna i nigdy nie przekroczyła stanu kilkuset członków. Później domagała się nawet, by uznano ją za samodzielną ukraińską sekcję Międzynarodówki Komunistycznej, co doprowadziło do jej rozwiązania na przełomie 1924/1925 r. przez władze Ukrainy radzieckiej.

Sporo kłopotu sprawiała KP(b)U grupa lewacka, na której czele stali Daszkowski i Załucki. Domagali się oni włączenia Ukrainy do Rosji. Odmienny program prezentowali tzw. federaliści, którzy w Żytomierzu utworzyli Biuro Organizacyjne Grupy Federalistów i zorganizowali w Homlu naradę partyjną, żądając całkowitego oderwania się komunistów ukraińskich od RKP(b).

Najpoważniejsze niebezpieczeństwo zagrażało KP(b)U ze strony grupy przeciwników centralizmu w zarządzaniu przemysłem i kierowaniu partią, opowiadającej się za tzw. demokratycznym centralizmem (stąd nazwa: decyści). Kierowała ona organizacjami partyjnymi w Połtawie i Charkowie, a na IV Konferencji KP(b)U (Charków, 17 — 23 III 1920 r.) przeforsowała swoich kandydatów do KC oraz na IX Zjazd RKP(b). Konflikt był poważny. Aż 105 delegatów na Konferencję odmówiło wzięcia udziału w wyborach, oskarżając decystów o machinacje przedwyborcze. Wobec powyższego KC RKP(b) unieważnił wyniki wyborów i powołał Tymczasowy Komitet Centralny KP(b)U, co dało asumpt do publicznego podniesienia sprawy mieszania się partii r o s y j-s k i e j do spraw wewnątrzukraińskich. 15 kwietnia sekretarzem partii komunistycznej na Ukrainie został Stanisław Kosior.

Mimo poważnych trudności wewnętrznych i zniszczeń gospodarczych starano się zwiększyć produkcję podstawowych gałęzi produkcji, kładąc wszakże główny nacisk na rozwój przemysłu, zwłaszcza ciężkiego, zaniedbując rolnictwo. Powoli wzrastało wydobycie węgla, zwiększała się produkcja stali i surówki żelaza. Odbywało się to kosztem iście nadludzkiego wysiłku robotników. Pracowali oni poza godzinami pracy, brali udział w tzw. subotnikach komunistycznych (praca w dnie wolne), przekraczali wyznaczone normy produkcyjne. Nie mogło to jednak zrekompensować strat wynikających ze zniszczeń wojennych, stałego braku wykwalifikowanej siły roboczej oraz marnej

się strony polskiej od działań zaczepnych na styku z Armią Czerwoną co najmniej na czas rozbicia przez Rosję radziecką wojsk Denikina. Porozumienie to nie mogło mieć jednak trwałego charakteru. Rząd polski był wprawdzie daleki od chęci rewindykowania wszystkich ziem należących do Polski przed rozbiorami, niemniej zupełnie nie zadowalały go proponowane rozwiązania oparte na zasadach etnicznej przynależności terenów spornych, co w efekcie sprowadzać się musiało do zatrzymania się na linii Bugu. Pokojowe propozycje radzieckie były pozostawiane bez zadowalającej odpowiedzi. W Warszawie liczono na rozstrzygnięcie uzyskane z użyciem siły, a nawet na wojnę mającą — jak mówiono — charakter prewencyjny.

Nie ulega wątpliwości, że problem przynależności kresów wschodnich do państwa polskiego był ogromnie skomplikowany. Wprawdzie zasada rozstrzygania o prawie do określonych terenów na podstawie kryterium etnicznego likwidowała wszelkie wątpliwości i ewentualne dwuznaczności, jednak z różnych względów była nie do przyjęcia dla rządu Rzeczypospolitej. Chodziło między innymi o interesy ziemiaństwa polskiego, które posiadało na wschodzie spore majątki; o tradycję historyczną i chęć rzeczywistego przekreślenia, także przez przybliżenie się do przedzaborowych granic, traktatów rozbiorowych. Poza tym pewne duże ośrodki miejskie, zwłaszcza Lwów (rozsławiony jako gród „zawsze wierny Rzeczypospolitej"), były przez kilka stuleci związane z państwem polskim i ich przynależność do niego stała się elementem polskiej świadomości narodowej. Wspomnieć również należy o państwach Ententy, zwłaszcza Francji i Stanach Zjednoczonych, które rozczarowane nieudanymi próbami obalenia władzy radzieckiej gotowe były teraz wesprzeć w tym celu państwo polskie. Swoje interesy mieli również członkowie władz Ukraińskiej Republiki Ludowej, pragnąc z pomocą polską (za poczynienie pewnych koneksji terytorialnych) odzyskać pozycje utracone na Ukrainie. Już 24 V 1919 r. przedstawiciel Dyrektoriatu Borys Kurdynowski podpisał z polskim premierem Ignacym Paderewskim umowę, w której zrzekał się praw do Galicji Wschodniej oraz części Wołynia na zachód od Styru. Umowa ta nie weszła jednak w życie. 16 czerwca rozejm z Polską podpisał Petlura, a po niespełna dziesięciu dniach (25 czerwca) państwa Ententy upoważniły Rzeczpospolitą do zajęcia Galicji po Zbrucz, zobowiązując ją jednocześnie do zapewnienia tym terenom praw autonomicznych. Kolejna umowa rozejmowa z Petlurą została podpisana 1 IX 1919 r., a umowa polityczna — 21 IV 1920 r. Po czterech dniach obydwie strony podpisały konwencję wojskową.

Na mocy tych postanowień Polska uznawała Dyrektoriat za prawowity rząd niepodległej Ukrainy; granicę ustanawiano na Zbruczu, „a następnie wzdłuż byłej granicy między Austro-Węgrami a Rosją do Wyszegródka na północ przez Wzgórza Krzemienieckie, a następnie po linii na wschód od Zdołbunowa, następnie wzdłuż wschodnich granic administracyjnych powiatu rówieńskiego, dalej na północ wzdłuż granicy byłej guberni mińskiej do przecięcia jej przez rzekę Prypeć, a następnie Prypecią do ujścia jej". Obydwie strony gwarantowały również wzajemnie prawa mniejszości narodowych: polskiej i ukraińskiej. Konwencja wojskowa zakładała działanie obydwu armii w wojnie przeciw Rosji radzieckiej jako wojsk sprzymierzonych.

25 kwietnia wojska dowodzone przez Józefa Piłsudskiego i posiłkowane przez oddziały Petlury rozpoczęły ofensywę na Ukrainie. Przewaga sił polskich była w tym czasie znaczna, a zaskoczenie nie pozwalało Armii Czerwonej na zorganizowanie skutecznej obrony. 26 kwietnia zajęto Żytomierz i Korosteń, 27 kwietnia − Koziatyń i 6 maja wkroczono do Kijowa, który został oddany praktycznie bez walki.

W odezwie do mieszkańców Ukrainy wydanej w dzień po rozpoczęciu ofensywy Józef Piłsudski stwierdzał, iż „wierzy, że naród ukraiński wytęży wszystkie siły, aby z pomocą Rzeczypospolitej Polskiej wywalczyć wolność własną i zapewnić żyznym ziemiom swej ojczyzny szczęście i dobrobyt, którymi cieszyć się będzie po powrocie do pracy i pokoju. Wszystkim mieszkańcom Ukrainy, bez różnicy stanu, pochodzenia i wyznania, wojska Rzeczypospolitej Polskiej zapewniają obronę i opiekę".

Tymczasem na Ukrainie zdobyto się na kolejny wysiłek mobilizacyjny. Do Armii Czerwonej wstąpiło ochotniczo 2500 członków KP(b)U; obradujący w maju II Zjazd Komsomołu Ukrainy postanowił skierować do wojska wszystkich swoich członków, którzy ukończyli 18 lat. Na tyłach wojsk polskich rozpoczęły działalność radzieckie ugrupowania partyzanckie. IV Ogólnoukraiński Zjazd Rad, który obradował w dniach 6−20 V 1920 r. w Charkowie, skierował apel do wszystkich obywateli ukraińskich, by wzięli udział w wojnie z Polską. Wybrany na Zjeździe 82-osobowy Ukraiński CKW składał się głównie z bolszewików. Jego przewodniczącym został ponownie G. Pietrowski.

Rząd radziecki zaczął przegrupowywanie sił. Jak wiadomo, układ zawarty między republikami radzieckimi w dniu 1 VI 1919 r. dawał rządowi Rosji radzieckiej prawo dysponowania siłami zbrojnymi opowiadającymi się po stronie władzy Rad. Z Majkopu na Front

Południowo-Zachodni przerzucono 1 Armię Konną, 25 Dywizję Strzelców oraz Baszkirską Brygadę Kawalerii.

Kontrofensywa Armii Czerwonej rozpoczęła się o świcie 5 VI 1920 r. Zadania przerwania frontu powierzono 1 Armii Konnej, która wykonała je w rejonie Koziatynia, wychodząc na tyły 3 Armii polskiej i zajmując Żytomierz po dwóch dniach walk. Obawiając się okrążenia i odcięcia od głównych sił, oddziały polskie wycofały się spiesznie z Kijowa i Berdyczewa. Kijów Armia Czerwona zajęła w dniu 12 VI 1920 r.

Tymczasem w kwietniu miejsce Denikina na południu zajął gen. Piotr Wrangel. Wykorzystując osłabienie sił radzieckich zajmujących pozycje na północy Krymu, uderzył na nie w czerwcu 1920 r. i uzyskał pewne sukcesy terytorialne, które dawały mu możliwość kontynuowania natarcia na Zagłębie Donieckie i Północny Kaukaz. 2 VIII 1920 r. Front Krymski przemianowano na Front Południowy (dowódca: Michał Frunze), stawiając przed nim jedno tylko zadanie: rozbicie Wrangla. Z Syberii przerzucono dwie dywizje Armii Czerwonej. Przeprowadzono dodatkową mobilizację członków partii i skierowano do wojska część pracowników centralnej administracji państwowej. Pozwoliło to na rozpoczęcie kontrofensywy już w nocy z 6 na 7 VIII 1920 r. i utworzenie przyczółka w Kachowce nad Dnieprem.

Kolejna ofensywa Armii Czerwonej na Froncie Zachodnim, którym dowodził Michał Tuchaczewski (1893—1937), rozpoczęła się 4 lipca. Wojska radzieckie przekroczyły linię Bugu. Na przełomie lipca i sierpnia 1920 r., gdy wojska Frontu Południowo-Zachodniego (m. in. 1 Armia Konna) podeszły pod Lwów, a Front Zachodni zbliżył się do Warszawy, w dowództwie radzieckim powstały rozbieżności. Były one związane z opóźnianiem przez Stalina i Budionnego wykonania rozkazu o wzmocnieniu Frontu Zachodniego przez 1 i 12 Armię Konną. Polska zdobyła się tymczasem na ogromny wysiłek mobilizacyjny, znacznie powiększyła liczebność oddziałów broniących Warszawy, a dowództwo polskie, korzystając prawdopodobnie z pomocy francuskich specjalistów wojskowych, przygotowało plan operacji uderzeniowej z rejonu Wieprza.

Decydująca bitwa rozegrała się pod Warszawą w dniach 14—17 sierpnia. Armia Czerwona została zmuszona do odwrotu, przemieniającego się niekiedy w paniczną ucieczkę. Sytuacja Rosji i Ukrainy radzieckiej stała się tym trudniejsza, że we wrześniu uderzające z Krymu oddziały Wrangla zdobyły Aleksandrowsk i Mariupol, tworząc dogodną bazę wypadową do dalszej ofensywy na Zagłębie

Donieckie. Tymczasem 17 sierpnia w Mińsku rozpoczęły się polsko-radzieckie pertraktacje rozejmowe i pokojowe. Po dwóch dniach rozmowy zostały przeniesione do Rygi, gdzie je wznowiono 21 września. Delegacji radzieckiej przewodniczył Adolf Joffe, polskiej — Jan Dąbski. Joffe występował zarówno w imieniu Rosji, jak i Ukrainy radzieckiej, niemniej jednak członkiem delegacji był również Dymitr Manuilski (1883 – 1959), wówczas członek rządu ukraińskiego, Ukraińskiego Komitetu Wojskowo-Rewolucyjnego i Biura Tymczasowego KC KP(b)U. 12 października podpisano w Rydze układ rozejmowy i preliminaryjny traktat pokojowy między Rzecząpospolitą Polską a RFSRR i USRR. Działania wojenne przerwano 6 dni później. Rokowania trwały jeszcze przez kilka miesięcy, by wreszcie — 18 III 1921 r. — doprowadzić do zawarcia w Rydze traktatu pokojowego. Wśród osób składających swoje podpisy pod dokumentem znaleźli się również przedstawiciele Ukrainy radzieckiej: Kwiring i Kociubynski.

Zgodnie z postanowieniami traktatu zlikwidowany został stan wojny pomiędzy państwami sygnatariuszami, udzielono wzajemnych gwarancji mniejszościom narodowym, które otrzymały prawo swobodnego rozwoju języka, kultury i wyznawania religii. Osoby narodowości polskiej, ukraińskiej i rosyjskiej uzyskiwały prawo do wyboru obywatelstwa i miejsca zamieszkania. Ogłoszono wzajemną pełną amnestię dla obywateli strony przeciwnej w wypadku popełnienia przez nich przestępstw natury politycznej. Najważniejszym postanowieniem traktatu ryskiego (poza likwidacją stanu wojny) było określenie zasad wytyczenia granicy państwowej. W terenie miała ją wytyczyć Mieszana Komisja Graniczna. Na odcinku polsko-ukraińskim granica przebiegała wzdłuż Stwigi, przez Korzec, wzdłuż Horynia, przez Białozorkę, a następnie Zbruczem aż do Dniestru, co oznaczało, że część ziem zamieszkanych głównie przez ludność ukraińską znalazła się w granicach Polski. Oddziały ukraińskiej Republiki Ludowej zostały internowane. Później część żołnierzy zdecydowała się na wyemigrowanie do — przede wszystkim — Niemiec, Czechosłowacji i Austrii, część zaś powróciła po kryjomu na Ukrainę.

Tymczasem w październiku 1920 r. dokonał się przełom na Froncie Południowym, gdzie przerzucono część sił radzieckich z frontu polskiego. 8 listopada rozpoczęła się ostatnia bitwa z oddziałami Wrangla. W następnym dniu Armia Czerwona zdobyła tzw. Szaniec Turecki na Perekopie. Białogwardziści uciekli do Turcji.

Z chwilą podpisania traktatu ryskiego zakończyła się wojna

domowa dla wszystkich republik radzieckich, w tym również dla Ukrainy. Nadeszła chwila, w której partia bolszewicka miała udokumentować swoje kompetencje do rządzenia krajem.

GALICJA WSCHODNIA (UKRAINA ZACHODNIA) W LATACH 1918–1921

Jak już wspomniano wyżej, 9 II 1918 r. w Brześciu Litewskim państwa centralne zawarły traktat pokojowy z przedstawicielami Centralnej Rady, reprezentującymi Ukraińską Republikę Ludową. Na mocy jego postanowień wyrażały zgodę, by Chełmszczyzna została włączona do Ukrainy. Poza tym Austro-Węgry zgadzały się w tajnym układzie dodatkowym na utworzenie z Galicji Wschodniej autonomicznej prowincji ukraińskiej. Warunki, na których zawarto tzw. pierwszy brzeski traktat pokojowy, spowodowały zaostrzenie się stosunków między ludnością polską a ukraińską. Polacy zaprotestowali stanowczo przeciw oderwaniu Chełmszczyzny od Polski, uważając to za objaw chęci kontynuowania polityki rządu carskiego, który w 1912 r. oderwał nowo utworzoną gubernię chełmską od ziem byłego Królestwa Kongresowego. Część ludności ukraińskiej natomiast nie ukrywała swej radości, organizując m. in. we Lwowie wielkie manifestacje wyrażające poparcie dla decyzji zapadłych w Brześciu. Wyrażano także na ogół poparcie dla Centralnej Rady, którą pewne grupy społeczne uważały za reprezentanta interesów narodu ukraińskiego.

Tajne porozumienie austro-węgiersko-ukraińskie zostało ujawnione dopiero w maju 1918 r. Pod presją polskich ugrupowań politycznych rząd wiedeński zdecydował się na jego unieważnienie, co z kolei doprowadziło do wzburzenia wśród Ukraińców galicyjskich. Wprawdzie arcyksiążę Wilhelm (za swoją przychylność dla Ukraińców nazywany Wasylem Wyszywanym) oświadczył, że cesarz austriacki gotów jest bronić sprawy podziału Galicji, niemniej przestano już dowierzać rządowi wiedeńskiemu. Zaczęły się przygotowania do utworzenia ukraińskiej organizacji bojowej, która by w odpowiednim momencie mogła wystąpić ze zbrojnym poparciem planów przekształcenia Galicji Wschodniej w prowincję autonomiczną. Ugrupowania nacjonalistyczne szły jeszcze dalej, opowiadając się za oderwaniem Galicji Wschodniej od reszty ziem austriackich.

19 X 1918 r. Ukraińska Rada Narodowa uformowana w dniu poprzednim pod przewodnictwem Eugeniusza Petruszewicza proklamowała we Lwowie powstanie niezależnego państwa ukraińskiego, a 1 listopada nad ranem Ukraińcy opanowali miasto i tereny na

wschód od Sanu. Wykorzystano przy tym przychylność austriackich władz wojskowych przez palce patrzących na ukraińskie przygotowania do przewrotu zbrojnego. Samorzutnie zorganizowana przez polską ludność Lwowa obrona doprowadziła do wyparcia Ukraińców z części miasta i rozpoczęcia wyniszczających obydwie strony walk o władzę. Po dwóch tygodniach oddziały polskie zdobyły Przemyśl. We Lwowie działał polski Tymczasowy Komitet Rządzący, który jednak miał bardzo ograniczone możliwości porozumiewania się z resztą kraju, gdzie w tym właśnie czasie odradzała się po przeszło stu latach niewoli Rzeczpospolita, w odmiennym jednak od poprzedniego kształcie. Wojsko polskie opanowało Lwów dopiero w drugiej połowie listopada, a Tymczasowy Komitet Rządzący podporządkował się utworzonemu w Warszawie rządowi Jędrzeja Moraczewskiego.

Tymczasem jeszcze w dniu 13 listopada Rada Narodowa proklamowała utworzenie Zachodnioukraińskiej Republiki Ludowej i uformowała własny rząd — Sekretariat, na którego czele stanął Kost' Łewycki. Gdy 22 listopada Lwów został odbity przez wojska polskie z rąk ukraińskich, Sekretariat przeniósł się do Stanisławowa, a następnie — 3 stycznia 1919 r. — zdecydował o sfederowaniu się z rządzoną przez Dyrektoriat Ukraińską Republiką Ludową. Uroczyste ogłoszenie tego aktu nastąpiło 22 stycznia na placu Św. Zofii (dziś. Bohdana Chmielnickiego) w Kijowie.

Do akcji włączyły się teraz państwa Ententy zaniepokojone sukcesami władzy radzieckiej na Ukrainie Naddnieprzańskiej oraz przyszłością borysławskiego zagłębia naftowego. W styczniu 1919 r. przybyły do Lwowa dwie misje: francuska — gen. Barthélemy'ego i angielska — płka Cartona de Wiart. Proponowany przez Barthélemy'ego układ demarkacyjny, na mocy którego wprawdzie Ukraińcy mieli otrzymać większość ziem wschodniogalicyjskich, lecz przy Polsce pozostałyby zarówno Lwów, jak i Borysław, został odrzucony przez obydwie zainteresowane strony. Późniejsze, zmieniane kilkakrotnie propozycje Ententy nie miały większego wpływu na sytuację w Galicji, wojska ukraińskie bowiem zostały praktycznie wyeliminowane z walki wskutek sukcesów odniesionych zarówno przez armię polską, jak i oddziały radzieckie.

Nastąpiła aktywizacja elementów radykalnych.

W kwietniu 1919 r. w Drohobyczu wybuchło powstanie pod hasłem ustanowienia władzy Rad, zdławione przez rząd Republiki Zachodnioukraińskiej. Podobnie potraktowano zaburzenia na wsi.

W tej właśnie sytuacji, 25 VI 1919 r., mocarstwa zachodnie upoważniły Polskę do zajęcia Galicji Wschodniej aż po Zbrucz. Ukraińska Rada Narodowa i Sekretariat przekazały władzę Petruszewiczowi, który ogłosił się dyktatorem. Rząd Ukrainy Zachodniej miał wówczas poważne kłopoty z własnymi siłami zbrojnymi, tzw. Ukraińską Armią Halicką, w której niejednokrotnie dochodziło do buntów i wystąpień antyrządowych. Weszła ona później w skład sił zbrojnych Dyrektoriatu, a następnie, po rozbiciu ich przez oddziały radzieckie, w skład Armii Czerwonej. W czasie wojny polsko-radzieckiej dwie z trzech brygad Czerwonej Ukraińskiej Armii Halickiej przeszły na stronę polską i zostały internowane.

Z chwilą podpisania 1 IX 1919 r. polsko-ukraińskiego zawieszenia broni i wyrażenia zgody na Petlurę na linię demarkacyjną na Zbruczu Republika Zachodnioukraińska przestała egzystować jako podmiot prawa międzynarodowego. Rząd Petruszewicza przeniósł się do Wiednia, a rozstrzygnięcie sprawy przynależności ziem ukraińskich miało przynieść dopiero starcie polskich i radzieckich sił zbrojnych w nadchodzącej wojnie. Nb. przy okazji zawarcia traktatu wersalskiego, 28 VI 1919 r., Polska musiała zgodzić się na narzucony jej przez państwa zwycięskie w I wojnie światowej tzw. traktat mniejszościowy. Nakazywał on uwzględnienie praw mniejszości narodowych w ustawie konstytucyjnej i dawał uprawnienia różnym instytucjom międzynarodowym (w tym również Lidze Narodów) do ingerowania w te sprawy, co równało się ograniczeniu suwerenności odrodzonego państwa polskiego.

Kwietniowa ofensywa (1920 r.) Piłsudskiego przyspieszyła prace organizacyjne zmierzające do utworzenia partii komunistycznej związanej z RKP(b), a skupiającej Ukraińców galicyjskich. Jeszcze w 1919 r. w Kijowie powstało Biuro, a następnie Komitet Komunistycznej Partii Galicji Wschodniej i Bukowiny przy KC KP(b)U. Z końcem kwietnia 1920 r. na konferencji partyjnej w Kijowie powołano Krajowy Komitet Organizacyjny, który miał doprowadzić do utworzenia partii. 8 lipca Komitet Organizacyjny wspólnie z KC KP(b)U utworzyły terenowy organ władzy radzieckiej w Galicji Wschodniej — Halicki Komitet Rewolucyjny. Jego przewodniczącym został W. Zatonski, odkomenderowany przez bolszewickie kierownictwo partyjne. 1 sierpnia ukazał się pierwszy dekret HKR, znoszący dotychczasowe polskie i ukraińskie organy władzy oraz wprowadzający rządy (do chwili zwołania zjazdu Rad) Halickiego „rewkomu" wraz z jego przedstawicielstwami terenowymi. Z chwilą wycofania się Armii Czerwonej z terenów między Zbruczem a Lwowem przywrócone zostały urzędy polskie. Wielu wschodniogalicyjskich działaczy komunistycznych ewakuowało się wówczas wraz z wycofującymi się oddziałami Armii Czerwonej.

Dość podobnie kształtowały się losy pozostałych ziem ukraińskich: Bukowiny i Zakarpacia. Na konferencji wersalskiej przyjęto do wiadomości memorandum Amerykańskiej Narodowej Rady Ugro-Rusinów przedstawione przez jej prezesa Grzegorza Żatkowicza. Opowiadała się ona za dobrowolną unią z Czechosłowacją. 3 III 1919 r. Ruś Zakarpacka została przyznana Czechosłowacji; 10 IX 1919 r., na podstawie układu w St. Germain-en-Laye, Rumunia objęła rządy w części Bukowiny z przewagą ludności narodowości rumuńskiej. 10 VIII 1920 r. w Sèvres postanowiono całą Bukowinę przekazać Rumunii, która ponadto jeszcze w marcu 1918 r. zajęła Besarabię, gdzie Ukraińcy stanowili jedynie niewielką mniejszość.

Nie obyło się bez sporów i tarć między poszczególnymi ukraińskimi ugrupowaniami politycznymi, które zarówno reprezentowały różne orientacje klasowe, od komunistów poczynając, a na nacjonalistach kończąc, jak i w różny sposób wyobrażały sobie przyszłość ziem ukraińskich: albo w związku z którymś z państw Europy Środkowo-Wschodniej, albo jako kraj całkowicie samodzielny i suwerenny, nb. niekiedy z anachronicznymi i nierealnymi pretensjami terytorialnymi.

W nową epokę historyczną wchodziła więc Ukraina nadal jako państwo o rozczłonkowanych ziemiach i ludności rozdzielonej granicami państwowymi. Trudno dzisiaj dokładnie określić, jakie rozmiary miały poszczególne jej części i przez ilu Ukraińców były zamieszkane. Wiadomo bowiem, że tereny etniczne nie pokrywały się z granicami państwowymi, a i szacunki dokonywane przez statystyków i demografów były obciążone błędami wynikającymi z potrzeb, dla których sporządzano obliczenia.

Zgodnie z szacunkami Ryszarda Torzeckiego, który w swej książce *Kwestia ukraińska w polityce III Rzeszy 1933—1945* (Warszawa 1972) skrupulatnie zebrał dotychczasowe opinie na ten temat, możemy przyjąć, że w Ukraińskiej Socjalistycznej Republice Radzieckiej, zajmującej powierzchnię 451 600 km², zamieszkiwało około 23,2 mln Ukraińców, w Polsce w województwach kresowych o powierzchni wynoszącej przeszło 100 000 km² — 5—5,5 mln, w Rumunii na ok. 17 000 km² — 0,8 mln (z czego około 0,5 mln na Bukowinie), w Czechosłowacji na 15 000 km² — przeszło 0,5 mln. Taka sytuacja, łącznie z występującą w wielu wypadkach dyskryminacją mniejszości ukraińskiej, powodowała tworzenie się silnych grup o ekstremalnym programie i metodach działania występujących przeciw rządom krajów, w których się znajdowały. Wywoływało to z kolei wzmożoną akcję represyjną organów administracji państwowej, na co Ukraińcy odpowiadali przejściem do konspiracji, zamachami na polityków, akcjami terrorystycznymi oraz tworzeniem zbrojnych grup oporu. Ani jedna, ani druga ze stron konfliktu nie przebierała w środkach walki, niewspółmiernie okrutnych w stosunku do sytuacji i zamierzonych celów. Wyryło to szczególne piętno na ukraińskim ruchu narodowym.

XVI. ZIEMIE UKRAIŃSKIE
W LATACH 1921—1941

NA DRODZE DO FEDERACJI

D ZIAŁANIA wojenne, które przetoczyły się przez ziemie ukraińskie, nie pozostały bez wpływu na ich gospodarkę. W 1921 r. ukraiński przemysł ciężki dawał zaledwie 12% produkcji przedwojennej. Wydobycie węgla spadło z 28,7 mln ton w 1916 r. do 4,1 mln ton w 1920 r.; pracował tylko jeden wielki piec. Transport był całkowicie zrujnowany. 150 mostów wysadzono w powietrze lub spalono. Produkcja cukru zmniejszyła się trzydziestokrotnie. O połowę zmniejszyła się liczebność proletariatu wielkoprzemysłowego. Przeszło 80% mieszkańców Ukrainy utrzymywało się z rolnictwa, przy czym obszar zasiewów skurczył się o 20%, a plony wynosiły zaledwie $^1/_4$ stanu przedwojennego. Poważnie zmniejszyło się pogłowie bydła i koni. Znaczna część inteligencji opuściła kraj ojczysty udając się na emigrację polityczną.

W miastach brakowało żywności. Wieś również przymierała głodem. Gospodarstwa zamożnych chłopów prowadzące intensywną produkcję towarową były zdewastowane, czasem zniszczone do gruntu przez zanarchizowaną biedotę. Wszystko to prowadziło do osobistych rozczarowań, rozszerzania się propagandy antyradzieckiej i ulegania wpływom powstających organizacji konspiracyjnych, w których główną rolę zaczęli odgrywać ekstremalnie nastawieni narodowcy. W 1921 r. utworzono np. Bractwo Państwowości Ukraińskiej, Ogólnoukraiński Komitet Powstańczy, Radę Kozacką i in. Uzyskały one poparcie ukraińskiej autokefalicznej Cerkwi prawosławnej. Rząd Ukraińskiej Republiki Ludowej opowiedział się za uniezależnieniem Cerkwi ukraińskiej od rosyjskiej już 12 XI 1918 r., a odpowiedni dekret wydany został przez Dyrektoriat 1 I 1919 r. Autokefalia Cerkwi ukraińskiej została zlikwidowana przez rząd radziecki w 1930 r.

Jednym z ważniejszych zadań radzieckiego aparatu władzy była walka z szerzącym się bandytyzmem. Utworzono partyjne i komsomolskie oddziały do zadań specjalnych i wezwano do pomocy regularne oddziały wojskowe.

Na przełomie lutego i marca 1921 r. odbył się V Ogólnoukraiński Zjazd Rad. Najwięcej uwagi poświęcono na nim sprawom odbudowy gospodarki ukraińskiej. Postanowiono zwiększyć zainteresowanie chłopów rozwojem własnych gospodarstw i przydzieloną w ramach parcelacji majątków obszarniczych ziemię stanowiącą własność państwa oddawano im do uprawy na najbliższe dziewięć lat. Takie połowiczne rozwiązanie nie przyniosło nadzwyczajnych efektów. Poza tym zwiększono liczbę członków CKW Ukrainy (z 82 do 150); zalecono stopniowe likwidowanie istniejących jeszcze w terenie komitetów rewolucyjnych i zastępowanie ich komitetami wykonawczymi rad. Uchwalono amnestię dla wszystkich tych, którzy w przeszłości występowali przeciw władzy radzieckiej, pod warunkiem, iż obecnie włączą się czynnie do pracy w państwie socjalistycznym. Ratyfikowano układ sojuszniczy między Ukrainą a RFSRR zawarty 28 grudnia 1920 r. Stanowił on rozszerzenie sojuszu z 1 VI 1919 r. i postanawiał m. in. połączenie komisariatów ludowych spraw wojskowych, handlu zagranicznego, finansów, pracy, komunikacji, poczt i telegrafu oraz rad gospodarki narodowej. Ukraina uzyskiwała poza tym stałe przedstawicielstwo w Ogólnorosyjskich Zjazdach Rad i w Ogólnorosyjskim Centralnym Komitecie Wykonawczym. Następowało nie tylko uzgadnianie, ale i stopniowe podporządkowywanie Federacji Rosyjskiej głównych kierunków polityki ukraińskiej. Nb. podobne układy Rosja radziecka zawarła w 1921 r. z Białorusią, Gruzją i Armenią.

W 1921 r. w KP(b)U toczyła się dyskusja na temat roli związków zawodowych, stanowiąca odbicie dyskusji toczącej się w RKP(b). Za przekształceniem związków zawodowych w organy władzy państwowej i przejęciem przez nie kontroli wybranych resortów opowiedzieli się m. in. Ch. Rakowski i I. Daszkowski. Komitet Centralny KP(b)U wypowiedział się jednak w większości przeciw tej koncepcji.

Najważniejsze znaczenie dla Ukrainy, ściśle już związanej z Rosją radziecką i w polityce wewnętrznej stosującej się ściśle do zasad wytyczonych przez władze partii bolszewickiej, miało wprowadzenie przez X Zjazd RKP(b) zaproponowanej przez Lenina tzw. Nowej Polityki Ekonomicznej (NEP). W ślad za decyzjami podjętymi w Rosji 27 III 1921 r. na nadzwyczajnej sesji CKW Ukrainy uchwalono wprowadzenie NEP-u w USRR. Formalnie sprowadzało się to do zamiany kontyngentu żywnościowego na podatek żywnościowy w znacznie niższej wysokości niż poprzedni. Jednocześnie dopuszczano możliwość wprowadzenia na rynek wszelkich nadwyżek towarowych pozostałych po zaspokojeniu własnych potrzeb i opłaceniu podatku. Część mniejszych przedsiębiorstw przemysłowych wydzierżawiono spółdzielniom, radom gospodarki narodowej, a nawet prywatnym osobom. Na Ukrainie oddano w dzierżawę przeszło 5200 zakładów produkcyjnych. Zezwolono na wykorzystanie w nich pracy najemnej, podobnie jak w indywidualnych gospodarstwach rolnych. Wysokość podatku żywnościowego na Ukrainie ustalono na 117 mln pudów (1,9 mln ton) zboża, gdy poprzednia wysokość kontyngentu wynosiła 160 mln pudów (2,6 mln ton). Do połowy poprzedniej wysokości zmniejszono również dostawy z tytułu powstałych dawniej zaległości.

Powyższe decyzje, chociaż zmniejszały niezadowolenie wsi z dotychczas prowadzonej polityki rolnej, nie ustrzegły Ukrainy przed klęską głodową, jaka ogarnęła kraj w latach 1921—1922. Główną jej przyczyną były uprzednie konfiskaty zboża i brak zainteresowania chłopów intensywną gospodarką rolną. Nb. podatek żywnościowy wprowadzono na Ukrainie dopiero po zbiorach i wyegzekwowaniu kontyngentu, jesienią 1921 r., o pół roku później niż w RFSRR. Jak się oblicza, głodowało ok. 3,5 mln ludzi, czyli 36% ludności Ukrainy, a z głodu zmarło przypuszczalnie ok. 1 mln osób. Najcięższa sytuacja powstała na Zaporożu i Krymie. Organizowano wprawdzie pomoc dla dotkniętych klęską głodową (wykorzystując ją także jako pretekst do konfiskaty kosztowności Kościoła i Cerkwi przeznaczanych rzekomo na ratunek dla głodujących), ale uzyskane zasoby trzeba było dzielić tak, by pomóc Powołżu, które znalazło się w identycznej, a nawet gorszej sytuacji. Pewna pomoc nadeszła z zagranicy, głównie dzięki zabiegom międzynarodowych stowarzyszeń charytatywnych, oraz — w pewnej mierze — ukraińskich organizacji działających na emigracji. Warto dodać, że z Powołża na Ukrainę przybyło ćwierć miliona osób głodujących, szukających tutaj ratunku.

W 1921 r. przeprowadzono weryfikację członków KP(b)U. Partia liczyła wówczas ok. 100 000 czonków. Po weryfikacji (tzw. czystce) jej stan osobowy zmniejszył się o 22%.

Poważny problem polityczny i gospodarczy stanowiła szybko rosnąca rola sektora prywatnego w handlu detalicznym. W latach 1922—1923 skupił on w swych rękach 75% gospodarki drobnotowarowej i handlu. Lewacy w partii uważali, że prowadzi to do restauracji kapitalizmu, zwłaszcza że nieuczciwi, bogacący się na spekulacji i oszustwach gospodarczych „nepmani" byli w miastach przykładem nie zawsze sprawnie działającego systemu ograniczenia elementów kapitalistycznych. Podobne zjawiska pojawiające się na wsi zostały powstrzymane przez wydanie zarządżeń unieważniających umowy na dzierżawę ziemi przejmowanej od niezamożnych chłopów oraz na wykorzystywanie pracy najemnej na roli.

Występowanie zjawisk o charaterze patologicznym nie umniejszyło jednak uzyskanych sukcesów. Nawet ograniczone przywrócenie działania praw ekonomicznych korzystnie wpłynęło na gospodarkę ukraińską. Powstało kilkaset nowych przedsiębiorstw przemysłowych, pracujących głównie na potrzeby rynku, zatrudnienie wzrosło o przeszło 30%; zmniejszyła się liczba bezrobotnych. W podobnym stopniu wzrosła wartość produkcji przemysłowej. Zbiory zbóż w ciągu jednego zaledwie roku (1921 – 1922) zwiększyły się przeszło dwukrotnie.

Stopniowo następowało coraz pełniejsze powiązanie ze sobą wszystkich republik radzieckich. 16 IV 1922 r. w Rapallo doszło do podpisania układu między RFSRR a Niemcami, przywracającego pełne stosunki dyplomatyczne między obydwoma krajami. Rezygnowano ze wzajemnych pretensji finansowych i postanowiono w kontaktach handlowych stosować klauzulę najwyższego uprzywilejowania. 5 XI 1922 r. na mocy porozumienia zawartego w Berlinie warunki układu zostały rozciągnięte na pozostałe republiki radzieckie, w tym również na Ukrainę.

Połączenie wysiłków republik radzieckich w okresie wojny domowej pozwoliło na skuteczną obronę przed interwencją. Sądzono, że utworzenie jednolitego państwa socjalistycznego pozwoli na przyspieszenie tempa ich rozwoju gospodarczego i kulturalnego oraz przyniesie w rezultacie podniesienie ich autorytetu na arenie międzynarodowej. W sierpniu 1922 r. powołano partyjną komisję działającą przy KC RKP(b) pod kierownictwem Stalina, do której z ramienia Ukrainy weszli Frunze, Pietrowski i Skrypnyk. Zadaniem jej miało być wypracowanie zasad połączenia republik radzieckich. Stalin zaproponował włączenie ich do RFSRR na zasadach autonomicznych. Odpowiednie organa Republiki Rosyjskiej miały stać się organami władzy wszystkich pozostałych republik narodowych. Koncepcja „autonomizacji", będąca kontynuacją dawnych poglądów Stalina w tej sprawie (jeszcze w 1920 r. sugerował on, jakoby nie było różnic w statusie prawnopaństwowym Ukrainy i ... Buchary), wywołała sprzeciw zainteresowanych. Warto dodać, że już wcześniej Biuro Polityczne KC RKP(b) zaleciło przestrzeganie suwerennych praw

USRR. Niemniej jednak Stalin miał wielu zwolenników, a wśród nich ówczesnego I sekretarza KC KP(b)U Dymitra Manuilskiego.

Projekt Stalina został przyjęty przez komisję partyjną i przekazany komitetom centralnym partii w poszczególnych republikach. Członkowie komisji uważali, że podnoszenie kwestii równoprawności czy suwerenności istniejących republik radzieckich doprowadzi do osłabienia już istniejących związków między republikami radzieckimi i storpeduje inicjatywę utworzenia jednego państwa.

Na Ukrainie w tej fazie dyskusji nie udało się osiągnąć zgodności poglądów, wobec czego polecono Pietrowskiemu, by domagał się odłożenia całej sprawy na później. Jednak Stalin nalegał na przyspieszenie działania, zwłaszcza że pozostałe republiki: Azerbejdżańska, Białoruska i Gruzińska, wypowiedziały się za przyjęciem jego projektu. We wrześniu 1922 r. delegacja ukraińska nie poparła rozwiązania opartego na zasadzie autonomizacji i wstrzymała się od głosu. Decydujący zwrot w rozwoju wypadków nastąpił dopiero po osobistej interwencji Lenina. W liście do Lwa Kamieniewa (z 27 IX 1922 r.) Lenin pisał: „Uznajemy siebie za równouprawnionych z USRR i in. i razem, i na równi z nimi wstępujemy w nowy związek, nową federację, w Związek Radzieckich Republik Europy i Azji... Jest rzeczą ważną, ażebyśmy nie dawali pożywki niepodległościowcom, żebyśmy nie niweczyli ich »niepodległości«, lecz tworzyli jeszcze jedno n o w e p i ę t r o, federację r ó w n o u p r a w n i o n y c h repu-blik".

Leninowski projekt federalizacji, tj. utworzenia państwa radzieckiego, w którego skład weszłyby różne republiki narodowe na zasadzie dobrowolności i pełnej równoprawności, stanowił nową jakość w toczącej się dyskusji o przyszłym kształcie wspólnego, socjalistycznego organizmu państwowego. Niestety, już w najbliższym czasie praktyka stalinowska przekreśliła planowane założenia teoretyczne.

Dyskusja, która rozpoczęła się na Ukrainie, miała charakter powszechny, a jej podsumowanie stanowiła uchwała Ogólnoukraińskiego CKW z 16 X 1922 r. stwierdzająca, że konieczne jest podjęcie pertraktacji z rządami innych republik radzieckich w sprawie utworzenia wspólnych związkowych organów ustawodawczych i wykonawczych. Zwołane po miesiącu plenarne posiedzenie KC KP(b)U wypowiedziało się za leninowskim projektem zjednoczenia, podkreślając jednocześnie konieczność odpowiedniego zabezpieczenia dalszego rozwoju języka ukraińskiego i ukraińskiej kultury.

382

Obradujący w dniach 10—14 XII 1922 r. VII Ogólnoukraiński Zjazd Rad zaaprobował projekt konstytucji ZSRR opracowany przez komisję KC RKP(b). W wygłoszonym referacie programowym Frunze podkreślił, iż tworzone właśnie państwo socjalistyczne przyjmuje rozwiązania, jakie w przyszłości stanowić będą przykład dla innych narodów, które zechcą wstąpić w podobny związek.

13 XII 1922 r. Zjazd uchwalił *Deklarację o utworzeniu ZSRR*, stwierdzając m. in.: „VII Zjazd Rad w zupełnej zgodzie z pragnieniami i wolą pracujących Ukrainy zwraca się do robotników i chłopów Rosji, Ukrainy, Białorusi, Gruzji, Armenii i Azerbejdżanu z braterską propozycją niezwłocznego przystąpienia do ukonstytuowania już obecnie istniejącego faktycznie Związku Republik Radzieckich i utworzenia w ten sposób jednolitego socjalistycznego frontu robotniczo-chłopskiego skierowanego przeciw frontowi burżuazji światowej. Zjazd jest stanowczo przekonany, że taki jednolity Związek Socjalistycznych Republik Radzieckich, umacniający na zasadach wzajemnej równości ścisłą więź ekonomiczną i polityczną, a jednocześnie zabezpieczający samodzielność budownictwa narodowo-kulturalnego i niezbędne gwarancje wykazywania inicjatywy gospodarczej każdego członka Związku, jest najlepszą formą rozwiązania problemu w duchu międzynarodowej solidarności proletariackiej, pierwszym krokiem do ustalenia przyszłej światowej republiki pracy i silną ostoją robotników i chłopów nie tylko krajów związkowych, lecz z całego świata".

Na I Ogólnozwiązkowy Zjazd Rad wybrano 364-osobową delegację, w której tylko połowę stanowiły osoby narodowości ukraińskiej. Zjazd ten odbył się w Moskwie 30 XII 1922 r. Lenin ze względu na chorobę nie mógł wziąć udziału w jego obradach.

Na I Ogólnozwiązkowym Zjeździe Rad jednogłośnie uchwalono *Układ o utworzeniu ZSRR* oraz *Deklarację o utworzeniu ZSRR*. Układ przewidywał, że do kompetencji najwyższych organów nowo powstałego państwa należeć będzie: reprezentowanie Związku na zewnątrz, zmiana granic, przyjmowanie w skład Związku nowych republik, wypowiadanie wojny i zawieranie pokoju, ubieganie się o pożyczki zagraniczne, ratyfikacja traktatów międzynarodowych oraz ogólnozwiązkowe kierownictwo handlu zagranicznego i wewnętrznego, kierowanie siłami zbrojnymi ZSRR, zatwierdzanie budżetu państwa, ustanawianie podatków itp. Prócz tego do kompetencji organów związkowych należało uchwalanie ogólnych założeń polityki rolnej, wymiaru sprawiedliwości, zatrudnienia, polityki oświatowej, ochrony zdrowia, a także ustanawianie miar i wag, organizacja związkowej służby statystycznej, prawodawstwo w zakresie obywatelstwa związkowego i praw cudzoziemców, ogłaszanie powszechnej amnestii oraz prawo uchylania postanowień i uchwał republikańskich zjazdów rad, centralnych komitetów wykonawczych i rad komisarzy ludowych w wypadku, gdyby naruszyły postanowienia zawartego układu.

Najwyższą władzą ZSRR miał być Zjazd Rad, a w okresie między zjazdami — CKW ZSRR. Obowiązywać miały wybory proporcjonalne i pośrednie, przy czym jeden delegat na zjazd związkowy wybierany przez rady miejskie reprezentował 25 000 wyborców, a przez rady gubernialne — 125 000. Stawiało to w uprzywilejowanej pozycji mieszkańców miast. Kolejne zjazdy ogólnozwiązkowe miały być zwoływane przez CKW ZSRR, a zjazdy nadzwyczajne albo jak poprzednio przez CKW, albo też na życzenie co najmniej dwóch republik związkowych. W skład CKW ZSRR wchodziło 371 członków wybieranych w ilości proporcjonalnej do liczby ludności w poszczególnych republikach. Zwyczajne sesje CKW odbywać się miały trzy razy do roku, a do zwoływania nadzwyczajnych uprawnione były: Prezydium CKW ZSRR, Rada Komisarzy Ludowych ZSRR lub CKW każdej z republik związkowych. W skład Prezydium CKW ZSRR wchodziło 19 osób, spośród których wybierano czterech przewodniczących odpowiadających poszczególnym republikom związkowym. CKW wybierał także Radę Komisarzy Ludowych ZSRR, stanowiącą jego organ wykonawczy. Prócz przewodniczącego i jego zastępców składała się ona z kierowników dziewięciu resortów (komisariatów ludowych): spraw zagranicznych, sił zbrojnych, handlu zagranicznego, komunikacji, poczt i telegrafów, inspekcji robotniczo-chłopskiej, pracy, zaopatrzenia oraz finansów. W jej skład wchodził także przewodniczący Najwyższej Rady Gospodarki Narodowej. Poza tym ustanowiono dwa inne organy ogólnozwiązkowe: Sąd Najwyższy (przy CKW) oraz Główny Zarząd Polityczny (GPU) — resort bezpieczeństwa (przy RKL). Wszystkie dekrety, zarządzenia i postanowienia obowiązywać miały na terenie całego Związku Radzieckiego natychmiast od chwili ich publikacji. Zawiesić wykonanie takiego dekretu mogły jedynie prezydia CKW ZSRR lub CKW republik związkowych, i to tylko w wypadku, gdy stał on w jawnej sprzeczności z poprzednimi dekretami władz ogólnozwiązkowych. O uczynieniu takiego kroku należało natychmiast powiadomić władze Związku.

Republikańskie RKL miały identyczne resorty jak RKL ZSRR, poza resortami spraw zagranicznych, sił zbrojnych, handlu zagranicznego oraz poczt i telegrafów, zastrzeżonymi dla władz ogólnozwiązkowych. W skład republikańskich RKL wchodzili natomiast dodatkowo pełnomocnicy ludowych komisarzy Związku dla odpowiednich działów administracji państwowej.

Republiki miały własne budżety mieszczące się w ramach budżetu Związku. Komisarze ludowi w poszczególnych republikach mieli postępować w myśl rozporządzeń komisarzy ludowych ZSRR.

Ustanowiono obywatelstwo ogólnozwiązkowe. Zobowiązano republiki do przeprowadzenia takich zmian w swoich konstytucjach, by w pełni odpowiadały one postanowieniom *Układu*. Konstytucja związkowa mogła zostać zmieniona wyłącznie przez uchwałę Zjazdu Rad ZSRR. Każdej z republik gwarantowano prawo odłączenia się od Związku Radzieckiego. Stolicą Związku miała być Moskwa.

Powyższe postanowienia ograniczały suwerenność republik związkowych w stopniu znacznie większym niż warunki układu sojuszniczego z 1 VI 1919 r. Późniejsza praktyka potwierdziła wyrażane wcześniej obawy.

Pierwszymi republikami, które weszły w skład ZSRR, były: RFSRR, USRR, Białoruska SRR oraz Zakaukaska Federacyjna SRR (składająca się z trzech republik sfederowanych: Armeńskiej, Azerbejdżańskiej i Gruzińskiej).

Na 371 członków pierwszego CKW ZSRR 68 reprezentowało Ukrainę, chociaż — oczywiście — nie wszyscy byli Ukraińcami. W skład dziewiętnastoosobowego Prezydium CKW weszło czterech jej przedstawicieli: Feliks Kon, Manuilski, Pietrowski i Rakowski. Pietrowski został jednym z czterech przewodniczących CKW ZSRR. Przez pewien czas odpowiednie organa Republiki Rosyjskiej pełniły funkcje ogólnozwiązkowe. Trwało to do lipca 1923 r., tzn. do chwili wybrania władz związkowych przez CKW ZSRR. Ratyfikacja „Układu o utworzeniu ZSRR" miała nastąpić po przeprowadzeniu dyskusji w republikach związkowych, na II Zjeździe Rad ZSRR. Opracowywano również projekt konstytucji ZSRR.

W trakcie dyskusji nad konstytucją doszło do polemiki między zwolennikami utworzenia jednolitego i scentralizowanego państwa związkowego a ukraińskimi reprezentantami tzw. konfederacjonistów, którzy opowiadali się za luźną konfederacją republik narodowych. Poglądy te reprezentowali m. in. Rakowski i Szumski (niegdyś członek partii eserowskiej).

Sprawy te zajęły wiele miejsca w obradach XII Zjazdu RKP(b) (17—25 IV 1923 r.). Główny referat wygłosił Stalin, opierając się na sformułowanych wcześniej wskazówkach Lenina. Wśród czynników, które stanowiły przeszkodę w faktycznym zjednoczeniu wszystkich republik i narodowości, referent wyróżnił kolejno: szowinizm wielkorosyjski, odziedziczoną po caracie kulturalną i gospodarczą nierówność narodów radzieckich oraz nacjonalizm. Dyskutanci z Ukrainy: Skrypnik, Rakowski i Grygorij Hryńko, zwracali uwagę na dyskryminację ukraińskiej oświaty, języka, a także na·zdominowanie przez Rosjan innych narodowości we władzach ogólnozwiązkowych w żadnym wypadku nie odpowiadające proporcjom, jakie winny wynikać z liczebności ludności rosyjskiej, ukraińskiej, gruzińskiej, białoruskiej etc. Skrypnik stwierdził nawet, że armia stała się narzędziem rusyfikacji, a „przesądy wielkomocarstwowe wyssane z mlekiem matki stały się u bardzo wielu towarzyszy instynktem". Wśród uczestników Zjazdu znalazło się jedynie 4,7% Ukraińców. Proponowane przez nich poprawki do rezolucji w kwestii narodowej zostały jednak odrzucone i przyjęto ją w wersji zaproponowanej przez Stalina. Zaciążyło to również nad kształtem projektu konstytucji ZSRR, w którym przyjęto na przykład zasadę wyłączności obywatelstwa radzieckiego, rezygnując z pozostawienia równolegle obywatelstwa poszczególnych republik związkowych.

6 VII 1923 r. na posiedzeniu II sesji CK ZSRR projekt konstytucji ZSRR został uchwalony jednogłośnie. Na tym samym posiedzeniu powołano także pierwszy rząd ZSRR, którego premierem został Lenin, a jego zastępcami: Lew Kamieniew, Aleksy Rykow, Aleksander Ciurupa, Włas Czubar (reprezentujący Ukrainę) i Mamia Orachelaszwili. 13 VII 1923 r. Prezydium CKW ZSRR zwróciło się do wszystkich „narodów i rządów świata" z odezwą informującą o dokonanej ratyfikacji *Deklaracji* i *Układu o utworzeniu ZSRR* z 30 XII 1922 r. oraz o uchwaleniu nowej konstytucji radzieckiej. Jej główne założenia zostały omówione w tekście proklamacji, która kończyła się stwierdzeniem: „Będąc naturalnym sojusznikiem narodów uciskanych, Związek Socjalistycznych Republik Radzieckich pragnie utrzymywać przyjazne i pokojowe stosunki ze wszystkimi narodami oraz współpracować z nimi na polu gospodarczym. ZSRR uważa za swój cel sprzyjanie interesom mas pracujących całego świata. Na ogromnym terytorium, od Morza Bałtyckiego, Czarnego i Białego po Ocean Spokojny, realizuje on braterstwo między narodami i królestwo pracy, dążąc jednocześnie do współtworzenia przyjacielskiej współpracy narodów całego świata".

We frazeologii rewolucyjnej przemilczano ogromne trudności, które napotykało wprowadzenie w życie założonych idealnych rozwiązań.

Zgodnie z uchwałą CKW ZSRR konstytucja miała wejść w życie natychmiast; przewidziano jednak jeszcze ratyfikowanie jej przez II Zjazd Rad ZSRR po uprzednim zatwierdzeniu przez zjazdy republikańskie. Aż do tej chwili najwyższą władzę na terenie ZSRR miał sprawować CKW ZSRR wybrany na I Zjeździe Rad ZSRR w grudniu 1922 r. W ciągu stycznia 1924 r. wszystkie republiki ratyfikowały konstytucję ZSRR (Ukraina — 21 stycznia, w tym też dniu w Gorkach pod Moskwą zmarł Włodzimierz Lenin). 31 I 1924 r. konstytucja została ratyfikowana przez II Zjazd Rad ZSRR. W jej skład weszły zarówno *Deklaracja*, jak i *Układ o utworzeniu ZSRR*.

W myśl postanowień pierwszej ogólnozwiązkowej konstytucji radzieckiej CKW ZSRR składać się miał z 414 członków i dzielił się na Radę Związku i Radę Narodowości. W skład tej ostatniej wchodziło po pięciu przedstawicieli każdej republiki związkowej i autonomicznej oraz po jednym z każdego obwodu autonomicznego. Rada Związku była natomiast wybierana proporcjonalnie do liczby ludności w każdej z republik związkowych. W wypadku niezgodności stanowisk obydwu Rad sprawę miano przekazać do wspólnie wyłanianej komisji porozumiewawczej; instancją ostateczną był Zjazd Rad. Szczególnie mocno podkreślano suwerenne (mocno przecież ograniczone) prawa każdej z republik związkowych, ściśle wyznaczone przez konstytucję. Jeden z artykułów gwarantował możliwość swobodnego wystąpienia z ZSRR.

Resorty podzielono na trzy grupy. Pierwszą z nich stanowiły takie, które miały wyłącznie charakter związkowy. Były to komisariaty ludowe: spraw zagranicznych, wojska i marynarki, handlu zagranicznego, komunikacji oraz poczt i telegrafów. Ich pełnomocnicy wchodzili w skład RKL poszczególnych republik, ale o tym, czy będą mieć tam głos decydujący, czy tylko doradczy, decydować miały republikańskie Centralne Komitety Wykonawcze. Drugi typ resortów stanowiły komisariaty ludowe: aprowizacji, finansów, pracy oraz inspekcji robotniczo-chłopskiej, a także rady gospodarki narodowej, które podporządkowane były republikańskim CKW, ale posiadały swoje związkowe odpowiedniki i miały kierować się dyrektywami stosownych komisariatów ludowych ZSRR. Wyłącznie republikański charakter miały resorty spraw wewnętrznych, sprawiedliwości, oświaty, zdrowia, opieki społecznej oraz rolnictwa.

W konstytucji związkowej główny nacisk położono na strukturę władz centralnych oraz ich stosunek do republikańskich. Wiele miejsca poświęcono również omówieniu uprawnień poszczególnych republik związkowych. Dostrzegało się wyraźnie, że ustawodawcy chodziło o takie sformułowania, które wykluczałyby możliwość wieloznacznej interpretacji.

ODBUDOWA GOSPODARCZA

Po śmierci Lenina, na przełomie stycznia i lutego 1924 r. na apel Komitetu Centralnego w tzw. zaciągu leninowskim do KP(b)U wstąpiło 32 000 osób, do ukraińskiej organizacji komsomolskiej — 45 000. W dniach 23—31 V 1924 r. odbył się w Moskwie XIII Zjazd RKP(b). Odczytano na nim *List do Zjazdu*, napisany przez Lenina, w którym autor poddał krytyce postawę kilku członków kierownictwa partyjnego, oskarżając ich o chwiejność i poglądy odbiegające od marksizmu. Krytyka dotyczyła Bucharina, Kamieniewa, Piatakowa i Zinowiewa. Poddał też krytyce metody działalności Stalina, surowo oceniając jego brutalność i nieopanowanie w stosunku do współtowarzyszy. Pisał nawet: „Proponuję towarzyszom, by zastanowili się nad sposobem przeniesienia Stalina z tego stanowiska i wyznaczyli na to miejsce innego człowieka". Stalin utrzymał jednak swoją funkcję, gdyż naiwnie sądzono, że pod wpływem krytyki zmieni swój sposób postępowania. Rychło miały się ujawnić fatalne następstwa tej tragicznej pomyłki.

Tymczasem sprawą szczególnej wagi była odbudowa gospodarki radzieckiej i osiągnięcie w możliwie najszybszym czasie przedwojennego poziomu produkcji. Ukraina, w której znajdowały się liczne kopalnie węgla i wielkie zakłady metalurgiczne, miała niepośledni udział w tym dziele. Tempo odbudowy było tu szybsze niż w pozostałych republikach ZSRR. Na przełomie lat 1925/26 w Zagłębiu Donieckim wydobywano już 20 mln ton węgla, osiągając w ten sposób niemal 80% poziomu produkcji przedwojennej. W tym samym czasie ukraińskie hutnictwo produkowało 1,7 mln ton surówki żelaza, czyli zaledwie 60% poprzedniej ilości. Podobne wskaźniki uzyskano w kolejowych przewozach towarowych. Przemysł garbarski i skórzany osiągnął połowę przedwojennej wartości produkcji, a przemysł tekstylny zaledwie jedną czwartą.

Lepsze wyniki osiągnięto w rolnictwie i przemyśle spożywczym. W maju 1925 r. Charkowska Fabryka Traktorów rozpoczęła produkcję ciągników. Była to już produkcja seryjna, chociaż w 1926 r. wyprodukowano zaledwie niespełna 400 tych maszyn. Natomiast produkcja innych maszyn rolniczych przekroczyła poziom przedwojenny o 60%. Cukrownie dały 80% produkcji przedwojennej, co zresztą stanowiło niemal 90% całej ówczesnej produkcji cukru w Związku Radzieckim. W 1925 r. powierzchnia zasiewów i pogłowie zwierząt gospodarskich na Ukrainie osiągnęły poziom z 1913 r. Sukcesy te wiązały się z ogromnym wysiłkiem fizycznym, gdyż techniczne wyposażenie rolnictwa było wciąż jeszcze bardzo słabe. W każdym razie obraz kraju stale zmieniał się na lepsze. Coraz sprawniej funkcjonowała łączność, komunikacja miejska i usługi komunalne. Powstawały kluby robotnicze i wiejskie, świetlice i biblioteki; rozwijało się szkolnictwo wszystkich typów, tworzyły nowe instytucje kulturalne. W październiku 1924 r. w Charkowie uruchomiono pierwszą radiostację na Ukrainie. Wysokość płac realnych osiągnęła poziom wyższy niż przed wojną. W latach 1921—1925 spożycie cukru wzrosło pięciokrotnie, a mąki pszennej czterokrotnie.

Pomyślne wyniki produkcyjne uzyskane w rolnictwie nie przysłaniały jednak problemu nader ważnego dla przyszłego rozwoju wsi, a mianowicie struktury gospodarstw chłopskich. Gospodarstwa najzamożniejszych (tzw. kułackie) stanowiły na Ukrainie 3—5% wszystkich gospodarstw rolnych, średniozamożne — około 70%, w pozostałych gospodarowała biedota. Niepokojącym zjawiskiem był stały wzrost liczby tych najuboższych, co świadczyło o postępującym procesie polaryzacji majątkowej. W porównaniu z okresem przedrewolucyjnym liczba ich wzrosła o 30%, dochodząc niemal do 5 mln. Niektóre z nich egzystowały na pograniczu nędzy. Poważnie zmniejszyła się produkcja towarowa, dostawy produktów żywnościowych na rynek, do miast.

Państwo starało się zapobiec negatywnym skutkom obserwowanego procesu przez popieranie wszelkich form dobrowolnej spółdzielczości, zarówno w sferze produkcji, jak i zbytu. Jeszcze w 1919 r. na Ukrainie powstało około 200 gospodarstw spółdzielczych, w 1925 r. było ich już 3500, a w 1928 r. istniało już niemal 10 000 kołchozów (skrót od: *kollektiwnoje choziajstwo*— gospodarstwo spółdzielcze). W połowie lat dwudziestych skupiały one zaledwie 0,5% chłopów ukraińskich, ale i tak stanowiły $^1/_4$ wszystkich kołchoźniczych gospodarstw rolnych w ZSRR. Dopóki powstawały na zasadzie dobrowolności, stanowiły część procesu socjalizacji ekonomiki ukraińskiej. Wkrótce jednak jej powolne tempo zaczęło budzić obawy doktrynerów, pragnących radykalnego przyspieszenia zachodzących przemian.

W lutym 1925 r. odbył się I Ogólnoukraiński Zjazd Kołchoźników, na którym przedyskutowano problemy organizacji pracy i metody osiągania lepszych efektów produkcyjnych oraz — co ważniejsze — sposoby oddziaływania na chłopów indywidualnych. Partia zaczęła kierować na wieś liczne ekipy robotnicze, które inicjując akcję „łączności miasta ze wsią" początkowo dokonywały tylko bieżących napraw sprzętu, pomagały w zbiorach i omłotach, wprowadzały w życie pomysły usprawniające maszyny rolnicze, a także niejednokrotnie występowały z koncertami zespołów amatorskich. Stopniowo akcja ta zaczęła przyjmować coraz szersze rozmiary, wchodząc w sferę polityki rolnej. Członkowie KP(b)U zasilali terenowe organy władzy radzieckiej, dopomagali w organizacji komitetów niezamożnych chłopów (tzw. *komnezamów*) i wchodzili nawet czasem w skład zarządów pierwszych gospodarstw kołchoźniczych. Warto zresztą dodać, że przewodniczącym Centralnego Komitetu Niezamożnych Chłopów był na Ukrainie (od 1920 r.) G. Pietrowski, który poza tym nie miał z rolnictwem niczego wspólnego. We wrześniu 1925 r. opracowano i uchwalono nowy statut komnezamów, usuwający niedostatki poprzedniego, zwłaszcza w zakresie rozgraniczenia kompetencji rad wiejskich i komitetów niezamożnych chłopów, które gdzieniegdzie usiłowały przejmować rolę terenowych organów władzy radzieckiej.

Realizowano politykę wiązania średnio zamożnego chłopa z nowym ustrojem. Wprowadzone w 1922 r. na Ukrainie nowe prawo rolne dawało możliwość wiecznego użytkowania ziemi w rozmiarze od 15 do 45 ha, w zależności od położenia gruntów, ich urodzajności oraz charakteru upraw. W uprawie roli przeważał system cztero- lub pięciopolowy, który wprawdzie nie zapewniał uzyskiwania wysokich plonów, ale też nie doprowadzał do wyjałowienia ziemi lub marnowania użytków rolnych. Poważnie wzrosła, o około 10%, uprawa roślin przemysłowych.

W dążeniu do zlikwidowania opozycji oraz realizując zasadę jednopartyjności w latach dwudziestych władze rozwiązały szereg organizacji, m. in. Ogólnoukraiński Komitet Powstańczy, Radę Kozacką i Braterstwo Państwowości Ukraińskiej (Braterstwo Ukrajinśkoji Derżawnosti — BUD). W 1924 r. podległy praktycznie RKP(b) Komitet Wykonawczy Międzynarodówki Komunistycznej nakazał rozwiązanie Ukraińskiej Partii Komunistycznej (tzw. ukapistów), stwierdzając, że jedyną partią mas pracujących Ukrainy jest KP(b)U, będąca składową i nierozerwalną częścią Rosyjskiej Komunistycznej Partii (bolszewików). Organizacyjne wpływy partii na wsi były niewielkie, ogromną siłę stanowiła natomiast młodzież komsomolska (w 1925 r. na wsi ukraińskiej było 150000 członków Komsomołu).

12 X 1924 r. Ogólnoukraiński CKW podjął decyzję o utworzeniu w ramach Ukraińskiej SRR Mołdawskiej Autonomicznej Republiki Radzieckiej. Wydzielona została ona z części okręgów: bałckiego, odeskiego i tulczyńskiego. Jej powierzchnia wynosiła 8200 km^2, a liczyła 550000 mieszkańców. Decyzja ta została następnie zatwierdzona przez IX Ogólnoukraiński Zjazd Rad, który odbył się w Charkowie w dniach 3—10 V 1925 r. (Charków był w latach 1919—1934 stolicą Ukrainy radzieckiej). Na tym samym Zjeździe dokonano poprawek w konstytucji Ukrainy i przystosowano ją do konstytucji ZSRR. M. in. wprowadzono do niej stwierdzenie, że Ukraina wchodzi w skład ZSRR jako niezależna republika. Najwyższymi organami władzy zostały: Ogólnorosyjski Zjazd Rad, Centralny Komitet Wykonawczy USRR oraz Prezydium CKW. Obniżono rangę Rady Komisarzy Ludowych, która odtąd miała wypełniać jedynie funkcje wykonawcze. Ustalono, że zjazdy Rad winny odbywać się corocznie. W konstytucji USRR znalazł również odzwierciedlenie fakt powstania Mołdawskiej ARR.

W następnych miesiącach uwagę opinii publicznej, także na Ukrainie, przykuwała dyskusja prowadzona w RKP(b) nad programem uprzemysłowienia kraju. Grupa tzw. nowej opozycji, kierowana przez Kamieniewa i Zinowiewa, dowodziła, że w Związku Radzieckim nie jest możliwe zbudowanie nowoczesnego przemysłu ze względu na osamotnienie Kraju Rad, brak tradycji wielkoprzemysłowych i związany z tym brak specjalistów. Opozycjoniści proponowali więc, by ZSRR pozostał krajem rolniczym i bazą surowcową dla państw uprzemysłowionych. Projekt ten został odrzucony przez XIV Zjazd RKP(b) (18—31 XII 25 r.). Delegacja ukraińska wypowiedziała się jednomyślnie przeciw sugestiom „nowej opozycji". Poza tym Zjazd dokonał zmiany nazwy partii na Wszechzwiązkową Komunistyczną Partię (bolszewików) i uchwalił jej nowy statut.

Poważne sukcesy uzyskano na Ukrainie w upowszechnieniu oświaty i kultury. Najważniejszym zadaniem była likwidacja analfabetyzmu. W 1920 r. jedynie 25% ludności Ukrainy umiało czytać i pisać, w 1925 r. — już 60%. Wprowadzono zasadę wychowania przez pracę, obejmując nią również dzieci i młodzież. W 1920 r. Antoni Makarenko zorganizował w pobliżu Połtawy kolonię pracy dla niepełnoletnich przestępców i młodocianych włóczęgów, a następnie w latach 1927—1937 kierował komuną dziecięcą im. Feliksa Dzierżyńskiego, utworzoną na przedmieściu Charkowa. Stosowane przez niego metody działalności wychowawczej oraz pracy pedagogicznej zostały później wprowadzone do nauki i radzieckiej praktyki szkolnej jako wzorowe i obowiązujące kanony pedagogiczne.

Energiczne zabiegi na rzecz upowszechnienia szkoły podstawowej (siedmioletniej) zaczęły przynosić efekty dopiero z początkiem lat trzydziestych. Wcześniej obowiązkowe nauczanie kończyło się praktycznie na czterech latach szkoły powszechnej. Utworzono natomiast gęstą sieć szkół zawodowch, usiłując również w ten sposób przyczynić się do przeobrażenia Ukrainy z kraju rolniczego w kraj przemysłowo-rolniczy. Powstawały nowe szkoły wyższe. W 1925 r. było ich już 35, czyli o 16 więcej niż przed 1917 r. Przez pewien czas zamiast uniwersytetów powstawały tzw. Instytuty Oświaty Ludowej, które charakteryzowały się rozszerzonym programem nauczania wiedzy politycznej. W 1923 r. w ramach rozpoczętej ukrainizacji szkoły doprowadzono do tego, że wprawdzie w miastach było tylko niespełna 50% szkół z ukraińskim językiem nauczania (1926 r.), ale na wsi — przeszło 80%. W celu ułatwienia młodzieży robotniczej i chłopskiej wstępu na wyższe uczelnie utworzono przeszło 30 tzw. wydziałów robotniczych (*rabfaki*), na których w przyspieszonym tempie realizowano program szkoły średniej. Organizowano szkoły dla aktywu partyjnego i państwowego. M. in. w 1921 r. powstała w Charkowie Centralna Szkoła Partyjna, którą po czterech latach przemianowano na Uniwersytet Komunistyczny im. Artioma. Uniwerstytet ten przygotowywał kadry pracowników dla szkół wyższych. Ukraińska Akademia Nauk powstała 14 listopada 1918 r. na mocy dekretu wydanego przez hetmana Skoropadskiego, a jej pierwszym prezydentem został W. Wernadski, geolog i mineralog. Po zajęciu Kijowa przez zwolenników władzy radzieckiej w lutym następnego roku, wydano dekret o strukturze wewnętrznej i finansowaniu Akademii (11 II 1919 r.). Tę właśnie datę przyjmuje się obecnie oficjalnie za dzień rozpoczęcia pracy nowej instytucji naukowej. W 1921 r. UAN zmieniła nazwę na Ogólnoukraińską Akademię Nauk, a w 1936 r. Akademię Nauk USRR. Akademia rozwijała żywą działalność wydawniczą i badawczą, zwłaszcza w zakresie nauk historycznych, etnografii, literaturoznawstwa, matematyki, chemii i botaniki. Od 1926 r. zaczęły ukazywać się serie prac AN z zakresu nauk technicznych i matematyki. W 1924 r. na Ukrainę powrócił z zagranicy wybitny historyk, a zarazem działacz narodowy Michał Hruszewski, który wkrótce potem został wybrany członkiem Ukraińskiej Akademii Nauk i kierownikiem jej Wydziału Historyczno-Filologicznego oraz Komisji Archeograficznej.

RUCH NARODOWY I OPOZYCJA WEWNĄTRZPARTYJNA

W 1926 r. kierownictwo partyjne i państwowe ZSRR zadecydowało o rozpoczęciu prac zmierzających do przyspieszenia tempa uprzemysłowienia kraju. W ślad za tym odpowiednią uchwałę podjął w kwietniu 1927 r. X Ogólnoukraiński Zjazd Rad. Tego rodzaju praktyka stała się swoistym obyczajem politycznym. Najpierw decyzję podejmowano na szczeblu związkowym, później zaś republiki narodowe, w tym również Ukraina, podejmowały stosowne, aprobujące uchwały.

Ukraina w dalszym ciągu odgrywała poważną rolę w gospodarce państwa radzieckiego, dając około 70% wydobycia rudy żelaza, węgla i produkcji surówki żelaza całego Związku Radzieckiego. Koszty nowych inwestycji były bardzo wysokie. W 1927 r. wyniosły one na Ukrainie ok. 250 mln rubli (w całym ZSRR — 1 miliard rubli), z czego $^1/_4$ pochodziła z rozpisanej pożyczki państwowej oraz oszczędności uzyskanych wskutek redukcji aparatu administracyjnego. Forsowano rozwój przemysłu ciężkiego, głównie ze względu, jak mówiono, na konieczność umocnienia obronności kraju, stale zagrożonego przez państwa kapitalistyczne.

Nie osłabła aktywność ukraińskiej emigracji politycznej, zmierzającej do tego, by za wszelką cenę utworzyć samodzielne i nie związane z Rosją państwo ukraińskie oraz zlikwidować władzę radziecką na Ukrainie. Największą aktywność przejawiały w tej mierze ośrodki emigracyjne rozlokowane w Niemczech, Francji i w Polsce.

30 VIII 1920 r. w Pradze została założona Ukraińska Organizacja Wojskowa (Ukrajinśka Wijskowa Orhanizacija — UWO), kierowana m. in. przez Eugeniusza Konowalca, Andrzeja Melnyka i Romana Szuszkę. Wkrótce potem utworzyła swoje agendy na terenie Polski. Prowadziła działalność konspiracyjną, przygotowywała akcje terrorystyczne, pragnęła wywołać interwencję dyplomatyczną państw zachodnich i reaktywować Ukraińską Republikę Ludową, której rząd, kierowany przez Petlurę, działał w dalszym ciągu na emigracji. Po śmierci Petlury w maju 1926 r. jego miejsce zajął Andrzej Łewycki. O ile jednak UWO miała zdecydowanie antypolski i antyradziecki charakter, to tzw. rząd URL wypowiadał się za współpracą z Polską

i nawet przekazywał jej informacje uzyskane z prowadzonej przez siebie na szeroką skalę akcji wywiadowczej na terenie Ukrainy radzieckiej. Stanowisko takie wypływało jednak wyłącznie z pobudek taktycznych, a nie z przekonania o konieczności utrzymania trwałych, opartych na wspólnych założeniach ideowych, więzów sojuszniczych.

Z końcem lat dwudziestych doszło do połączenia się głównych ukraińskich ugrupowań nacjonalistycznych. Decyzję taką podjęto na konferencji w Berlinie już z końcem 1927 r., a sfinalizowano ją ostatecznie na wspólnym kongresie UWO i Związku Organizacji Ukraińskich Nacjonalistów odbytym w Wiedniu na przełomie stycznia i lutego 1929 r. Powstała wówczas Organizacja Ukraińskich Nacjonalistów (OUN), w której składzie jeszcze przez kilka lat działała na zasadach autonomicznych UWO, stanowiący jak gdyby organizację bojową OUN. W stojącym na czele OUN Prowidzie (zarządzie) główne role odgrywali Konowalec i Stepan Bandera. OUN współpracowała z rządem niemieckim i głosiła hasła walki o utworzenie suwerennego państwa ukraińskiego z nacjonalistycznym rządem na czele. Prowadziła ona bardzo żywą działalność i zdołała utworzyć swoje oddziały w wielu krajach europejskich. W Pradze wydawała pismo „Rozbudowa nacji" („Rozwój Narodu"), a w Kownie — „Surmę". Jej agendy znajdowały się również w Stanach Zjednoczonych, Kanadzie, Argentynie, Brazylii i Mandżurii.

W lipcu 1925 r. we Lwowie doszło do zjednoczenia trzech ugrupowań prawicowych, w tym również Ukraińskiej Reprezentacji Parlamentarnej, i utworzenia Ukraińskiego Zjednoczenia Narodowo-Demokratycznego (Ukrajinśke Nacjonalno-Demokratyczne Objednannia — UNDO). Zakładano, że będzie to ugrupowanie ponadklasowe, głoszące jedno tyko hasło polityczne: zjednoczenia wszystkich ziem ukraińskich i utworzenia niepodległej Ukrainy. Partia ta nie była wewnętrznie spójna i niejednokrotnie dochodziło w niej do sporów o charakterze programowym. Formalnie reprezentowała tzw. ukraińską opozycję legalną w polskim życiu politycznym i domagała się autonomii dla ziem zachodnioukraińskich wchodzących w skład państwa polskiego. W tym czasie rząd Rzeczypospolitej Polskiej ograniczył się jedynie do wysunięcia propozycji stworzenia samorządu terytorialnego dla trzech województw kresowych: lwowskiego, stanisławowskiego i tarnopolskiego. Organami prasowymi UNDO były „Diło' („Czyn"), „Swoboda" („Wolność") i „Narid" („Naród").

Aktywność emigracyjnych ugrupowań nacjonalistycznych, próby przenikania ich agentów i działaczy na Ukrainę radziecką, wreszcie działalność terrorystyczna i sabotażowa powodowały, że zarówno władze USRR, jak i ZSRR energicznie przeciwstawiły się tym akcjom. Było to tym ważniejsze, że wiązały się one z nową falą propagandy antyradzieckiej na Zachodzie, a nawet z otwartym nawoływaniem do kolejnej interwencji zbrojnej przeciw ZSRR. W kwietniu 1927 r. dokonano na przykład najścia na budynek poselstwa ZSRR w Pekinie i aresztowano kilku jego pracowników, w maju przeprowadzono rewizję w londyńskich pomieszczeniach ARKOS-u (angielsko-rosyjskiego towarzystwa akcyjnego) i przedstawicielstwa handlowego ZSRR, a następnie zerwano angielsko-radzieckie stosunki dyplomatyczne. W czerwcu 1927 r. w Warszawie został zamordowany poseł ZSRR w Polsce Piotr Wojkow; dyplomacja amerykańska nawoływała do krucjaty przeciw ZSRR. Próby wywarcia presji na Związek Radziecki nie powiodły się, zmuszając wszakże rząd radziecki do posunięć mających na celu umocnienie obronności kraju. Wykazał on jednak w tej sytuacji daleko posuniętą nerwowość, a rozpoczynające się działania represyjne wkrótce stały się fragmentem rodzącego się stalinowskiego systemu sprawowania władzy.

Należy także dodać, że w tym samym czasie ponownie odżyły spory w partii wywołane kolejną falą aktywizacji opozycji trockistowskiej, nadal negującej możliwość zwycięstwa socjalizmu w jednym kraju. Opozycja proponowała powiększenie wysokości podatku rolnego, podwyższenie cen towarów przemysłowych, oskarżała aparat partyjny o biurokrację i przeciwstawiała go szeregowym członkom partii. W 1927 r. trockiści wystąpili z „Platformą (programem) 83" — deklaracją wydrukowaną konspiracyjnie, zawierającą generalny atak na realizowaną politykę gospodarczą, zwłaszcza NEP i forsowne uprzemysłowienie kraju. W październiku 1927 r. Trocki i Zinowiew zostali usunięci z Komitetu Centralnego za działalność frakcyjną. KC WKP(b) ogłosił tezy w sprawie porządku dziennego XV Zjazdu partii i wezwał do powszechnej dyskusji nad nimi. W czasie dokonywania tego zabiegu nie unikano stosowania nacisków administracyjnych, byle tylko uzyskać poparcie dla centralnego kierownictwa partyjnego. Za stanowiskiem KC opowiedziało się przeszło 700 tysięcy członków partii, za programem trockistowkim — zaledwie 4000; na Ukrainie odpowiednio około 100 tysięcy oraz (za trockistami) 446 członków partii. Znaczną porażkę ponieśli trockiści w wielkoprzemysłowych organizacjach partyjnych Ukrainy: w Dniepropietrowsku opowiedziało się za nimi jedynie 15 osób, a w Mikołajowie — jedna.

Zaktywizowali się również opozycjoniści w KP(b)U: Aleksander

Szumski i Mikołaj Chwylowy, którzy w coraz bardziej zacieśniających się związkach Ukrainy z Rosją radziecką dostrzegali niebezpieczeństwo zdominowania kultury ukraińskiej przez rosyjską. Wsparł ich ekonomista M. Wołobujew, który uważał, że z gospodarczego punktu widzenia dalsze pozostawanie USRR w składzie ZSRR jest dla niej wysoce niekorzystne. Domagano się także „ukrainizacji" robotników rosyjskich zatrudnionych w przemyśle ukraińskim. Podobne poglądy zaczęła głosić również Komunistyczna Partia Zachodniej Ukrainy działająca nielegalnie w Polsce. Z drugiej strony spora grupa członków WKP(b), m. in. Zinowiew, opowiadała się za dalszym ujednolicaniem kształtu państwa radzieckiego, co równać się miało jego rusyfikacji, domagając się na przykład wprowadzenia języka rosyjskiego jako języka wykładowego do wszystkich szkół ukraińskich. Głównym orędownikiem polityki ukrainizacji, a więc uprzywilejowania ludności ukraińskiej i języka ukraińskiego na ukraińskim terytorium etnicznym, był Mikołaj Skrypnyk, w latach 1927—1933 komisarz ludowy oświaty w rządzie USRR, członek Biura Politycznego KP(b)U oraz od 1927 r. przewodniczący Rady Narodowości CKW ZSRR.

UKRAINA W OKRESIE UPRZEMYSŁOWIENIA

Najpoważniejszą inwestycją przemysłową była w tym czasie na Ukrainie budowa Dnieprzańskiej Elektrowni Wodnej (Dnieproges). Rozpoczęła się ona 8 XI 1927 r., a zakończyła 10 X 1932 r. O przeszło dwa lata skrócono przewidywany termin oddania jej do użytku. Przy budowie Dnieprogesu po raz pierwszy na znaczną skalę wykorzystano pracę więźniów. Inwestycja ta przyczyniła się do uspławnienia Dniepru niemal na całej jego długości, zapewniła dostawy energii elektrycznej dla przemysłu rozbudowującego się w tym rejonie (początkowo planowana moc turbin zainstalowanych w elektrowni wynosiła ok. 600 MW, obecnie przekracza 1300 MW), a także pozwoliła wyszkolić sporą liczbę kadr technicznych. Wybudowano również kilka elektrowni rejonowych, m. in. w Charkowie, Kijowie i Krzywym Rogu; powstały nowe elektrownie miejskie oraz zasilające wielkie zakłady przemysłowe. Moc elektrowni ukraińskich wzrastała corocznie o przeszło 25%.

Szybko rosła liczba nowych zakładów przemysłu hutniczego i metalurgicznego; w starych modernizowano maszyny i budowano nowe wielkie piece. W Zagłębiu Donieckim powstały w latach 1927—1929 aż 23 nowe kopalnie węgla, w tym największa w Związku Radzieckim kopalnia im. Dwunastolecia Października. 16 kopalni zostało zmodernizowanych. Zaczęto stosować pierwsze maszyny do mechanicznego urobku węgla.

Dnieproges im. W. Lenina

Forsowanie inwestycji za wszelką cenę, pęd do gigantomanii, chęć uzyskania znaczących i szybkich efektów propagandowych mających stanowić materialny dowód wyższości socjalizmu nad kapitalizmem przynosiły niekiedy rezultat odwrotny od zamierzonego. Nie dotrzymywano terminów uzyskiwania pełnej mocy produkcyjnej przez nowo zbudowane zakłady. Zdarzały się wypadki niedostarczenia na czas dokumentacji technicznej, występowały niedostatki w organizacji pracy, a straty stąd wynikające sięgały czasem nawet połowę wartości obiektów oddawanych do użytku. Najjaskrawiej uwidoczniło się to w czasie budowy elektrowni w Charkowie. Konieczne więc stały się zabiegi organizacyjne, które pozwoliłyby w przyszłości uniknąć podobnych uchybień. Odpowiednie decyzje w tej mierze zostały podjęte na wspólnym posiedzeniu KC KP(b)U i Centralnej Komisji Kontroli w lipcu 1928 r. Jednocześnie dokonano zmiany na stanowisku sekretarza generalnego KC KP(b)U. Miejsce Kaganowicza (sekretarz generalny od 1925 r.) zajął Stanisław Kosior. Kosior urodził się na ziemiach polskich i pod koniec ubiegłego stulecia zamieszkał wraz z rodzicami w Zagłębiu Donieckim, gdzie przez następne lata pracował w zakładach metalurgicznych, biorąc jednocześnie czynny udział w nielegalnej działalności miejscowych organizacji socjaldemokratycznych. W czasie Rewolucji Październikowej przebywał w Piotrogrodzie i pełnił odpowiedzialne funkcje partyjne w Piotrogrodzkim Komitecie SDPRR(b). W 1918 r. został skierowany do pracy partyjnej na Ukrainie, gdzie uczestniczył w pracach Biura Organizacyjnego do spraw zwołania I Zjazdu KP(b)U. Później bez przerwy był członkiem centralnych władz partyjnych. Funkcję sekretarza generalnego KC KP(b)U pełnił aż do 1938 r. Jego następcą na tym stanowisku został Nikita Chruszczow.

Prace nad rozwojem gospodarki ukraińskiej objęły również przemysł lekki i spożywczy. Inwestycje poczynione w tym zakresie dotyczyły ok. 200 zakładów różnego typu, w których pracowało przeszło 100000 robotników. Powstały też pierwsze na Ukrainie fabryki nawozów sztucznych, kabli i sprzętu radiowego.

Wzrost liczebny klasy robotniczej wiązał się równocześnie z istotnymi zmianami jej struktury. Przede wszystkim znacznie obniżyła się przeciętna wieku zatrudnionych w przemyśle (prawie 60% robotników nie przekroczyło 26 roku życia). Zwiększył się udział procentowy robotników narodowości ukraińskiej. Prawie połowa nowo zatrudnionych wywodziła się z rodzin robotniczych, co sprzyjało tworzeniu się tradycji zawodowej, prowadziło do ściślejszego wiązania się z zakładem pracy, pomagało w stałym podnoszeniu wydajności.

Nie wszystko jednak układało się po myśli władz. Przemysł nie rozwijał się równomiernie. O ile na przykład przemysł metalurgiczny przekroczył w 1929 r. wskaźniki przedwojenne, a liczba wyprodukowanych wówczas maszyn rolniczych była czterokrotnie wyższa niż w 1913 r., to wciąż jeszcze występowały niedostatki w pracy przemysłu wydobywczego oraz w produkcji żelaza i stali. Usiłowano ratować sytuację wykorzystując w coraz większym stopniu pracę przymusową więźniów. Czasem kłopot sprawiali robotnicy pochodzący ze wsi, lekceważący dyscyplinę pracy i tylko w ograniczonym stopniu umiejący wykorzystać wszystkie możliwości maszyn, którymi się posługiwali. Gdy nie dało się niepowodzeń wytłumaczyć przyczynami obiektywnymi, starano się je zwalić na prawdziwą lub rzekomą działalność „wroga klasowego", inspirowanego przez antyradzieckie ośrodki emigracyjne lub rządy państw zachodnich, dokonującego zamachów terrorystycznych i sabotaży. Tak właśnie spreparowana została słynna sprawa szachtyńska, związana z rzekomym wykryciem w 1928 r. w Zagłębiu Donieckim organizacji kontrrewolucyjnej, której kierownictwo znajdować się miało w Szachtach (miasto w Zagłębiu Donieckim) i zbudowało rozległą siatkę dywersyjną w wielu zakładach przemysłowych, otrzymując poza tym finansową pomoc z zagranicy. Proces uczestników sprawy szachtyńskiej objął łącznie 49 oskarżonych, z których większość została ukarana bardzo surowo (z wyrokami śmierci włącznie). Oskarżeniem objęto byłych właścicieli kopalń i członków dawnego nadzoru technicznego.

Uprzemysłowienie Ukrainy szło w parze ze wzrostem liczby członków związków zawodowych i partii. Związki zawodowe na Ukrainie liczyły w 1929 r. przeszło 1,1 mln, a partia — ponad 250 tysięcy członków (przeszło 70% członków KP(b)U stanowili robotnicy, ok. 52% — Ukraińcy).

KOLEKTYWIZACJA ROLNICTWA I PIERWSZY PIĘCIOLETNI PLAN ROZWOJU GOSPODARKI NARODOWEJ. GŁÓD NA UKRAINIE

Pod koniec lat dwudziestych rolnictwo ukraińskie osiągnęło dobre na ogół wyniki produkcyjne. Przeprowadzona w latach 1926—1927 polityka umacniania rad wiejskich również przyniosła korzystne efekty. W organach administracji terenowej znalazło się około 200 tysięcy osób. Wiele z nich włączano potem do pracy w centralnych władzach partyjnych i Ludowym Komisariacie Rolnictwa. Utworzono związek zawodowy pracowników rolnych, który skupiał blisko ćwierć miliona członków. Nadal rozrastał się Komsomoł, w tym także na wsi.

Niepokój władz centralnych budził jednak niewielki udział produkcji towarowej w globalnej wartości produkcji rolnej. Podobna sytuacja istniała nie tylko na Ukrainie, lecz i w pozostałych republikach radzieckich. Nic też dziwnego, że w opublikowanych w październiku 1927 r. materiałach na XV Zjazd WKP(b) znalazło się stwierdzenie o konieczności przeprowadzenia kolektywizacji rolnictwa w jak najszybszym czasie i uczynienia z tej akcji głównego zadania dla partii i państwa radzieckiego. Już w listopadzie, na X Zjeździe KP(b)U, po dyskusji nad referatem przewodniczącego RKL Ukrainy Własa Czubara (przewodniczący RKL od 1923 r.), tezę tę przyjęto w całości. W grudniu 1927 r. XV Zjazd WKP(b) podjął uchwałę o kolektywizacji rolnictwa radzieckiego. Plan ten łączono z akcją „likwidacji kułaków jako klasy", co wiązać się miało z etapową, lecz przeprowadzoną w szybkim tempie konfiskatą majątków zamożnych i średnio zamożnych chłopów oraz ich przesiedleniem lub nawet — uwięzieniem.

Na Ukrainie liczba tzw. gospodarstw kułackich nie przekraczała 5% łącznej liczby indywidualnych gospodarstw rolnych, ale jednocześnie dysponowały one przeszło 20% ziemi ornej. Gospodarstwa zespołowe stanowiły 3,4% wszystkich gospodarstw rolnych, uprawiając 3,8% ziemi ornej. Już w 1928 r. nastąpiły pierwsze poważniejsze trudności w skupie towarów rolniczych. W roku następnym powiększyły się one jeszcze bardziej zarówno ze względu na panujący nieurodzaj, jak i z powodu podniesienia podatku kułakom, co doprowadziło do spadku produkcji rolnej.

Zaktywizowała się opozycja wewnątrzpartyjna. Czołowe role odgrywali w niej: Mikołaj Bucharin (przewodniczący Komitetu Wykonawczego Międzynarodówki Komunistycznej) i Aleksy Rykow (przewodniczący Rady Komisarzy Ludowych ZSRR).

XV Zjazd WKP(b) podjął nie tyko uchwałę o przeprowadzeniu kolektywizacji rolnictwa, lecz również o opracowaniu założeń pierwszego pięcioletniego planu rozwoju gospodarki narodowej. Represje przeciw działaczom opozycji zaczęły przybierać coraz szerszy zasięg. Z partii usunięto kilkudziesięciu jej przywódców, m. in. Trockiego, Zinowiewa, Kamieniewa, Piatakowa, a także Chrystiana Rakowskiego. Później większość z nich, po złożeniu przyrzeczenia zerwania z działalnością frakcyjną, powróciła w szeregi partii. Natomiast w kwietniu 1929 r. Plenum KC WKP(b) odwołało Bucharina ze stanowiska przewodniczącego KW Międzynarodówki Komunistycznej, Rykowa ze stanowiska przewodniczącego RKL ZSRR, a innego z opozycjonistów Michała Tomskiego pozbawiono funkcji przewodniczącego Centralnej Rady Związków Zawodowych.

Obostrzenie polityki w stosunku do zamożnych gospodarzy wywołało opór z ich strony. Pogorszenie się sytuacji zaopatrzeniowej spowodowane było również ograniczonością środków, jakie przemysł dostarczał rolnictwu, oraz niskim poziomem kultury rolnej. W 1928 r. wprowadzono kartkowy system rozdziału towarów.

Z trudnej sytuacji starano się wyjść poprzez stosowanie preferencji wobec biedoty chłopskiej oraz kołchozów i sowchozów (*sowietskoje choziajstwo* — gospodarstwo radzieckie, państwowe; skrót ukr.: *radhosp* — *radiańske hospodarstwo*). Przydzielono im żywność i ziarno siewne; ekipy robotnicze pomagały w uprawie roli; zaopatrywano je w traktory i maszyny rolnicze. W latach 1928—1929 50% sprzedanych maszyn rolniczych trafiło do kołchozów, a tylko 3% znalazło się w rękach zamożnych chłopów; dwa lata wcześniej „kułacy" nabyli 20% wyprodukowanych maszyn. Tworzono punkty wypożyczania maszyn rolniczych. W 1927 r. powstała na Ukrainie pierwsza państwowa stacja maszynowo-traktorowa; po dwóch latach było ich 37 i dysponowały 1175 traktorami. Chłopom i kołchozom zapewniono również pomoc agronomiczną. Wkrótce okazało się, że zabiegi te przyniosły pozytywne rezultaty. Plony zbóż w kołchozach ukraińskich były o 15—20% wyższe niż w gospodarstwach indywidualnych, a przeciętne dochody kołchoźników dwukrotnie przewyższyły dochody chłopów gospodarujących indywidualnie. Świadczyło to niestety także o postępującym zubożeniu włościan ukraińskich.

W maju 1929 r. odbył się XI Ogólnoukraiński Zjazd Rad. Zatwierdzono na nim założenia pierwszego pięcioletniego planu rozwoju gospodarczego USRR. Prawie równocześnie V Zjazd Rad ZSRR podjął odpowiednią uchwałę obejmującą cały Związek Radziecki.

Wprowadzenie gospodarki planowej miało ogromne znaczenie dla wszechstronnego rozwoju ZSRR. Oznaczało ono, poza założonymi wysokimi efektami produkcyjnymi, nie zawsze zresztą liczącymi się z realiami, oparcie gospodarki radzieckiej na zasadach nowoczesnego zarządzania przemysłem i rolnictwem oraz wykorzystania najnowszych zdobyczy nauki w tej mierze; miało stworzyć możliwość kompleksowego spojrzenia na sprawy ekonomiki i równomiernego rozłożenia wysiłku inwestycyjnego.

Plan obejmował lata 1929—1933. Na Ukrainie na inwestycje przeznaczono 13 mld rubli, z czego na przemysł przypadało 5 mld, na transport — 1,76 mld, a na rolnictwo — 1,28 mld rubli. Produkcja maszyn powiększyć się miała trzykrotnie, a wartość produkcji przemysłu chemicznego 3,5 raza. Przewidywano wybudowanie w Charkowie nowoczesnej fabryki produkującej 40000 traktorów rocznie oraz kombinatu hutniczego w Krzywym Rogu o rocznej zdolności produkcyjnej 650000 ton surówki żelaza. Po zakończeniu budowy Dnieprogesu i innych elektrowni produkcja energii elektrycznej miała wzrosnąć 2,5-krotnie. Powierzchnia kołchozowych pól uprawnych winna była w ostatnim roku pięciolatki osiągnąć 20 mln hektarów.

Postawienie tak ambitnych zadań gospodarczych wywołało szeroki oddźwięk społeczny. Wspaniała perspektywa porwała wielu. Rozpoczął się masowy ruch współzawodnictwa pracy; podejmowano różnego rodzaju czyny produkcyjne. Pod koniec 1929 r. we współzawodnictwie uczestniczyła już większość robotników ukraińskiego przemysłu ciężkiego. Rzecz jasna, nie brakowało w tej mierze licznych uchybień, formalizmu, „poprawiania" uzyskanych rezultatów w sprawozdaniach do władz zwierzchnich, lecz w zasadzie nie doprowadziło to do dyskredytacji ruchu w oczach społeczeństwa.

Odrębnym problemem stała się kolektywizacja, która na Ukrainie dokonywała się najszybciej na południu kraju i na dnieprzańskim Prawobrzeżu. Związane było to zarówno z krótką tradycją gospodarowania indywidualnego oraz niedawną parcelacją ziem wchodzących w skład wielkich latyfundiów i gospodarstw obszarniczych jak i późnym zagospodarowaniem ziem stepowych.

Jeszcze w lutym 1929 r. KC WKP(b) podjął uchwałę w sprawie jak najszybszego wprowadzenia na Ukrainie gospodarki uspołecznionej we wszystkich gałęziach produkcji. Pod koniec roku władze ukraińskie postanowiły w ciągu najbliższych kilkunastu miesięcy doprowadzić do skolektywizowania przeszło 20% gruntów uprawnych (w październiku 1929 r. było ich niespełna 9%). Już jednak 5 I 1930 r. KC WKP(b) podjął uchwałę *O tempie kolektywizacji i środkach pomocy, państwa dla budownictwa kołchozowego*, w której przewidywał zakończenie kolektywizacji do końca pierwszej pięciolatki. Miała być ona przeprowadzona w trzech etapach, a na Ukrainie dokonana do jesieni 1931 lub wiosny 1932 r. Jak na ironię w uchwale podkreślano dobrowolny charakter kolektywizacji, przy czym podstawową formą organizacyjną gospodarki kolektywnej miał być artel rolny. Właśnie wówczas podjęto decyzję o likwidacji kułaków jako klasy, pozbawiając ich „produkcyjnych źródeł istnienia i rozwoju", odbierając im prawo władania ziemią, dzierżawy i najmowania siły roboczej.

W celu wykonania założonych zadań zastosowano przymus moralny, ekonomiczny i fizyczny. Nic więc dziwnego, że już w połowie marca Ukraina mogła pochwalić się 70% skolektywizowanej ziemi. Wywołało to jednak energiczny sprzeciw chłopów, jawne bunty oraz niszczenie własnego mienia, by nie stało się własnością wspólną (np. pogłowie bydła zmniejszyło się niemal o połowę, co z kolei spowodowało nowe trudności rynkowe, zwłaszcza w dostawach do miast mięsa, mleka i masła).

Dopiero artykuł Stalina *O zawrocie głowy od sukcesów*, opublikowany w „Prawdzie" 2 III 1930 r. (także kolejny artykuł Stalina: *Odpowiedź towarzyszom kołchoźnikom*, z 3 IV 1930 r.), postawił na pewien czas tamę lewackim poczynaniom niektórych działaczy partyjnych i administracyjnych. W artykułach tych podkreślano konieczność bezwzględnego poszanowania zasady dobrowolności wstępowania do gospodarstw spółdzielczych, pozwalając na występowanie z kołchozów tych chłopów, którzy znaleźli się w nich pod przymusem. Stalin pisał również o niezbędności prowadzenia „pracy politycznej" wśród kobiet wiejskich, co wiązało się z tzw. babskimi buntami — demonstracjami zdesperowanych chłopek, pozbawionych środków do życia dla swoich dzieci. Po ukazaniu się tych artykułów, w ciągu kilku zaledwie miesięcy liczba gospodarstw objętych kolektywizacją spadła z 65 do 30,4%, obszar zaś ziem uprawnych należących do kołchozów zmniejszył się z 70 do 39,7%. W pewnych okręgach proces ten był jednak znacznie wyraźniejszy, m. in. w okręgu sumskim, humańskim, berdyczowskim, białocerkiewskim, krzyworoskim i odeskim liczba gospodarstw uspołecznionych spadła trzy-, a nawet pięciokrotnie w stosunku do stanu poprzedniego.

Nie oglądając się więc już na nic, przywrócono metody stosowane poprzednio na wsi. Prócz tego do pracy wśród chłopów skierowano liczne kadry działaczy partyjnych, w tym niemal wszystkich członków kierownictwa KP(b)U. Na wieś ruszyły także tysiące robotników. O ile w listopadzie 1930 r. podjęto decyzję o przywróceniu stanu poprzedniego na wiosnę 1931 r., to w grudniu KC WKP(b) nakazał podniesienie założonego wskaźnika o 10% i zakończenie całej kolektywizacji w 1932 r. Na efekty nie trzeba było długo czekać. Już w sierpniu 1931 r. KC WKP(b) stwierdził, podsumowując osiągnięte rezultaty, że „w zasadzie" kolektywizację zakończono na ukraińskich terenach stepowych i na dnieprzańskim Lewobrzeżu. Uznano bowiem, że proces kolektywizacji jest zakończony, jeśli obejmie on co najmniej 68—70% gospodarstw chłopskich i 75—80% powierzchni pól uprawnych. Stan taki osiągnięto w USRR (w całej republice) z końcem 1932 r. Procesowi temu towarzyszyły liczne akty sprzeciwu: bunty, zamieszki i zamachy terrorystyczne na działaczy partii bolszewickiej.

W lipcu 1930 r. przeprowadzono w ZSRR reformę administracyjną: zlikwidowano okręgi wprowadzając na ich miejsce rejony (na Ukrainie — 484). Były one bezpośrednio podporządkowane administracji republikańskiej. Wkrótce jednak okazało się, że kierowanie blisko 500 rejonami z jednego ośrodka dyspozycyjnego stwarzało poważne trudności i wymagało rozbudowania administracji centralnej, a więc pomnożenia aparatu biurokratycznego, nie mówiąc już o osłabieniu więzi społeczeństwa z organami władzy terenowej. 9 II 1932 r. przeprowadzono kolejną reorganizację administracji, wprowadzając między rejon a władze republiki szczebel pośredni — obwód (oblast'). Początkowo utworzono pięć obwodów: charkowski, dniepropietrowski, kijowski, odesski i winnicki, a niebawem dalsze dwa: czernihowski i doniecki.

Przymusowa i pospieszna kolektywizacja pociągnęła za sobą zwiększenie represji wobec krytykujących te poczynania. Zlikwidowane w 1926 r. Braterstwo Państwowości Ukraińskiej wznowiło swoją działalność jako rzekomy Związek Wyzwolenia Ukrainy (Spiłka Wyzwołennia Ukrajiny). W jego kierownictwie znaleźć się miał S. Jefremow, były działacz partii socjalistów federalistów, jeden z czołowych polityków Centralnej Rady i Dyrektoriatu, historyk literatury ukraińskiej, w latach 1923—1929 wiceprezydent Ukraińskiej Akademii Nauk. Według zeznań oskarżonych działaczy ZWU postawionych przed sądem w 1930 r. organizacje Związku znajdowały się w Kijowie, Odessie, Charkowie, Dniepropietrowsku, Połtawie, Winnicy, Mikołajowie i Czernihowie. Kierownictwu ZWU miał być podporządkowany Związek Młodzieży Ukraińskiej (Spiłka Ukrajinśkoji Mołodi). Wobec brutalnych metod stosowanych w śledztwie trudno dziś jeszcze odpowiedzieć na pytanie, w jakim stopniu w tym wypadku mamy do czynienia z rzeczywistymi ugrupowaniami antyradzieckimi, w jakim zaś z wytworem imaginacji bezwzględnych oskarżycieli, wymuszających z podsądnych — jakże często! — przyznanie się do win niepopełnionych. Liczba spreparowanych procesów, wyroków wydawanych „w trybie przyspieszonym" i wedle procedury zaprzeczającej jakiejkolwiek praworządności oraz elementarnemu poczuciu sprawiedliwości zwiększała się z miesiąca na miesiąc. Jednakowo traktowano prawdziwych opozycjonistów, stawiając ich w jednym szeregu z rzeczywistymi wrogami ustroju, tak samo opozycjonistów potencjalnych, tak samo — rzekomych. W tym też czasie, w 1931 r., wykryto i zlikwidowano Ukraiński Ośrodek Narodowy, programowo dążący do utworzenia niepodległego i suwerennego państwa ukraińskiego. Pojawiło się ogólnozwiązkowe ustawodawstwo o charakterze represyjnym. W wydanym 7 VIII 1932 r. dekrecie *O ochronie własności socjalistycznej* przewidywano za niektóre tego typu przestępstwa karę śmierci; w 1933 r. zezwolono na konfiskatę majątku chłopów, którzy odmówili wstępowania do kołchozów.

Polityka represyjna objęła całą Ukrainę. W 1931 r. radykalnie zwiększono rozmiary dostaw obowiązkowych, tak że po zbiorach chłopom ukraińskim pozostawiono zaledwie 112 kg zboża na osobę, w roku następnym — tylko 83 kg. Konsekwencją tych posunięć stał się głód, który objął praktycznie wszystkie wsie ukraińskie. W latach 1932—1933 w niektórych rejonach na wschodzie i południu Ukrainy głodowa śmierć wyniszczyła 20—25% ich mieszkańców. Na wiosnę 1933 r. wiele wsi w okolicach Charkowa, Kijowa i Połtawy zupełnie opustoszało. Trzeba je było zasiedlać ponownie. Nie da się dzisiaj obliczyć łącznej liczby ofiar. Szacuje się je obecnie na 3—5 mln istnień ludzkich. W przeciwieństwie do klęski głodowej lat dwudziestych rząd radziecki nie poinformował tym razem o niej światowej opinii publicznej, odrzucił wszelkie propozycje zorganizowania międzynarodowej pomocy dla głodujących, a informacje o tragedii wsi ukraińskiej uznał za wymysły rozpowszechniane przez wrogów ZSRR. Niepowodzeniem zakończyły się protesty ukraińskich komunistów skierowane do władz WKP(b) i rządu radzieckiego. Wielu z nich oskarżono w następstwie o podejmowanie akcji antysocjalistycznych. M. Chwylowy i M. Skrypnyk popełnili samobójstwo. Główną odpowiedzialnością za te wydarzenia obciąża się oddelegowanego na Ukrainę sekretarza KC WKP(b), a od stycznia 1933 r. sekretarza KC KP(b)U, Pawła Postyszewa, który zresztą w 1938 r., w czasie kolejnej fali represji stalinowskich, został skazany na śmierć i stracony, podobnie jak tysiące innych działaczy komunistycznych.

Jak na ironię, na XVII Konferencji WKP(b), obradującej w Moskwie w dniach 30 I —4 II 1932 r., stwierdzono, że w ZSRR zakończono budowę podstaw socjalizmu.

O ile wieś ukraińska i rolnictwo jeszcze przez kilka lat następnych nie mogły przyjść do siebie po przeżytym dramacie, w tym samym czasie, w latach 1929—1933, wartość produkcji przemysłowej na Ukrainie wzrosła z 2 925 mln rubli do 6 767 mln rubli. Powstały nowe gałęzie przemysłu chemicznego, budowy maszyn; zaczął rozwijać się przemysł lotniczy. Wybudowano 386 nowych fabryk i 30 kopalń. Najszybciej rozwijał się przemysł ciężki, którego udział w globalnej produkcji przemysłu ukraińskiego przekroczył 60%. Doprowadziło to z kolei do pojawienia się braków w zaopatrzeniu rynku, pogłębionych przez znany nam już głęboki kryzys rysujący się w rolnictwie. Wybudowano mieszkania o łącznej powierzchni ok. 4,5 mln m²; zwiększono nakłady na ochronę zdrowia, oświatę i kulturę. Płace realne w mieście wzrosły o przeszło 40%. Liczba analfabetów zmniejszyła się do 10% ogólnej liczby ludności. Wiele wysiłku włożono w podniesienie poziomu przygotowania zawodowego robotników i chłopów. Wielokrotnie zwiększyła się liczba szkół zawodowych i technicznych, wzrosła poważnie liczba uczniów. Na 545 „wydziałach robotniczych" — *rabfakach*, przygotowujących młodzież do wstępu na wyższe uczelnie, studiowało 81 000 studentów. Powstało 13 nowych wyższych szkół rolniczych i 192 technika rolnicze. Zmieniła się struktura społeczna słuchaczy wyższych uczelni na korzyść młodzieży pochodzenia robotniczego i chłopskiego, a procent studentów Ukraińców zwiększył się w ciągu pięciu lat z 37,4 do 51,2% ogółu studentów. Powstały nowe radiostacje w Kijowie, Dniepropietrowsku i Odessie; zbudowano sieć radiowęzłów (radiofonia przewodowa) transmitujących audycje emitowane centralnie.

UKRAINA RADZIECKA W LATACH 1933–1938.
NOWA KONSTYTUCJA ZSRR I USRR. REPRESJE

Doświadczenia nabyte w czasie układania pierwszej pięciolatki zostały wykorzystane w założeniach kolejnego planu pięcioletniego. Poddane zostały one publicznej dyskusji, której wyniki podsumowano na XII Zjeździe KP(b)U (18–23 I 1934 r.) i XVII Zjeździe WKP(b) (26 I–10 II 1934 r.). XII Zjazd KP(b)U podjął decyzję o przeniesieniu stolicy USRR z Charkowa do Kijowa.

Za główne zadanie kolejnego planu gospodarczego uznano przebudowę techniczną wszystkich gałęzi przemysłu w takim stopniu, by pod koniec drugiej pięciolatki 80% produkcji pochodziło z nowych lub całkowicie zrekonstruowanych przedsiębiorstw i fabryk. Produkcja środków produkcji miała się zwiększyć prawie dwukrotnie, natomiast wartość produkcji przemysłu lekkiego – 2,3 raza. Nakłady inwestycyjne na gospodarkę ukraińską wynieść miały 23,4 mld rubli, co przekraczało o przeszło 10 mld rubli wartość inwestycji poprzedniej pięciolatki.

Wykonywaniu ambitnych zadań wynikających z planu pięcioletniego towarzyszyły represje polityczne i terror stalinowski dosięgający wszystkich, którzy ośmielili się skrytykować jakikolwiek z elementów prowadzonej polityki. W 1934 r. KP(b)U liczyła już prawie pół miliona członków. W związku z zarządzoną wymianą legitymacji partyjnych dokonano tzw. weryfikacji członków partii, usuwając z niej nie tylko karierowiczów, czy też ludzi całkowicie biernych, lecz przede wszystkim tych, którzy mogli stanowić zagrożenie dla Stalina, jego polityki i jego współpracowników. Wielu uczciwych komunistów oskarżono bezpodstawnie o odchylenie nacjonalistyczne. Skrypnyk, jak wiemy, popełnił samobójstwo. W kwietniu 1934 r. dotychczasowy premier USRR Włas Czubar został przeniesiony na stanowisko wicepremiera ZSRR, a jego miejsce zajął były wicepremier Ukrainy Panas Lubczenko. Obydwaj ponieśli śmierć w czasie represji, Czubar w 1939 r., Lubczenko w 1937 r. Także w 1937 r. zamordowany został przewodniczący Rady Gospodarki Narodowej USRR Emanuel Kwiring, w 1939 r. – Stanisław Kosior i wielu, wielu innych.

W tym samym czasie Europa ulegała niebezpiecznym przeobrażeniom. W Niemczech doszli do władzy hitlerowcy, nie kryjący swych planów dokonania nowego podziału świata i zaspokojenia swoich imperialnych ambicji. W tzw. Narodowosocjalistycznej Niemieckiej Partii Pracy (NSDAP) utworzona została sekcja ukraińska, kierowana przez czołowego ideologa hitleryzmu Alfreda Rosenberga. Szybko nawiązała ona kontakt z ukraińskimi organizacjami nacjonalistycznymi działającymi na emigracji. Był to wprawdzie tylko epizod w dziejach NSDAP, wskazywał jednak na gorączkowe poszukiwanie przez nią możliwych sprzymierzeńców oraz coraz poważniejsze przeorientowywanie się emigracji ukraińskiej na prawo. W 1935 r. Włochy napadły na Abisynię, po roku Niemcy wprowadziły swoje wojska do Nadrenii, zdemilitaryzowanej na mocy postanowień traktatu wersalskiego. Także w 1936 r. rozpoczęła się wojna domowa w Hiszpanii skierowana przeciw rządowi republikańskiemu, a inspirowana przez miejscowych faszystów wspomaganych przez Włochy i Niemcy.

Rząd radziecki uznał, iż ZSRR znajduje się w stanie zagrożenia, co doprowadziło do dokonania korekt w zatwierdzonym już planie rozwoju gospodarczego, zwłaszcza poprzez zwrócenie większej uwagi na przemysł ciężki i podwyższenie i tak już wysokich wskaźników produkcyjnych.

Robotnicy w trudnych warunkach zdobywali się na prawdziwe bohaterstwo pracy. Pewne ułatwienie stanowił stały dopływ nowych, kwalifikowanych kadr technicznych przygotowanych przez szkolnictwo radzieckie. Współzawodnictwo pracy, które poprzednio oparte było głównie na stale powiększającym się wysiłku fizycznym, starano się teraz rozwijać wykorzystując polepszanie organizacji pracy. Zwiększały się jednak również, niestety, wymagania wobec więźniów zatrudnionych przy najcięższych pracach, w najtrudniejszych warunkach klimatycznych, bez najmniejszej dbałości o higienę i bezpieczeństwo. Niewielu z nich przeżywało obozową gehennę.

Współzawodnictwo w podnoszeniu wyników produkcyjnych poprzez lepszą organizację pracy zapoczątkował w sierpniu 1935 r. Aleksy Stachanow, górnik z kopalń Zagłębia Donieckiego. W lipcu 1936 r. na Ukrainie 70—80% robotników stale przekraczało założone normy a wydajność pracy wzrosła przeciętnie o 75%. Były to więc iście fantastyczne i mało wiarygodne wyniki. Drugi plan pięcioletni został wykonany przed terminem, do 1 IV 1937 r. Zostały osiągnięte podstawowe wskaźniki, założone przed trzema zaledwie laty. Wartość produkcji przemysłu i rolnictwa ukraińskiego w 1937 r. równa była wartości całej produkcji Rosji przedwojennej. Sektor socjalistyczny dominował w 99,8% przedsiębiorstw i fabryk. W rolnictwie ukraińskim pracowało już 84 000 traktorów i 26 700 kombajnów, nie mówiąc o innych maszynach rolniczych, co pozwoliło na coraz wyraźniejsze dźwiganie się wsi ukraińskiej z niedawnego kryzysu. Kończono budowę trzech gigantycznych kombinatów hutniczych: Zaporożstalu, Azowstalu i Kriworożstalu. Rozbudowany Dnieproges produkował więcej energii elektrycznej niż wszystkie elektrownie istniejące w Rosji carskiej. Kołchozy dysponowały niemal 100% ziemi ornej w republice.

Dochód narodowy Ukrainy zwiększył się przeszło dwukrotnie. Do użytku oddano mieszkania o łącznej powierzchni ok. 3 mln m². Liczba uczniów w szkołach podstawowych i średnich różnych typów wzrosła o 883 300 osób, a w wyższych uczelniach studiowało przeszło 100 000 słuchaczy. W 1933 r. zakończyła się jednak doba ukrainizacji. W szkołach wszystkich szczebli i typów zaczęła obniżać się liczba uczniów i studentów narodowości ukraińskiej (część z nich po prostu nie przyznawała się do swej narodowości), zmniejszyła się liczba szkół z ukraińskim językiem nauczania. W latach 1934—1935 w szkołach średnich zniesiono historię Ukrainy jako przedmiot nauczania. Stalinowskie represje nie ominęły także dzieci „wrogów ludu", które były usuwane ze szkół, kiedy indziej zaś odbierane rodzicom i przekazywane do domów dziecka.

Władze związkowe uznały, że ZSRR, a więc również wchodzące w jego skład republiki związkowe, weszły w kolejny etap rozwoju — budownictwa komunizmu. Logicznym następstwem tego stwierdzenia była decyzja o zmianie konstytucji. W czerwcu 1936 r. opublikowano projekt nowej konstytucji Związku Radzieckiego i po kilkumiesięcznej, raczej formalnej nad nim dyskusji, uchwalono go 5 XII 1936 r. na VIII Nadzwyczajnym Zjeździe Rad ZSRR.

Nowa konstytucja stwierdzała, że Związek Radziecki jest państwem socjalistycznym, w którym zlikwidowano klasy wyzyskiwaczy. W związku z tym wprowadzono powszechne prawo wyborcze, znosząc istniejące dotychczas w tej mierze ograniczenia. Konstytucja utrzymała obowiązującą dotychczas zasadę dobrowolnego związku równouprawnionych republik. W gestii centralnych władz związkowych znalazły się: reprezentowanie ZSRR na zewnątrz, zawieranie i ratyfikowanie umów międzynarodowych, decydowanie o sprawach wojny i pokoju, przyjmowanie nowych republik do ZSRR, zatwierdzanie zmian granic między poszczególnymi republikami związkowymi, sprawy wojskowe i handel zagraniczny. Wprowadzono jednolite obywatelstwo radzieckie, a prawa ustanowione przez centralne organy władzy obowiązywać miały we wszystkich republikach.

Najwyższym organem władzy ustawodawczej Związku Radzieckiego miała być Rada Najwyższa ZSRR, składająca się z Rady Związku i Rady Narodowości, wybierana raz na cztery lata w głosowaniu powszechnym, równym, tajnym i bezpośrednim. Radę Związku miano wybierać w proporcji: jeden poseł na 300 000 mieszkańców; Radę Narodowości stanowili posłowie wybierani w proporcji: 25 posłów z każdej republiki związkowej, 11 — z każdej republiki autonomicznej, 5 — z każdego obwodu autonomicznego oraz 1 z każdego okręgu narodowego. Prawa obydwu izb były jednakowe. Na wspólnym posiedzeniu obu izb wybierano Prezydium Rady Najwyższej, jego przewodniczącego, sekretarza i zastępców (po jednym z każdej republiki związkowej) oraz członków. Wybierano wówczas również najwyższy radziecki organ wykonawczy: Radę Komisarzy Ludowych.

Wprowadzano, zagwarantowane konstytucyjnie, podstawowe wolności obywatelskie, które dotyczyły wszystkich bez wyjątku obywateli ZSRR. M. in. wprowadzono pełne równouprawnienie kobiet, co miało szczególne znaczenie dla procesu emancypacji w republikach Azji Środkowej i Zakaukazia. System jednopartyjny otrzymał konstytucyjne potwierdzenie.

Wszystkie republiki radzieckie zostały zobowiązane do przeprowadzenia odpowiednich zmian w swoich konstytucjach lub do opracowania nowych w celu pełnego ich dostosowania do konstytucji ZSRR.

Jeszcze w połowie lipca 1936 r. powstała na Ukrainie 31-osobowa komisja dla opracowania projektu nowej konstytucji USRR. W jej składzie znaleźli się wszyscy czołowi ukraińscy działacze partyjni i państwowi, którzy rychło mieli ponieść śmierć w stalinowskich więzieniach, m. in. Czubar, Kosior, czy też Zatonski. Projekt opublikowano z początkiem stycznia następnego roku, rozpoczynając nad nim całkiem fasadową, niepełną miesięczną, dyskusję. Projekt w znacznej mierze powtarzał sformułowania konstytucji ZSRR.

Konstytucja USRR została jednomyślnie uchwalona przez XIV Nadzwyczajny Zjazd Rad Ukrainy Radzieckiej w dniu 30 I 1937 r. Do tekstu wprowadzono stwierdzenie o prawie Ukrainy do ewentualnego odłączenia się od ZSRR. Prawo wyborcze (bierne i czynne) przyznano wszystkim mieszkańcom Ukrainy, którzy ukończyli 18 lat, bez względu na płeć, rasę, narodowość, wyznanie, pochodzenie społeczne etc.

Pierwsze wybory do Rady Najwyższej ZSRR na podstawie nowych zasad konstytucyjnych odbyły się w dniu 12 XII 1937 r. Głosowano na kandydatów wystawionych wspólnie w bloku partii bolszewickiej i bezpartyjnych. Akt głosowania stał się w założeniach propagandowych systemu stalinowskiego manifestacją dojrzałości politycznej. Nic więc dziwnego, że frekwencja, także na Ukrainie, była przeszło 97-procentowa, a na listy bloku padło także blisko 100% oddanych głosów. Do Rady Związku wybrano na Ukrainie 102 posłów, do Rady Narodowości — 25.

26 VI 1938 r. odbyły się wybory do Rady Najwyższej USRR, w których wzięło udział przeszło 99% uprawnionych. Wybrano wówczas 73% czonków partii, 10,1% członków Komsomołu, oraz 16,9% bezpartyjnych; struktura narodowościowa przedstawiała się następująco: 61,2% Ukraińców, 36,5% Rosjan oraz 2,3% przedstawicieli innych narodowości.

Z końcem lipca 1938 r. odbyła się pierwsza sesja Rady Najwyższej USRR, na której m. in. wybrano na przewodniczącego Rady Michała Burmistenkę, przewodniczącym Prezydium Rady został Leonid Kornijec, a przewodniczącym Rady Komisarzy Ludowych USRR — Demian Korotczenko.

W dniach 27 V—3 VI 1937 r. odbył się w Kijowie XIII Zjazd KP(b)U, a po roku, 13—18 VI 1938 r., kolejny, XIV Zjazd partii. Wprawdzie z jednej strony podkreślano konieczność rozszerzenia demokracji wewnątrzpartyjnej, co znalazło wyraz w przyjętej (zgodnie ze wskazówkami KC WKP(b)) zasadzie tajnych wyborów do władz partyjnych, likwidacji praktyki kooptacji członków KC i partyjnych władz terenowych oraz wprowadzenia zakazu głosowania na listę, ale w tym samym czasie terror stalinowski osiągnął swoje maksimum.

Była to kolejna, po głodzie lat trzydziestych i represjach przeciw komunistom oraz twórcom i działaczom kultury doby „ukrainizacji", tragedia Ukrainy. W 1936 r. wyrzucono z partii i aresztowano ok. 45 000 jej członków; w dwóch latach następnych w partii przeprowadzono czystkę, która objęła przeszło połowę stanu KP(b)U, tj. ok. 160 000 osób; w drugiej połowie 1937 r. rozstrzelano niemal wszystkich członków KC i rządu Ukrainy radzieckiej. W styczniu 1938 r. na stanowisko pierwszego sekretarza KC KP(b)U został powołany Nikita Chruszczow, pełniący później tę funkcję nieprzerwanie aż do 1947 r. W Komitecie Centralnym znaleźli się nowi działacze: zarówno ci, którzy przybyli z Chruszczowem z Moskwy, jak i powołani przez niego do KC z prowincji, głównie ze szczebla rejonowego.

TZW. UKRAINA ZACHODNIA (WOJEWÓDZTWA: LWOWSKIE, STANISŁA-WOWSKIE, TARNOPOLSKIE I WOŁYŃSKIE) ORAZ RUŚ ZAKARPACKA W LATACH 1918—1941

Objęcie przez Polskę południowo-wschodnich terytoriów kresowych o obszarze przeszło 100 000 km^2, a zamieszkanych w większości przez ludność ukraińską liczącą ok. 4,5 mln osób, spowodowało od samego początku liczne kontrowersje i konflikty. Rzeczpospolita Polska traktowała tereny te jako nierozłączną część własnego państwa, wchodzącego w jej skład przed rozbiorami, stanowiącą więc oczywistą i trwałą rekompensatę za lata niewoli. Uważała, że ma do nich prawa historyczne, zwłaszcza że był to tylko fragment ukrainnych ziem przedrozbiorowego państwa polskiego. W świadomości Ukraińców sprawa przedstawiała się zgoła inaczej. Po pierwsze: były to tereny, które przypadły Polsce w wyniku traktatu pokojowego kończącego wojnę polsko-radziecką, a zawartego w Rydze, z pominięciem delegacji Ukraińskiej Republiki Ludowej, a więc stanowiły jedynie dowód ówczesnej przewagi militarnej Polski nad Rosją radziecką. Po drugie, kilkuletnie związki rządu polskiego z Petlurą, a następnie różnymi ugrupowaniami narodowymi, pozwalały się spodziewać poparcia ze strony polskiej tendencji do utworzenia samodzielnego państwa ukraińskiego, które trudno było sobie wyobrazić inaczej jak obejmujące również ziemie na wschód od linii Curzona, które zaczęto nazywać Ukrainą Zachodnią. Po trzecie, tzw. traktat mniejszościowy zakładał możliwość wtrącania się w wewnętrzne sprawy Polski i reprezentowania przez wielkie mocarstwa interesów ukraińskich. Ukraińcy bardzo na to liczyli i z tego też względu ukraińskie emigracyjne ugrupowania polityczne prowadziły aktywną działalność na arenie międzynarodowej, zwłaszcza w Niemczech i Francji. Wreszcie, po czwarte, na Ukrainie Zachodniej uważano, w pewnej mierze słusznie, że państwo polskie prowadzi tu politykę polonizacji i wynaradawiania Ukraińców, odbierając im nawet możliwość swobodnego i nieskrępowanego rozwoju kultury narodowej.

Na ziemiach tych pozostały jeszcze liczne polskie majątki, w których miejscowi chłopi, głównie pochodzenia ukraińskiego, stanowili jedynie siłę roboczą, pozbawieni zaś byli jakiegokolwiek oddziaływania na politykę wewnętrzną państwa nawet w sprawach najbardziej ich dotyczących. Połączenie konfliktu narodowego z konfliktem społecznym wywoływać musiało coraz liczniejsze zadrażnienia, wyrażające się zresztą w różnych formach i przebiegające z różnym nasileniem. Nawet legalnie istniejące w Rzeczypospolitej ugrupowania ukraińskie prowadziły w pewnym zakresie działalność stawiającą je w kolizji z obowiązującym ustawodawstwem, wszelkie bowiem pomysły zmierzające do utworzenia samodzielnego państwa ukraińskiego musiały godzić w terytorialną integralność Rzeczypospolitej.

Ukraińskie ugrupowania nacjonalistyczne nie były zgodne między sobą ani co do sposobu realizowania hasła niepodległości, ani też co do ostatecznego jej kształtu. Z grubsza rzecz biorąc, jedni dążyli do scalenia wszystkich ziem ukraińskich i stworzenia z nich smodzielnego państwa, drudzy sądzili, że należy rozpocząć od działania na rzecz usamodzielnienia się tego ośrodka myśli narodowej, który dysponował w tej mierze pewnymi tradycjami i był najbardziej — według nich — dojrzały do samodzielności, tzn. od dawnej Galicji Wschodniej. Oczywiście żadna z koncepcji nacjonalistycznych nie uwzględniała faktu istnienia Ukrainy radzieckiej i wszystkie one liczyły na zlikwidowanie USRR w przyszłości.

W wyniku zawartego w 1922 r. porozumienia między premierem Władysławem Sikorskim a prezesem Ukraińskiej Reprezentacji Parlamentarnej posłem Antonim Wasynczukiem Ukraińcy w zamian za obietnicę uzyskania autonomii terytorialnej w ramach państwa polskiego poparli rząd i głosowali w Sejmie RP za projektem preliminarza budżetowego. Obietnica ta nie została jednak zrealizowana. Jedynie 26 IX 1922 r. uchwalono ustawę *O zasadach powszechnego samorządu wojewódzkiego, a w szczególności województw: lwowskiego, tarnopolskiego, stanisławowskiego*, w których tworzono sejmiki wojewódzkie dwuizbowe, w których jedną izbę tworzyli posłowie kurii „ruskiej". W urzędach stanowiska mieli proporcjonalnie zajmować urzędnicy ukraińscy i polscy, „tak aby skład urzędów wydziałów wojewódzkich odpowiadał rzeczywistym potrzebom narodowościowym"; język ukraiński (tzw. ruski) stawał się równoprawnym z polskim językiem urzędowym. Ostatni z artykułów rozdziału drugiego ustawy stanowił, że „samorząd pomienionych województw zostanie wprowadzony w życie najpóźniej w 2 lata po ogłoszeniu niniejszej ustawy. W tym czasie przystąpi Rząd do założenia uniwersytetu ruskiego".

Dzięki temu Konferencja Ambasadorów uznała 15 III 1923 r. suwerenne prawa Polski do Galicji Wschodniej. Wywołało to protesty rządów Ukrainy i Rosji radzieckiej, a następnie notę rządu ZSRR, w której nie uznawano tej decyzji, gdyż nie wynikła ona — jak stwierdzano — z „jasno wyrażonej woli ludności".

Przez całe międzywojenne dwudziestolecie Polska stanowczo występowała przeciw próbom podkreślania odrębności ziem zachodnio-ukraińskich. Wywołało to opór prowadzący niejednokrotnie do jednostkowych aktów terroru i otwartych wystąpień opozycyjnych. Obietnice zawarte w ustawie z 26 IX 1922 r. nie zostały zrealizowane. Jeszcze w sierpniu 1921 r. powstał we Lwowie mający przeszło stuletni rodowód (od Ruskiego Instytutu Naukowego założonego we Lwowie przy uniwersytecie przez cesarza Józefa II w 1789 r.) nielegalny uniwersytet ukraiński (3 wydziały z 15 katedrami, w roku następnym istniały już 54 katedry, a studiowało 1260 słuchaczy), działający do 1925 r., natomiast na Uniwersytecie im. Jana Kazimierza we Lwowie liczba studentów Ukraińców nie przekroczyła nigdy 10% ogółu słuchaczy. Pierwszym rektorem uniwersytetu ukraińskiego został Wasyl Szczurat, literaturoznawca i poeta, przewodniczący Naukowego Towarzystwa im. T. Szewczenki. W latach 1921—1925 funkcjonowała również Ukrańska Szkoła Politechniczna we Lwowie. Wyjątkową pozycję zajmowało wspomniane Towarzystwo im. Szewczenki, podzielone na trzy wydziały: historyczno-filozoficzny, filologiczny oraz matematyczno-przyrodniczy, prowadzące szeroką działalność wydawniczą, odczytową, naukową i popularyzatorską.

Żywo rozwijały się ukraińskie partie i stronnictwa polityczne różnych orientacji, poczynając od konserwatywnej, skończywszy zaś na komunistycznej. W 1925 r. powstała, związana z klerem grecko-katolickim, Ukraińska Organizacja Chrześcijańska (Ukrajinśka Chrystianśka Orhanizacija — UChO), działali monarchiści, Ukraińska Ludowa Partia Pracy (Ukrajinśka Narodno-Trudowa Partija — UNTP), która współpracowała z Ukraińską Partią Pracy Narodowej (Ukrajinśka Partija Nacjonalnoji Roboty — UPNR) od chwili jej powstania, tzn. od 1924 r. Przywódcą UPNR był Dymitr Doncow, gorący zwolennik niepodległości Ukrainy, współpracujący także przez pewien czas z rządem Skoropadskiego. 11 VII 1925 r. połączenie się UNTP z UPNR oraz z posłami i senatorami narodowości ukraińskiej przyniosło utworzenie Ukraińskiego Zjednoczenia Narodowo-Demokratycznego (Ukrajinśke Nacjonalno-Demokratyczne Objednannia — UNDO), dążącego do utworzenia nowoczesnego, demokratycznego państwa, opartego na własnych siłach narodowych.

Liberalno-demokratyczny program UNDO zyskał mu wielu zwolenników nie tylko wśród inteligencji ukraińskiej, ale również wśród chłopów i robotników tej narodowości. Ugrupowaniu temu sprzyjał także Kościół greckokatolicki, który stać się miał ukraińskim Kościołem narodowym.

Pełną lojalność wobec państwa polskiego wraz z dążeniem do utworzenia w jego granicach autonomii terytorialnej deklarowały: utworzona w 1924 r. Ukraińsko-Ruska Partia „Chliborobów" (rolników), Ukraińska Partia Ludowa przekształcona w 1926 r. w Ukraiński Związek Ludowy (Ukrajińśkyj Narodnyj Sojuz — UNS) oraz istniejąca od 1922 r. na Wołyniu Partia Ukraińskiej Jedności Narodowej (Partija Ukrajinśkoho Narodnoho Jednana — PUNJ).

Działająca od schyłku XIX w. Ukraińska Partia Radykalna przeszła w latach wojny znaczne przeobrażenia i stała się propagatorką budowy „socjalistycznej republiki ukraińskiej", co wiązała z upadkiem Ukrainy radzieckiej oraz odebraniem „okupowanych przez Polskę" ziem Galicji Wschodniej, Wołynia, Polesia, Podlasia i Chełmszczyzny. W 1926 r. połączyła się ona z Ukraińską Partią Socjalistów Rewolucjonistów, tworząc Ukraińską Socjalistyczno-Radykalną Partię (USRP). Głosiła ona program bardzo radykalny: gruntowną reformę rolną, uspołecznienie podstawowych dóbr naturalnych — lasów, wód i bogactw mineralnych, bezpłatne nauczanie, swobodę przekonań religijnych etc. Podkreślała ona szczególną rolę tradycji w jednoczeniu wątków ogólnoukraińskich rozproszonych wśród różnych nurtów politycznych.

Wyraźna radykalizacja poglądów nastąpiła również w działającej od 1899 r. Ukraińskiej Partii Socjal-Demokratycznej, która od 1923 r. zaczęła głosić hasło połączenia Galicji Wschodniej z Ukrainą radziecką. Już w następnym roku partia została rozwiązana przez władze polskie. Inne ugrupowania lewicowe w rodzaju Partii Woli Ludu czy Ukraińskiego Socjalistycznego Zjednoczenia „Selanśkyj Sojuz" nie odgrywały w społeczeństwie ukraińskim poważniejszej roli.

Coraz poważniejsze wpływy na terenie Galicji Wschodniej i na Wołyniu uzyskiwały natomiast ugrupowania komunistyczne, a zwłaszcza utworzona w lutym 1919 r. w Stanisławowie Komunistyczna Partia Galicji Wschodniej, infiltrowana przez KP(b)U, która w październiku 1923 r. po połączeniu się z innymi organizacjami komunistycznymi przybrała nazwę Komunistycznej Partii Zachodniej Ukrainy (KPZU) i na zasadach autonomicznych weszła w skład Komunistycznej Partii Polski, całkowicie podlegając dyscyplinie panującej wewnątrz Międzynarodówki Komunistycznej. Teren działania partii podzielono na kilkanaście okręgów (w 1925 r. było ich 12), tworząc w nich komitety okręgowe, którym były podporządkowane komitety powiatowe i rejonowe. Struktura wewnętrzna więc przypominała strukturę obowiązującą w WKP(b). Całością pracy kierował Komitet Centralny KPZU. W 1925 r. partia liczyła przeszło 2000 członków, w 1932 r. — około 4500, w 1936 r. — 4700. Z jej inicjatywy w 1921 r. powstał Komunistyczny Związek Młodzieży Galicji Wschodniej, który po dwóch latach przeobraził się w Komunistyczny Związek Młodzieży Zachodniej Ukrainy. Jego członkami mogli być młodzi ludzie w wieku 14—23 lat. W 1935 r. liczył on przeszło 4000 członków, a w roku następnym już dwukrotnie więcej.

Organami prasowymi KPZU były m. in.: „Nasza Prawda", „Ziemia i Wola", „Robitnycza hazeta" („Gazeta Robotnicza"), „Komunistycznyj prapor" („Sztandar Komunistyczny") i „Switło" („Światło"). Warto dodać, że ukraińskie czasopiśmiennictwo polityczne przeżywało na ziemiach wschodnich Rzeczypospolitej Polskiej burzliwy wręcz rozwój. Każde z ukraińskich stronnictw, każda partia ukraińska miały własne organy prasowe, niektóre z nich bardzo wpływowe i cieszące się ogromną popularnością, jak np. wychodzące od 1880 r. „Diło" („Czyn"), które w 1925 r. związało się z programem nowo powstałego UNDO.

Komuniści działali w konspiracji. W celu rozszerzenia wpływów KPZU utworzyła w październiku 1926 r. Ukraińskie Chłopsko-Robotnicze Zjednoczenie Socjalistyczne (Ukrajinśke Selanśko-Robitnycze Socjalistyczne Objednannia), znane powszechnie pod skróconą nazwą Sel-Rob. W założeniu miało być organizacją masową, ale nawet w okresie największego rozkwitu stronnictwa (w 1931 r.) liczba jego członków nie przekroczyła 10 500. Sel-Rob miał jednak liczne rzesze sympatyków oraz był organizatorem wielu demonstracji i strajków.

Czołowymi działaczami wymienionych ugrupowań komunistycznych byli m. in.: Arnold Baral (od 1925 r. przebywający stale w ZSRR), Sozont Bukaczuk, Nestor Chomin, Jarosław Hałan (pisarz i publicysta, absolwent Uniwersytetu Jagiellońskiego, zamordowany przez nacjonalistów ukraińskich we Lwowie 24 X 1949 r.), Aleksander Hawryluk (pisarz, zginął we Lwowie 22 VI 1941 r., w czasie bombardowania miasta przez hitlerowców), Grzegorz Iwanenko (zastępca członka KC KPP), Wasyl Kocko (rozstrzelany przez hitlerowców 26 I 1942 r., wraz z córką Olgą, również działaczką komunistyczną), Wasyl Korbutiak (organizator ruchu komunistycznego na Pokuciu, w ZSRR od 1930 r., zamordowany w czasie represji stalinowskich), Aleksy Kożan, Józef Kupraniec, Paweł Ładan (działacz socjalistycznych ugrupowań ukraińskich w Stanach Zjednoczonych, zastępca członka Komitetu Wykonawczego Międzynarodówki Komunistycznej, zginął w 1933 r.), Grzegorz Mychać (od 1924 r. w ZSRR), Michał

Oleksiuk (zginął w 1937 r. walcząc w obronie republikańskiej Hiszpanii), Józef Skrypa (poseł na Sejm RP w 1922 r.), Iwan Tyszyk (zginął 18 VIII 1944 r. na froncie jako żołnierz Armii Czerwonej) i Miron Zajączkowski (Zajaczkiwski, pseud. part. Kosar, sekretarz KC KPZU, zastępca członka KC KPP, zginął w 1933 r.).

KPZU podkreślała swoją łączność z komunistami Ukrainy radzieckiej i głosiła konieczność dokonania rewolucyjnych przemian na Ukrainie Zachodniej, w wyniku których stać się miała ona częścią składową USRR. Partia występowała stanowczo przeciw nacjonalistom, a zarazem przeciw wszelkim formom ucisku narodowego.

Na całkowicie przeciwstawnym biegunie stała, przekształcona w 1929 r. z Ukraińskiej Wojskowej Organizacji, nielegalna Organizacja Ukraińskich Nacjonalistów (OUN), kierowana przez Konowalca, Melnyka i Banderę. Panowała w niej żelazna dyscyplina służąca wykształceniu zastępów bojowników o „wielką, niepodległą Ukrainę". OUN propagowała nienawiść do wszystkich tych, którzy byli lub mogli stać się przeciwnikami tego hasła; obwiniała inne ugrupowania ukraińskie o zdradę interesów narodowych; nie kryła swych ideowych związków z faszyzmem i — po kilku latach — hitleryzmem. W pierwszej połowie lat trzydziestych OUN liczyła już około 30 tysięcy członków, z których znaczna liczba przeszła specjalne wyszkolenie bojowe i dywersyjne. Propagowanie nienawiści do innych stało się metodą propagandową, mającą przyciągnąć do organizacji młodzież szukającą swojego miejsca w życiu. W broszurze wydanej we Lwowie w 1929 r. pod auspicjami OUN pisano: „Trzeba krwi — dajmy morze krwi! Trzeba terroru — uczyńmy go piekielnym. Trzeba poświęcić dobra materialne — nie zostawmy sobie niczego. Nie wstydźmy się mordów, grabieży i podpaleń. W walce nie ma etyki! ... Każda droga, która prowadzi do naszego najwyższego celu, bez względu na to, czy nazywa się ona u innych bohaterstwem czy podłością, jest naszą drogą".

W 1922 r. przez wschodnie województwa Rzeczypospolitej przetoczyła się fala zamachów i akcji sabotażowych organizowanych jako protest przeciw zarządzonym tu wyborom do Sejmu i Senatu RP. Wybory zbojkotowano. Nacjonaliści przejęli kierownictwo „Płasta" — ukraińskiej organizacji skautowskiej. Dokonano zamachów na polskich ziemian, a nawet polskich chłopów, którzy mieli swoje gospodarstwa na terenie województw wschodnich Rzeczypospolitej. W odpowiedzi rząd polski zastosował nadzwyczajne środki represyjne, łącznie z prewencyjnym aresztowaniem szeregu działaczy ukraińskiego ruchu narodowego. Część z nich uciekła z Polski, a w jej najbliższym sąsiedztwie: w Pradze, Wiedniu i Berlinie, powstały ukraińskie ośrodki dyspozycyjne, często współpracujące z obcymi rządami.

Czołową postacią ukraińskiego życia narodowego w Polsce był metropolita greckokatolicki Andrzej Szeptycki, czynnie wspierający wszystkie próby niepodległościowe Ukraińców, a jednocześnie przejęty swoją misją propagowania unii nie tylko na terenie Ukrainy radzieckiej, lecz również w Rosji europejskiej. Za stopniową latynizacją Kościoła greckokatolickiego w Polsce opowiadał się biskup stanisławowski Grzegorz Chomyszyn, co wywoływało spory i konflikty wśród duchowieństwa, niechętnie odnoszącego się do tego rodzaju polityki.

Cechą łączącą niemal wszystkie (poza komunistami) ukraińskie ugrupowania polityczne był swego rodzaju solidaryzm społeczny odwołujący się do przeszłości, m. in. kozackiej, podkreślający, że wobec nadrzędności sprawy narodowej nie może być mowy o dzieleniu Ukraińców na grupy w zależności od przynależności klasowej lub od głoszonej ideologii. Widoczne to było szczególnie w programach partii i stronnictw katolickich, stwierdzających np., że gromady wiejskie stanowić powinny jedną wspierającą się wzajemnie rodzinę, wyznającą zasady miłości chrześcijańskiej i wybaczającą ewentualne winy współmieszkańcom.

Tymczasem rzeczywistość malowała zupełnie odmienny obraz od sielanki, o której była mowa na zebraniach parafialnych i w czasie niedzielnych kazań.

Ziemie zachodnioukraińskie były najsłabiej zagospodarowane ze wszystkich wchodzących w skład państwa polskiego (poza Polesiem, które jednak było bardzo rzadko zaludnione: w 1931 r. — 31 mieszkańców na 1 km^2, gdy np. lwowskie — 110, a stanisławowskie — 88 mieszkańców na 1 km^2). Zajmowały one jedną czwartą powierzchni kraju i zamieszkane były przez taką samą mniej więcej część ludności, z której jednak aż 80% utrzymywało się z rolnictwa. Znajdowało się tutaj zaledwie 19% ogółu przedsiębiorstw przemysłowych, które zatrudniały niespełna 8% ogólnej liczby robotników pracujących w przemyśle polskim. Panujące tutaj stosunki społeczne znalazły najjaskrawsze odzwierciedlenie w strukturze własności ziemskiej. W województwie lwowskim, stanisławowskim, tarnopolskim i wołyńskim 4218 gospodarstw obszarniczych (0,4% łącznej liczby gospodarstw w tych województwach) dysponowało 3,2 mln hektarów użytków rolnych (tj. 46,2% ich łącznej powierzchni), natomiast 907 300 gospodarstw małorolnych obejmowało ok. 1,7 mln hektarów ziemi, czyli 25,1% łącznej powierzchni pól uprawnych w czterech województwach kresowych.

W małych miasteczkach znajdowały się znaczne skupiska ludności żydowskiej zajmującej się głównie drobnym handlem i rzemiosłem. Największym miastem był Lwów, liczący w 1931 r. przeszło 300 000 mieszkańców. Ponad połowa ludności miasta utrzymywała się z zatrudnienia w przemyśle i handlu. Pod względem narodowym struktura jego mieszkańców przedstawiała się następująco: Polacy według języka ojczystego — około 65%, według wyznania — 51%; Żydzi według wyznania — ok. 30%; Ukraińcy według języka ojczystego — 11%, według wyznania — około 16%. W ciągu pierwszego dziesięciolecia po odzyskaniu przez Polskę niepodległości miasto przeżywało okres szybkiego rozwoju, a liczba ludności wzrosła o 100 000 osób. O jego charakterze decydowała w tym czasie zarówno tradycja, jak i przewaga elementu polskiego. Dla Polaków Lwów, który niegdyś nie poddał się Chmielnickiemu, był miastem „zawsze wiernym Rzeczypospolitej", znanym ze ślubów Jana Kazimierza oraz ofiarującym życie młodych obrońców — Orląt Lwowskich — za możliwość egzystowania w granicach Polski. Wykształcił się tutaj specyficzny humor, styl życia, propagowane zarówno w powszechnie znanych piosenkach, jak i później radiowych dialogach Szczepcia i Tońcia (Kazimierza Wajdy i Henryka Vogelfängera) z „Wesołej lwowskiej fali". Nie sposób jednak zapomnieć, że Lwów był także głównym ośrodkiem skupiającym czołowe ugrupowania polityczne ukraińskiego ruchu narodowego oraz stolicą grekokatolików w Polsce. Stąd też konflikty narodowe i starcia między Polakami a Ukraińcami zachodziły tutaj znacznie częściej i przebiegały w ostrzejszej postaci niż w innych ośrodkach miejskich.

W rozwoju spółdzielczości Ukraińcy widzieli możliwość nie tylko wzrostu własnej zamożności czy też źródło finansowania działalności partyjnej (zwłaszcza UNDO miała ogromny wpływy na ukraiński ruch spółdzielczy), lecz również prowadzenia pracy o charakterze kulturalno-oświatowym, w szczególności zaś podniesienia poziomu kultury na wsi. Organem, który stał na czele tego ruchu, był Związek Rewizyjny Spółdzielni Ukraińskich (Rewizyjny Sojuz Ukrajinśkych Kooperatyw — RSUK). Podlegały mu centrale branżowe, skupiające spółdzielnie: zaopatrzenia i zbytu (Centrosojuz), mleczarskie (Masłosojuz), pożyczkowe (Centrobank) oraz spółdzielnie spożywców w miastach (Narodna Torhowla). Centrali RSUK podlegały również terenowe Powiatowe

Związki Spółdzielni (PSK). W 1021 r. RSUK zrzeszał 579 spółdzielni, w 1930 r. — już 3146. Liczyły one wówczas około 350 000 członków. Towarzystwa kulturalno-oświatowe (niektóre z nich miały kilkudziesięcioletnią tradycję), takie jak Naukowe Towarzystwo im. Tarasa Szewczenki, Proswita, Ridna Chata czy Ridna Szkoła, rozwijały działalność popularyzatorską, naukową i wydawniczą. W ich pracy pomagali również pisarze i działacze kulturalni z radzieckiej Ukrainy. Z USRR otrzymywano podręczniki szkolne, książki, a nawet pomoc finansową. Kilku uczonych z Ukrainy Zachodniej uhonorowano w USRR w dobie ukrainizacji, nadając im wysokie godności naukowe. M.in. w 1929 r. członkiem Akademii Nauk USRR został Wasyl Szczurat; w 1928 r. rząd Ukrainy radzieckiej przyznał pisarzowi, działaczowi społecznemu i politycznemu, absolwentowi Uniwersytetu Jagiellońskiego Wasylowi Stefanykowi dożywotnią emeryturę dla zasłużonych; podobnie wyróżniono pisarkę Olgę Kobylańską, a członkami Akademii Nauk USRR wybrani zostali ponadto: etnograf Filaret Kołessa i historyk literatury Michał Wozniak. Były to jednak wypadki jednostkowe. Należy pamiętać, że pomoc świadczona ziomkom w Polsce przez Ukraińców z Ukrainy radzieckiej i odwrotnie prowadziły do podejrzeń albo o uleganie wpływom komunistycznym, albo też o poddawanie się imperialistycznej infiltracji płynącej z „jaśniepańskiej Polski".

Tymczasem polityka rządu polskiego sprawiała wrażenie, że władze nie zamierzają się zupełnie liczyć z istnieniem poważnej mniejszości ukraińskiej. Nie dość, że nie dotrzymywano przyrzeczeń, nawet gwarantowanych uchwałami Sejmu, ale wprowadzano w życie zarządzenia prowadzące do przyspieszenia procesów asymilacyjnych, ograniczenia języka i ukraińskiej kultury. Niektórzy z polityków i publicystów nie wahali się przed wypowiadaniem twierdzeń, że problem ukraiński został wymyślony przez zaborców (monarchię austro-węgierską) w XIX w. po to tylko, by jak najskuteczniej ograniczyć prawa i możliwości rozwojowe ludności polskiej. Odwoływano się do prac historycznych, które ukazywały związanie ziem ruskich z państwem polskim i rolę Polaków w ich rozwoju, starając się w tym znaleźć uzasadnienie realizowanych celów politycznych.

W 1924 r. wydano ustawę o tworzeniu szkół dwujęzycznych: polsko-ukraińskich i polsko-białoruskich, przy czym odpowiednie decyzje przekazano w ręce kuratorów. Doprowadziło to do szybkiego i znacznego zmniejszenia się liczby szkół ukraińskich. W chwili wprowadzenia ustawy w życie istniało 2151 szkół powszechnych z ukraińskim językiem nauczania, po pięciu latach liczba ich zmalała do 716. Zmniejszyła się również liczba gimnazjów ukraińskich, a na początku lat trzydziestych nie istniało już żadne z ośmiu działających wcześniej ukraińskich liceów pedagogicznych. Zmniejszała się stale liczba czytelni Proswity.

Polityka ta nie uległa zmianie również po przewrocie majowym dokonanym przez Józefa Piłsudskiego w 1926 r. Wojewoda lwowski Piotr Dunin-Borkowski starał się wprawdzie doprowadzić do porozumienia polsko-ukraińskiego, występował przeciw pacyfikacjom wsi ukraińskich, a w 1931 r. opublikował serię artykułów zatytułowanych „O punkt wyjścia w sprawie ukraińskiej", jednak wobec braku odpowiednich aktów normatywnych i powszechnej niechęci administracji terenowej, opanowanej niemal całkowicie przez dalekich od tolerancyjności urzędników polskich, jego starania spaliły na panewce. Pewne sukcesy odniósł natomiast wojewoda wołyński Henryk Józewski zamierzający związać miejscową ludność z władzami polskimi, a odseparować ją od wpływów ugrupowań nacjonalistycznych działających na terenie b. Galicji Wschodniej. Powstało tutaj szereg organizacji spółdzielczych związanych pod względem finansowym z kapitałem polskim; ograniczono wpływy UNDO, a nawet pod przymusem wprowadzono do polskich szkół język ukraiński. Nie przyniosło to wszakże spodziewanych rezultatów, przeciwnie − zwiększyło rolę ludności polskiej w organizacjach spółdzielczych, zrzeszeniach i szkolnictwie ukraińskim.

Śmierć Petlury zbiegła się w czasie z przewrotem majowym. Doszło wówczas do dalszego zbliżenia między rządem polskim a tzw. rządem emigracyjnym Ukraińskiej Republiki Ludowej. Zacieśniła się współpraca wywiadów wojskowych obu rządów, a na życzenie ukraińskich działaczy emigracyjnych w 1930 r. w Warszawie powstał Ukraiński Instytut Naukowy, w którym jedną z czołowych ról odgrywał Roman Smal-Stocki, profesor Uniwersytetu Warszawskiego, a zarazem wiceminister spraw zagranicznych w rządzie emigracyjnym A. Łewyckiego. Nie zmieniło to jednak w niczym polityki rządu polskiego w województwach kresowych.

Wywoływała ona opór ludności ukraińskiej. Wyrażał się on zresztą nie tylko w postaci napadów na polskie majątki czy też w zamachach na życie urzędników państwowych. Ukraińcy emigrowali za granicę, i to zarówno ze względów politycznych, jak i z powodu biedy panującej na kresach. W latach 1925−1938 ziemie zachodnioukraińskie opuściło przeszło 370 000 osób (poza Ukraińcami także Polacy i Żydzi), udając się albo do Stanów Zjednoczonych Ameryki i Kanady, albo też do rozwiniętych krajów Europy Zachodniej.

W marcu 1923 r. ukraińscy mieszkańcy Lwowa protestowali przeciw decyzji Konferencji Ambasadorów uznającej prawa Polski do kresów wschodnich. Robotnicy i rzemieślnicy uczestniczyli wspólnie z Polakami w strajkach i demonstracjach politycznych. Niemal równocześnie z powstaniem krakowskim 1923 r. w Borysławiu rozpoczęły się walki z policją i wojskiem, w wyniku których zginęło kilku ich uczestników. W manifestacyjnym pogrzebie wzięło udział kilkadziesiąt tysięcy osób. Odbywający się w Moskwie w 1924 r. V Kongres Międzynarodówki Komunistycznej uznał problem ukraiński na kresach Rzeczypospolitej za jedną z głównych, nie rozwiązanych jeszcze kwestii narodowych w Europie, wymagających rozstrzygnięcia na zasadzie samostanowienia. W roku następnym również odbyły się liczne demonstracje, głównie bezrobotnych, kończące się często krwawymi starciami z policją. KPZU otwarcie domagała się połączenia ziem zachodnioukraińskich z USRR, jednak uważała, że może to nastąpić jedynie w wyniku zwycięstwa rewolucji socjalistycznej w Polsce. Była więc poddawana represjom nie tylko jako przedstawicielka nielegalnego nurtu komunistycznego, lecz i wypowiadająca się przeciw integralności terytorialnej państwa polskiego. Propaganda oficjalna wszakże nigdy nie wiązała tej części programu KPZU z ogłoszonym przez ugrupowania nacjonalistyczne hasłem utworzenia „samostijnej Ukrajiny", w tym również z części ziem wchodzących w skład państwa polskiego. W przekonaniu czynników rządowych KPZU była znacznie poważniejszym przeciwnikiem niż tamte partie i stronnictwa, jej działalność bowiem godziła w ustrojowe i terytorialne podstawy Rzeczypospolitej.

Nie oznacza to, by lekceważono niebezpieczeństwo grożące ze strony nacjonalistów ukraińskich. Na przełomie lat dwudziestych i trzydziestych województwa kresowe najdotkliwiej odczuły skutki wielkiego kryzysu gospodarczego. Rosło bezrobocie wśród robotników i inteligencji ukraińskiej. OUN-UWO postanowiła wykorzystać powstałą sytuację dla rozpoczęcia akcji antypolskiej, tym razem zakrojonej na nie spotykaną dotąd skalę. Terrorystyczne zamachy nacjonalistów objęły cały niemal teren b. Galicji Wschodniej. Od lipca do listopada 1930 r. dokonano przeszło 2000 aktów sabotażu i zamachów na życie polskich ziemian i przedstawicieli władz. Ze szczególną zaciekłością niszczono majątki osadników. W akcji uczestniczyli chłopi ukraińscy. Główną rolę grały tu uczucia krzywdy, podsycane jeszcze przez nieodpowiedzialnych polityków nacjonalistycznych. Prowadzono również tzw. akcje ekspropriacyjne w celu zasilania kas organizacyjnych, m. in. napadając na ambulanse pocztowe pod Birczą i pod Peczeniżynem oraz na urząd pocztowy w Truskawcu.

Wydarzenia te nie pozostały bez odpowiedzi władz polskich. Rozpoczęła się masowa akcja pacyfikacyjna, do której ściągnięto z Polski centralnej dodatkowe siły wojskowe i policyjne. Odbyło się kilkaset ekspedycji karnych. Przeciw nim właśnie protestował wojewoda Dunin-Borkowski. O ich charakterze i rozmiarach świadczyły wyniki interpelacji w Senacie i oświadczenie złożone przez ówczesnego ministra spraw wewnętrznych RP Felicjana Sławoja-Składkowskiego. Warto dodać, że pacyfikacja zbiegła się w czasie z wyborami do Sejmu i Senatu, co bez wątpienia odbiło się na ich wynikach (Ukraińcy wraz z Białorusinami, bez komunistów, uzyskali w Sejmie 21 mandatów; dla porównania: w wyborach 1928 r. sami Ukraińcy — także bez komunistów — uzyskali 47 mandatów). Jak ironia zabrzmiało stwierdzenie Sławoja-Składkowskiego: „Poleciłem starostom wszelkimi legalnymi środkami doprowadzić do tego, by zatriumfowała idea marszałka Piłsudskiego".

Do wsi, w których dokonano aktów sabotażu, przybywał oddział wojska lub policji, niszczył biura, kluby i sklepy ukraińskich spółdzielni i organizacji kulturalno-oświatowych, demolował chaty chłopskie, bił mieszkańców, dokonywał aresztowań, przeprowadzał rewizje oraz nakładał kontrybucję w pieniądzach i w naturze. Niejednokrotnie zmuszano też rady gminne do podejmowania zobowiązań, że wszyscy mieszkańcy wsi będą głosować na listy „rządowe". Aresztowano prawie 2000 osób, z czego jedną trzecią skazano na kary więzienia. W czasie rewizji znaleziono przeszło 1200 karabinów i ponad 500 rewolwerów wraz z amunicją.

Akcja władz polskich była na rękę nacjonalistom. W OUN-owskiej „Surmie" pisano w 1930 r.: „Wróg własnymi rękami będzie pogłębiał nienawiść do siebie, zwiększał wrzenie, rozszerzał ruch rewolucyjny, przyspieszając tym samym ostateczną z nim rozprawę".

Zarówno akty terroru inspirowane przez nacjonalistów ukraińskich, jak i odwetowa akcja pacyfikacyjna rządu polskiego spotkały się z potępieniem i protestami. Stanowisko takie zajął w kraju metropolita Szeptycki i UNDO. Ukraińcy wnieśli skargę do Ligi Narodów, co wprawdzie przyczyniło się do rozpropagowania na forum międzynarodowym wiadomości o wypadkach w Polsce, ale skarżącym się nie przyniosło żadnych realnych korzyści. Próby porozumienia między Ukraińską Reprezentacją Parlamentarną a Bezpartyjnym Blokiem Współpracy z Rządem (BBWR) również nie dały rezultatu i zostały zerwane przez stronę ukraińską, która nie chciała się m. in. zgodzić na złożenie formalnej deklaracji lojalności wobec państwa polskiego. Jesienią 1931 r. Polska Partia Socjalistyczna zgłosiła w Sejmie projekt autonomii ziem ukraińskich, tzn. województwa stanisławowskiego, tarnopolskiego, wołyńskiego oraz części lwowskiego i poleskiego. Proponowano powołanie odrębnego Sejmu Krajowego, tworzonego przez ten sejm rządu, uznania dwujęzyczności wyłączonych terenów itp. Projekt nie uzyskał poparcia w Sejmie. Wydarzenia toczyły się zresztą w zupełnie innym kierunku.

Dnia 29 VIII 1931 r. nacjonaliści ukraińscy zamordowali wiceprezesa BBWR Tadeusza Hołówkę. Zamachu dokonali w Truskawcu członkowie OUN Wasyl Biłas i Dmytro Daniłyszyn. Zamachowców ujęto i skazano na karę śmierci. Zamach wywołał powszechne oburzenie. Wiadomo było, że Hołówko opowiadał się za porozumieniem z Ukraińcami. W końcu listopada 1932 r. grupa bojowa OUN dokonała napadu na pocztę w Gródku Jagiellońskim, przy czym w czasie wymiany strzałów obydwie strony poniosły straty w ludziach. Bezpośredni sprawcy napadu zostali schwytani (jak na ironię — przez chłopów ukraińskich), skazani na śmierć i straceni. Doprowadziło to do kryzysu w OUN, coraz bardziej wyłamującej się z narzuconej przez dotychczasowe kierownictwo polityki totalnej negacji. Na przełomie lat 1932/33 władzę w organizacji krajowej OUN przejął Stepan Bandera, który doprowadził do jeszcze poważniejszego zaostrzenia sytuacji w województwach kresowych.

W tym samym mniej więcej czasie rozwinął się ruch opozycyjny wyrastający z podłoża klasowego. W czerwcu 1932 r. wybuchło powstanie w powiecie leskim. Wzięło w nim udział ok. 25 000 chłopów i robotników rolnych. Byli wśród nich zarówno Ukraińcy, jak i Polacy. Bezpośrednią przyczyną wybuchu powstania stało się zarządzenie wymagające od miejscowej ludności wzięcia udziału w tzw. święcie pracy, które miało polegać na pracach przy naprawie dróg lokalnych. Na przełomie czerwca i lipca doszło do pierwszych starć z policją i wojskiem, a powstanie zaczęło rozszerzać się na sąsiednie powiaty. Do walki z jego uczestnikami rząd rzucił przeszło 4000 policjantów i żołnierzy wspomaganych przez artylerię, a nawet lotnictwo obserwacyjne. Była to raczej demonstracja siły niż wykorzystanie tych jednostek w starciach bezpośrednich. Akcja powstańcza została wsparta przez KPZU. Po niemal miesięcznych zamieszkach rozruchy stłumiono. Śmierć poniosło kilkudziesięciu chłopów, a kilkuset zostało rannych. Jak wynika z nie publikowanych jeszcze, ostatnio przeprowadzonych badań, liczby te zostały zawyżone przez propagandę komunistyczną.

Napięcie rosło coraz bardziej. Na Wołyniu rozpoczęła działalność partyzantka ukraińska, przy czym część jej znajdowała się pod wpływami komunistów, część — nacjonalistów. We wrześniu 1932 r. rząd polecił rozwiązać Sel-Rob i zakazał jego dalszej działalności. Na komunistów ukraińskich uderzyli również nacjonaliści, widząc w nich niemal tak groźnych przeciwników, jak we władzach polskich. Z kolei administracja terenowa usiłowała wywołać waśnie między różnymi grupami Ukraińców, podkreślając ich rzekomą odrębność narodową. W rzeczywistości Huculi, Łemkowie i Bojkowie, bo o nich chodziło, różnili się między sobą jedynie dialektem, w pewnej mierze losami historycznymi i miejscem osiedlenia.

15 VI 1934 r. OUN-owcy zamordowali w Warszawie ministra spraw wewnętrznych Bronisława Pierackiego. Wywołało to nie tylko energiczne śledztwo prowadzone przez władze polskie oraz liczne aresztowania działaczy OUN, ale przede wszystkim protesty przeciw organizowanym przez nacjonalistów akcjom terrorystycznym. Szeptycki ogłosił nawet list pasterski potępiający tego rodzaju metody walki.

W maju 1935 r. została zawarta umowa normalizacyjna między rządem polskim reprezentowanym przez ministra spraw wewnętrznych Zyndrama Kościałkowskiego a blokiem legalnych ukraińskich stronnictw i partii politycznych reprezentowanych przez członków UNDO Wasyla Mudrego i W. Celewicza. Zażądali oni przyznania Ukraińcom autonomii terytorialnej wraz z sejmem powołanym specjalnie dla tego terytorium, rządem, a nawet armią (!). Postulowali również powstrzymanie nadawania osadnikom parcelowanych ziem, założenie uniwersytetu oraz rozbudowanie szkolnictwa ukraińskiego wszystkich szczebli. W większości chodziło więc o podobne uprawnienia, jakie mieli otrzymać w myśl postanowień ustawy z 1922 r. o samorządzie wojewódzkim w województwie lwowskim, tarnopolskim i stanisławowskim. Tym razem jednak chodziło o większe niż uprzednio terytorium, a niektóre z żądań (np. powołanie odrębnej armii „terytorialnej") ograniczały suwerenne prawa Rzeczypospolitej Polskiej do części ziem znajdujących się w jej granicach. Pertraktujące strony zgodziły się na utworzenie sejmików, w których skład miały wchodzić dwie równoprawne (ukraińska i polska) kurie o charakterze narodowym. Kompetencje sejmików ograniczono do zarządzania szkolnictwem oraz niższą administracją państwową i samorządową.

Uspokojenie trwało zaledwie kilkanaście miesięcy. W tym czasie w trakcie wyborów 1935 r. UNDO uzyskała 13 mandatów poselskich i 4 senatorskie, a poseł Wasyl Mudry został wicemarszałkiem sejmu. Kilkudziesięciu oficerów petlurowskich przyjęto do Wojska Polskiego. Już jednak w 1937 r. narodowi działacze ukraińscy doszli do wniosku, że zawarta umowa nie tylko nie przyniosła im spodziewanych korzyści, lecz przeciwnie, wyrządziła szkody. Ugodowość osłabiła wpływy narodowców wśród Ukraińców, osłabiła aktywność istniejących ugrupowań politycznych i spowodowała zwiększoną agresywność Polaków, dopatrujących się w zawartej ugodzie słabości przeciwnika. Walka zaczęła się na nowo. Coraz głośniej rozlegało się hasło: „Polacy za San!" Województwa wschodnie spływały krwią. Bojówkarze z OUN napadali nie tyko na Polaków, ale również na swoich przeciwników z innych ugrupowań ukraińskich. W lipcu 1937 r. powstał zalążek przyszłej planowanej armii, budowanej pod egidą nacjonalistów, oddział „Wilki" (Wowki); z kolei na Polesiu w tym samym mniej więcej czasie zorganizowano kilkusetosobową „Poliską Sicz".

W 1938 r. rząd polski odwołał wojewodę Józewskiego i przeprowadził pacyfikację województwa tarnopolskiego. Były to jednak zwykłe działania odwetowe, nie zaś próba znalezienia wyjścia z trudnej sytuacji. OUN już jawnie współpracowała z Niemcami (zwłaszcza gdy po zamordowaniu Konowalca w 1938 r. szefem OUN został Andrzej Melnyk).

Z kolei ukraiński ruch rewolucyjny został poważnie osłabiony wskutek podjętej w 1938 r. przez Komitet Wykonawczy Międzynarodówki Komunistycznej decyzji o rozwiązaniu KPP wraz z jej organizacją autonomiczną — KPZU. Wielu działaczy z obydwu organizacji zginęło w czasie represji stalinowskich na przełomie lat trzydziestych i czterdziestych. Zabrakło formalnego przywódcy, który by, mimo nie zawsze wyważonych haseł i proklamowanych celów, zdołał zorganizować i pokierować takimi demonstracjami solidarnościowymi proletariatu polskiego i ukraińskiego, jakie odbyły się na przykład w 1936 r. we Lwowie.

Po podpisaniu układu monachijskiego rząd czechosłowacki musiał wyrazić zgodę na utworzenie ukraińskiego rządu autonomicznego na Ukrainie Zakarpackiej, w Użhorodzie. Jego premierem został Andrzej Brodyj, którego zresztą wkrótce aresztowano za niedwuznacznie wyrażane chęci przyłączenia tego kraju do Węgier. Później Brodyj został członkiem parlamentu węgierskiego, a po wojnie został aresztowany przez władze radzieckie i rozstrzelany za kolaborację z państwami faszystowskimi. Już w 1938 r. następcą Brodyja w nowej stolicy

Zakarpacia, niewielkim miasteczku Hust, został prałat Augustyn Wołoszyn. Użhorod i Mukaczewo przyłączono do Węgier, co wywołało bezskuteczne protesty Ukraińców.

Z początkiem listopada 1938 r. utworzono tam tzw. Sicz Karpacką, organizację policyjną wzorowaną na SS i szkoloną przez Niemców sudeckich. Utworzenie autonomicznego rządu Ukrainy Zakarpackiej było chwilowym sukcesem OUN, chociaż — jak się niebawem okazało — nie miała ona większego wpływu na dalszy rozwój wydarzeń. 15 III 1939 r. miejscowy parlament proklamował niepodległość kraju, co wywołało natychmiastową reakcję rządu węgierskiego, który po porozumieniu się z Niemcami i za ich zgodą po trzech dniach zbrojnie opanował Ukrainę Zakarpacką. Rząd Wołoszyna wyjechał do Niemiec.

PO NAPAŚCI NA POLSKĘ

1 IX 1939 r. Niemcy hitlerowskie napadły na Polskę. 17 września, wczesnym rankiem, zgodnie z wcześniejszym porozumieniem zawartym 23 VIII 1939 r. z Niemcami, w szczególności zaś zgodnie z tajnym protokołem uzupełniającym (tzw. pakt Mołotow—Ribbentrop), dotyczącym podziału stref wpływów w Europie Środkowej i Wschodniej, rząd radziecki zakomunikował ambasadorowi RP w Moskwie, że rzekomo „wojna niemiecko-polska wykazała wewnętrzne bankructwo państwa polskiego ... Polska straciła wszystkie rejony przemysłowe i ośrodki kulturalne ... rząd polski zniknął i nie daje żadnego znaku życia" oraz że w tej sytuacji rząd radziecki uznał, iż traktaty między ZSRR a Polską utraciły swą moc. W nocie tej stwierdzano następnie, że wydano już rozkaz dowództwu Armii Czerwonej, by wojska „przekroczyły granicę i wzięły pod swoją opiekę życie i majątek mieszkańców Zachodniej Ukrainy i Zachodniej Białorusi". Wojska dowodzone przez Siemiona Timoszenkę miały do 20 września dojść do linii: Kowel—Włodzimierz Wołyński— Sokal, a następnie dotrzeć do Sanu. Rozkaz ten został wykonany w przewidywanym terminie z niewielkimi tylko odchyleniami. W czasie wkraczania Armii Czerwonej, poza potyczkami z oddziałami polskimi usiłującymi przedrzeć się na południe oraz walkami Korpusu Ochrony Pogranicza i grupy kawalerii dowodzonej przez gen. Władysława Andersa, nie dochodziło w zasadzie do starć zbrojnych. Było to w znacznej mierze wynikiem rozkazu polskiego Naczelnego Dowództwa polecającego niepodejmowanie walki z jednostkami radzieckimi. Marszałek Rydz-Śmigły rozkazywał m. in.: „Z Sowietami nie walczyć, tylko w razie napadu z ich strony lub próby rozbrojenia naszych oddziałów".

23 września ogłoszono komunikat niemiecko-radziecki o ustaleniu linii demarkacyjnej między armiami „na rzece Pisa do ujścia jej do Narwi, wzdłuż Narwi do Bugu, wzdłuż Bugu do Wisły, Wisłą do Sanu i Sanem do jego źródeł". W podpisanym 28 IX 1939 r. w Moskwie radziecko-niemieckim „traktacie o granicach i przyjaźni" o Polsce mówiono już jako o „byłym Państwie Polskim", a linia demarkacyjna stała się „granicą wzajemnych [niemieckich i radzieckich — W.A.S.] interesów narodowych", którą uznano „jako ostateczną". W jednym z tajnych protokołów dodatkowych podpisanych wraz z traktatem zakładano przesiedlenie Ukraińców i Białorusinów z terenów podległych Niemcom na wschód.

Na terenach zajętych przez Armię Czerwoną powstawały Zarządy Tymczasowe, których zadaniem było zorganizowanie wyborów do organów przedstawicielskich tych ziem. W ten sposób już z końcem września 1939 r. niemal wszystkie ziemie ukraińskie znalazły się w granicach jednego państwa — ZSRR. Lwowski Zarząd Tymczasowy w odezwie wydanej 5 października stwierdzał, że „Rozpadło się sztucznie utworzone państwo polskie, zbudowane na swawoli i gnębieniu narodów ... Niezwyciężona Czerwona Armia przyniosła narodom Zachodniej Ukrainy i Zachodniej Białorusi dawno upragnioną wolność, braterstwo i przyjaźń ... Proponujemy zwołanie Ukraińskiego Zgromadzenia Narodowego, które powinno zdecydować o sprawach najistotniejszych dla ustroju naszego życia ... Niechaj ci, wybrani przez naród, zbiorą się w prastarym ukraińskim mieście Lwowie na Zgromadzenie Narodowe Zachodniej Ukrainy, by ... rozstrzygnąć sprawę przyłączenia się do Wielkiego Związku Radzieckiego, zjednoczenia ziem ukraińskich, złączenia się z naszym bratem tej samej krwi, narodem Ukrainy Radzieckiej ..."

Nowa władza starała się o stworzenie większych niż dotychczas możliwości rozwoju ukraińskiej kultury na zajętych przez nią ziemiach. Propagandowym zabiegom w tej mierze towarzyszył stale pogłębiający się kryzys zaopatrzeniowy, represje wobec dawnych urzędników, próby działań odwetowych ze strony Ukraińców usiłujących, często z chęci wzbogacenia się, doprowadzić do ograniczenia uprawnień ludności polskiej. Jednocześnie notowano również wiele przykładów pomocy Polakom przeżywającym szok wywołany przede wszystkim klęską wrześniową. Ukraińskie ugrupowania liberalne działające legalnie w Rzeczypospolitej albo uległy samorozwiązaniu, albo też ich działacze opuścili tereny zajęte przez ZSRR.

22 X 1939 r. na terytoriach zachodnioukraińskich odbyły się

wybory do Ludowego Zgromadzenia Ukrainy Zachodniej. Według oficjalnych danych, które trudno uznać za wiarygodne, wzięło w nich udział 92,8% uprawnionych do głosowania. 27 października nowo wybrane Zgromadzenie Ludowe podjęło decyzję o wejściu w skład ZSRR i zwróciło się ze stosowną prośbą do Rady Najwyższej ZSRR. W prośbie stwierdzano, że należy „zjednoczyć naród ukraiński w jednym państwie i w ten sposób położyć kres odwiecznemu rozczłonkowaniu narodu ukraińskiego". Oczywiście nie było mowy o jakiejkolwiek opozycji. 1 listopada Prezydium Rady Najwyższej ZSRR wyraziło zgodę na włączenie Ukrainy Zachodniej do ZSRR, a 15 listopada Prezydium Rady Najwyższej USRR przyjęło ją w skład USRR. Wszyscy mieszkańcy terytoriów przyłączonych do Związku Radzieckiego otrzymali obywatelstwo radzieckie. Proces ten objął również Polaków. Sprzeciw powodował represje.

Nowe władze rozpoczęły działalność od przeprowadzenia podstawowych reform społecznych, zapowiedzianych zresztą w odezwach przedwyborczych. Ludność ukraińska spodziewała się szybkiego podniesienia stopy życiowej i, co bodaj ważniejsze, zapewnienia możliwości nieskrępowanego rozwoju oświaty i kultury narodowej. Wkrótce jednak okazało się, że wiele obietnic pozostało tylko na papierze. Nastąpiło załamanie się rynku żywnościowego, a zbyt mocno demonstrujący swoją „ukraińskość" działacze narodowi spotkali się ze zdecydowanym przeciwdziałaniem sił bezpieczeństwa. Rozwiązano istniejące w państwie polskim partie ukraińskie. Wielu ich działaczy, zwłaszcza zdecydowanych nacjonalistów, szybko zorientowało się, czym grozi kontynuowanie dotychczasowej działalności, skorzystało z porozumienia radziecko-niemieckiego o repatriacji i przeniosło się na tereny administrowane przez hitlerowców; inni uczynili to nielegalnie. Jednocześnie przystąpiono do likwidacji majątków obszarniczych, organizowania gospodarstw spółdzielczych — kołchozów oraz przejmowania przez państwo przedsiębiorstw przemysłowych. Wznowiło pracę szkolnictwo wszystkich szczebli, w tym również lwowskie wyższe uczelnie. Uniwersytetowi nadano imię Iwana Franki. Rozpoczęli w nim wykłady, prócz dawnych jego profesorów, także ci, którzy uciekając przed Niemcami zatrzymali się we Lwowie.

Główną rolę w administracji terenowej i w miejscowych władzach partyjnych odgrywali działacze i specjaliści przybyli ze Związku Radzieckiego. Chcieli jak najszybciej wykonać powierzone im zadanie: doprowadzenia do pełnej integracji przyłączonych terytoriów z Ukrainą Radziecką. W pracy tej korzystali z pomocy miejscowej ludności ukraińskiej oraz — częściowo — komunistów polskich traktowanych z rezerwą spowodowaną niedawną decyzją Kominternu o rozwiązaniu KPP oraz odbywającymi się w Moskwie procesami politycznymi, w których skazano na śmierć niemal całe kierownictwo partii wraz z jej narodowymi przybudówkami: z ukraińską i białoruską. Stalinizm dawał znać o sobie na każdym kroku. Rozpowszechniło się donosicielstwo, a na przełomie 1939 i 1940 r. rozpoczęły się deportacje, głównie ludności polskiej, które łącznie objęły przeszło milion osób (ok. 60% Polaków, 20% Żydów oraz 20% Ukraińców i Białorusinów) z terenu tzw. Ukrainy Zachodniej i Białorusi Zachodniej. Najbardziej ucierpiała inteligencja: urzędnicy, nauczyciele oraz inni pracownicy państwowi, których uznano za element współpracujący z władzami sanacyjnymi, a więc stanowiący zagrożenie dla władzy radzieckiej. Deportacje odbywały się w koszmarnych warunkach, a nowe miejsca osiedlenia, na Syberii lub w Azji Środkowej, ze względu na surowy klimat, konieczność podjęcia ciężkiej pracy fizycznej i głodowe racje żywnościowe w niczym nie przypominały sytuacji, z jakiej zostali wyrwani deportowani ludzie, nb. wraz z rodzinami. Nic dziwnego, że śmiertelność wśród nich była bardzo wysoka.

24 III 1940 r. na wymienionych terenach odbyły się wybory uzupełniające do Rad Najwyższych ZSRR i USRR. Wzięli w nich udział niemal wszyscy uprawnieni do głosowania. Podobnie jak w innych wyborach przeprowadzanych na terenie ZSRR głosowano na kandydatów wspólnego bloku. Większość wybranych była Ukraińcami, ale znaleźli się wśród nich również przedstawiciele ludności polskiej, m. in. Wanda Wasilewska i Helena Kuźmińska.

25 czerwca rząd radziecki wystosował notę do Rumunii żądając zwrotu Besarabii oraz Północnej Bukowiny w przeważającej części zamieszkanej przez ludność ukraińską (wg źródeł rumuńskich w 1930 r. było tu ok. 40% Ukraińców i 34% Rumunów, prócz tego 11% Żydów, 9% Niemców, 3,6% Polaków). Rumunia wyraziła zgodę i po wkroczeniu w dniach 28—30 czerwca na te ziemie Armii Czerwonej znalazły się one w granicach Związku Radzieckiego. 2 VIII 1940 r. utworzono (z części Besarabii i Mołdawskiej Autonomicznej Republiki Radzieckiej) Mołdawską Socjalistyczną Republikę Radziecką, która na tych samych zasadach jak inne republiki związkowe weszła w skład ZSRR. Podobnie stało się z częścią Besarabii (powiaty akermański, chocimski i izmajłowski) oraz Północną Bukowiną. W ten sposób zakończył się proces jednoczenia ziem ukraińskich, które obecnie znalazły się w całości w państwie radzieckim.

Chodziło teraz o możliwie szybkie odbudowanie zniszczonych w czasie działań wojennych (kampania wrześniowa w Polsce) zakładów przemysłowych, zmodernizowanie pozostałych i wybudowanie nowych, by zapewnić w ten sposób pełne zatrudnienie wszystkim ludziom zdolnym do pracy. Rozpoczęły produkcję również te fabryki i kopalnie, które dawniej, czasem jeszcze w latach wielkiego kryzysu gospodarczego, przerwały działalność wskutek bankructwa lub jednostkowych decyzji ich właścicieli.

Uruchomiono około 400 szybów naftowych, we Lwowie oddano do użytku trzy wielkie zakłady przemysłu lekkiego, w Stanisławowie zbudowano tkalnię. W 1940 r. z budżetu ZSRR przeznaczono na inwestycje na tych terenach 700 mln rubli.

Ze względu na to, że przed zagarnięciem Besarabii przez Rumunię funkcjonowało tam już prawodawstwo radzieckie, przywrócono tylko moc prawną dekretu o nacjonalizacji ziemi. Odrębny dekret w tej sprawie został wydany jedynie dla Północnej Bukowiny i ziem zachodnioukraińskich (tutaj uchwaliło go Zgromadzenie Ludowe). Likwidacja majątków ziemskich oraz ograniczanie rozmiarów gospodarstw tzw. kułackich umożliwiły całkowite zlikwidowanie warstwy chłopów bezrolnych oraz dość znaczne powiększenie powierzchni poszczególnych gospodarstw małorolnych. Najbardziej potrzebujący mieszkańcy wsi otrzymali pomoc od państwa w postaci ziarna siewnego i bydła. Powstały liczne stacje maszynowo-traktorowe oraz pierwsze kołchozy. W przededniu najazdu Niemiec hitlerowskich na ZSRR na Zachodniej Ukrainie działało już 2589 kołchozów obejmujących 13% ogólnej liczby gospodarstw chłopskich.

Stopniowo polepszały się warunki pracy. Zwiększono liczbę szpitali, wprowadzono powszechny system ubezpieczeń społecznych, oddano do użytku domy rencistów. Wznowiły swoją działalność teatry; powiększyła się sieć bibliotek i klubów. Momentem przełomowym w życiu kulturalnym na przyłączonych do ZSRR terenach ukraińskich stały się obchody osiemdziesiątej piatej rocznicy śmierci Adama Mickiewicza, która przypadała w 1940 r. We Lwowie na czele komitetu obchodów stanął Tadeusz Boy-Żeleński. Kilku polskich pisarzy przyjęto do Związku Radzieckich Pisarzy Ukrainy, co polepszyło w pewnym stopniu ich warunki bytowania, a dla uczonych zorganizowano propagandowy wyjazd do Moskwy, połączony ze spotkaniami z ich radzieckimi kolegami oraz zwiedzaniem laboratoriów i zakładów naukowych. Z końcem 1939 r. zaczął wychodzić drukowany po polsku dziennik „Czerwony Sztandar", później inne gazety i wreszcie, od stycznia 1941 r., miesięcznik społeczno-kulturalny „Nowe Widnokręgi".

Wzrosła liczba szkół (nb. we Lwowie było więcej polskich szkół średnich niż ukraińskich). Nauczanie stawało się rzeczywiście powszechne, nie ograniczone barierą zamożności. Powstały nowe podręczniki szkolne, przy czym wiele z nich napisali wybitni uczeni i pisarze. Utworzono nowe wyższe uczelnie; zwiększyła się liczba zatrudnionych w nich pracowników nauki. Większość wykładów odbywała się po polsku. Funkcjonowały polskie teatry i filharmonia.

Przede wszystkim jednak w przyspieszonym tempie rozwijały się ośrodki ukraińskiej oświaty, nauki i kultury. Pojawiły się terenowe (obwodowe i rejonowe) gazety ukraińskie, będące organami prasowymi miejscowych władz. We Lwowie rozpoczęto wydawać czasopismo „Literatura i mystectwo" („Literatura i Sztuka"). Także we Lwowie oraz w Czerniowcach powstały oddziały Akademii Nauk USRR. Nad wszystkim jednak wisiał ponury cień stalinowskich represji: aresztowań, deportacji, wysyłki do łagrów syberyjskich i, nierzadko, wyroków śmierci.

NAPAŚĆ NIEMIEC
HITLEROWSKICH
NA ZWIĄZEK RADZIECKI
I PIERWSZY OKRES WOJNY $\quad$ POKOJOWE życie Ukrainy zostało
zakłócone przez agresora. Wczesnym rankiem 22 VI 1941 r. Niemcy
hitlerowskie bez wypowiedzenia wojny uderzyły na ZSRR. Armia
napastnicza liczyła ok. 5,5 mln żołnierzy. Pierwszy impet wroga spadł
na tereny przygraniczne a więc także na ziemie ukraińskie. Lotnictwo
nieprzyjacielskie zbombardowało m. in. Kijów, Lwów i Żytomierz,
powodując liczne ofiary wśród ludności cywilnej.

ZSRR nie był przygotowany do odparcia przeciwnika. Niemiecki
plan ataku został opracowany pod koniec 1940 r. (tzw. plan „Barbarossa") i grupy armii ześrodkowano odpowiednio wcześnie na
głównych kierunkach uderzenia. Dowództwo radzieckie wydało odpowiednie dyrektywy w nocy z 21 na 22 VI 1941 r. Nie zawsze dotarły
one na czas do garnizonów nadgranicznych. Poza tym tylko część
budowanych umocnień na zachodnich rubieżach ZSRR została ukoń-
czona przed niemieckim atakiem. Armia hitlerowska i jej dowództwo
miały doświadczenie wojenne nagromadzone w kampaniach lat
1939—1941. Armia Czerwona takiego doświadczenia nie posiadała,
a jej kadry dowódcze dopiero formowały się na nowo po masowych
represjach, którymi zostały dotknięte w latach 1937—1938. Poza tym
do dowodzenia mieszali się partyjni pracownicy wojskowego aparatu
politycznego, powodując czasami odwoływanie oficerów z ich stanowisk i potęgując panujący chaos. Mimo to już w pierwszym okresie
działań wojennych hitlerowcy napotkali niezwykle silny i zacięty opór
żołnierzy radzieckich.

W trzecim dniu walk szef niemieckiego Sztabu Generalnego Franz
Halder notował ze zdziwieniem w swoim dzienniku: „Zwraca uwagę
zaciętość w walce pojedynczych rosyjskich związków taktycznych …
Grupa Armii „Północ" musi odpierać na całym froncie … silne

nieprzyjacielskie ataki pancerne ... Teraz na ogół jest jasne, że Rosjanie nie myślą o unikaniu walki, ale rzucają wszystko, co mają, przeciwko włamaniu niemieckiemu". W dniu następnym stwierdził: „Poranna ocena sytuacji daje ogólny obraz, z którego wynika potwierdzenie, iż Rosjanie przyjmują wielką bitwę w regionach przygranicznych, a wycofują się tylko na tych odcinkach frontu, gdzie muszą to czynić pod potężnym naporem naszego natarcia".

23 czerwca zarządzono w ZSRR powszechną mobilizację. Na Ukrainie zmobilizowano łącznie 2,5 mln osób. W armii znalazła się przeszło połowa członków KP(b)U. Zgłaszali się liczni ochotnicy, a na zapleczu wzmagano wysiłki, by zwiększyć produkcję na rzecz frontu. Masowo zgłaszano się do budowy umocnień i kopania rowów. Kobiety starały się zastępować w pracy mężczyzn powołanych pod broń.

Ofensywa niemiecka szła, generalnie rzecz biorąc, w trzech kierunkach: na Leningrad, na Moskwę i na Kijów. W tym ostatnim wypadku chodziło przede wszystkim o zagarnięcie Ukrainy, w tym zwłaszcza rejonów przemysłowych usytuowanych na południu kraju, a następnie dojście do Zakaukazia i opanowanie tamtejszych złóż naftowych. Grupa Armii „Południe", przed którą postawiono takie zadanie, składała się z trzech armii niemieckich, grupy pancernej, dwóch armii rumuńskich oraz węgierskiego korpusu posiłkowego. Doszły do nich przybyłe później korpusy słowacki i włoski. Ukrainy broniły Fronty Południowo-Zachodni i Południowy. Już na początku walk agresorzy osiągnęli dwukrotną przewagę zarówno w ludziach, jak i w uzbrojeniu. Ponadto dowództwo radzieckie popełniło znaczne błędy, w szczególności nie wycofując w porę okrążanych przez Niemców oddziałów Armii Czerwonej, co doprowadziło do ich całkowitego zniszczenia. Trudno się więc dziwić, że już po dwóch miesiącach walk Niemcy opanowali całą Ukrainę prawobrzeżną. Udało im się również utworzyć przyczółki na lewym brzegu Dniepru.

Z całą pewnością były to znaczne sukcesy, niemniej jednak ofensywa niemiecka przebiegała o wiele wolniej niż zakładano w nakreślonych wcześniej planach operacyjnych. Kampania wschodnia Hitlera zadała kłam przechwałkom o możliwości prowadzenia „wojny błyskawicznej" ze Związkiem Radzieckim i równie szybkiego uwieńczenia jej zwycięstwem. Obydwie strony ponosiły ciężkie straty w walkach. Niemcy wzięli do niewoli poważne siły radzieckie idące w setki tysięcy jeńców. Tymczasem na ziemiach, z których wycofała się Armia Czerwona, już od pierwszych dni okupacji organizowano podziemne komitety partyjne i oddziały partyzanckie. Łącznie w latach wojny na ziemiach ukraińskich działało 16 konspiracyjnych obwodowych komitetów KP(b)U, 172 miejskie i rejonowe oraz przeszło 700 ośrodków partyjnych. Stały się one organizatorami i kierownikami ruchu oporu przeciw najeźdźcom.

Sidor Kowpak

19 IX 1941 r. wojska niemieckie wkroczyły do Kijowa, 16 października padła Odessa. Niemcy chcieli jak najszybciej opanować Zagłębie Donieckie, ale walki obronne na rzece Mius powstrzymały ich natarcie.

Jednocześnie trwała ewakuacja ukraińskich zakładów przemysłowych i kołchozów. W ciągu czterech pierwszych miesięcy wojny ewakuowano z Ukrainy przeszło 500 wielkich przedsiębiorstw i fabryk. Na tereny nie zagrożone jeszcze przez nieprzyjaciela przerzucano bydło i konie, wywożono zapasy żywności, a te, których już nie zdołano wywieźć, niszczono. Ze strefy frontowej wyjeżdżali uczeni z Akademii Nauk ZSRR i personel szkół wyższych. Nowe miejsca pracy dla ewakuowanych z Ukrainy powstawały w Baszkirii, Kazachstanie, Uzbekistanie, na Nadwołżu i Uralu. Otwierano tam ukraińskie szkoły różnych szczebli i typów.

Jednak nieprzyjaciel nie dawał chwili wytchnienia. Jesienią 1941 r. prawie cała Ukraina znalazła się w jego rękach. Rozpoczęła się wojna partyzancka.

Toczyła się ona przede wszystkim w północnych rejonach Ukrainy lewobrzeżnej. Działały tutaj m. in. dwa wielkie ugrupowania partyzanckie dowodzone przez Sidora Kowpaka i Aleksandra Saburowa. Nieco później zaktywizowało się podziemie na Wołyniu i tzw. Polesiu Kijowskim. W oddziałach partyzanckich walczyli wspólnie Ukraińcy, Polacy, Rosjanie, Białorusini i przedstawiciele innych narodowości. Ogromne rozmiary osiągnął zwłaszcza polski ruch partyzancki na Wołyniu, gdzie powstały spore jednostki Armii Krajowej. W latach 1941—1943 głównie na dawnych polskich kresach wschodnich działały grupy „Wachlarza", wydzielonego pionu ZWZ—AK, powołanego do prowadzenia akcji na terenach wschodnich, od Dyneburga po Winnicę. Na ziemiach ukraińskich utworzono dwa odcinki „Wachlarza", które otrzymały numery I i II; pozostałe trzy działały bardziej na północ, głównie na Białorusi i Litwie.

W maju 1942 r. powstał w Moskwie Centralny Sztab Ruchu Partyzanckiego przy Kwaterze Głównej Naczelnego Dowództwa, w czerwcu — Ukraiński Sztab Ruchu Partyzanckiego, którym kierował Tymofiej Strokacz. Sztaby te miały udzielać wszelkiej niezbędnej pomocy ruchowi partyzanckiemu, szkolić specjalistów do działalności dywersyjnej oraz planować większe operacje wojskowe i koordynować je z działaniami Armii Czerwonej. W tym celu przy Ukraińskim Sztabie Partyzanckim powstały oddziały: operacyjny, wywiadowczy, informacyjny, medyczno-sanitarny, techniki dywersji, zaopatrzenia technicznego, kadr i in. Nową, zastosowaną po raz pierwszy, formą walki partyzanckiej były rajdy dużych ugrupowań. Na szerszą skalę rozpoczęły się one na przełomie lat 1942—1943. W czasie kilkusetkilometrowego przemarszu oddziały niszczyły stacje kolejowe, węzły komunikacyjne, wysadzały w powietrze mosty i fabryki, dezorganizowały całkowicie życie na tyłach nieprzyjaciela. Z końcem 1942 r. z obwodu sumskiego wyszły zgrupowania Kowpaka i Saburowa, przechodząc w rejon Kijowa, Żytomierza i Równego: w marcu 1943 r. oddziały dowodzone przez Jakuba Melnyka przeszły przez Ukrainę prawobrzeżną; latem 1943 r. Kowpak ze swoimi ludźmi przedarł się w rejon Karpat.

W czasie wojny partyzanci ukraińscy wyeliminowali z walki około pół miliona żołnierzy, żandarmów i policjantów hitlerowskich, wysadzili w powietrze niemal 5000 transportów wojskowych, zniszczyli przeszło 1500 czołgów i 200 samolotów. 57 500 uczestników ruchu partyzanckiego otrzymało za to odznaczenia wojskowe, a 95 — tytuły Bohaterów Związku Radzieckiego.

Prócz udziału w zorganizowanych i podporządkowanych jednolitemu dowództwu oddziałach wielu mieszkańców Ukrainy prowadziło walkę z okupantem na własną rękę. Dokonywano sabotaży w miejscach pracy, zabijano pojedynczych przedstawicieli rezimu hitlerowskiego, podpalano składy i magazyny z żywnością przeznaczoną na wywóz do Niemiec lub na potrzeby Wehrmachtu, udzielano pomocy jeńcom i więźniom, ułatwiano im ucieczkę, dezinformowano nieprzyjaciela.

Na terenach okupowanych Niemcy dokonywali masowych zbrodni, których skutki odczuwali zarówno jeńcy wojenni, jak i ludność cywilna. Życie ludzkie znajdowało się w nieustannym zagrożeniu.

Ziemie ukraińskie zostały podzielone na cztery części. Północną Bukowinę oraz tereny między Bohem a Dniestrem Hitler przekazał Rumunii, która zorganizowała tutaj Generalne Gubernatorstwo Transnistrii. Jego stolicą została Odessa. Obwody lwowski, drohobycki, stanisławowski i tarnopolski przyłączono do Generalnego Gubernatorstwa ze stolicą w Krakowie, które składało się z ziem polskich. Zagłębie Donieckie wraz z obwodami charkowskim, czernihowskim i sumskim przekształcono w strefę wojenną, nad którą zwierzchnictwo sprawowały władze wojskowe. Na pozostałym terenie powstał tzw. Reichskommissariat Ukraine, gdzie rządy sprawował komisarz Rzeszy Erich Koch. Komisariat Rzeszy został podzielony na sześć komisariatów generalnych, a te z kolei na tzw. obszary (Gebiet).

Stosunkowo znaczną rolę Niemcy wyznaczyli ruchowi nacjonalistycznemu. Już w dniu napaści na ZSRR wystosowali odezwę Do narodu ukraińskiego, obiecując „wyzwolenie od panowania komunistów". W ślad za oddziałami frontowymi posuwały się grupy specjalne (Einsatzgruppen), które miały oczyszczać teren z komunistów i inteligencji jako elementu szczególnie niebezpiecznego dla okupanta. Ukraińscy nacjonaliści przekazywali grupom specjalnym listy proskrypcyjne i niejednokrotnie sami wyręczali hitlerowców w likwidacji najbardziej wartościowych jednostek, szczególnie spośród inteligencji polskiej. Na froncie działały także dwa bataliony ukraińskie wspierające wojsko niemieckie: „Rolland" i „Nachtigall". W pierwszych dniach hitlerowskiej okupacji Lwowa nacjonaliści ukraińscy współuczestniczyli w wymordowaniu około trzech tysięcy osób, głównie inteligencji. Prócz tego Niemcy wykorzystali do swoich celów działającą wcześniej na Ukrainie Zachodniej nacjonalistyczną partyzantkę ukraińską oraz powołaną przez nich ukraińską policję pomocniczą. W lutym 1940 r. dokonał się ostateczny rozłam w OUN, która podzieliła się na OUN-R („frakcja rewolucyjna"), kierowaną przez Stepana Banderę, i OUN-M pod przywództwem Andrieja Melnyka. W kwietniu 1943 r. została sformowana strzelecka dywizja SS „Galizien", dowodzona przez gen. I. Freytaga i składająca się z czterech pułków oraz oddziałów pomocniczych. Używana była głównie do walki z partyzantką polską i radziecką. Skierowana w czerwcu 1944 r. na front wschodni została doszczętnie rozbita w bitwie pod Brodami.

Wysługujący się Niemcom nacjonaliści mieli nadzieję na uzyskanie w przyszłości zgody Berlina na utworzenie własnego rządu i państwa. Delegacje ukraińskie przyjmował na Wawelu generalny gubernator Hans Frank, utworzono szkoły ukraińskie, zezwalano na wywieszanie żółto-niebieskich sztandarów narodowych, pozwalano także na posługiwanie się emblematami i godłami narodowymi. Wyrażono zgodę na utworzenie w Krakowie swoistego organu reprezentującego interesy Ukraińców — Ukraińskiego Komitetu Centralnego kierowanego przez byłego docenta Uniwersytetu Jagiellońskiego, geografa Włodzimierza Kubijowycza.

W rzeczywistości Niemcom chodziło prawie wyłącznie o jak najspieszniejsze podporządkowanie sobie mieszkańców ziem ukraińskich oraz zrealizowanie planów kolonizacji i grabieży. Dla Trzeciej Rzeszy Ukraina miała spełniać jedynie rolę spichlerza.

W ślad za Niemcami do Lwowa przybyła grupa działaczy politycznych z OUN-R. W porozumieniu z metropolitą Szeptyckim w dniu 30 VI 1941 r. proklamowano „niepodległość" Ukrainy, a Jarosław Stećko z OUN-R otrzymal misję sformowania rządu. Komunikat o tym fakcie został nadany przez rozgłośnię lwowską, opanowaną podówczas przez narodowców ukraińskich. 6 lipca Stećko wywiązał się z nałożonego nań zadania i powołał rząd składający się z 26 ministrów. Sielanka nie trwała długo, już bowiem po czterech dniach członków tego marionetkowego rządu aresztowano (podobnie uczyniono z wieloma działaczami OUN, m. in. ze Stepanem Banderą) i przewieziono do Krakowa, a następnie do Berlina. Część z nich została zresztą później wypuszczona na wolność. OUN przeszła do działalności konspiracyjnej, a na jej czele, po aresztowaniu Bandery, stanął Mikołaj Łebed. Stosunki między Niemcami a kierownictwem ugrupowań nacjonalistycznych zaostrzały się coraz bardziej. Jedni widzieli fiasko swych planów i coraz jaśniej dostrzegali rzeczywiste cele panowania hitlerowskiego na Ukrainie, drudzy zaś nie zamierzali z nikim dzielić się władzą. Najdobitniej wyraził to Erich Koch, który stwierdził po objęciu funkcji komisarza Rzeszy do spraw Ukrainy, że rządy nad Ukraińcami będzie sprawował „przy pomocy machorki, wódki i nahajki".

Wprowadzono, niezależną od patriarchatu moskiewskiego, autokefaliczną ukraińską Cerkiew prawosławną, której metropolitą został arcybiskup łucki Sikorski — Polikarp. Oznaczało to rozbicie prawosławia na Ukrainie, z kolei bowiem głową autonomicznego (ale zależnego od patriarchy moskiewskiego) ukraińskiego Kościoła prawosławnego był arcybiskup Hromadski, konserwatysta i rusofil. W Równem otwarto, opanowany przez nacjonalistów, uniwersytet ukraiński.

Kolaboracja nacjonalistów ukraińskich z hitlerowskimi Niemcami rychło przekroczyła ramy czysto politycznej współpracy i gry interesów. Ukraińcy uczestniczyli w niemieckich akcjach eksterminacyjnych. W lipcu 1941 r. we Lwowie rozstrzelano 25 profesorów i docentów uczelni wyższych, m. in. Tadeusza Boya-Żeleńskiego, Kazimierza Bartla, Stanisława Pilata i Kaspra Weigla. Załatwiano „przy okazji" osobiste porachunki z inteligencją polską i chłopami. Na Wołyniu Polacy organizowali oddziały samoobrony, nie zawsze jednak skutecznie broniące ich przed jednostkami nacjonalistycznymi. Jednym z większych, który później został ewakuowany przez partyzantów radzieckich, był oddział broniący osiedla w Przebrażu.

Nic jednak nie odebrało Niemcom absolutnego pierwszeństwa w zbrodniach i grabieżach. Liczba ofiar rosła z każdym dniem. Już w pierwszych dniach okupacji dokonywano masowej eksterminacji Żydów. Do końca września 1941 r. wymordowano ich na Ukrainie około 80 000. W Kijowie zginęło niemal 200 000 mieszkańców miasta, przy czym prawie połowa z nich została zastrzelona w pobliskim Babim Jarze. Programowo zabijano pacjentów znajdujących się w szpitalach dla psychicznie chorych. Za każde przekroczenie surowych praw okupacyjnych groziła kara śmierci. Powszechnie stosowano zasadę odpowiedzialności zbiorowej, a zbrodni dopuszczały się nie tylko Einsatzgruppen SD i SS, lecz także oddziały Wehrmachtu. Grabiono skarby kultury ukraińskiej: obrazy, rękopisy, książki, arcydzieła rzemiosła artystycznego, niszczono cerkwie i budynki muzealne. W 1942 r. rozpoczęto masową wywózkę ludności na przymusowe roboty do Niemiec (łącznie wywieziono 2,3 mln Ukraińców). Prowadzono rekwizycje żywności.

Rosły ceny a głód stawał się coraz powszechniejszy. Łącznie na terenie Ukrainy hitlerowcy wymordowali 3,2 mln osób cywilnych oraz 1,3 mln jeńców wojennych.

Umęczona represjami okresu stalinowskiego ziemia ukraińska znów spłynęła krwią, jednak wbrew niemieckim nadziejom doprowadziło to do powstawania coraz silniejszego i coraz szerszego, obejmującego wszystkie warstwy ludności, ruchu oporu przeciw najeźdźcy.

WYZWOLENIE UKRAINY I ZAKOŃCZENIE II WOJNY ŚWIATOWEJ

Na przełomie 1942/43 r. dokonał się zasadniczy zwrot w sytuacji na froncie. Niemcy ponieśli klęskę pod Stalingradem i bezpowrotnie utracili inicjatywę strategiczną. Armia Czerwona przeszła do generalnego kontrnatarcia.

Wojska radzieckie weszły ponownie na teren Ukrainy w dniu 18 XII 1942 r. Niemcy stawali zaciekły opór, lecz nie zdołali powstrzymać ofensywy. 14 II 1943 r. wyzwolono Ługańsk, a po tygodniu jednostki Armii Czerwonej znalazły się w pobliżu Dniepru, w okolicach Zaporoża i Dniepropietrowska. 16 lutego Niemcy opuścili Charków. Jednak nie na długo. Po ściągnięciu posiłków z Francji i Belgii uzyskali na tym odcinku frontu wyraźną przewagę liczebną i nie tylko odparli atak, ale nawet zdobyli Charków z powrotem. Kolejna porażka, jakiej doznali pod Kurskiem w połowie lipca, ostatecznie złamała potęgę Trzeciej Rzeszy. Wojska niemieckie były przecież jeszcze zdolne do stawiania oporu; próbowały odzyskać stracony teren i nie raz powodowały poważne straty nacierających jednostek radzieckich, których jednak nie potrafiły zatrzymać.

Charków odzyskał wolność 23 sierpnia. Na przełomie sierpnia i września w ciągu zaledwie sześciu dni wojska Frontów Południowego i Południowo-Zachodniego wyzwoliły Zagłębie Donieckie, zajęły Mariupol oraz wyparły nieprzyjaciela z wybrzeży Morza Azowskiego. 21 września opanowano Czernihow.

Niemcy zrezygnowali z daszych prób obrony Ukrainy lewobrzeżnej i postanowili powstrzymać natarcie radzieckie na Dnieprze. Ufortyfikowali podejścia do rzeki i zbudowali system umocnień na głównych szlakach komunikacyjnych. Tymczasem Kwatera Główna wydała rozkaz, by Dniepr sforsować z marszu i uchwycić jak największą liczbę przyczółków na jego prawym brzegu. Zaskoczenie przeciwnika udało się całkowicie. Atak na całej szerokości frontu spowodował, że nieprzyjaciel nie zdołał zorganizować pełnowartościowej obrony.

Walki o Kijów w 1943 r.

Armia Czerwona zdobyła w pierwszym impecie aż dwadzieścia trzy przyczółki na prawym brzegu Dniepru, następnie je rozszerzano, przekształcając w dogodne punkty wyjściowe do przygotowywanej kolejnej ofensywy. Współpracowały z nią oddziały partyzanckie, które w tym samym czasie uchwyciły i utrzymały aż dwadzieścia pięć punktów przeprawowych przez Dniepr.

14 października wojska 3 Frontu Ukraińskiego (dawniej Front Południowo-Zachodni) zdobyły Zaporoże, a 25 października — Dniepropietrowsk. 4 Front Ukraiński (dawniej Front Południowy) wyzwolił Melitopol i zamknął wojska niemieckie na Krymie.

Dla obydwu stron walczących największe znaczenie miał Kijów, który znajdował się w strefie działania 1 Frontu Ukraińskiego (dawniej Front Woroneski). Kijów był nie tylko ważnym węzłem komunikacyjnym, lecz przede wszystkim stolicą Ukrainy, i wyzwolenie go miało ogromny wydźwięk propagandowy. 6 XI 1941 r. Kijów znalazł się w rękach radzieckich. Dalsze natarcie zostało chwilowo powstrzymane przez nieprzyjaciela, ale pod koniec grudnia atak ponowiono. Tym razem zakończył się on pełnym sukcesem. Zdobyto Korosteń, Skwirę, Koziatyn i Żytomierz. Z końcem stycznia 1944 r. wojska 1 Frontu Ukraińskiego zamknęły znaczne siły przeciwnika w kotle w rejonie Korsunia. Od południa w okrążaniu hitlerowców współdziałał 2 Front Ukraiński.

Ruch partyzancki nabrał nie spotykanego dotąd rozmachu. W celu skoordynowania działań partyzantów i armii regularnej w drugiej połowie 1943 r. na tyły nieprzyjaciela udali się: sekretarz KC KP(b)U Demian Korotczenko i naczelnik Ukraińskiego Sztabu Partyzanckiego Strokacz. Przez ziemie ukraińskie znajdujące się jeszcze w rękach nieprzyjaciela ruszyły ponownie rajdy partyzanckie, a liczba wysadzonych w powietrze transportów wojskowych niejednokrotnie

Zniszczony Kijów w 1944 r.

przekraczała 500 miesięcznie. Stanowiło to ogromną pomoc w działaniach ofensywnych Armii Czerwonej, dezorganizowało hitlerowskie zaplecze i wiązało siły przeciwnika zmuszonego do wzmocnienia ochrony szlaków kolejowych.

Niemcy raz jeszcze odwołali się do ukraińskich ugrupowań nacjonalistycznych, licząc, że w ten sposób ułatwią sobie rządy w okupowanym kraju. Właśnie wtedy, jak już stwierdzono wyżej, w kwietniu 1943 r. rozpoczęto, za zgodą Himmlera, formowanie dywizji SS „Galizien" (SS „Hałyczyna"). Po jej rozbiciu w 1944 r. pod Brodami niedobitki znalazły schronienie w utworzonej wcześniej (w 1940 r.) na terenie Polesia i Wołynia Ukraińskiej Powstańczej Armii (UPA). Formalnie działała ona w konspiracji i stanowiła oręźne ramię banderowskiej OUN, ale w rzeczywistości ściśle współpracowała z Niemcami, korzystała z niemieckiej broni i niemieckich instruktorów. W 1943 r. jej dowódcą został Roman Szuchewicz (ps. Taras Czuprynka), były oficer batalionu „Nachtigall", wiceminister spraw wojskowych w „rządzie" Stećki, a później współorganizator Ukraińskiej Policji Pomocniczej na Wołyniu. Zginął w 1950 r., zastrzelony koło Lwowa przez radzieckie organa bezpieczeństwa.

UPA działała na rzecz utworzenia w przyszłości samodzielnego państwa, „samostijnej" Ukrainy, prowadząc zakrojoną na szeroką skalę akcję likwidowania wszystkich przeciwników, a nawet tych, którzy odmawiali współpracy z ukraińskim podziemiem nacjonalistycznym. UPA dzieliła się na cztery grupy (Północ — Wołyń i Polesie, Południe — obwody kamieniecko-podolski oraz południowe części żytomierskiego, winnickiego i kijowskiego, Zachód — Galicja Wschodnia, Bukowina, Ukraina Zakarpacka oraz wschodnie części województw lubelskiego, rzeszowskiego i krakowskiego, Wschód — obwód czernihowski oraz północne części kijowskiego i żytomierskiego, nb. ten obwód praktycznie nie istniał), te na kurenie, a następnie na sotnie, czoty i roje. Z początkiem 1944 r. wyodrębniono tzw. Zakierzoński Kraj, tzn. tereny leżące na zachód od linii Curzona (mniej więcej linii Bugu i Sanu), skąd zamierzano wyrzucić siłą wszystkich zamieszkałych tam Polaków.

Rachuby niemieckie spełzły na niczym. Wprawdzie w kraju opanowanym przez UPA zapanował terror i znaczna część Prawobrzeża wraz z b. Galicją Wschodnią spływała krwią, ale dezorganizacja życia na tyłach zbliżającego się frontu utrudniała komunikację i poza tym stała się jedną z przyczyn stałego zmniejszania się dostaw żywności dostarczanej przez wieś w ramach kontyngentów. Czasem nawet do-

Dymitr Manuilski

chodziło do starć między niemieckimi oddziałami pacyfikacyjnymi a oddziałami ukraińskich narodowców, co propaganda nacjonalistyczna natychmiast podchwytywała, twierdząc, że głównym celem jej działania jest właśnie obrona interesów ludności ukraińskiej przed zakusami wojsk okupacyjnych. Na ogół jednak każda ze stron starała się trzymać — nawet w chwilach niebezpiecznej konfrontacji — ustalonego rejonu działania i nie wkraczać na tereny zajmowane przez drugą stronę.

15 IV 1944 r. nacjonaliści zabili dowódcę 1 Frontu Ukraińskiego, gen. Mikołaja Watutina. Miesiąc wcześniej wojska dowodzone przez niego i przez gen. Iwana Koniewa zakończyły likwidację grupy wojsk niemieckich okrążonych w rejonie Korsunia. Zniszczono wówczas 10 dywizji i jedną brygadę zmotoryzowaną nieprzyjaciela. 10 kwietnia zdobyto Odessę, 9 maja — Sewastopol, a następnie Brody i 27 lipca — Lwów. W sierpniu i wrześniu wyzwolono miasta na południu Ukrainy: Białogród, Izmaił i Kilię. 14 X 1944 r. cała Ukraina Radziecka została oczyszczona z wojsk przeciwnika, a jednostki Armii Czerwonej kontynuowały natarcie na zachód.

W ostatnich tygodniach wojny światowej doszło do ważnego wydarzenia, w którym poczesną rolę odegrała USRR.

W dniu 26 IV 1945 r. w San Francisco podpisano Kartę Narodów Zjednoczonych, będącą statutem nowo powstałej Organizacji Narodów Zjednoczonych. ONZ jako organizacja państw suwerennych została utworzona w celu koordynowania i inspirowania wysiłków na rzecz umocnienia pokoju w świecie, rozwoju współpracy międzynarodowej we wszystkich dziedzinach życia politycznego, gospodarczego i kulturalnego. Wśród pięćdziesięciu państw założycielskich ONZ znalazła się rówież, obok ZSRR i Białorusi, Ukraińska Socjalistyczna Republika Radziecka. Status członka założyciela został jej przyznany przez wielkie mocarstwa w dowód uznania zasług republiki w walce z Niemcami hitlerowskimi. Pierwszym przewodniczącym delegacji ukraińskiej, a zarazem przewodniczącym I Komitetu Pierwszej Komisji ONZ, pracującej nad sformułowaniem preambuły i opracowaniem pierwszego rozdziału Karty Narodów Zjednoczonych, poświęconego celom i zasadom ONZ, był Dymitr Manuilski, podówczas wicepremier i minister spraw zagranicznych Ukrainy.

W 1958 r. utworzono w Nowym Jorku stałe przedstawicielstwo USRR przy ONZ.

8 V 1945 r. Niemcy podpisały w Berlinie akt bezwarunkowej kapitulacji; 2 IX 1945 r. Japonia zdecydowała się na uczynienie tego samego kroku.

Zakończyła się II wojna światowa.

ODBUDOWA GOSPODARKI UKRAIŃSKIEJ

O ile polski rząd emigracyjny nie uznawał włączenia wschodnich województw Rzeczypospolitej Polskiej do USRR, to Polski Komitet Wyzwolenia Narodowego już w swoim pierwszym akcie urzędowym, *Manifeście* z 22 VII 1944 r., zapowiedział oparcie polityki zagranicznej państwa polskiego na sojuszu i współpracy ze Związkiem Radzieckim oraz stwierdził, że: „granica wschodnia powinna być linią przyjaznego sąsiedztwa, a nie przegrodą między nami i naszymi sąsiadami". Oznaczało to zgodę na zmianę granicy, co zresztą ustaliły wcześniej rządy wielkich mocarstw: ZSRR, Anglii i Stanów Zjednoczonych.

26 lipca podpisana została umowa graniczna między Polską a ZSRR i na tej podstawie we wrześniu 1944 r. PKWN porozumiał się m. in. z Ukraińską Republiką Radziecką (także z Białorusią i Litwą) o przeprowadzeniu wymiany ludności polskiej mieszkającej na terenie tych republik i ludności ukraińskiej, białoruskiej i litewskiej mieszkającej w Polsce. Repatriacja trwała przez kilkanaście następnych

miesięcy, przeciągając się w niektórych wypadkach jednak aż do 1948 r. Z tzw. Ukrainy Zachodniej przybyło wówczas do Polski 742543 Polaków, 33105 Żydów oraz 12114 repatriantów innych narodowości, z pozostałych zaś części Ukrainy — 35288 osób. Z kolei z Polski wyjechało blisko pół miliona Ukraińców (482880 osób). Wiele tysięcy pozostało jednak w swych dotychczasowych miejscach zamieszkania, nie chcąc rozstawać się z ojcowizną, świątyniami i miejscami ostatniego spoczynku najbliższych.

6 VIII 1945 r. podpisano umowę ostatecznie wytyczającą granicę między Polską a ZSRR.

Uregulowana została również sprawa przynależności Zakarpacia do ZSRR. W czasie II wojny światowej zginęło w obozach koncentracyjnych przeszło 100000 jego mieszkańców narodowości ukraińskiej. Stanowiło to niemal siódmą część łącznej liczby ludności tego terenu. Mimo to jednak oraz mimo przeciwdziałania ugrupowań narodowych o prawicowej orientacji przez cały okres działań wojennych istniały tutaj oddziały partyzanckie w większości podporządkowane Ukraińskiemu Sztabowi Ruchu Partyzanckiego. Po wyzwoleniu Zakarpacia w Armii Czerwonej znalazło się 25000 jego mieszkańców. 26 XI 1944 r. w Mukaczewie odbył się I Zjazd Komitetów Ludowych Zakarpacia, odpowiednio przygotowany i zorganizowany, na którym jednogłośnie postanowiono połączyć się z Ukrainą Radziecką. Na czele Rady Ludowej Ukrainy Zakarpackiej stanął Iwan Turianica, będący jednocześnie pierwszym sekretarzem KC Komunistycznej Partii Ukrainy Zakarpackiej. 29 VI 1945 r. w Moskwie została podpisana umowa między Związkiem Radzieckim a Czechosłowacją, na mocy której tereny o powierzchni około 10000 km^2, zamieszkane przez 700000 ludzi, weszły w skład Ukrainy Radzieckiej. 22 I 1946 r. Rada Najwyższa ZSRR postanowiła utworzyć z przyłączonego terytorium obwód zakarpacki ze stolicą w Użhorodzie i włączyć go do USRR.

Część gospodarki zniszczonej przez wojnę odbudowana została na Ukrainie jeszcze w latach 1944—1945, tuż po wyzwoleniu. Dotyczyło to zwłaszcza przemysłu ciężkiego, który wówczas musiał pracować na potrzeby frontu. Proces ten nie został jednak zakończony, zniszczenia bowiem były ogromne. Zrujnowane zostały największe systemy energetyczne, kopalnie zalane lub wysadzone w powietrze, maszyny i sprzęt — jeśli nie ewakuowane — wywiezione do Niemiec. Zniszczeniu uległy linie kolejowe, a transport lądem odbywał się z wielkimi trudnościami ze względu na brak wielu mostów, które wycofujące się wojska hitlerowskie również wysadziły w powietrze. Brakowało rąk do pracy. Doszczętnie rozgrabiono 28 000 kołchozów, 900 sowchozów i 1300 stacji maszynowo-traktorowych. Główna ulica Kijowa Kreszczatik była jedynie zwałem gruzów. Okupanci zbombardowali i spalili na Ukrainie 647 000 domów mieszkalnych. Kolosalne straty poniosły muzea, biblioteki i archiwa.

Kreszczatik w Kijowie — stan obecny

Do końca 1945 r. moc produkcyjna przedsiębiorstw i fabryk ukraińskich osiągnęła zaledwie 30% stanu przedwojennego; na polach kołchozowych pracowało 63 000 traktorów, czyli połowa ich liczby sprzed wybuchu wojny. Ale tempo odbudowy kraju stale rosło. Entuzjazm odbudowy osiągnął godne podziwu rozmiary. Wielu robotników wysoko przekraczało normy produkcyjne, do odgruzowywania miast zgłaszali się ochotnicy, a ze wszystkich republik radzieckich nadciągały transporty materiałów budowlanych, maszyn, żywności oraz przyjeżdżali wysoko wykwalifikowani specjaliści. Jeszcze szybciej powracało do normy życie w kołchozach, a obszar zasiewów w 1945 r. osiągnął już trzy czwarte stanu przedwojennego. Niestety, wciąż jeszcze na niskim poziomie stała kultura i technika rolna, co znajdowało swój wyraz w marnych plonach i niskiej mleczności krów, nie mówiąc już o przerzedzonych stadach bydła pasących się na kołchozowych polach.

Pałac Kultury „Ukraina" w Kijowie

O wojnie przecież trudno było zapomnieć. Wyznaczały ją nie tylko kolosalne i widoczne gołym okiem straty materialne, nie tylko osierocone rodziny opłakujące ojców, braci, mężów i synów, lecz także ci, którzy z wojny wrócili. 2,5 mln Ukraińców otrzymało za udział w wojnie ordery i medale, a przeszło 2000 zostało Bohaterami Związku Radzieckiego. Był wśród nich lotnik Iwan Kożedub, który za strącenie 62 samolotów nieprzyjacielskich i dokonanie ponad 300 lotów bojowych otrzymał ten tytuł trzykrotnie.

447

Część prawicowych działaczy narodowych wycofała się razem z wojskami niemieckimi, jednak pozostali zakonspirowali się i czekali na dogodny moment do rozpoczęcia walki z przedstawicielami nowej władzy o realizację dawniej jeszcze wytyczonych celów. Wielu z ukraińskich narodowców ukryło się na terenie Polski, głównie w województwie rzeszowskim, południowo-wschodniej części lubelskiego i wschodniej części województwa krakowskiego. Dowódcą UPA był tutaj Mirosław Onyszkiewicz, pseud. Orest (schwytano go w okolicach Wrocławia w 1948 r. i w 1950 r. skazano na śmierć).

W pierwszych miesiącach powojennych oddziały UPA miały na tym terenie stosunkowo dużą swobodę. Wynikało to z kilku przyczyn. Przede wszystkim zwalczające prawicowe podziemie oddziały bezpieczeństwa zajęte były likwidacją tych grup konspiracyjnych, które według oceny władz stanowiły największe niebezpieczeństwo dla nowego ustroju, gdyż miały one spore wpływy w społeczeństwie, a po związaniu się z legalną opozycją, zwłaszcza z grupą Stanisława Mikołajczyka, przywódy Polskiego Stronnictwa Ludowego, ówczesnego wicepremiera i ministra rolnictwa w Rządzie Tymczasowym, mogły stać się siłą decydującą o dalszym rozwoju kraju. Chodziło więc o polskie organizacje konspiracyjne, uznające rząd emigracyjny za jedyną legalną władzę.

Po drugie, ziemie południowo-wschodnie, górzyste i gęsto zalesione, z dość poważną jeszcze liczbą ludności ukraińskiej, która wiązała się ze swymi ziomkami z podziemia, ulegając zarówno ich propagandzie, jak i terrorowi, nie nadawały się do przeprowadzenia akcji wojskowych na szerszą skalę, tymczasem tylko takie operacje gwarantowały oczyszczenie terenu z sił przeciwnika.

Największą aktywność UPA zanotowano w połowie 1946 r. Siły jej wówczas znacznie wzrosły, gdyż w jej szeregi napłynęła młodzież ukraińska z tzw. zaciągu mobilizacyjnego ogłoszonego przez banderowców. Ci z młodych ludzi, którzy nie stawili się na wyznaczone punkty zborne, byli surowo karani, nawet śmiercią, a ich zagrody palono. Podobnie postępowano z Ukraińcami zgłaszającymi chęć przeniesienia się do ZSRR. Szczytowe nasilenie osiągnęły również morderstwa, gwałty i bestialskie znęcanie się nad ludnością polską, członkami partii, funkcjonariuszami Milicji Obywatelskiej, Służby Bezpieczeństwa oraz żołnierzami Wojska Polskiego. Wysadzano w powietrze mosty, napadano na posterunki MO i małe garnizony, pacyfikowano wsie, w których mieszkała większość Polaków. Rozpowszechniano wiadomości o rzekomym zbliżaniu się dnia wybuchu trzeciej wojny światowej, która miała przynieść całkowite wypędzenie Polaków z „Zakierzońskiego Kraju", pokonanie Związku Radzieckiego i utworzenie „samostijnej", suwerennej Ukrainy. Od bezmyślnego okrucieństwa nie były wolne również działania drugiej strony.

Wobec stałego pogarszania się sytuacji w tym zakątku kraju na wiosnę 1946 r. utworzono Państwowy Komitet Bezpieczeństwa, któremu podporządkowano Wojewódzki Komitet Bezpieczeństwa w Rzeszowie, składający się z przedstawicieli wszystkich czynników biorących udział w walce z podziemiem ukraińskim. Naczelne Dowództwo WP powołało Grupę Operacyjną „Rzeszów", w której skład weszły oddziały 8 i 9 Dywizji Piechoty. Grupa „Rzeszów" działała aż do końca października 1946 r. Mimo wielu popełnionych omyłek i braku doświadczenia w tego typu operacjach doprowadzono do zmniejszenia się aktywności oddziałów banderowskich. Dowództwo UPA wydało rozkaz rozproszenia sił i ukrycia się w podziemnych bunkrach, głównie w górskich masywach leśnych. Przygotowano także magazyny żywnościowe z zapasami na zimę.

Sytuacja zmieniła się diametralnie na wiosnę 1947 r. Po przegranej Mikołajczyka w wyborach do Sejmu Ustawodawczego polskie podziemie uległo osłabieniu i władze przystąpiły do zdecydowanych działań mających na celu całkowite zlikwidowanie opozycji. Przygotowano również uderzenie wymierzone w UPA. W dniu 28 III 1947 r. na drodze z Baligrodu do Cisnej został zastrzelony w przypadkowej zasadzce banderowskiej powracający z podróży inspekcyjnej wiceminister Obrony Narodowej gen. broni Karol Świerczewski — „Walter", bohater walk o republikańską Hiszpanię i współorganizator Ludowego Wojska Polskigo. Władze uznały to za dogodny pretekst do ostatecznej likwidacji nacjonalistycznego podziemia ukraińskiego. Reakcja była szybka i zdecydowana.

17 IV 1947 r. powołano Grupę Operacyjną „Wisła" dowodzoną przez gen. brygady Stefana Mossora. Miała ona dokonać całkowitej likwidacji oddziałów UPA. GO „Wisła" działała do końca lipca 1947 r. Jednocześnie uznano za konieczne przesiedlenie wszystkich Ukraińców z południowo-wschodniej Polski na ziemie zachodnie. Motywowano to koniecznością pozbawienia UPA oparcia w ludności cywilnej, której przeważająca część zaopatrywała członków ukraińskiego podziemia zbrojnego w żywność i udzielała im schronienia, a zarazem stanowiła bazę rekrutacyjną dla narodowców. Podejmując akcję przeciw ludności cywilnej zastosowano zasadę zbiorowej odpowie-

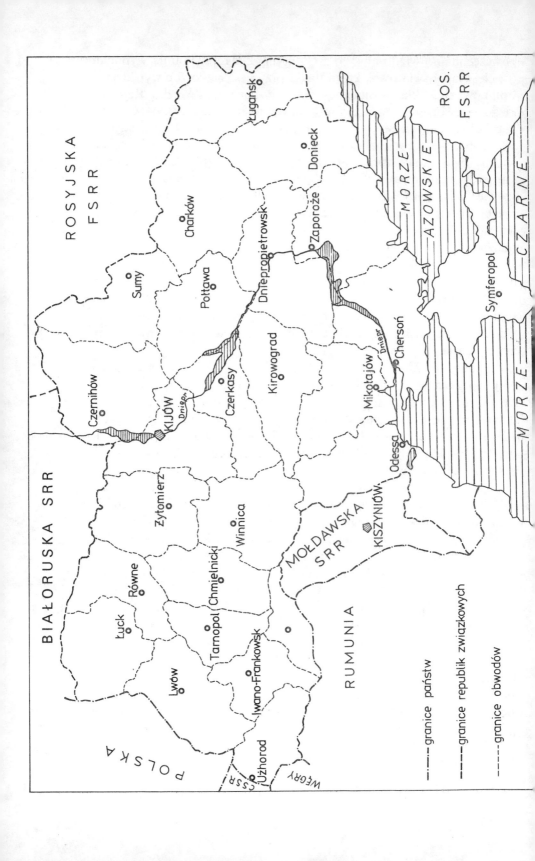

dzialności; niszczono dobytek; szykanowano przesiedleńców; starano się też nie dopuścić do powstawania większego zgrupowania rodzin ukraińskich na nowym miejscu osiedlenia. Wówczas i w latach następnych dewastacji uległo wiele zabytków ludowej kultury. Represje spotkały również ludność łemkowską niemal zupełnie nie zaangażowaną w działania skierowane przeciw nowej władzy i Polakom.

UPA przeszło do desperackiej obrony. Mimo to akcja, zarówno wojskowa, jak i cywilna, została przeprowadzona zdecydowanie i szybko. Akcja „Wisła" rozpczęła się 24 IV 1947 r. nad ranem. W skład GO „Wisła" weszły poważne siły: 3, 6, 7, 8 i 9 Dywizje Piechoty, pułk piechoty z 12 DP, dywizja Korpusu Bezpieczeństwa Wewnętrznego, pułk saperów, pułk samochodowy, eskadra lotnicza oraz oddział Milicji Obywatelskiej. Prócz tego pomocy udzielały oddziały Armii Radzieckiej i Armii Czechosłowackiej, nie dopuszczając do przekraczania granic państwowych przez jednostki UPA wypierane ze swych kryjówek. Łącznie w działaniach operacji „Wisła" uczestniczyło 17 350 żołnierzy WP, KBW i milicjantów. Przeciwko nim występowało ukraińskie podziemie liczące około 2500 członków UPA, przeszło 200 członków tzw. służby bezpieczeństwa oraz kilka tysięcy członków OUN, kierowanej w Polsce przez przebywającego tutaj kierownika Krajowego Prowidu (*prowidnyka* − przewodniczącego) OUN w „Zakierzońskim Kraju" Jarosława Starucha (pseud. Stiah). Straty strony polskiej poniesione w akcji wyniosły 90 zabitych i 188 rannych. Zabito lub ujęto 1509 członków UPA oraz 2781 członków OUN, zdobyto 6 moździerzy, 3 rusznice ppanc., 11 ckm, 103 rkm, 171 pistoletów maszynowych, 701 karabinów, 128 pistoletów i rewolwerów, 303 granaty, kilkadziesiąt tysięcy sztuk amunicji, 2 radiostacje, 2 centrale telefoniczne oraz 30 magazynów żywnościowych. Zniszczono 1178 schronów i bunkrów. Zginął Jarosław Staruch, który już po zakończeniu akcji „Wisła" został wykryty w bunkrze w lasach monastyrskich i otoczony przez oddziały WP popełnił samobójstwo. Dzień wcześniej, 16 IX 1947 r., aresztowano w Rzeczycy szefa Służby Bezpieczeństwa Piotra Fedorowa (pseud. Dalnycz).

Operacja „Wisła" zakończyła się 31 VII 1947 r.

Większość ludności ukraińskiej została przesiedlona w ciągu pierwszych sześciu tygodni akcji. Łącznie z województwa rzeszowskiego wysiedlono 95 846 Ukraińców, a z lubelskiego − 44 728. W dotychczasowym miejscu osiedlenia pozostało jeszcze około 10% osób narodowości ukraińskiej spośród tych, które mieszkały tutaj dotychczas.

Większe skupiska Ukraińców powstały po przesiedleniach w województwie olsztyńskim, szczecińskim i wrocławskim. Przez wiele lat nie uznawano ich odrębności i wynikających stąd potrzeb. Dopiero w 1956 r. powstało w Polsce Ukraińskie Towarzystwo Społeczno-Kulturalne. Jego organem stał się tygodnik „Nasze Słowo". Z początkiem lat osiemdziesiątych rozpoczęto w Polsce szeroką, publiczną dyskusję o położeniu i ambicjach społecznych, kulturalnych i politycznych mniejszości ukraińskiej w Polsce, której liczebność szacowana jest na około 200—250 tysięcy osób. W lutym 1990 r. utworzyła ona nową organizację — Objednannia Ukrajinciw u Polszczi (Zjednoczenie Ukraińców w Polsce) z oddziałami w 22 województwach.

OŚWIATA, NAUKA I KULTURA UKRAINY RADZIECKIEJ

Zwycięstwo rewolucji socjalistycznej na Ukrainie spowodowało nie tylko zasadnicze przemiany ustrojowe, ale wywarło również poważny wpływ na rozwój ukraińskiej kultury. Spadek odziedziczony po rządach caratu nie napawał optymizmem. Miliony analfabetów, brak wyszkolonych kadr pedagogicznych, zrusyfikowane szkolnictwo — to podstawowe trudności, które należało jak najszybciej przezwyciężyć.

Już w pierwszych miesiącach po utworzeniu Republiki Rad wprowadzono bezpłatne nauczanie w szkołach wszystkich szczebli i mimo zawieruchy wojennej w latach obrony władzy radzieckiej zwiększono liczbę szkół powszechnych o przeszło 2000, nauczycieli o 28 000, a uczniów aż o 650 000. Przeszło 250 000 analfabetów zostało objętych nauczaniem początkowym. W latach 1923—1933 przeprowadzono akcję „ukrainizacji" szkolnictwa, której pierwszym przejawem był wydany w lipcu 1920 r. dekret o obowiązkowym nauczaniu języka ukraińskiego we wszystkich szkołach na terenie USRR. Przebiegała ona jednak wolniej, niż się spodziewano: szybciej we wsiach, znacznie wolniej w miastach, gdzie w połowie lat dwudziestych było zaledwie 43,8% szkół ukraińskich. W 1925 r. wprowadzono przymusowe nauczanie w zakresie pierwszych czterech klas szkoły podstawowej. Pięć lat później obowiązkiem siedmioletniego nauczania objęte zostały dzieci miejskie.

Na miejsce istniejącej zaledwie trzy miesiące, powołanej przez rząd Skoropadskiego, Akademii Nauk utworzono 11 II 1919 r. w Kijowie Ukraińską Akademię Nauk zrzeszającą najwybitniejszych uczonych różnych specjalności. Jej pierwszym prezesem został geochemik Włodzimierz Wiernadski.

Maksym Rylski

Po stronie rewolucji opowiedziało się wielu pisarzy, malarzy, rzeźbiarzy, muzyków i aktorów, zafascynowanych dokonywującymi się przemianami. Byli wśród nich znani poeci: Pawło Tyczyna (1891 — 1967), który od symbolizmu przeszedł do realizmu socjalistycznego, trudno zresztą powiedzieć, czy z korzyścią dla swej twórczości; Włodzimierz Sosiura (1898 — 1965), m. in. autor poematu *Czerwona zima*, poświęconego rewolucji na Ukrainie; i Maksym Rylski (1895 — 1964), syn polskiego szlachcica, kultywujący tradycje poezji romantycznej, wybitny znawca literatury polskiej, m. in. autor przekładu *Pana Tadeusza* na ukraiński, doktor honoris causa Uniwersytetu Jagiellońskiego.

W 1919 r. powstała na Litwie pierwsza państwowa orkiestra symfoniczna, a następnie podobne zespoły w Charkowie, Jekaterynosławiu i Odessie. W styczniu 1920 r. utworzono w Winnicy państwowy ukraiński teatr dramatyczny im. I. Franki, który później przeniesiony do Kijowa zyskał uprawnienia teatru akademickiego, a więc najwyższą rangę w republice.

W połowie lat trzydziestych analfabetyzm został zlikwidowany niemal całkowicie. Jednocześnie starano się o możliwie szybkie powiększenie liczby wykwalifikowanych robotników, pracowników średniego dozoru technicznego oraz radzieckiej inteligencji. Wykonaniu tego zadania sprzyjał wzrost liczby szkół różnych typów i różnych szczebli nauczania oraz otwierane liczne kursy dla nauczycieli. Główny nacisk położono na szkolnictwo zawodowe i rozbudowę systemu instytutów pedagogicznych, których liczba zwiększyła się z 12 w latach dwudziestych do 42 w następnym dziesięcioleciu. Starania o zwiększenie napływu młodzieży pochodzenia chłopskiego i robotniczego do uczelni wyższych przyniosły spodziewane rezultaty (w 1925· r. było 36% studentów pochodzenia robotniczo-chłopskiego), podobnie — zabiegi o zwiększenie wpływu partii na treść nauczania oraz inteligencję kształconą w szkołach wyższych (w latach 1926—1927 przeszło 90% rektorów na Ukrainie było członkami KP(b)U).

W 1929 r. po raz pierwszy pracujący na Ukrainie uczony został laureatem Nagrody Leninowskiej za osiągnięcia naukowe. Był nim biochemik Aleksander Pałładin (1885—1972).

Wśród twórców pojawiły się nowe nazwiska. M. in. opublikowano pierwszy zbiór wierszy pt. *Siedemnasty patrol* (1926) pióra Mykoły Bażana (1904—1983), który postawił go w pierwszym rzędzie twórców sławiących zwycięstwo rewolucji na Ukrainie. Powstały organizacje „Hart" i „Płuh" grupujące pisarzy — jak mówiono — „proletariackich" i „chłopskich"; powstała również grupa „Zachodnia Ukraina", w której znaleźli się twórcy z ziem zachodnioukraińskich przebywający na terenie USRR. W sztuce i literaturze dominowały futuryzm i konstruktywizm, uznane początkowo za najpełniej oddające dynamizm i ducha przemian rewolucyjnych. Rychło jednak do twórczości zaczęły się mieszać czynniki polityczne. W maju 1925 r. KC KP(b)U podjął uchwałę *O ukraińskich związkach twórczych*, dotyczącą m. in. tematyki i formy powstających utworów literackich, krytykującą nadmierne rzekomo eksponowanie wątków narodowych. Już w następnym miesiącu w Moskwie KC RKP(b) uchwalił rezolucję *O polityce partii w zakresie literatury pięknej.*

Pomyślnie rozwijała się kinematografia ukraińska. W 1922 r. powstało w Odessie pierwsze na terenie USRR studio filmowe; w 1925 r. kolejną wytwórnię filmów zaczął organizować w Kijowie reżyser Aleksander Dowżenko (1894—1956). W latach 1927—1929 wyprodukowano na Ukrainie 87 filmów fabularnych. Zrealizowany w 1930 r. przez Dowżenkę film *Ziemia* został kilkadziesiąt lat później uznany przez międzynarodowe jury za jeden z dwunastu najlepszych filmów w dziejach kinematografii światowej.

Z końcem lat dwudziestych na Ukrainie można było zaobserwować pewne oznaki kryzysu w rozwoju kultury. Złożyły się nań różne przyczyny, ale największą rolę odegrała w tej mierze stalinizacja życia w ZSRR, wyrażająca się początkowo w coraz ostrzejszych wystąpieniach władz przeciw różnego rodzaju „odchyleniom". Jak wiadomo, Ukraina nie była wyjątkiem. Wprawdzie niekiedy udało się przezwyciężyć lewackie zachcianki domorosłych pomysłodawców, jak np. hasło likwidacji szkoły jako przestarzałej instytucji burżuazyjnej i zastąpienia jej wychowaniem i nauczaniem w fabrykach, wielkich zakładach pracy i kołchozach, ale były to raczej rzadkie wypadki. Nb. działając w tym samym kierunku, zlikwidowano w szkolnictwie tzw. system brygadowo-laboratoryjny i „kompleksowy", polegający na sztucznym łączeniu ze sobą różnych przedmiotów nauczania, co nie pozwalało uczniom ani na stopniowe poszerzanie wiedzy, ani też na utrwalanie już zdobytych wiadomości. Główne uderzenie stalinowskich doktrynerów wymierzone było w narodowy nurt przejawiający się w literaturze i sztuce. Decyzje administracyjne dotyczyły nie tylko polityki upowszchniania ukraińskich dokonań twórczych, lecz również samych artystów, których zaczęto usuwać z zajmowanych stanowisk (np. redaktorów, reżyserów itp.), by później więzić, a nawet mordować. To samo działo się w nauce ukraińskiej.

Jednocześnie starano się o jak najściślejsze związanie nauczania i nauki z bieżącymi potrzebami gospodarki narodowej.

W latach 1930—1931 w Charkowie, Dniepropietrowsku, Doniecku, Kijowie i Odessie otwarto filie moskiewskiej Wszechzwiązkowej Akademii Przemysłowej, kształcącej kierownicze kadry przemysłowych menadżerów.

W 1929 r. przeprowadzono wybory do Akademii Nauk USRR, zmieniając jej kierownictwo. Zabiegi te miały się przyczynić do lepszego powiązania badań naukowych z przemysłem, rolnictwem i kulturą. W Akademii Nauk utworzono wówczas pierwszą, skromną jeszcze, bo tylko jedenastoosobową, ale niezmiernie wpływową, organizację partyjną. Powstały liczne instytuty badawcze prowadzące prace w zakresie nauk stosowanych: postępu technicznego w przemyśle węglowym, metalurgiczny, mechanizacji gospodarstwa wiejskiego, fizyczno-techniczny, socjalistycznej przebudowy gospodarki narodowej i in. Po zmarłym mikrobiologu i epidemiologu Danielu Zabołotnym (1866—1929) od czerwca 1930 r. funkcję prezesa AN USRR pełnił fizjopatolog Aleksander Bohomolec (1881—1946), autor ważnych prac z zakresu hematologii, a zwłaszcza traktujących o przetaczaniu krwi konserwowanej.

Walka ze stale żywym w literaturze narodowym nurtem ukraińskim przyspieszyła podjęcie decyzji o charakterze organizacyjnym. W dyskusjach z nim usiłowano narzucić twórcom taki styl literacki, który by rzekomo najlepiej zdołał odzwierciedlić przemiany ustrojowe dokonujące się w Związku Radzieckim. Część pisarzy znalazła się wskutek tego w opozycji. Były jednak i inne skutki. Z początkiem 1927 r. powstał Ogólnoukraiński Związek Pisarzy Proletariackich, który wraz ze swoimi odpowiednikami z innych republik utworzył wspólną organizację ogólnozwiązkową. Działania zmierzające do centralnego sterowania kulturą przyjmowano na Ukrainie z mieszanymi uczuciami. Dawały one zresztą różne rezultaty. W gronie literatów ukraińskich znaleźli się młodzi ludzie pracujący uprzednio w fabrykach, kopalniach i na budowach. Uznani już twórcy starali się o dłuższe pobyty w zakładach pracy i kołchozach, by lepiej poznać troski i potrzeby zwykłego człowieka i dzień powszedni Ukrainy oraz by znaleźć się w pożądanym przez władze nurcie. Jedna i druga forma związania literatury z pracą produkcyjną procentowała później utworami, które na ogół dalekie były od ideału, miała prymitywny kształt, formalny, a i zawiązana intryga nie grzeszyła zazwyczaj wynalazczością, ale torowały drogę realizmowi socjalistycznemu, preferowanemu przez ówczesnych administratorów radzieckiej kultury.

Powstały wówczas m. in. powieści: *Powieść naszych dni* — Piotra Panczy, *Traktorobud* — Natalii Zabiły, *Rodzi się miasto* — Aleksandra Kopylenki, *Turbinowie* — Włodzimierza Kuźmicza, *Pierwsza wiosna* — Grzegorza Epika (nb. we wcześniejszych utworach Epik ostro krytykował niektóre aspekty polityki wewnętrznej nowej władzy; staliniści nie zapomnieli mu tego: w 1934 r. został aresztowany i zginął w obozie pracy w nie wyjaśnionych okolicznościach w 1937 lub 1942 r.) i *W zwykłe dni tworzenia* — Dymitra Bedzyka oraz sztuki: *Dyktatura* — Iwana Mykytenki, *Kopalnia Maria* — Iwana Dniprowskiego, czy też *Na krawędzi, Kamienna wyspa* i *Szturm* — Aleksandra Kornijczuka (1905—1972). Pojawiły się utwory satyryczne Ostapa Wyszni (1886—1956), wyszydzające biurokrację, zacofanie i konserwatyzm obyczajowy.

Rosła liczba teatrów: w 1932 r. było ich na Ukrainie 77, czyli o 22 więcej niż w 1925 r. W 1928 r. powstała w Charkowie Filharmonia Ukraińska. Wręcz burzliwie rozwijała się twórczość amatorska hojnie wspierana przez państwo. Powstawały zespoły ludowe, poeci-robotnicy drukowali swoje wiersze w prasie literackiej, a utalentowani muzycy-samoucy koncertowali na estradach w dużych miastach. Jedynie w filmie, poza dziełami Dowżenki *Arsenał* i *Ziemia*, nie odnotowano poważniejszych sukcesów. Pierwszym wyprodukowanym na Ukrainie filmem dźwiękowym była dokumentalna *Symfonia Zagłębia Donieckiego*, zrealizowana w 1930 r. przez Denisa Kaufmana (pseud. Dżygi Wiertow, 1986—1954), jednego z najwybitniejszych reżyserów dokumentalistów w historii kinematografii światowej. Wielu twórców filmowych zostało oskarżonych o nacjonalizm i uległo represjom. Znaleźli się wśród nich scenarzyści M. Johansen i J. Tiutiunnyk oraz reżyserzy H. Stabowy i J. Łopatyński. Dowżenkę usunięto z wytwórni w Kijowie i przeniesiono do Moskwy, gdzie spędził resztę życia. Liczba filmów zrealizowanych na Ukrainie spadła z 30 w 1931 r. do 10 w 1933 r. oraz zaledwie 7 w 1941 r. (na tę ostatnią liczbę wpłynęły, rzecz jasna, również działania wojenne i okupacja Ukrainy przez Niemców).

Rozbudowujące się szkolnictwo, nurzające się w nieustannych eksperymentach oświatowych, wciąż nie mogło podołać zapotrzebowaniu gospodarki narodowej na wykwalifikowanych pracowników. Na szeroką skalę wprowadzono więc do szkół nauczanie politechniczne. Pomysł był dobry, ale brak doświadczenia w tym zakresie oraz niedostateczne wyposażenie szkół w narzędzia spowodowały, że ich absolwenci ani nie nabywali odpowiednich umiejętności technicznych (poza przygotowaniem do wykonywania prostych czynności stolarskich czy ślusarskich), ani też nie uzyskiwali dostatecznego wykształcenia ogólnego. Sytuacja w szkolnictwie stała się w 1937 r. przedmiotem zainteresowania uczestników XIII Zjazdu KP(b)U (nb. był to pierwszy ze zjazdów KP(b)U, który odbył się w Kijowie, od 1934 r. — po Charkowie — stolicy Ukrainy).

W 1933 r. otwarto ponownie (zamknięte w 1920 r.) uniwersytety w Kijowie, Charkowie i Odessie oraz utworzono nowy Uniwersytet w Dniepropietrowsku. Liczba szkół wyższych na Ukrainie w roku akad. 1938/1939 wynosiła 129, a liczba studentów — 124 000 (w tym 54 200 Ukraińców).

Represje stalinowskie nie ominęły nauki, przy czym najpoważniejsze ciosy spadły na Ukraińską Akademię Nauk. Po skazaniu jej wiceprezydenta S. Jefremowa na 10 lat więzienia za udział w rzekomym Związku Wyzwolenia Ukrainy oraz po skazaniu kilku jego współpracowników podjęto, zakrojone na szeroką skalę, działania „pacyfikacyjne". Zlikwidowano wydział historyczno-filologiczny wcielając go do wydziału społeczno-ekonomicznego. Hruszewskiego deportowano do Moskwy. Zawieszono wydawanie wszystkich serii z zakresu nauk humanistycznych. Łącznie represjonowano 250 pracowników UAN (22 członków UAN), w tym 49 historyków, 43 filologów i literaturoznawców, 29 prawników, 29 ekonomistów,19 geologów, 18 etnografów, 15 archeologów, 14 zoologów i botaników, 12 historyków sztuki, 10 lekarzy itp. W 1934 r. UAN została podporządkowana Radzie Komisarzy Ludowych USRR. Zlikwidowano dotychczas istniejące wydziały, katedry i komisje, wprowadzając na ich miejsce 21 instytutów naukowo-badawczych. W 1936 r. UAN otrzymała nazwę Akademii Nauk USRR. Podzielono ją na trzy oddziały: nauk społecznych, matematyczno-przyrodniczych i technicznych. Wówczas też powstał Instytut Historii AN USRR, wywodząc się głównie ze zlikwidowanego Wszechukraińskiego Stowarzyszenia Instytutów Marksizmu-Leninizmu, które istniało od 1931 r. W 1940 r. opublikowano pierwszą marksistowską syntezę dziejów ziem ukraińskich, bardzo daleką od doskonałości: *Krótki kurs historii Ukrainy*. W 1933 r. przeprowadzono reformę pisowni ukraińskiej oraz rozpoczęto kompleksowe badania miejscowego folkloru.

23 IV 1932 r. KC WKP(b) uchwalił rezolucję *O przebudowie organizacji literacko-artystycznych*, zakładającą ich scentralizowanie i poddanie kontroli państwa. Określała ona kierunki prac przygotowawczych do pierwszych zjazdów pisarzy. Powracała do hasła związania literatury pięknej z życiem, w szczególności zaś z pracą produkcyjną. Na Ukrainie tworzyło w tym czasie przeszło 300 pisarzy, nie mówiąc już o 3500 początkujących literatach zgrupowanych w różnego rodzaju stowarzyszeniach. W dniach 16 VI − 12 VII 1932 r. obradował I Zjazd Pisarzy Ukraińskich, na którym powołano do życia Związek Radzieckich Pisarzy Ukrainy. Pierwszym przewodniczącym Związku został działacz partyjny i autor kilku przeciętnych zbiorków poezji Iwan Kulik. Realizm socjalistyczny uznano za jedyną właściwą postawę twórczą decydującą o formie i treści utworów literackich. Za jedno z największych osiągnięć twórczych tego okresu uznaje się sztukę Kornijczuka pt. *Zagłada eskadry*, poświęconą jednemu z epizodów wojny domowej, nagrodzoną w 1934 r. na Wszechzwiązkowym Konkursie Dramaturgów (w 1952 r. została ona po raz pierwszy wystawiona w Polsce).

Pisarze również spłacili tragiczną daninę w okresie stalinizmu. Oblicza się, że różnego rodzaju represje dotknęły około 400 ludzi pióra — Ukraińców. W większości zginęli oni w więzieniach lub w obozach pracy. Rzucone w czasie ukrainizacji przez Mykołę Chwylowego hasło: „Dalej od Moskwy, bliżej Europy!", wróciło teraz jako jeden z głównych punktów oskarżenia pisarzy ukraińskich o nacjonalizm.

W 1935 r. odbyła się VI Ukraińska Wystawa Malarstwa Radzieckiego, na której wystawiono obrazy namalowane wyłącznie w stylu realistycznym. Tradycje malarstwa batalistycznego kontynuował Mikołaj Samokisz (1860—1944), twórca znanych obrazów: *Walka Maksyma Krywonosa z Jeremim Wiśniowieckim* (1934) i *Przeprawa Armii Czerwonej przez Siwasz* (1935). Znaczną popularność uzyskały także malowane z rozmachem i ciekawe kolorystycznie dzieła Fiodora Kryczewskiego (1879—1947): tryptyk *Życie* (1925—1927), *Zwycięzcy Wrangla* (1934) i *Wesołe dojarki* (1937). Z końcem lat trzydziestych w Charkowie, Kijowie i Kaniowie wzniesiono pomniki Tarasa Szewczenki zaprojektowane przez rosyjskiego rzeźbiarza Matwieja Manizera (1891—1966).

W 1940 r. na Ukrainie wychodziły 1672 gazety i czasopisma w łącznym nakładzie 77 mln egzemplarzy, z czego prawie 80% po ukraińsku. Trzeba jednak dodać, że wiele z nich było po prostu ukraińskimi mutacjami dzienników — organów władzy terenowej.

Wybuch wojny i okupacja ziem ukraińskich przez Niemców niemal całkowicie zrujnowały bazę materialną, na której rozwijała się nauka, oświata i kultura. Niemniej jednak wiele placówek naukowych i kulturalnych zdążono ewakuować na Ural, Syberię, do Kazachstanu, Uzbekistanu i Baszkirii. Do Ufy przeniosła się Akademia Nauk USRR, Związek Radzieckich Pisarzy Ukrainy, Związek Radzieckich Kompozytorów Ukrainy, Związek Radzieckich Artystów Plastyków Ukrainy oraz Państwowy Kijowski Teatr Opery i Baletu im. T. Szewczenki (później znalazł się w Irkucku).

Wielu uczonych dostosowywało swoje prace badawcze do potrzeb wojny i wzmocnienia obronności kraju. Eugeniusz Paton (1870—1953) wprowadził wynalezione przez siebie metody automatycznego elektrycznego spawania stali do fabryk produkujących czołgi. Aleksander Bohomolec opracował nowe preparaty przyspieszające leczenie ran. Kontynuował także swe prace wybitny oftalmolog i chirurg transplantator Włodzimierz Fiłatow (1875—1956). Osiągnięte przez ukraińskich uczonych wyniki prac badawczych spowodowały w 1943 r. podjęcie przez rząd decyzji o przeniesieniu Akademii Nauk USRR z Ufy do Moskwy. Do Kijowa powróciła ona w 1944 r.

W Kyzył-Orda w Kazachstanie pracował Zjednoczony Państwowy Uniwersytet Ukraiński, który powstał z połączenia ewakuowanych uniwersytetów w Kijowie i Charkowie. Uniwersytet z Odessy przeniesiono do Bajram-Ali w Turkmenii.

W utworach literackich pojawiła się nowa tematyka. Pisarze albo opisywali bohaterstwo obrońców ojczyzny, albo też odwoływali się do historii, ukazując najjaśniejsze karty dziejów Ukrainy i Rosji. Dzieła Szewczenki, Franki i Kociubynskiego wychodziły w masowych nakładach. Z dzieł, które wówczas powstały, wyróżnić wypada sztukę Kornijczuka *Partyzanci w stepach Ukrainy*, *Pogrzeb przyjaciela* Tyczyny, cykl wierszy *Zeszyt stalingradzki* Bażana oraz poematy Rylskiego *Pragnienie* i *Słowo o Matce — Ojczyźnie*, czy też ballady Andrzeja Małyszki. Nadal ukazywały się tygodniki i miesięczniki kulturalne: w Ufie „Literatura i mystectwo" („Literatura i Sztuka") oraz „Literatura Ukraińska", w Moskwie — czasopismo „Ukraina".

Podobna tematyka przeważała w muzyce. Powstawały pieśni żołnierskie i większe utwory symfoniczne poświęcone wojnie oraz opiewające miłość ojczyzny. W 1943 r. P. Kozyćki, oparłszy się na libretcie pisarzy baszkirskich, skomponował operę *Za ojczyznę*, poświęconą życiu chłopów-kołchoźników podczas wojny. Grzegorz Weriowka zorganizował Państwowy Ukraiński Chór Ludowy, a Andrzej Sztoharenko skomponował symfonię-kantatę *Ukraino moja* do słów Rylskiego i Andrzeja Małyszki.

POSŁOWIE

W LATA powojenne Ukraina
wkroczyła z ogromnymi stratami, które szacowano na 285 mld rubli
(wg cen z 1940 r.). Życie straciło ok. 10 mln jej mieszkańców. Niemcy
zniszczyli 714 miast i wsi, przeszło 16 tysięcy zakładów przemysłowych, 33 tysiące szkół i uczelni...

Odbudowa gospodarki jawiła się jako najważniejsze zadanie.
Musiano przełamać poważne trudności materiałowe, uporać się z wy-
szkoleniem nowych kadr, zadbać o zapewnienie minimum egzystencji
milionom mieszkańców, z których niemal każdy stracił na wojnie
kogoś bliskiego. Zaczynano jakby od nowa, raz jeszcze odtwarzając
rodzinne, ojczyste gniazdo.

Rychło okazało się, że wejście Ukrainy w czas pokojowego
budownictwa wyzwoliło ludzkie ambicje i chęć pracy, chociaż u wielu
nie zagoiły się rany zadane represjami okresu stalinizmu. Tempo
odbudowy zniszczeń wojennych było zaskakująco szybkie. Już
w 1950 r. osiągnięto przedwojenny poziom produkcji przemysłowej,
nieco go nawet przekraczając. Znacznie gorzej wyglądała sytuacja
w rolnictwie, gdzie plony były bardzo niskie, a ilość żywności
wyprodukowanej na kołchozowych i sowchozowych polach z trudem
zaspokajała codzienne potrzeby ludności. Poziom przedwojenny osiągnięto dopiero z początkiem lat sześćdziesiątych. System oświatowy
podporządkowany został głównemu celowi: szybkiemu wzrostowi
liczby wykwalifikowanych kadr. Zwiększono liczbę szkół wieczorowych, zaocznych i różnego rodzaju kursów dla dorosłych. Podobne
zmiany zachodziły w szkolnictwie wyższym, a liczba studentów
zaocznych i będących na studiach wieczorowych była niemal równa
liczbie znajdujących się na studiach dziennych.

Przełomowymi wydarzeniami w dziejach Ukrainy, podobnie jak

całego Związku Radzieckiego, stały się : śmierć Józefa Stalina (1953) oraz XX Zjazd KPZR (1956), a zwłaszcza wygłoszony na nim referat *O kulcie jednostki i jego następstwach* autorstwa I sekretarza KC KPZR Nikity Chruszczowa, który uprzednio, w l. 1938—1949, był I sekretarzem KC KP(b)U i jednocześnie, w l. 1947—1949, premierem Ukrainy radzieckiej.

Rozpoczęty w drugiej połowie lat pięćdziesiątych proces destalinizacji, chociaż nie zawsze konsekwentny i nie zawsze dostatecznie radykalny, częściej zaś powierzchowny oraz napotykający znaczny opór konserwatywnego aparatu partyjnego i państwowego, doprowadził przecież do radykalnej zmiany nastrojów społecznych. Wielu więźniów politycznych powróciło do domów z obozów pracy przymusowej i miejsc zesłania, jeszcze więcej zostało zrehabilitowanych, niestety już tylko pośmiertnie. Zaczęto mówić o systemie represji stalinowskich. Dyskutowano o przyszłości USRR, zastanawiając się, jak szerzej spożytkować tradycje narodowe.

W połowie lat pięćdziesiątych pojawiły się żądania rozszerzenia możliwości twórczych pisarzy, malarzy i filmowców, skrępowanych dotychczas ograniczeniami narzuconymi przez wszechładnie panujący realizm socjalistyczny. Protestowano przeciw rusyfikacji szkolnictwa, postulowano wprowadzenie ukraińskiego języka urzędowego do wszystkich instytucji działających na Ukrainie oraz przywrócenia prawa swobodnego rozwoju ukraińskiej mniejszości narodowej zamieszkałej na terenie ZSRR. Pojawili się wybitni młodzi twórcy, których później nazwano „pokoleniem lat sześćdziesiątych" (*szestidiesiatniki*), m. in. Wasyl Symonenko, Iwan Dracz, Witalij Korotycz, Iwan Dziuba, I. Switłyczny, a później Wasyl Stus i Mychajło Osadczy.

Największe nasilenie demonstracji narodowych — które przeradzały się niekiedy w publiczne wiece i pochody, wywołując represje nie tylko wobec ich organizatorów, lecz również wobec uczestników — wystąpiło w latach 1963—1972, gdy I sekretarzem KC KPU został Piotr Szelest. Był on zwolennikiem szybkiego liczebnego wzrostu partii, a zwłaszcza podniesienia procentowego udziału Ukraińców wśród członków KPU. Syn ukraińskiego chłopa spod Charkowa, metalurg z wykształcenia, stanął w obronie nadmiernie jego zdaniem eksploatowanych bogactw naturalnych Ukrainy. Podjął też próbę, zresztą nieudaną, wprowadzenia ukraińskiego jako obowiązkowego języka wykładowego we wszystkich szkołach wyższych na terenie USRR. Ośmielony tymi poczynaniami ruch narodowy, znajdujący się dotychczas w stanie utajonym, począł przejawiać coraz żywszą działalność, co jednak spotkało się z przeciwdziałaniem władz bezpieczeństwa i spowodowało (sierpień – wrzesień 1965 r.) aresztowanie wielu jego aktywistów.

W obronie reprezentowanych przez nich poglądów stanął I. Dziuba w memorandum adresowanym do P. Szelesta, zatytułowanym: *Internacjonalizm czy rusyfikacja?* (1965). Autor zwracał uwagę na wypaczanie zasad leninowskiej polityki narodowej i na rusyfikatorskie poczynania władz centralnych prowadzone pod pretekstem propagowania haseł internacjonalistycznych. Memorandum Dziuby szybko stało się głośne na Ukrainie, a gdy trzy lata później opublikowano je na Zachodzie, uznano je tam za jedno z głównych źródeł informacji o sytuacji politycznej panującej w USRR. W 1972 r. Dziuba został aresztowany i usunięty ze Związku Pisarzy Ukraińskich. Wypuszczono go już w roku następnym po złożeniu publicznej samokrytyki. Po kolejnych pięciu latach wyrzekł się poglądów zawartych w *Internacjonalizmie czy rusyfikacji*, publikując książkę *Ściany kryształu* (*Hrani kryształa*).

Stanowisko zajmowane przez P. Szelesta rodziło nadzieje inteligencji na powtórzenie się procesu ukrainizacji, tym razem w nowych warunkach. W 1966 r. na V Kongresie Związku Pisarzy Ukraińskich Szelest wsparł zabiegi mające na celu odrodzenie języka narodowego. W 1970 r. wydał książkę pt. *Nasza Ukraina radziecka* (*Ukrajina nasza radiańska*), w której opiewał USRR jako potężne państwo radzieckie, sławiąc kozacką przeszłość Ukrainy, i wypowiadał się przeciw nadmiernemu wychwalaniu roli odegranej w jej dziejach przez Rosjan. W maju 1972 r. Szelest został przeniesiony do Moskwy i mianowany wicepremierem radzieckiego rządu federalnego, a jego miejsce — stanowisko I sekretarza KC KPU — zajął Włodzimierz Szczerbicki.

W tym czasie nad Ukrainą zaciążyła postać sekretarza generalnego KPZR Leonida Breżniewa. Politykę prowadzoną przezeń w Związku Radzieckim nazwano później „okresem zastoju”. W mniejszym stopniu dotyczyło to gospodarki, w znacznie większym — świata myśli twórczej i idei. To, co nowe, i to, co żywe, jawiło się teraz w nurcie dalekim od oficjalnego, wywołując sprzeciw zbiurokratyzowanej władzy. Represje dotknęły nawet wybitnych historyków. Usuwano ich z zajmowanych stanowisk i uniemożliwiano publikowanie prac (np. Fedorowi Szewczence i Oldze Apanowycz).

W 1976 r. powstała Ukraińska Grupa Helsińska kierowana początkowo przez poetę i pisarza Mikołaja Rudenkę, domagająca się pełnego poszanowania praw obywatelskich, zwłaszcza wolności słowa.

Prócz kilku z wymienionych wyżej pisarzy współpracowało z nią wielu ukraińskich intelektualistów, m. in. Leonid Pluszcz i Walentyn Moroz. Kontestatorzy doznali w ostatnim czasie niespodziewanego wsparcia ze strony ukraińskiego ruchu ekologicznego po tragicznej w skutkach awarii w elektrowni atomowej w Czarnobylu (1986). Zbiegła się ona z zapoczątkowaną przez sekretarza generalnego KC KPZR Michała Gorbaczowa gruntowną przebudową radzieckiego systemu państwowego i opartym na jawności życia politycznego procesie destalinizacji. Czołową rolę w tym nurcie odgrywa wychodzący w Moskwie tygodnik ilustrowany „Ogoniok", redagowany przez poetę ukraińskiego W. Korotycza.

W dniach 8—10 IX 1989 r. odbył się w Kijowie zjazd założycielski Narodowego Ruchu Ukrainy o Przebudowę (Narodnyj ruch Ukrajiny za perebudowu), w którym wzięło udział 1109 delegatów. Jego pierwszym przewodniczącym został I. Dracz.

Ukraina zasobna w różnego rodzaju bogactwa naturalne dysponuje również ogromnym potencjałem przemysłowym i urodzajną ziemią. Popełnione błędy w sferze społecznej nie powstrzymały rozwoju gospodarki, nauki i kultury ukraińskiej.

Jednym ze świadectw tego zjawiska była stała migracja ze wsi do miast. Po wojnie w miastach mieszkało zaledwie 27% ludności Ukrainy, w 1983 r. liczba ta wzrosła do 64%, a 50 miast liczyło więcej niż 100 tysięcy mieszkańców, pięć zaś z nich — przeszło milion (Kijów 2,5 mln). Proces ten spowodował pewne niewielkie zwiększenie liczby Ukraińców w miastach, zmniejszyła się natomiast liczba mieszkających tam Żydów i Polaków. W miastach ukraińskich działa osiem uniwersytetów (Charków, Czerniowce, Dniepropietrowsk, Donieck, Kijów, Lwów, Odessa i Użhorod), ok. 140 innych szkół wyższych, 6 teatrów operowych, 78 teatrów dramatycznych, 28 dziecięcych, 44 operetki oraz ok. 200 muzeów różnych typów. Wiele zjawisk życia kulturalnego stało się wydarzeniami na miarę światową, by wspomnieć film *Cienie zapomnianych przodków* w reżyserii S. Paradżanowa, czy też wiersze I. Dracza i W. Korotycza oraz prozatorską i eseistyczną twórczość Jerzego Szczerbaka.

Rozwój ekonomiczny oparty jest na założonych wcześniej planach pięcioletnich, z których pierwszy (1946—1950) koncentrował się na odbudowie zniszczonej gospodarki. Następne, chociaż nie wyróżniały Ukrainy w szczególny sposób, jedynie wyznaczając jej udział w tworzeniu potęgi gospodarczej całego Związku Radzieckiego, pozwoliły na zrealizowanie wielu znaczących inwestycji przemysłowych. Wybudowano potężne hydroelektrownie na Dnieprze, szereg innych wielkich zakładów energetycznych, Lwowsko-Wołyńskie Zagłębie Węglowe, przemysł radiowo-elektroniczny i chemiczny. Największy nacisk kładziono, aż do lat siedemdziesiątych, na rozwój przemysłu ciężkiego, co wprawdzie przyniosło imponujący wzrost wydobycia węgla i ropy naftowej oraz wzrost produkcji stali, ale spowodowało wystąpienie trudności w rolnictwie i w prawie wszystkich gałęziach przemysłu lekkiego i przetwórczego.

Po 1970 r. udział inwestycji rolniczych na Ukrainie w budżecie republiki nigdy nie przekroczył 18,2%, a w następnych dwóch pięciolatkach 22,4%, gdy dla całego ZSRR wskaźnik ten był znacznie wyższy i w obydwu wypadkach oscylował wokół 30%. Największe kłopoty sprawiała na Ukrainie uprawa owsa, kukurydzy i ziemniaków; również w hodowli bydła nie osiągnięto zadawalających rezultatów, chociaż i tak w USRR produkowano (w 1980 r.) 24% zbóż, 42% kukurydzy, 60% buraków cukrowych, 28% ziemniaków, 22% bydła rogatego i 28% świń całości produkcji ZSRR. Ukraina (wg danych z 1979 r.) produkowała poza tym 56% cukru, 23% wyrobów mięsnych, 26% masła, 19% mleka, 21% sera, 34% oleju roślinnego, 21% margaryny, 20% makaronu, 34% wódki i spirytusu oraz 40% soli całej produkcji radzieckiej.

Mówił o tym w wywiadzie udzielonym w 1988 r. „Przeglądowi Tygodniowemu" wspomniany już pisarz J. Szczerbak, zwracając również uwagę na inne aspekty tej sprawy: „Ukraina, która zajmuje 2,7% terytorium Związku Radzieckiego, daje aż 25% całego dochodu narodowego. Nasza republika znajduje się na granicy ekologicznej katastrofy. W rolnictwie prowadzi się rabunkową gospodarkę. Mamy też ogromne centra przemysłu ciężkiego, np. Zaporoże czy Donieck. Te regiony już się duszą. Czerkasy, bodaj najpiękniejsze miejsce Ukrainy, zostały tak zatrute przez kombinat chemiczny, że zanieczyszczenie powietrza przekracza 50 razy dopuszczalne normy. Dzieci już rodzą się z alergiami ... Nauczanie języka ukraińskiego znajduje się w katastrofalnym położeniu i Związek Pisarzy Ukraińskich stale to powtarza. W milionowym wielkim mieście, jakim jest Charków, pozostała jedna, jedyna szkoła ukraińska".

Również w Polsce lat osiemdziesiątych, w ramach podejmowanej na łamach czasopism dyskusji o mniejszościach narodowych, kwestia ukraińska zajęła znaczące miejsce. Dokonuje się zwłaszcza proces rewidowania stereotypu Ukraińca w oczach Polaków (i odwrotnie) oraz zabiega o utworzenie odpowiednich warunków umożliwiających Ukraińcom w Polsce pełną realizację narodowych ambicji.

Wiele jest jeszcze do zrobienia, wiele trzeba naprawić wyrządzonych w przeszłości szkód i krzywd, zabiegając zarazem o to, by przyszłość jawiła się jako życie w państwie w pełni demokratycznym i rządzonym gospodarnie.

Tylko Dniepr-Sławutycz, jak przed laty, toczyć będzie leniwie swe wody i świadczyć o nieprzemijającej wartości uchodzącego czasu.

WSKAZÓWKI
BIBLIOGRAFICZNE

Z NIEZMIERNIE bogatej bibliografii dzieł dotyczących dziejów Ukrainy wymienić wypada dzieła najnowsze (poza dwoma wyjątkami) o charakterze syntetycznym, encyklopedycznym, bądź też związane z najistotniejszymi momentami ukraińskiej przeszłości. Do innych prac Czytelnik trafi korzystając z ich pośrednictwa.

Apanowycz O. M., *Zbrojni syły Ukrajiny perszoji połowyny XVIII st.*, Kijów 1968.

Borys J., *The Sovietization of Ukraine. 1917—1923. The Communist Doctrine and Practice of National Self-Determination*, Edmonton 1980.

Chynczewska-Hennel T., *Świadomość narodowa szlachty ukraińskiej i Kozaczyzny od schyłku XVI do połowy XVII w.*, Warszawa 1985.

Dąbkowski T., *Ukraiński ruch narodowy w Galicji Wschodniej. 1912—1923*, Warszawa 1985.

Doroszenko D., *Narys istoriji Ukrajiny*, t. 1—2, Monachium 1966.

Encyklopedia of Ukraine, t. 1—2, Toronto—Buffalo — Londyn 1984—1988.

Famine in Ukraine 1932—1933. Edited by R. Serbyn and B. Krawchenko, *Edmonton 1986*.

Gołobucki W., *Czernomorskoje kazaczestwo*, Kijów 1956.

— *Dipłomaticzeskaja istoria oswoboditielnoj wojny ukrainskogo naroda. 1648—1654 gg.*, Kijów 1962.

— *Zaporożskoje kazaczestwo*, Kijów 1957.

Gordon L., *Cossack Rebellions: Social Turmoil in the Sixteenth-Century Ukraine*, Albany 1983.

Hołobucki W., *Ekonomiczna istorija Ukrajinśkoji RSR. Dożowtnewyj period*, Kijów 1970.

— *Zaporiźka Sicz w ostanni czasy swoho isnuwannia,* 1734—1775, Kijów 1961.

Hruszewski M., *Istorija Ukrajiny-Rusy,* t. 1—10 w 13 ks., Kijów—Lwów 1898—1936.

Istorija Kijewa, t. 1—2, Kijów 1963—1964.

Istorija Łeninśkoji Komunistycznoji Spiłky Mołodi Ukrajiny, Kijów 1968.

Istorija mist i sił Ukrajinśkoji RSR, t. 1—26, Kijów 1967—1974.

Istorija ukrajinśkoho mystectwa, t. 1—6 w 7 kn., Kijów 1966 —1968.

Istorija ukrajinśkoji literatury, t. 1—8 w 9 cz., Kijów 1967—1971.

Istorija Ukrajinśkoji RSR, t. 1—2, Kijów 1967.

Istorija Ukrajinśkoji RSR, t. 1—8 w 10 kn., Kijów 1977—1979.

Jabłonowski A., *Historia Rusi Południowej do upadku Rzeczypospolitej Polskiej,* Kraków 1912.

Jabłoński H., *Polska autonomia narodowa na Ukrainie 1917—1918,* [w:] tenże, *Pisma wybrane. Z rozważań o II Rzeczypospolitej,* Wrocław —Warszawa —Kraków—Gdańsk—Łódź 1987.

Kaczmarczyk J., *Bohdan Chmielnicki,* Wrocław—Warszawa—Kraków—Gdańsk—Łódź 1988.

Kijew. Encikłopiediczeskij sprawocznik. Pod red. A. W. Kudrickogo, Kijów 1982.

Kohut Z. E., *Russian Centralism and Ukrainian Autonomy. Imperial Absorption of the Hetmanate 1760s—1830s,* Cambridge, Massachusetts 1988.

Kozak S., *U źródeł romantyzmu i nowożytnej myśli społecznej na Ukrainie,* Wrocław—Warszawa—Kraków—Gdańsk 1978.

Kozik J., *Między reakcją a rewolucją. Studia z dziejów ukraińskiego ruchu narodowego w Galicji w latach 1848—1849,* Warszawa—Kraków 1975.

— *Ukraiński ruch narodowy w Galicji w latach 1830—1848,* Kraków 1973.

Kraków—Kijów. Szkice z dziejów stosunków polsko-ukraińskich, pod red. A. Podrazy, Kraków 1969.

Łysiak-Rudnyćki I., *Miż istorijeju j politykoju. Statti do istoriji ta krytyky ukrajinśkoji suspilno-politycznoji dumky,* Monachium 1973.

Magocsi P. R., *Ukraine. A Historical Atlas,* Toronto—Buffalo—Londyn 1985.

Marachow G. I., *Polskoje wosstanije 1863 g. na Prawobierieżnoj Ukrainie,* Kijów 1967.

Mędrzecki W., *Województwo wołyńskie. 1921—1939. Elementy prze-*

mian cywilizacyjnych, społecznych i politycznych, Wrocław — Warszawa — Kraków — Gdańsk — Łódź 1988.

Oczerki istoriji Kommunisticzeskoj partii Ukrany, Kijów 1964.

Ohłobłyn O., *Hetman Iwan Mazepa ta joho doba*, Nowy Jork — Paryż — Toronto 1960.

Papierzyńska-Turek M., *Sprawa ukraińska w Drugiej Rzeczypospolitej. 1922—1926*, Kraków 1979.

Podhorodecki L., *Dzieje Kijowa*, Warszawa 1982.

— *Sicz Zaporoska*, wyd. 3, Warszawa 1978.

— *Zarys dziejów Ukrainy*, t. 1—2, Warszawa 1976.

Poland and Ukraine. Past and Present. Edited by P. J. Potichnyj, Edmonton — Toronto 1980.

Prus E., *Z dziejów współpracy nacjonalistów ukraińskich z Niemcami w okresie II wojny światowej i okupacji*, Katowice 1985.

Prymak T. M., *Mykhailo Hrushevsky: The Politics of National Culture*, Toronto — Buffalo — Londyn 1987.

Radiańska encyklopedija istoriji Ukrajiny, t. 1—4, Kijów 1969—1972.

Radziejowski J., *Komunistyczna Partia Zachodniej Ukrainy. 1919—1929. Węzłowe problemy ideologiczne*, Kraków 1976.

Rethinking Ukrainian History. Edited by I. L Rudnytsky, Edmonton 1981.

Rudnytsky I. L., *Essays in Modern Ukrainian History*. Edited by P. L. Rudnytsky, Edmonton 1987.

Serczyk W. A., *Hajdamacy,* 2 wyd., Kraków 1978.

— *Na dalekiej Ukrainie. Dzieje Kozaczyzny do 1648 roku,* 2 wyd., Kraków 1986.

Serednicki A., *Ukraińskie Towarzystwo Społeczno-Kulturalne*, Warszawa 1976.

Sesja Naukowa w trzechsetną rocznicę zjednoczenia Ukrainy z Rosją. 1654—1954. Materiały, Warszawa 1956.

Stökl G., *Die Entstehung des Kosakentums*, Monachium 1953.

Szcześniak A. B., Szota W. Z., *Droga donikąd. Działalność Organizacji Ukraińskich Nacjonalistów i jej likwidacja w Polsce*, Warszawa 1973.

Tabiś J., *Polacy na uniwersytecie kijowskim. 1834—1863*, Kraków 1974.

Torzecki R., *Kwestia ukraińska w polityce III Rzeszy (1933—1945)*, Warszawa 1972.

— *Kwestia ukraińska w Polsce w latach 1923—1929*, Kraków 1989.

Ukraina, teraźniejszość i przeszłość. Praca zbiorowa pod red. M. Karasia i A. Podrazy, Kraków 1970.

Ukraine. A Concise Encyclopedia, t. 1—2, Toronto 1970—1972.

Ukraine after Shelest. Edited by B. Krawchenko, Edmonton 1983.

Wójcik Z., *Dzikie Pola w ogniu. O Kozaczyźnie w dawnej Rzeczypospolitej*, wyd. 3, Warszawa 1968.

Żeberek G., *Początki ruchu socjaldemokratycznego w Kijowie w latach 1889—1903*, Kraków 1981.

INDEKS NAZWISK

W indeksie zastosowano następujące skróty: abp — arcybiskup, ang. — angielski, austr. — austriacki, bp — biskup, bryt. — brytyjski, c. — córka, ces. — cesarz, dca — dowódca, franc. — francuski, galic. — galicyjski, gen. — generał, gub. — gubernia, hr. — hrabia, kor. — koronny, kpt. — kapitan, kr. — król, królowa, królewski, ks. — książę, księżna, l. — lata, lit. — litewski, min. — minister, niem. — niemiecki, o. — ojciec, ok. — około, płk — pułkownik, pol. — polski, poł. — połowa, por. — porucznik, prof. — profesor, ps. — pseudonim, r. — rok, radz. — radziecki, ros. — rosyjski, rz. — rzymski, s. — syn, ukr. — ukraiński, w. — wiek, wielki, węg. — węgierski, wł. — włoski, właśc. — właściwie, współcz. — współczesny, zca — zastępca, zm. — zmarł, zw. — zwany, ż. — żona. Daty w nawiasach oznaczają okres życia, daty bez nawiasów czas sprawowania funkcji lub władzy

Aadil (XVII w.), chan krymski *161*

Abazyn Andrzej (zm. 1703), płk bracławski *166*

Abramowicz Emil, lekarz, inicjator kółka socjaldemokratycznego w Kijowie w 1889 r. *278*

Achmat (zm. 1480), chan Złotej Ordy *64*

Adalbert, bp, w l. 961—962 misjonarz na Rusi *25*

Adasowska Maria, ps. Maria Zańkowiecka (1860—1934), wybitna artystka, współorganizatorka ukr. teatru zawodowego *327*

Ahmed pasza (XVI/XVII w.), wódz wyprawy tureckiej przeciw Polsce w 1614 r. *96*

Akselrod Paweł (1850—1928), ros. rewolucjonista, publicysta, początkowo narodnik, od 1903 r. jeden z przywódców mienszewików *272*

Aldona (zm. 1339), c. Giedymina, ż. Kazimierza Wielkiego, kr. pol. *54, 55*

Aldrige Ira Frederik (1805—1867), aktor, Murzyn, słynny odtwórca ról szekspirowskich *233*

Aleksander I (1777—1825), imperator ros. od 1801 r. *199, 217, 220*

Aleksander II (1818—1881), imperator ros. od 1855 r. *233, 248, 251, 253, 255, 258, 268, 274*

Aleksander III (1845—1894), imperator ros. od 1881 r. *274*

Aleksander Newski (ok. 1220—1263), s. Jarosława, ks. nowogrodzki w l. 1236—1252, w. ks. włodzimierski w l. 1252—1263 *53*

Aleksy Michajłowicz (1629—1676), car ros. od 1645 r. *124, 128, 133—135, 137, 139, 140, 142, 178*

Aleksy III Angelos, ces. bizantyjski w l. 1195—1203 *48*

Amurad Girej (XVII w.), brat Islama *129*

Anders Władysław (1892—1970), gen. pol. *426*

Andrijewski Opanas (1878—1955), członek Dyrektoriatu z ramienia Ukraińskiej Partii Socjalistów-Niepodległościowców w 1918 r. *354, 355*

Andruzki Jerzy (ur. 1827), członek bractwa Cyryla i Metodego *229*

Andrzej Arpadowicz, brat Beli III, w 1188 r. osadzony na tronie halickim *47*

Andrzej, s. Włodzimierza Monomacha (XVII w.), ks. włodzimierski *40*

Andrzej, s. Jerzego (zm. 1323), ks. halicki od 1308 r., ostatni z potomków Romana *54*
Andrzej Borula, przywódca powstania chłopskiego na Rusi Halickiej w 1491 r. *63*
Andyber Feśko Handża, bohater pieśni ludowej *148*
Anna (zm. 1011), siostra ces. bizantyjskiego Bazylego II, ż. Włodzimierza Wielkiego *26*
Anna (1693—1740), c. Iwana V, carowa ros. 1730 r. *181, 189*
Antoni (XI w.), pustelnik z Lubecza *35*
Antonow (XVII w.), kupiec moskiewski *128*
Antonow-Owsiejenko Włodzimierz (1883—1938), rewolucjonista, radz. działacz i dyplomata, dca oddziału czerwonogwardzistów, głównodowodzący w USRR *347, 350, 357, 358*
Antonowicz Dymitr (1877—1945), działacz Ukraińskiej Partii Rewolucyjnej w Charkowie *296, 330, 351*
Antonowicz Włodzimierz (1834—1908), kijowski demokrata, chłopoman, członek Hromady *258, 269—271*
Apanowycz Olga (ur. 1919), współcz. historyk ukr. *463*
Apostoł Daniel (1654—1734), płk mirhorodzki w l. 1683—1727, hetman Ukrainy lewobrzeżnej *181, 182*
Arakczejew Aleksy (1769—1834), gen. ros. faworyt Aleksandra I *217*
Aretino Pietro (1492—1556), pisarz wł., autor *Listów*, komedii i poezji *88*
Artiom zob. Siergiejew Fiodor
Askold (zm. 882), ks. kijowski (wspólnie z Direm) *24*
August II Fryderyk zw. Mocny (1670—1733), elektor saski, kr. pol. w l. 1697—1706 i od 1709 r. *171, 172, 174, 181, 188*
August III Fryderyk (1696—1763), elektor saski, kr. pol. od 1733 r. *181*
Aussem Włodzimierz (ur. 1879), min. finansów w Ukraińskiej Republice Robotniczo-Chłopskiej *345*
Awierin Wasyl, członek Tymczasowego Rządu Robotniczo-Chłopskiego w 1918 r. *354*

Babuszkin Iwan (1873—1906), rewolucjonista, bolszewik, członek Związku Walki o Wyzwolenie Klasy Robotniczej *280, 281*
Badeni Kazimierz (1846—1909), hr., polityk galic., namiestnik Galicji w l. 1888—1895, premier austr. w l. 1895—1897 *287, 288*
Badowski Jan, „starszy rejestru" w 1572 r. u hetmana Mikołaja Jazłowieckiego *72*
Bahalij Dymitr (1857—1932), ukr. historyk, działacz społeczny, współpracownik miesięcznika „Kijewskaja starina" *271, 324*
Bajda, legendarny watażka kozacki z XVI w. *58, 71*
Bajurak Wasyl (1722—1754), dca oddziału opryszków w l. 1749—1754 *191*
Bakinski S., min. spraw zagranicznych Ukraińskiej Republiki Robotniczo-Chłopskiej *345*
Bakunin Michał (1814—1876), ros. rewolucjonista, teoretyk anarchizmu *271, 272*
Bałaban Gedeon (1530—1607), władyka lwowski, zwolennik przystąpienia do unii między prawosławiem i kościołem rzymskokatolickim *77, 79*
Bandera Stepan (1908—1959), nacjonalista ukr., przywódca terrorystycznych organizacji, członek Prowidu OUN *394, 416, 423, 437*
Barabasz Iwan (zm. 1648), przedstawiciel ugodowej starszyzny kozackiej, uczestnik poselstwa do Warszawy w 1646 r. *118, 120*
Barabasz Jakub (zm. 1658), ataman kozacki *152*
Baral Arnold (1890—1957), działacz KPZU, od 1925 r. w ZSRR *415*
Bardas Fokas (zm. 989), dca wojsk bizantyjskich w okresie panowania Bazylego II *26*
Bartel Kazimierz (1882—1941), matematyk, prof. Politechniki we Lwowie, polityk, premier w l. 1926, 1928—1929 i 1929—1930 *438*
Barthélemy J. (ur. 1874 r.), gen. franc., szef misji franc. we Lwowie w 1919 r. *374*
Barwiński Aleksander (1847—1926), historyk literatury, zwolennik współpracy z władzami austr. *288*
Barwiński Włodzimierz (1850—1883), pisarz i publicysta, redaktor „Prawdy" i „Diła" *285, 288*

Basarab Mateusz (zm. 1654), hospodar wołoski od 1632 r. *132*

Batu-chan (zm. 1255), chan mongolski od 1227 r., organizator i władca Złotej Ordy *51, 52*

Bauman Mikołaj (1873—1905), działacz ruchu rewolucyjnego, uczestnik ucieczki „jedenastu" z więzienia w Kijowie *294*

Bazyli II (958—1025), ces. bizantyjski od 976 r. *26*

Bazylow Ludwik (1915—1985), historyk pol. *252*

Bażan Mikołaj (1904—1983), poeta współcz., uczony, działacz społeczny i polityczny *454, 460*

Beauplan Wilhelm le Vasseur de (ok. 1600—1673), franc. inżynier wojskowy, kartograf, autor pierwszych szczegółowych map Polski, w służbie pol. w l. 1630—1648 *9, 91, 107*

Bedzyk Dymitr (ur. 1898), powieściopisarz ukr. *456*

Bekman Jakub (1836—1863), działacz rewolucyjny, członek nielegalnej organizacji studenckiej w Charkowie, potem w Kijowie *249*

Bela III (zm. 1196), kr. węg. od 1172 r. *47*

Bela IV (1206—1270), s. Andrzeja II, kr. węg. od 1235 r. *50*

Berctti Vincenzo (1781—1842), ros. architekt, projektant budynku Uniwersytetu w Kijowie *235*

Berezowski Maksym (1745—1777), ros. kompozytor ukr. pochodzenia *208*

Berynda Pambo (ok. 1570—1632), leksykograf, pisarz, tłumacz i działacz *114*

Berynda Stefan, brat Pamby, pisarz i tłumacz *114*

Bestużew-Riumin Michał, hr., poseł ros. w Wiedniu w 1751 r. *186*

Bestużew-Riumin Michał (1803—1826), ppor., członek Towarzystwa Południowego, przywódca dekabrystów *218, 221*

Bezpały Iwan (zm. 1718), hetman nakaźny *155*

Bezprym (986—1032), s. Bolesława Chrobrego, pozbawiony przez ojca prawa do tronu *29*

Bieniewski Stanisław (XVII w.), kasztelan wołyński *151, 152*

Biłas Wasyl (1911—1932), członek OUN, uczestnik zamachu na Hołówkę w 1931 r. *423*

Biłozierski Wasyl (1825—1899), publicysta, pedagog, działacz społeczny, członek Bractwa Cyryla i Metodego *269*

Biły S., płk zaporoski, ataman koszowy od 1788 r. *200*

Błakitny zob. Ełłański W.

Boboliński Leontij (zm. ok. 1700), jeromonach monasteru Troickiego, autor *Latopisu* *169*

Bobriński Gieorgij, ros. gen. gubernator zajętych terenów Galicji Wschodniej i Bukowiny w l. 1914—1915 *321*

Bobrowski Stefan (1841—1863), działacz „czerwonych", przywódca powstania w marcu 1863 r. *257*

Bobryńscy, ród magnacki *265*

Bobrzyński Michał (1849—1935), historyk działacz konserwatywny, namiestnik Galicji w l. 1908—1913 *319*

Boccaccio Giovanni (1515—1575), klasyk prozy wł., wybitny humanista *88*

Bochanowski Iwan (1848—1917), narodnik, członek Komuny Kijowskiej *272*

Bodiański Osip (Józef, 1808—1877), filozof, historyk, pisarz i tłumacz *233*

Bohdanowicz-Zarudny Samojło, sędzia generalny zaporoski, wysłannik Chmielnickiego do Moskwy w 1654 r. *136, 143*

Bohomolec Aleksander (1881—1946), hematolog i fizjopatolog, prezes Ukraińskiej Akademii Nauk w l. 1930—1946 *455, 459*

Bohomolec Zofia (1856—1892), rewolucjonistka, narodniczka *273*

Bohun Iwan (zm. 1664), płk winnicki, dca jazdy kozackiej *131, 140, 155*

Bojczuk Iwan, dca oddziału opryszków w l. 1755—1759 *191*

Bolesław Chrobry (ok. 967—1025), kr. pol. *28, 29*

Bolesław Śmiały, zw. też Szczodrym (ok. 1040—1081), ks. od 1058 r., kr. pol. od 1076 r. *36, 37*

Bolesław Wstydliwy (1226—1279), ks. krakowski od 1243 r. *50*

Borecki Hiob (zm. 1631), archimandryta monasteru peczerskiego, prawosławny metropolita kijowski od 1620 r. *79, 81*

Borodawka Jacko (zm. 1621), ataman kozacki *99—101*

Borodin Aleksander (ur. 1908), historyk, prof., autor licznych prac *326*

Borowikowski Włodzimierz (1757—1825), ukr. i ros. malarz portrecista *208*

Bortniański Dymitr (1751—1825), ukr. i ros. kompozytor *208*

Borys (zm. (1015), s. Włodzimierza Wielkiego, ks. rostowski *28*

Borysow Andrzej (1798—1854), członek Stowarzyszenia Zjednoczonych Słowian, dekabrysta *219*

Borysow Piotr (1800—1854), członek Stowarzyszenia Zjednoczonych Słowian, dekabrysta *219*

Bosz Eugenia (1879—1925), min. spraw wewnętrznych Ukraińskiej Republiki Robotniczo-Chłopskiej *344, 345*

Boy-Żeleński Tadeusz zob. Żeleński-Boy Tadeusz

Bradke Jegor von (XIX w.), kurator kijowski *224*

Braniccy, ród magnacki *201, 265*

Branicki Franciszek Ksawery (1730—1819), hetman w. kor., jeden z twórców konfederacji targowickiej *194*

Bratkowski Daniel (zm. 1702), podczaszy wendeński, działacz społeczny *171, 172*

Bredow N., gen. w armii Denikina *365*

Breżniew Leonid I. (1906—1982), radz. działacz partyjny i państwowy, I sekretarz KC KPZR, przewodniczący Rady Najwyższej ZSRR *463*

Briaczysław (XI w.), s. Izasława, ks. połocki *29, 36*

Brodyj Andrzej (1895—1946), premier Ukrainy Zakarpackiej w 1938 r. *425*

Broniewski Marcin (zm. ok. 1593), pol. dyplomata i pisarz *85*

Bronsztejn Lew zob. Trocki Lew

Brusiłow Aleksy (1853—1926), ros. gen., dca południowo-zachodniego frontu w 1916 r., głównodowodzący w 1917 r. *319, 322*

Brzuchowiecki Iwan (zm. 1668), ataman koszowy, potem hetman Ukrainy lewobrzeżnej *156, 158, 159, 161, 169*

Bubelman Mineusz zob. Jarosławski Jemielian

Bubnow Andrzej (1883—1940), działacz partyjny i społeczny, historyk *352, 353*

Bucharin Mikołaj (1888—1937), jeden z przywódców III Międzynarodówki, od 1926 r. jej przewodniczący *388, 400*

Buczaccy, ród *59*

Budionny Siemion (1883—1978), marszałek radz., dca I Armii Konnej w okresie wojny domowej *366, 371*

Budzynowski Wacław (1868—1935), współzałożyciel Ukraińsko-Ruskiej Partii Radykalnej *286*

Bukatczuk Sozont (1896—1948), działacz KPZU *415*

Bułatwin Kondrat (ok. 1660—1708), dca powstania nad Donem w l. 1707—1708 *173, 174*

Bułhakow Jakub (1743—1809), ambasador ros. w Polsce *195*

Burlaj Kondrat, płk hadziacki, poseł kozacki do Moskwy w 1653 r. *133*

Burmistenko Michał (1902—1941), działacz partyjny i państwowy, przewodniczący Rady Najwyższej USRR *410*

But Paweł (Pawluk, zm. 1637), hetman kozacki, przywódca powstania *108—111*

Buturlin Wasyl (zm. 1656), bojar, dyplomata, wysłannik carski do Chmielnickiego *134—136, 141*

Cameron Charles (ok. 1730—1812), pochodzenia szkockiego, nadworny architekt Katarzyny II *235*

Carton de Wiart A., płk, przewodniczący misji ang. w Polsce w 1919 r. *374*

Celewicz W., członek UNDO *424*

Cereteli Herakliusz (1882—1959), działacz mienszewicki, min. poczt, później spraw wewnętrznych w Rządzie Tymczasowym *335*

Chamiec Antoni (XIX w.), komisarz Rządu Narodowego w powstaniu 1863 r. w Żytomierzu *261*

Chanenko Michał (XVII w.), hetman kozacki *161—163*

Chmielnicki Aleksander (1889—1919), ukr. działacz państwowy, komisarz sprawiedliwości RKL USRR *357, 359*

Chmielnicki Bogdan (1593—1657), hetman, przywódca walki wyzwoleńczej Kozaków *87, 109, 116—137, 139—143, 145, 149—152, 157, 158, 162—164, 168—170, 182, 206, 208, 211, 228, 237, 328, 418*

Chmielnicki Jerzy (ok. 1641—1685), s. Bogdana, hetman Ukrainy w l. 1659—1663, potem archimandryta Gedeon *143, 151, 152, 155—158, 164, 165*

Chmielnicki Michał (zm. 1620), o. Bogdana, podstarości czehryński *116*

Chmielnicki Tymosz (1632—1653), s. Bogdana *128, 132, 134*

Chodakowski Zorian Dołęga zob. Czarnocki Adam

Chodkiewicz Jan Karol (1560—1621), hetman w. lit., wojewoda wileński *100*

Chodkiewiczowie, ród *76*

Chomin Nestor (1891—1941), działacz Komunistycznej Partii Zachodniej Ukrainy *415*

Chomyszyn Grzegorz (1867—1948), unicki bp w Stanisławowie *417*

Chorwat Iwan (zm. 1780), płk austr., potem gen. ros., rządca Nowej Serbii *186*

Choryw, trzeci z trójki legendarnych braci założycieli Kijowa *21*

Chruszczow Nikita (1894—1971), radz. mąż stanu, czołowy działacz radz. i międzynarodowego ruchu robotniczego, I sekretarz KP(b)U w l. 1938—1947 *398, 410, 462*

Chrzanowski Ignacy (1866—1940), historyk literatury, prof. Uniwersytetu Jagiellońskiego *113*

Chudolij (zm. 1650), hetman kozacki *127*

Chwylowy Mikołaj (1893—1933), przedstawiciel opozycji w KP(b)U *396, 405, 458*

Cicero Marcus Tulius (108—43 p.n.e.), wybitny mówca, teoretyk wymowy i filozof rz. *207*

Cięglewicz Kasper (1807—1886), pol. poeta, działacz Stowarzyszenia Ludu Polskiego *240*

Ciurupa Aleksander (1870—1928), działacz ruchu rewolucyjnego *294, 386*

Curzon George (1859—1925), bryt. polityk, min. spraw zagranicznych w l. 1919—1924 *411, 442*

Czajkowski Andrzej (1857—1935), przewodniczący Komitetu Ukraińców Lwowa w 1915 r., członek UPND *321*

Czajkowski Michał (Sadyk Pasza, 1804—1886), pol. działacz polityczny, powieściopisarz *239*

Czajkowski Mikołaj (1850—1892), działacz narodnicki i eserowski *271*

Czajkowski Piotr (1840—1893), ros. kompozytor o światowym znaczeniu *326*

Czały Sawa (zm. 1741), dca watahy haj-damackiej, potem płk oddziału kor. *189, 190*

Czapliński Daniel (XVII w.), podstarości *117, 124*

Czarniecki Stefan (1599—1665), hetman polny kor., wojewoda kijowski *120, 129, 131, 132, 140, 157*

Czarnocki Adam, ps. Zorian Dołęga-Chodakowski (1784—1825), etnograf i archeolog pol. *235*

Czarny Hrycko (zm. 1630?), „starszy rejestru" *104*

Czartoryscy, ród *59, 187, 201*

Czechowski Włodzimierz (ur. 1876), członek USDPR, członek Dyrektoriatu *354*

Czernyszewski Mikołaj (1828—1889), ros. myśliciel i pisarz, przywódca rewolucyjnej demokracji ros. *249, 256*

Czerwieński Bolesław, członek komitetu redakcyjnego „Pracy" w 1878 r. *286*

Czertwertyńscy, ród *189*

Czubar Włas (1891—1939), wicepremier I rządu ZSRR *386, 399, 406, 409*

Czuprynka Taras zob. Szuchewycz Roman

Czykalenko Jewhen (1861—1929), współzałożyciel w 1904 r. Ukraińskiej Partii Demokratycznej *296*

Dalnycz zob. Fedorow Piotr

Daniel (1201—1264), s. Romana, ks. halicko-wołyński od 1221 r., w 1254 r. przyjął tytuł królewski *48—50, 53*

Daniłyszyn Dmytro (1907—1932), członek OUN, uczestnik zamachu na Hołówkę *423*

Dariusz I Wielki (ok. 550—486 p.n.e.), kr. perski od 552 r., reorganizator państwa perskiego *17*

Daszkiewicz Ostafi (zm. 1535), starosta czerkaski i kaniowski *71*

Daszkowski I., przywódca grupy lewickiej w KP(b)U *367, 379*

Daszyński Ignacy (1866—1936), pol. działacz socjalistyczny, w l. 1920—1921 wicepremier, w l. 1922—1927 wicemarszałek Sejmu, w l. 1928—1930 marszałek Sejmu *267*

Dawid (zm. 1123), s. Światosława, ks. czehryński *38*

Dawid Igorowicz (1059—1112), wnuk Jarosława Mądrego *38, 39, 47*

Dawidow Wasyl (1792—1855), członek

Towarzystwa Południowego, dekabrysta *218*
Dąbrowski Jarosław (ps. Łokietek, 1836—1871), gen. pol., działacz rewolucyjno-demokratyczny, bohater Komuny Paryskiej w 1871 r. *249, 255*
Dąbski Jan (1880—1931), pol. polityk i działacz ludowy, przewodniczący delegacji pol. w Rydze w 1920 r. *372*
Decykiewicz Wołodymyr (1865—1946), zca namiestnika Galicji *321*
Dejcz Lew (1855—1941), działacz narodnicki *272*
Dembowski Edward (1822—1846), pol. działacz polityczno-rewolucyjny, filozof, publicysta, jeden z przywódców powstania w 1846 r. *242*
Denikin Antoni (1872—1947), gen. ros. *337, 361, 362, 364, 365, 368, 369, 371*
Dilecki (XVII w.), kompozytor *170*
Dir, ks. kijowski wspólnie z Askoldem do 882 r. *24*
Długosz Jan (1415—1480), abp, znakomity historyk pol. *57*
Dniprowski Iwan (1895—1934), powieściopisarz *456*
Dobosz zob. Dowbusz Oleksy
Doboszczuk zob. Dowbusz Oleksy
Dobrolubow Mikołaj (1836—1861), ros. pisarz i krytyk, rewolucyjny demokrata *249, 256*
Doncow Dymitr (1883—1973), przywódca Ukraińskiej Partii Pracy Narodowej w 1924 r., teoretyk ukr. ruchu narodowego *413*
Dorofiejewicz Gawryło (ok. 1570—ok. 1630), pisarz i tłumacz ukr. *114*
Doroszenko Dmytro (1882—1951), historyk, działacz Ukraińskiej Partii Socjalistów Federalistów *329, 330*
Doroszenko Michał (zm. 1628), hetman kozacki *100, 103, 104*
Doroszenko Piotr (1627—1698), hetman Ukrainy prawobrzeżnej *158, 159, 161—163, 167, 169*
Doroszenko Wołodymyr (1879—1963), działacz Związku Wyzwolenia Ukrainy *320*
Dowbór-Muśnicki Józef (1867—1937), pol. gen., dca I Korpusu Polskiego w Rosji w l. 1917—1918 *342*
Dowbusz (Dobosz, Doboszczuk) Oleksy (1700—1745), dca watahy opryszków *190, 191*
Dowżenko Aleksander (1894—1956), pisarz, dramaturg i reżyser *454, 456*
Dracz Iwan (ur. 1936), współcz. pisarz i poeta ukr., jeden z „pokolenia lat sześćdziesiątych", przewodniczący Narodowego Ruchu Ukrainy o Przebudowę *462, 464*
Drahomanow Michał (1841—1895), historyk, publicysta i krytyk, działacz Hromady *269, 270, 286*
Drany Semen (1667—1708), dca zagonu powstańców na Ukrainie Słobodzkiej *173*
Drugethowie, ród *150*
Dubowicz Iwan, archimandryta dermański, autor książki *Obraz prawosławnej cerkwi wschodniej* wyd. w Wilnie w 1645 r. *87*
Dubrowski Paweł (XIX w.), architekt *235*
Dunin-Borkowski Piotr, wojewoda lwowski w l. dwudziestych XX w. *420, 422*
Durnowo Piotr (XIX/XX w.), ros. min. spraw wewnętrznych *302*
Dutkewicz A. (XIX w.), ksiądz greckokatolicki kandydujący do parlamentu austr. *245*
Dwernicki Józef (1779—1857), pol. gen., dca pułku w powstaniu w l. 1830—1831 *223*
Dymitr, wojewoda kijowski, kierował w 1240 r. obroną Kijowa przed Mongołami *51*
Dymitr Detko (XIV w.), przywódca bojarów halickich *55*
Dymitr Doński (1350—1389), ks. moskiewski od 1359 r., w. ks. włodzimierski od 1362 r. *64*
Dymitr Samozwaniec I (Griszka Otriepiew, Łżedymitr, rzekomy s. Iwana IV Groźnego), car ros. w l. 1605—1606 *95*
Dymitr Samozwaniec II (zm. 1610), pretendent do tronu carów *95*
„Dziecina" zob. Koniecpolski Aleksander
Dzieduszyccy, ród *315*
Dzieduszycki Aleksander (XIX w.), pol. magnat ukr. pochodzenia *244*
Dzieduszycki Julian (XIX w.), pol. magnat ukr. pochodzenia *244*
Dzieduszycki Tadeusz, por. wojsk kor.

476

w walce z oddziałami opryszków w 1759 r. *191*

Dzieduszycki Włodzimierz (1825—1899), ornitolog i etnograf *244*

Dzikowska Eudoksja (zm. 1670), ż. Iwana *150*

Dzikowski Iwan (zm. 1670), płk ostrogski, współpracownik Razina *150*

Dżałalij Filon (Dżedżalij, XVII w.), płk nakaźny, hetman kozacki *129*

Dżuczi (zm. ok. 1227), s. Dżyngis-chana, chan mongolski *52*

Dżyngis-chan zob. Temudżyn

Edygej (Edyga, 1352—1419), jeden z wodzów Złotej Ordy, w l. 1399—1412 faktyczny władca Złotej Ordy *58*

Ejdelman Boruch (1867—1939), działacz Sprawy Robotniczej w Kijowie, członek Związku Walki o Wyzwolenie Klasy Robotniczej *279—282*

Elżbieta (1709—1762), carowa ros. od 1741 r. *183, 186*

Ełłański Wasyl ps. Błakitny (1894—1925), pisarz i działacz społeczny, borotbista *352*

Engels Fryderyk (1820—1895), współtwórca socjalizmu naukowego, współzałożyciel I Międzynarodówki *275, 277*

Epik Grzegorz (1901—1937/1942), powieściopisarz *456*

Eufemia (zm. 1240), c. Giedymina, ż. Jerzego-Bolesława Trojdenowicza *54*

Eulogiusz zob. Giergijewski Włodzimerz

Eraz z Rotterdamu (1467—1536), holenderski filozof i filolog, wybitny humanista epoki Odrodzenia *87*

Fedkowicz Jerzy (1834—1888), poeta *324*

Fedorow Piotr, ps. Dalnycz, szef służby bezpieczeństwa UPA *451*

Fedorowicz Taras (XVII w.) hetman kozacki *105*

Filaret Krzysztof (2 poł. XVI w.), pseudonim literacki najprawdopodobniej Marcina Broniewskiego *85*

Fiłatow Włodzimierz (1875—1956), wybitny oftalmolog i chirurg transplantator *459*

Fiodor III (1661—1682), car. ros. *169*

Fiodorow Filip, marionetkowy ataman od 1769 r. *196*

Fiodorow Iwan (XVI w.), drukarz i wydawca *81—84, 89*

Firlej Andrzej (XVII w.), regimentarz *124, 125*

Fiszmanowie, ród *265*

Fokas Fiodor (XVII w.), dca watahy opryszków *149*

Fokin Michał, założyciel Tajnego Stowarzyszenia Spiskowców w 1884 r. *278*

Fomin Iwan (XVII w.), poddiaczy *134*

Franciszek Ferdynand (1863—1914), arcyks., następca tronu austr. *319*

Franjoli Andrzej (XIX w.), narodnik, czynny w kręgu czajkowców Chersonia i Mikołajowa *272*

Frank Hans (1900—1946), polityk hitlerowski, gen. gubernator części okupowanej Polski *437*

Franko Iwan (1856—1916), pisarz, publicysta i krytyk literacki *285—287, 306, 324, 325, 327, 428, 460*

Freytag I., gen. niem., dca dywizji SS-„Galizien", sformowanej w 1943 r. *437*

Frunze Michał (1885—1925), radz. działacz rewolucyjny, dca Frontu Południowego w 1920 r. *371, 381, 383*

Frutan (X w.), kupiec normański *25*

Fryderyk I Barbarossa (ok. 1123—1190), kr. niem. od 1152 r., ces. niem. od 1155 r. *48*

Fursten (X w.), kupiec normański *25*

Gałagan Ignacy (zm. 1748), dca wojsk ros. w ekspedycji przeciw Siczy w 1709 r. *175*

Gasztołd Marcin, wojewoda kijowski od 1471 r. *65*

Gautsch Paul von Frankenthurm (1851—1918), polityk austr., trzykrotny premier *317, 318*

Gawatowic Jakub (1598—1679), kanonik lwowski, pisarz dewocyjny *114*

Gedeon, archimandryta zob. Chmielnicki Jerzy

Georgios Hamartolos, kronikarz bizantyjski z IX w. *31, 32*

Georgios Synkellos, kronikarz bizantyjski z VIII/IX w. *32*

Getkant Fryderyk (zm. (1666), artylerzysta, inżynier, kartograf, autor licznych map *9, 107*

Ghasi Sefer (XVII w.), wezyr tatarski *125*

Giedymin (ok. 1275—1341), w. ks. litewski od 1316 r. *54, 55*

Giedyminowicze, synowie Giedymina *55*

Giergiejewski Włodzimierz (Eulogiusz, ur. 1868), bp chełmski *321*
Giller Agaton (1831—1887), pol. działacz polityczny, publicysta, członek Rządu Narodowego *256, 257*
Gizel Innocenty (ok. 1600—1683), archimandryta Ławry Pieczerskiej *169*
Gleb (zm. 1015), s. Włodzimierza Wielkiego, zaliczony w poczet świętych kościoła prawosławnego *28*
Glinka Michał (1804—1857), ros. kompozytor, twórca narodowej szkoły w ros. muzyce *241, 326*
Gogol Mikołaj (1809—1852), ros. pisarz, wybitny satyryk, twórca realizmu krytycznego *241*
Golejewski Antoni, pol. magnat ukr. pochodzenia, członek Soboru Ruskiego w 1848 r. *244*
Golicyn Wasyl (1643—1714), ks., faworyt carówny Zofii Aleksiejewny *167*
Gołuchowski Agenor (st.) (1812—1875), galic. polityk konserwatywny w służbie austr., min. spraw wewnętrznych w 1859 r., namiestnik Galicji *284*
Goły Ihnat, zabójca Sawy Całego w 1741 r. *190*
Goły Mykita (zm. 1709), dca zagonu powstańczego na Ukrainie Słobodzkiej *173*
Gonta Iwan (zm. 1768), dca milicji kozackiej, przywódca powstania chłopskiego *193, 194*
Gorbaczow Michaił S. (ur. 1931), radz. działacz partyjny i państwowy, prezydent ZSRR od 1990 r. *464*
Gordon Władysław, członek Związku Ludu Polskiego w 1837 r. *224*
Goszczyński Seweryn (1801—1876), pol. poeta, publicysta i działacz polityczny *239, 240*
Grabowski Michał, ps. Edward Tarsza (1804—1863), pol. krytyk i powieściopisarz *239*
Grabowski Piotr (XVII w.), autor publikacji *Polska Niżna 94*
Grigoriew Nikifor (Matwiej, 1885—1919), ataman, samozwańczy hetman w 1919 r. *361*
Grodecki Wacław (XVI w.), kartograf *9*
Grodzicki Krzysztof (zm. 1610), pol. gen., dca obrony Lwowa *141*
Groza Aleksander (1807—1875), pol. poeta *239*

Grzegorz XIII (Ugo Buoncompagni, 1502—1585), papież od 1572 r., przeprowadził reformę kalendarza *77*
Grzymułtowski Krzysztof, wojewoda poznański, negocjator w porozumieniu z Rosją w 1686 r. *166*

Habsburgowie, dynastia *74, 150, 264, 288*
Halder Franz (1884—1972), szef niem. Sztabu Generalnego wojsk lądowych *432*
Hałan Jarosław (1902—1949), pisarz, publicysta, działacz KPZU *415*
Hanka Wacław (1791—1861), czeski pisarz i filolog *236*
Hartmann (XX w.), fabrykant parowozów *298*
Hawryluk Aleksander (1911—1941), pisarz, działacz KPZU *415*
Hercen Aleksander (1812—1870), ros. pisarz i rewolucjonista *249, 256, 262*
Herodot (ok. 485—ok. 425 p.n.e.), historyk grecki z Halikarnasu zw. ojcem historii *16, 19*
Hessel Gerard (XVII w.), kartograf *9*
Himmler Heinrich (1900—1945), hitlerowski szef policji, twórca obozów koncentracyjnych *442*
Hitler Adolf (1889—1945), przywódca narodowego socjalizmu w Niemczech, dyktator *433, 436*
Hlibow Leonid (1827—1893), ukr. poeta i działacz kulturalny *326*
Hładki Józef (1789—1866), ostatni ataman Siczy Naddunajskiej *222*
Hłoba (zm. 1791), pisarz wojskowy *199*
Hohol Eustachy (zm. 1679), płk, hetman nakaźny *165*
Hołowacki Jakub (1814—1888), członek „Ruskiej Trójcy" *236—239*
Hołówko Tadeusz (1889—1931), pol. polityk i publicysta *423*
Hołubowicz Wsewołod (ur. 1885), współzałożyciel Ukraińskiej Partii Socjalistów Rewolucjonistów w 1917 r. *329*
Homonaiowie, ród magnacki *150*
Hopner Serafina (1880—1966), radz. rewolucjonistka, sekretarz KC KP(b)U *353*
Horbaczewski Iwan (1800—1869), członek Stowarzyszenia Zjednoczonych Słowian, dekabrysta *219*
Hozjusz Stanisław (1504—1579), kardy-

478

nał, bp warmiński, przywódca pol. kontrreformacji *77*

Hrabianka Grzegorz (1686—ok. 1739), ukr. kronikarz *206*

Hrebinka Eugeniusz (1812—1848), ukr. i ros. pisarz, autor opowiadań, powieści i bajek *232*

Hromadski Oleksy (1882—1943), metropolita prawosławny na terenach Reichskommisariat Ukraine *438*

Hruszewski Michał (1866—1934), ukr. historyk, współzałożyciel Towarzystwa Ukraińców Postępowców *288, 307, 321, 329, 331, 342, 351, 393, 457*

Hrynczenko Borys (1863—1910), kierownik grupy radykalnej wydzielonej z Ukraińskiej Partii Demokrtycznej *296*

Hryniewiecki Ignacy (1855—1881), rewolucjonista, Polak, członek Woli Ludu, Narodnej Woli *274*

Hryńko Grzegorz (1890—1938), borotbista, członek Ogólnoukraińskiego Komitetu Rewolucyjnego *352, 366, 386*

Hughes David Edward (1831—1900), fizyk ang. *274*

Hułak Mikołaj (1822—1899), ukr. rewolucjonista, pedagog i uczony *228, 229*

Hułak-Artemowski Piotr (1790—1865), ukr. historyk, pisarz i działacz kulturalny *230*

Hułak-Artemowski Semen (1813—1873), kompozytor i śpiewak, twórca *Zaporożca za Dunajem 326*

Hunaszewski Michał (XVII w.), ukr. kronikarz *114*

Hunia Dymitr, przywódca powstańców w 1637 r. *109, 111*

Igor (zm. 945), ks. kijowski, rzekomy s. Ruryka *24, 25*

Igor (zm. 1059), s. Jarosława Mądrego, ks. wołyński od 1054 r. *36, 38, 47*

Igor (zm. 1147), krótkotrwały ks. kijowski w 1146 r. *44*

Igor Światosławowicz (1151—1202), ks. nowogrodzko-siewierski, bohater eposu *46*

Ikonnikow Włodzimierz (1841—1923), historyk, autor licznych prac z historii nauki, kultury i ruchów społeczno-politycznych *271*

Iłarion, mnich ruski, pierwszy metropolita kijowski w 1051 r. *31, 35*

Inajet Girej (XVII w.), chan krymski *108*

Innocenty III (Lotar Segni, ok. 1161—1216), papież od 1198 r. *45*

Irena (zm. 1051), ż. Jarosława Mądrego *30*

Iskinder pasza (XVII w.) *97*

Iskra Iwan (zm. 1708), płk połtawski *174*

Iskra Zachar (zm. ok. 1730), płk korsuński *166*

Islam III Girej (XVII w.), dca oddziałów tatarskich *124, 125, 128, 129, 132*

Iwan III Srogi (1440—1505), w. ks. moskiewski, car od 1465 r. *64*

Iwan IV Groźny (1530—1584), car moskiewski od 1547 r. *71, 95*

Iwanienko Grzegorz (1893—1938), aktywny działacz ruchu rewolucyjnego, zca członka KC KPP *415*

Iwanienko Piotr zw. Petryk, przywódca buntu przeciw Rosji w 1698 r. *167*

Iwanowicz Samuel (Samuś), płk bohusławski, hetman nakaźny od 1692 r., jeden z przywódców powstania w l. 1702—1704 *166, 171, 172*

Iwaszkiewicz Jarosław (1894—1980), pol. poeta i powieściopisarz, dramaturg, eseista *240, 250*

Izasław, s. Jarosława Mądrego, ks. kijowski w l. 1054—1078 (z przerwami) *32, 35, 37*

Izasław (1097—1154), s. Mścisława, w. ks. kijowski w l. 1146—1154 *41, 44*

Izasław (zm. 1001), s. Włodzimierza, ks. połocki *29*

Izydor z Peloponezu (1380/90—1463), metropolita kijowski *86*

Jabłonowski Józef (XVIII w.), magnat pol. pochodzenia ukr. *244*

Jabłonowski Ludwik (1810—1887), magnat pol. pochodzenia ukr. *244*

Jabłonowski Stanisław (1634—1702), hetman w. kor. od 1682 r. *171*

Jachimowicz Grzegorz, bp lwowski, przewodniczący powstałej w 1848 r. Hołownej Rady Ruskiej *243, 244*

Jadwiga (1374—1399), kr. pol. od 1384 r., c. Ludwika Węgierskiego *56*

Jakir Jonasz (1896—1937), radz. dca wojskowy, dca 45 dywizji w okresie wojny domowej *364*

Jakowlew Piotr, płk carski, dca ekspedycji carskiej w 1709 r. *175*

Jan II Kazimierz (1609—1672), kr. pol.

w l. 1648—1668 *123, 125, 129, 132, 134, 139, 141, 142, 157, 161, 167, 418*
Jan III Sobieski (1629—1696), kr. pol. od 1674 r. *140, 159, 161, 163, 165, 166*
„Jarema kniaź" zob. Wiśniowiecki Jeremiasz Michał
Jaropełk (zm. 980), w. ks. kijowski w l. 972—978 *26*
Jaropełk (1082—1139), s. Włodzimierza Monomacha, ks. perejesławski od 1113 r., w. ks. kijowski od 1132 r. *39, 40, 42*
Jarosiewicz Roman, członek powstałej w 1896 r. Ukraińskiej Partii Socjalno-Demokratycznej *287*
Jarosław Mądry (978—1054), s. Włodzimierza Wielkiego, ks. nowogrodzki, w. ks. kijowski od 1018 r. *27—31, 35, 36, 38, 46, 47*
Jarosław Osmomysł (zm. 1187), ks. halicki od 1153 r. *47*
Jarosław (1191—1246), s. Wsiewołoda „Wielkie Gniazdo", ks. perejesławski, w. ks. włodzimierski w l. 1243—1246 *52, 53*
Jarosławicze, synowie Jarosława Mądrego *36, 37*
Jarosławski Jemielian, ps. Mineusz Bubelman (1878—1943), rewolucjonista, członek SDPRR *299*
Jawornicki Dymitr (1855—1940), ukr. historyk, archeolog, etnograf, współpracownik miesięcznika „Kijewskaja starina" *271*
Jaworski Stefan (1658—1722), ukr. i ros. działacz cerkiewny, pisarz polemista *206*
Jazłowiecki Mikołaj (zm. 1594), hetman pol., w 1572 r. z polecenia kr. Zygmunta Augusta objął władzę zwierzchnią nad Kozakami *72*
Jefimenko Aleksandra (1848—1918), historyk, współpracownik miesięcznika „Kijewskaja starina" *271, 324*
Jefremow Sergiusz (1876—1937), kierownik Ukraińskiej Partii Radykalno-Demokratycznej, wydzielonej z Ukraińskiej Partii Demokratycznej, nacjonalista *296, 307, 329—331, 404, 457*
Jegorow Aleksander (1883—1939), dca Frontu Południowego w 1919 r., marszałek radz. *366*

Jeremiasz (1536—1594), patriarcha konstantynopolitański od 1572 r. *77*
Jerzy, imię chrzestne Jarosława Mądrego *31*
Jerzy (1250—1308), s. Lwa, ks. halicki od 1301 r. *53*
Jerzy-Bolesław (ok. 1305—1340), s. Trojdena, ks. halicki od 1323 r. *54*
Jerzy Długoręki (Dołgoruki, 1090—1157), s. Włodzimierza Monomacha, ks. rostowsko-suzdalski od 1125 r. *40, 42, 44, 47*
Jerzy Stefan, hospodar mołdawski w l. 1653—1658 *132*
Jezus Chrystus *134*
Jędrzejewicz Jerzy (1902—1975), pisarz i tłumacz pol. *228, 250*
Joffe Adolf (1883—1927), radz. działacz ruchu robotniczego, dyplomata, przewodniczący delegacji radz. w Rydze w 1920 r. *372*
Johansen M., autor scenariuszy filmowych *457*
Jordanes (VI w.), historyk gocki *19*
Józef II (1741—1790), ces. rz.-niem. od 1765 r., współregent Marii Teresy do 1780 r. *204, 413*
Józefowicz M. (XIX w.), wicekurator kijowskiego okręgu szkolnego *268*
Józewski Henryk (1892—1981), wojewoda wołyński *420, 425*
Judenicz Mikołaj (1862—1933), gen. ros., dca armii kontrrewolucyjnej w czasie wojny domowej *364*
Juriewicz Antoni (1839—1868), dca oddziału powstańczego w l. 1863—1864 na Ukrainie prawobrzeżnej *259*
Jusupowie, ród ukr. *214*

Kachowski Piotr (1797—1826), przywódca dekabrystów *220, 221*
Kaganowicz Łazar (ur. 1893), radz. działacz ruchu robotniczego, sekretarz KC KP(b)U *397*
Kaledin Aleksy (1861—1918), ros. gen., kontrrewolucjonista *339, 343, 347*
Kalinowski Marcin (zm. 1652), hetman polny kor. od 1646 r. *120, 130, 131*
Kalinowski Samuel, s. Marcina, oboźny kor. *131*
Kalniszewski Piotr (1690—1803), ostatni ataman zaporoski od 1762 r. *184, 196—199, 201*
Kamieniew Lew (właśc. L. B. Rosenfeld,

1883—1936), radz. działacz ruchu robotniczego, później jeden z przywódców opozycji *382, 386, 388, 391, 400*
Kamieńska Anna (1920—1986), poetka pol. *13*
Kantemir (XVII w.), murza tatarski *104, 108*
Kapuszczak Iwan (1807—1868), chłop, poseł do parlamentu austr. w 1848 r. *245*
Karadžić Vuk Stefanović (1787—1864), serbski językoznawca i etnograf, twórca współcz. serbskochorwackiego języka literackiego *236*
Karaimowicz Eliasz (zm. 1648), płk *109, 120*
Karmeluk Ustim (1787—1835), dca watahy hajdamackiej *225, 226*
Karol XII (1682—1718), kr. Szwecji od 1697 r. *174—176*
Karol Ferdynand, s. Zygmunta III Wazy *123*
Karol X Gustaw (1622—1660), kr. Szwecji od 1654 r. *141*
Karpenko-Karyj Iwan zob. Tobilewicz Iwan
Kasjan Mirosław, współcz. pol. historyk literatury ukr. *88, 148*
Katarzyna II (1729—1796), carowa ros. od 1762 r. *183, 186, 192, 194, 197*
Katkow Michał (1818—1887), ros. publicysta *268*
Kaufman Denis, ps. Dzygi Wertow (1896—1954), ukr. reżyser filmowy *457*
Kazanowski Adam (ok. 1599—1649), marszałek nadworny kor. *115*
Kazimierz Jagiellończyk (1427—1492), s. Władysława Jagiełły, w. ks. lit. od 1440 r., kr. pol. od 1447 r. *59, 60, 64, 65*
Kazimierz Odnowiciel (1016—1058), ks. pol. od 1034 r. *29*
Kazimierz Wielki (1310—1370), kr. pol. od 1333 r. ostatni z dynastii Piastów *54—56, 58*
Kejkuatowa, właścicielka ziemska *233*
Kibalczicz Mikołaj, ps. A. Doroszenko (1853—1881), rewolucjonista, narodnik, uczony i publicysta *275*
Kiereński Aleksander (1881—1970), polityk ros., działacz partii eserów, min. wojny, później premier Rządu Tymczasowego *332, 335*

Kij (IX w.), jeden z 3 legendarnych braci założycieli Kijowa *21*
Kilański Jan, robotnik, współinicjator kółka socjaldemokratycznego w Kijowie w 1889 r. *278*
Kilański Karol, student, członek organizacji socjaldemokratycznej w Kijowie w 1892 r. *278*
Kirow Sergiusz (1886—1934), działacz komunistyczny, uczestnik Rewolucji Październikowej *399*
Kisiel Adam (1600—1653), komisarz królewski, wojewoda kijowski, magnat ukr. *107, 121, 125*
Kiszka Samuel (zm. 1602), hetman kozacki *94, 95*
Kizym Bohgdan (zm. 1638), dca powstańczego zagonu w 1637 r. *109*
Kizymienko (zm. 1638), s. Bohdana Kizyma, dca oddziału Kozaków *109*
Klemens VIII (Aldobrandini, zm. 1605), papież od 1592 r., w 1595 r. przeprowadził unię brzeską *78*
Kleryk Ostrogski, ps. autora *Historii synodu florenckiego* wyd. w 1598 r. *86*
Klonowicz Sebastian Fabian (ok. 1545—1602), poeta pol., autor łacińskich i pol. poematów *112, 113*
Kłymiw L., współzałożyciel w 1917 r. Ukraińskiej Partii Demokratyczno--Chłopskiej *333*
Kmitycz Krzysztof (XVI w.), starosta czerkaski *71*
Knipowicz Lidia (1856—1920), rewolucjonista, członek SDPRR *295*
Kobylańska Olga (1863—1942), pisarka *419*
Kobylica Łukian (1812—1851), przywódca chłopski na Bukowinie *242, 246*
Koch Erich (1896—1986), komisarz Rzeszy na Ukrainie w czasie II wojny światowej *436, 438*
Kochowski Wespazjan (1633—1700), pol. poeta, prozaik i historyk *69*
Kociubynski Jerzy (1896—1937), s. Michała, członek Rady Rewolucyjno-Wojskowej USRR *354, 357, 372*
Kociubynski Michał (1864—1913), wybitny pisarz ukr. i działacz rewolucyjny *305, 306, 324, 325, 357, 460*
Kocko Olga (1899—1942), c. Wasyla, działaczka komunistyczna *415*

Kocko Wasyl (1873—1942), działacz KPZU *415*

Koczubej Wasyl (1640—1708), sędzia generalny Ukrainy lewobrzeżnej w l. 1699—1708, wróg Mazepy *174*

Kolegajew Andrzej, komisarz rolnictwa RKL USRR *357*

Kollár Jan (1793—1852), słowacki pisarz i działacz kulturalny *236*

Kołczak Aleksander (1874—1920), admirał ros., dca kontrrewolucyjnej armii w czasie wojny domowej *364, 365*

Kołessa Filaret (1871—1947) etnograf, literaturoznawca, kompozytor *419*

Kołos Grzegorz (ur. 1892), uczestnik walki o władzę Rad, komendant Sztabu Wojsk Powstańczych *366*

Kon Feliks (1864—1941), działacz partyjny i międzynarodowego ruchu robotniczego, członek CKW ZSRR *385*

Konarski Szymon (1808—1839), oficer powstania listopadowego, emisariusz członek Stowarzyszenia Ludu Polskiego *224*

Konaszewicz Piotr zob. Sahajdaczny Piotr

Konczak (XII w.), chan Połowców *46*

Koniecpolscy, ród magnacki *201*

Koniecpolski Aleksander („Dziecina", 1620—1659), s. Stanisława, regimentarz, pol. magnat *122, 140*

Koniecpolski Stanisław (ok. 1590—1646), hetman w. kor. od 1632 r., wybitny wódz, magnat kresowy *91, 102, 105, 108—110*

Koniew Iwan (1897—1973), radz. marszałek, dwukrotny bohater Związku Radzieckiego *443*

Konisski Jerzy (1717—1795), bp mohylewski, działacz cerkiewny *192, 207*

Kononowicz Sawa (XVII w.), przywódca Kozaków rejestrowych, płk *108*

Konowalec Eugeniusz (1891—1938), ukr. nacjonalista, dca strzelców siczowych, przywódca UWO, potem OUN *354, 393, 394, 416, 425*

Konrad Mazowiecki (1191—1247), ks. mazowiecki od ok. 1200 r., ks. krakowski w l. 1231—1232 i 1241—1243 *45*

Konstanty (1779—1831), w. ks. ros., s. Pawła I *220*

Konstantyn IX Monomach, ces. bizantyjski w l. 1042—1054 *39*

Kopernicki Izydor (1825—1891), lekarz kijowski, antropolog, prof. Uniwersytetu Jagiellońskiego *261*

Kopylenko Aleksander (1900—1958), pisarz ukr. *456*

Kopysteński Zachariusz (zm. 1627), archimandryta Ławry Pieczerskiej od 1624 r. *79, 87, 114*

Kopystyński Teofil (1844—1916), malarz *327*

Korbutiak Wasyl (1883—1937), organizator ruchu komunistycznego na Pokuciu *415*

Korniaktowie, rodzina mieszczańska *89, 90*

Kornijczuk Aleksander (1905—1972), pisarz ukr. *456, 458, 460*

Kornijec Leonid (1901—1944), radz. działacz partyjny i państwowy, przewodniczący Rady Najwyższej USRR *410*

Korniłow Ławr (1870—1918), gen. ros., głównodowodzący armii ros. w lipcu — sierpniu 1917 r. *337*

Korotczenko Demian (1894—1969), przewodniczący Rady Komisarzy Ludowych USRR, sekretarz KC KP(b)U *410, 441*

Korotycz Witalij (ur. 1936), poeta i publicysta ukr., jeden z „pokolenia lat sześćdziesiątych" *462, 464*

Kosacz-Kwitka Łarysa, ps. literacki Łesia Ukrainka (1871—1913), poetka *305, 314, 325—327*

Kosar zob. Zajączkowski Miron

Kosiński Krzysztof (zm. 1593), pierwszy przywódca powstania kozackiego w l. 1591—1593 *73, 74, 94*

Kosior Stanisław (1889—1939), działacz komunistyczny, członek SDPRR(b) w Kijowie *320, 359, 360, 367, 397, 406, 409*

Kosmas Indikopleustes, autor *Topografii chrześcijańskiej 32*

Kossow Sylwester (zm. 1657), metropolita mohylewski i mścisławski od 1634 r., kijowski od 1647 r. *136, 137*

Kossowicz Jerzy (XVIII w.), wójt międzyrzecki *171*

Kostka Napierski Aleksander Leon (ok. 1620—1651), pol. oficer, organizator i przywódca powstania chłopów podhalańskich w 1651 r. *130, 133*

Kostomarow Mikołaj (1817—1885), historyk, etnograf i pisarz, członek Bractwa Cyryla i Metodego *228, 229, 232, 269, 324*

Kościałkowski -Zyndram Marian (1892 – 1946), pol. polityk, min. spraw wewnętrznych w l. 1934 – 1935, premier w l. 1935 – 1936, min. opieki społecznej w l. 1936 – 1939 *424*

Kotlarewski Iwan (1769 – 1838), pisarz, autor m. in. sparafrazowanej *Eneidy 230, 231, 241, 296*

Kotowski Grzegorz (1881 – 1925), radz. działacz wojskowy, dca brygady kawalerii w czasie wojny domowej *366*

Kowalenko Grzegorz (1868 – 1937), malarz, pisarz i etnograf ukr. *231*

Kowalewski Mykoła (1892 – 1957), współzałożyciel powstałej w 1917 r. Ukraińskiej Partii Socjalistów Rewolucjonistów *329*

Kowalska Elżbieta (1851 – 1943), uczestniczka ruchu narodnickiego, członek Czarnego Podziału *273*

Kowpak Sidor (1887 – 1967), radz. działacz państwowy, dca Zgrupowania Partyzanckiego, dwukrotny bohater Związku Radzieckiego *434, 435*

Kozak Hołota, bohater pieśni ludowych z XVI w. *88*

Kozak Sawa zob. Rudnicki Władysław

Kozłowski Władysław (XIX w.), kijowski demokrata, chłopoman *258*

Kozyćki Pyłyp (1893 – 1960), ukr. kompozytor i działacz społeczny *460*

Kożan Aleksy (1900 – 1957), działacz KPZU *415*

Kożedub Iwan (ur. 1920), lotnik, bohater Związku Radzieckiego *447*

Krasikow Piotr (1870 – 1939), działacz ruchu rewolucyjnego, członek Komunistycznej Partii od 1892 r. *294*

Krasowski Andrzej (1822 – 1868), ppłk, członek organizacji Ziemia i Wola, działał w 1862 r. wśród chłopów Korsunia i Bohusławia *257*

Kreczetnjkow Michał (1729 – 1793), gen. ros., dca korpusu ros. skierowanego przeciwko powstańcom Żeleźniaka *194*

Krewza Lew, unicki archimandryta wileński, autor książki *Obrona jedności cerkiewnej* wyd. w 1617 r. *87*

Kropywnycki Marek (1840 – 1910), ukr. dramaturg, aktor i reżyser *327*

Kryczewski Fiodor (1879 – 1947), ukr. malarz i pedagog *459*

Kryłow Iwan (1769 – 1844), ros. bajkopisarz *327*

Krym Girej (XVII w.), zwierzchnik wojskowy Ordy *120, 122, 159*

Krym Girej (XVIII w.), chan krymski *196*

Krystyna (1626 – 1689), kr. Szwecji od 1632 r., c. Gustawa Adolfa *133, 141*

Krywonos (Perebijnos) Maksym (zm. 1648), czerkaski płk, dca oddziału kozackiego w powstaniu Chmielnickiego *120, 121, 131, 174*

Krzyżanowska Wiera (XIX w.), członek Związku Walki o Wyzwolenie Klasy Robotniczej *280*

Krzyżanowski Seweryn (1787 – 1839), oficer pol., działacz patriotyczny, członek KC Narodowego Towarzystwa Patriotycznego *219*

Kubijowicz Włodzimierz (1900 – 1985), geograf, kierownik nacjonalistycznego Ukraińskiego Komitetu Centralnego w Krakowie w czasie II wojny światowej *437*

Kuczyński Stefan Maria, współcz. pol. historyk *21*

Kulik Iwan (1897 – 1941), poeta, przewodniczący Związku Radzieckich Pisarzy Ukrainy *458*

Kulisz Pantelejmon (1819 – 1897), historyk, etnograf, literat, członek Bractwa Cyryla i Metodego *228, 229, 269*

Kułaha-Petrażycki Iwan (zm. 1632), hetman kozacki od 1631 r. *106*

Kuncewicz Jozafat (ok. 1580 – 1623), unicki abp witebski *79*

Kunicki Stefan (zm. 1683), królewski zwierzchnik Kozaczyzny Prawobrzeża *165*

Kupraniec Józef (1900 – 1953), działacz KPZU *415*

Kurcewicz Ezechiel, bp prawosławny, delegat Kozaków do Warszawy w 1621 r. *99*

Kurdynowski Borys, przedstawiciel Dyrektoriatu w 1919 r. *369*

Kutuzow Michał, właśc. Goleniszczew-Kutuzow (1745 – 1813), wybitny dca ros., feldmarszałek *197*

Kuźmicz Włodzimierz (1904 – 1943), powieściopisarz ukr. *456*

Kuźmińska Helena, deputowana do Rady Najwyższej USRR *429*

Kwiring Emanuel (1888–1937), radz. działacz partyjny i państwowy, przewodniczący KP(b)U po II Zjeździe, przewodniczący Rady Gospodarki Narodowej USRR *353, 354, 357, 372, 406*

Kwitka-Osnowianenko Grzegorz (1778–1843), autor komedii i opowiadań, współwydawca czasopisma *230, 231, 241*

Lanckorońscy, ród magnacki *187*

Lanckoroński Stanisław (zm. 1657), regimentarz, hetman kor. *124, 140*

Langans Martin Wilhelm (1852–1883), rewolucjonista, narodnik *272*

Lassota Eryk von Steblau, poseł Rudolfa II Habsburga na Ukranie, autor diariusza z 1594 r. *74, 91*

Lengnik Fryderyk (1873–1936), działacz ruchu rewolucyjnego *294*

Lenin Włodzimierz Iljicz, właśc. W. I. Uljanow (1870–1924), przywódca rosyjskiego i międzynarodowego ruchu robotniczego, założyciel partii bolszewickiej, twórca państwa radz. *279, 280, 283, 292, 294, 295, 299, 312, 313, 320, 334, 338, 362, 365, 379, 382, 383, 386–388*

Leontowicz Mikołaj (1877–1921), ukr. kompozytor *326*

Lepieszyński Pantelejmon (1868–1944), rewolucjonista, historyk, członek Komunistycznej Partii od 1898 r. *299*

Leszek Biały (1186–1227), ks. krakowski i sandomierski od 1194 r. *45*

Leszek Czarny (ok. 1241–1288), ks. łęczycki i sieradzki, od 1279 r. ks. sandomiersko-krakowski *50*

Lew (ok. 1230–1301), s. Daniela, ks. halicki od 1264 r. *49, 50, 53*

Lew (zm. 1323), s. Jerzego, ks. halicki od 1308 r. *54*

Lewicki Dymitr (1735–1822), ros. malarz portrecista *208*

Limanowski Bolesław (1835–1935), jeden z najstarszych działaczy pol. ruchu socjalistycznego, historyk, socjolog, publicysta, twórca organizacji Lud Polski *286*

Lipiński W. (1882–1931), współzałożyciel Ukraińskiej Partii Demokratycznej w 1917 r. *333*

Litwinow Maksym (1876–1951), działacz ruchu rewolucyjnego, dyplomata radz., uczestnik ucieczki „jedenastki" z więzienia w Kijowie *294*

Lizogub Andrzej (1804–1864), właściciel ziemski *233*

Lizogub Jakub (1675–1749), oboźny generalny *182*

Lubart-Dymitr (zm. 1384), s. Giedymina, ks. włodzimiersko-łucki *55, 56*

Lubczenko Panas (1879–1937), działacz państwowy i partyjny, premier USRR *406*

Lubliński Julian, właśc. Kazimierz Motosznowicz (1798–1873), dekabrysta, członek Stowarzyszenia Zjednoczonych Słowian *219*

Lubomirscy, ród *187, 201*

Lubomirski Jerzy (XVIII w.), ks. *188*

Lubomirski Jerzy Sebastian (1616–1667), hetman polny kor., od 1657 r. przywódca opozycji, skazany na banicję *156*

Ludwik I Wielki, Węgierski (1326–1382), kr. Węgier od 1342 r. i Polski od 1370 r. *56*

Luksemburg W., min. sprawiedliwości w Ukraińskiej Republice Robotniczo-Chłopskiej *345*

Lupul Wasyl (Bazyli), hospodar mołdawski w l. 1634–1653 *111, 128, 130, 132*

Lüders Aleksander (1790–1874), gen. ros., namiestnik Królestwa Polskiego w l. 1861–1862 *256*

„Łacina" zob. Ostroróg Mikołaj

Ładan Paweł (1892–1933), działacz socjalistyczny, zca członka KW Międzynarodówki Komunistycznej *415*

Łałajanc Izaak (1870–1933), działacz ruchu socjalno-demokratycznego, członek Związku Walki o Wyzwolenie Klasy Robotniczej *280, 281*

Łapczyński G. (ur. 1886), główny pisarz Rządu Ukraińskiej Republiki Robotniczo-Chłopskiej *345*

Ławrow Piotr (1823–1900), ros. publicysta jeden z ideologów narodnictwa *271*

Łazarewski Aleksander (1834–1902), historyk, założyciel miesięcznika „Kijewskaja starina" *271, 324*

Łebed Mikołaj, przywódca konspiracyjnej OUN w 1941 r. *437*

Łebedyński Teofanes (XIX w.), współzałożyciel miesięcznika „Kijewskaja starina" *271*

Łewycki Andrzej (ur. 1879), szef emigracyjnego rządu Ukraińskiej Republiki Ludowej *393, 420*

Łewycki Józef (1801—1860), pisarz i działacz kulturalny ukr., autor *Tęsknoty przeklętych 235*

Łewycki Kost (1859—1941), narodowiec, polityk i publicysta, założyciel Rady Ogólnoukraińskiej *285, 320, 322, 374*

Łoboda Hryhory (zm. 1596), hetman zaporoski, pomocnik Nalewajki *74, 75*

Łoła Oksen (1884—1919), ukr. historyk *190*

Łopatyński J., reżyser ukr. *457*

Łosienko Antoni (1737—1773), malarz i pedagog, przedstawiciel ros. klasycyzmu *208*

Łotocki A. (ur. 1870), współzałożyciel Ukraińskiej Partii Demokratycznej w 1904 r. *296, 337*

Łoziński Józef (1807—1889), ukr. etnograf, językoznawca i publicysta, autor gramatyki ukr. mowy *238*

Ługanowski E., min. zaopatrzenia Ukraińskiej Republiki Robotniczo-Chłopskiej *345*

Łysenko Mikołaj (1842—1912), kompozytor, twórca klasycznej muzyki ukr. *326*

Łyzohub Fedor (1851—1928), ukr. obszarnik, premier Ukrajinśkiej Derżawy po zamachu stanu Skoropadskiego *352*

Machno Nestor (1884—1934), przywódca wojsk anarchistycznych w czasie wojny domowej *362, 365*

Mahomet IV, sułtan turecki w l. 1648—1687 *159—161*

Makarenko A., delegat kolejarzy, członek Dyrektoriatu w 1918 r. *354, 356*

Makarenko Antoni (1888—1939), radz. pedagog i pisarz *391*

Makarewicz Hanna (1854—1925), ros. rewolucjonistka, członek odeskiej grupy narodnickiej (czajkowców) *272*

Makowski Tomasz (ok. 1575—ok. 1630), sztycharz i kartograf *9*

Maksymilian (1558—1618), arcyks. austr. *74*

Maksymowicz Michał (1804—1873), wybitny ukr. historyk, etnograf i filolog *236*

Malczewski Antoni (1793—1826), pol. poeta, współtwórca ukr. szkoły poetów *239, 240*

Małusza (X w.), klucznica Światosława, matka Włodzimierza Wielkiego *26*

Małyszko Andrzej (1912—1970), poeta *460*

Mamaj (zm. 1380), chan Złotej Ordy *64*

„Mamaj", Kozak *148, 170*

Manizer Matwiej (1891—1966), ros. rzeźbiarz *459*

Manuilski Dymitr (1883—1959), członek Ogólnoukraińskiego Komitetu Rewolucyjnego, członek delegacji radz. w Rydze w 1920 r. *366, 372, 382, 385, 443, 444*

Maria-Dobronega, siostra Jarosława Mądrego, od 1040 r. ż. Kazimierza Odnowiciela *29*

Maria Teresa (1717—1780), kr. Austrii, Czech i Węgier od 1740 r., cesarzowa od 1745 r. *186, 204*

Markiewicz Jakub (1696—1770), generalny podskarbi kozacki, autor diariusza z 1717—1767 *206*

Markiewicz Mikołaj (1804—1860), ukr. historyk, etnograf i pisarz *33*

Markina Walentyna (ur. 1910), kijowski historyk *188*

Markow, hr., właściciel dóbr na Podolu w XVIII/XIX w. *233*

Marks Karol (1818—1883), niem. filozof i działacz rewolucyjny, twórca socjalizmu naukowego, autor *Kapitału 275—277*

Martow L., ps. Juliusza Cederbauma (1873—1923), mienszewik *283, 295*

Marusia, bohaterka pieśni ludowych z XVI w. *88*

Mazepa Iwan, właśc. Jan Kołodyński (1644—1709), hetman kozacki od 1687 r., w 1708 r. wzniecił powstanie przeciw Rosji *166, 167, 171—176, 178, 181, 201, 206, 208*

Mehmed Girej (XVII w.), chan tatarski *102, 141*

Meleniewski Markian (1879—1938), kierownik założonego w 1904 r. Związku Socjaldemokratycznego, działacz Związku Wyzwolenia Ukrainy w 1914 r. *297, 320*

Melnyk Andrzej (1890—1964), dca strzelców siczowych, członek kierownictwa UWO *354, 393, 416, 425, 437*

Melnyk Jakub (ur. 1890), dca oddziału partyzanckiego na Prawobrzeżu *435*

Melnykow Juwenaliusz (1868—1900), rewolucjonista, organizator Klubu Łukianowskiego w Kijowie, potem Pierwszego Komitetu Robotniczego w l. 1895—1896 *277—279*

Melsztyńscy, ród *59*

Mengli Girej (zm. 1515), chan krymski od 1468 r. *65*

Mercator, właśc. Gerhard Kremer (1512—1594), kartograf flamandzki, twórca nowoczesnej kartografii *9*

Metternich Klemens Lothar Wenzel von (1773—1859), ks., austr. mąż stanu *243*

Michajłowicz Tymosz (XVII w.), hetman kozacki *105, 107*

Michał (zm. 1245), s. Wsiewołoda, ks. czernihowski *51, 53*

Michał Korybut Wiśniowiecki (1640—1673), kr. pol. od 1669 r., s. Jeremiasza *161*

Mickiewicz Adam (1798—1855), najwybitniejszy poeta pol., dramatopisarz, publicysta, działacz polityczny *231, 233, 430*

Mickiewicz M., min. do spraw pol. w Ukraińskiej Republice Ludowej w 1918 r. *349*

Miecznikow Ilia (1845—1916), biolog, prof., założyciel Odeskiej Stacji Bakteriologicznej w 1886 r. *324*

Miedwiediew J., członek USDPR *345*

Mielgunow (XVIII w.), ros. gen., rządca Nowej Serbii, potem gubernator gub. noworosyjskiej *187*

Mienszykow Aleksander (1673—1729), feldmarszałek ros., faworyt Piotra I *174, 175, 178, 202*

Mieszko II (990—1034), kr. pol. od 1025 r. *29*

Mieszko Stary (1126—1202), ks. zwierzchni w l. 1173—1177, od 1191 r. ks. krakowski (z przerwami) *45*

Miezencew (XVII w.), wojewoda w Ostrogożsku *150*

Mikieszyn Michał (1835—1896), ros. rzeźbiarz *328*

Mikołaj I (1796—1855), car ros. od 1825 r. *220, 222, 223, 225, 229*

Mikołaj II (1868—1918), car. ros. w l. 1894—1917 *302*

Mikołaj z Kuzy, kardynał *9*

Mikołajczyk Stanisław (1901—1966), pol.

działacz polityczny, przywódca Polskiego Stronnictwa Ludowego, wicepremier Tymczasowego Rządu Jedności Narodowej *448, 449*

Mitrydates VI Eupator (ok. 132—63 p.n.e.), kr. Pontu od 120 r. *18*

Młodanowicz Rafał Despot, dca obrony w Humaniu w 1768 r. *193*

Mnohohriszny Demian, hetman kozacki Ukrainy prawobrzeżnej w l. 1668—1672 *146, 150, 161, 162*

Mohiła (XVII w.), hetman nakaźny *165*

Mohylnycki Iwan (1777—1831), kanonik przemyski, działacz kulturalno-oświatowy *235*

Mohyła Piotr (1596—1647), metropolita kijowski, archimandryta Ławry Pieczerskiej, piszący pod ps. Euzebiusz Pimina *81, 82, 87, 114*

Mojsław (Masław?, zm. 1047), ogłosił się władcą Mazowsza, poległ w walce z Kazimierzem Odnowicielem i Jarosławem Mądrym *29*

Mołodec, dca oddziału powstańców na Lewobrzeżu w 1708 r. *173*

Mołotow Wiaczesław (właśc. W. M. Skriabin, 1890—1986), polityk i dyplomata radz. *426*

Moniuszko Stanisław (1819—1872), kompozytor, twórca pol. opery narodowej *327*

Moraczewski Jędrzej (1870—1944), pol. polityk, działacz PPS, premier w l. 1918—1919 *374*

Moroz Walentyn, pisarz ukr. *464*

Mossor Stefan (1896—1957), pol. gen. *449*

Motosznowicz Kazimierz zob. Lubliński Julian

Mścisław (zm. 1036), ks. tmutorakański, s. Włodzimierza Wielkiego *29*

Mścisław (zm. 1223), ks. czernihowski, zginął nad Kałką *50*

Mścisław (zm. 1223), ks. halicki, zginął nad Kałką *50*

Mścisław (zm. 1223), ks. kijowski, zginął nad Kałką *50*

Mścisław (ur. 1076), s. Włodzimierza Monomacha, od 1117 r. ks. nowogrodzki, w l. 1117—1125 ks. perejasławski, w l. 1125—1132 ks. kijowski *40, 41*

Mucha, chłop z Bukowiny, przywódca powstania w 1490 r. na ziemi halickiej *63*

Mudry Wasyl, członek UNDO, wicemarszałek Sejmu w 1935 r. *424, 425*
Muranow Matwiej (1873—1959), rewolucjonista, poseł do IV Dumy z gub. charkowskiej w 1912 r. *312*
Murawiow Aleksander, członek powstałego w 1816 r. Towarzystwa Prawdziwych i Wiernych Synów Ojczyzny *217*
Murawiow Nikita (1796—1843), dekabrysta, kpt. gwardii, członek Towarzystwa Północnego *219*
Murawiow-Apostoł Matwiej (1793—1886), dekabrysta, członek Towarzystwa Prawdziwych i Wiernych Synów Ojczyzny *217, 220*
Murawiow-Apostoł Sergiusz (1796—1826), dekabrysta, członek Towarzystwa Prawdziwych i Wiernych Synów Ojczyzny, potem Towarzystwa Południowego *217, 218, 220, 221*
Murawski Mitrofan (1838—1879), ukr. działacz rewolucyjny, członek nielegalnej organizacji studenckiej w Charkowie, potem w Kijowie *249*
Musorgski Modest (1839—1881), wybitny ros. kompozytor *326*
Mużyłowski Syłujan, ukr. dyplomata, płk, poseł kozacki do Moskwy w 1653 r. *133*
Münster Sebastian (1488—1522), kartograf *87*
Mychać Grzegorz (1897—1933), działacz KPZU, od 1924 r. w ZSRR *415*
Mychajłyczenko Hnat (1892—1919), borotbista *352*
Mykytenko Iwan (1897—1937), ukr. powieściopisarz i publicysta *456*
Myrnyj Panas zob. Rudczenko Panas

Nalewajko Semen (Seweryn?, zm. 1597), ataman, przywódca powstania Kozaków w l. 1594—1596 *74—76, 94*
Naliwajko Demian (zm. 1627), pisarz, tłumacz, przeciwnik unii brzeskiej *114*
Napierski Kostka zob. Kostka Napierski Aleksander Leon
Napoleon I, Napoleon Bonaparte (1769—1821), ces. Francuzów w l. 1804—1814 i 1815, kr. Włoch w l. 1805—1814 *216*
Narutowicz Stanisław, przewodniczący powstałej w 1882 r. filii Proletariatu w Kijowie *278*
Nastazja (XII w.), nałożnica Jarosława, ks. halickiego *47*

Nawrocki Aleksander (1823—1892), ukr. działacz rewolucyjny, poeta, tłumacz, członek Bractwa Cyryla i Metodego *229*
Neczuj-Łewycki Iwan (1838—1918), pisarz ukr. *326*
Nestor (1053—ok. 1113), mnich Ławry Pieczerskiej, autor *Powieści minionych lat 23*
Nieczaj (XIX w.), jekaterynosławski marszałek szlachty *248*
Nieczaj Daniel (zm. 1651), płk bracławski, bohater powstania w l. 1648—1654 *127, 129*
Nieklepajew Włodzimierz, narodowiec, współzałożyciel powstałego w 1884 r. Tajnego Stowarzyszenia Spiskowców *278*
Niemirycz Jerzy (zm. 1659), magnat ukr., arianin *151, 155*
Nieżywy Semen, dca oddziału hajdamaków w 1768 r. *193*
Nikowski Andrzej (ur. 1885), działacz Ukraińskiej Partii Socjalistów Federalistów *329*

Odrowążowie, ród *59*
Odyniec Piotr, poseł Sahajdacznego do Moskwy w 1620 r. *99*
Ogariow Mikołaj (1813—1877), ros. poeta i publicysta, działacz rewolucyjny *249, 256*
Oleg (zm. 912), ks. kijowski *24, 25*
Oleg (X w.), s. Światosława *26*
Oleg (zm. 1115), s. Światosława, ks. tmutorakański w l. 1083—1094, ks. nowogrodzko-siewierski od 1097 r. *38, 40, 46*
Oleg (XII w.), ks. czernihowski *42*
Oleksiuk Michał (1898—1937), działacz KPZU, poległy w Hiszpanii *415, 416*
Olga (zm. 969), ż. Igora, rządziła Rusią Kijowską w okresie małoletności s. Światosława w l. 945—947 *25*
Olga, ż. Jarosława, c. Jerzego Długorękiego *47*
Olgierd Giedyminowicz (1296—1377), w. ks. litewski od 1345 r. *55, 65*
Onyszkiewicz Mirosław, ps. Orest (zm. 1950), dca UPA *448*
Opara Stefan, samozwańczy hetman na Prawobrzeżu w 1665 r. *157*
Orachelaszwili Mamia, wicepremier rządu ZSRR w 1923 r. *386*

Ordżonikidze· Grigorij, ps. Sergo (1886—1937), radz. działacz ruchu robotniczego, jeden z organizatorów powstania w Piotrogrodzie *310*
Orest zob. Onyszkiewicz Mirosław
Orlik Filip (1672—1742), pisarz generalny w l. 1702—1708, potem hetman kozacki *176, 178, 189*
Orlik Grzegorz (1702—1759), s. Filipa, późniejszy hr. i gen. franc. *178*
Ortolog Teofil zob. Smotrycki Melecjusz
Oryszowski Jan, szlachcic pol., w 1578 r. z polecenia Stefana Batorego sporządził rejestr kozacki *72*
Orzechowski Stanisław (1513—1566), pol. pisarz polityczny, przeciwnik reformacji *77*
Osadczy Mychajło, jeden z twórców „pokolenia lat sześćdziesiątych" *462*
Osman II, sułtan turecki w l. 1618—1622 *99*
Ossolińscy, ród *187*
Ossoliński Jerzy (1595—1650), kanclerz w. kor. od 1643 r., wybitny polityk i dyplomata *117, 122, 123, 125, 127*
Ostranica Jacek zob. Ostrzanin Jakub
Ostrogscy, ród *59, 65*
Ostrogski Konstanty (1526—1608), ks., wojewoda kijowski *73, 78, 82, 84—86, 91*
Ostroróg Mikołaj („Łacina", 1593—1651), pol. magnat, regimentarz *122, 124*
Ostrzanin Jakub, ps. Jacek Ostranica (zm. 1641), przywódca Kozaków nierejestrowych *110, 111, 114*

Paderewski Ignacy (1860—1941), pol. pianista i kompozytor, polityk i działacz społeczny, premier w 1919 r. *369*
Padlewski Zygmunt (1835—1863), pol. działacz lewicowy, gen., dca oddziałów w powstaniu styczniowym 1863 r. *249, 255, 256*
Padura Tomasz (1801—1871), poeta pol. i ukr. *239*
Palczowski Krzysztof (XVII w.), autor dziełka o Kozakach *94*
Palij Semen (zm. 1710), płk fastowski, bohater walki wyzwoleńczej na Ukrainie prawobrzeżnej *166, 167, 171—173, 176*
Pałładij Aleksander (1885—1972), biochemik, laureat nagrody leninowskiej *454*

Panczo Piotr (ur. 1891), powieściopisarz *456*
Panin Nikita (1718—1783), ros. prezydent Kolegium Spraw Zagranicznych *197*
Paradżanów S., współcz. ukr. reżyser *464*
Paton Eugeniusz (1870—1953), wynalazca metody automatycznego elektrycznego spawania *459*
Pauli Żegota (1814—1895), pol. etnograf, historyk, zasłużony zbieracz pieśni ludowych w Galicji *236*
Paweł I (1754—1801), car ros. od 1796 r. *213, 220*
Pawęski Piotr zob. Skarga Piotr
Pawluk zob. But Paweł
Pawłow Kapiton (1792—1852), malarz *233*
Pawłyk Michał (1853—1915), pisarz, działacz rewolucyjno-demokratyczny *285—287*
Pełczyński (XVI w.), władyka turowski i piński, zwolennik unii kościelnej *77*
Perebijnos zob. Krywonos Maksym
Perenyiowie, ród magnacki *150*
Pestel Paweł (1793—1826), oficer ros., przywódca Związku Południowego, dekabrysta *217—220*
Petlura Semen (1877—1926), polityk ukr., działacz Ukraińskiej Partii Rewolucyjnej, od 1918 r. na czele ukr. rządu nacjonalistycznego *296, 330, 331, 341, 342, 347, 354—356, 365, 369, 370, 375, 393, 411, 420*
Petrachnowicz Mikołaj (ok. 1600—po 1666), malarz lwowski *90*
Petrarca Francesco (1304—1374), wł. poeta i humanista, znawca literatury starożytnej *87*
Petrusewicz Kazimierz, członek Związku Walki o Wyzwolenie Klasy Robotniczej w Jekaterynosławiu, uczestnik zjazdu w 1898 r., na którym powstała Socjaldemokratyczna Partia Robotnicza Rosji *281*
Petruszewicz Eugeniusz (1863—1940), członek Ukraińskiej Reprezentacji Parlamentarnej, przewodniczący Ukraińskiej Rady Narodowej w 1918 r. *322, 373, 375*
Petryk zob. Iwanienko Piotr
Piasecki Paweł (1579—1649), bp przemyski, historyk pol. *69*
Piastowie, dynastia *50, 54, 56*

Piatakow Georgij, przedstawiciel opozycji w Kijowie w 1917 r., lewicowy opozycjonista, sekretarz KC KP(b)U w 1918 r. *349, 353, 388, 400*

Piatnicki Józef (1882—1939), działacz ruchu rewolucyjnego, uczestnik ucieczki „jedenastki" z więzienia w Kijowie *294*

Pieracki Bronisław (1895—1934), pol. polityk, min. spraw wewnętrznych od 1931 r. *424*

„Pierzyna" zob. Zasławski Władysław Dominik

Pietrowski Grzegorz (1878—1958), działacz ruchu rewolucyjnego w Zagłębiu Donieckim, poseł do IV Dumy Państwowej w 1912 r. *294, 312, 313, 337, 359, 366, 370, 381, 382, 385, 390*

Pilat Stanisław (1881—1941), prof. Uniwersytetu Lwowskiego, zamordowany przez hitlerowców *438*

Piłsudski Józef (1867—1935), pol. polityk, mąż stanu, marszałek Polski *370, 375, 420, 422*

Pimina Euzebiusz zob. Mohyła Piotr

Piotr I Wielki (1672—1725), car ros. od 1682 r. *82, 168, 172, 173, 175—181, 202, 205, 208, 218*

Piotr III (1728—1762), car ros. w 1762 r., mąż Katarzyny II *196*

Plechanow Jerzy (1856—1918), ros. myśliciel i krytyk literacki, działacz ros. i międzynarodowego ruchu robotniczego *276, 277*

Pletat Edward, kierownik organizacji socjaldemokratycznej w Kijowie w 1892 r. *278*

Pliniusz Starszy (23—79), pisarz rz., autor dzieła *Naturalis historia 19*

Pluszcz Leonid, współcz. pisarz ukr. *464*

Plutarch (ok. 45—ok. 120), gr. historyk i filozof moralista z Cheronei *207*

Płaskowicka-Dziankowska Zofia (ur. 1854), działaczka ruchu robotniczego, członek Proletariatu *278*

Pociej Adam Hipacy (1541—1613), władyka włodzimierski, który złożył przysięgę w Rzymie w 1595 r., od 1600 r. metropolita kijowski *78, 86*

Podwojski Mikołaj (1880—1948), radz. działacz partyjny, komisarz spraw wojskowych RKL USRR *357*

Pol Wincenty (1807—1872), pol. poeta, geograf, uczestnik powstania listopadowego *235*

Poletika Grzegorz (1725—1784), główny inspektor korpusu szlacheckiego, autor opracowań historycznych *207*

Polikarp, abp zob. Sikorski

Połocki Symeon zob. Szymon Połocki

Połubotok Paweł (1660—1723), płk czernihowski, hetman nakaźny od 1722 r. *180*

Poniatowscy, ród magnacki *214*

Popiel Aleksander (XIX w.), pol. zesłaniec w Orenburgu *249*

Posiada Iwan (1823—1894), działacz kulturalny, pedagog, członek Bractwa Cyryla i Metodego *229*

Postyszew Paweł (1887—1940), od 1933 r. sekretarz KC KP(b)U *405*

Potiebnia Andrzej (1838—1863), założyciel tajnej organizacji oficerów ros., ukr. rewolucjonista, uczestnik powstania w 1863 r. *255, 256, 262*

Potiomkin Grzegorz (1739—1791), ks., feldmarszałek ros., faworyt Katarzyny II, wiceprezydent Kolegium Wojskowego *199, 200*

Potoccy, ród magnacki *187, 189, 201, 265, 315*

Potocki Andrzej (zm. 1663), oboźny kor., dca wojsk wysłanych na pomoc Wyhowskiemu w 1659 r. *155*

Potocki Andrzej (1861—1908), hr., konserwatywny polityk galic., namiestnik Galicji od 1902 r. *318*

Potocki Franciszek Salezy (1700—1772), wojewoda kijowski *193*

Potocki Józef (1673—1751), hetman w. kor. *191*

Potocki Mikołaj (1593—1651), hetman w. kor. *108, 109, 118, 120, 128*

Potocki Piotr (zm. 1657), dca oddziału w czasie powstania Chmielnickiego *131*

Potocki Stanisław (XVII w.), regimentarz *110, 111*

Potocki Stanisław Rewera (1579—1667), hetman w. kor. *140*

Potocki Stanisław Szczęsny (1751—1805), wojewoda ruski, współtwórca i marszałek konfederacji targowickiej *201*

Potocki Stefan (ok. 1624—1648), s. Mikołaja, dca oddziału nad Żółtymi Wodami *118, 120*

Poznański Borys (XIX w.), kijowski chłopoman, członek Hromady *269*
Prasten, Norman, sygnatariusz bizantyjsko-ruskiego traktatu pokojowego w 944 r. *25*
Pretfic Jakub (1546—1613), starosta barski, wojewoda podolski *71*
Prokop z Cezarei (zm. 562), historyk bizantyjski, autor *Historii wojen z Gotami 19*
Prokopowicz Teofan (1681—1736), ros. pisarz, uczony, działacz kulturalny, autor licznych dzieł *206*
Prozorowski (XVIII w.), gen. ros. *197*
Prymakow Witalij (1898—1937), członek komitetu kijowskiego SDPRR(b), organizator pułku Czerwonych Kozaków *347*
Przyjemski Zygmunt (zm. 1652), gen. artylerii, dca wojsk najemnych w bitwie pod Batohem *131*
Pseudo-Maurycy (VI/VII), umowne nazwisko autora dzieła *Strategikon 19*
Pugaczow Jamielian (1742—1775), dca powstania od 1772 r. *194, 198*
Puszkar Martyn (zm. 1658), płk perejasławski *152*
Puszkin Aleksander (1799—1837), ros. poeta, twórca nowożytnej literatury ros. *232*
Puszkin Jerzy (XVII w.), przewodniczący poselstwa moskiewskiego w 1650 r. *128*

Quarenghi Giacomo (1744—1817), architekt *235*

Radziejowski Hieronim (1622—1667), podkanclerzy kor. od 1651 r. *131*
Radziwiłł Bogusław (1620—1669), ks., koniuszy litewski *142*
Radziwiłł Janusz (1612—1655), hetman w. litewski od 1654 r., w 1655 r. poddał Litwę Karolowi Gustawowi *125, 139, 140*
Radziwiłł Mikołaj zwany Czarnym (1515—1565), ks., kanclerz w. litewski, wojewoda wileński *66*
Radziwiłł Mikołaj zw. Rudym (1512—1584), brat Barbary, kanclerz i hetman w. litewski *66*
Radziwiłł Mikołaj Krzysztof zw. Sierotką (1549—1616), ks., wojewoda wileński i trocki *78*
Radziwiłłowie, ród *66, 214*

Rahoza Michał, metropolita kijowski, zwolennik unii brzeskiej, uczestnik synodu w Brześciu w 1596 r. *79*
Rajski, właściciel domu, gdzie odbywały się w 1596 r. obrady przeciwników unii brzeskiej *78*
Rakoczy Jerzy II (1621—1660), ks. siedmiogrodzki od 1648 r., lennik Turcji w Mołdawii i na Wołoszczyźnie *132, 142*
Rakoczyowie, ród magnacki *150*
Rakowski Chrystian (ur. 1873), przewodniczący Rady Komisarzy Ludowych *357, 379, 385, 386, 400*
Rakuszko-Romanowski Roman (1623—1703), autor diariusza, podskarbi generalny w l. 1663—1668 *169*
Rastrelli Bartolomeo (1700—1771), ros. architekt wł. pochodzenia, przedstawiciel późnego baroku *208*
Razin Stiepan (ok. 1630—1671), dca powstania w l. 1667—1671 *150*
Razumowscy, ród *214*
Razumowski Cyryl (1728—1803), hr., ostatni hetman Ukrainy lewobrzeżnej, brat faworyta Elżbiety *183, 185*
Rehnsköld Karol Gustaw, głównodowodzący sił szwedzkich w 1709 r. *176*
Repnin Borys (XVII w.), ks. *134*
Ribbentrop Joachim von (1893—1946), jeden z głównych przywódców hitlerowskiej Rzeszy, min. spraw zagranicznych *426*
Riepin Ilia (1844—1930), malarz ros., najwybitniejszy przedstawiciel realizmu w sztuce ros. *160*
Rimski-Korsakow Mikołaj (1844—1908), ros. kompozytor, mistrz instrumentacji *326*
Roald (X w.), Norman, sygnatariusz odnowionego traktatu pokojowego bizantyjsko-ruskiego w 944 r. *25*
Roman Mścisławowicz (zm. 1205), ks. wołyński i halicki od 1199 r. *45, 47, 48, 54*
Romanczuk Tytus (1865—1911), malarz *327*
Romańczuk Julian (1842—1932), członek kierownictwa narodowców, potem w 1916 r. Ukraińskiej Reprezentacji Parlamentarnej *285, 288, 322*
Romodanowski Grzegorz (zm. 1682), ks., dca garnizonu ros. w Kijowie *156, 163*

Rosenberg Alfred (1893—1946), czołowy ideolog hitlerowski, od 1941 r. min. dla okupowanych terenów wschodnich *407*

Rościsław (XI w.), s. Wsiewołoda, wnuk Jarosława Mądrego *38*

Rościsław (XII w.), s. Włodzimierza Monomacha, ks. smoleński *42*

Rościsław (XII w.), prawnuk Włodzimierza Monomacha *44*

Rozanda (XVII w.), c. Wasyla (Bazylego) Lupula, ż. Tymosza Chmielnickiego *128, 132*

Różycki Edmund (1827—1893), gen., dca powstańców w 1863 r. na Wołyniu *260, 261*

Różycki Karol (1789—1870), dca pułku jazdy w powstaniu listopadowym *223*

Rudczenko Panas, ps. literacki Panas Myrnyj (1849—1920), ukr. pisarz, rewolucjonista, demokrata *305, 324*

Rudenko Mikołaj (ur. 1920), pisarz i poeta ukr. *463*

Rudnicki Władysław, ps. Kozak Sawa (ur. 1835), działacz pol. ruchu wyzwoleńczego, dca oddziału powstańczego w Kijowskiem w 1863 r., oficer ros. *259*

Rudolf II Habsburg (1552—1612), kr. niem. i ces. rz. od 1576 r., kr. węg. od 1572 r., kr. czeski od 1575 r. *74, 75*

Rumiancew Piotr, przydomek „Zadunajski" (1725—1796), ros. feldmarszałek, przewodniczący II Kolegium Małorosyjskiego *185, 186, 197, 200*

Ruryk (zm. 879), ks. nowogrodzki, założyciel dynastii Rurykowiczów *23, 24, 38*

Ruryk (XII/XIII w.), s. Rościsława, ks. kijowski (wspólnie ze Światosławem) *44—46*

Rurykowicze, rodziny panujące na Rusi i w Rosji od IX w. do 1598 r. *37*

Rusow Michał (1876—1909), działacz Ukraińskiej Partii Rewolucyjnej *296*

Rybicki Jan, Polak, robotnik, współzałożyciel Południoworosyjskiego Związku Robotników w Odessie w 1875 r. *276*

Rydz-Śmigły Edward (1886—1941), marszałek Polski od 1936 r., naczelny wódz w 1939 r. *426*

Rykow Aleksy (1881—1938), zca premiera I rządu ZSRR w 1923 r., potem przewodniczący Rady Komisarzy Ludowych *386, 400*

Rylejew Kondrat (1795—1826), poeta ros., przywódca dekabrystów *220*

Rylski Maksym (1895—1964), poeta ukr., s. powstańca z 1863 r. *453, 460*

Rylski Tadeusz (1841—1902), etnograf, kijowski demokrata, chłopoman *258, 269*

Saburow Aleksander (ur. 1908), jeden z organizatorów ruchu partyzanckiego, dca zgrupowania, bohater Związku Radzieckiego *435*

Sachnowicz Grzegorz (XVII w), płk mirhorodzki *135*

Sadkowski Wiktor (XVIII w.), archimandryta słucki, bp perejasławsko-boryspolski *195*

Sadowski Mikołaj zob. Tobilewicz Mikołaj

Sahajdaczny, właśc. Konaszewicz Piotr (zm. 1622), hetman kozacki, z pochodzenia pol. szlachcic *79, 81, 95, 97—101*

Sakowicz Kasjan (ok. 1578—1647), pisarz polemista, rektor szkoły brackiej w Kijowie *80, 87, 114*

Saksahanski Panas zob. Tobilewicz Panas

Samojłow (XVII w), kupiec moskiewski *128*

Samojłowicz Iwan (zm. 1690), sędzia generalny, potem hetman kozacki *162—164, 166, 167*

Samokisz Mikołaj (1860—1944), ukr. malarz batalista *459*

Samuś zob. Iwanowicz Samuel

Sanguszkowie, ród *59, 201, 315*

Sapieha Leon (1803—1878), pol. magnat ukr. pochodzenia, galic. działacz polityczny i gospodarczy *244*

Sapieha Lew (1557—1633), kanclerz i hetman w. litewski, wojewoda wileński *78*

Sapiehowie, ród *76*

Saumakos, Scyta, przywódca powstania niewolników w 107 r. p.n.e. *18*

Savonarola Girolamo (1452—1498), wł. kaznodzieja i reformator, dominikanin, opat klasztoru, spalony na stosie oskarżony o herezję *87*

Sawuła (Szaul) Matwiej (zm. 1596), dca oddziału w czasie powstania Nalewajki *75, 76*

Sazonow Sergiusz (1861—1927), ros. min. spraw zagranicznych w l. 1910—1916 *321*

Selim Girej (XVII w.), chan krymski *161*

Sembratowicz Sylwester (1836—1898), greckokatolicki metropolita *288*
Semen Olelkowicz (zm. 1470), ks. kijowski, prawnuk Olgierda *65*
Semirenko W. (XIX/XX w.), właściciel cukrowni, przemysłowiec *271*
Serapion (XIII w.), mnich kijowski *53*
Serczyk Władysław A. (W. A. S., ur. 1935), pol. historyk współcz. *8, 23, 232, 239, 267, 341, 427*
Sfandr, normański sygnatariusz bizantyjsko-ruskiego traktatu pokojowego z 944 r. *25*
Siciński Władysław (zm. 1664), stolnik upicki, pierwszy zerwał sejm w 1652 r. przez zgłoszenie liberum veto *131*
Siczyński Mirosław, (ur. 1887), członek UPSD, zamachowiec *318, 319*
Siemieński Lucjan (1807—1877), pol. poeta i krytyk literacki, związany z grupą postępowych pisarzy galic. *239*
Sieniawscy, ród magnacki *187*
Sieniawski Adam (ok. 1666—1726), hetman polny kor. od 1702 r., kasztelan krakowski od 1710 r. *172*
Sierakowski Zygmunt (1827—1863), działacz lewicowy w powstaniu styczniowym *249*
Siergiejew Fiodor, ps. Artiom (1883—1921), członek SDPRR, min. handlu i przemysłu Ukraińskiej Republiki Robotniczo-Chłopskiej, komisarz propagandy RKL USRR w 1919 r. *299, 345, 353, 354, 357*
Sikorski (Polikarp, XX w.), abp łucki, metropolita ukr. autokefalicznej cerkwi prawosławnej *438*
Sikorski Władysław (1881—1943), pol. polityk, gen., premier w l. 1924—1925 oraz rządu emigracyjnego *412*
Sineus, legendarny brat Ruryka *23*
Sirko Iwan (zm. 1680), ataman koszowy *155, 157, 159, 160, 162*
Siwochop Iwan (XVII w), dca watahy opryszków *149*
Skarga Piotr, właśc. Piotr Pawęski (1536—1612), kaznodzieja nadworny Zygmunta III, wybitny prozaik *77, 86*
Skidan Karp (zm. 1638), płk kozacki, jeden z przywódców powstania w l. 1637—1638 *99—111*
Składkowski-Sławoj Felicjan (1885—1962),

pol. polityk, gen., lekarz, premier w l. 1936—1939 *422*
Skoropadski Iwan (1646—1722), płk starodubski, hetman kozacki *175—177, 179, 180, 201*
Skoropadski Paweł (1873—1945), gen. carski, hetman Ukrainy, dca tzw. Wolnego Kozactwa *332, 351—354, 359, 392, 413, 452*
Skoropys-Jełtuchowski Aleksander (ur. 1880), działacz Związku Wyzwolenia Ukrainy *320*
Skoworoda Grzegorz (1722—1794), ukr. filozof, pisarz i poeta *207*
Skrypa Józef (1894—1929), działacz KPZU, poseł do Sejmu w 1922 r. *416*
Skrypnyk Mikołaj (1872—1933), działacz ruchu rewolucyjnego, min. pracy w Ukraińskiej Republice Robotniczo-Chłopskiej, przewodniczący Najwyższej Inspekcji Socjalistycznej USRR *294, 345, 350, 352, 357, 381, 386, 396, 405, 406*
Skrzetuski Mikołaj (ok. 1610—1674), z oblężonego Zbaraża przedarł się z listem do kr. w 1649 r. *125*
Sławiniecki Epifaniusz (zm. 1675), ukr. i ros. pisarz, tłumacz i pedagog *168*
Słobodnik Włodzimierz (ur. 1900), pol. poeta, członek grupy poetyckiej „Kwadryga" *225*
Słonim, s. Giedymina *55*
Słowacki Juliusz (1809—1849), pol. poeta i dramaturg romantyczny, jeden z 3 wieszczów *167, 240*
Smal-Stocki Roman, prof. Uniwersytetu Warszawskiego, wicemin. w „rządzie" Łewyckiego *420*
Smotrycki Gierasim (zm. 1594), ukr. pisarz i pedagog, rektor szkoły ostrogskiej *84*
Smotrycki Melecjusz, ps. literacki Teofil Ortolog (1578—1633), bp witebski i mścisławski, abp połocki, pisarz polemista, filozof *86, 114*
Sobieski Marek (1628—1652), brat Jana III *131*
Sokołow Iwan (1823—1910), malarz ukr. *234*
Sokołowski Marian (XIX w.), komisarz Rządu Narodowego w Żytomierzu w powstaniu 1863 r. *261*

Somka Jakim (zm. 1663), hetman nakaźny Ukrainy lewobrzeżnej *156*

Sosiura Włodzimierz (1898–1965), poeta *453*

Soszenko Iwan (1807–1876), malarz *233*

Srezniewski Izmaił (1812–1880), filolog, slawista i historyk *233*

Stabowy Jurij (ur. 1894), reżyser okresu stalinowskiego *457*

Stachanow Aleksy (1905–1977), górnik doniecki, inicjator ruchu współzawodnictwa pracy *407*

Stadion Franz von (1806–1853), hr., polityk austr., gubernator Galicji w l. 1846–1848 *243*

Stalin Józef, właśc. Dżugaszwili (1879–1953), wieloletni przywódca partii bolszewickiej, współtwórca systemu represji politycznych *346, 359, 371, 381, 382, 386, 388, 402, 406, 462*

Staniewicz Jan (XIX w.), zesłaniec pol. w Orenburgu *249*

Stanisław Leszczyński (1677–1766), kr. pol. w l. 1704–1709 i 1733–1736 *172, 174, 181*

Stanisław August Poniatowski (1732–1798), kr. pol. w l. 1764–1795 *192*

Starowolski Szymon (1588–1656), pol. uczony, pierwszy historyk literatury *94*

Staruch Jarosław, ps. Stiach (zm. 1947), przewodniczący OUN *451*

Starycki Michał (1840–1904), pisarz ukr., autor m.in *Marusi Bohusławki*, działacz kulturalny i teatralny *326*

Stecenko Cyryl (1882–1922), ukr. kompozytor, dyrygent, organizator zespołów teatralnych *327*

Stećko Jarosław, członek OUN-R, premier 4-dniowego rządu nacjonalistycznej Ukrainy w 1941 r. *437, 442*

Stefan III (zm. 1172), kr. węg. od 1162 r. *47*

Stefan Batory (1533–1586), ks. siedmiogrodzki, od 1576 r. kr. pol. *72*

Stefanowicz Jakub (1853–1915), rewolucjonista, narodnik, współzałożyciel „Tajnej Drużyny" *272*

Stefanowicz Wojciech (zm. ok. 1589), malarz lwowski *90*

Stefanyk Wasyl (1871–1936), ukr. pisarz, działacz społeczny *326, 327, 419*

Stępkowski Józef (ok. 1730–1793), kasztelan kijowski, kierownik akcji pacyfi-

kacyjnej po powstaniu Żeleźniaka *195*

Stiach zob. Staruch Jarosław

Stołypin Piotr (1862–1911), polityk ros., min. spraw wewnętrznych i premier od 1906 r. *307*

Strokacz Tymofiej (1903–1963), jeden z organizatorów i kierowników ruchu partyzanckiego na Ukrainie, naczelnik Ukraińskiego Sztabu Partyzanckiego *435, 441*

Strumph-Wojtkiewicz Stanisław (1898–1986), pol. pisarz i publicysta współcz. *241*

Struve Piotr (1870–1944), „legalny marksista", potem przywódca liberałów ros. *296*

Stryjkowski Maciej (1547–ok. 1582), pol. historyk, poeta *169*

Stus Wasyl, jeden z twórców z „pokolenia lat sześćdziesiątych" *462*

Suchanow (XVII w.), mnich *128*

Sudzisław (XI w.), brat Jarosława Mądrego, osadzony przez niego w więzieniu w 1036 r. *29*

Sulima Iwan (zm. 1635), hetman kozacki *107, 108*

Suszka Roman, członek kierownictwa UWO w 1920 r. *393*

Suworow Aleksander (1730–1800), feldmarszałek ros. *200*

Switłyczny I., jeden z pokolenia „szestidiesiatników" *462*

Swydnicki Anatol (1834–1871), pisarz ukr. *326*

Symeon Połocki (1629–1680), działacz białoruski, pisarz, mnich prawosławny *168, 206*

Symonenko Wasyl, jeden z twórców „pokolenia lat sześćdziesiątych" *462*

Syrokomla Władysław, właśc. Ludwik Kondratowicz (1823–1862), pol. poeta i tłumacz *113*

Szachin Girej, przywódca buntu Tatarów przeciw Turcji w pierwszej połowie XVII w. *102, 104*

Szachowski Aleksy, ks., rezydent carski w Zarządzie Urzędu Hetmańskiego w l. 1734–1750 *182*

Szachraj W., min. spraw wojskowych w Ukraińskiej Republice Robotniczo-Chłopskiej *345*

Szadra Fiodor, dca zagonu powstańczego w 1670 r. *150*

Szapował Mykita (1882—1931), współzałożyciel Ukraińskiej Partii Socjalistów Rewolucjonistów w 1917 r. *329*

Szaszkewicz Antoni (1813—1830), poeta pol. i ukr. *240*

Szaszkewicz Markian, ps. literacki Rusłan (1811—1843), wybitny pisarz ukr., członek „Ruskiej Trójcy" *236—239*

Szaszkiewicz Edward, dca oddziału powstańczego w 1863 r. *260*

Szaszkiewicz Oskar, dca oddziału powstańców w 1863 r. *260*

Szaszkiewicz Włodzimierz, dca oddziału powstańczego w 1863 r. *260*

Szaul zob. Sawuła Matwiej

Szczadenko Juchim (1885—1951), członek Rady Rewolucyjno-Wojskowej USRR w 1919 r. *357*

Szczedrin Mikołaj (1854—1919), uczestnik ruchu narodnickiego, członek Czarnego Podziału *273*

Szczek, drugi z 3 legendarnych braci założycieli Kijowa *21*

Szczepanowski Stanisław (1846—1900), galic. działacz polityczny, publicysta, poseł do sejmu krajowego i parlamentu austr. *267*

Szczepcio zob. Wajda Kazimierz

Szczepkin Michał (1788—1863), aktor ros. *233*

Szczerbak Jerzy (ur. 1934), ukr. współcz. pisarz eseista *464, 465*

Szczerbakow, gen. ros., dca Frontu Rumuńskiego w 1918 r. *347*

Szczerbicki Włodzimierz (1918—1989), I sekretarz KC KPU od 1972 r. *463*

Szczors Mikołaj (1895—1919), dca I Ukraińskiej Dywizji Radzieckiej *355, 356*

Szczurat Wasyl (1871—1948), historyk literatury, poeta, rektor ukr. tajnego Uniwersytetu we Lwowie w l. międzywojennych *413, 419*

Szelest Piotr (ur. 1908), w l. 1963—1972 I sekretarz KC KPU *462, 463*

Szełgunow Wasyl (1867—1939), działacz ruchu rewolucyjnego w Jekaterynosławiu *294*

Szemet S. (ur. 1878), współzałożyciel Ukraińskiej Partii Demokratyczno-Chłopskiej w 1917 r. *333*

Szeptycki Andrzej Roman (1865—1944), hr., lwowski abp metropolita unicki od 1900 r. *320, 417, 422, 424, 437*

Szeremietiew Wasyl (1622—1682), wojewoda ros. w Kijowie *140, 156*

Szewczenko Fedor (ur. 1914), historyk ukr. *463*

Szewczenko Taras (1814—1861), poeta i malarz, twórca nowoczesnej literatury ukr. *13, 105, 225, 227—229, 232—234, 241, 249, 250, 269, 285, 314, 325—327, 365, 459, 460*

Szlichter Aleksander (1868—1940), rewolucjonista, działacz państwowy i partyjny *294*

Szpigocki Opanas (XIX w.), ukr. pisarz i tłumacz *233*

Szternberg Wasyl (1818—1845), malarz ukr. *233*

Sztoharenko Andrzej (ur. 1902), kompozytor, prof. konserwatorium *460*

Szuchewicz Roman, ps. Taras Czuprynka, ukr. nacjonalista, oficer batalionu „Nachtigall", dca dywizji „Hałyczyna" (Galizien) *442*

Szumski Aleksander (ur. 1890), borotbista, eser, konfederacjonista, opozycjonista *352, 385, 395/396*

Szwaczka Nikita (ur. 1728), dca oddziału hajdamaków *193*

Szwec Fedor, członek Związku Chłopskiego, członek Dyrektoriatu w 1918 r. *354, 356*

Szychber (X w.), Norman, jeden z sygnatariuszy bizantyjsko-ruskiego traktatu pokojowego z 944 r. *25*

Szymonowic Szymon (1558—1629), pol. poeta Renesansu *113*

Śliwicki Piotr (zm. 1862), Ukrainiec, członek tajnej organizacji wojskowej *256*

Śmiarowski (zm. 1649), poseł królewski przy pertraktacjach z Chmielnickim *123*

Światopełk (ok. 980—1019), s. Włodzimierza Wielkiego, ks. turowski, w. ks. kijowski w l. 1015—1016 i 1018—1019 *28, 29*

Światopełk (1050—1113), s. Izasława, w. ks. kijowski od 1093 r. *38, 39*

Światosław (zm. 972), s. Igora, w. ks. kijowski od 945 r. *25, 26*

Światosław (zm. 1015), s. Włodzimierza Wielkiego, sprawował rządy nad Drewlanami *28*

Światosław (zm. 1027—1076), s. Jarosława Mądrego, ks. czernihowski od 1054 r. i w. ks. kijowski od 1073 r. *32, 36—38*

494

Światosław (zm. 1147), s. Włodzimierza Monomacha, ks. perejasławski od 1113 lub 1116 r. *39*
Światosław (zm. 1194), w. ks. kijowski w l. 1180—1194 *44, 45*
Światosław (XII w.), s. Światosława, brat Igora *46*
Świdrygiełło (1370—1452), w. ks. litewski w l. 1430—1432, brat Władysława Jagiełły, od 1442 r. ks. wołyński *59, 65*
Świerczewski Karol, ps. Walter (1897—1947), pol. gen., działacz pol. i międzynarodowego ruchu robotniczego, dca II Armii Wojska Polskiego *449*
Świerdłow Jakub (1885—1919), rewolucjonista, radz. działacz państwowy i partyjny *348*

Tacyt (55—120), najwybitniejszy historyk rz. *19*
Tarasiewicz (XVII w), bp mukaczowski, zwolennik unii kościelnej na soborze w Użhorodzie w 1649 r. *111*
Tarasowicz Stanisław (XIX w.), dca oddziału powstańczego w 1863 r. *259*
Tarszis zob. Piatnicki Józef
Tatiszczew Wasyl (1686—1750), ros. historyk *45*
Tekely Piotr (1720—1793), ros. gen., dca I Armii w likwidacji Siczy Zaporoskiej w 1775 r. *199*
Temudżyn (Dżyngis-chan, 1162—1227), założyciel państwa mongolskiego, największy zdobywca w Azji *50, 52*
Teofanes, w l. 1608—1645 patriarcha jerozolimski, w 1620 r. ustanowił z powrotem metropolię kijowską *79, 99, 106*
Tereszczenko Michał (1888—1956), przemysłowiec, min. finansów i spraw zagranicznych w Rządzie Tymczasowym *335*
Tereszczenkowie, ród *265*
Terlecki Cyryl (zm. 1607), władyka łucki, propagator kościoła unickiego *77, 78*
Terlecki E., lewicowy eserowiec, min. rolnictwa w Ukraińskiej Republice Robotniczo-Chłopskiej *345*
Terlecki Ostap (1850—1902), publicysta, literaturoznawca, działacz rewolucyjno-demokratyczny, członek Ukraińskiej Partii Socjalno-Demokratycznej *287*
Tetera Paweł (XVII w.), płk perejasławski,

hetman Ukrainy prawobrzeżnej w l. 1663—1665 *134—136, 143, 156—158*
Timofiejew (XVIII w.), sędzia *198*
Timoszenko Siemion (1895—1970), marszałek radz. *426*
Tiutiunnyk J. (zm. 1929), ataman, dca oddziału kontrrewolucyjnego w 1919 r. *361*
Tiutiunnyk J., autor scenariuszy filmowych, ofiara represji stalinowskich *457*
Tkaczow Piotr (1844—1886), ros. działacz rewolucyjny, jeden z ideologów narodnictwa *271*
Tobilewicz Iwan, ps. literacki Iwan Karpenko-Karyj (1845—1907), wybitny ukr. dramaturg, aktor i reżyser *324, 325, 327*
Tobilewicz Mikołaj, ps. Sadowski Mikołaj (1856—1933), ukr. aktor, reżyser, przedstawiciel szkoły realistycznej *327*
Tobilewicz Panas, ps. Saksahański Panas (1859—1940), ukr. aktor, reżyser *327*
Tołstoj Lew (1828—1910), światowej sławy ros. pisarz, w. moralista *310*
Tomilenko (zm. 1637), pomocnik Pawluka *109*
Tomkiewicz Władysław (1899—1982), pol. historyk współcz. *121*
Tomski Michał (1880—1936), opozycjonista, do 1929 r. przewodniczący Centralnej Rady Związków Zawodowych *400*
Tońcio zob. Vogelfänger Henryk
Torres de (XVII w.), nuncjusz apostolski *79, 80*
Torzecki Ryszard, pol. historyk współcz. *376*
Trepow Dymitr, gen.-gubernator galic.-bukowiński w 1916 r. *322*
Trocki, właśc. Bronsztejn Lew (1879—1940), polityk, kierownik delegacji radz. na rokowania w Brześciu, w 1927 r. wykluczony z partii *349, 395, 400*
Trojden (1284/86—1341), ks. czerski w l. 1313—1341, potomek Piastów mazowieckich *54*
Tropinin Wasyl (1776—1857), ros. malarz *233*
Trubecki Aleksy (zm. 1680), ks., ros. dyplomata *139, 140*
Trubecki Sergiusz (1790—1860), ks., dekabrysta, płk *217*
Trusz Iwan (1869—1941), malarz pejzażysta, portrecista, autor scen rodzajowych z życia Hucułów *238, 327*

Trutowski Konstanty (1826–1893), ukr. malarz realista, autor ilustracji do książek Gogola, Kryłowa i Szewczenki *234*, *327*

Truwor (IX w), brat Ruryka *23*

Trylowski Cyryl (1864–1942), członek i współzałożyciel Ukraińskiej Ruskiej Partii Radykalnej w 1890 r. *286, 287*

Tuchaczewski Michał (1893–1937), marszałek radz., dca Frontu Zachodniego w 1920 r. *371*

Tuczapski Paweł (1869–1922), działacz Sprawy Robotniczej w Kijowie, członek Związku Walki o Wyzwolenie Klasy Robotniczej *279–281*

Tugorkan (XI w.), ks. połowiecki *38*

Tuhaj-bej (XVII w.), murza *118*

Turbern (X w.), normański sygnatariusz bizantyjsko-ruskiego traktatu pokojowego w 944 r. *25*

Turdow (X w.), normański sygnatariusz bizantyjsko-ruskiego traktatu pokojowego w 944 r. *25*

Turianica Iwan (1901–1955), działacz rewolucyjny na Ukrainie Zakarpackiej, I sekretarz KC KPZU *445*

Tyczyna Pawło (1891–1967), poeta *453, 460*

Tymczenko, współzałożyciel Ukraińskiej Partii Demokratycznej w 1904 r. *296*

Tyszkiewicz Krzysztof (XVII w.), wojewoda *140*

Tyszyk Iwan (1908–1944), działacz KPZU, żołnierz Armii Czerwonej *416*

Uborewicz Hieronim (1896–1937), komandarm, dca 14 Armii na Froncie Południowym w 1919 r. *366*

Ukraincew Omelian (1641–1704), ros. dyplomata *168*

Ukrainka Łesia zob. Kosacz-Kwitka Łarysa

Uljanow Aleksander (1866–1887), brat Lenina, członek Narodnej Woli *279*

Uljanow Anna (1864–1935), siostra Lenina, działaczka partii bolszewickiej *295*

Uljanow Dymitr (1874–1943), brat Lenina, działacz partii bolszewickiej *294, 295*

Uljanow Maria (1878–1937), siostra Lenina, rewolucjonistka, działaczka partyjna i państwowa *295*

Uljanow Włodzimierz zob. Lenin Włodzimierz Iljicz

Unkowski Grigorij (XVII w), pierwszy poseł ros. na Ukrainie w l. 1648–1654 *128*

Ustianowicz Kornel (1839–1903), ukr. malarz *327*

Ustianowicz Mikołaj (1811–1885), ukr. poeta, etnograf i filolog *239*

Uwarow Sergiusz (1786–1855), ros. min. oświaty *224*

Vogelfänger Henryk, popularny Tońcio z „Wesołej Lwowskiej Fali" w okresie międzywojennym *418*

W.A.S. (W. S.) zob. Serczyk Władysław A.

Wacław z Olecka zob. Zaleski Wacław

Wahylewicz Iwan (1811–1866), ukr. pisarz i uczony, członek „Ruskiej Trójcy" *236, 238–240, 244*

Wajda Kazimierz, popularny Szczepcio z „Wesołej Lwowskiej Fali" w okresie międzywojennym *418*

Walter zob. Świerczewski Karol

Wałujew Piotr (1814–1890), ros. min. spraw wewnętrznych w l. 1861–1868 *268*

Wasilewska Wanda (1905–1964), powieściopisarka, publicystka, działaczka rewolucyjna *429*

Wasilewski Wincenty (XIX w.), kijowski demokrata, chłopoman *258*

Wasyl Wyszywany zob. Wilhelm Habsburg

Wasilkiwski Stepan (1854–1917), wybitny ukr. pejzażysta *327*

Wasylko (XI/XII w.), s. Rościsława *38, 46*

Wasylko Mikołaj (XIX/XX w.), współzałożyciel Rady Ogólnoukraińskiej w 1914 r. *320, 322*

Wasynczuk Antoni (XIX/XX w.), prezes Ukraińskiej Reprezentacji Parlamentarnej w Polsce *412*

Watutin Mikołaj (1901–1944), działacz radz., dca 1 Frontu Ukraińskiego, bohater Związku Radzieckiego *443*

Wazowie, dynastia *94, 141*

Weigel Kasper (1880–1941), pol. geodeta, prof. Uniwersytetu we Lwowie, zamordowany przez hitlerowców *438*

Weresaj Ostap (1803–1890), słynny ukr. śpiewak i kobziarz *326*

Wereszczagin Wasyl (1842–1904), malarz ros., odtwórca scen batalistycznych *234*

Wereszczyński Józef (zm. ok. 1598), bp kijowski, autor pism polemicznych i religijnych *94*

Weriowka Grzegorz (1895—1964), muzyk, kompozytor i dyrygent, od 1947 r. prof. *460*

Werłan (XVIII w.), setnik oddziału Kozaków, dca zagonu kozackiego w 1734 r. *188, 189, 192*

Wernadski Włodzimierz (1863—1945), geolog, mineralog, pierwszy prezes Ukraińskiej Akademii Nauk w Kijowie *392, 452*

Wiertow Dzygi zob. Kaufman Denis

Wigdorczyk Natan (XIX/XX w.), działacz Sprawy Robotniczej w Kijowie *279, 281*

Wilhelm Habsburg, nazywany Wasylem Wyszywanym (1895—1951), arcyks. *373*

Wilińska Maria, ps. literacki Marko Wowczok (1834—1907), wybitna ukr. pisarka, rewolucjonistka demokratyczna *324, 327*

Wiszenski Iwan (ok. 1550—ok. 1620), ukr. pisarz polemista, przeciwnik unii brzeskiej *85*

Wiśniowieccy, ród magnacki *59, 76*

Wiśniowiecki Aleksander (XVI w.), ks., starosta czerkaski *74*

Wiśniowiecki Dymitr (zm. 1563), starosta czerkaski i kaniowski, dca Kozaków Zaporoskich, w l. 1557—1561 w służbie moskiewskiej *71*

Wiśniowiecki Jeremiasz Michał, Jarema (1612—1651), ks., wojewoda ruski, właściciel ogromnych dóbr *91, 108, 111, 115, 121—124, 129, 131, 161*

Wiśniowiecki Michał (XVI/XVII w.), uczestnik wojny pol.-ros. w 1613 r. *96*

Witold (1350—1430), w. ks. lit. od 1392 r., brat stryjeczny Jagiełły *56, 58, 59*

Wittenberg Arvid (1606—1657), hr., feldmarszałek szwedzki *141*

Wityk Semen (ur. 1870), współzałożyciel Ukraińskiej Partii Socjalno-Demokratycznej *287*

Władysław (zm. 1401), ks. opolski *56*

Władysław Jagiełło (1348—1434), w. ks. lit. w l. 1377—1392 i kr. pol. od 1386 r. *56, 58, 59, 64*

Władysław Laskonogi (ok. 1170—1231), ks. gnieźnieński w l. 1202—1229, w l. 1202 i 1228 przejściowo ks. krakowski *45*

Władysław Łokietek (1260—1333), kr. pol. od 1306 r. *54*

Władysław III Warneńczyk (1424—1444), kr. pol. od 1434 r. *59*

Władysław IV Waza (1595—1648), kr. pol. od 1632 r. *80, 98, 106, 115, 117, 118, 120, 123*

Włodzimierz (zm. 1187), ks. perejasławski, bohater walk z Połowcami *9*

Włodzimierz (zm. 1199), s. Jarosława i Olgi, ks. halicki od 1187 r. z przerwami *47, 48*

Włodzimierz (zm. 1153), s. Wołodara, ks. halicki od 1141 r. *47*

Włodzimierz Monomach (1053—1125), s. Wsiewołoda, w. ks. kijowski od 1113 r. *38—40, 44—46*

Włodzimierz Wielki Święty (zm. 1015), ks. nowogrodzki, w. ks. kijowski od ok. 980 r. *26—30, 35, 36, 351*

Wojkow Piotr (1888—1927), dyplomata radz., poseł ZSRR w Polsce *395*

Wołchowski Feliks (XIX w.), rewolucjonista ros., narodnik *272*

Wołkoński Sergiusz (1788—1865), ks., członek Towarzystwa Południowego, dekabrysta *218*

Wołobujew M., ukr. ekonomista pochodzenia ros. *396*

Wołodar (zm. 1124), s. Rościsława, ks. przemyski *38, 39, 46*

Wołoszyn Augustyn (1874—1946), ksiądz, premier Ukrainy Zakarpackiej w 1939 r. *426*

Woroszyłow Kliment (ur. 1881), marszałek radz., czołowy działacz partii komunistycznej *298, 299, 338, 354, 357, 359*

Worowski Wacław (1871—1923), dyplomata, publicysta, krytyk literacki, delegat na III Zjazd SDPRR *299, 309*

Wowczok Marko zob. Wilińska Maria

Wozniak Michał (1881—1954), historyk literatury *419*

Wójcik Zbigniew (ur. 1922), współcz. historyk pol., tłumacz *79, 135*

Wrangel Piotr (1878—1928), gen. ros., przywódca kontrrewolucjonistów na Krymie i Południowej Ukrainie *371, 372*

Wsiesław (zm. 1101), s. Briaczysława, ks. połocki i w 1068 r. ks. kijowski *36, 37*

Wsiewołod (ur. ok. 1029), s. Jarosława Mądrego, ks. perejasławski i kijowski w l. 1078—1093 *32, 36, 37*

Wsiewołod (XII w.), s. Olega, w. ks. kijowski w l. 1139—1146 *42, 44*

Wsiewołod „Wielkie Gniazdo" (1154—1212), ks. suzdalski od 1176 r. *45*

Wyhowski Iwan (zm. 1664), pisarz kozacki, potem hetman *134, 151, 152, 154, 155, 157, 158, 169*

Wynnyczenko Włodzimierz (1880—1951), działacz Ukraińskiej Partii Rewolucyjnej o poglądach nacjonalistycznych *296, 330, 331, 337, 349, 354, 355*

Wysoczan Hnat (XVII w.), dca oddziału w walkach przeciw szlachcie w 1626 r. *149*

Wysoczan Semen (zm. 1666), dca watahy opryszków na Podkarpaciu, później płk kozacki *150*

Wysznia Ostap (1889—1956), satyryk *456*

Zabiła Natalia (ur. 1903), ukr. powieściopisarka współcz. *456*

Zabołotny Daniel (1886—1929), mikrobiolog i epidemiolog, prezes Akademii Nauk ZSRR *455*

„Zadunajski" zob. Rumiancew Piotr

Zajączkowski (Zajączkiwski) Miron, ps. Kosar (1897—1933), uczestnik ruchu rewolucyjnego na Zachodniej Ukrainie, sekretarz KC KPZU *416*

Zajczniewski Piotr (1842—1896), rewolucyjny demokrata ros. *257*

Zaleski Bronisław (1820—1880), zesłaniec pol. w Orenburgu *249*

Zaleski Józef Bohdan (1802—1886), pol. poeta, przedstawiciel ukr. szkoły poetów, autor dum, poematów i przekładów *239*

Zaleski Wacław, ps. Wacław z Oleska (1799—1849), pol. pisarz i folklorysta, wydał *Pieśni polskie i ruskie ludu galicyjskiego 235, 236*

Załkind Rozalia zob. Ziemlaczka Rozalia

Załucki, przywódca grupy lewackiej w KP(b)U *367*

Zamoyscy, ród magnacki *201*

Zamoyski Jan (1542—1605), kanclerz i hetman w. kor., założyciel Zamościa i Akademii Zamojskiej *94*

Zańkowiecka Maria zob. Adasowska Maria

Zarudny zob. Bohdanowicz-Zarudny Samojło

Zasławscy, ród *59*

Zasławski Eugeniusz (1845—1878), organizator Południoworosyjskiego Związku Robotników *275, 276*

Zasławski Władysław Dominik („Pierzyna", 1617—1656), regimentarz, pol. magnat *122*

Zatonski Włodzimierz (1888—1938), działacz partyjny i państwowy, min. oświaty w Ukraińskiej Republice Robotniczo-Chłopskiej *345, 350, 352, 354, 357, 359, 366, 375, 409*

Zawadzki Piotr (ur. 1838), pol. działacz rewolucyjny, członek nielegalnej organizacji studenckiej *249*

Zbarascy, ród *59*

Zbaraski Jerzy (zm. 1631), ks., kasztelan krakowski *101*

Zbirujski (XVI w.), władyka chełmski, zwolennik unii kościołów prawosławnego i rzymskokatolickiego *77*

Ziber Mikołaj (1844—1888), ekonomista, docent Uniwersytetu Kijowskiego *275*

Zielonka Michał (XIX w.), ksiądz, pol. zesłaniec w Orenburgu *249*

Ziemlaczka Rozalia, właśc. Załkind Rozalia (1876—1947), działaczka ros. i ukr. ruchu rewolucyjnego *294, 295*

Zimorowic Józef Bartłomiej (1597—1677), pol. poeta i prozaik *113*

Zinowiew, właśc. Apfelbaum Grigorij (1883—1936), radz. działacz komunistyczny, później jeden z przywódców opozycji *388, 391, 395, 396, 400*

Znaczko-Jaworski Melchizedek (1716—1809), ihumen monasteru Motrenińskiego *192*

Zofia Aleksiejewna (1657—1704), regentka w l. 1682—1689 *167*

Zołotareńko Iwan (zm. 1655), hetman nakaźny w l. 1654—1655 *141*

Zubrycki (Zubrzycki) Denis (1777—1862), ukr. historyk, etnograf, moskalofil *283, 284*

Zygmunt I Stary (1467—1548), kr. pol. od 1506 r. *63*

Zygmunt II August (1520—1572), s. Zygmunta I i Bony, ostatni kr. pol. z dynastii Jagiellońskiej *61, 64, 66, 72, 94*

Zygmunt III Waza (1566—1632), kr. pol. od 1587 r. *72, 74, 77, 95, 97, 99, 101, 106*

Zygmunt Kiejstutowicz (zm. 1440), brat Witolda, w. ks. lit. od 1432 r. *59*

Zyzania Stefan (ok. 1570—1621), ukr. pisarz polemista, pedagog, rektor szkoły brackiej we Lwowie 85

Zyzania Wawrzyniec (zm. ok. 1633), ukr. pedagog, tłumacz 114

Żatkowicz Grzegorz (1855—1920), prezes Amerykańskiej Rady Narodowej Rusinów 376

Żebrowski Szczęsny (XVI w.), 85

Żelabow Andrzej (1850—1881), ros. działacz narodnicki, jeden z organizatorów zamachów na Aleksandra II 272

Żeleński-Boy Tadeusz (1874—1941), czołowy pol. krytyk literacki okresu międzywojennego, pisarz, poeta, satyryk, tłumacz, z zawodu lekarz, zamordowany przez hitlerowców 430, 438

Żeleźniak Maksym (XVII w.), dca oddziału hajdamackiego od 1768 r. 193, 194, 198

Żemczużnikow Lew (1828—1912), ukr. malarz 234, 327

Żmajło Marek (XVII w.), hetman kozacki 102, 103

Żółkiewski Stanisław (1547—1620), hetman w. kor. i kanclerz w. kor. 75, 95—97, 99, 107, 116

Żuk Andrzej (ur. 1880), działacz Związku Wyzwolenia Ukrainy 320

Żytecki Paweł (XIX w.), kijowski adwokat, chłopoman 258, 269

INDEKS
NAZW GEOGRAFICZNYCH I ETNICZNYCH

W indeksie zastosowano następujące skróty: g. — góra, góry, jez. — jezioro, n. — naród, rz. — rzeka

Abisynia 407
Adrianopol 222
Akerman zob. Białogród nad Dniestrem
Alberta 315
Aleksandria 361
Aleksandrowsk zob. Zaporoże
Altrandstadt 174
Ameryka 292
Ameryka Łacińska 264
Amerykanie 355
Amsterdam 9
Andruszów 145, 158, 159
Anglia 200, 247, 263, 354, 364, 444
Antowie 19
Argentyna 315, 394
Armenia 379, 383
Armeńska Socjalistyczna Republika Radziecka 385
Astrachań 52
Athos, g. 35
Austria 10, 165, 168, 181, 203, 204, 217, 241, 247, 264, 321, 322, 372
Austro-Węgry 319, 348, 349, 351, 370, 373
Awarowie 19
Azerbejdżan 383
Azerbejdżańska Socjalistyczna Republika Radziecka 382, 385
Azja Mniejsza 18
Azja Środkowa 16, 409, 429
Azow 88, 107, 199

Babi Jar 438
Bachczysaraj 14, 104, 164
Bajram-Ali 459
Baligród 449

Bałkany 247
Bałkański Półwysep 146
Bałta 194, 266, 274
Bar 108, 132, 189, 192
Baszkiria 434, 459
Batoh 130
Baturyn 167, 175, 178, 235
Belgia 439
Bełz 50, 55
Berdyczów 121, 172, 190, 224, 337, 371
Beresteczko 128, 129, 131
Berestów 28
Berezówka, rz. 186
Berlin 381, 394, 417, 429, 437, 444
Besarabia 212, 216, 247, 342, 376, 430
Beskidy 238
Biała Cerkiew 68, 75, 130, 171, 172, 174, 178, 189, 190, 354
Białe Jezioro 23
Białogród 92
Białogród nad Dniestrem (Akerman) 72, 95, 100, 443
Białorusini 57, 66, 69, 335, 422, 427, 435
Białoruska Socjalistyczna Republika Radziecka 10, 382, 385
Białoruś 75, 78, 82, 134, 140, 192, 207, 216, 223, 379, 383, 435, 444
Białoruś Zachodnia 426, 427, 429
Białozorka 372
Biełgorod 40
Biłgoraj 349
Bircza 422
Bizancjum 19, 20, 24—26, 29, 31, 34
Boh, rz. 9, 11, 18, 20, 91, 130, 163, 164, 189, 197, 200, 434

Bohusław 88, 120, 171, 193, 257
Bojkowie 424
Bolechów 191
Boremel 223
Borowica 108, 109
Borszczahówka 174
Borysław 264, 267, 317, 374, 421
Bracław 63, 130, 155
Bracławskie, Bracławszczyzna 11, 59, 60, 65, 91, 92, 95, 131, 140, 149, 154, 165, 172, 189, 190
Brandenburgia 142
Brazylia 315, 394
Briańsk 92
Brody 189, 204, 355, 437, 442, 443
Bruksela 294
Brześć nad Bugiem (Litewski) 33, 52, 55, 76, 78, 85, 348/349, 373
Buchara 381
Buczacz 162, 163, 209, 210, 317
Budapeszt 237
Bug, rz. 20, 50, 52, 76, 255, 369, 371, 427, 442
Bukareszt 216
Bukowina 63, 111, 150, 190, 191, 203, 206, 241—243, 246, 264, 283, 314, 315, 321, 324, 349, 375, 376, 442
Bukowina Północna 10, 264, 329, 430, 436
Bułgarzy 19, 25—27, 205, 357
Bułgarzy Wołżańscy 26
Buriaci 50
Busza 97
Bużanie 20

Cecora 99, 116
Cezarea 19
Charkowskie 225
Charków 111, 147, 202, 205, 208, 230, 231, 249, 263, 269, 272, 273, 276, 277, 280, 282, 291, 293—296, 298, 299, 301—304, 308, 310, 311, 320, 324, 336—338, 340—342, 344, 346—349, 354, 359, 365—367, 370, 389, 391, 392, 396, 397, 401, 404, 406, 439, 453, 455—457, 459, 462, 464, 465
Chazarowie 25
Chełm 50, 53, 55, 56
Chełmszczyzna 321, 349, 373, 414
Chersonez 18, 26
Chersoń 203, 235, 272, 310, 347, 355, 361, 365, 366
Chiny 50
Chmielnicki (Płaskirów) 10, 172, 341

Chocim 100, 163, 200, 235
Chodorów 190, 322
Choroł 110
Cisna 449
Cudnów 156
Cybulew 190
Czarna Kamionka 308
Czarnobyl 464
Czarnogórcy 205
Czechosłowacja 10, 372, 376, 445
Czechy 27, 33, 264
Czehryń 109, 116, 126, 132, 133, 142, 164, 192, 333
Czerkasy 71, 74, 193, 361, 465
Czerkaszczyzna 11
Czernihowskie, Czernihowszczyzna 163, 249, 251, 272
Czernihów 24, 36—38, 51, 121, 145, 155, 169, 170, 205, 269, 404, 439
Czerniowce 319, 431, 464
Czerwień 26, 38
Czesi 236
Czortomlik 18, 71

Dacja 20
Desna, rz. 15, 20, 27, 91
Deulino 98, 106
Dniepr, rz. 9—16, 18—21, 29, 38, 69—72, 88, 107, 110, 118, 140, 141, 146, 147, 157, 163, 164, 168, 173, 175, 179, 184, 186, 197, 198, 202, 236, 250, 347/348, 371, 396, 439, 440, 464, 466
Dniepropietrowsk (Jekaterynosław) 203, 263, 277, 280, 282, 291, 293—295, 299, 302—305, 308—311, 313, 338, 347, 350, 355, 361, 365, 366, 395, 404, 406, 439, 440, 453, 455, 457, 464
Dniestr, rz. 9, 11, 14—16, 19, 20, 72, 100, 132, 163, 164, 188, 189, 200, 201, 238, 372, 434
Dolina 191
Don, rz. 11, 14—16, 18, 64, 107, 110, 150, 173, 217, 238, 276, 277, 339, 340
Doniec, rz. 9, 11, 16, 111
Donieck 455, 464, 465
Dregowicze 20
Drewlanie 20, 24, 25, 28
Drohiczyn nad Bugiem 50
Drohobycz 267, 286, 317, 374
Druja 140
Dubno 149
Dulebowie zob. Wołynianie

Dunaj, rz. *16*, *19*, *25*, *26*, *36*, *47*, *52*, *88*, *100*,
   198, *199*, *222*
Dunkierka *116*
Dyneburg *435*
Dzikie Pola *9*, *70*, *93*, *113*, *126*
Dzisna *140*
Dźwina, rz. *20*, *21*

Egipt *160*
Ems *228*
Estowie *26*, *30*
Eupatoria *356*
Europa *14*, *45*, *48*, *52*, *165*, *178*, *217*, *236*,
   241, *306*, *350*, *407*, *421*, *458*
— Południowo-Wschodnia *165*
— Środkowa *42*, *60*, *94*, *151*, *165*, *216*, *426*
— Środkowo-Wschodnia *376*, *426*
— Wschodnia *94*
— Zachodnia *42*, *60*, *67*, *216*, *263*, *420*

Fanagoria *18*
Fastów *171*, *190*, *193*, *259*
Fińska Zatoka *21*
Francja *30*, *34*, *116*, *178*, *224*, *247*, *263*,
   342, *354*, *369*, *393*, *411*, *439*
Francuzi *216*

Galicja 10, *203*, *236*, *239*, *241*—*245*,
   259—*261*, *264*, *283*, *286*, *287*, *289*,
   316—*318*, *321*, *322*, *328*, *369*, *373*, *374*
Galicja Wschodnia *10*, *235*, *239*, *241*—*243*,
   264, *270*, *287*, *305*, *314*—*316*, *318*, *321*,
   322, *327*, *336*, *349*, *354*, *369*, *373*, *375*,
   412, *414*, *415*, *420*, *421*, *442*
Gard Bohowy *189*
Gdańsk *49*, *149*
Generalne Gubernatorstwo *436*
Generalne Gubernatorstwo Transnistrii
   436
Genewa *270*, *276*, *286*
Głuchów *51*, *175*, *180*, *182*, *183*
Gołta *194*
Gorki *387*
Gorlice *319*
Gorłowka *304*, *307*, *338*
Gorodec *29*
Gotowie *19*
Grecja *18*
Grecy *21*, *35*
Grodno *141*
Grody Czerwieńskie *26*, *28*, *29*, *40*
Gródek Jagielloński *423*
Grunwald *57*

Gruzińska Socjalistyczna Republika Radziecka *382*, *385*
Gruzja *379*, *383*

Hadziacz *137*, *152*, *269*
Halicz *33*, *46*—*50*, *52*, *56*, *63*, *319*
Harbużna, rz. *189*
Herakleja *18*
Hetmańszczyzna zob. Ukraina lewobrzeżna
Hiszpania *407*, *416*, *449*
Hołowczyńce *225*
Hołtew *110*
Homel *367*
Horodło *255*
Horyń, rz. *20*, *372*
Hoszcza *168*
Huculi *328*, *424*
Hulajpole *362*
Humań *155*, *164*, *188*, *190*, *193*, *194*
Humańszczyzna *225*
Hunowie *19*
Husiatyn *74*
Hust *426*

Ilmen, jez. *20*, *21*
Inflanty *65*, *66*, *95*, *106*, *142*
Inflanty Polskie *159*
Irkuck *459*
Irtysz, rz. *52*
Iskorosteń zob. Korosteń
Istanbul zob. Konstantynopol
Izborsk *23*
Izmaił *443*

Jaćwingowie *26*, *29*
Jaik zob. Ural rz.
Jakuci *50*
Japonia *298*, *444*
Jarosław *113*, *204*
Jaruga *97*
Jassy *128*, *200*
Jaworów *245*
Jekaterynosław zob. Dniepropietrowsk
Jelec *98*
Jelizawetgrad zob. Kirowograd
Jenikale *199*
Jezioro Dołobskie *39*
Juriew *51*
Juzowka *274*, *311*

Kachowka *371*
Kaffa *95*, *104*

Kałka, rz. *49, 50*
Kaługa *98*
Kamieniec Litewski *349*
Kamieniec Podolski *14, 52, 59, 60, 90, 113, 131, 149, 161, 162, 165, 189, 220, 226, 293, 355, 356*
Kamienna Mogiła *15*
Kamienny Zaton *120*
Kamionka, rz. *186*
Kamionka Strumiłowa *57*
Kanada *264, 315, 394, 420*
Kaniów *102, 105, 107, 108, 157, 250, 459*
Karłowice *168*
Karpaty, g. *10, 12, 149, 435*
Kars *247*
Kaukaz, g. *52, 221, 222*
– Północny *371*
Kawarłyk, rz. *186*
Kazachstan *434, 459*
Kercz *276*
Kercz, półwysep *18, 199*
Kerczeńska Cieśnina *18*
Kiik-Koba *14*
Kijowianie *28, 44, 65*
Kijowskie, Kijowszczyzna *15, 65, 75, 91, 92, 153, 226, 227, 253, 259*
Kijów *21, 24–31, 34–40, 42, 44–46, 51–53, 55, 58–60, 65, 76, 81, 87, 88, 107, 109, 112–114, 123, 124, 136–138, 145, 153, 155–157, 159, 164, 166, 168–170, 179, 186, 202, 205, 208, 216, 219, 220, 223, 224, 228, 229, 232, 234, 249, 257, 259, 261, 263, 265, 268, 269, 271–275, 277–282, 288, 291–296, 298, 302, 303, 307–311, 314, 320, 323, 326, 329, 331, 332, 336, 338, 343, 345, 347–351, 354, 355, 365, 366, 370, 371, 374, 375, 392, 396, 404, 406, 410, 432–435, 438, 440, 441, 446, 447, 452–455, 457, 459, 464*
Kilia *95, 443*
Kinburn *199, 200*
Kirgizi *50*
Kirowograd (Jelizawetgrad) *203, 235, 263, 294, 361*
Kiszyniów *293*
Klaźma, rz. *33, 51, 53*
Kodnia *195*
Kołomyja *63, 190, 191, 317, 319*
Komisariat Rzeszy zob. Reichskommisariat Ukraine
Konotop *155, 294*
Konstantynopol (Istanbul) *21, 24, 25, 49,*

64, 71, 76, 77, 95, 97, 161, 164, 168, 179
Konstantynów *121*
Korona zob. Polska
Korosteń (Iskorosteń) *20, 25, 26, 28, 355, 370, 440*
Korsuń *33, 105, 108, 120, 171, 190, 193, 257, 441, 443*
Korzec *372*
Kosów *191*
Kowel *426*
Kowno *141, 394*
Kozactwo zob. Kozacy
Kozacy (Kozactwo) *12, 69–75, 79–81, 88, 92–111, 114, 116–118, 120, 121, 123–137, 139–144, 147, 148, 150, 152, 154–158, 160, 161, 164, 165, 170, 175, 178–181, 184, 185, 188–190, 196–200, 202, 210, 222, 228, 250, 332, 333*
– Zaporoscy *180, 182, 199*
Kozaczyzna *58, 69, 71, 72, 74, 79, 82, 93, 94, 96, 98, 99, 102–106, 117, 126–128, 130, 137, 151, 153, 158, 165, 166, 168, 169, 171, 175, 182, 194, 229, 247*
Koziatyń *370, 371, 440*
Kraj Południowo-Zachodni zob. Ukraina prawobrzeżna
Kraj Rad zob. Związek Socjalistycznych Republik Radzieckich
Kraków *6, 45, 49, 50, 56, 63, 82, 149, 241, 242, 264, 285, 436, 437*
Kramatorsk *338*
Krasna *129, 131, 190*
Krasnystaw *349*
Krewo *56*
Krosno *264*
Królestwo Bosporańskie *18*
Królestwo Kongresowe zob. Królestwo Polskie
Królestwo Polskie (Kongresowe) *219, 223, 236, 242, 249, 254, 257, 261, 321, 373*
Kryłów *102, 118*
Krym *12, 14, 16, 71, 104, 108, 118, 120, 161, 167, 185, 187, 197, 200, 226, 247–249, 356, 366, 371, 380, 440*
Krymskie Góry *11*
Krywicze *20, 24, 26*
Krzemieniec *48, 59, 60, 113, 149, 189, 224*
Krzemienieckie wzgórza *370*
Krzemieńczuk *110, 347, 361*
Krzywy Róg *265, 266, 361, 396, 401*
Księstwo Ruskie *153, 154, 156*
Kubań, rz. *200, 222*
Kuczuk-Kainardżi *199*

503

Kudak *107, 108, 110, 115*
Kufstein *241*
Kulikowe Pole *64*
Kumejki *108, 109*
Kursk *439*
Kurukowo, jez. *102*
Kuza *9*
Kyzył-Orda *459*

Lalicze *235*
Laszki *260*
Legnica *52*
Lena, rz. *311*
Leningrad (Petersburg, Piotrogród) *180, 182, 185, 192, 196, 198, 207—209, 213, 217, 218, 220, 221, 227, 233, 235, 249, 250, 255, 256, 265, 269, 271, 272, 276, 278, 279, 281, 314, 316, 327, 329—332, 336—338, 340, 345, 346, 433*
Lewobrzeże zob. Ukraina lewobrzeżna
Lewobrzeże Dniepru zob. Ukraina lewobrzeżna
Lipowiec *132*
Lipsk *86*
Lisianka *157, 193*
Lisiczańsk *338*
Litwa *5, 29, 54—57, 59—61, 64—66, 71, 125, 131, 139, 141, 174, 223, 257, 435, 444, 453*
Litwini *41, 55, 57, 66*
Lodomeria *203*
Londyn *256, 294*
Lubar *191, 260*
Lubecz *28, 35, 38—40, 121*
Lubelskie, Lubelszczyzna *50, 165*
Lublin *66, 125, 319*
Lubotyn *304*
Lwów *10, 49, 50, 53—55, 58, 60, 63, 72, 78, 81, 82, 85, 89, 90, 112—114, 116, 121, 122, 134, 141, 146, 149, 161, 168, 203, 204, 210, 236, 238, 239, 241, 243—246, 264, 267, 284—286, 288, 297, 315—317, 319—321, 328, 369, 371, 373—375, 394, 413, 415, 416, 418, 421, 425, 427, 428, 430—432, 437, 438, 442, 443, 464*

Ładoga, jez. *21*
Ławra Pieczerska *35, 38, 44, 81, 82, 87, 114, 169, 205*
Ławra Poczajowska *210*
Łemkowie *424*
Łochwica *347*
Łojów *125*

Łować, rz. *21*
Łozowa *274*
Łubieńszczyzna *111*
Łubnie *33, 75, 109, 121, 170, 347*
Łuck *33, 38, 49, 53, 56, 59, 60, 63, 90, 113, 149, 172, 341,*
Ługańsk *298, 299, 337, 338, 355, 361, 439*
Łuka Wróblewiecka *14*
Łukaszówka *251*

Macewicze *260*
Machnówka *201*
Majkop *370*
Majówka *8*
Makiejewka *338*
Mała Chortyca *71*
Mała Rosja zob. Ukraina lewobrzeżna
Mała Ruś *10*
Małopolanie *54*
Małorosja zob. Ukraina lewobrzeżna
Mandżuria *394*
Manitoba *315*
Mare Balticum zob. Morze Bałtyckie
Mariupol zob. Żdanow
Martwa Woda, rz. *189*
Mazowszanie *29*
Mazowsze *55, 59*
Megara *18*
Melitopol *15, 440*
Mielnik *349*
Międzyboż *172*
Międzyrzec *349*
Mikołajów *203, 235, 263, 276, 277, 280, 282, 291, 293—295, 303, 305, 309—311, 338, 347, 355, 361, 365, 366, 395, 404*
Milet *18*
Milezyjczycy *18*
Mińsk *20, 141, 281, 372*
Miropol *260*
Mius, rz. *434*
Mohylew *140, 174*
Mohylów Podolski (Mohylów nad Dniestrem) *100, 189*
Mołdawia *15, 60, 74, 75, 92, 96, 100, 116, 128, 130, 132, 150, 179, 190, 191, 247, 259, 260*
Mołdawianie *335*
Mołdawska Autonomiczna Republika Radziecka *10, 391, 429*
Mołdawska Republika Demokratyczna *342*

Mołdawska Socjalistyczna Republika Radziecka *429*
Mołodowa (nad Dniestrem) *14*
Monasterzyska *131*
Mongołowie *50—53*
Morze Azowskie *12, 15, 16, 50, 200, 222, 439*
Morze Bałtyckie (Mare Balticum) *94, 386*
Morze Białe *386*
Morze Czarne *12, 16, 18, 21, 28, 29, 107, 133, 154, 175, 199, 203, 216, 222, 247, 386*
Morze Śródziemne *222, 247*
Moskale *152*
Moskalówka *260*
Moskwa *33, 46, 53, 55—58, 64, 65, 68, 76, 77, 82, 89, 95, 98, 99, 102, 106, 128, 130, 132—137, 139, 144, 146, 147, 157, 162, 163, 168, 172, 180, 194, 206, 217, 235, 236, 265, 277, 281, 314, 321, 337, 350, 352, 353, 364, 365, 383, 385, 387, 388, 405, 410, 421, 426, 427, 429, 430, 433, 435, 445, 454, 457—460, 463, 464*
Moszny *190*
Motowiłówka *259*
Mozgawa, rz. *45*
Mukaczewo *426, 445*
Murom *38*

Naddnieprze *9, 21, 110, 165, 239, 266*
Nadporoże *15*
Nadrenia *407*
Nadwołże *434*
Narew, rz. *427*
Narodycze *190*
Narwa *172*
Nerczyńsk *194*
Neurowie *19*
Newa, rz. *21*
Niedźwiedzie Łozy *103,*
Niemcy *34, 56, 315, 319, 348, 350, 351, 354, 372, 381, 393, 407, 411, 425—427, 430, 432, 436—438, 444, 445*
Niemcy n. *25, 224, 335, 426, 429, 433, 434, 436—439, 442, 457, 459, 461*
Niemieża *142*
Niemirów *113, 172*
Niepriadwa, rz. *64*
Nieżyn *145, 155, 156, 273, 323*
Nikopole *18*
Nis zob. Niż
Niż (Nis) *9, 97*
Niżowcy *72, 74*

Normanowie *24—26*
Norwegia *30*
Norymberga *86*
Nowa Serbia (Słowiano-Serbia) *186, 187*
Nowa Sicz *181, 199*
Nowodnieprowska Linia *197*
Nowogrodzianie *30, 44*
Nowogród (Siewierski) *21, 23, 24, 26—30, 36, 37, 40, 42, 44, 51*
Nowogród (Wielki) *89*
Nowgród Wołyński *219*
Noworosyjsk *324, 366*
Nowy Jork *444*

Ocean Spokojny *386*
Ochmatów *140*
Ochtyrka *147*
Oczaków *72, 193, 197, 200*
Odessa *203, 216, 235, 247, 256, 263, 266, 269, 272—277, 280, 282, 291, 293—296, 299—303, 305, 308, 310, 311, 323, 336, 338, 347, 356, 365, 366, 404, 406, 434, 436, 443, 453—455, 457, 459, 464*
Oka, rz. *20, 64*
Olbia *18*
Oliwa *156*
Olszanica *97*
Omelnik, rz. *186*
Orda zob. Złota Orda
Orenburg *249*
Ostre *27*
Ostrogoci *19*
Ostrogożsk *150*
Ostropole *260*
Ostróg *49, 82, 84, 85, 90, 112*
Ostry Kamień *75*
Owrucz *45, 121*

Pentikapaion *18*
Pawołocza *98, 131, 172, 190*
Peczeniżyn *422*
Pekin *395*
Perejasław *24, 36, 40, 44, 51, 75, 105, 123, 134, 136, 143, 152, 155, 157, 163, 205, 208 ·*
Perekop *95, 372*
Persja *34, 95, 96*
Petersburg zob. Leningrad
Piątek na Wołyniu *73*
Pieczyngowie *19, 25—29, 34*
Piekałów *150*
Pieskowa Skała *262*
Pietropawłowska twierdza *180, 229*

Pików *91*
Piławce *122*
Pińsk *38, 54*
Piotrogród zob. Leningrad
Pisa, rz. *427*
Płaskowyż Syberyjski *11*
Płoskirów zob. Chmielnicki
Podhajce *159*
Podhale *130*
Podkarpacie *149, 188, 191*
Podlasie *321, 349, 414*
Podole *10, 11, 17, 55, 58, 59, 67, 74, 75, 86, 91, 92, 95, 97, 105, 122, 127, 129, 132, 141, 149, 154, 162, 163, 165, 168, 172, 190, 192, 225, 226, 233, 253, 254, 260, 293*
Podpolna, rz. *181*
Pohrebyszcze *121*
Pokucie *63, 190, 191, 415*
Polacy *5, 57, 66, 69, 85, 96, 98, 102, 105, 129, 133, 135, 140, 151, 164, 194, 219, 223, 224, 228, 243−245, 258, 262, 274, 276, 278, 284, 299, 315, 320, 373, 418− 421, 423, 425, 427−429, 435, 438, 442, 445, 448, 449, 464, 465*
Polanie *20, 24*
Polanów *106*
Polesie *11, 75, 168, 414, 417, 425, 442*
Polesie Kijowskie *435*
Polesie Ukraińskie *12*
Polska (Korona, Rzeczpospolita) *5, 10, 26−29, 33, 34, 36, 47, 48, 50, 52, 54−61, 64−66, 68, 69, 71−74, 76−79, 85, 89, 91−99, 101−111, 114, 116−118, 120− 137, 139−142, 145−147, 149−159, 161−169, 171−173, 176, 178, 179, 181, 185−188, 191, 192, 194, 195, 203, 204, 206, 219, 223, 225, 228, 255−257, 262, 317, 368−376, 393, 394, 396, 411, 412, 414−419, 421, 422, 424, 426, 427, 430, 444, 445, 448, 449, 451, 452, 458, 465*
Połock *24, 28, 29, 37, 41, 54, 140*
Połonne *260*
Połowcy *9, 36−39, 41, 44−46, 50*
Połtawa *152, 176, 177, 181, 206, 230, 269, 280, 283, 296, 302, 347, 350, 355, 365, 367, 404*
Połtawskie (Połtawszczyzna) *15, 91, 202, 291*
Porta *71, 74, 118, 127, 128, 133, 159, 163−166, 168, 194, 199, 200, 247*
Powołże *380*
Praga *49, 244, 311, 393, 394, 417*

Prawobrzeże zob. Ukraina Prawobrzeżna
Prawobrzeże Dniepru zob. Ukraina prawobrzeżna
Presławiec nad Dunajem *26*
Prusy *178, 203, 217*
Prut, rz. *20, 179*
Prużany *349*
Prypeć, rz. *20, 28, 370*
Przebraże *438*
Przemyśl *26, 38, 46, 49, 50, 56, 87, 90, 113, 374*
Przyłuka *91*
Puchaczów *349 ·*
Putywel *96, 202*

Radnot *142*
Radymicze *20, 24, 26*
Radzyń Podlaski *349*
Rapallo *381*
Rastawica, rz. *98*
Raszków *188*
Reichskommissariat Ukraine (Komisariat Rzeszy) *436*
Republika Doniecko-Krzyworoska *348, 349*
Republika Wenecka *127*
Riazań *51*
Rohatyń *63*
Rosja *5, 39, 45, 81, 95, 97, 99, 106, 111, 124, 130, 133, 136, 137, 139−142, 145−147, 151, 152, 154−159, 162− 169, 172−176, 179−182, 185, 186, 192, 194−196, 199, 200, 202−207, 212, 213, 215−218, 222, 228, 230, 236, 239, 247, 251−254, 256, 257, 262−266, 269− 274, 276, 277, 281−283, 290−293, 295, · 296, 302, 303, 305−307, 311, 313, 314, 317, 319, 321, 322, 324, 328, 331, 336−338, 340, 342, 343, 353, 357, 360, 365, 367, 368, 370−372, 379, 383, 393, 408, 411, 417, 460*
Rosja Radziecka *348, 350, 353, 357, 358, 360, 362, 364, 369, 370, 379, 396, 412*
Rosjanie *10, 69, 141, 164, 174, 176, 186, 187, 189, 194, 215, 224, 228, 260, 261, 277, 278, 288, 319, 334, 348, 410, 433, 435, 463*
Rosomonowie *21*
Rosowie *21*
Rostów *51, 276, 277*
Rosyjska Socjalistyczna Federacyjna Republika Radziecka (RSFRR) *10, 348, 351, 357, 364, 372, 379−381, 385*

Roś, rz. *21, 97*
Równe *341, 435, 438*
Równina Wschodnioeuropejska *10*
Rumuni *219, 429*
Rumunia *10, 342, 376, 429, 430, 436*
Ruotsi zob. Szwedzi
Rusini *59, 63, 288*
Ruś *10, 21, 24—26, 28—31, 34—37, 39, 41, 44—46, 48, 50—56, 58, 236, 257, 258*
Ruś Czerwona (Grody Czerwieńskie) *10, 67, 113, 142*
Ruś Halicka *54—56, 58*
Ruś Kijowska *5, 23, 27, 32, 34, 37, 39, 46, 57, 64, 169, 218, 288, 351*
Ruś Zakarpacka *10, 50, 54, 376, 411*
Ryga *372, 411*
Rzeczpospolita zob. Polska
Rzeczyca *451*
Rzesza Niemiecka (Trzecia Rzesza) *437—439*
Rzeszów *449*
Rzym *19, 20, 45, 76—78*
Rżyszczew *190*

Salicha *260, 261*
Samara, rz. *70, 280*
Sambor *59, 90, 204*
San, rz. *319, 374, 425—427, 442*
San Francisco *444*
Sandomierz *45*
Saraj-Batu *52*
Saraj-Berke *52*
Sarajewo *319*
Sarmaci *18, 19*
Sarny *348*
Saskatchewan *315*
Sawrań *189*
Scytowie *16—18*
    koczownicy *16*
    królewscy *16*
    oracze *16, 19*
    rolnicy *16*
Sedniew (Snowskie) *36*
Sejm, rz. *20, 111*
Serbia *319*
Serbowie *186, 205, 236*
Sèvres *376*
Sewastopol *18, 247, 274, 276, 301, 303, 356, 443*
Sicz *88, 93, 118, 127, 171, 173, 175, 177, 178, 181, 184, 185, 191, 193, 196—198*
Sicz Czortomlicka *147*
Sicz Naddunajska *199, 200*

Sicz Oleszkowska *175, 178*
Sicz Zadunajska *222*
Sicz Zaporoska *70, 71, 175, 179, 181, 184, 195, 199*
Siedmiogród *142, 191*
Siekierzyńce *235*
Siewierszczyzna *96, 159*
Siewierzanie *20, 24*
Siewsk·*92*
Siniucha, rz. *187*
Sklawinowie *19*
Skorbne (Turbaje, w języku polskim Bolesne) *202*
Skwira *440*
Sławutycz (zob. Dniepr) *88, 466*
Słoboda *67*
Słobódka *67*
Słowacja *99*
Słowacy *236*
Słowianie (Wenedowie) *19, 20, 219, 220*
Słowianie Nadilmeńscy *20, 24, 26, 30*
Słowianie wschodni *23*
Słowiano-Serbia zob. Nowa Serbia
Słuck *33*
Smoleńsk *24, 36, 38, 40, 51, 98, 128, 140, 159*
Smotrycz *86*
Snowskie zob. Sedniew
Sofia *270*
Sokal *426*
Sołonica *75*
Sołonica, rz. *75, 76*
Sołotwina *245*
Sołowijówka *259*
Sowiety zob. Związek Socjalistycznych Republik Radzieckich
Soża, rz. *20*
St. Germain-en-Laye *376*
Stalingrad *439*
Stambuł zob. Konstantynopol
Stanisławów *150, 189, 191, 267, 286, 317, 319, 374, 414, 430*
Stany Zjednoczone *264, 315, 355, 364, 369, 394, 415, 420, 444*
Starodub *33, 145, 169*
Starosiele *14*
Stary Konstantynów *172, 260*
Stary Milejów *143*
Stary Targ *104*
Starzec, rz. *111*
Stawiszcze *157*
Strypa, rz. *125*
Stugna, rz. *20, 28*

507

Stuttgart 296
Stwiga, rz. 372
Styr, rz. 369
Subotów 116, 117, 157
Suchy Taszłyk, rz. 189
Suczawa 132, 134
Sudża 354
Suła, rz. 20, 27, 111
Sumy 147, 354
Suzdal 42
Syberia, Sybir 50, 162, 166, 172, 198, 208, 213, 217, 221, 307, 311, 371, 429, 459
Symbirsk zob. Uljanowsk
Symferopol 14, 356
Synopa 95
Szachty 399
Szaniec Turecki 372
Szczebrzeszyn 349
Szczerbinowka 338
Szkłów 140
Szlisselburg 229
Sztokholm 141, 305
Szwajcaria 270, 276, 286
Szwecja 33, 34, 94, 104, 133, 141, 142, 151, 155, 158, 172, 174, 178
Szwedzi (Ruotsi) 21, 133, 142, 151, 156, 174—176

Śląsk 56, 92, 141, 149, 245, 316
Śmiła 143, 190, 193
Śniatyn 63
Środkowy Wschód 34
Świnne 260

Taganrog 277, 351
Tamański Półwysep 18
Tanais 18
Tarnogród 349
Tarnopol 10, 317
Tarnowskie 242
Tarnów 319
Tatarszczyzna 102
Tatarzy 12, 49, 50, 52, 53, 55, 56, 58, 64, 68—75, 91, 95, 97, 100—102, 104, 118, 123, 125—127, 129—131, 132, 134, 140—142, 150, 156—159, 161, 163, 164, 169, 180, 197, 199, 208, 335
Tatarzy krymscy 124
Tehinia, rz. 72
Teofilpol 293
Teos 18
Teterew, rz. 20
Tien-Szan, g. 36

Tmutorakań 28, 38
Tołsta Mogiła 17, 18
Tomakówka 118
Toporów 125
Torkowie 36
Toruń 78
Trapezunt 95
Trechtymirów 72, 110
Trembowla 38, 46
Tripolje 15
Trubeż, rz. 27
Truskawiec 422, 423
Trzecia Rzesza zob. Rzesza Niemiecka
Tulczyn 217
Tur, rz. 186
Turbaje zob. Skorbne
Turcja 60, 71, 72, 74, 95, 96, 98, 99, 101—103, 105, 107, 108, 117, 124, 133, 136, 155, 156, 159—165, 167—169, 173, 176, 178, 181, 186, 189, 194, 200, 203, 206, 222, 247, 372
Turcy 58, 64, 70, 71, 74, 79, 96, 98—100, 104, 142, 150, 158, 159, 163—165, 179, 197, 208
Turcy Osmańscy 64
Turkmenia 459
Turów nad Prypecią 28, 36, 38, 54
Turuchańsk 199
Twer 51
Tyrol 241
Tywercy 20, 25

Ufa 459, 460
Uglicze zob. Ulicze
Ugra, rz. 57, 64
Ugro-Rusini 376
Ujgurowie 50
Ujście 141
Ukraina passim
Ukraina lewobrzeżna (Hetmańszczyzna, Lewobrzeże, Lewobrzeże Dniepru, Mała Rosja, Małorosja, Ukraina Małorosyjska) 10, 19, 29, 130, 134, 145— 148, 150, 151, 156—159, 161, 164, 166, 167, 169, 171, 173, 176, 178—181, 183, 185, 186, 188, 190, 192—194, 198, 202, 205—208, 213, 216, 248, 252, 254, 263, 292, 301, 302, 403, 435, 439
Ukraina Małorosyjska zob. Ukraina lewobrzeżna
Ukraina Naddnieprzańska 270, 287, 305, 320, 322, 374
Ukraina prawobrzeżna (Prawobrzeże,

Prawobrzeże Dniepru, Kraj Południowo-Zachodni) 10, 15, 29, 149, 155—159, 162, 163, 166, 168, 172, 173, 175, 178, 179, 185, 187, 188, 192—195, 201, 204, 213, 214, 223, 227, 248, 249, 251—256, 258, 259, 261—263, 291, 293, 299, 307, 308, 315, 402, 433, 435, 442
Ukraina Radziecka zob. Ukraińska Socjalistyczna Republika Radziecka
Ukraina Słobodzka 111, 146, 147, 150, 173, 176, 202, 203, 212
Ukraina Zachodnia 365, 373, 411, 414—416, 419, 421, 423, 425—430, 437, 445, 454
Ukraina Zadnieprzańska (Zadnieprze) 91, 92, 108, 115, 121, 152, 155, 156, 158, 159, 161, 167, 175, 180, 187, 201, 202
Ukraina Zakarpacka 111, 425, 426, 442, 445
Ukraińcy 5, 10, 57, 66, 69, 215, 216, 224, 230, 232, 236, 238, 243—245, 250, 255, 256, 258, 262, 267, 278, 284, 285, 288, 289, 291, 315, 318, 319, 321, 322, 326, 329, 330, 334, 348, 353, 373—377, 386, 399, 406, 410—413, 417—420, 422—427, 429, 435, 437, 438, 445, 447—449, 451, 452, 457, 458, 462, 464, 465
Ukraińska Republika Ludowa 346, 349, 351, 354, 355, 365, 369, 372—374, 393, 411, 420
Ukraińska Republika Robotniczo-Chłopska 345
Ukraińska Socjalistyczna Republika Radziecka (USRR, Ukraina Radziecka) 5, 7, 10—12, 344, 348, 350—352, 354, 357, 359, 367, 371, 372, 376, 379, 382, 385, 391, 392, 394—396, 401, 403, 406, 409, 410, 412, 414, 416, 417, 419, 421, 427—429, 443—445, 450, 452, 454, 455, 458, 459, 462, 463, 465
Ulicze (Uglicze) 20
Uljanowsk (Symbirsk) 20
Ural, g. 52, 434, 459
Ural (Jaik), rz. 198
USRR zob. Ukraińska Socjalistyczna Republika Radziecka
Uzbekistan 434, 459
Użhorod 111, 425, 426, 445, 464

Volynia zob. Wołyń

Waregowie 21, 23, 24, 29, 30, 37
Warna 95, 99

Warszawa 76, 96, 99, 100, 106, 107, 109, 116—118, 127, 151, 172, 192, 195, 254, 257, 265, 368, 369, 371, 395, 420, 424
Wasylkowszczyzna 193
Wasylków 220
Wasylów 27
Wenecja 165, 168
Wenedowie zob. Słowianie
Węgry 10, 27, 30, 47, 48, 50, 53—56, 99, 142, 425, 426
Węgrzy 25, 26, 54, 55, 186, 219
Wiatka 163, 229
Wiatycze 20, 25, 26
Wiedeń 186, 203, 238, 243, 245, 246, 264, 284, 320, 321, 375, 394, 417
Wielka Rosja 147, 364
Wielka Ruś 134
Wielka Scytia 15
Wielkie Księstwo Litewskie 57, 62, 65, 88, 139, 153
Wielkie Łuki 33
Wielkopolska 130, 141, 242
Wielkorusy 292
Wielkoruś 292
Wieprz, rz. 371
Wilno 77, 85, 141, 142, 224
Winnica 59, 113, 166, 168, 190, 336, 355, 404, 435, 453
Wisła, rz. 427
Witebsk 54, 140
Wittenberga 86
Włochy 34, 263, 407
Włodzimierz nad Klaźmą 33, 51, 53
Włodzimierz Wołyński 33, 36, 38, 40, 45, 48, 49, 52, 55, 56, 59—61, 426
Wołchow, rz. 20, 51
Wołga, rz. 18, 20, 51
Wołgograd 52
Wołosi 69
Wołoszczyzna 94, 179, 189
Wołynianie (Dulebowie) 20, 260
Wołyń (Volynia) 10, 11, 15, 16, 33, 36, 47, 48, 55, 56, 59, 63, 67, 73—75, 92, 106, 112, 122, 127, 129, 131, 142, 149, 150, 168, 172, 189, 204, 216, 219, 223, 225, 226, 253, 255, 260, 261, 291, 319, 321, 348, 369, 414, 424, 435, 438, 442
Wołyń Dolny 9
Worobiówka 260
Worskla, rz. 58
Wrocław 86, 448
Wyszegródek 370

Wyszehrad 55
Wyszgorod 37

Zachodnioukraińska Republika Ludowa 374, 375
Zachód 395, 463
Zadnieprze zob. Ukraina Zadnieprzańska
Zagłębie Biełozierskie 12
Zagłębie Borysławskie 315, 322, 374
Zagłębie Donieckie 12, 215, 265, 266, 294, 298, 303, 304, 307, 311, 320, 336—338, 341, 343, 344, 347, 348, 360, 361, 366, 371, 372, 388, 392, 396, 398, 399, 407, 434, 436, 439
Zagłębie Kerczeńskie 12
Zagłębie Krośnieńskie 315
Zagłębie Krzemieńczuckie 12
Zagłębie Krzyworoskie 12, 343, 344, 348
Zagłębie Lwowsko-Wołyńskie 12, 465
Zagłębie Naddnieprzańskie 12
Zakarpacie 10, 150, 206, 241, 243, 264, 283, 314, 315, 349, 376, 426, 445
Zakaukaska Federacyjna Socjalistyczna Republika Radziecka 385
Zakaukazie 409, 433
Zakierzoński Kraj 442, 449, 451
Zamość 123
Zaporożcy 95, 96, 104, 114, 118, 127, 135, 152, 154, 156, 159, 160, 162, 173, 175, 176, 178—180, 184, 185, 189, 190, 193—198, 200
Zaporoże 69, 70, 72, 74—76, 93, 94, 96, 97, 101, 103—108, 117, 127, 133, 134, 143, 146—148, 151, 155, 157, 159, 164, 166, 173, 175, 182, 184, 186, 188—191, 193, 196—199, 380
Zaporoże, m. (Aleksandrowsk) 203, 263, 304, 347, 371, 439, 440, 465
Zawichost 45
Zbaraż 121, 123—126
Zborów 125—127
Zbrucz, rz. 203, 355, 369, 370, 372, 375
Zdołbunów 370
Złota Orda 50, 52, 58, 64, 65, 120, 126, 141
ZSRR zob. Związek Socjalistycznych Republik Radzieckich
Związek Radziecki zob. Związek Socjalistycznych Republik Radzieckich
Związek Radzieckich Republik Europy i Azji 382, 383
Związek Socjalistycznych Republik Radzieckich (Kraj Rad, ZSRR, Zwiazek Radziecki) 383—389, 391, 393, 395, 396, 400, 401, 403, 405—409, 412, 415, 426—430, 432—434, 436, 444, 445, 447—449, 455, 456, 462—464
Zwienihorodka 332

Żabotyń 193
Żdanow (Mariupol) 15, 311, 371, 439
Żmerynka 341
Żołnin 111
Żółte Wody 118
Żwaniec 132, 134
Żydzi 10, 118, 122, 126, 134, 185, 188, 194, 245, 278, 294, 315, 355, 418, 420, 429, 438, 445, 464
Żytomierz 10, 59, 121, 131, 195, 220, 260, 261, 348, 367, 370, 371, 432, 435, 440

SPIS ILUSTRACJI

1. Osiedle kultury trypolskiej — rekonstrukcja (*Istorija Ukrajinśkoji RSR*, t. I, Kijów 1967, s. 14) 16
2. Złoty pektorał z kurhanu Tołstaja Mogiła, IV w. p. n. e. (*Kijewskij muziej istoriczeskich dragocennostiej*, Kijów 1974, ryc. 37) 17
3. Cerkiew tzw. Dziesięcinna w Kijowie — rekonstrukcja, lata 989—996 (*Istorija Ukrajinśkoji RSR*, t. I, kn. 1, Kijów 1977, s. 405) . . . . . . : 27
4. *Prawda ruska* — rękopis z XIII w. (*Istorija Ukrajinśkoji RSR*, t. I, Kijów 1967, s. 67) 39
5. Góra Zamkowa z ruinami zamku (XIV—XV w.) w Krzemieńcu (tamże, t. I, s. 110). 48
6. Zamek w Ostrogu, baszta Okrągła albo Nowa, XVI w. (H. N. Łohwyn, *Po Ukrajini. Starodawni mystećki pamiatki*, Kijów 1968, s. 199) 49
7. Jasyr tatarski — z *Latopisu halicko-wołyńskiego*, XIII w. (*Istorija Ukrajinśkoji RSR*, t. I, Kijów 1967, s. 147) 51
8. Sicz Zaporoska — sztych z XVII w. (tamże, t. I, s. 163) 70
9. Herb Wojska Zaporoskiego — z książki K. Sakowicza, *Wiersze*, Kijów 1622 (*Istorija ukrajinśkoji literatury*, t. I, Kijów 1967, s. 318) 80
10. Piotr Mohyła (tamże, t. I, s. 281) 81
11. Strona z książki I. Fiodorowa *Apostoł*, Lwów 1574 (tamże, t. I, po s. 208) 83
12. Karta tytułowa *Biblii*, wyd. I. Fiodorowa, Ostróg 1581 (tamże, t. I, po s. 224) 84
13. Kamienica Korniaktów we Lwowie, 1580 r. (Łohwyn *op. cit.*, s. 216) . . . 89
14. Ruiny zamku w Ostrogu, XVI w. (F. Rawita-Gawroński, *Historia ruchów hajdamackich*, t. I, Brody 1913, po s. 12) 112
15. Bohdan Chmielnicki, obraz olejny z XVII w. (*Istorija Ukrajinśkoji RSR. Naukowo-popularnyj narys*, Kijów 1967, po s. 64) 117
16. Kozak Mamaj, mal. lud. z XVIII w. (Łohwyn, *op. cit.*, po s. 368) . . . 148
17. I. Riepin, *Zaporożcy piszą list do sułtana*, 1880—1891, fragment (*Ilja Jefimowicz Riepin*, Moskwa 1957, s. 54) 160
18. Iwan Mazepa (Rawita-Gawroński, *op. cit.*, t. I, po s. 52) 174
19. Maksym Żeleźniak (tamże, t. II, po s. 192) 193
20. Drukarnia Ławry Pieczerskiej w Kijowie, miedzioryt z 1758 r. (*Istorija ukrajinśkoji literatury*, t. I, s. 211) 205
21. Grzegorz Skoworoda, obraz olejny z XVIII/XIX w. (tamże, t. II, po s. 112) 207

22. Ratusz w Buczaczu, 1751 r. (Łohwyn, *op. cit.*, s. 306) 209
23. Sobór Św. Jura we Lwowie, 1748—1762 (tamże, s. 236) 210
24. Paweł Pestel (*Istorija Ukrajinśkoji RSR*, t. I, Kijów 1967, s. 378) . . . 218
25. Sergiusz Murawiow-Apostoł (tamże, t. I, s. 379) 220
26. Taras Szewczenko — autoportret (tamże, t. I, po s. 420) 229
27. Iwan Kotlarewski, mal. G. Kowalenko (*Istorija ukrajinśkoji literatury*, t. II, po s. 216) 231
28. Pierwszy teatr w Kijowie — fragment panoramy miasta z 1850 r. (tamże, t. II, s. 145) 230
29. Taras Szewczenko — fot. z lat 1858—1860 (*Istorija Ukrajinśkoji RSR*, t. I, Kijów 1967, s. 427) 233
30. Uniwersytet w Kijowie — główny budynek, stan obecny (*Goroda-gieroi*, Kijew—Moskwa 1977, s. nienumerowana) 234
31. „Rusałka Dnistrowaja" — 1837 r., karta tytułowa (*Rusałka Dnistrowa. Fotokopia z wydania 1837 r.*, Kijów 1972) 237
32. Markian Szaszkewicz, portret olejny I. Trusza z 1911 r. (*Istorija ukrajinśkoji literatury*, t. II, po s. 336) 238
33. Jakub Holowacki (*Istorija Ukrajinśkoji RSR. Naukowo-popularnyj narys* s. 122) 239
34. Iwan Wahylewicz (*Istorija ukrajinśkoji literatury*, t. II, s. 353) 240
35. Michał Drahomanow (*Istorija Ukrajinśkoji RSR*, t. I, Kijów 1967, s. 458) 270
36. Juwenaliusz Mielnykow (tamże, t. I, s. 475) 278
37. Włodzimierz Lenin (tamże, t. II, wkładka po karcie tytułowej) 280
38. Iwan Franko (tamże, t. I, s. 486) 286
39. Michał Pawłyk (tamże, t. I, s. 488) 287
40. Krążownik „Potiomkin" (tamże, t. I, s. 547) 300
41. Barykady na ulicach Odessy w 1905 r. (tamże, t. I, s. 552) 301
42. Grzegorz Pietrowski (tamże, t. II, s. 178) 313
43. Michał Kociubynski (tamże, t. I, s. 501) 325
44. Maria Zańkowiecka (tamże, t. I, s. 687) 327
45. Odezwa Komitetu Wojskowo-Rewolucyjnego przy Piotrogrodzkiej Radzie Delegatów Robotniczych i Żołnierskich informująca o obaleniu Rządu Tymczasowego (J. Reed, *Dziesięć dni, które wstrząsnęły światem*, Warszawa 1956, s. 129) 339
46. Semen Petlura (*Ukraine. A Concise Encyclopaedia*, t. I, Toronto 1970, s. 762) 341
47. Budynek w Charkowie, w którym odbył się I Ogólnoukraiński Zjazd Rad (*Istorija Ukrajinśkoji RSR*, t. II, Kijów 1967, s. 59) 342
48. Eugenia Bosz (tamże, t. I, s. 620) 344
49. Mikołaj Skrypnyk (I. Koszeliwec, *Mykoła Skrypnyk*, Monachium 1972, s. 231 345
50. Mikołaj Szczors (*Istorija Ukrajinśkoji RSR*, t. II, Kijów 1967, s. 94) . . . 356
51. Włodzimierz Antonow-Owsiejenko (*Istorija Ukrajinśkoji RSR. Naukowo-popularnyj narys*, s. 223) 357
52. Stanisław Kosior (tamże, s. 261) 360
53. Dnieproges im. W. Lenina (*Istorija Ukrajinśkoji RSR*, t. II, Kijów 1967, s. 295) 397
54. Sidor Kowpak (tamże, t. II, s. 486) 433

55. Walki o Kijów w 1943 r. (*Goroda-gieroi*, s. nienumerowana) 439
56. Zniszczony Kijów w 1944 r. (tamże, s. nienumerowana) 440
57. Dymitr Manuilski (*Istorija Ukrajińśkoji RSR*, t. II, Kijów 1967, s. 543) 442
58. Kreszczatik w Kijowie — stan obecny (*Goroda-gieroi*, s. nienumerowana) 445
59. Pałac Kultury „Ukraina" w Kijowie (tamże, s. nienumerowana) 446
60. Maksym Rylski (*Istorija Ukrajińśkoji RSR*, t. II, Kijów 1967, s. 417) . . . 452

SPIS MAP

1. Ziemie ruskie na przełomie XII i XIII w.   43
2. Powstanie Bohdana Chmielnickiego 1648 – 1654 i wojna polsko-rosyjska 1654 – 1667   119
3. Bitwa pod Połtawą (27 VI/8 VII 1709)   177
4. Powstanie pułku czernihowskiego 29 XII 1825 – 3 I 1826 (10 – 15 I 1826)   221
5. Walka z interwencją i wojna domowa na Ukrainie (wybrane operacje) . . .   363
6. Ukraińska Socjalistyczna Republika Radziecka — podział administracyjny   449

SPIS TREŚCI

OD AUTORA   5
Przedmowa do drugiego wydania   7

I. NAZWA I TERYTORIUM

Nazwa   9
Warunki geograficzne   10

II. PRADZIEJE UKRAINY

W epoce kamienia, brązu i żelaza   14
Kolonie greckie   18
Plemiona wschodniosłowiańskie   19

III. RUŚ KIJOWSKA

Początki Rusi Kijowskiej   23
W okresie rozkwitu   26
Stosunki społeczno-gospodarcze   32
Walki książąt   35
Włodzimierz Monomach   39

IV. ROZDROBNIENIE DZIELNICOWE

Upadek roli Kijowa   42
Księstwo czernihowskie i siewierskie   46
Ziemia halicka i wołyńska   46
Pod panowaniem Tatarów   50

V. POD RZĄDAMI POLSKI I LITWY

Walki o Ruś Halicką   54
Unia w Krewie   56
Kształtowanie się języka i narodowości ukraińskiej   57
Gospodarka i stosunki społeczne   58
Walka antyfeudalna ludności zależnej   62
Na drodze do unii   64
Unia lubelska   66

515

VI. PO UNII LUBELSKIEJ

Folwark 67
Powstanie Kozaczyzny 69
Powstania kozackie 73
Unia brzeska 76
Bractwa 81
Życie kulturalne na Ukrainie w XV – XVI w. 82

VII. PRZED BURZĄ

Ukraina w granicach Rzeczypospolitej w pierwszej połowie XVII wieku   91
Kozacy a Rzeczpospolita 93
Wymuszone porozumienia 97
Nowe powstania kozackie 103
Kultura ukraińska w pierwszej połowie XVII wieku 111
W ezasach „złotego pokoju" 114

VIII. POWSTANIE CHMIELNICKIEGO. UNIA PEREJASŁAWSKA

Bohdan Chmielnicki 116
Wybuch powstania. Pierwsze starcia 117
Rzeczpospolita u progu katastrofy 120
Oblężenie Zbaraża i ugoda zborowska 123
Beresteczko i ugoda białocerkiewska 128
Unia perejasławska 132

IX. UKRAINA W DRUGIEJ POŁOWIE XVII WIEKU

Wojna z Polską 139
Organizacja administracji i stosunki społeczno-gospodarcze na Ukrainie
w drugiej połowie XVII wieku 143
Ugoda hadziacka 151
W walce o Ukrainę 156
Rozejm andruszowski i wojna o Ukrainę 158
Między Polską, Rosją a Turcją 162
Kultura ukraińska w drugiej połowie XVII wieku 168

X. ZIEMIE UKRAIŃSKIE W XVIII WIEKU

Powstanie Palija 171
Sprawa Mazepy 173
Bitwa pod Połtawą 176
Likwidacja autonomii Lewobrzeża 178
Nowa Serbia 186
Ukraina Prawobrzeżna w pierwszej połowie XVIII wieku 187
Ruch opryszków 190
Koliszczyzna 192

Likwidacja Siczy Zaporoskiej 195
Gospodarka Ukrainy w XVIII wieku 201
Rozbiory Polski 203
Kultura osiemnastowiecznej Ukrainy 204

XI. W GRANICACH DWÓCH IMPERIÓW

Stosunki społeczno-gospodarcze na Ukrainie w granicach imperium ro-
syjskiego 212
Dekabryści na Ukrainie 216
Rządy Mikołaja I. Ziemie ukraińskie w powstaniu listopadowym . . . 222
Zaburzenia na wsi ukraińskiej 225
Bractwo Cyryla i Metodego. Początek działalności Tarasa Szewczenki 227
Kultura ukraińska w końcu XVIII i pierwszej połowie XIX wieku . . 230
Ukraińskie odrodzenie narodowe. „Ruska Trójca" 235
Ziemie ukraińskie w dobie Wiosny Ludów 240

XII. ZIEMIE UKRAIŃSKIE W DRUGIEJ POŁOWIE XIX WIEKU

Zniesienie poddaństwa 247
Przyszłość Ukrainy w planach polskich konspiratorów 254
Ziemie ukraińskie w czasie powstania styczniowego 257
Gospodarka Ukrainy w drugiej połowie XIX wieku 262
Carat i ukraiński ruch narodowy 267
Narodnicy i początki ruchu robotniczego na Ukrainie 271
Utworzenie Związku Walki o Wyzwolenie Klasy Robotniczej. I Zjazd
SDPRR 279
Życie polityczne Ukraińców w Galicji w drugiej połowie XIX wieku . . 283

XIII. W DOBIE REWOLUCJI

Elementy imperializmu w gospodarce ukraińskiej 290
Życie polityczne na Ukrainie w przededniu rewolucji 293
Rewolucja 1905 r. na Ukrainie 297
Sytuacja na Ukrainie w latach 1906—1907 304
W okresie reakcji 306
Wzrost politycznej aktywności proletariatu ukraińskiego w przededniu
wybuchu I wojny światowej 309
Galicja Wschodnia w latach 1900—1914 314
Ziemie ukraińskie w latach I wojny światowej 319
Kultura ukraińska w drugiej połowie XIX i w pierwszych latach XX wieku 323

XIV. DWIE REWOLUCJE

Rewolucja lutowa i rządy Centralnej Rady 329
Rewolucja socjalistyczna na Ukrainie 336

XV. W WALCE O WŁADZĘ

Ziemie ukraińskie w pierwszych miesiącach wojny domowej w Rosji . . 347
Rządy Skoropadskiego 351
Dyrektoriat 353
Sojusz Ukrainy Radzieckiej z RFSRR 357
Rozbicie wojsk Denikina 364
Wojna z Polską . . . . , ... 368
Galicja Wschodnia (Ukraina Zachodnia) w latach 1918—1921 373

XVI. ZIEMIE UKRAIŃSKIE W LATACH 1921—1941

Na drodze do federacji 378
Ukraina w Związku Socjalistycznych Republik Radzieckich 383
Odbudowa gospodarcza 388
Ruch narodowy i opozycja wewnątrzpartyjna 393
Ukraina w okresie uprzemysłowienia 396
Kolektywizacja rolnictwa i pierwszy pięcioletni plan rozwoju gospodarki
narodowej. Głód na Ukrainie 399
Ukraina Radziecka w latach 1933—1938. Nowa konstytucja ZSRR
i USRR. Represje 406
Tzw. Ukraina Zachodnia (województwa: lwowskie, stanisławowskie, tar-
nopolskie i wołyńskie) oraz Ruś Zakarpacka w latach 1918—1941 . . . 411
Po napaści na Polskę 425

XVII. UKRAINA W LATACH WOJNY ZSRR Z NIEMCAMI

Napaść Niemiec hitlerowskich na Związek Radziecki i pierwszy okres
wojny 431
Wyzwolenie Ukrainy i zakończenie II wojny światowej 438
Odbudowa gospodarki ukraińskiej 443
Likwidacja ukraińskiego podziemia w Polsce 447
Oświata, nauka i kultura Ukrainy radzieckiej 451

Posłowie 460

WSKAZÓWKI BIBLIOGRAFICZNE 465

INDEKS NAZWISK 471

INDEKS NAZW GEOGRAFICZNYCH I ETNICZNYCH 500

SPIS ILUSTRACJI 511

SPIS MAP 514

Sprzedaż gotówkową naszych książek i czasopism (pojedynczych numerów i w kontynuacji) prowadzą księgarnie własne Wydawnictwa:

Rynek 6, 50-106 Wrocław
pl. Żołnierza Polskiego 1, 70-551 Szczecin
ul. Łagiewniki 56, 80-855 Gdańsk
ul. Piotrkowska 181, 90-447 Łódź,

kupno zaś za zaliczeniem pocztowym umożliwia Księgarnia Wysyłkowa Ossolineum, Rynek 9, 50-106 Wrocław.

Nadto drogą sprzedaży za gotówkę lub za zaliczeniem pocztowym w wydawnictwa ossolińskie zaopatrują klientów księgarnie Ośrodka Rozpowszechniania Wydawnictw Naukowych PAN:

Pałac Kultury i Nauki, 00-901 Warszawa
ul. Św. Marka 22, 31-020 Kraków
pl. Wolności 7, I p., 50-071 Wrocław
ul. Mielżyńskiego 27/29, 61-725 Poznań
ul. Bankowa 14, paw. D, I p., 40-077 Katowice
pl. M. Curie-Skłodowskiej 5, 20-031 Lublin,

a także wszystkie księgarnie „Domu Książki", w szczególności zaś księgarnie naukowe i placówki objęte patronatem Ossolineum:

ul. Krucza 24/26, 00-526 Warszawa
Rynek Główny 4, 31-042 Kraków
ul. Królewska 11, 20-109 Lublin
ul. Św. Marcina 69, 61-808 Poznań

Zamówienia na prenumeratę czasopism należy kierować do Biura Kolportażu Prasy i Wydawnictw „Prasa-Książka-Ruch", ul. Towarowa 28, 00-598 Warszawa.

You can order our books and periodicals directly at the Foreign Trade Department of the Ossolineum Publishing House, Rynek 9, 50-106 Wrocław, Poland. No advance payment is required. Postage costs will be covered by the Publisher. Our bank account for foreign currencies: Wielkopolski Bank Kredytowy, IV O/Wrocław, 359209-1078-151-6787.